企业刑事合规实务指引

本书编写组 / 著

法律出版社 | LAW PRESS
北京

图书在版编目(CIP)数据

企业刑事合规实务指引/《企业刑事合规实务指引》编写组著. -- 北京:法律出版社,2022

ISBN 978-7-5197-7049-5

Ⅰ.①企… Ⅱ.①企… Ⅲ.①企业-刑事犯罪-研究-中国 Ⅳ.①D924.114

中国版本图书馆CIP数据核字(2022)第158041号

企业刑事合规实务指引
QIYE XINGSHI HEGUI SHIWU ZHIYIN

本书编写组 著

策划编辑 冯雨春
责任编辑 冯雨春 张 颖
装帧设计 鲍龙卉

出版发行 法律出版社
编辑统筹 法律应用出版分社
责任校对 王晓萍 王语童
责任印制 刘晓伟
经 销 新华书店

开本 710毫米×1000毫米 1/16
印张 39.25 字数 658千
版本 2022年10月第1版
印次 2022年10月第1次印刷
印刷 三河市兴达印务有限公司

地址:北京市丰台区莲花池西里7号(100073)
网址:www.lawpress.com.cn
投稿邮箱:info@lawpress.com.cn
举报盗版邮箱:jbwq@lawpress.com.cn

销售电话:010-83938349
客服电话:010-83938350
咨询电话:010-63939796

书号:ISBN 978-7-5197-7049-5
定价:159.00元

本书编写组

（以本书章节的作者所在先后顺序为序）

1. 梁雅丽 北京市京都律师事务所高级合伙人、京都刑事辩护研究中心主任，西北政法大学刑事辩护高级研究院副院长、高级研究员，中国刑法学研究会第三届理事会常务理事，中国法学会法律文书学研究会理事，北京市法学会电子商务法治研究会理事，北京市律师协会商事犯罪预防与辩护专业委员会委员，北京市律师协会第十一届惩戒委委员等。执业近30年，专注于刑事辩护，擅长刑事和民商事交叉领域以及刑事和行政交叉领域业务。独著《非法经营罪的辩护之道》，获得“年度刑辩律师”“年度优秀律师”“公益普法奖”“商事法治建设年度典范人物”“LEGALBAND 中国刑事合规律师15强”“21世纪金牌律师”“钱伯斯大中华区争议解决领域领先律师”“品牌影响力·践行社会责任典范律师”等多项荣誉和称号。被誉为京都“刑辩八杰”之一。

2. 韩冬平 北京市盈科律师事务所股权高级合伙人，北京市律协商事犯罪预防与辩护专业委员会委员。北京大学法学院《金融犯罪与刑事合规》授课老师。代理过公安部督办跨省“6·10诈骗案”、邮币卡诈骗案，代理国内第一家交易所诈骗案、涉案20亿京广和传销案、“e租宝”系列案件等。

3. 许波 北京市中伦文德律师事务所高级合伙人、中伦文德刑事法研究院院长，国际刑法学协会注册会员、北京师范大学法学院学生校外实习与实践教学导师、安徽财经大学法律专业硕士研究生实践导师、北京市律师协会商事犯罪预防与辩护专业委员会委员、万合企业合规研究院高级研究员、中央电视台社会与法频道《我是大律师》栏目特邀公益/嘉宾律师、凤凰卫视特邀嘉宾律师。擅长刑事案件辩护与代理、民商事诉讼与仲裁、企业刑事合规体系建设等。

4. 余尘 北京市合达律师事务所主任，法学博士。荣获“全国五一劳动奖章”“全国优秀律师”“北京市优秀律师”“北京市司法行政系统先进个人”“新时代首都司法行政模范人物”等称号。现任最高人民检察院第十检察厅“控告申诉专家咨询库”专家、中华全国律师协会刑事专业委员会委员、清华大学法学院商业犯罪研究中心副主任、清华大学社会科学学院社区治理研究中心副主任、北京市律师协会理事、北京市律师协会商事犯罪预防与辩护专业委员会主任、北京市石景山区律师协会会长、石景山区人民政府法律顾问、北京市作家协会会员。在各级各类刊物发表过多篇专业论文和文学作品。

5. 胡兴中 北京市亿达律师事务所合伙人，北京市律师协会商事犯罪预防与辩护专业委员会委员，大学毕业后在法院工作12年，审理案件上千件，2007年开始从事律师相关工作，主要办理民商事、行政案件诉讼与仲裁，商事犯罪辩护等，涉及建设工程、房地产、金融、知识产权等领域，为多家建设工程和房地产公司提供过专项法律服务和长期担任法律顾问，办理多起无罪和不起诉案件。

6. 汪先平 北京金诚同达律师事务所高级合伙人，拥有律师执业证、证券从业资格、专利代理人资格证、（PMP）项目管理职业资格证书。北海国际仲裁委员会仲裁员、西南政法大学硕士研究生指导教师，北京市律师协会商事犯罪预防与辩护专业委员会委员。擅长金融诉讼、建设工程、投融资、债权投资计划、基金业务、境外投资、知识产权等。长期担任上市公司、大型国有企业、国家部委事业单位、房地产建筑公司等企事业单位的法律顾问，为多家客户提供过民事刑事诉讼、仲裁等法律服务，为客户解决重大复杂的法律问题，其专业能力和职业精神深受客户好评。

7. 李娜 北京市盈科律师事务所股权法律事务部副主任、考核委员会副主任、合伙人律师，北京市律协商事犯罪预防与辩护专业委员会副秘书长，《法人》杂志法律顾问，三级心理咨询师，担任多起重大涉黑、贪污受贿案件第一被告人辩护律师。CCTV－1今日说法点评嘉宾、CCTV－2和CCTV－12

案件点评嘉宾、BTV 案件点评嘉宾，接受法治日报、新华网、《民主与法制》、《中国妇女》等媒体专访。

8. 彭吉岳 北京市京都律师事务所高级合伙人，最高人民检察院特聘专家律师，《法治日报》首批律师专家库律师，西北政法大学刑事辩护高级研究院研究员。曾在医疗领域“世界500强”跨国公司担任高管近十年。曾为哈佛博士、莲花味精原董事长夏某等企业家辩护，也为“360”公司、百度公司等职业经理人辩护。

9. 孙永生 北京市京伦律师事务所刑事部主任，北京市律师协会商事犯罪预防与辩护专业委员会委员，资深执业律师，拥有中级律师职称，从事律师工作20余年，长期专注于对刑事商事法律的理论与实务研究，法学理论功底深厚，办案经验丰富，办案思路开阔，善于从多角度研究分析案情，并根据个案不同情况分别制定不同的辩护/代理方案（策略），具有多层次多角度地为委托人提供不同法律需求的专业技能。擅长刑事辩护及商事纠纷仲裁/诉讼代理。曾先后办理了多起疑难复杂的刑事、商事案件，取得良好的预期辩护/代理效果，深受委托人好评；也曾多次代理政府机关参加行政诉讼，代理效果被政府机关高度认可，具有为政府机关提供行政法律服务的丰富经验。

10. 田咚 北京天驰君泰律师事务所合伙人，北京市律师协会商事犯罪预防与辩护专业委员会委员。执业13年余，为多家民营企业提供常年法律顾问服务。熟悉公司法律事务，擅长合同制定、审核；在企业合同和劳动争议纠纷的解决有丰富的经验；为公司重大业务谈判提供方案等。执业以来办理大量侵犯财产类犯罪案件。

11. 曹颖 北京继来律师事务所创始合伙人，主任，刑商事合规和诉讼部主任。北京市律师协会商事犯罪预防与辩护专业委员会委员、北京市朝阳区专家调解员。北京市总工会法律顾问、北京市劳动人事仲裁委员会调解员、北京第二外国语学院国际法学院兼职教授、北京师范大学法学院校外实践导师。

12. 孟博 北京金诚同达律师事务所高级合伙，北京律协商事犯罪预防与辩护专业委员会副主任、北京市律师协会面试考核考官、北京工商大学法学院校外导师、北京大学国家发展研究院EMBA、中国商业经济学会理事、中国财富传承管理师联盟理事、北京 MBA 联盟第十四届主席、北京电视台嘉宾律师。专注于商事纠纷领域、企业破产领域、刑事领域，特别擅长重大疑难刑事案件，是昔日首富“黄氏家族”无罪辩护团成员。此外，孟博律师因专业的业务知识及社会知名度多次受到《人民日报》、《中国日报》、人民网、中国法院网、中央人民广播电台、人民广播网、网易、搜狐、新浪、凤凰网、中国网、中国网络电视台、新华网、中国证券网、环球网、中国经济网等媒体的采访和报道。

13. 李荣 北京大学刑法学博士，中央民族大学法学院副教授，硕士导师，北京市京都律师事务所兼职律师。北京市律协商事犯罪预防与辩护专业委员会秘书长、台湾桃园律师公会大陆事务法律顾问、美国华盛顿大学访问学者、研究员，法律职业伦理委员会理事、清华大学法学院商业犯罪研究中心“商辩大家谈”沙龙创始人。曾担任法官、检察院挂职处长助理，并担任 CCTV7 法制编辑部栏目嘉宾、CCTV12 青少年法制栏目专家。具有十多年刑事辩护经验，擅长刑事案件辩护、刑事控告及公司、企业刑事法律风险防范领域法律服务。

序

企业合规既是当前的一个热门话题，也是刚刚兴起的一项新型业务，就律师而言，这项业务既重要又陌生。而《企业刑事合规实务指引》一书的出版恰逢其时，既是一种指引，也是一种探索。要做好这项业务，不仅需要有对国外经验的借鉴，而且需要有实务经验的积累。尤其是在中国特色的市场经济条件下，企业刑事合规一定会具有不可缺少的中国元素。

在引入企业合规的概念之前，中国律师界已经开始了企业法律风险防控的研究和尝试，并有了一定的进展。这对于开展企业合规业务来说，是一个很好的基础，因为企业法律风险防控与企业合规风险防控在内容和作用上有很多共同之处。

就企业经营过程中所面临的风险而言，根据风险所涉及的范围可以简单概括为三个不同层次：

一是企业治理风险，即企业在经营管理过程中可能发生的各种风险。这是指企业经营过程中所面临的综合风险。比如，政策风险，市场风险，财务风险，团队风险，法律风险，等等。也可以将其简单归纳为经营风险，财务风险和法律风险。企业治理风险的内容，显然超出了律师业务的范围，同时也超出了法律规治的范围。

二是企业法律风险，即企业及其工作人员在履职过程中因违反相关法律规范而导致企业承担不利法律后果的风险。这种风险则既在法律规治的范围内，也在律师业务的范围内。

根据风险发生的来源分类，企业法律风险一般有三种情况：(1) 因自身违法违规行为而导致的风险。(2) 因法律制度变化而导致的风险。(3) 因经营活动中相对方违法违规而导致的风险。

根据风险发生的范围分类，企业法律风险的内容相当广泛。诸如，企业设立中的法律风险，合同法律风险，并购法律风险，知识产权法律风险，人力资源法律风险，税收法律风险，等等。总之，在企业经营活动过程中涉及的一切与法律有关的问题，都会面临不同程度的法律风险。

而根据风险所导致的后果，企业法律风险又分为三种不同类型：(1) 经济损失风险。(2) 行政处罚风险。(3) 刑事处罚风险。

由于企业法律风险所涵盖的内容十分广泛，所以，企业法律风险防控应当是律师法律服务中的一项综合业务，应当由不同专业律师组成的综合化律师团队来承担。

三是企业刑事法律风险，即指企业及其工作人员在履职过程中因触犯刑事法律规范而导致企业或者个人受到刑事追究的风险。企业法律风险所涵盖的内容虽然广泛而庞杂，但其中最主要的内容当数刑事法律风险，因为刑事法律风险不仅时常发生，而且后果较为严重。所以，刑事法律风险防控是企业最受关注的问题。

企业合规风险与企业法律风险有诸多相同之处，但也有所区别。

首先，企业合规风险，是特指企业法律风险中企业所面临的行政处罚的风险和刑事处罚的风险。其次，企业合规有法律激励机制介入，如合规不起诉。

企业合规风险既不包含企业法律风险的全部内容，也非仅指企业刑事法律风险。其所针对的主要是行政处罚与刑事处罚的两种法律后果。由此可见，企业合规机制与企业刑事法律风险防控具有更多的共同点，而企业刑事合规与企业刑事法律风险防控在内容上是可以相提并论的。区别则在于，企业刑事风险防控只是律师的单方所为，而企业刑事合规机制则是有外部法律激励机制的介入。

所以，在企业刑事法律风险防控的基础之上开展企业刑事合规业务，显然会更有作为。

《企业刑事合规实务指引》将“企业合规业务”集中到了“企业刑事合规业务”一个方面，同时也是最重要的一个方面，既突出了刑事合规的重要性，对于操作者也能起到更切实更具体的指导作用。应该说，着眼点恰到好处。

希望《企业刑事合规实务指引》的问世会对律师开展企业刑事合规业务起到引领作用，更希望律界同行们共同努力，在实务中积累经验，不断探索，将此课题越做越深，为保护企业在合规中健康发展，免受挫折，竭尽法律人的绵薄之力！

北京市京都律师事务所名誉主任　创始合伙人　田文昌

2021 年 12 月 12 日于京都律师事务所

目　录

CONTENTS

上篇　企业刑事合规总论

第一章　刑事合规的基本问题 …………………………………… 003

第一节　刑事合规的概念与特征 ……………………………… 003

一、刑事合规的产生及发展概况 ……………………………… 003

二、刑事合规的概念 …………………………………………… 017

三、刑事合规的特征 …………………………………………… 020

第二节　刑事合规的价值与目标 ……………………………… 022

一、刑事合规的价值 …………………………………………… 022

二、刑事合规的目标 …………………………………………… 028

第三节　企业刑事合规的基本要素 …………………………… 031

一、刑事合规的内容 …………………………………………… 032

二、刑事合规的组织 …………………………………………… 038

三、刑事合规的实施程序 ……………………………………… 040

第二章　企业刑事合规组织体系 ……………………………… 042

第一节　刑事合规组织体系的构成 …………………………… 042

一、刑事合规组织的组成原则 ………………………………… 042

二、刑事合规组织体系的总体要求 …………………………… 045

三、决策层的合规角色与职责内容 …………………………… 048

四、管理层的合规角色与职责内容 …………………………… 051

五、执行层的合规角色与职责内容 …… 053
第二节 刑事合规部门的协作与协调 …… 056
一、刑事合规部门的协作与沟通的重要性 …… 056
二、在刑事合规整改中与监管机构的沟通 …… 057
三、刑事合规部门与业务部门、内部监督部门的分工协作 …… 059
四、刑事合规部门与企业员工的沟通 …… 061
五、刑事合规部门与商业合作伙伴协调 …… 061

第三章 刑事合规操作指引 …… 063
第一节 企业刑事合规的流程 …… 063
一、建立企业刑事风险防范机制 …… 063
二、全面系统应对刑事合规法律事务 …… 071
三、深度融合企业法律事务 …… 078
四、打造系统化、制度化的企业合规体系 …… 080
第二节 企业刑事合规的审查 …… 080
一、针对不同对象有针对性进行审查 …… 081
二、企业刑事合规审查应针对不同部门法在各自法律领域内进行 …… 087

第四章 律师办理企业合规业务实务操作 …… 098
第一节 合规尽职调查 …… 098
一、制定尽职调查方案 …… 100
二、进行尽职调查 …… 105
三、总结分析刑事风险点 …… 106
四、设计解决方案，起草合规计划，并提出落实建议 …… 106
第二节 助力企业进行合规方案及合规制度建构 …… 107
一、现行相关制度及合规实务 …… 107
二、建构合规方案及合规制度的原则 …… 109
三、企业常见合规方案及合规制度的主要内容 …… 110

四、律师参与建构合规方案及合规制度的基本要求 …… 111
第三节 助力企业进行合规文化培育 …… 112
一、为企业进行合规培训 …… 113
二、为企业设计以合规文化为主题的文化活动 …… 114
三、开展合规评优或者为企业举办合规知识竞赛活动 …… 115
第四节 助力企业进行合规效力考核及进一步提升合规效能 …… 116
一、合规效力考核 …… 116
二、提升合规效能 …… 120
第五节 助力企业进行合规风险化解 …… 120
一、合规风险化解业务的典型案例 …… 122
二、律师办理合规风险化解业务的注意事项 …… 124
三、律师办理合规风险化解业务时的执业风险防范 …… 126
第六节 担任合规监管人 …… 128
一、律师作为合规监管人的法定职责 …… 129
二、律师作为合规监管人履职监管职责的主要方式 …… 131
三、律师担任合规监管人的基本要求 …… 132

下篇 重点行业刑事合规问题

第一章 建设工程行业刑事合规实务指引 …… 137
第一节 建设工程行业概述 …… 137
一、建设工程行业背景 …… 137
二、建设工程行业高发刑事风险 …… 139
第二节 建设工程行业高发罪名 …… 146
一、单位行贿罪 …… 146
二、单位受贿罪 …… 149
三、介绍贿赂罪 …… 151
四、对非国家工作人员行贿罪 …… 155
五、挪用资金罪 …… 157

六、职务侵占罪 …… 161
七、非法吸收公众存款罪 …… 166
八、集资诈骗罪 …… 173
九、合同诈骗罪 …… 176
十、骗取贷款、票据承兑、金融票证罪 …… 178
十一、重大责任事故罪 …… 180
十二、工程重大安全事故罪 …… 184
十三、重大劳动安全事故罪 …… 189
十四、串通投标罪 …… 195
十五、非法占用农用地罪 …… 199
十六、非法转让、倒卖土地使用权罪 …… 205
十七、污染环境罪 …… 208
十八、拒不支付劳动报酬罪 …… 213
十九、伪造公司、企业、事业单位、人民团体印章罪 …… 218
二十、虚开增值税专用发票或者虚开用于骗取出口退税、抵扣税款发票罪 …… 219
第三节 建设工程行业刑事风险防范建议 …… 224
一、受贿 …… 224
二、贪污、职务侵占 …… 225
三、拒不支付劳动报酬 …… 226
四、行贿 …… 227
五、重大责任事故 …… 228
六、伪造印章 …… 230
七、招标投标 …… 230
八、非国家工作人员受贿 …… 232

第二章 房地产行业刑事合规实务指引 …… 234
第一节 房地产行业概述 …… 234
一、房地产行业发展现状 …… 234

二、房地产行业刑事风险现状 …… 236
第二节　房地产行业高发罪名 …… 239
一、非法占用农用地罪 …… 239
二、非法转让、倒卖土地使用权罪 …… 245
第三节　房地产行业刑事风险防范建议 …… 254
一、树立正确的经营管理理念 …… 256
二、加强内部控制，提高员工法律意识 …… 257
三、聘请刑事法律顾问 …… 260

第三章　互联网行业刑事合规实务指引 …… 262
第一节　互联网行业概述 …… 262
一、互联网行业背景 …… 262
二、互联网行业高发刑事风险 …… 263
三、计算机网络犯罪及相关立法 …… 266
第二节　互联网行业高发罪名 …… 268
一、非法侵入计算机信息系统罪 …… 268
二、非法获取计算机信息系统数据、非法控制计算机信息系统罪 …… 272
三、提供侵入、非法控制计算机信息系统程序、工具罪 …… 277
四、破坏计算机信息系统罪 …… 280
五、拒不履行信息网络安全管理义务罪 …… 285
六、非法利用信息网络罪 …… 290
七、帮助信息网络犯罪活动罪 …… 293
八、利用计算机、网络实施的传统犯罪 …… 297
第三节　互联网行业刑事风险防范建议 …… 300
一、刑事风险的基本防范措施 …… 300
二、新兴领域的刑事法律风险防范 …… 302
三、互联网行业刑事合规指引 …… 305

第四章　食药行业刑事合规实务指引 …… 311
第一节　食药行业概述 …… 311
一、食药行业背景 …… 311
二、食药行业高发刑事风险 …… 314
第二节　食药行业高发罪名 …… 319
一、生产、销售不符合安全标准的食品罪 …… 320
二、生产、销售有毒、有害食品罪 …… 324
三、非法捕捞水产品罪 …… 327
四、危害珍贵、濒危野生动物罪 …… 330
五、非法猎捕、收购、运输、出售陆生野生动物罪 …… 333
六、非法狩猎罪 …… 339
七、生产、销售、提供假药罪 …… 342
八、生产、销售、提供劣药罪 …… 344
九、生产、销售不符合标准的医用器材罪 …… 346
十、非法经营罪 …… 349
十一、受贿罪、非国家工作人员受贿罪 …… 351
第三节　刑事风险防范建议 …… 354

第五章　金融行业刑事合规实务指引 …… 359
第一节　金融行业概述 …… 359
一、金融行业背景 …… 359
二、金融行业高发刑事风险 …… 360
第二节　金融行业高发罪名 …… 361
一、违法发放贷款罪 …… 361
二、非法吸收公众存款罪 …… 364
三、骗取贷款罪 …… 366
四、非国家工作人员受贿罪 …… 369
五、挪用资金罪 …… 372
六、吸收客户资金不入账罪 …… 376

七、违规出具金融票证罪 …… 378
八、对违法票据承兑、付款、保证罪 …… 381
九、利用未公开信息交易罪 …… 383
十、内幕交易、泄露内幕信息罪 …… 386
第三节 金融行业刑事风险防范建议 …… 389
一、金融行业刑事合规的含义 …… 389
二、金融行业刑事合规的意义 …… 389
三、金融行业刑事合规指引范本 …… 390

第六章 物流、运输行业刑事合规实务指引 …… 396
第一节 物流、运输行业概述 …… 396
一、物流、运输行业背景 …… 396
二、物流、运输行业高发刑事风险 …… 401
第二节 物流、运输行业高发罪名 …… 404
一、重大飞行事故罪 …… 404
二、铁路运营安全事故罪 …… 408
三、走私类犯罪 …… 410
四、交通肇事罪 …… 415
五、危险驾驶罪 …… 418
第三节 物流、运输行业刑事风险防范建议 …… 423
一、增强自身防范意识 …… 423
二、聘请刑事法律顾问 …… 424
三、制订合理、有效的刑事合规计划 …… 425

第七章 教育培训行业刑事合规实务指引 …… 428
第一节 教育培训行业概述 …… 428
一、教育培训行业背景 …… 429
二、教育培训行业高发刑事风险 …… 430

第二节　教育培训行业高发罪名 …………………………………… 431
一、非法获取国家秘密罪和非法出售、提供试题、答案罪 ……… 431
二、组织考试作弊罪 ………………………………………………… 434
三、侵犯公民个人信息罪 …………………………………………… 438
四、诈骗罪 …………………………………………………………… 442
五、猥亵儿童罪 ……………………………………………………… 445
六、非法经营罪 ……………………………………………………… 448
七、虚假广告罪 ……………………………………………………… 451
第三节　教育培训行业刑事风险防范建议 …………………………… 455
一、建立企业合规制度 ……………………………………………… 456
二、制定企业合规制度指引 ………………………………………… 456

第八章　危废行业刑事合规实务指引 ……………………………… 463
第一节　危废行业概述 ………………………………………………… 463
一、危废行业背景 …………………………………………………… 463
二、危废行业的高发刑事风险………………………………………… 465
第二节　危废行业高发罪名 …………………………………………… 467
一、投放危险物质罪、过失投放危险物质罪 ……………………… 467
二、非法制造、买卖、运输、储存危险物质罪 …………………… 471
三、破坏计算机信息系统罪 ………………………………………… 475
四、重大责任事故罪 ………………………………………………… 487
五、危险物品肇事罪 ………………………………………………… 502
六、非法经营罪 ……………………………………………………… 506
七、污染环境罪 ……………………………………………………… 513
八、非法处置进口的固体废物罪、擅自进口固体废物罪 ………… 520
第三节　危废行业刑事风险防范建议 ……………………………… 523
一、企业危废合规之制度建设………………………………………… 523
二、企业危废合规之系统管理………………………………………… 526
三、企业危废合规之管理计划制定细则——以产废单位为例 …… 529

四、企业“危废”涉及的法律责任及合规化建议 …………………… 543

第九章　住宿餐饮业刑事合规实务指引 …………………… 546
第一节　住宿餐饮行业概述 …………………… 546
一、住宿餐饮行业背景 …………………… 546
二、住宿餐饮行业现状 …………………… 548
第二节　住宿餐饮行业高发罪名 …………………… 552
一、重大责任事故罪 …………………… 552
二、容留卖淫罪 …………………… 554
三、容留他人吸毒罪 …………………… 555
四、侵犯公民个人信息罪 …………………… 557
五、生产、销售不符合安全标准的食品罪 …………………… 559
六、生产、销售有毒、有害食品罪 …………………… 560
七、非法猎捕、收购、运输、出售陆生野生动物罪 …………………… 561
第三节　住宿餐饮行业刑事风险防范建议 …………………… 563
一、了解住宿餐饮企业自身的合规需求 …………………… 564
二、搭建住宿餐饮企业的合规体系 …………………… 566
三、确保住宿餐饮企业合规体系有效运行 …………………… 568

第十章　医美行业刑事合规实务指引 …………………… 569
第一节　我国医美行业的概述 …………………… 569
一、医美行业背景 …………………… 569
二、我国医美行业刑事高发风险 …………………… 571
第二节　医美行业高发罪名 …………………… 575
一、非法行医罪 …………………… 575
二、非法经营罪 …………………… 578
三、医疗事故罪 …………………… 580
四、过失致人重伤罪 …………………… 583
五、过失致人死亡罪 …………………… 585

六、生产、销售、提供假药罪 …… 589
七、妨害药品管理罪 …… 591
八、诈骗罪 …… 593
九、贷款诈骗罪 …… 595
十、走私普通货物、物品罪 …… 597
第三节　医美行业刑事合规指引范本 …… 600
一、概述 …… 600
二、资质合规管理 …… 601
三、医美服务环节的合规管理 …… 603
四、商业伙伴尽职调查 …… 604
五、合规管理组织 …… 605
六、风险评估 …… 605
七、合规培训与宣传 …… 605
八、沟通与举报 …… 605
九、奖励与惩罚 …… 605

后　记 …… 606

上篇

企业刑事合规总论

第一章　刑事合规的基本问题

第二章　企业刑事合规组织体系

第三章　刑事合规操作指引

第四章　律师办理企业合规业务实务操作

| 第一章 |

刑事合规的基本问题

企业是经济的基本细胞，而现代经济的要义在于法治经济。企业合法、合规从事经营活动才能够保障整个经济体系的健康运行。犯罪是最严重的违法行为，刑事风险最为致命。企业合规、合法经营，远离刑事法律风险，对企业自身以及整个社会来说都意义非凡。

第一节　刑事合规的概念与特征

一、刑事合规的产生及发展概况

（一）刑事合规的产生

刑事合规起源于西方，发端于美国金融领域的合规计划，经历了：金融领域合规计划的产生、合规计划覆盖各个领域以及被《美国联邦量刑指南》明确合规影响公司犯罪的定罪与量刑的刑事合规正式产生三个阶段。

1. 金融领域合规计划的产生。1929 年，美国进入经济大萧条时代，金融系统几近瘫痪。为扭转局势，美国放弃了长期坚守的经济政策，对金融市场实施强监管，要求商业银行、证券公司制定内部合规运作规范，接受政府监督，由此出现了银行、证券业的合规计划。但这种合规计划仅存在于金融领域。从 20 世纪 30 年代起，萌生于美国金融市场的合规计划理念，得到了全球许多国家的认同，后来，合规计划跨越了金融行业，在其他领域也得到了适用，这就是我们通常所说的企业合规。

2. 合规计划发展到各个领域。1977 年，《美国反海外腐败法》颁布，该法对企业内部管理提出要求，如要求企业制作准确完整的财务报表等，在该法的压力下，在美企业纷纷建立合规制度。

3. 刑事合规的正式产生。1991 年，为使合规制度得到进一步推广，美国修订了《美国量刑指南》。《美国量刑指南》第八章“组织犯罪量刑”C 部分第二节第5 条中规定：“如已有防止和发现违法行为的有效措施，但仍然发生某种犯罪行为，则减少 3 点。”同时，该章 A 部分注释条款中规定，所谓“防止和发现违法行为的有效措施”，是指“因得到合理制定、贯彻和实施，从而一般能有效地防止和发现犯罪行为的措施。”在该措施的解释上，该注释条款规定了7 种构成要素，如制定了特定的合规规范、有特定人员负责落实合规规范的执行、尽到了合理注意义务，等等。[①] 以上两款规定被视为企业的量刑优惠条款，也就是说，如果企业积极实施了符合《美国量刑指南》规定的7 种构成要素的合规计划，司法机关应当减轻其刑事责任。《美国量刑指南》的修订，意味着合规计划第一次进入刑事领域，成为量刑部分豁免的依据，使合规计划与刑事司法活动联系起来。由此，刑事合规登上了历史舞台。

可见，刑事合规与合规计划密不可分。那么，刑事合规与合规计划又有什么关系呢？根据《美国量刑指南》的规定，所谓合规计划，是指“预防、发现和制止企业违法犯罪行为自律机制”[②]。由此可见，刑事合规是企业合规计划的一部分。由于企业违法行为会对生产经营产生毁灭性打击，所以，刑事合规是合规计划最为核心的部分。[③] 换言之，刑事合规的成败，往往决定合规计划的成败，也事关企业的生死存亡。虽然刑事合规是合规计划的一部分，但因有刑事政策倾向，其仍承载了合规计划未有的功能，其中最为重要的是与刑事责任相关联，保障企业合规计划的有效运行，并承担一定的犯罪

---

① 参见美国量刑委员会编：《美国量刑指南：美国法官的刑事审判手册》，逄锦温等译，法律出版社2006 年版，第 421、433 页。

② U. S. Sentence Guidelines Manual §8B2. 1 (a) (2004).

③ 参见孙国祥：《刑事合规的理念、机能和中国的构建》，载《中国刑事法杂志》2019 年第 2 期。

预防任务。刑事合规与合规计划的此点区别往往容易被遗忘。正如我国学者指出的那样，“在当今中国，最容易犯的错误是，简单地将刑事合规理解为企业为了避免刑事风险而制定并实施的企业内部的规章制度，是企业经营管理的活动之一。但是，如果我们把视野放大，将企业的刑事合规活动放在国家、社会层面考量，就会发现企业的刑事合规活动有着更为重要的法律和社会意义”①。毋庸讳言，从这方面来看，刑事合规与现行刑法中的犯罪自首具有同质性，都是一种量刑从宽制度，只是自首着眼于犯罪后，是一种刑事追责制度，而刑事合规更着眼于犯罪前，是一种犯罪预防制度。

综上，在理解刑事合规时，需要明确两个不同的侧面。首先，从刑事合规的发展史可知，刑事合规是由合规计划发展而来的，是合规计划的一部分，就此层面而言，其是企业内部经营管理的一部分，实践表现形式是企业内部规章制度。其次，因承担刑事政策的功能，刑事合规在刑法意义上超越了合规计划，成为刑法制度的一部分。此层面的刑事合规与刑事责任相关联，一方面可以成为刑事责任减轻或者免除的抗辩事由，另一方面也可成为疏于履行刑事合规义务的责任前提。通常来说，实务界所称的刑事合规主要是前者，而理论界所称的刑事合规主要是指后者。

（二）域外刑事合规制度概览

20 世纪 90 年代以来，随着经济的发展，企业涉足社会生活的领域越来越广泛，不乏对既有法律体系边界的触碰和突破。因此，公司（或法人或单位）犯罪罪名的增多成为一大趋势。但惩罚不是目的，起诉一家企业往往相当于宣告了它的死亡。因此，在公司犯罪扩张的过程中，很多国家同时完成了公司犯罪预防的转型。

1. 美国的刑事合规模式

如前所述，美国制度化的刑事合规制度被认为首次出现在《美国量刑指南》第八章的“组织量刑规则”中。该章导言部分开篇就指出：“本章旨在维持预防、发现和举报犯罪的内在机制，使对组织及其代理人的制裁总体上

① 石磊：《刑事合规：最优企业犯罪预防方法》，载《检察日报》2019 年 1 月 26 日，第 3 版。

能够提供公正的惩罚、足够的威慑和对组织的激励。"[①] 至于如何激励企业维持内部控制系统，该章进一步指出：如果企业建立了有效的合规系统，那么，可以减轻其刑罚。依照规定的量刑标准，该减轻幅度最高可达95%；如果企业怠于合规，最高可处4倍罚金。[②]

此后，为了有效推动内控，《美国萨班斯法案》不惜显著提高相关领导人员的刑事责任以及企业的罚金，进一步加强了《美国量刑指南》中的以内控机制为主的刑事合规制度。具体来说，主要是被称为"最昂贵条款"的《美国萨班斯法案》404条款，"为了达到404条款的要求，上市公司要保证对交易进行财务记录的每一个环节都有相应的内部控制制度，如对交易的条件、合同成交的记录、付款和交货的时间、业务的具体负责人员等作出详细的记录和制定相应的控制措施，此外，还需要及时总结出内部控制中存在的缺陷并提出具体的补救措施"[③]。

2015年，经耶茨签署的《公司违法行为个人责任指令》（又称"耶茨备忘录"），进一步体现了美国在构建和实施刑事合规制度时，对于个人责任的重视和强化。"耶茨备忘录强调执法过程中个人配合，也要求涉案个人承担相应责任，这一指令表现出美国司法部欲将企业高层绳之以法的倾向；如果企业内部人员实施了违法行为，法律顾问首先要迅速采取调查措施并予以制裁，再根据不同国家的法律规定，将调查信息披露给相应的执法部门，为企业争取获得宽大处理的可能性。"[④] 由此可知，美国将刑事合规作为一种内在机制，通过强化个人责任、配套以量刑激励措施来产生提示、预警效应，促使企业制订并贯彻实施合规计划，最终实现刑罚对犯罪的预防功能。并且，这种内在机制不断得到强化。

美国反腐败合规制度的建立源于20世纪70年代美国水门事件的爆发与后续的调查处理活动。1972年水门事件爆发后，在调查过程中，政府发现数

---

① U. S. Sentencing Guideline Manual, §8, Introductory Commentary.

② See U. S. Sentencing Guideline Manual, §8C2. 6. (2015).

③ 施君：《解读美国〈萨班斯法案〉404条款及其立法启示》，载《扬州大学学报（人文社会科学版）》2009年第3期。

④ 陈可倩、龚自力：《白领犯罪前沿问题——白领犯罪国际研讨会会议综述》，载《交大法学》2016年第2期。

百家美国企业在内部设立了秘密贿赂资金，专门用于在国内提供政治献金及在海外贿赂外国政府官员。1977 年美国国会通过《美国反海外腐败法》，对违反相关条款的企业和其他商业实体，可以处以 200 万美元以下的罚金；对于个人可以处以 10 万美元以下罚金和 5 年以下的监禁刑。1991 年《美国量刑指南》，将企业合规制度正式引入美国法律实践领域。不仅对企业合规的定义进行了立法规定，将企业合规规定为影响企业犯罪罚金减免和缓刑适用的法定要素，而且确立了"有效的"企业合规计划的 7 项最低标准。在犯罪发生时，只要企业实施了有效的合规计划，那么依据《美国量刑指南》的规定，相应的企业就可以得到最高幅度为 95% 的减刑。根据《美国量刑指南》的规定，企业合规不仅可以帮助企业减免刑罚，而且还是决定是否及如何对企业适用缓刑的重要影响因素。

2. 英国的刑事合规模式

传统上，英国的刑事合规模式主要是将个人的行为，如企业高层的行为等同于企业的行为加以规制[①]的模式，但是缺乏企业管理体制上的整体的合规制度。于是，2007 年的《企业过失杀人与企业杀人法》规定了新的责任形式，对企业提出了管理体制上的要求。该法规定：如果因其组织和管理活动严重背离其应当承担的义务而导致人员死亡，那么该部分所规定的组织应当承担刑事责任；在判断是否存在重大义务违反时，应考虑组织是否遵守相关健康和安全法规，同时应当考虑是否存在容易导致犯罪行为的态度、政策以及惯例。[②] 在 2010 年《反贿赂法》中，其第 7 条规定"商业组织预防腐败失败的法律效果"部分第 2 部分规定，如果该商业组织拥有旨在预防组织成员实施犯罪行为的足够的措施，则构成合法辩护；其第 9 条规定，国务大臣应当制定关于预防组织成员犯罪的适当程序和措施的指南，并进行适时修订。[③] 2011 年英国司法部发布了细化《反贿赂法》第 9 条的具体指导意见，设定了组织建立合规计划的 6 条原则：适当程序、高层践行、风险评估、尽职审查、

① 参见李本灿：《刑事合规理念的国内法表达——以"中兴通讯事件"为切入点》，载《法律科学（西北政法大学学报）》2018 年第 6 期。

② Corporate Manslaughter and Corporate Homicide Act 2007，Section 1，Section 8.

③ Bribery act 2010，Chapter 23，§7 —（2）and §9 —（1）（2）.

沟通、监控和检查。①

总的来说，英国的刑事合规模式，是通过建立适当的合规制度，将个人行为与企业挂钩的模式。

在反腐败方面，《反贿赂法》作出的最大创新之处，在于创立了一个新的罪名："商业组织预防贿赂失职罪"，确立了公司企业因为疏于构建内部预防贿赂制度而导致行贿行为发生所要承担的刑事责任。根据该法，只要一个商业组织的"关联人员"，为了获取或保留该组织的业务，或者为了获取或保留该组织的商业优势，而向他人行贿的，该商业组织即构成该罪。当然，该组织能够证明其已经制定了"充分程序"以预防行贿行为发生的除外。

3. 德国的刑事合规模式

德国的刑事合规模式的特点在于其主要是以具有道德谴责性的个体为制裁对象，对待企业主要是通过行政罚款的方式加以规制；刑事合规计划的有无是刑罚裁量的考量因素之一。

起初，只有零星的条款对于企业的刑事合规责任进行了规定，但是后来通过引入1968年的《秩序违反法》第30条，规定了企业的刑事合规责任。根据其规定，只要高层管理人员实施了刑事犯罪或者行政犯罪，就可以对企业施加罚款。② 对于德国的合规立法，乌尔里希·齐白（Ulrich Sieber）教授指出：在德国，旨在预防犯罪的合规计划主要是设立在金融机构里，《反洗钱法》第14条第2款第2项要求金融机构建立旨在防止洗钱行为的"适当的保护和控制机制"。这种机制提出的要求包括：员工要可靠（第14条第2款第3项）；他们要定期接受关于洗钱方法的培训（第14条第2款第4项）；确立一个与刑事追诉机关进行联络的主管人员（第14条第2款第1项）。《银行法》第25a条也规定了全面的组织义务，据此金融机构应当指定一个"适当的专门机构"，由其负责法律制定的执行。比如，这样的专门机构既可以是"负责反洗钱与反欺诈行为的适当的业务与客户安全机构"（第25a条第1

---

① See Thomas R. Fox, *UK Bribery Act Guidance: the Six Principles of a Non—Skewered Compliance Program*, 2011.

② See Antonio Fiorella & Alfonso Mafia Stile, *Corporate Criminal Liability and Compliance Programs*, Jovene Editore Napoli, 2012.

款第3项)，也可以是“对业务活动进行全面记录的机构”(第25a条第1款第2项)，还可以是设立了“内部控制程序”的“适当而有效的风险管理机构”(第25a条第1款第3句)。《证券交易法》第33条还规定了广泛的组织义务，该法的规定在过去几年中变得越来越细，越来越全面，而且被联邦财政部的规章予以细化。根据该法第33条第1款第1项的规定，证券服务公司为了履行法定义务，还应“制定适当的原则，预留资金，设立程序，特别是要设立一个长期性与有效性的合规职能，从而能够独立地履行职责”①。

在实践中，不管是事前的还是事后的，有效的合规计划将被作为减轻刑罚的情节予以考虑。在Ferrostaal(德国富乐斯多公司)案的审理中，位于慕尼黑的拜仁第一州法院对企业处罚的罚款金额为公司对内容管理系统(Content Management System，CMS)投入金额的一半(3000万欧元)，亦即，因为企业合规管理系统的存在，其罚款金额被显著减轻了。② 西门子一案中，西门子公司事后的合规措施被积极地考虑进罚款的裁量中。③

4. 法国的刑事合规制度

2016年12月8日，法国国会通过了《关于提高透明度、反腐败以及促进经济生活现代化的2016—1691号法案》。该法案沿袭了法国原财政部长米歇尔·萨宾于1993年提交的第一份反腐败法案，故被称为《萨宾第二法案》。该项法案首次确立了强制合规制度，要求符合条件的企业承担建立合规机制的义务，并对不建立合规机制的公司确立法律责任。与此同时，该项法案还吸收了美国和英国的经验，确立了法国式的暂缓起诉制度，允许检察机关与涉嫌犯罪的企业签订和解协议，确立3年考验期，涉案企业在此期限内缴纳罚款、赔偿受害者并制订或完善合规计划，在考验期满经审查确认履行了协议内容的，检察机关将撤销起诉。

通过观察域外国家刑事合规制度，可以发现其内在逻辑。一方面，通过

---

① [德]乌尔里希·齐白：《全球风险社会与信息社会中的刑法：二十一世纪刑法模式的转换》，周遵友、江溯等译，中国法制出版社2012年版。

② See Thomas Rotsch (Hrsg.), Criminal Compliance vor den Aufgaben der Zukunft, 2013.

③ See Antonio Fiorella & Alfonso Mafia Stile, *Corporate Criminal Liability and Compliance Programs*, Jovene Editore Napoli, 2012.

设置十分严格和严厉的刑事法律责任，增加企业的犯罪成本。另一方面，采用“暂缓起诉”等一系列刑罚激励措施，促使企业自主建立合规体系。一赏一罚，以切实的诉讼利益引导企业主动走上刑事合规之路。这表明，域外刑事合规制度并不过分依仗事后惩罚，而是将重心放在事前预防。

通过上文对于美国、英国和德国的域外刑事合规模式的梳理可知，各国的刑事合规模式存在一定的同一性，即不管是通过设立独立罪名来预防犯罪的英国模式，还是通过规定量刑激励手段的美国模式，都是以刑事合规手段为媒介，促进组织体自觉进行合规管理。同时，各国的刑事合规模式也存在不同之处。在美国的组织量刑之中，合规计划被明确定位为量刑政策。然而，在德国：除了个人承担刑事责任的模式之外，德国还有公司承担责任的模式。但是，公司责任模式在传统上要弱于个人责任模式，主要表现为，根据德国法，对于违反秩序的行为，公司不能被处以刑罚，而只能被处以罚款；而合规计划对于公司责任的意义在于，如果在其自身组织过错内寻找制裁公司的理由，那么适当的合规措施在针对员工的严重违法行为时，能够轻易影响制裁裁量。[①] 从这个意义上说，Sieber 教授所坚持的观点：“从德国现行法来看，这样的激励效果目前还几乎没有发生，因为这里的合规计划对于量刑或免予起诉产生的相应效果尚未明确，或者难以立即予以明确，这也是德国法不同于美国法和意大利法的地方”，是值得进一步讨论的。[②]

（三）我国语境下的刑事合规

在国家“一带一路”经济带建设的倡议背景下，越来越多企业需要“走出去”，因而会面临前所未有的刑事风险。风险的提高使相应的企业受制裁可能性增加。刑事合规在我国企业走向国际的今天更加迫切。而我国的刑事合规理念有其独特的表达。

我国的刑事合规理念主要表达在《刑法》中，主要包括重大责任事故罪、强令、组织他人违章冒险作业罪、重大劳动安全事故罪、大型群众性活

① 参见［德］乌尔里希·齐白：《全球风险社会与信息社会中的刑法：二十一世纪刑法模式的转换》，周遵友、江溯等译，中国法制出版社 2012 年版，第 252、259～269 页。

② 参见［德］乌尔里希·齐白：《全球风险社会与信息社会中的刑法：二十一世纪刑法模式的转换》，周遵友、江溯等译，中国法制出版社 2012 年版，第 252、259～269 页。

动重大安全事故罪、危险物品肇事罪、工程重大安全事故罪、教育设施重大安全事故罪、消防责任事故罪等。更具有代表性的主要是对于计算机网络安全保障的刑事合规理念，以及道路安全保障的刑事合规理念。

《全国人民代表大会常务委员会关于加强网络信息保护的决定》第4条规定，网络服务提供者和其他企业事业单位应当采取措施保护公民个人电子信息。[①]《即时通信工具公众信息服务发展管理暂行规定》第5条规定，即时通信工具服务提供者应当采取措施保护用户信息及公民个人隐私。[②]《计算机信息网络国际联网安全保护管理办法》第10条规定，互联单位、接入单位及使用计算机信息网络国际联网的法人和其他组织对于网络安全的保障有义务采取措施。[③]

国外企业之所以在建立合规计划方面具有强大的动力，是因为合规在刑法上具有多重激励机制。也就是说，建立有效的合规计划可以成为涉嫌犯罪的企业寻求不起诉、作出无罪抗辩、获得减免刑罚乃至与监管机构签署暂缓起诉协议的重要依据，企业由此可以最大限度地减少损失。尽管我国暂时没有建立起以国家为主导的成体系的立法上的激励措施，如《刑法》尚未将企业合规作为法定量刑情节、《刑事诉讼法》尚未纳入刑事合规程序，但在最高人民检察院主导的企业合规改革过程中，已经形成了多份指导性文件，而在此之前，我国已经存在进行刑事合规的现实及法律基础。

1. 我国建立刑事合规制度的现实基础

在我国司法实践中，企业面临着数量较多且不确定的刑事法律风险，特

---

① 《全国人民代表大会常务委员会关于加强网络信息保护的决定》第4条规定："网络服务提供者和其他企业事业单位应当采取技术措施和其他必要措，确保信息安全，防止在业务活动中收集的公民个人电子信息泄露、损毁、丢失。在发生或者可能发生信息泄露、毁损、丢失的情况时，应当立即采取补救措施。"

② 《即时通信工具公众信息服务发展管理暂行规定》第5条规定："即时通信工具服务提供者应当落实安全管理责任，建立健全各项制度，配备与服务规模相适应的专业人员，保护用户信息及公民个人隐私，自觉接受社会监督，及时处理公众举报的违法和不良信息。"

③ 《计算机信息网络国际联网安全保护管理办法》第10条规定："互联单位、接入单位及使用计算机信息网络国际联网的法人和其他组织应当履行下列安全保护职责：（一）负责本网络的安全保护管理工作，建立健全安全保护管理制度；（二）落实安全保护技术措施，保障本网络的运行安全和信息安全；（三）负责对本网络用户的安全教育和培训……"

别是在销售、融资等环节，更容易触碰犯罪红线。这反映出我国建立刑事合规制度的现实基础，具体而言有以下四点：

（1）单位犯罪高发。通过检索裁判文书可知，单位犯罪一审刑事案件裁判文书数量近年来呈不断上升趋势。

（2）企业家犯罪高发。单位犯罪实行双罚制，单位犯罪往往也意味着企业家犯罪。据统计，2014～2018 年，企业家犯罪案件数以及涉案企业家人数都处于总体上升趋势，见图 1－1。2020 年，企业家犯罪案件数为 2635 件，涉案企业家人数为 3095 人。①

图 1－1　2014～2018 年企业家犯罪情况统计

资料来源：张远煌：《企业家刑事风险分析报告（2014—2018）》，载《河南警察学院学报》2019 年第 4 期。

（3）私有产权法律保障有待加强。党的十八大以来，中央对产权保护提出新要求。十八届三中全会指出，完善产权保护制度，国家保护各种所有制经济产权和合法利益；十八届四中全会指出，健全以公平为核心原则的产权保护制度，加强对各种所有制经济组织和自然人财产权的保护；“十三五”规划建议指出，推进产权保护法治化，依法保护各种所有制经济权益。中共中央、国务院也相继出台文件加强产权保护。在产权保护尚待加强的情况下，企业为了保护自身合法产权，避免遭受不当侵害，有必要加强刑事法律风险

① 参见张远煌：《企业家刑事风险分析报告（2020）》，载《河南警察学院学报》2021 年第 4 期。

防范。

（4）目前我国刑事司法，政策性、选择性等特征仍然存在，企业面临刑事风险种类多、不确定性大，也是刑事合规的必要性所在。

2. 我国建立刑事合规制度的法制基础

除了现实中刑事风险多发，在法律体系层面，单位犯罪罪名增加等趋势，也使企业面对的法网更加细密，合规责任更加严格，这是我国建立刑事合规制度的法制基础。具体而言有以下四点：

（1）单位犯罪罪名增加。单位犯罪的犯罪圈处于扩张趋势。1997 年《刑法》颁布时，有单位犯罪罪名 146 个，《刑法修正案（一）》至《刑法修正案（十一）》共增加单位犯罪罪名 44 个，现有单位犯罪罪名共计 190 个，占刑法罪名总数的 39. 34%。有观点认为：“相较于目前两大法系多数国家纷纷将公司犯罪原则上扩大到所有罪名这一显著变迁，我国刑法中单位犯罪的罪名范围依然狭窄。”① 单位刑事责任的扩张是企业刑事合规的基本前提之一。

（2）单位犯罪追诉标准降低。我国立法或者司法对单位犯罪与自然人犯罪采取不同的定罪标准，如单位犯罪的追诉起点和量刑标准一般高于自然人犯罪。

但犯罪的本质是法益侵害，既然单位与个人犯罪侵害的法益性质和程度相同，二者所受到的刑事追诉与处罚也应当协调一致，这既是罪刑相当原则的基本要求，也是法律面前人人平等的原则的具体体现。近年来，最高人民法院和最高人民检察院的司法解释已经开始统一个人与单位的定罪标准。例如，最高人民法院和最高人民检察院 2007 年印发的《关于办理侵犯知识产权刑事案件具体应用法律若干问题的解释（二）》规定，单位实施侵犯知识产权的犯罪，依照相应个人犯罪的定罪量刑标准定罪处罚。最高人民检察院和公安部 2022 年印发的《关于公安机关管辖的刑事案件立案追诉标准的规定（二）》在 62 种可以由个人和单位两种犯罪主体构成的经济犯罪中，规定合同诈骗罪等 61 种犯罪原则上不再区分个人和单位犯罪的立案追诉标准，仅对非法经营罪作出单位与个人犯罪数额有区别的规定。其主要理由是：大多数

① 赵赤：《企业刑事合规：全球趋势与中国路径》，载《检察日报》2018 年 8 月 22 日，第 3 版。

经济犯罪的个人犯罪和单位犯罪的刑罚没有差别；从罪刑相适应原则来看单位犯罪多为有组织、有预谋的共同犯罪，其主观恶性大于个人犯罪，对经济秩序的破坏也大于个人犯罪，单位犯罪的立案追诉标准不应高于个人犯罪的立案追诉标准。

（3）立法模糊地带导致行为缺乏法规范依据。在法定犯中，很大一部分罪名属于空白罪状，即采用“非法”＋行为类型的立法模式，犯罪的成立以行为人违反其他相关法律规范为前提。《刑法》的适用需要引证到其他部门法当中，这种引证大概可以分为三种情形：①引证充分；②引证不充分；③没有引证，即没有“非法”的法律依据。以发票类犯罪为例，除了《刑法》将相关行为规定为犯罪，其他关于发票管理的规范主要有《税收征收管理法》《发票管理办法》，但在这两部规范当中，只有虚开和伪造发票类行为构成犯罪的，可以依照《刑法》追究刑事责任；而对于出售、购买真实发票等行为，虽然在《刑法》中被规定为犯罪，如“非法出售增值税专用发票罪”，但在上述两部规范中缺乏“非法”的依据。这种现象表现在实践中，就可能导致企业生产经营活动缺乏明确的规范依据，在工商行政部门没有认定违法（或者不禁止某类行为）的情况下，突然被指控为犯罪。

（4）企业是否遵守了合规义务已经在某种程度上成了犯罪是否成立以及量刑时的考量因素。有时立法将未履行合规义务作为入罪条件，如《刑法》第286条之一规定的“拒不履行信息网络安全管理义务罪”，是指网络服务提供者不履行法律、行政法规规定的信息网络安全管理义务，经监管部门责令采取改正措施而拒不改正，致使违法信息大量传播，或用户信息泄露并造成严重后果，或刑事案件证据灭失情节严重，或有其他严重情节的行为。《刑法》将拒不履行合规义务作为入罪条件，就不能再将此作为量刑情节适用。有时立法将是否履行合规义务作为量刑情节，如根据最高人民法院和最高人民检察院2015年印发的《关于办理危害生产安全刑事案件适用法律若干问题的解释》，行为人实施《刑法》第132条（铁路运营安全事故罪）、第134条第1款（重大责任事故罪）、第134条第2款（强令、组织他人违章冒险作业罪）、第135条（重大劳动安全事故罪）、第135条之一（大型群众性活动重大安全事故罪）、第136条（危险物品肇事罪）、第137条（工程重大安全事故罪)、第138条（教育设施重大安全事故罪)、第139条（消防责任事故罪)、第139条之一（不报、谎报安全事故罪）规定的犯罪行为，具有多次实施违法行为、事后妨碍、对抗调查等情况，可以作为从重情节。

3. 我国目前的合规规范体系

我国尚未建立成熟的刑事合规制度，合规主要是作为行政激励机制出现。

有人将2018年称为中国的合规元年，因为在这一年中，我国共有三个合规指引发布或实施。首先是国家质量监督检验检疫总局[①]、国家标准化管理委员会制定的《合规管理体系　指南》，该文件虽然不具有行政约束力，但成为合规的第一个国家标准。有行政强制力的文件是由国务院国有资产监督管理委员会（以下简称国资委）颁布的《中央企业合规管理指引（试行)》和由国家发展和改革委员会（以下简称国家发改委）会同其他六家部门联合发布的《企业境外经营合规管理指引》。以上三份文件标志着合规正式进入中国，成为中国企业建立合规管理体系的直接法律依据。[②]

目前我国的合规规范体系主要包括以下文件：

2006年，中国银行业监督管理委员会[③]《商业银行合规风险管理指引》；

2007年，中国保险监督管理委员会[④]《保险公司合规管理办法》；

2015年，中国证券监督管理委员会（以下简称证监会）《行政和解试点实施办法》(已失效)；

2017年，国家质量监督检验检疫总局、国家标准化管理委员会《合规管理体系　指南》；

2018年，国资委《中央企业合规管理指引（试行)》；

2018年，国家发改委等七部门《企业境外经营合规管理指引》。

这标志着我国行政监管机制的转变，从事后严厉处罚转向督促企业进行合规整改，排除制度漏洞，以便改善公司治理结构，避免违规行为再次出现。以证监会《行政和解试点实施办法》（已失效）为例，此前行政和解主要发

① 现为国家市场监督管理总局，后文不再赘述。

② 参见陈瑞华:《企业合规的基本问题》，载《中国法律评论》2020年第1期。

③ 现为中国银行保险监督管理委员会，后文不再赘述。

④ 现为中国银行保险监督管理委员会，后文不再赘述。

生在行政复议和行政诉讼阶段，属于行政救济和争议解决过程中的和解。2015 年最大的突破是在行政执法和行政监管调查阶段引入行政和解，证监会在调查期间发现企业违规的，只要符合法定条件，双方就可以达成和解协议，由企业方缴纳行政和解金，证监会对其中止调查。与此同时，企业必须对涉嫌违法行为和不合理的规章制度进行全面整改和消除。①

2019 年 4 月 23 日，证监会公开首起行政和解案例，中国证监会与高盛（亚洲）有限责任公司、北京高华证券有限责任公司以及前述两家机构的相关工作人员等 9 名行政和解申请人（以下简称申请人）于 2019 年 4 月 23 日达成行政和解协议，相关人员由于涉嫌证券交易违规，缴纳和解金 1.5 亿元人民币，并进行合规整改，证监会则终止对其相关行为的调查和审理程序。②

4. 我国的典型刑事合规案例

虽然我国还没有建立完善的合规体系，但司法实践中却已出现合规整改案例，甚至在个别刑事案件中体现出了合规作为出罪事由的意味。

湖南建工集团有限公司合规案③

湖南建工集团有限公司是一家位列中国五百强的大型国有企业，该公司曾参加由世界银行资助的一起道路翻修项目的竞标，并提供了全套旨在证明自身具有施工经验和竞争实力的证据材料。世界银行廉政局（INT）经过审查发现，该公司在竞标时提交的业务经验文件是不真实的，构成了《世界银行集团诚信合规指引》所定义的欺诈行为。对此，湖南建工集团予以承认，并配合了世界银行的调查。2013 年 10 月，世界银行对该公司作出了“附解除条件的取消资格”两年的制裁决定。根据这份制裁决定，湖南建工集团（包括其关联企业）在两年内不得参与世界银行资助的项目，也不得因世界银行贷款而获得收益。两年期满后，该公司满足以下两个条件的，就可以申请恢复资格：一是针对被制裁的违规行为采取了适当的补救措施；二是建立并执行了符合世界银行要求的、有效的诚信合规计划。

---

① 参见陈瑞华：《企业合规的基本问题》，载《中国法律评论》2020 年第 1 期。

② 证监会公告〔2019〕11 号，载中国证券监督管理委员会网，http：//www.csrc.gov.cn/pub/zjhpublic/zjh/201904/t20190423_354756.htm。

③ 参见陈瑞华：《湖南建工的合规体系》，载《中国律师》2019 年第 11 期。

世界银行的制裁给湖南建工集团既造成了贷款融资上的困难，也带来了声誉上的重大损失。为挽回声誉，避免更大损失，尽早解除制裁，湖南建工集团在世界银行的监控和指导下开始了建立有效合规计划的行动。2017 年 6 月 29 日，湖南建工集团建立和实施诚信合规体系的努力得到了世界银行的认可，收到了世界银行的解除制裁通知书，这标志着世界银行对该公司的制裁正式撤销。

雀巢公司合规案①

2011~2013 年 9 月，郑某等 6 名雀巢公司员工为推销配方奶粉，通过支付好处费等手段，从兰州市多家医院医务人员处获取孕产妇姓名、手机号等信息共计 12 万余条。2016 年 10 月 31 日，兰州市城关区人民法院一审宣判，以侵犯公民个人信息罪分别判处郑某等人拘役 4 个月至有期徒刑 1 年 6 个月的刑罚。之后，郑某等人以涉案行为属于单位犯罪等理由提出上诉。2017 年 5 月 31 日，兰州市中级人民法院作出二审裁定：驳回上诉，维持原判。雀巢公司在二审中抗辩称，其从不允许员工以非法方式收集消费者个人信息，并且从不为此向员工、医务人员提供资金，其在《雀巢合规宪章》、《雀巢指示》（取自雀巢公司员工培训教材）、《关于与保健系统关系的图文指引》等文件中明确规定"对医务专业人员不得进行金钱、物质引诱"，对于这些规定要求，其还要求所有营养专员接受培训并签署承诺函，已建立了有效的合规计划，本案中员工行为应属个人行为。二审法院认为：雀巢公司政策、员工行为规范等证据证实，雀巢公司禁止员工从事侵犯公民个人信息的违法犯罪行为，各上诉人违反公司管理规定，为提升个人业绩而实施犯罪为个人行为。案中，合规成为切割单位责任和员工责任的根据，成为无罪抗辩的理由。

二、刑事合规的概念

如上所述，刑事合规概念来自西方的法律体系，本质上是一种新型的公司犯罪预防制度。何为刑事合规呢？合规的英语是 compliance，它的动词是

① 兰州市城关区人民法院刑事判决书，（2016）甘 0102 刑初 605 号；兰州市中级人民法院刑事裁定书，（2017）甘 01 刑终 89 号。

comply，是遵守、遵从的意思。根据字面意思，刑事合规就是合乎刑事法律规定的意思。有学者将刑事合规归纳为，“刑事合规实际上是借助刑事法律手段，构罪或者量刑，以推动组织体自我管理的相关立法和实践”；也有学者将其表述为，“刑事合规包括全部必要以及被法律允许的措施，这些措施是旨在避免因企业相关行为而给企业员工带来刑法责任”。笔者认为，对刑事合规的正确界定必须在了解刑事合规的产生历史及刑事合规制度的基础上进行。

通过前面对刑事合规制度的起源以及对我国和域外相关制度的考察，我们可以总结得出，刑事合规概念具有国家监管、公司治理、法律规制三方面内涵。刑事合规概念可以界定为：企业为了规避自身及员工行为构成犯罪的法律风险，在国家刑事立法及政策确立的刑事责任和正向激励的引导下，以刑事法律规范为准则，制定和实施合法合规经营的计划和措施的活动。详细解读如下。

（一）刑事合规是一种公司治理手段

如前所述，在刑事法律风险频发的背景下，公司企业如果想稳定、长久地经营，就必然需要依法依规经营，防患于未然。特别是在经济全球化、“一带一路”的大背景下，大量中国企业走向国际社会，一定要严格遵循相关国家及国际组织的法律制度和商业惯例，建立合规计划就成为必然要求。

现实中不乏我国企业违反所在国合规义务被处以巨额罚款的案例，如中兴通讯合规案。美国商务部网站的信息显示，中兴通讯自 2010 年 1 月～2016 年 4 月，在知晓美国依据《伊朗交易与制裁条例》对伊朗长期实施制裁的情况下，仍将内含美国制造的受限类配件和软件产品出口到伊朗，以获取伊朗公司的合同并参与当地庞大通信网络的供应、建设、运营及服务，这些合同金额达到数亿美元。最终美国政府对中兴通讯提出的三项指控包括串谋非法出口、阻挠司法以及向联邦调查人员作出虚假陈述。

2017 年 3 月，中兴通讯与美国政府就出口管制调查案件达成和解，中兴通讯支付约 8.9 亿美元的刑事和民事罚金，美国商务部工业与安全局对中兴通讯的 3 亿美元罚金被暂缓，是否支付将依据未来 7 年中兴通讯对协议的遵守情况而定。

美国有关部门对中兴通讯启动调查前，公司领导对于贸易管制合规不了解，没有采取相应的应对措施。2012 年 3 月，美国得克萨斯州法院最先给中兴通讯在美国的子公司发出传召函，针对中兴通讯立案调查。此前，中兴通讯法务部在 2009 年就预计公司将在出口贸易中面临风险，在 2011 年 8 月 25 日向公司领导层提交了《关于全面整顿和规范公司出口管制相关业务的报告》，后来又应领导要求制定了《进出口管制风险规避方案》。2016 年中兴通讯发布了《中兴通讯进出口管制合规手册》，并于 2018 年进行修订更新，面向全员发布了《中兴全球出口管制和经济制裁合规手册》。近两年来，中兴通讯在出口管制合规方面不断探索属于其特有的出口管制合规体系。

（二）刑事合规制度由国家主导构建

仅依靠企业自觉可能尚不足以促使其严格遵守法律规范。因此，西方的合规制度是在国家立法手段的主导下建立起来的。一方面设立严厉的刑事责任，作为违反合规义务的法律后果；另一方面设置罚金减免、暂缓起诉等制度，作为履行合规义务的刑罚激励。正如有学者指出：真正意义上的“合规计划”包括两个方面的基本要素：（1）企业为预防、发现违法犯罪行为建立完善的内部机制；（2）建立了“合规计划”的企业，刑法上给予鼓励回应，作为减轻其刑事责任的依据。第二个要素就体现为刑法担当。[①] 所谓“刑法担当”，也就是国家刑事立法方面的作为。

刑事合规与合规管理的重要区别之一就是是否蕴含刑事政策的意义。正是在这个意义上，刑事合规规则为刑事责任创设了新的连结点。作为刑事合规的重要一环，“有无竭尽余力施行构建合规文化则成为评价犯罪和刑罚之际的重要依据”。也就是说，为强化企业的合规责任，许多国家立法规定了法人（公司）或者责任人员的刑事责任，不合规成为相关主体责任归咎的依据，并将不合规的情况作为刑罚处罚的情节。在这一意义上，刑事合规也是国家刑法制度的组成部分。[②]

---

① 参见李勇：《“合规计划”中须有刑法担当》，载《检察日报》2018 年 5 月 24 日，第 3 版。

② 参见孙国祥：《刑事合规的理念、机能和中国的构建》，载《中国刑事法杂志》2019 年第 2 期。

（三）刑事合规的参照依据在于刑事法律规范

这就要求，刑事合规计划的指定是一项极为专业的法律工作，企业必须十分熟悉刑事法律规范，熟知刑事风险高发点，这样才能够指定行之有效的合规计划并得到良好落实。当然，对于存在涉外业务的企业而言，合规不但要符合中国的刑事法律，而且在全球化的背景下，尤其是日益密切的国际经济交往中，合规也需要考虑企业运营所涉及的相关国家法律的遵守问题。

三、刑事合规的特征

从刑事合规制度的侧重点和作用机制来看，严格责任、刑罚激励、事前预防，是较为成熟的刑事合规制度的三项特征。

（一）严格责任

在企业犯罪不断增加的大趋势下，扩大单位犯罪范围是国家立法系统的本能反应。这意味着对企业刑事责任的加重。除了犯罪成立范围，各个国家往往还直接从法律上确定企业的合规义务，违背合规义务本身就将受到严厉惩罚，从法律制度上加大企业的犯罪成本。例如，英国2010年颁布的《反贿赂法》，公司实施腐败行为会被判定有罪并判处罚金，公司相关责任人没有尽到管理义务的，最高可面临10年有期徒刑并被判处罚金；根据《美国反海外腐败法》，对于触犯该法而构成犯罪的公司，最高可处200万美元的罚金；对于构成犯罪的高级职员，包括董事会成员、雇员或代理人，可处以最高10万美元和5年以下监禁。①

（二）刑罚激励

为了促使企业自觉建立合规计划，国家在立法层面设置一系列激励措施，于是刑事合规便具有了出罪或者减轻量刑的作用。如果将加重企业犯罪刑罚的严刑峻法比作一副寒气逼人的铡刀，刑罚激励措施则是企业误入犯罪歧途后使其能够回归的一架金桥。例如，暂缓起诉制度，在企业已经涉嫌犯罪的前提下，国家可以在一定考验期内对其附条件不起诉。2018年11月18日，

① 参见陈瑞华：《美国〈反海外腐败法〉与刑事合规问题》，载《中国律师》2019年第2期。

美国联邦司法部和纽约南区检察官办公室与法国兴业银行（SG）达成一项暂缓起诉协议，兴业银行同意向美国政府和纽约州政府支付8.8亿美元的刑事罚款，以换取联邦和州检察机关在约定的3年考验期内不对其涉嫌共谋犯罪提起公诉。[①] 澳大利亚也有判例表明，是否存在有效的合规计划，原则应该纳入量刑的考虑范围。如果存在有效的合规计划而发生了犯罪，则减轻处罚可能是适当的；相反，未能实施合规计划则应该成为加重处罚的裁量因素。[②] 以刑罚、罚金减免等诉讼利益换取企业合规体系的建立，最大限度地发挥了法律的矫正和指导作用。

（三）事前预防

对犯罪行为进行严厉的刑事制裁，从刑法理论上讲属于事后的消极预防，以刑罚来确认和强化公民对于法律规范的忠诚和遵循。然而，无论对于国家还是企业，惩罚必定要付出代价，如果可以将犯罪行为防患于未然，那么犯罪就不会出现，也就不需要刑罚。因此，晚近以来刑事政策转向强调积极的一般预防，即将可能出现的犯罪行为提前化解。因为惩罚并不是目的，国家制定《刑法》并不是为了将所有人都关进监狱。如此一来，企业便被赋予了严格遵守法律，避免触犯刑法的义务。合规计划旨在促进企业的自我监管，从而缓解国家对犯罪行为的监管负担。[③]

刑事合规的根本目的不在于“罚”，而在于“防”。根据传统法律规制，很容易出现企业一犯错误便直接破产消失的结果，这对社会也并非好事，因此刑事合规着眼事前预防，给予企业改过自新的机会。在合规体系之下，企业触碰刑事法律风险与最终受到刑罚制裁甚至因此破产之间，存在一个缓冲地带。在没有合规体系的情况下，企业则相当于直接裸露在刑事法律风险之中，一旦触碰红线，刑罚随之即来，缺乏回旋的余地。犯罪行为固然受到了惩罚，但对于企业和经济发展而言，如果错误本可避免，却因此遭受灭顶之灾，也着实令人遗憾。以我国为例，《刑法》第30条对单位犯罪的规定是：

---

① 参见陈瑞华：《企业合规视野下的暂缓起诉协议制度》，载《比较法研究》2020年第1期。

② 参见周振杰：《企业适法计划与企业犯罪预防》，载《法治研究》2012年第4期。

③ 参见［美］菲利普·韦勒：《有效的合规计划与企业刑事诉讼》，万方译，载《财经法学》2018年第3期。

“公司、企业、事业单位、机关、团体实施的危害社会的行为，法律规定为单位犯罪的，应当负刑事责任。”这主要是对单位犯罪成立范围的界定，而缺乏事前的预防性的规定。

第二节　刑事合规的价值与目标

一、刑事合规的价值

（一）刑事合规的社会价值

1. 减少企业犯罪对社会的危害

企业刑事合规具有显而易见的社会价值，因为犯罪是社会危害性十分严重的行为，企业犯罪的危害性相较于自然人往往更大。企业犯罪数量的降低，无疑对社会经济的发展和稳定具有重要意义。

研究显示，2009～2015年7月，美国监管机构对在美经营的银行处以罚款1610亿美元，其中，美国银行、摩根大通分别被处以166.5亿美元、130亿美元的高额罚款，花旗银行70亿美元，高盛50亿美元，巴克莱20亿美元；在反洗钱方面，法国巴黎银行被处以90亿美元的巨额罚款，汇丰银行19.2亿美元，德意志商业银行17亿美元，渣打银行先后共被处以10亿美元的罚款；2014年，瑞士信贷因帮助客户逃税被处以28.8亿美元的罚款。德意志银行更是多次被要求缴纳巨额罚款：2010年因协助美国富人逃税而被处以5.5亿美元罚款，因违反反洗钱法律被罚2.58亿美元，2016年还因参与违规金融活动进而被司法部等监管机构处以140亿美元罚款。除金融机构以外，其他企业被处以罚款的情况也令人触目惊心：2016年，英国石油公司因墨西哥湾石油泄漏事件而被处以208亿美元的罚款，大众汽车因排放测试作弊事件被罚款147亿美元；2012年，葛兰素史克因产品安全信息方面的问题而被处以30亿美元的罚款；2014年，丰田公司因汽车设计缺陷的问题支付和解金达12亿美元。[①]

巨额的罚款金额代表着企业违法犯罪行为的普遍，如果将这些行为全部直接科处刑罚，恐怕很多企业会遭受灭顶之灾。在刑事合规制度下，这些巨额罚款，几乎都是美国监管机构通过与涉案企业达成暂缓起诉协议或者不起诉协议的方式来收取的。而这些涉案企业在缴纳巨额罚款的同时，无一例外地都向监管机构承诺建立或者完善合规计划。当涉案企业建立或者完善了合规计划，并通过了监管机构或检察机关的审核评估，就可以换取后者的撤销起诉，避免被定罪判刑的结果，这样也就避免了社会和企业的两败俱伤。

2. 提升对企业经营行为的监管效果

风险社会来临，在企业可能出现的犯罪行为越来越多的背景下，需要对企业进行监管，这是毋庸置疑的，但问题在于：谁来作为监管的主体？按照传统的理解，国家或者政府当然是履行监管职责，预防和惩治犯罪的最大责任人。对于企业犯罪行为的侦查、审查起诉和审判都由国家主导，由公检法等国家机关完成，这对于企业而言，属于一种外部监督。但是由于国家资源有限性和企业经营活动复杂性之间的矛盾，国家很难全面细致地起到监管作用。因此，有学者提出了国家企业合作的模式——国家制定的规范有时候并不符合公司的具体情况，而与这些国家规范相比，公司的自治可以说是一个有效的方法。[②] 也即所谓“企业犯罪预防的私有化”，将原本属于国家和政府的管理责任转移给了私人，将事后追惩变为事前预防。[③]

刑事合规便深深契合了上述观点。企业结合自身经营状况及国家刑事法律规定，指定有针对性的合规计划并严格落实，最终达到避免刑事犯罪的目标。这一系列企业自主的行为，很大程度上分担了国家的监管责任，同时也能够提升监管的效果。

---

① 参见余永定：《美巨额罚款公正还是勒索?》，载财新网，http：//opinion. caixin. com/2018 - 05 - 09/101 246 420. Html。

② 参见［德］乌尔里希·齐白：《全球风险社会与信息社会中的刑法：二十一世纪刑法模式的转换》，周遵友、江溯等译，中国法制出版社2012年版，第264页。

③ 参见孙国祥：《刑事合规的理念、机能和中国的构建》，载《中国刑事法杂志》2019年第2期。

（二）刑事合规的企业价值

1. 保障经营行为合法性

企业通过设立和实施合规计划，可以将生产、销售、融资等经营行为严格限定在法律允许的框架内，从而规避刑事法律风险。在大众创业、万众创新的时代，很多企业犯罪不再是传统意义上故意生产或销售假冒伪劣产品那样明确和典型的犯罪行为。很多情况下都是因新型商业模式而引发犯罪。经营者创立这些商业模式的初衷可能是好的，但往往更侧重于新颖性和营利性，而忽略了法律风险的评估，以至于很多商业模式集中于赚快钱，选择打法律擦边球，最终走上了违法犯罪的道路。

以互联网犯罪为例，近年来网络上兴起了一种新型的商业模式。经营者通过互联网或者手机 App 建立网络购物商城，凡是在商城购物的人员都可以获得一次猜奖机会：如果猜中，可以获得购买商品的双倍或者按照商品价值等额提取现金；如果没有猜中，则只能领取自己已经购买的商品，没有额外奖励。开奖结果与某些国家正规彩票的开奖结果挂钩。在猜奖活动的吸引下，很多人来商城购物并非真正的消费行为，而是为了获得猜奖机会，借机盈利。由于商城经营的商品主要是茶叶、红酒等定价标准模糊的产品，因此往往存在商城定价虚高的情形，以此确保即使参与者存在一定中奖概率，但还是能够保障商城总体盈利的结果。此类商城的经营者可能认为，电商平台是国家法律允许的经营活动主体，如“淘宝网”“京东商城”一样。并且消费者都是自愿参与，商城没有强迫；对猜奖的规则，参与者也都明知，没有受到欺诈，因此不涉及违法犯罪。但实际上，这是一种游走在法律边缘的商业模式。商城设置一系列猜奖规则，属于设置圈套诱骗他人参赌，涉嫌赌博类犯罪；在有些案例中，商城可能操纵开奖结果，这样则属于以赌博为幌子的诈骗；还有一些情形，商城形成资金池后再以商品、购物券的形式返利，这也涉及非法吸收公众存款或非法集资等犯罪。

在司法实践中，不乏上述类似行为被定罪处罚的案件。如厦门市思明区人民法院办理的一起案件，行为人设立售卖茶叶、红酒、玉石等高溢价商品的网络购物商城，雇请被告人蔡某某等 60 人作为业务员，使用美女照片作为头像，通过微信、陌陌等网络即时通信工具招揽客户，引导客户到网站进行“消费”。客户下单后，他们诱导客户以其所购商品作为筹码进行“转购升级”，以押大小的方式进行赌博，每5分钟至10分钟开奖一次，输赢结果以“重庆时时彩”的开奖结果为准，若客户赌赢可提现1.6倍的“转购”金额，输了仅可获得所购货物且不能退货。因该网购平台出售的商品进价与实际出售的价格有10～40倍的差价，因此，只要客户参与“转购”，该商城就可从中获取高额非法利益。该网络商城系以网购商品为幌子，将商城作为公开为不特定多数人提供赌博活动的场所，不到3个月，吸引全国各地参与“转购”活动的注册会员达上千人，转购金额逾1000万元。最终被法院判处开设赌场罪。①

类似因产品或者是经营模式违法而判以刑罚的案件不在少数。此类案件之所以高发，很大程度上就是因为经营者在涉及产品或者经营模式的时候缺乏合规审查和风险意识，自以为的创新模式其实是犯罪行为。一旦企业的核心业务被认定为犯罪，整个企业也就失去存在的意义了。在这种情况下，刑事合规的作用便极为凸显。如果企业能够在开展具体的生产经营活动之前，对产品或者服务进行合规审查，在生产经营过程中，对经营行为进行合规把控和调整，就会在很大程度上避免上述案件的发生。所谓谋定而后动，在缺乏刑事合规保障下的盲目行动，虽然短期内可能获得一些利益，但最终很可能功亏一篑。

企业因缺乏合规监管而出现违法行为并遭受处罚，还可能意味着交易机会的丧失，以前述湖南建工集团受到世界银行处罚为例，湖南建工集团在两年内不得参与世界银行资助的项目。据统计，截至2019年，我国被世界银行处罚的母公司有44家，但是所有关联公司加在一起达到700余家。世界银行还与欧洲复兴银行、非洲开发银行、亚洲开发银行和美洲开发银行签订协议，只要在其中任一银行被施加剥夺资格一年以上的处罚，就会带来五家银行集体制裁的后果。② 由此可见合规对于企业生存和发展的重要意义。

---

① 参见吴雅莹、廖榆良：《网购平台被他们用来开赌场》，载《检察日报》2019年4月15日，第4版。

② 参见陈瑞华：《企业合规的基本问题》，载《中国法律评论》2020年第1期。

2. 出罪价值

如前所述，刑事合规制度中企业缓刑、刑事和解等制度为企业架起了回归的金桥，在特定情形下可以帮助企业免除刑罚。

以西门子事件为例，2006 年 11 月，西门子公司因涉嫌商业贿赂而受到德国慕尼黑检察机关的调查。在调查过程中，检察机关发现西门子全球 20 多位接受"可疑支付"的接收人和公司来历不明，数百万欧元被转往阿拉伯联合酋长国、印度尼西亚、苏丹等多国的账户。这些可疑的接收人和公司曾经接受过西门子的多笔资金，用于在多个国家进行商业贿赂，从而获取业务订单和编织商业关系网络。随后，西门子公司主动向美国司法部和证券交易委员会报告了总计在多个国家的行贿行为，并聘请美国德普律师事务所（Debevoise $ Plimpton）进行了长达两年的内部独立调查。美国司法部经过调查，以西门子公司以及西门子阿根廷、孟加拉国、委内瑞拉分公司为共同被告人，提出了刑事起诉，指控上述被告人在多个国家通过咨询公司向有关政府官员支付了高额贿赂，并将这些贿赂款以"咨询费"和"律师费"的名义进行记账。为避免造成更为惨重的损失，西门子公司最终与美国司法部达成了刑事和解协议。根据这项协议，美国司法部放弃对西门子公司提起刑事指控，条件是以西门子公司违反《美国反海外腐败法》有关会计条款和内管制条款，对西门子公司处以 4 亿 4850 万美元的罚款；以违反该法会计条款，对西门子阿根廷分公司处以 50 万美元罚款；以违反贿赂条款和会计条款，对西门子委内瑞拉和孟加拉国分公司各处以 50 万美元的罚款。以上和解协议达成后，西门子公司主要在两个方面挽回了损失：一是西门子公司没有被认定为参与了行贿行为，德国的公共出口信用机构的保险对其继续有效；二是西门子公司作为负责任的合同签订者，可以继续与美国政府进行相关的交易。西门子公司还重新组建了合规团队，任命前财政部长威格尔博士担任独立合规监察官，从 2009 年开始持续监督西门子公司在合规方面的改进情况。[①]

根据相关统计，美国行政案件达成的行政和解与跟美国联邦司法部达成暂缓起诉协议（Deferred Prosecution Agreement，DPA）、不起诉协议（Non –

① 参见陈瑞华：《西门子的合规体系》，载《中国律师》2019 年第 6 期。

Prosecution Agreement，NPA）的比例大约是3∶1，相当于每4个案件中有3个案件只停留在行政和解阶段，有1个案件引入“刑事和解”（DPA/NPA）。[①] 可见，刑事合规制度对企业而言具有出罪机制，可以通过合规计划的打造和完善，以及罚金的缴纳避免刑罚处罚。

3. 刑罚减免价值

根据刑事合规制度的一般架构，如果在犯罪行为发生之时，企业拥有有效的合规计划，可以减轻处罚。《美国量刑指南》为鼓励企业构建并实施合规计划提供了有效的激励机制，将企业合规规定为影响法官是否决定对犯罪企业减免罚金和适用缓刑的法定要素。依据《美国量刑指南》的规定，为了使罚金能够充分反映企业犯罪的严重程度，在“基本罚金”的基础上决定是否要求组织缴纳更大数额的罚金时，法院可以通过考虑各种“罪责”因素，来增加或减少罚金数额。在犯罪发生时，只要企业实施了有效的合规计划，那么依据《美国量刑指南》，相应的企业就可以得到最高幅度为95%的减刑。[②]

（三）刑事合规价值的正确定位

1. 刑事合规不是“花钱免罪”

域外刑事合规制度中通常含有刑罚激励的内容，即司法机关对涉案企业进行有条件的刑罚减免或者暂缓起诉。相关条件往往是企业缴纳罚金、建立或者完善合规体系。但这并不意味着刑事合规仅仅是金钱与刑罚之间的交易。对企业“网开一面”的目的在于通过合规计划防止企业再犯，而非一旦涉嫌犯罪就允许企业“花钱摆平”。因此，笔者认为，在刑事合规制度的设计过程中，可以适当限制企业享受罚金减免或者暂缓起诉的次数，将是否适用的考察标准侧重于企业合规计划的制定和事实状况，是否再犯以及整改措施等问题方面。

2. 刑事合规不是控方推卸举证责任甚至进行“诉讼敲诈”的借口

有人将美国监管体系的不公开和解行为比喻为世界上获利最多的敲诈勒

① 参见陈瑞华：《企业合规的基本问题》，载《中国法律评论》2020年第1期。
② 参见万方：《企业合规刑事化的发展及启示》，载《中国刑事法杂志》2019年第2期。

索生意，因为在传统的模式下，必须通过法院的审判，才能对违法犯罪的企业定罪。公诉人必须扎实地收集证据，细致地分析法律依据，严密论证，并极力避免程序瑕疵，然后与被告的辩护人对簿公堂，最后由法院裁决。即使是公诉人证据在握，被诉人接受认罪协议，这个协议的内容也要经过法院的审查后方可生效。在司法审判的过程中法官应当始终处于公正的中立位置，不偏袒任何一方。然而，通过 DPA 和 NPA 与调查对象达成和解，基本上不需要经过法官的审查。一些专家认为，很多以 DPA 和 NPA 方式了结的案件如果经过法庭的司法审判程序，无论是证据还是法律依据都存在较多有待商榷之处。[①] 国内亦有观点主张，在现代社会对企业犯罪的调查取证存在困难，但如果能够鼓励企业在内部收集证据之后向司法机关提供，则能够解决这一问题。

反对者则认为：对以营利为目的的企业来说是煞费苦心地在企业内部收集证据，交给司法机关以换取对企业刑事制裁的减免，还是将涉嫌违法犯罪的员工不动声色地辞退除名，从而将企业和员工的刑事责任均化为无形？实际上，在一些试行刑事合规的地区，后者已经成为企业的首选做法。[②] 因此，即便刑事合规中包含和解和刑罚减免等内容，但也并不意味着调查部门或者公诉机关可以降低或者免除证明责任，特别是在我国建立刑事合规制度的过程中，更要深入立足于我国刑事法律体系与理论背景之中，科学设计，避免走入上述误区。

二、刑事合规的目标

刑事合规的核心目的是：有效防控刑事法律风险。根据刑事法律风险的不同发展阶段，刑事合规工作具有不同的具体目标。

---

① 《美国的公司庭外和解：构陷企业违法犯罪之路》（Corporate settlements in the United States: The criminalisation of American business），载《经济学家》。转引自余永定：《美巨额罚款公正还是勒索?》，载财新网，http://opinion.caixin.com/2018-05-09/101246420.html。

② 参见田宏杰：《刑事合规的反思》，载《北京大学学报（哲学社会科学版）》2020 年第 2 期。

（一）降低企业及其成员犯罪风险

1. 经营管理中刑事风险甄别

企业通过打造合规计划，可以结合刑事法律规定，全面系统地对经营活动中的潜在法律风险进行识别和梳理，以便提前做好规避或者防范准备。对刑事法律风险的甄别，一般包含三个角度的内容：发生领域、发生环节、发生主体。在风险发生领域方面，不同的行业往往面临的刑事法律风险也有不同。以食药行业为例，高发的刑事法律风险为食品药品质量不合格甚至有毒有害，经营主体不具备合法资质，营销模式涉嫌虚假宣传甚至设置层层代理涉嫌传销。与这些行为相对应，可能触犯的罪名有：生产、销售、提供假药（劣药）罪，生产、销售有毒、有害食品罪，非法经营罪，组织、领导传销活动罪，假冒注册商标罪等罪名。在风险发生环节方面，据统计，日常经营、融资、财物管理等环节属于刑事法律风险的高发环节，涉罪企业家人数如图 1－2 所示：

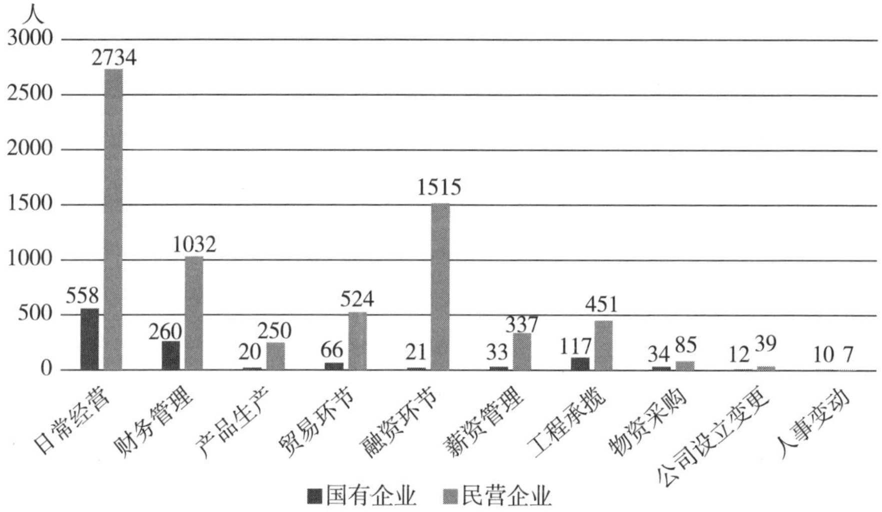

图 1－2　2014～2018 年企业家犯罪高发环节

资料来源：张远煌：《企业家刑事风险分析报告（2014—2018）》，载《河南警察学院学报》2019 年第 4 期。

从图 1－2 可见，不同性质的企业刑事法律风险高发环节也不尽一致，在民营企业当中，除日常经营外，融资环节风险爆发频数很大，这充分反映了民营企业融资难的困境。在司法实践中，近年来大量 P2P[①] 企业涉嫌非法集资类犯罪的案件涌现，同时骗取贷款罪、贷款诈骗罪也是企业在融资过程中极易触碰的罪名。

在风险发生主体方面，据统计，自 2014～2018 年统计到的 7215 名犯罪民营企业家中，企业负责人共 4866 人，占 67.44%；实际控制人、股东共 688 人，占 9.54%；党群负责人共 40 人，占 0.55%；董事共 21 人，占 0.29%；监事共 30 人，占 0.42%；财务负责人、技术负责人、销售（采购）负责人以及其他核心部门负责人共 1570 人，占 21.76%。企业应当结合自身业务类型和经营情况确定风险高发群体，对其集中进行合规培训。

2. 避免个人行为由单位担责

刑事合规制度的要义之一在于，当刑事法律风险发生时，放过企业，严惩有责任的自然人。因此，通过事先实施有目的的合规计划，可以实现个人自认与单位责任的切割，避免个人行为由单位担责。根据我国刑法理论，单位犯罪的成立需要满足以下条件：第一，犯罪行为由单位集体决策实施；第二，犯罪行为以单位名义实施；第三，犯罪所得利益归单位所有。如果企业建立了明确的合规计划，并且以合规章程等文件确认，对于员工从事合规章程允许范围之外的行为而涉嫌犯罪时，则可以阻却"单位意志"要件，从而实现单位责任和个人责任的切割。前文所述"雀巢合规案"便是非常好的例证，雀巢公司举证证明公司禁止员工以非法方式收集公民个人信息，并在《雀巢合规记录》中有记录，从而成功和员工进行了责任切割。

（二）避免或降低刑事责任

1. 争取和解或者避免进入刑事诉讼程序

在国外刑事合规制度语境下，企业涉嫌刑事犯罪时可以与调查机关达成刑事和解，不再赘述。我国目前还不具有国外意义上的刑事和解制度，但是部分犯罪的成立要求以行政处置措施为前提。如拒不支付劳动报酬罪，《刑法》第 276 条之一规定，以转移财产、逃匿等方法逃避支付劳动者的劳动报

① P2P，Peer to Peer lending，点对点网络借款。

酬或者有能力支付而不支付劳动者的劳动报酬，数额较大，经政府有关部门责令支付仍不支付的，构成该罪。

就企业而言，如果能够在行政处理阶段积极、依法配合行政机关，及时履行相关义务，则调查程序便不会再继续推进，否则，行政案件可能会演化为刑事案件。

2. 谋求量刑利益

制定和实施合规计划，在国外刑事合规制度下可以作为刑罚减免的依据。在我国，部分责任事故类犯罪中，企业积极履行配合调查等广义的合规义务的，可以作为酌定从轻处罚的事由。例如，“两高”《关于办理危害生产安全刑事案件适用法律若干问题的解释》第 13 条规定，实施铁路运营安全事故罪、重大责任事故罪、强令违章冒险作业罪、重大劳动安全事故罪、大型群众性活动重大安全事故罪、危险物品肇事罪、工程重大安全事故罪、教育设施重大安全事故罪、消防责任事故罪等犯罪行为，在安全事故发生后积极组织、参与事故抢救，或者积极配合调查、主动赔偿损失的，可以酌情从轻处罚。

第三节　企业刑事合规的基本要素

刑事合规具有国家政策的属性，国家通过立法层面的制度设计确立刑事责任归咎、刑罚激励等基本制度框架。在此基础上，由企业根据国家刑事合规制度的基本要求制订并实施合规计划。

笔者认为，企业刑事合规主要包含三方面要素：刑事合规的内容、刑事合规的组织和刑事合规的实施程序。刑事合规的内容是主体工作，刑事合规的组织是合规工作的组织者和实施者，刑事合规的实施程序是合规工作的落实步骤，只有具备以上全部要素，企业刑事合规才能够从理念变成现实，从抽象设想变成具体实践。

一、刑事合规的内容

根据刑事合规的不同目的，其内容可以分为一般刑事合规、专项刑事合规与行政、刑事调查的应对三种类型。

（一）一般刑事合规

1. 合规计划。所谓合规计划，是指确定合规权利义务的书面文件，是对企业合规政策的全面表达，是企业刑事合规的“实体法”。打造一个合适的合规计划是企业刑事合规的首要任务。合规重点风险领域则需要根据企业的重点岗位、重点人员、重点业务加以确定，反商业贿赂合规、出口管制合规、反洗钱合规、反不正当竞争合规、个人信息数据保护合规是目前风靡全球的五大重点合规领域。[①]

国资委《中央企业合规管理指引（试行）》列举了七项合规重点领域：（1）市场交易。完善交易管理制度，严格履行决策批准程序，建立健全自律诚信体系，突出反商业贿赂、反垄断、反不正当竞争，规范资产交易、招投标等活动。（2）安全环保。严格执行国家安全生产、环境保护法律法规，完善企业生产规范和安全环保制度，加强监督检查，及时发现并整改违规问题。（3）产品质量。完善质量体系，加强过程控制，严把各环节质量关，提供优质产品和服务。（4）劳动用工。严格遵守劳动法律法规，健全完善劳动合同管理制度，规范劳动合同签订、履行、变更和解除，切实维护劳动者合法权益。（5）财务税收。健全完善财务内部控制体系，严格执行财务事项操作和审批流程，严守财经纪律，强化依法纳税意识，严格遵守税收法律政策。（6）知识产权。及时申请注册知识产权成果，规范实施许可和转让，加强对商业秘密和商标的保护，依法规范使用他人知识产权，防止侵权行为。（7）商业伙伴。对重要商业伙伴开展合规调查，通过签订合规协议、要求作出合规承诺等方式促进商业伙伴行为合规。此外，还列举了三项重点合规环节：（1）制度制定环节。强化对规章制度、改革方案等重要文件的合规审

① 参见陈瑞华：《企业合规的基本问题》，载《中国法律评论》2020 年第 1 期。

查，确保符合法律法规、监管规定等要求；（2）经营决策环节。严格落实“三重一大”决策制度，细化各层级决策事项和权限，加强对决策事项的合规论证把关，保障决策依法合规；（3）生产运营环节。严格执行合规制度，加强对重点流程的监督检查，确保生产经营过程中照章办事、按章操作。还有三类重点合规人员：（1）管理人员。促进管理人员切实提高合规意识，带头依法依规开展经营管理活动，认真履行承担的合规管理职责，强化考核与监督问责。（2）重要风险岗位人员。根据合规风险评估情况明确界定重要风险岗位，有针对性加大培训力度，使重要风险岗位人员熟悉并严格遵守业务涉及的各项规定，加强监督检查和违规行为追责。（3）海外人员。将合规培训作为海外人员任职、上岗的必备条件，确保遵守我国和所在国法律法规等相关规定。

《美国量刑指南》规定了企业构建“有效的”企业合规计划的七项最低标准：（1）企业应建立合规政策和标准；（2）企业应指定高层人员监督企业的合规政策与标准；（3）企业不得聘用在尽职调查期间了解到具有犯罪前科记录的高管；（4）向所有员工有效普及企业的合规政策和标准，如进行培训；（5）采取合理措施，以实现企业标准下的合规，例如，利用监测、审计系统来监测员工的犯罪行为，建立违规举报制度，让员工举报可能的违规行为；（6）通过适当的惩戒机制，严格贯彻执行合规标准；（7）发现犯罪后，采取必要的合理措施来应对犯罪行为，并预防类似行为发生，如修改完善合规计划。

我国部分企业已经制订了非常成熟的合规计划，如《湖南省建筑工程集团总公司诚信合规政策和程序》，包括以下基本内容：（1）禁止行为；（2）适用；（3）业务活动中的反贿赂和反欺诈防范；（4）合同签署后的监督；（5）礼品、招待和差旅费用；（6）人事；（7）准确的记录；（8）合规委员会和首席合规官；（9）评估和审计；（10）培训；（11）合格证书；（12）沟通和报告；（13）奖励和惩罚。①

一项完整的合规计划的打造，需要律师事务所组建律师团队，进驻企业，

① 参见湖南建工集团官网：http：//www.chceg.com/Info.aspx？ModelId=1&Id=3803。

与企业的董事会、高级管理层、审计部门以及各种业务部门进行通力合作，在对企业的合规风险作出充分了解之后，才能建立一种富有成效的合规制度。

2. 合规咨询。合规咨询是指企业在设立刑事合规计划时，对于刑事法律规范体系、刑事法律风险易发环节、犯罪构成要件等较为专业的知识，向合规律师进行法律咨询，以便更有效、更有针对性地建立合规计划。合规咨询是最初步的刑事法律风险评估，通过合规咨询可以对企业的生产经营活动、组织架构等进行全面体检，初步查漏补缺，发现企业章程规范方面的法律漏洞，发现企业的经营或交易行为中的法律风险，在公司企业设立、投资、经营、交易等各个方面提出避免法律风险的建议，并在此基础上搭建起刑事合规计划的主干。法律咨询并不是目的，咨询后的建议必须得到良好的执行和落实，转化为合规政策，进而对企业全体人员的行为产生规范和指导作用，久而久之，培育出遵纪守法，诚信经营的企业文化。

3. 合规培训。合规培训主要针对企业员工，或者风险高发人群如财务人员等，可以分为常规培训和有针对性的培训两类。常规培训的对象是不特定人，如一年一度面对全体员工的培训，培训内容可以是一般法律知识普及，常见法律风险识别和防范等；有针对性的培训是指针对高风险点和高风险领域的部门、员工和上下游第三方的专门培训，培训内容也因培训对象的不同而有所区别，如对财务人员着重进行税务、票据类犯罪以及职务侵占等犯罪的刑事法律风险讲解，对销售人员则侧重于广告宣传、知识产权、传销犯罪等内容。合规培训蕴含着责任分担，可以有效切割公司责任、员工责任和第三方责任，以保住母公司为最终目标，及时建立隔离带和防火墙，防止母公司受到牵连。因此，有效的合规培训要求书面记录，还要有所有参加培训人员的签字，必要时还可以录音录像并予以存档，为日后应对行政监管调查和刑事调查留存证据。

（二）专项刑事合规

专项刑事合规是指针对企业的专项项目，以刑事法律的标准，识别、评估具体项目中可能存在的刑事风险。包括尽职调查、内部调查，专项刑事风险评估等，以预防和控制公司经营项目的法律风险。

1. 合规调查。合规调查，可分为一般的内部调查和独立的合规调查。前者是指公司内部的法务部门或合规部门，受公司最高决策层的委派，对公司管理团队、供应商、分销商、代理商等遵守法律法规的情况进行的专项调查活动。而后者是指律师事务所作为“独立的第三方”，在政府监管机构的要求或建议下，接受公司的委托，对企业存在的合规风险所进行的独立调查活动。这种调查活动有时会与政府监管部门的行政调查甚至检察机关的刑事调查同时展开，因此，有时又被称为“平行调查”或“企业合规尽职调查”。调查的主要目的在于查明企业违规发生的环节、规章制度的漏洞、企业合规的风险、企业应对合规风险的效果等基本事实。在调查完成后，律师团队还要给出完善合规计划、化解法律风险的具体方案，提供专门的“法律意见”。

一般而言，独立第三方调查（律师事务所）调查的客观性和权威性更高，因为调查主体属于中立第三方，具有更高的独立性，也就更容易得到监管部门的认可和接纳。以西门子合规案为例，西门子公司因为涉嫌商业贿赂而受到美国司法部和证券交易委员会调查后，聘请了独立的会计师事务所和律师事务所等外部机构进驻公司进行独立调查。律师团队就西门子公司在反海外腐败方面遵守法律法规以及建立合规机制的情况进行了长达两年的独立调。独立调查结束后，律师事务所和审计机构提供了专项调查报告。由于调查报告是由西门子公司之外的外部独立机构制作的，具有良好的信誉和可信度，因此被美国司法部和证券交易委员会予以接受，在快速结束诉讼程序、减少罚款等方面发挥了积极作用。

2. 专项刑事风险评估。在企业就重大合作事项签订合同或者作出重大经营决策时，可以就相关问题聘请律师事务所进行专项刑事法律风险评估。如在实践中，有的企业为了提高产品销售量，销售部门可能会设计各种销售模式，如消费返利、建立多个代理商层级等，在这种情况下，有必要对该种销售模式的合规性进行审查。因为根据相关法律规定，在经营过程中，将消费者或者会员等参与者一定顺序组成层级，按照人员数量作为计酬或者返利的依据，可能涉嫌传销犯罪活动。如果企业经营者法律风险意识不强、欠缺法律知识，就有可能无意中触犯刑法，构成犯罪。在进行专项刑事风险评估后，由律师事务所出具法律意见书，将可能出现的风险、改进意见、规避措施以及相关法律依据等作出详细说明，以供决策者参考。

（三）行政、刑事调查的应对

通过全面刑事合规计划的打造和落实，以及对专项问题的合规调查及合规咨询，可以从很大程度上避免刑事法律风险。但如果因为前期缺乏合规措施等原因，导致企业已经面临行政或刑事调查，也可以在调查应对环节启动刑事合规。有些问题一开始可能只是行政调查，但这并不意味着案件一定会在行政处理的范畴内得到解决，在很多情况下，行政责任本来就是刑事责任的起点，如逃税罪，纳税人采取欺骗、隐瞒等手段进行虚假纳税申报或者不申报，原本只属于行政违法。如果纳税人经税务机关下达追缴通知后，补缴了应纳税款及滞纳金并已受行政处罚，则不再追究刑事责任。否则，纳税人将依法承担刑事责任，行政案件就会演化为刑事案件。

在刑事调查危机出现后，经过合规应对业务，使案件消化在行政监管阶段与侦查机关的初查阶段是最理想的应对结果。让企业免受刑事立案调查，保全企业发展的空间。

行政机关或公安机关的初步调查询问标志着调查程序的开始。根据《人民检察院刑事诉讼规则》的规定，刑事案件的“初查”是指立案前侦查部门对群众报案、举报、控告或有关机关移送的线索、材料所进行的初步审查、调查、甄别。未经初查，受理案件的调查机关无法认定所控告、举报的事实是否涉嫌犯罪，并且仅靠书面材料的审查对有些复杂的疑难案件更难以认定。

行政机关的初查，主要是通过调查或者检查等方式取证，具体方式包括询问、现场检查、抽样取证、先行登记保存、录音、录像等，询问调查是执法人员通过提问来调查案件事实的取证方式，是行政机关常用的调查手段，询问内容将直接影响案件调查的进展。在行政及刑事初步调查阶段，企业应对调查的根本准则应当是配合相关部门开展调查，同时为了妥善应对和处理可能发生的风险，可以进行以下刑事合规工作。

1. 核查风险根源，停止涉嫌违法的行为。启动刑事合规之后，合规组织根据专业法律知识，结合调查机关所针对的问题，迅速展开自查，同时分析其合规性，如确实涉嫌违法，应当第一时间停止相关行为。对涉及的相关人员，由合规组织负责人或者企业负责人与其进行初步访谈，让其按公司规定配合调查，避免因员工的违法行为而让企业陷入被动。

2. 证据保全。在应对调查的过程中，对于能够证明企业或者相关人员无罪、罪轻的材料，要第一时间进行保全。对于相关会议记录、文件、财务资料等，要注意备份留存；对于电子数据、网页信息等要及时拷贝复制留存。在保存证据的过程中，可以选择由公证处等机构利用公证保全的方式进行，这样可以增加证据的客观性和可信度。

此外，对于不利的证据材料，既不能伪造或隐藏，也不能为了逃避责任而做虚假陈述、提供伪造或编造的证据，否则不但难以逃脱罪责，还有可能失去被从轻处罚的机会，并因涉嫌伪证罪，包庇罪，隐匿、故意销毁财务会计凭证罪而被追究刑事责任。若采取暴力对抗，则有可能构成妨害公务罪，被办案机关采取刑事强制措施。

3. 法律辅导。无论是行政调查还是刑事调查，都意味着涉案企业已经进入法律程序，因此法律辅导必不可少。

首先，使企业及相关人员了解有关被调查的问题的法律规定。这样可以使相关责任人对案件性质及可能出现的法律责任有一个基本的认识。

其次，使企业及相关人员了解调查程序，特别是后续可能涉及的刑事诉讼程序。例如，刑事案件一般分为侦查、审查起诉、审判等三个阶段，办案人员应当严格依照法定程序进行调查，办案人员在询问证人时，应向被询问人出示警官证或工作证以及询问证人通知书，企业和被询问人均可以查验和核实办案人员出示的证、书。查验无误后，应配合办案人员询问。

最后，使企业或者相关人员知悉面对调查应当如何处理。例如，面对询问，要实事求是地讲述自己所知道案件的客观事实，不能有推断、臆想性陈述，更不得故意进行虚假性陈述。

4. 沟通协调。在调查过程中，除了被调查对象直接接受调查，在涉及法律定性等专业知识的问题上，被调查人还可以选择委托专业的合规律师代为向调查机关表达意见，从法律角度出具专业意见，积极进行沟通和说明，争取将可能出现的法律风险降到最低。

二、刑事合规的组织

任何政策和计划都离不开一个专业高效的主体来负责实施。在刑事合规方面，有了良好的合规计划，还要在企业中设立权威的合规组织来负责执行合规计划。

（一）刑事合规组织的架构原则

一般而言，刑事合规组织的设立应当遵循以下原则：

1. 独立性原则。合规管理部门的独立性是企业设置合规管理的重要原则。独立性才能够保障权威性、客观性。合规管理部门的独立性主要体现在直达决策层的报告渠道、适当的权力和充足的资源三个方面。合规管理机构的报告不应当经过其他职能部门或业务部门的转达，不能够受到其他职能部门或业务部门的影响，必须如实地、不夸张也不打折扣地呈现在决策层面前，决策层讨论后作出决定。合规管理机构应具备适当的权力，使其能够参与公司内部的各项管理工作、能够顺利完成各项调查任务、能够有效推进各项整改措施。合规管理机构还应分配到充足的资源，使其能够拥有或调动足够多的、满足工作要求的人员和设备，从而不会因为资源问题而无法及时完成工作或降低工作质量，也不会因为资源问题而受制于公司内部部门、丧失独立性。

2. 权威性原则。权威是指要使合规部门拥有足够的权力和地位，能够直接参与公司重大事项的讨论和决策，甚至对重要事项具有一票否决权。这样才能够使合规组织的意志贯彻到企业经营活动之中，使合规计划得到落实，而非沦为摆设。

3. 全面性原则。刑事法律风险可能出现在企业生产经营的各个环节，因此刑事合规是一项全面细致的工作，为了合规组织能够有效开展工作，需要赋予合规组织全面的权限，如授权合规管理人员参与各个部门相关会议等，使合规管理人员能够获取相关业务信息，从而有效做好合规管理工作计划。

一方面，坚持将合规要求覆盖各业务领域、各部门、各级子企业和分支机构、全体员工，贯穿决策、执行、监督全流程。另一方面，建立全员合规责任制，明确管理人员和各岗位员工的合规责任并督促有效落实。

（二）刑事合规组织的架构模式

合规组织是一个完整的体系，不是靠企业中某个部门或者某个人就可以担当的。企业中从领导层到具体业务部门，都是刑事合规的义务主体，广义的合规组织体系应当包括：董事会、监事会、经理层、合规委员会、总法律顾问或合规管理负责人、法律事务机构、业务部门以及监察、审计、法律、内控、风险管理、安全生产、质量环保等相关部门。

其中，合规委员会是刑事合规组织体系的核心，承担合规管理的组织领导和统筹协调工作，定期召开会议，研究决定合规管理重大事项或提出意见建议，指导、监督和评价合规管理工作。合规委员会中可以设立首席合规官，作为刑事合规管理的总负责人。负责组织制订合规管理战略规划；参与企业重大决策并提出合规意见；领导合规管理牵头部门开展工作；向董事会和总经理汇报合规管理重大事项；组织起草合规管理年度报告等工作。各法律事务机构或者其他相关部门为合规管理牵头部门，组织、协调和监督合规管理工作，为其他部门提供合规管理支持。

业务部门负责本领域的日常合规管理工作，按照合规要求完善业务管理制度和流程，主动开展合规风险识别和隐患排查，发布合规预警，组织合规审查，及时向合规管理牵头部门通报风险事项，妥善应对合规风险事件，做好本领域合规培训和商业伙伴合规调查等工作，组织或配合进行违规问题调查并及时整改。

监察、审计、法律、内控、风险管理、安全生产、质量环保等相关部门，在职权范围内履行合规管理职责。

董事会作为企业经营决策机构，负责批准企业合规管理战略规划、基本制度和年度报告，决定合规管理负责人的任免等；监事会作为监督检查部门，监督董事会的决策与流程是否合规，监督董事和高级管理人员合规管理职责履行情况等。

上述以合规委员会为核心，其他各个职能部门相配合的合规管理组织体系，可以使刑事合规规范和理念渗透进企业的各个部门，使合规计划得到良好执行，进而逐渐形成企业合规文化。

以前述湖南建工集团为例，2014 年 5 月 28 日，集团成立了诚信合规委员会作为《合规政策》的议事机构。2014 年 5 月 28 日，集团任命了首席合规官。现任首席合规官为集团总法律顾问。2015 年 6 月 23 日，集团首席合规官在集团所属各单位及本部各经营单位任命了合规负责人与合规专员，并通过集团人力资源部正式下发了任命文件。2015 年 6 月 23 日，集团总公司设置了合规部门，将合规职能划入原法律事务部，并将部门名称更名为法律合规部。法律合规部下设合规处，具体负责集团诚信合规工作。2016 年 1 月 11 日，集团下文将集团所属各单位“法律事务部”统一更名为“法律合规部”，增加其诚信合规工作职能，负责各单位诚信合规具体工作。最终建立了规范有序的合规组织体系。

三、刑事合规的实施程序

刑事合规的程序，是指建立刑事合规制度的企业，从刑事法律风险出现，到应对，直至最后处理完毕的一整套操作流程。一般情况下，包括风险识别与评估、合规报告与举报、调查应对、奖励与惩戒等几个组成部分。

1. 风险识别与评估。刑事合规计划首先是一套风险识别和评估体系，在企业生产经营过程中，如果出现相关经营行为可能与合规计划或者相关刑事法律规定相抵触，则需要将相关问题提出并调取全部相关资料，进行刑事法律风险评估。

评估完成后，需要出具书面风险评估报告，同时相关材料也要备份留存，以后一旦出现法律风险，可以作为抗辩的理由和证据。

2. 合规报告与举报。当合规人员发现刑事法律风险之后，要保障有顺畅的反映渠道向决策层报告风险。可以借鉴国外合规制度中的“吹哨人”制度。“吹哨人”制度又被称为内部举报人制度，即引导企业内部知情人士报告违法线索，从企业内部打击违法行为的重要监管制度。

3. 调查应对。刑事合规到了最后阶段，主要工作就是刑事调查的应对。如前所述，当面临行政或刑事调查时，企业一方面要积极配合，另一方面也要作出及时、合法的应对方案，以便向调查机关说明问题，明确责任，避免不必要的损失。

4. 奖励与惩戒。刑事合规计划的实施同企业其他制度一样，也离不开奖惩制度的激励，在对一项合规风险事件处理完毕后，企业要及时奖励发现违规的自然人，并惩戒实施违规行为的自然人，必要时交由司法机关处理。

综上所述，刑事合规制度由国家主导构建，企业制订合规计划，以国家刑事法律规范为标准，旨在减少企业生产经营过程中的犯罪行为，保障稳定经营与良好经济秩序。就企业而言，一个良好的合规体系，包括制订良好的刑事合规计划、成立独立的合规组织、依照程序落实合规措施等要素。只有通过成熟的刑事合规运作，企业才能够实现有效的自我监管和治理，从而实现长远发展。

| 第二章 |

企业刑事合规组织体系

第一节　刑事合规组织体系的构成

一、刑事合规组织的组成原则

企业刑事合规组织的组成和搭建是一个不断探索的过程，即是总结经验、发现问题、及时更迭并补救的不断完善的实践过程。刑事合规组织制度的设计，首先要考虑各种影响和制约的因素，包括企业目标、竞争环境、法律政策、经营条件、行业管理、产品和市场、人力资源、技术系统等情况。刑事合规组织的组织结构、组织变革、流程再造与组织再造等体系与企业的经营活动密切相关。所以，建立刑事合规组织管理制度需要考虑以下因素：基于与企业所处的行业与经营的范围有很大关系，应全面考虑企业所处的地区、行业、企业自身规模等三个层面上的风险特征要求和现实情况，制定出一套既能保证企业履行合规义务，符合相关合规要求；又能帮助企业用正确的方式运营发展，实现企业目的的刑事合规组织体系。具体遵循的规则：

首先，要在宏观上了解企业所处的社会、市场、政策、法律、监管环境的发展趋势，对于跨地域、行业的企业尤为重要。各地不仅文化习俗、经济发展水平相同，法律法规的要求也颇有差异甚至大相径庭。

其次，在宏观之下的近观上，既要了解地域经济、市场经济的组织架构，也要了解企业所处的行业的市场情况、竞争环境、发展方向并重点剖析相关行业的政策和规范。此外，还要注重行业惯例，企业和其他自律企业的规范，促进公平公正有序的竞争。

最后，在微观层次上，企业建立刑事合规组织体系是为了更好地保障企业的长期发展和商业利益。归根结底，刑事合规体系的制度也是立足于识别防范刑事风险。

不可否认，一些小微企业或者创业期的企业没有能力和动力去创建合规管理制度，这类企业的发展很快有很强的不确定性，大多数敢于冒险。即使违规行为对企业本身的影响和后果也是有限的，但是当企业发展到一定规模，业务模式和发展模式已趋于稳定了，保证企业健康长久的发展就成了必然的选择。

如果出现违规成本过于高昂，企业不仅要承担市场经济上的损失，甚至还会因为一次违规行为导致多年的努力“灰飞烟灭”。因此，大中型企业都有较强的合规意识。另外，企业相关方包括企业的投资方、股东、监事会、交易对方、商业合作伙伴、监管机构这些职能和管理部门等的需求和期望也应该反映在合规管理制度之中。

（一）独立性原则

独立性原则要求刑事合规组织具有实质上的独立性和形式上的独立性。刑事合规组织保持实质上的独立性，能使刑事风险防范意见不受有损于职业判断的任何因素的影响，保持客观和谨慎。刑事合规组织保持形式上的独立性，避免出现重大的风险事实，保证决策层合理推定会计师事务所或鉴证小组成员的公正性、客观性或专业谨慎不受到威胁。合规组织应从制度设计、机构设置、人员安排以及通告路径等方面保证独立性。建立一套规范，要求刑事合规组织能够识别、评价对独立性的威胁及其应采取的针对性措施，是符合企业利益的。刑事合规组织机构的独立性具体体现在其直接到达决策者的风险汇报机制、报告渠道，适当的管理职责和可以调度的资源，具体体现在以下三个方面：

首先，刑事合规组织对其企业内部的可能存在的刑事风险，其汇报的途径应当直达决策层，不应当经过其他业务层或者职能层代为转达。要保障及时地、有效地、如实地、不夸张地、也不打折扣地呈现在决策层面前。不能受到其他的职能部门或业务部门的影响。并由决策层讨论后作出决定。

其次，刑事合规组织的机构应具备适当的管理职权，使其能够参与公司内部的各项管理工作，提出刑事风险防范建议，持续把握风险防控，能够有效地推进各项整改任务。

最后，刑事合规组织还应有充分的资源，使其能够拥有或调动足够多的、满足工作要求的人员、设备，从而不会因为资源问题而无法完成工作或者降低工作质量。也不会因为资源问题而受制于公司内部，丧失其独立性。

（二）专业性原则

专业性原则要求刑事合规组织在建立的过程中要考虑专业规范，并且在实际运行中，由专业人员严格按照风险规范来贯彻落实，并长期遵守。这个世界唯一不变的就是变化本身。在日新月异中，企业所处的内部发展、外部环境时刻都在变化，刑事合规组织的负责人必须密切关注。这对组织架构以及负责人都提出了较高的专业要求，对外部法律的要求、执法力度的强弱、法制政策的变迁以及企业自身战略和发展的改变都要关注，实时检查各类刑事合规的管理制度，如果发现存在不完善、不一致、不合理的地方，一定要及时修改或补充，确保刑事合规管理监控能够与时俱进，否则，脱离实际的制度将会束缚企业的发展。这些都是企业刑事合规组织的专业性原则体现。

在注重专业性的同时，刑事合规组织与其他部门如财务、法律、人力资源等部门的衔接与配合也很重要。专业性原则要想行之有效，刑事合规管理制度必须融入企业的日常经营活动中，并与其他制度密切、有机地结合起来。实践证明，在对业务全程、合规监控、风险识别等环节有清楚认识的前提下，广泛听取管理层及一线业务部分的意见，邀请不同部门的人员参与到合规管理制度的制定过程当中，可以有力地保障合规监管制度的专业性和实用性，并且更容易得到员工的认可和尊重。这种事前协商式的方法，不仅有助于一线人员更好地理解刑事合规管理的目的和意义，也有助于更好地了解业务活动和实际需求、流程设计和控制点，还能够保障刑事合规管理制度的要求可以真正地落地和实施。

（三）适度性原则

刑事合规组织在面对任何风险管理制度时，都很难彻底地消除潜在风险。适度性原则的意义在于将企业的合规风险控制在一个适度合理的范围，而不是盲目地、不计成本地制定过于严苛的管理架构或者实践标准，避免形成"叠床架屋""草木皆兵"的合规管理、管控文化，致使员工抵触和排斥合规管理。

企业的董事会负责制定公司的合规方针并监督刑事合规风险管理。董事会批准公司的合规政策，包括有关组建刑事合规组织的方针。董事会或下设的委员会，对公司有效管理风险进行定期识别与评估。刑事合规组织搭建应从经营范围、组织结构和业务规模等实际出发，兼顾成本与效率，强化合规管理制度的可操作性，提高合规管理的有效性。同时，企业应随着内外部环境的变化持续调整和改进合规管理体系。刑事合规的目标要是可以让执行人实现、达到的，而非追求"极致缥缈"，目标设置要坚持员工参与、上下左右沟通，使拟定的工作目标在组织及个人之间达成一致。很多企业合规管理制度要求像法律条文般逻辑严密，但这样的制度员工很难理解，也无法有效地执行。那么，起草合规管理制度一定要用简洁易懂的语言，结构清晰，一目了然，避免篇幅过长，重要的原则必须明确什么可以，什么不可以。形式上不能太刻板，要有助于员工更好地理解制度，可以引用图表、清单等多种方式来表达。

二、刑事合规组织体系的总体要求

国内企业组建刑事合规组织、合规管理机构可以参考的制度依据主要有国资委《中央企业合规管理指引（试行）》、国家发改委《企业境外经营合规管理指引》，以及国家质量监督检验检疫总局和国家标准化管理委员会联合发布的《合规管理体系　指南》。三个指导文件对合规体系的要求、合规管理机构的层级进行了不同的表述。

其中，国资委《中央企业合规管理指引（试行）》明确了不同部门的合规管理职责，按照各个不同的部门来进行划分。国家发改委《企业境外经营合规管理指引》将合规管理架构划分为决策层、管理层、执行层三个层级，并专门描述了合规管理机构的组成。《合规管理体系　指南》则采用组织决策的分析框架，将合规管理机构分为治理机构和最高管理者、合规团队、管理层、员工。

但无论如何划分，企业建立健全刑事合规组织体系，都应当按照以下准则：第一，坚持全面覆盖准则。坚持将合规要求覆盖各业务领域、各部门、各级子企业和分支机构、全体员工，贯穿决策、执行、监督全流程。第二，关联责任准则。把加强合规管理作为企业主要负责人履行推进刑事合规建设职责的重要内容。建立全员合规责任制，明确管理人员和各岗位员工的合规责任并督促有效落实。第三，协同联动准则。推动刑事合规组织与法律风险防范、监察、审计、内控、风险管理等工作相统筹、相衔接，确保合规管理体系有效运行。第四，客观监管准则。严格依照法律法规等规定对企业和员工行为进行客观评价和处理。合规组织负责牵头部门独立履行职责，不受其他部门和人员的干涉。

由于各个分层不同，本书采用《企业境外经营合规管理指引》的分类标准，并参考上述指引及指南，将企业组织中的各部门分成三个层级，即决策层、管理层、执行层。其中，决策层主要包括企业董事会、监事会、合规委员会或者协调委员会；管理层主要包括董事长、总经理、合规负责人；执行层包括合规管理部门以及公司业务部门。

决策层、管理层、执行层这三个层级都在企业的刑事合规组织体系的建立和有效实施中扮演着重要角色，都应当体现出防范刑事风险的意识，展现其遵守相关法律、行业准则、组织标准以及公司治理标准、道德期望等的合规承诺。企业可结合发展需要建立权责清晰的合规治理结构，在决策、管理、执行三个层级上划分相应的合规管理责任。具体来说，企业的决策层应以保证企业合规经营为目的，通过原则性顶层设计，解决合规管理工作中的权力配置问题。企业的高级管理层应分配充足的资源建立、制定、实施、评价、维护和改进合规管理体系。企业的各执行部门及境外分支机构应及时识别归口管理领域的合规要求，改进合规管理措施，执行合规管理制度和程序，收集合规风险信息，落实相关工作要求。

刑事合规组织体系的构架应当符合对可能出现的刑事风险进行阻却、最终免责、事后救济的要求，因此在构建组织体系时，要对于以上三大问题的诉求予以有效的回应。而这种实践的回应在企业刑事合规体系中重点体现为，对企业运行的商业模式可能存在的刑事风险进行评估、对企业运营过程中的刑事风险点进行管理、对企业刑事合规风险事件启动紧急解决预案。所有的构建，都是对上述的内容的合理设计与运用。基于此，决策层实现刑事合规的途径是领导层认同核心价值观，采纳通行的刑事风险意识、公司治理标准、道德标准。要明确合规的组织价值观，认可和实施能够促进合规行为的措施等。如果不能在组织各层级实现上述条件，就会存在不合规的风险。

企业的决策层主要包括企业的董事会、监事会，以及董事会中设立的刑事合规委员会（或者合规协调会）。决策层作为企业合规组织体系的最高负责机构，应以保证企业合规经营为任务，通过原则性顶层设计解决刑事合规工作中的权力配置问题并进行重大事项决策。作为公司合规体系的最高负责机构，决策层负责制定合规管理的目标方针政策，审阅报告和决议，统领公司的全面管理工作。

企业的管理层通常包括董事长、总经理、合规负责人、合规法律顾问。其中，合规负责人可以为首席合规官，或由总法律顾问兼任，也可进行聘任，由专业的律师担任。根据企业规模及架构的不同，企业可能任命最高管理层中的一员为合规管理部门的总负责人。该层级主要由合规管理相关的职能管理部门组成，如法律、人力资源、审计、财务等，主要负责职能部门之间的工作分工和协调，保证公司内部各种管理、风险管理和监督资源的有效协同。管理层应分配充足的资源，建立、制定、实施、评价、维护和改进合规管理体系。

企业的执行层包括合规管理部门和各业务部门。该执行层负责合规管理的日常工作。根据公司规模和实际工作量，合规管理部门的规模可大可小，岗位人员数额亦可调整，并无固定限制。这些部门应及时识别在运营中的刑事法律风险，对合规风险识别保持时刻更新，对刑事合规制度和程序坚决贯彻执行，同时，注意收集刑事合规风险信息等，落实合规的工作任务。对于一些规模较小的公司，也可以考虑把合规管理任务分配给合规专家、合规专业组织。

企业可结合发展需要建立权责清晰的合规治理结构，在决策、管理、执行三个层级上划分相应的合规管理责任。具体内容如下：

1. 企业的决策层应以保证企业合规经营为目的，通过原则性顶层设计，解决合规管理工作中的权力配置问题。

2. 企业的管理层应分配充足的资源建立、制定、实施、评价、维护和改进合规管理体系。

3. 企业的各执行部门及境外分支机构应及时识别归口管理领域的合规要求，改进合规管理措施，执行合规管理制度和程序，收集合规风险信息，落实相关工作要求。

三、决策层的合规角色与职责内容

（一）决策层的合规角色的定位

依照《中央企业合规管理指引（试行）》、《企业境外经营合规管理指引》以及《合规管理体系　指南》的相关内容，企业合规体系的决策层主要包括董事会、监事会、合规委员会。无论是董事会还是其他的决策层，作为领导者即一个组织中的关键少数，其在刑事合规体系中的地位与角色、责任与义务，都应具有表率作用。

将领导者纳入刑事合规体系的重要意义更在于：组织实现刑事合规的最佳途径是领导层认同核心价值观和刑事风险防范意识。通过自身的表率，使下属部门及员工行为符合刑事合规要求，满足各级管理层的有力领导、明确的组织价值观、认可和实施能够促进合规行为的措施等条件。如果不能在组织各层级实现上述条件，就会存在刑事不合规的风险。合规体系和最高管理层应通过措施展现出对合规管理系统的领导力和承诺。

刑事合规组织中的决策层应通过以下措施展现出对承诺与具体实践：积极表率建立和维护刑事合规组织的核心价值观。确保建立刑事合规政策和刑事合规目标，并符合组织的价值观、目标和战略方针。确保政策、程序和流程的制定与实施有序进行，以实现刑事合规目标及效果。确保具备合规管理系统所需的资源，并确保资源合理分配。确保将刑事合规组织融入整体合规及监管的业务流程中。宣传有效合规管理系统的重要性，以及遵守合规管理系统要求的重要性。指导和支持相关人员提升刑事合规识别的能力。为其他相关管理人员提供刑事合规的支持，使其在与之相关的刑事合规职责中展现出领导力。确保企业运营中刑事合规责任保持一致性。建立和维护违法刑事合规的责任机制，其中包括及时报告刑事合规事项。确保刑事合规管理系统实现预期目标。推动持续刑事合规组织、改进。

（二）董事会的职责内容

董事会是企业的经营决策机构，也是股东会的执行机关。董事会是由董事组成的，对内掌管公司事务、对外代表公司的经营决策和业务执行机构。对公司股东会或股东大会负责并报告工作。股东会或股东大会所作的决定，董事会必须执行。董事要以股东利益最大化为行动的出发点，要勤勉注意、审慎经营并进行良好的商业判断。体现在刑事合规方面，董事的忠实义务意味着其应当尽最大努力确保公司以合法、合规的方式运营。这是《公司法》的义务，也是董事会在合规管理中的责任来源。

依照《中央企业合规管理指引（试行）》的规定，董事会在合规管理中的职责主要体现在战略制订、人事任免和重大决策方面，承担的合规职能包括但不限于以下方面：

（1）批准企业合规管理战略规划、基本制度和年度报告；

（2）推动完善合规管理体系；

（3）决定合规管理负责人的任免；

（4）决定合规管理牵头部门的设置和职能；

（5）研究决定合规管理有关重大事项；

（6）按照权限决定有关违规人员的处理事项。

（三）监事会的职责内容

监事会是由股东大会选举的监事以及由公司职工民主选举的监事组成的，是公司的内部监督机构，主要作用是防止董事会、管理层滥用职权损害公司和股东利益。作为公司的“守夜人”和内部监督机构，其职权为监督检查公司的财务会计活动以及监督检查公司董事会和经理等管理人员执行职务时是否存在违反法律、法规或者公司章程的行为，以及要求公司董事和经理纠正其损害公司利益的行为。监事会的刑事合规管理职能并不突出，主要是监督董事会和高级管理层合规管理职责的履行情况。

监事会在刑事合规中行使的职权，实际上在《公司法》中是有规定的。根据《公司法》的规定，监事行使的法定职权中有四项是与合规监督有关的。(1) 检查公司财务，从公司财务报表、数据中发现不合规的情况，应当及时明确地指出。(2) 对董事、高级管理人员执行公司职务行为进行监督，对违反法律、行政法规、公司章程或者股东会决议的董事、高级管理人员提出罢免的建议。(3) 当董事、高级管理人员的行为损害公司利益时，要求董事、高级管理人员予以纠正。(4) 向公司的股东会提出议案，针对公司合规管理中存在的制度性缺陷和问题进行及时纠正与更新。

依照《中央企业合规管理指引（试行）》的规定，企业监事会的合规管理职能通常包括：

(1) 监督董事会的决策与流程是否合规；

(2) 监督董事和高级管理人员合规管理职责履行情况；

(3) 对引发重大合规风险负有主要责任的董事、高级管理人员提出罢免建议；

(4) 向董事会提出撤换公司合规管理负责人的建议。

(四) 合规委员会的职责内容

合规委员会在实践中通常在董事会中设立，由具备法律、财务、人事管理背景的董事组成。考虑到企业的现有管理架构，在不设董事会的公司中，合规委员会也可以由执行董事牵头或公司总经理牵头，并由法律、财务、人事管理方面的最高管理层人员组成。但无论以何种形式，其性质都是企业合规管理体系的最高负责机构，承担合规管理的组织领导和统筹协调工作，负责公司合规管理的总体部署、体系建设及组织实施，定期召开会议，研究决定合规管理重大事项或提出意见建议，指导、监督和评价合规管理工作。合规委员会也叫作合规协调委员会。关于是否必须设立合规委员会的问题。企业可根据业务性质、地域范围、监管要求等设置。尚不具备条件的企业，可由相关部门，如法律事务部门、风险防控部门等履行合规管理职责，同时明确合规负责人。

合规委员会是企业合规管理体系的最高负责机构。《中央企业合规管理指引（试行）》《企业境外经营合规管理指引》对合规委员会的主要职责进行了概括，一般应履行以下合规职责：

（1）确认合规管理战略，明确合规管理目标；

（2）建立和完善企业合规管理体系，审批合规管理制度、程序和重大合规风险管理方案；

（3）听取合规管理工作汇报，指导、监督、评价合规管理工作；

（4）承担合规管理的组织领导和统筹协调工作；

（5）定期召开会议；

（6）研究决定合规管理重大事项或提出意见或建议；

（7）指导、监督和评价合规管理工作。

四、管理层的合规角色与职责内容

（一）管理层的合规角色的定位

管理层主要包括以首席执行官、总经理为首的公司高级管理团队和首席合规官、刑事合规负责人。管理层在合规管理体系架构中起到上令下达、承上启下的作用。决策层主要负责重大事项决策，通过监督来控制刑事合规组织体系，执行层则具体干事，遵照秩序。刑事合规的中间环节的组织架构搭建、战略规划制定、合规制度批准、合规决策意见提出，以及领导牵头部门工作等责任均由管理层承担。同时，管理层还就合规工作向决策层负责，受决策层监督。

（二）经理层的职责内容

经理层是指公司的高级管理人员，包括公司的总经理、副总经理、财务负责人、董事会秘书和公司章程规定的其他人员；负责企业的具体执行任务，对中层部门进行监督、调度、审核；负责人事任免、监督。总经理会议为经理层的决策机构。总经理会议研究决定总经理职权范围内的重要事项。总经理办公会形成的意见并下发执行。总经理会议和总经理办公会决定的事项，由有关部门承办，并由公司办公室负责协调和检查落实。

防范和管控合规风险是合规管理工作的导向，经理层需要持续关注业务开展情况及内外部法律变化，及时识别、评价及应对潜在的新增风险和既有风险变化。执行层也应当了解建立合规风险管理制度和流程，关注重点领域、重点环节和重点人员，全面分析合规风险的发生可能性、后果严重性及发生原因、潜在后果等，制定合规风险应急预案，采取有效措施，及时应对处置，避免潜在风险变为现实的危险事件。《中央企业合规管理指引（试行）》对经理层的合规职责进行了概括：

（1）根据董事会决定，建立健全合规管理组织架构；

（2）批准合规管理具体制度规定；

（3）批准合规管理计划，采取措施确保合规制度得到有效执行；

（4）明确合规管理流程，确保合规要求融入业务领域；

（5）及时制止并纠正不合规的经营行为，按照权限对违规人员进行责任追究或提出处理建议；

（6）经董事会授权的其他事项。

（三）首席合规官、合规负责人的职责内容

企业可结合实际任命专职的首席合规官，也可由法律事务负责人或风险防控负责人等担任合规负责人。根据合规领域的国际通行实践，建立了刑事合规管理体系的企业通常会任命首席合规官。首席合规官或合规负责人是企业合规管理工作具体实施的负责人和日常监督者，不应分管与合规管理相冲突的部门。首席合规官是企业合规的第一负责人，负责企业合规管理内容的平时监督和落实情况。在中外实践中，常见的首席合规官的任命方式包括：企业任命总法律顾问兼任首席合规官、任命独立的首席合规官或者外聘首席合规官，但是都应向董事会进行报告。

《中央企业合规管理指引（试行）》中采用了“合规管理负责人”的概念，而《企业境外经营合规管理指引》则借鉴了国际惯例，明确了企业可以任命专职的首席合规师，也可以由法律事务负责人或者风险防控的负责人担任合规负责人。同时，两项指引还对其职能进行了明确。首席合规官或合规负责人一般应履行以下合规职责：

（1）贯彻执行企业决策层对合规管理工作的各项要求，全面负责企业的合规管理工作；

（2）协调合规管理与企业各项业务之间的关系，监督合规管理执行情

况，及时解决合规管理中出现的重大问题；

（3）领导合规管理部门，加强合规管理队伍建设，做好人员选聘培养，监督合规管理部门认真有效地开展工作。

五、执行层的合规角色与职责内容

（一）执行层的合规角色

完善刑事合规运作机制、实现合规要求，离不开合规管理这一重要过程。在推进合规管理中，企业应建立健全刑事风险识别、合规审查、合规汇报、合规考核、合规检查、合规培训等方面的工作机制，将合规管控嵌入关键业务流程中，尤其是作为规章制度制定、重大事项决策、重要合同签订、重大项目运营等经营管理行为的必经程序，确保全员知规守规、有规必依。完成上述合规内容，需要执行层能够完成具备合规理念、把具体的刑事合规信息传递给每一个员工、明确团队及员工的职责，严格执行风控标准，认真履行合规岗位职责。执行层应该保持与监管机构日常的工作联系，确保在建立、实施和维护合规管理体系流程中能够获得适当的专业建议。同时，跟踪、评估监管意见和监管要求的落实情况。

刑事合规管理体系的成效，不仅在于企业是否能及时识别刑事风险、发现和处理违规事件或行为，更在于一个合格的管理层，要全面落实企业合规的各项机制，尤其在识别报告、举报管理、违规调查、责任追究等方面，监督落实和日常管控。明晰违规情形与场景，细化惩处标准，开展违规调查，严肃追究违规人员责任。

（二）合规执行部门的职责内容

企业可以设立合规执行部门。合规执行部门负责本领域的日常合规管理工作，按照合规要求完善业务管理制度和流程，主动开展合规风险识别和隐患排查，发布合规预警，组织合规审查，及时向合规管理牵头部门通报风险事项，妥善应对合规风险事件，做好本领域合规培训和商业伙伴合规调查等工作，组织或配合进行违规问题调查并及时整改。监察、审计、法律、内控、风险管理、安全生产、质量环保等相关部门，在职权范围内履行合规管理职责。

合规部门的职责根据企业性质、规模等不同会有所不同，通常包括以下主要职责：

（1）持续关注公司总部所在地和经营所在地的法律法规、行业监管要求和国际准则的最新发展，正确理解法律法规、行业监管要求和国际准则的规定及其精神，准确把握法律法规、行业监管要求和国际准则对公司的影响，及时为最高管理层提供合规建议。

（2）利用相关资源，识别合规职责，并将其转化为可行的方针、程序和流程，并及时将新识别出的合规职责融入现有方针、程序和流程。

（3）制订并执行“风险导向”的合规管理计划，包括特定政策和程序的实施与评价、合规风险评估、合规性测试、合规培训宣贯等。

（4）审查评价公司各项政策、程序和实施细则的合规性，组织、协调和监督各业务条线和内控部门对各项政策、程序和实施细则进行梳理和修订，确保公司各项政策、程序和实施细则符合法律法规、行业监管要求和国际准则的要求。

（5）配合公司人事或培训部门为员工提供或组织持续合规培训，包括新员工入职合规培训，各级管理人员、各类业务员工的定期合规培训，确保全部相关员工按规定接受培训。为员工提供与合规程序和参考资料相关的资源，向组织提供关于合规相关事项的客观建议，并成为员工咨询有关合规问题的内部联络部门。

（6）组织制定合规管理程序以及合规手册、员工行为准则等合规指南性文件，评估合规管理程序和合规指南性文件的适当性，为员工恰当执行法律法规、行业监管要求和国际准则提供指导。

（7）积极主动地识别和评估与公司生产经营活动相关的合规风险，并管理与供应商、代理商、经销商、咨询顾问和承包商等商业相关的合规风险。同时，为新产品和新业务的开发提供必要的合规性审查和测试，识别和评估新业务方式的拓展、新客户关系的建立以及客户关系的性质发生重大变化等所产生的合规风险。

（8）推动将合规责任纳入岗位职责和员工绩效管理流程。建立合规绩效指标，监控和衡量合规绩效，分析绩效，识别改进行动的需求。

（9）建立合规报告和记录系统，制定实施资料管理流程，如投诉反馈热线、举报系统和其他机制。

（10）确保按计划周期评估合规管理体系，实施充分且具有代表性的合规风险评估和测试，包括通过现场审查对各项政策和程序的合规性进行测试，询问政策和程序存在的缺陷，并进行相应的调查。合规测试结果应通过合规管理报告路线向上汇报，以确保各项政策、程序和实施细则符合法律法规、行业监管要求和国际准则的要求。①

（三）合规法律部门的职责内容

企业可以设立合规法律部门。由公司的法律事务机构或其他相关机构为合规管理牵头部门，组织、协调和监督合规管理工作，为其他部门提供合规支持，主要职责包括：

（1）研究起草合规管理计划、基本制度和具体制度规定；

（2）持续关注法律法规等规则变化，组织开展合规风险识别和预警，参与企业重大事项合规审查和风险应对；

（3）组织开展合规检查与考核，对制度和流程进行合规性评价，督促违规整改和持续改进；

（4）指导所属单位合规管理工作；

（5）受理职责范围内的违规举报，组织或参与对违规事件的调查，并提出处理建议；

（6）组织或协助业务部门、人事部门开展合规培训。

（四）合规专员的职责内容

合规专员是企业合规部门之外的其他职能管理部门或业务部门中负责相关业务合规管理的专门人员。为有效履行合规专员的职责，在公司合规管理部门任职的合规专员，应具备与履行职责相匹配的资质、经验、专业技能和个人素质，必须满足但不限于以下要求：作出诚信和合规承诺；具备高效的传达沟通和影响力技巧；善于接受建议和指导；相关业务能力，尤其在合规

---

① 参见《创建有效的企业合规管理体系（闭环）》，载 360 个人图书馆 2019 年 1 月 28 日，http：//www.360doc.cmo/content/19/0128/19/22551567_811822654.shtml。

专业方面。

企业一般可以根据实际业务情况和管理要求设立合规专员岗位，合规专员履行的主要职责是：

（1）持续关注公司总部所在地和经营所在地法律法规、行业监管要求和国际准则关于所属部门各项业务的最新监管要求，建立所属部门各项业务的合规管理制度规定，或根据监管要求完善各项业务流程。

（2）与公司合规管理部门沟通，按计划完成各项合规管理任务，包括但不限于合规风险评估、合规培训宣贯、合规登记报告等。

（3）为所属部门员工提供工作方面的合规管理建议，解答其他部门员工提出的与本部门工作相关的合规问题。

第二节　刑事合规部门的协作与协调

一、刑事合规部门的协作与沟通的重要性

刑事合规管理的协调与协作，关键在于处理好合规部门与监管机构、企业内部业务部门、企业员工以及商业合作伙伴等的沟通和协调。管理协调需要通过沟通的方式来了解和满足内部与外部的需求，尤其是刑事合规监管的沟通，关乎企业能否存续以及发展的问题。沟通需求包括沟通话题、沟通时机、沟通对象和沟通方式。协调需要增强部门协调配合的意识，尤其是刑事合规的制度共识，以便在将来合规时互相协调，形成工作合力。规范刑事合规部门与业务部门之间协调配合管理，要明确牵头部门，分清主次责任。具体如下：

1. 刑事合规部门与业务部门分工协作合规管理。需要合规管理部门和业务部门密切配合。相关业务部门应主动进行日常合规管理工作，识别业务范围内的合规要求，制定并落实业务管理制度和风险防范措施，组织或配合合规管理部门进行合规审查和风险评估，组织或监督违规调查及整改工作。

2. 刑事合规部门与其他企业内部的监督部门分工协作。合规管理部门与

其他具有合规管理职能的监督部门，如审计部门、监察部门等，应建立明确的合作和信息交流机制，加强协调配合，形成管理合力。企业应根据风险防控需要以及各监督部门的职责分工划分合规管理职责，确保各业务系统合规运营。

3. 刑事合规部门与外部监管机构的工作沟通。刑事合规部门应积极与监管机构建立沟通渠道，了解监管机构期望的合规流程，制定符合监管机构要求的合规制度，降低在报告义务和行政处罚等方面的风险。

4. 刑事合规部门与第三方商业合作伙伴的沟通。企业与第三方商业伙伴合作时，应做好相关行业及地域的风险研究和项目尽职调查，深入了解第三方合规管理情况。企业应当向重要的第三方传达自身的合规要求和对对方的合规要求，并在商务合同中明确约定。

具体落实分工协作与沟通协调时，在外部传达沟通中，应当注意利益相关方的范围以及与利益相关方传达沟通的方式。相关方可能包括但不限于监管机构、商业合作伙伴和业内其他企业、非政府组织、媒体，等等。外部的相对主体不同，沟通协调的内容也不相同。内部传达沟通中，与其他业务部门沟通，要注意及时性与可操作性。与员工沟通时，注意其能收到信息并明确告知企业的期许，同时也要了解员工的情绪。沟通方式根据对象的不同，采取包括文字回复、新闻稿、广告公告和定期简报、定期报告、非正式讨论、开放日、社区对话、热线电话等方式。这些方式有助于相关方理解和接受组织的合规承诺。根据答复的不同，答复的具体内容应包括事项、影响和建议、分析、纠正措施、趋势、结果等。

二、在刑事合规整改中与监管机构的沟通

当企业涉及刑事犯罪时，企业会面临检察机关及第三方的监管，被要求按照一定要求完成合规，以换取不起诉或者从轻处罚的奖励。最终检察院根据涉案情况并核实相关情况后，要求企业及高管人员作出合规承诺及自主开展企业刑事合规制度建设，以刑事合规重塑企业业务流程和财务管理、税务筹划等流程，强化合规制度的执行和监督，去除企业“涉罪基因”。

合规考察通常适用于涉案企业。目前最高人民检察院推行第三方监督评

估机制，由完全独立的第三方组织负责涉案企业合规计划可行性、有效性、全面性的审查以及合规整改的考察，出具考察报告。企业需要在第三方组织监督下，按照要求开展合规整改，需全面识别刑事风险、处置涉罪或涉案的刑事漏洞，完善企业内部治理架构和刑事合规制度。

在涉案企业作出合规承诺后，检察院设立考察期并会同市场监督管理部门定期对涉案企业的经营合规状况、内部合规审计制度的建立和执行予以考察。涉案企业每月向合规监管部门提交合规报告，及时报告合规整改情况。

刑事合规部门的作用在于沟通协调监管部门、向检察院提出合规整改建议并起草合规整改方案供其参考。在正式合规验收前，刑事合规部门负责与监管部门沟通。在协商沟通时，重点评估合规治理架构、合规制度体系、合规计划的建设、执行情况或者合规整改的整体完成情况。合规部门与监管部门（或第三方组织）沟通时，应该注意：

1. 及时建立沟通渠道，增强监管部门对公司的信任，提前与监管部门的工作人员对争议问题进行说明与解释，耐心答复监管人员的提问及质疑。积极提供证据来证明自己履行合规义务、遵守刑事合规，积极主动披露有关信息；以减少监管部门的误判与不解。避免受到过度的或者不必要的监管措施，避免在刑事合规评估验收时中处于劣势地位。

2. 在协商沟通时合规刑事部门应证明，公司正在积极履行合规内容并组建完善的合规制度以完成刑事合规要求。在与监管部门沟通时，应表示企业拥有良好的运行体制，只是因某些例外原因才导致发生失误，使监管机构认为这类错误只是偶然发生。企业积极地弥补损失，消除影响。刑事合规部门应积极地展现出自己良好的业绩和社会责任，如为国家纳税、向社会捐赠、做公益事业等均可把这些良好的记录公布出来，以减少企业受到处罚和刑事处罚的力度。并且对于可能的诉讼要提出书面承诺，避免这些情况发生。

3. 企业通过评估后，可以由刑事合规部门向检察机关申请，组织相关人员采用听证会、论证会等形式开展合规验收审查。重点判断、评价涉案企业是否已去除“违法犯罪”，作出相应决定并提出持续性合规建议。并且建议检察机关对该企业开展调研与考察。涉案企业经合规整改和考察后，相关部门对涉案企业开展合规评估，初步确认企业完成合规整改。最终，由检察机关召开听证会或论证会，综合听取各方意见后作出相应决定。在会上，刑事合规部门也可以就是否起诉的问题，与各方沟通，回应质疑、表明态度、接受监督等。

目前，企业合规不起诉制度的改革探索刚刚开始，各地检察院纳入改革试验的案例并不多，虽然最高人民检察院公布了两批指导案例，但该改革是否能发挥改革者所预期的积极效果，还需要不断地跟踪考察、实证研究和效果评估。在合规不起诉改革探索中，企业刑事合规部门要充分发挥好沟通、协调作用，配合执法调查和刑事调查活动，化解可能发生的刑事风险，保障企业走出困境，以维护企业股东与投资人，甚至广大员工的利益。

三、刑事合规部门与业务部门、内部监督部门的分工协作

1. 刑事合规部门与业务部门的分工协作。企业完成实现合规管理这一目标，并非合规部门的一家之事，需要合规部门和业务部门之间相互协作与沟通。因为合规部门并不能直接面对或接触到业务，也不对接与负责业务领域。因此对与业务相关的监管、市场与法律变化动态的了解，实际上合规部门是不如业务主管部门的，因此，要更及时与密切地沟通。

在分工协作中，业务主管部门应该及时汇报业务情况与市场变化动态、法律法规变更，时刻保持积极反馈，及时说明业务领域所存在的问题，并且根据自身的需要来分析、整理规划出合规的风险，按照不同风险的大小程度和存在性，以及对企业的存在风险的程度，制定出各种应对方案。而要使合规部门制度落实得合乎规范，合规部门要做到业务管理与合规管理融洽契合。

两部门之间的协作的具体落实点在于，业务部门要对其业务领域的合规风险进行初步识别和分层次，尤其是刑事风险。合规风险评估报告应及时提交刑事合规部门。刑事合规部门也根据新识别的风险来进行认定是否修改合规标准。必要的时候，刑事合规部门应该结合公司内部的其他部门，如风控部门，审计部门等，对不同领域的风险进行评估认定，无论是合规风险还是刑事风险，应按照从大到小进行不同层级和等级的认定。业务主管部门应当根据合规部门提出的风险警示，严格落实防范措施，有效防控风险。

2. 刑事合规部门与内部监督部门的分工协作。企业的内部监督部门包括

内控部门、审计部门、风控部门等。合规部门与上述部门之间的内部分工，更多体现为监督关系。企业合规进入新发展阶段，与市场、法律、安全、环境等方面的新需求相比，执行和实施仍是亟须补齐的“短板”，内部监督职能作用发挥还不够充分。为进一步实现合规目标，让监督工作全面协调充分发展，推动监督与企业其他各类监督有机贯通、相互协调，推进监督部门的正规化、专业化、职业化建设，提高监督能力水平，确保内部监督部门依法履行监督职责，应当按照如下内容进行。

内部部门主要负责全面风险管理，面对宏观经济中，包括市场可能发生的各类问题。合规管理也应是内控部门负责内容的一部分，合规部门与内控部门应该互相配合。实际上，内控部门的任务目标是合规管理的落实保障，而其重要的内容之一，即风险评估及控制活动中涉及风险管理，则是它的前提和实施手段。

实现分工协作可以采用举报通告的方式。企业应建立统一的举报平台，鼓励员工、交易对方、知情者以及社会人士对公司的情况进行举报。对于内控、风控等部门与合规部门之间的关系，首先，风控部门负责处理存在风险举报的事情，及时记录与调查，调查的事实包括涉及商业贿赂、违规违章的内容。其次，根据调查的情况向举报者进行适当的反馈，同时向合规部门通告调查进展情况。再次，避免举报者受到报复。最后，落实调查结果，杜绝违规风险发生。

3. 合规部门与审计部门的工作协作事项。一般企业会设有审计部门，其职责是对公司的重要事项进行独立性的经济监督活动。审计作为一种监督机制，其实践活动历史悠久。审计的内容是针对企业的整个管理体系是否有效来进行的，也包括评估、调查企业的合规情况、经营情况等。

审计部门与合规部门之间的关系是相互独立的，但合规部门仍然受到审计部门的监督管辖与定期的检查。企业在经营过程中，遇到一些重大风险，应将情况报告给合规部门、审计部门和风控部门等，他们都有检查的职责。对于特定领域的风险，部门之间应积极沟通。审计部门将审计监督的结果抄送给合规部门。而合规部门重新审视信息，对已有的合规规定进行修改。审计部门相当于公司内部检查部门，属于事后的审查。合规部门属于事前防范。

四、刑事合规部门与企业员工的沟通

沟通是做好人员管理的关键，良好的沟通能够激发员工工作热情和工作潜能，最大限度发挥人才的优势作用，推动企业发展。因而，企业必须重视沟通管理工作，完善沟通管理机制，有效解决企业与员工之间的各类矛盾，凝心聚力，取得更大发展。沟通即人与人之间的思想和信息的交换，是信息的传达和广泛传播的过程。沟通是管理的重要手段。在企业管理实践中，要想实现有效沟通，沟通之前要正确认识企业的独立性和整体性特征。企业在实际经营管理过程中有其独立性，内部部分环节发生变化，其他环节甚至整个系统都会产生连带反应。因此，企业管理沟通活动的开展必须保持一致，自上而下保障沟通价值，使沟通能够切实辅助管理措施落到实处，助力企业发展。

企业应该采用适当的传达沟通方式，确保全体员工持续收到和理解合规信息。沟通方式包括针对全体员工和针对员工个体两种。第一，针对全体员工的沟通，包括合规方针和相关管理制度的建立，通过内部管理制度向全体员工明示合规要求，哪些可以做，哪些不可以做，明确地列出公司对员工的期望，以及不合规行为应该在何种情况下向谁反映；在新的合规要求，如法律法规或政令发生变化出现时的风险预警。第二，针对员工个体的沟通，主要包括发生不合格行为时的警示和纠正。国际上一般较大的公司都设有合规专线，方便员工对合规问题进行反映和咨询。

合规培训也是一种沟通方式，通过培训使其掌握应知的合规知识、制度规定和风险防控要求，并对其培训情况进行督促检查。人事部门应当将合规培训纳入培训计划，将合规评价结果作为干部任免、考核奖惩的依据之一。企业将合规知识纳入新员工入职培训内容，培训不合格的不得上岗，合规部门可根据业务领域风险状况，对高风险领域的岗位员工有针对性地进行合规培训。

五、刑事合规部门与商业合作伙伴协调

商业合作伙伴合规管理指根据客户的合规政策，为规范、促使客户的商

业合作伙伴合规经营，而开展的法律服务。商业合作伙伴，包括但不限于供应商（含产品和服务提供商）、销售商、代理商和律师事务所、会计师事务所、招投标咨询公司等各类中介机构。

在全球合规语境下，商业合作伙伴作为公司经营活动的延伸，其违规行为往往会波及公司自身。公司故意利用商业合作伙伴实施违规行为，将为违规行为的后果承担连带责任；公司疏于对商业合作伙伴的合规管理，往往需承担管理责任和商业信誉损失。因此，规模较大的公司或者在产业链中具有影响力的公司，往往会将自身的合规政策延伸到商业合作伙伴管理中。对商业合作伙伴的合规管理制度一般体现在合作伙伴选择和后续管理两个环节。

构建第一道防火墙，首先在选择商业伙伴阶段。对商业伙伴进行外部的尽职调查，查看其商业风险与商业道德情况。如果存在风险，则不得与其合作。其次，对已经合作的商业伙伴则建立合作伙伴合规库。在交易合作中持续观察与关注，通过每一次沟通的机会，宣传本公司的合规理论与合规制度，尤其防范刑事风险，包括商业贿赂在内等，以此来逐步构建合作伙伴的合规意识。在合作中发放合规提示以及要求其作出廉洁承诺，对发现存在合规问题的商业伙伴，提出纠正意见，甚至在必要时候断绝商业合作。

第三章

刑事合规操作指引

在厘清企业刑事合规的基本问题，并明确企业刑事合规组织体系后，重要的是将上述理论结合企业实际情况，建立企业刑事合规的有效风险防范机制，以期全面系统地应对企业刑事合规法律事务。

其中首要的是建立企业刑事合规制度规范，在上述制度不断完善的基础上对企业事务进行风险评估，针对企业特点和发展趋势找准企业自身风险点，注重法律与政策的与时俱进，以期紧跟时代步伐。

在企业刑事合规风险防范机制建立并逐步健全后，企业应能做到及时、全面、有效处理法律事务，形成可行性解决方案，切实解决企业法律责任问题。

体现在细节落实上，企业不仅应当在审查时有明确的审查对象，也应针对可能涉及法律领域的不同有具体应对，以达到对企业法律风险全面控制的目标。

第一节　企业刑事合规的流程

一、建立企业刑事风险防范机制

（一）制定企业刑事合规制度规范

有效的企业刑事合规制度规范不仅可以作为预防企业法律风险的基石，亦可以作为企业犯罪的治理方案，同时也可以作为第三方监管机构对企业进行合规评估的重要依据以及办案机关对企业作出进一步法律处理的参考。

从刑事合规的概念来看，刑事合规的参与主体主要是国家和企业，企业刑事合规“是将国家刑事法律政策和企业内部管理制度相衔接的一种桥梁”[①]，实际就是在遵循国家法律法规的基础上制定企业内部规章制度，并依此搭建刑事合规组织，设置包含培训、实行、监管、报告程序在内的一整套企业内控机制，对于企业风险展开提前预警、客观评估，以期规避企业经营风险及刑事法律风险，并在企业出现刑事风险时将企业及企业守法的个人与犯罪的个体相切割，减轻企业责任，保护守法的企业个体。

1. 遵守国内外企业合规指引规范

《中央企业合规管理指引（试行）》第 2 条规定“合规”，是指中央企业及其员工的经营管理行为符合法律法规、监管规定、行业准则和企业章程、规章制度以及国际条约、规则等要求。

北京大学法学院陈瑞华教授认为：企业合规需要遵守的法律法规包括四种类型，一是国家制定的法律法规，包括最高司法机关的司法解释及国家部委规章等；二是商业惯例和伦理规范，包括行业成文的行为守则以及不成文的商业习惯等；三是企业内部规章制度，包括公司章程等；四是相关外国法律法规、国际条约或者国际惯例，包括公司经营地、主要业务所在地国家、地区的法律法规以及相关国际公约、国际组织规则等。[②]

可见“合法性”是企业刑事合规制度规范的前提与原则，是指在构建企业刑事合规制度规范时首先应做到遵守国内外企业合规法律法规及指导规范。

以我国现状来看，企业的刑事违法活动也多是以违反了相关领域或者说行业的法律法规规则为前提，继而触犯刑律，部分企业犯罪场景，刑事违法是以行政违法为前置条件的。例如，发生较多的非法经营罪，行为人构成本罪要求以违反国家规定为前提，而相关的国家规定所涉区域异常广泛，这就意味着企业通常违反了特定行业的法律法规。再如，拒不支付劳动报酬罪，该罪犯罪构成前置程序为：“经政府有关部门责令支付仍不支付。”以上均说

---

① 赵庆杨：《企业刑事合规业务的实践与探索》，载微信公众号“法政论辩”2021 年 7 月 23 日，https：//mp. weixin. qq. com/s/Aqe7qsVr2mcGH2XtJXZI9A。

② 参见陈瑞华：《企业合规基本理论》，法律出版社 2020 年版。

明企业刑事法律责任实际是对于企业违规的补充性惩戒，这决定了识别和判断企业刑事法律风险时，在很大程度上依赖国家在相关领域或者行业颁布的法律法规，即以相关法律规定为依据和前提来解释《刑法》中相关犯罪构成要件。这些法律法规的设定也必然与相关行业的商业守则及企业伦理道德相适应，因此在制定企业刑事合规制度体系时首先就应当做到合法、合规。

国内合规管理规定相较国外发展较晚，目前最具参照性的文件是2018年国资委发布的《中央企业合规管理指引（试行)》。其中的合规管理体系主要包含四方面内容：合规管理职责、合规管理重点、合规管理运行、合规管理保障。之后，大多数央企参照上述四方面内容进行了合规体系建设。

2. 制定企业内部特有的合规制度

企业刑事合规制度的建立应具有“合规性”，这里的合规指的是合乎企业现有的规章制度，包括但不限于企业的公司章程以及内部员工守则、业务操作流程、奖惩制度，等等。

企业因在经营领域、组织架构设立、经营发展过程、管理现代化程度等方面的不同而各有千秋，企业的实际经营者在经营过程中获知的行业规则，获得的核心竞争力，实际执行的管理规则以及因此产生的风险点也各有不同，因此在进行合规制度建设时必须参考这些各有特色的企业制度。且企业的合规管理制度不可能一蹴而就，或者自建立即一成不变，而是需要根据企业的经营发展而不断完善，不断查漏补缺，方能适应企业不断发展的需求。

正是因为企业刑事合规制度在建立时也要遵守不断发展变化的企业内部制度，因此市场上虽有大量成型的合规制度可供借鉴和参考，但也因企业本身情况不同而无法做到完全适配。企业建立的刑事合规制度除了要将一般企业常见的重要问题，以列举的方式一一列出，如不得以贿赂、不正当竞争的方式开展业务，财务管理制度合法合规、依法纳税，企业需要遵守劳动法等，也必然需要根据不同情况体现企业核心需求和主要风险点，如此方能达到有效管理之目的。

3. 根据制度搭建企业合规组织

企业内部基本的合规组织应当根据合规制度搭建。《中央企业合规管理指引（试行)》中的合规管理体系主要包含四方面内容：

一是合规管理职责，主要是框定企业核心机构或者部门的合规管理职责，包括框定董事会、监事会、经理层的合规管理职责，该指引作为央企工作指引还设立了专门的合规委员会对合规工作进行领导、统筹协调，以及规定了法律事务机构或者类似机构为合规管理牵头机构、业务部门负责本领域的日常合规管理工作；其中法律事务机构负责研究相关法律法规、制定合规管理制度，并负责合规检查与考核工作，是企业合规管理的核心机构。

二是合规管理重点该指引认为企业应当“结合自身实际，在全面推进合规管理的基础上，突出重点领域、重点环节和重点人员，切实防范合规风险”。

三是合规管理运行。即建立合规管理制度，建立合规风险识别预警机制，在进行合规管理时针对风险可应对，对于经营风险可以通过合规审查预防，对于违规行为及时调查追究，定期开展合规管理评估工作。

四是合规管理保障，即对于企业合规管理工作应在制度上不断细化，适应信息化发展需要、梳理合规管理企业文化等。

之后大多数央企按照此四方面内容进行了合规体系建设，这些规定对于央企之外的企业，包括广大民营企业、混合所有制企业以及外资企业等，亦具有相当价值的参考性。

同时，要注意上述合规制度建设要求需要有“可执行性”，也即在进行制度建设时需要注重根据已建成的制度搭建相应的合规组织（央企规定为法律事务机构或者其他相关机构）为“合规管理牵头部门，组织、协调和监督合规管理工作，为其他部门提供合规支持”。[①]

相关合规组织及下设的合规人员应当负责进行专门的风险防控，并就此设立专门的风险防控措施，将其与企业刑事合规制度有机结合，就如同一部法律，不仅需要建立总则性的文件，还要有细则以便总则在具体实施时具备有效性，企业专门的风险防控措施就应当是企业刑事合规制度的实施细则。

由此，企业的刑事合规制度方能形成管理体系，专门的合规组织或者说风险控制机构的建立以及风险管理人员的任命，对合规制度的落实将起到有效监督的作用。以国有企业单位为例，目前在国企的机构设置上，除了通常

① 《中央企业合规管理指引（试行）》第10条。

都会有的纪检、党委等部门设置，还会有专门的风险合规部门，对于企业日常事务的合规性进行审查，以及对于大型项目的操作风险进行评审，有效防止在合同管理、重要证照保管、项目操作流程等方面出现风险。民营企业受到发展规模、业务复杂程度的影响，对于内部管理制度的设计一般不甚完善，“一言堂”的情况较为严重，民营企业家因此出现经营风险乃至刑事风险的可能更大，更需要明确企业核心组织或机构的合规责任，并设立与国企、央企类似的风险机构或风险负责人，专门负责企业刑事合规制度的建成、落实和监督。

（二）遵照企业合规指引风险评估

随着企业合规制度的制定和不断完善，应当遵照制度规范对企业的经营行为进行风险评估。《中央企业合规管理指引（试行）》第22条规定：“开展合规管理评估，定期对合规管理体系的有效性进行分析，对重大或反复出现的合规风险和违规问题，深入查找根源，完善相关制度，堵塞管理漏洞，强化过程管控，持续改进提升。”

可见合规管理评估旨在不断提升企业合规管理的水平，其具体目标包括：识别企业在合规管理工作中存在的问题；促进企业合规管理的不断优化和完善；有效促进合规管理机制落地生根，有效防控企业合规风险；明确下一步合规管理的工作方向和工作重点。

1. 定期展开合规调查及报告机制

企业应结合行业特点和本企业实际情况设立合规风险评估指标，对于合规管理进行定期调查评估工作。具体内容如下：

一是要审查公司是否根据各项法律法规、规章制度明确了核心管理层的合规职责，是否设立了专门的风险合规管理部门负责企业刑事合规制度建设及落实，是否要求业务部门作为企业合规的实行者践行相关规定。

二是设立畅通的合规问题反馈通道，在日常管理工作中及时发现经营风险，及时获得业务执行部门对于合规制度的反馈，审查企业核心管理层是否尽到自己的合规管理职责，是否具备合规意识等。这些都需要相关风险合规部门或者法务部门对合规管理工作进行定期总结与调整，也需要业务部门在实践中对合规制度的有效性进行及时反馈，这样方能评定合规制度的建立是否有效预防和及时解决了企业面临的风险问题。

三是订立专业的风险评估指标，采用有效的技术手段，及时进行风险分析与检测，并可以此进行及时的应对、提出可行性解决方案。

2. 及时排查隐患，有备无患，未雨绸缪

企业合规风险评估的目的之一就是要通过有效的风险评估提前甄别出有较高风险特别是刑事风险的岗位和环节，并用制度加以规制和防范。这是防范企业风险尤其是防止违法犯罪行为的关键。只有堵住制度漏洞，才能做到未雨绸缪、提前防范。在企业经营活动出现经营风险甚至是违法犯罪时，将守法企业与违法员工的行为进行切割，从而达到保全企业、惩罚个人，将企业特别是大型企业因为犯罪受罚而受到的声誉影响降到最低。

前述“雀巢公司合规案”的案例也充分说明了企业合规管理对于企业保护的有效性。在员工出现违法犯罪行为的情况下，一审中多名辩护人提出本案系单位犯罪，应追究雀巢（中国）有限公司刑事责任的辩护意见，但雀巢公司通过其建立起的有效合规制度，将单位责任和员工的个人责任进行切割，并援引公司合规作为其无罪抗辩的充足证据，获得了法院的支持，成功地避免公司陷入“单位犯罪”的不利境地。该案表明，一套行之有效的合规制度对于企业避免和降低“单位犯罪”的风险具有重要实践意义。

3. 对重大紧急突发性事件提出预警解决方案

企业发生重大经营风险甚至是刑事法律风险的预兆是多方面的：

首先，企业通过内部业务检查、财务审计、内部合规情况检测等方面主动发现问题。例如，企业出现借款违约，重要资产被查封，主要银行账户被调查、冻结等情况时，势必是民事诉讼乃至陷入刑事法律风险的调查步骤之一，企业应当紧急评估自身情况，找出问题所在，及时采取应对措施。

其次，企业出现问题时还有很多外部经营环境体现出的细微迹象。这种外部信息可能存在于新闻报道中的政府专项治理行动、政府对于特定行业规章制度的修订或者行业预警信息中。例如，2017 年度新闻对于 P2P 行业的泛滥以及普遍亏损状况的报道，实际上就是对于 P2P 行业的预警，政府部门对于出现预警的行业势必会开展相关调查整治工作，而这些出现了经营风险的

P2P企业由于涉及金融（集资、放贷、投资等相关）领域，因此在资金来源、资金监管、操作项目安全性等方面一定存在问题，通常涉及非法集资、诈骗、擅自设立金融机构、高利转贷等刑事罪名以及高利贷、侵犯用户隐私权等各种民事问题，在这种时候相关行业的法务、合规、风险部门应当及时识别行业风向，及时进行内检工作，提出行之有效、可操作性强的解决方案。

再次，企业出现违法行为时，行政主管机关的问询追责通常是调查行动的开始乃至部分刑事罪名的前置条件。如拒不支付劳动报酬罪，《刑法》规定本罪的处罚对象是“以转移财产、逃匿等方法逃避支付劳动者的劳动报酬或者有能力支付而不支付劳动者的劳动报酬，数额较大，经政府有关部门责令支付仍不支付的”单位和个人，可见政府部门的处罚是本罪的前置条件，如果企业遇到了这方面的行政主管机关的调查行动，应当立即采取相应的措施尽快合法、合规地处理问题，方能避免可能面临的刑事法律风险。

最后，企业还应关注主要上下游客户以及主要竞争对手、关联企业的风险情况，这不仅是经营可能出现风险的预警，也可能是整个行业出现政策风险的征兆，还有政府、司法机关开始调查的可能。

对于上述内外部信息企业应该密切关注并进行分析，其中需要紧急处理的事项应提前设定应急工作特殊提起流程，该流程至少应包括：在日常经营工作中出现突发事件或者紧急风险事项时风险合规机构或者相关部门人员应及时了解情况，并对于相关事项及时作出前期评估，评定是否需要进行专项法律风险评估的指导，并形成专项报告向企业权力机构进行预警，交由企业权力机构或者主要授权管理者及时处理。笔者认为，这里专项报告不仅要对法律风险及时预警，还应当提出有针对性的可行性应对方案，企业的风险合规机构或者相关部门人员应遵循“事前预防优于事中应对，事中应对优于事后救济”的风险防控理念。

（三）结合企业风险点，重点防控

1. 根据行业特点和趋势进行风险防控

在制定企业刑事合规制度规范的过程中应注重企业所在行业特点、企业自身情况，重点关注企业常见法律风险。

由于企业各自的特点不同，日常可能涉及的法律风险也各有不同。

比如，《刑法》第140～148条设定九项与生产销售领域的犯罪活动有关的罪名；许多企业可能企业规模小，生产条件简陋，就容易发生火灾、重大安全事故等问题，且这类企业违反劳动管理法规的现象比较普遍；再如，房地产行业在面临“征地难”时会采取规避土地管理法规的各种办法；金融企业涉及与资金监管、国家金融管理秩序相关的问题较多；影视行业涉及资金来源、资金用途、税务风险等防范常见问题。另外，在一般企业管理秩序方面，小型企业容易涉及虚假出资、规范出资、妨害清算等罪名；随着经济社会发展，科技类、文创类企业越来越多需要面对知识产权保护问题；随着互联网技术、区块链技术、元宇宙（Metaverse）的发展，对相关领域企业合规工作提出了更高的挑战，这都需要企业合规决策者和从业者根据企业所在行业特点和发展趋势进行有针对性和独特性的风险防控工作。

2. 找准企业自身风险点，重点监控

建立合规制度是有效合规体系建设的基础，而建立制度的前提，就是要依据企业自身的实际情况分析企业自身的合规风险，有针对性地建立不同的企业内部合规体系。

企业所面临的刑事风险可能存在于公司经营层面带来的经营风险。例如，一些软件设计类的企业，为境外的合法赌博场所开发相应的赌博类App软件，并不是说开展此类业务就一定属于违法犯罪行为，但若开发的App中包含了接受中国境内公司或者个人投注的功能，或者是该项App被应用于境内赌博网站非法使用的，则可能涉嫌非法经营罪、开设赌场罪等罪名。

企业的法律风险也可能是在发展过程中出现的经营者的个人风险，比如对于拒不支付劳动报酬罪，涉事企业通常在成立之初就在股权架构、三会一层设置、财务管理等方面存在问题，企业经营者个人与企业资产混同，在企业经营过程中如果经营良好尚可维持运转，但一旦资金周转出现问题常导致拖欠工人工资情况的出现，此时很容易出现的情况就是，企业资金原本都是企业经营者投入的，企业经营良好时资金运转良好，企业经营者也从中赚到了资财，在企业出现问题拖欠工人工资时企业经营者个人手上尚有部分的资产，但不足以支付全部欠款，同时企业经营者又想利用自己的资金去进一步经营周转以期获得更多的资金维持企业经营，但这样的行为，往往已经构成拒不支付行为。

这些风险都应当在制度建设时根据企业的行业特点和实际情况有针对性地进行重点控制。

3. 及时更新法律与政策，紧跟时代步伐

目前企业刑事合规的发展还在探索起步的阶段，也在一定程度上受到了《刑事诉讼法》的限制，企业合规试点改革的案件范围仍然很窄，主要是限于保护虽构成犯罪但依法可以不追究责任的企业和企业管理人员。也就是说，符合相对不起诉条件的部分刑事案件才能适用。企业合规建设或作出合规承诺是一个酌定情节，但已经产生了正向激励的现实效果，未来刑事合规改革的方向如能纳入附条件不起诉的范围，让企业合规成为减轻处罚的法定情节，将更能激励企业普遍自觉地落实合规管理，积极建立有效的企业刑事合规体系。

这方面可以参考类似美国的暂缓起诉制度：美国检察机关会根据涉嫌犯罪的企业建立合规计划的情况，来决定是否对其提起公诉，并以此确立暂缓起诉协议制度，即检察机关在对涉案企业提出公诉后，与涉案企业经过协商达成的一种附条件不起诉协议，由检察机关设置一定的考验期，要求企业在考验期间缴纳高额罚款，建立或完善合规计划，并接受合规检察官的派驻和监督，定期向检察机关汇报合规进展。考验期结束后，检察机关可以根据企业合规计划的履行情况，决定对涉案企业是否撤销起诉。在法院审理阶段，法官也会根据企业的合规计划情况，来进一步决定企业是否构成犯罪以及是否有理由对其减轻刑事处罚或免除刑事处罚。

以上都是我国刑事合规领域未来发展需要不断探索的问题，企业的合规管理也将随着刑事合规的政策、法律的变化而不断改进。

二、全面系统应对刑事合规法律事务

在建立并逐步完善企业刑事合规风险防范机制后，企业应能做到及时、全面、有效处理风险事项，并形成可行性解决方案，切实解决企业可能面临的法律责任，尤其是刑事法律责任问题。

（一）刑事合规法律事务的应对方式

1. 及时性

企业经营事项繁杂，对于日常的经营风险企业通过一般合规制度建设及风险调查工作应做到及时发现、及时处理，而对于企业可能发生的刑事风险，因其更具有突发性的特征，这就要求企业刑事合规制度的建立必须在制度上具备及时发现问题的能力，这种能力是不仅是在日常经营中通过刑事合规管理及时发现风险，还是在出现法律风险的种种迹象时也能够及时识别，同时也是对于突发事项的应急管理。这需要企业在制度设计时预设相对完善的流程进行快速反应、及时处理，遇有不能完全处理的事项及时委托专业机构进行刑事风险识别和应对，这样方能将企业的刑事风险降到最低。

2. 全面性

企业刑事合规需要对企业的整体经营管理和业务定期开展全面的刑事法律风险调查，要在企业内部形成对于法律事务的重要性、法律风险防控的必要性的共识，并且要清楚基于企业自身的业务特点和管理风格所形成的特殊法律风险点，从而“有的放矢”，这样才能进一步建立完善的预防机制，避免企业陷入刑事合规风险。

这种全面的监控首先是对企业组织结构的法律风险进行防控。在企业的整个管理体系中，极为关键的部分应当是组织机构的建设、控制及运作，这对于法律风险管理具有举足轻重的作用。应当比照不同的法人组织治理模式、结合中国现实的法律环境以及企业的特点对组织结构进行系统设计和完善，找到适合企业的方式和架构。

企业刑事合规全面性的另一个重要方面是对于企业腐败、贿赂、危害税收征收等破坏市场经济秩序类犯罪的法律风险防范。企业在经营的过程中难免会面对经营的压力及商业利益的诱惑，但为企业长远发展考虑，企业在设立内部规章制度时应在重大事项上尽量避免“一言堂”，重要事项的决定应以由公司权力机构讨论后出具决议或者决定的方式作出，日常经营做到业务权限、财务权限、人力资源权限的分门别类，由合规管理部门或者法务部门负责日常监督工作，在制度上杜绝主要经营者“一念之差”的可能性，加大违法行为的操作成本，避免出现触及企业根本利益的事项。

企业刑事合规的全面性还体现在对投资、经营等合同类事务的法律风险进行防控方面。企业由于合同签订、履行等行为不当引发的争议和产生的巨额损失是企业最常见的法律风险，大多数企业都有商务合同签订、履行等合同管理制度，但在实践中该项制度的效果却因为企业经营环境、经营者认知、执行人执行状况不同而各不相同。商务类合同管理到底应该包括哪些制度，在合同履行的各个环节上存在什么样的法律风险，如何处理合同执行中的特例问题，这些都是合同事务法律风险防控的重要内容。因此，有效管理基于合同事务所产生的法律风险对于企业而言就显得格外重要。

再者是企业刑事合规能对劳动人力资源管理的法律风险进行防控。随着我国法律法规的不断完善，企业人力资源管理过程中越来越容易出现法律风险，导致企业人力资源管理成本增加，人力资源管理更多的是接受劳动法及劳动合同类法律的专门调整，为此，需要专门对该部分进行有效的法律风险防控。

另外企业刑事合规需要对日新月异的知识产权领域的法律风险进行防控。科学技术和文化产品的竞争是现代企业竞争的一个重要方面，掌握现代科技是企业的核心竞争力，知识产权保护比以往任何时候都更加重要。企业不但应当建立相应的知识产权管理部门，还应不断学习相应的知识产权管理经验，接收专业人士对于知识产权的专门指导，从而有效防范和控制知识产权风险。因此，知识产权事务法律风险防控是一个重要的内容。

此外，企业刑事合规应当对一些特定的高风险重大事务进行重点法律风险防控。常见的企业重大风险事务包括：

（1）企业关联交易风险：企业随着规模不断扩大，与下属分、子公司关联企业之间的交易变得日益频繁。企业需要遵守关联交易中的法律法规政策规定，及时解决关联交易可能引发的法律风险问题。

（2）企业接受或者进行重大投资的风险：投资是企业运营的重要行为，是企业增加利润、扩大规模的重要手段，但由于企业投资不当引发损失甚至赔偿也是引发企业经营危机的重要方面，因此重大投资，无论是向外投资还是接受投资都应有专门的法律风险防控措施。

（3）金融融资担保类风险控制：企业获得融资一般需要向投资方提供担保，进行对外投资时一般也会要求被投资人提供担保。担保固然是防范风险的一种有效手段，但是对外担保或者获得担保都可能产生较大的法律风险。大量案例表明，一些因为担保不当所产生的损失已经远远超过了担保方最初的判断，因此对于担保事项的控制也是法律风险防控的重点内容。

3. 可行性

刑事合规制度建设及运行应具备可行性，这首先是要求企业自上而下对于企业刑事合规的重要性形成合意，打造专业合规队伍，实现合规人人有责。既要增强董事、监事、经理等高级管理人员的合规思维，也要确保"合规责任随业务责任而行""谁主管，谁负责"，提升全体员工的合规意识及能力。在上述基础上，企业应通过实践将合规经营纳入企业文化，使其成为企业的核心价值观以及企业全员的共同理念，这也是刑事合规计划的关键要求。良好的合规文化具有导向、约束、凝聚、激励作用，能够指引和规范企业的行为。企业需建立制度化、常态化培训机制，践行依法合规、诚信经营、充满正能量的企业文化和价值观，参与行业合规组织，营造和谐健康的经营环境。

刑事合规制度的建设不应停留于"计划"而应更注重实践，而制度具体的实施也不能仅依赖于员工的自觉性，更重要的是企业是否能将刑事合规用来确保监控业务开展、及时发现并制止违规事件及行为。企业应当以合规制度为依据，改造业务管理系统，将合规管理制度切实嵌入业务流程，对经营管理行为进行实时在线监控和风险分析。企业还应对合规管理工作进行评估评价，发现和纠正合规管理贯彻执行中存在的问题，更新合规风险管理措施，优化合规管理方式，实现企业刑事合规管理体系的不断完善。

（二）刑事合规法律事务的解决方案

1. 为企业提供专业化的指导与帮助

企业刑事合规法律事务解决方案应具备法律专业性。这是因为在企业犯罪的刑事追责过程中，无论是刑事立法阶段还是刑事法律事务方面，都是以单位犯罪、共同犯罪等法律原理作为法律适用的方法，并以涉及犯罪的具体经营环节为基础将企业的经营活动涉及的决策、审批、执行、监督等活动作为刑事责任的判断依据。例如，招投标活动中的串标围标行为，该行为如何决策、如何执行，是否涉及商业贿赂都会导致最后法律责任的不同，这些经营环节不仅会涉及单位犯罪，也会涉及企业高管的刑事责任，在受到刑事追究后如何将企业的损失降到最低，从而保证企业的正常运营都需要法律的专业指导。对此，刑事合规制度建设及实践需要首先立足于法律专业性，通过设定符合法律法规要求的合规计划，提出专业的解决方案，并将其与企业的实际经营治理进行融合，这样方可切实解决企业合规风险防范问题。

2. 为企业提供操作性强的解决途径

企业日常合规管理工作应有的放矢，具备较强的可操作性，将企业合规管理融合到企业经营管理流程中，实现企业管理的全面合规化。简述其一般流程设定应至少包含以下步骤：

企业权力机构以决议或者决定的形式设立或者指定固定的风险评估机构，或者任命风险管理人员对企业经营管理开展定期调查评估工作。

风险评估机构或风险管理人员将上述调查事项形成调查报告定期向企业权力机构或者授权管理人员进行汇报。

针对调查评估工作过程中发现的重要问题建议企业权力机构授权成立评估项目工作组或者指定专门的风险评估专员，针对特定经营事项或者风险事项制定评估工作方案并出具评估报告；在一定工作时限内将该评估报告提交风险评估机构或者直接提交企业权力机构进行审议，并根据审议意见提出改进方案，并交由企业权力机关形成决定或决议，并由执行部门贯彻落实。

在上述调查过程中应由专门的风险管理专业人员设定基本的企业风险调查方法，设定半格式化的调查报告格式。评估调查是一项艰巨、耗时的工作，为了不做无用功，因此有效的调查方法十分重要。一般而言，基本调查方法包括：基本文件审阅，现场调查访谈，评估指标设计，风控事项落实后的穿透预测等，这都需要企业根据行业特点及自身情况予以专项设计并不断进行完善。

3. 评估企业想要达到的现实效果

一项刑事合规计划的制订和实施应当符合企业进行刑事合规的目的，这事实上是企业刑事合规制度的有效性体现。刑事合规计划要有针对性，基于企业的业务实际而设计，传达明确的信息，在预防和发现违规行为方面发挥作用。正是因为结合了企业的实际需求，刑事合规计划方能不仅停留在纸面上，而且能落实到企业经营管理的实践中，形成最后的有效结果。

刑事合规计划对企业刑事责任的影响有三个阶段：一是事前预防，即企业在犯罪行为发生之前就制定了翔实有效的合规计划，可据之减轻或免除企业及企业人员的刑事责任；二是事中应对，在企业已出现刑事犯罪的法律风险，但犯罪行为尚未完成之时，此时企业应借助相关资源和专业力量，积极采取救济措施，努力把刑事法律风险及其对企业的影响降低到最小；三是事后救济，企业在犯罪行为发生之后，积极配合办案机关调查，制订并实施合规计划的，亦可以作为减轻刑事责任的依据。以上三个阶段成为企业作出法律处理的重要参考，以及刑事合规制度设计中监管评估的重要依据，也正是以上三个阶段使刑事合规计划具备了一定的刑事证据功效。

4. 顺应企业特色，时时跟踪解决方案及其效果

刑事合规计划的制订要根据企业情况的不同而有差异性、特色性。就企业而言，刑事合规计划运行成本较高，且持续时间较长，在刑事合规过程中，实际上是要求企业放弃了部分权利，有的合规计划还要预先支付高额的罚金等。这些刑事合规的要求决定了只有具备一定经营实力的企业才能有能力投入相当的人力、物力设定合规部门、制订合规计划、推动企业改革的进行。企业有关刑事合规的这项较高成本的投入，短期内带不来高收益的回报；同时实践中企业刑事合规计划也大多是在刑事合规理念背景下，在企业犯罪自身危害性不大，并且在调查、侦查、赔偿等阶段积极配合的情况下责任减免的“对价”，并非合规计划所带来的法律后果。

如果刑事合规计划在国家政策以及刑事法律的影响下，以其理论上的犯罪预防功能和责任减损功能为主要理由，引导企业主体不得不忽视刑事合规计划成本与收益的落差，无区分地进行刑事合规建设、制订刑事合规计划，必然导致刑事合规的滥用现象。滥用合规计划不仅影响企业自身经营，而且折损制度权威，因此刑事合规计划的制订必须要有所区分。

刑事合规的启动和合规计划的制订是办案机关和涉案企业双向选择的过程，是否进行合规建设、如何制订合规计划，都需要企业根据自身的能力进行选择并与企业的经营领域相适应，还应随着内外部环境的发展变化而演进改变，以应对现有的和潜在的刑事法律风险。

（三）刑事合规法律事务的惩戒模式

刑事合规的惩戒不仅要针对上述制度措施的落实制定相应的奖惩制度，更为重要的是要将合规管理、风险控制形成企业自上而下的共识。风险管理部门或者企业主要管理者需要在日常工作中充分调动员工主动合规的积极性，明确企业合规合法经营的重要性，应采取一系列措施不断强化员工合规意识，建立企业合规文化。例如，定期举办普法讲座，为员工普及法律知识，申明企业合规管理的目的和重要性，同时建立监督型的奖励性机制，促进企业员工相互之间良好监督，避免企业出现违法违规现象，从而推进企业健康发展。

1. 加强企业合规审查

企业在经营管理过程中，尤其是规模较小的家族类企业在经营管理过程中容易对资金管理、企业证照公章管理、财务制度的建设不重视，在出现刑事风险后不能有效检视前因后果，从而不能将企业责任与违法的个人责任相分割，也不能有效地保护合法经营的企业家个人。这就需要企业自上而下对刑事合规工作形成合意，对合规审查是在保护企业正常运行这一点达成共识，将合规审查工作纳入日常管理工作中，要求企业管理人员，尤其是业务管理人员严格依照企业合规管理规定开展工作，发现问题及时报告，并接受企业内设合规管理部门的检查和监督。

企业合规的审查监督不应当是偶然进行的事项，合规审查应当制度化、定时展开，在进行审查后做到发现问题、解决问题，做好企业自身的内审工作。

2. 建立企业问责机制

企业的刑事合规制度应对企业主要经营者建立问责机制。在进行制度建设时就应当明确企业董事会、监事会、合规部门、业务部门各自的处理权限、合规责任，并针对上述合规责任设立相应的处罚或者奖励机制，有明确的“责权利”划分，这样方能通过合规制度的建设和实行推进企业人员实际参与到企业改革工作中，达到企业设立刑事合规制度的目的。

3. 违法犯罪及时移送司法机关

企业作为目前经济工作的主要主体负有重要的社会责任，在建立合规制度，守法、合法运营的过程中仍然难免有个别人员或者机构涉及违法犯罪。尤其是在企业建立了较为完善的刑事合规制度之后，如果通过企业所在行业的政策发生变化、政府部门的调查监督及自身刑事合规审查发现违法甚至是犯罪活动的蛛丝马迹，在这种情况下企业不应通过掩盖非法行为、篡改非法活动证据等行为来庇护进行违法犯罪活动的个体，因为，这显然违背了设立刑事合规制度的初衷。

企业一旦出现违法违规行为，在面临监管部门的调查和处罚的情况下，为及时止损，企业应当积极配合监管部门的调查工作，同时在建立了内部合规管理制度的情况下进行内审工作，明确出现违法违规行为的原因，发现企业合规机制的缺陷，对违法犯罪活动及时报告、及时处理并对相关人员作出相应惩戒，必要时将那些负有刑事责任的高管移送司法机关，以追究其法律责任，将企业的合法利益与守法个人与违法的主体进行及时切割，以保证企业的长期发展利益。

三、深度融合企业法律事务

深度融合企业法律事务，需要将企业合规制度与企业法律事务工作紧密结合，使二者相互促进，共同推动企业刑事合规体系建设。

（一）企业合规制度与法律事务工作二者紧密联系

从广义上来说，企业刑事合规制度是将企业的合规管理与刑事责任建立联系，通过量刑激励（降低刑期或者从宽处以缓刑）或起诉激励（目前是暂缓起诉或者附条件不起诉）等方式，来鼓励企业建立合规管理制度，平衡企业的合规建设成本投入，推动企业完善自身的管理体制，达到企业管理风险的降低，刑事责任的减轻或避免的结果，更进一步提高国家司法效率、减少公司犯罪治理成本，避免因企业受到刑事追诉而产生一系列负面的外部效应等社会效果的出现。

就企业层面而言，企业合规的实质是企业的自我管理，以避免包括刑事风险在内的经营风险。就像我国《公司法》第5条第1款的规定："公司从事经营活动，必须遵守法律、行政法规，遵守社会公德、商业道德，诚实守信，接受政府和社会公众的监督，承担社会责任。"从法律规定层面来说，"合规"与"刑事合规"是包含与被包含的关系，"刑事合规"是企业民事、行政、刑事合规等企业法律实务的有机组成部分。

（二）企业合规制度与法律事务工作特点不同

企业合规管理，是指企业通过制定合规政策，按照法律法规、行业政策、商业习惯等的要求统一制定并持续修改内部经营管理规范，并监督该管理规范的执行，以实现增强内部控制，对违规行为进行早期预警，防范、化解、控制合规风险的一整套管理活动和机制。

合规管理的重点在于企业应如何合规开展经营活动，其首要内容是公司经营活动的合规运行。合规管理还应遵守行业道德规范和行为守则等，做到对内从整体上改善内部管理控制，进而提高企业的竞争力；对外保证企业妥善履行对外部利害关系人所承担的责任。

企业法律事务侧重对于企业守法经营的监督检查，如企业组织架构设定、信息披露、保护股东利益、不侵犯第三方权益等工作，以及处理企业经营过程中出现的法律风险，发现问题时依照法律规定提出行之有效的减少企业损失的专业法律意见等。

（三）企业合规制度与法律事务工作二者相互促进

企业合规管理可以减少企业法律事务工作的难度，推动企业法律事务工作的及时、有效进行；法律事务工作的有效开展可以及时解决企业合规管理过程中发现的问题；二者相结合可以在长期经营过程中使企业获得突出的竞争优势。

无论是三聚氰胺事件最终压垮了三鹿集团导致其最后破产案件，还是"360"与腾讯涉嫌不正当竞争案反映出的互联网安全市场的乱象丛生，都给企业管理敲响了警钟。随着经济的发展和各项法律法规的不断完善，企业作为市场经济主体，更应当与时俱进，建立有效的合规管理制度，并将合规管理与法律事务管理制度有机结合，做到合法合规运营，这样最终一定能够从刑事合规管理制度中受益无穷。合规管理能够改善企业形象、保护企业免于发生重大风险事件。加强合规风险管理将会使企业获得竞争优势。

四、打造系统化、制度化的企业合规体系

合规管理是企业主动建立合规管理制度，设定风险识别标准进行内部审查管理的制度。制度建立后企业通过合规管理识别企业经营风险，主动避免违规事件的发生，及时发现违法违规行为并采取相应纠正措施进行适当的惩戒，并结合企业实际情况和法律发展情况持续修订相关制度流程，并逐渐细化相关岗位责任从而达到企业合规稳健运行的目的。这是一个不断发现问题、解决问题，不断系统化、制度化的周而复始的循环过程。企业通过这种自我循环完善建立有效的管理机制，使公司能够有效识别、评估、监测合规风险，主动避免违法违规行为发生，从而免受法律制裁或财务、声誉等方面的损失，防范操作风险。系统化、制度化的企业合规体系，是促进企业良性运行的“润滑剂”，是保护企业健康发展的“护身符”，企业家在建立现代企业制度过程中，应充分认识到企业合规体系建设，尤其是刑事合规体系建设的重要性。

第二节　企业刑事合规的审查

在企业刑事合规风险防范机制建立并逐步健全后，企业应能做到及时、全面、有效地应对刑事合规法律风险，形成可行性解决方案，切实解决企业刑事法律责任问题。这体现在具体细节落实上，企业不仅应当在审查时有明确的审查对象，也应针对可能涉及法律领域的不同而有具体应对，以达到对于企业刑事法律风险全面防控的目标。

从上述企业刑事合规风险防范机制的建立健全过程可以看出，企业刑事

合规是企业为保障其运行合法合规并减少犯罪风险的发生而设立的内部控制和治理规范，其设立是为了在保护企业利益的同时达到企业自身利益与社会利益的平衡。在企业合规中刑事合规无疑是重点与核心的合规内容。具体到刑事合规的落实方面企业一方面应合法合规经营，另一方面要通过刑事合规发现风险预防刑事犯罪的可能性，以期实现企业利益最大范围的保护。

刑事法律风险领域较为广泛难以一一涉足，以下仅对于企业刑事合规的审查对象以及可能涉及的主要刑事法律风险进行阐释。

一、针对不同对象有针对性进行审查

（一）企业内部人员和关联机构的合规审查

《中央企业合规管理指引（试行）》第 2 条规定“合规风险”，是指“中央企业及其员工因不合规行为，引发法律责任、受到相关处罚、造成经济或声誉损失以及其他负面影响的可能性”。因此可以看出企业合规风险审查首要是对企业内部人员及机构的合规风险审查。

对于该类风险审查实际是企业的经营风险审查，这种风险审查自企业设立时开始，涉及企业经营决策、内部管理乃至最后破产清算等方方面面，与企业自身发展息息相关。这类刑事合规风险应与单位犯罪的刑事合规风险相区分，其本身并非单位集体意志的体现，是在企业经营过程中因部分内部人员及机构的行为违法违规对企业造成的伤害。同时，由于这类人员和机构往往处于企业的核心管理层级，其违法违规行为即使受到处罚，仍然会对企业的形象以及之后的健康发展造成不利影响，因此在企业经营管理过程中应当进行首要审查。

对此陈瑞华教授认为：企业合规的本质在于通过建立一种防范、识别和应对违法违规行为的机制，在企业内部形成依法依规经营的惯例和文化。通过建立合规机制，企业为高级管理人员、普通员工和第三方的行为划定了行为边界，依据各相关法律法规设定了权利、义务和责任，并督促高管、员工和第三方遵守法律法规，避免从事违法违规的行为，使其对违法违规行为承担各自的责任和后果。[①]

可见企业刑事合规审查应当对内部管理人员及核心机构依据法律、法规、行业政策等设立明确的“责权利”关系，督促管理人员合法合规经营，明确经营“红线”，明确一旦违法违规应当承担的责任后果，达到其自我约束、自我管理的效果。随着经济的发展和企业规模的扩大，企业内部治理基本会逐渐复杂化，大型企业不仅员工人员数不断增加，还会因经营需要不断设立分支机构以及并购关联企业，这都对企业的经营管理提出了更高的要求。企业合规审查就是应当对这些庞杂的人员和机构进行有序治理，一旦出现法律风险，可以通过内部刑事合规机制有效地将守法的企业、人员与违法的员工或者内设机构进行切割，最大限度地保护企业利益。

（二）企业单位犯罪情况下的合规风险审查

企业刑事风险审查除了企业内部机构与人员的经营风险审查，还要考虑对体现了企业整体意志的企业单位犯罪风险的审查。根据我国《刑法》确立的单位犯罪制度，《刑法》设定了近两百个单位犯罪的罪名，而《刑法》对这些犯罪均实行“双罚制”，也就是确立一个犯罪主体，但要对单位和直接责任人员同时进行刑事处罚。这些罪名主要体现在反垄断、不正当竞争领域，生产销售伪劣产品领域，环境污染以及危害税收征收等领域。在单位犯罪方面由于单位犯罪是企业整体意志的体现因此在进行企业刑事合规审查时，必然存在困难，此时企业刑事合规的独立性就显得尤为重要。

按照最高人民法院司法解释的规定：个人为进行违法犯罪活动而设立的公司、企业、事业单位实施犯罪的，或者公司、企业、事业单位设立后，以实施犯罪为主要活动的，不以单位犯罪论处。[②]

因此可以看出，只有企业在创立之初是以合法经营为目标，其才能成为单位犯罪的主体，如果企业设立之初就是为了实施犯罪活动，则其本身也不具有单位犯罪的主体资格。在此前提下，为了防止出现单位犯罪的情况就应

① 参见陈瑞华：《企业合规基本理论》（第2版），法律出版社2021年版。

② 参见最高人民法院《关于审理单位犯罪案件具体应用法律有关问题的解释》（法释〔1999〕14号）。

当在企业设立时通过独立的合规制度的规定保证其在未来经营过程中一直坚持合法、合规经营，尤其是涉及刑事合规领域时，企业合规管理不应当随着企业管理人员的变化而变化，不能因企业管理者的意思改变而无原则地调整，如此才能保证企业长期的稳定有序发展。

常见单位犯罪罪名见表 3－1：

表 3－1　常见单位犯罪罪名

犯罪类型	主要罪名
可能涉及的危害公共安全类犯罪	（1）组织、领导、参加恐怖组织罪；（2）帮助恐怖活动罪；（3）非法制造、买卖、运输、邮寄、储存枪支、弹药、爆炸物罪；（4）非法制造、买卖、运输、储存危险物质罪；（5）违规制造、销售枪支罪；（6）非法持有、私藏枪支、弹药罪及非法出租、出借枪支罪；（7）工程重大安全事故罪（特殊主体，即建设单位、设计单位、施工单位、工程监理单位）；（8）重大责任事故罪（一般主体，即一切从事生产、作业的人员）；（9）强令、组织他人违章冒险作业罪（特殊主体，即生产、作业的管理人员）；（10）重大劳动安全事故罪（特殊主体，即从事生产、经营的直接负责的主管人员和其他直接责任人员，本罪实质是单位犯罪，但处罚的是直接负责的主管人员和其他直接责任人员）；（11）大型群众性活动重大安全事故罪；（12）教育设施重大安全事故罪（特殊主体，即对校舍或者教育教学设施安全负有维护职责的人）；（13）消防责任事故罪；（14）不报、谎报安全事故罪
生产、销售过程中可能涉嫌的犯罪	（1）生产、销售伪劣产品罪；（2）生产、销售、提供假药罪；（3）生产、销售、提供劣药罪；（4）生产、销售不符合安全标准的食品罪；（5）生产、销售有毒、有害食品罪；（6）生产、销售不符合标准的医用器材罪；（7）生产、销售不符合安全标准的产品罪；（8）生产、销售伪劣农药、兽药、化肥、种子罪；（9）生产、销售不符合卫生标准的化妆品罪
可能涉嫌的走私犯罪	（1）走私武器、弹药罪；（2）走私核材料罪；（3）走私假币罪；（4）走私文物罪；（5）走私贵重金属罪；（6）走私珍贵动物、珍贵动物制品罪；（7）走私国家禁止进出口的货物、物品罪；（8）走私淫秽物品罪；（9）走私废物罪；（10）走私普通货物、物品罪

续表

犯罪类型	主要罪名
在管理过程中可能涉嫌的罪名	（1）虚报注册资本罪；（2）虚假出资、抽逃出资罪；（3）欺诈发行证券罪；（4）违规披露、不披露重要信息罪；（5）妨害清算罪；（6）隐匿、故意销毁会计凭证、会计账簿、财务会计报告罪；（7）虚假破产罪；（8）非国家工作人员受贿罪（特殊主体，即公司、企业或者其他单位的工作人员，包括国有公司、企业以及其他国有单位中的非国家工作人员）；（9）对非国家工作人员行贿罪；（10）对外国公职人员、国际公共组织官员行贿罪；（11）非法经营同类营业罪（特殊主体，即国有公司、企业的董事、经理，国有公司、企业委派到国有控股、参股公司从事公务的人员，以国有公司、企业人员论）；（12）为亲友非法牟利罪（特殊主体，即国有公司、企业、事业单位的工作人员，包括国有公司、企业委派到国有控股、参股公司从事公务的人员）；（13）签订、履行合同失职被骗罪（特殊主体，即国有公司、企业、事业单位直接负责的主管人员，包括国有公司企业委派到国有控股、参股公司从事公务的人员）；（14）国有公司、企业、事业单位人员失职罪（特殊主体，即国有公司、企业、事业单位直接负责的主管人员，包括国有公司、企业委派到国有控股、参股公司从事公务的人员）；（15）国有公司、企业、事业单位人员滥用职权罪（特殊主体，即国有公司、企业、事业单位直接负责的主管人员，包括国有公司、企业委派到国有控股、参股公司从事公务的人员）；（16）徇私舞弊低价折股、出售国有资产罪（特殊主体，即国有公司、企业、事业单位直接负责的主管人员，包括国有公司、企业委派到国有控股、参股公司从事公务的人员）；（17）背信损害上市公司利益罪（特殊主体，即上市公司的董事、监事、高级管理人员、上市公司的控股和实际控制人）
在金融管理中可能涉嫌的犯罪	（1）金融工作人员购买假币、以假币换取货币罪；（2）擅自设立金融机构罪；（3）高利转贷罪；（4）非法吸收公众存款罪；（5）伪造、变造金融票证罪；（6）伪造、变造国家有价证券罪；（7）伪造、变造股票、公司、企业债券罪；（8）擅自发行股票、公司、企业债券罪；（9）内幕交易、泄露内幕信息罪；（10）利用未公开信息交易罪；（11）编造并传播证券、期货交易虚假信息罪；（12）诱骗投资者买卖证券、期货合约罪；（13）操纵证券、期货市场罪；（14）背信运用受托财产罪；（15）违法运用资金罪；（16）违法发放贷款罪；（17）吸收客户资金不入账罪；（18）违规出具金融票证罪；（19）对违法票据承兑、付款、保证罪；（20）逃汇罪；（21）洗钱罪

续表

犯罪类型	主要罪名
可能涉嫌的金融诈骗犯罪	(1) 集资诈骗罪；(2) 票据诈骗罪；(3) 金融凭证诈骗罪；(4) 信用证诈骗罪；(5) 保险诈骗罪
在税收方面可能涉嫌的犯罪	(1) 逃税罪；(2) 抗税罪；(3) 逃避追缴欠税罪；(4) 骗取出口退税罪；(5) 虚开增值税专用发票、用于骗取出口退税、抵扣税款发票罪；(6) 虚开发票罪；(7) 伪造、出售伪造的增值税专用发票罪；(8) 非法出售增值税专用发票罪；(9) 非法购买增值税专用发票、购买伪造的增值税专用发票罪；(10) 非法制造、出售非法制造的用于骗取出口退税、抵扣税款发票罪；(11) 非法制造、出售非法制造的发票罪；(12) 非法出售用于骗取出口退税、抵扣税款发票罪；(13) 非法出售发票罪；(14) 持有伪造的发票罪
在知识产权领域可能涉嫌的犯罪	(1) 假冒注册商标罪；(2) 销售假冒注册商标的商品罪；(3) 非法制造、销售非法制造的注册商标标识罪；(4) 假冒专利罪；(5) 侵犯著作权罪；(6) 销售侵权复制品罪；(7) 侵犯商业秘密罪
在市场秩序方面可能涉嫌的犯罪	(1) 损害商业信誉、商品声誉罪；(2) 虚假广告罪；(3) 串通投标罪；(4) 合同诈骗罪；(5) 非法经营罪；(6) 强迫交易罪；(7) 伪造、倒卖伪造的有价票证罪；(8) 倒卖车票、船票罪；(9) 非法转让、倒卖土地使用权罪；(10) 提供虚假证明文件罪；(11) 出具证明文件重大失实罪；(12) 逃避商检罪；(13) 组织、领导传销活动罪
涉及侵犯公民人身权利、财产权的罪名	(1) 强迫劳动罪；(2) 侵犯公民个人信息罪；(3) 打击报复会计、统计人员罪；(4) 虐待被监护、看护人罪；(5) 拒不支付劳动报酬罪
涉及扰乱公共秩序的罪名	(1) 非法生产、买卖警用装备罪；(2) 非法生产、销售专用间谍器材、窃听、窃照专用器材罪；(3) 非法侵入计算机信息系统罪；(4) 提供侵入、非法控制计算机信息系统程序、工具罪；(5) 破坏计算机信息系统罪；(6) 拒不履行信息网络安全管理义务罪；(7) 非法利用信息网络罪；(8) 帮助信息网络犯罪活动罪；(9) 扰乱无线电通讯管理秩序罪

续表

犯罪类型	主要罪名
涉及妨害司法的罪名	（1）虚假诉讼罪；（2）泄露不应公开的案件信息罪；（3）掩饰、隐瞒犯罪所得、犯罪所得收益罪；（4）拒不执行判决、裁定罪
涉嫌危害公共卫生安全的罪名	（1）妨害传染病防治罪；（2）妨害国境卫生检疫罪；（3）采集、供应血液、制作、供应血液制品事故罪；（4）妨害动植物防疫、检疫罪
涉嫌破坏环境资源保护的罪名	（1）污染环境罪；（2）非法处置进口的固体废物罪；（3）擅自进口固体废物罪；（4）非法捕捞水产品罪；（5）危害珍贵、濒危野生动物罪；（6）非法狩猎罪；（7）非法猎捕、收购、运输、出售陆生野生动物罪；（8）非法占用农用地；（9）破坏自然保护地罪；（10）非法采矿罪；（11）破坏性采矿罪；（12）危害国家重点保护植物罪；（13）非法引进、释放、丢弃外来入侵物种罪；（14）盗伐林木罪；（15）滥伐林木罪；（16）非法收购、运输盗伐、滥伐的林木罪
涉及毒品犯罪	（1）走私、贩卖、运输、制造毒品罪；（2）非法生产、买卖、运输制毒物品、走私制毒物品罪；（3）非法提供麻醉药品、精神药品罪
涉及淫秽物品的犯罪	（1）制作、复制、出版、贩卖、传播淫秽物品牟利罪；（2）传播淫秽物品罪；（3）组织淫秽表演罪
涉及国防利益及边境管理的犯罪	（1）故意提供不合格武器装备、军事设施罪；（2）非法生产、买卖武装部队制式服装罪；（3）伪造、盗窃、买卖、非法提供、非法使用武装部队专用标志罪；（4）战时拒绝、故意延误军事订货罪；（5）骗取出境证件罪
涉嫌妨害文物管理的罪名	（1）非法向外国人出售、赠送珍贵文物罪；（2）倒卖文物罪；（3）非法出售、私赠文物藏品罪
贪污贿赂类犯罪	（1）贪污罪；（2）挪用公款罪；（3）受贿罪；（4）单位受贿罪；（5）利用影响力受贿罪；（6）对单位行贿罪；（7）单位行贿罪；（8）巨额财产来源不明罪；（9）隐瞒境外存款罪；（10）私分国有资产罪；（11）私分罚没财物罪；（12）职务侵占罪；（13）挪用资金罪；（14）对有影响力的人行贿罪

（三）企业作为被害主体的合规风险审查

企业刑事合规除了内部风险控制，还有其成为被侵犯主体时的合规风险防控。这类合规风险有以下几种情况：

一是在企业经营过程中成为外部主体实施犯罪行为的对象。该类风险主要集中在经济犯罪领域，常见的罪名如诈骗类犯罪、侵犯商业秘密罪等。

二是外部问题影响内部管理，乃至内外勾结发生的违法违规行为。例如，在商业活动中签订合同未按照合规管理流程要求进行充分调查，出现合同诈骗、签订合同失职被骗等行为；再如，在商业贿赂犯罪中利用职务便利为外部主体谋取利益等犯罪风险。

三是企业的供货商、经销商、代理商等第三方合作伙伴在经营过程中的违法违规风险控制。企业应当通过刑事合规审查提前发现对方经营风险，采取必要措施免除自身可能发生的刑事法律责任和经营风险。

另外，随着企业的发展，企业在开展投资并购等经营活动过程中，应注意对被投资并购企业进行合规风险评估、展开合规尽职调查，审查被投资并购企业是否存在经营上的违法违规行为，避免在投资并购成功后为被投资并购企业的原自身的违法行为承担不必要的法律责任。

二、企业刑事合规审查应针对不同部门法在各自法律领域内进行

现今社会，各类企业的发展越来越庞大，分工越来越细化，在不同的行业、不同的领域，犯罪行为所呈现的特点不同，需要防控的风险点也存在差异，企业刑事合规的审查对象也应有所区分。

从最高人民检察院公布的刑事合规典型案例来看，目前因企业合规不起诉的案例多与企业经营行为有关，例如，企业涉及污染环境、串通投标、对非国家工作人员行贿、虚开增值税专用发票等；具体的罪名涉及污染环境罪、破坏自然资源罪、生产、销售伪劣产品罪、走私犯罪、税收犯罪、商业贿赂犯罪、不正当竞争犯罪、扰乱市场秩序犯罪，等等。

检索相关案例可见2020年最常见的企业及企业管理人员涉及的刑事罪名有：非法吸收公众存款罪（P2P、非法集资社会背景下）、职务侵占罪、拒不

支付劳动报酬罪、虚开增值税专用发票罪和合同诈骗罪，5个罪名占2020年度犯罪频次总数的48.48%。[①]

以下从刑事犯罪法律领域方面对刑事合规审查进行分析，列举各类犯罪中的典型罪名并对涉及该类别罪名的企业应着重审查的对象进行简要总结。

（一）企业经济类刑事风险

1. 反腐败、反贿赂、反不正当竞争类刑事合规风险

我国反腐败、反贿赂类的规定散见于各行业领域的具体法规或文件中，这类风险突出表现为商业贿赂犯罪风险，常见的罪名有贪污罪、职务侵占罪、受贿罪、非国家工作人员受贿罪、行贿罪等。从我国现行法律框架下看，对于商业贿赂行为的综合性法律规定主要为《刑法》《反不正当竞争法》：

《刑法》分则第三章第三节妨害对公司、企业的管理秩序罪中规定的：第163条非国家工作人员受贿罪，第164条第1款对非国家工作人员行贿罪，第165条非法经营同类营业罪，第166条为亲友非法牟利罪，第167条签订、履行合同失职被骗罪，第168条国有公司、企业、事业单位人员失职罪及国有公司、企业、事业单位人员滥用职权罪，第169条徇私舞弊低价折股、出售国有资产罪及第169条之一背信损害上市公司利益罪；

《刑法》分则第三章第八节扰乱市场秩序罪中规定的：第222条虚假广告罪、第223条串通投标罪；

《刑法》分则第五章侵犯财产罪中规定的：第271条职务侵占罪、第272条挪用资金罪；

《刑法》分则第八章贪污贿赂犯罪中规定的：第387条单位受贿罪、第389条行贿罪；

《刑法》分别对相关犯罪行为设置了有期徒刑、拘役刑、管制刑、罚金刑等刑罚。

《反不正当竞争法》第7条界定了商业贿赂行为方式，并规定：经营者的工作人员进行贿赂的，应当认定为经营者的行为；但是，经营者有证据证

① 参见路律师：《企业的刑事风险丨浅析“企业合规不起诉”的罪名范围》，载微信公众号“律观新视界”2021年12月14日，https：//mp. weixin. qq. com/s/6aT9YEpA5hwYqAxyM0TDrw。

明该工作人员的行为与为经营者谋取交易机会或者竞争优势无关的除外。同时《反不正当竞争法》第19条界定违法者承担相应的责任，规定：经营者违反本法第7条规定贿赂他人的，由监督检查部门没收违法所得，处10万元以上300万元以下的罚款。情节严重的，吊销营业执照。

以上常见罪名及对应的单位管理行为见表3－2：

表3－2　企业涉反腐败、反贿赂、反不正当竞争常见罪名阐释

罪名	一般入刑标准	加重情节	是否涉及单位犯罪	对应的单位管理行为
非国家工作人员受贿罪	公司、企业或者其他单位的工作人员，利用职务上的便利，索取他人财物或者非法收受他人财物，为他人谋取利益，数额较大的，处3年以下有期徒刑或者拘役，并处罚金	数额巨大或者有其他严重情节的，处3年以上10年以下有期徒刑，并处罚金；数额特别巨大或者有其他特别严重情节的，处10年以上有期徒刑或者无期徒刑，并处罚金	否	包括收取招待费、回扣行为，涉及企业管理人员行为准则及公司财务制度管理
对非国家工作人员行贿罪	为谋取不正当利益，给予公司、企业或者其他单位的工作人员以财物，数额较大的，处3年以下有期徒刑或者拘役，并处罚金	数额巨大的，处3年以上10年以下有期徒刑，并处罚金	否	涉及企业管理人员行为准则及公司财务制度管理
签订、履行合同失职被骗罪	国有公司、企业、事业单位直接负责的主管人员，在签订、履行合同过程中，因严重不负责任被诈骗，致使国家利益遭受重大损失的，处3年以下有期徒刑或者拘役	致使国家利益遭受特别重大损失的，处3年以上7年以下有期徒刑	否	与商业伙伴合作或者对外担保等

续表

罪名	一般入刑标准	加重情节	是否涉及单位犯罪	对应的单位管理行为
职务侵占罪	公司、企业或者其他单位的工作人员，利用职务上的便利，将本单位财物非法占为己有，数额较大的，处3年以下有期徒刑或者拘役，并处罚金	数额巨大的，处3年以上10年以下有期徒刑，并处罚金；数额特别巨大的，处10年以上有期徒刑或者无期徒刑，并处罚金	否	企业财务管理规定、管理人员行为准则
挪用公款罪	国家工作人员利用职务上的便利，挪用公款归个人使用，进行非法活动的，或者挪用公款数额较大、进行营利活动的，或者挪用公款数额较大、超过3个月未还的，是挪用公款罪，处5年以下有期徒刑或者拘役	情节严重的，处5年以上有期徒刑。挪用公款数额巨大不退还的，处10年以上有期徒刑或者无期徒刑。挪用用于救灾、抢险、防汛、优抚、扶贫、移民、救济款物归个人使用的，从重处罚	否	国企对外借款规定
挪用资金罪	公司、企业或者其他单位的工作人员，利用职务上的便利，挪用本单位资金归个人使用或者借贷给他人，数额较大、超过3个月未还的，或者虽未超过3个月，但数额较大、进行营利活动的，或者进行非法活动的，处3年以下有期徒刑或者拘役	挪用本单位资金数额巨大的，处3年以上7年以下有期徒刑；数额特别巨大的，处7年以上有期徒刑	否	民企对外借款的规定

续表

罪名	一般入刑标准	加重情节	是否涉及单位犯罪	对应的单位管理行为
单位受贿罪	国家机关、国有公司、企业、事业单位、人民团体，索取、非法收受他人财物，为他人谋取利益，情节严重的，对单位判处罚金，并对其直接负责的主管人员和其他直接责任人员，处5年以下有期徒刑或者拘役	无	前款所列单位，在经济往来中，在账外暗中收受各种名义的回扣、手续费的，以受贿论，依照前款的规定处罚	企业管理规则
串通投标罪	投标人相互串通投标报价，损害招标人或者其他投标人利益，情节严重的，处3年以下有期徒刑或者拘役，并处或者单处罚金。投标人与招标人串通投标，损害国家、集体、公民的合法利益的，依照前款的规定处罚	无	否	企业对外采购行为
虚假广告罪	广告主、广告经营者、广告发布者违反国家规定，利用广告对商品或者服务做虚假宣传，情节严重的，处2年以下有期徒刑或者拘役，并处或者单处罚金	无	否	市场推广行为

2. 金融票据类犯罪刑事合规风险

金融类企业及企业人员犯罪类型主要有：金融机构从业人员的贪污犯罪、金融机构或其从业人员的违法发放贷款的犯罪、金融机构从业人员的挪用公款犯罪、金融机构或其从业人员的违法办理金融业务造成金融资产严重流失的犯罪、金融票据诈骗以及贷款诈骗犯罪等。

一般企业会涉及的金融类犯罪主要是：《刑法》分则第三章第四节破坏金融管理秩序罪规定的：第 175 条高利转贷罪，第 175 条之一骗取贷款、票据承兑、金融票证罪，第 176 条非法吸收公众存款罪，第 177 条伪造、变造金融票据罪，第 178 条伪造、变造国家有价证券罪和伪造、变造股票、公司、企业债券罪，第 179 条擅自发行股票、公司、企业债券罪，第 180 条内幕交易、泄露内幕信息罪，第 191 条洗钱罪；《刑法》分则第三章第五节金融诈骗类犯罪第 192 条集资诈骗罪、第 193 条贷款诈骗罪、第 194 条票据诈骗罪、第 195 条信用证诈骗罪等，见表 3－3。

表 3－3　企业涉金融类常见罪名阐释

罪名	一般入刑标准	加重情节	是否涉及单位犯罪	对应的单位管理行为
骗取贷款、票据承兑、金融票证罪	以欺骗手段取得银行或者其他金融机构贷款、票据承兑、信用证、保函等，给银行或者其他金融机构造成重大损失的，处 3 年以下有期徒刑或者拘役，并处或者单处罚金	给银行或者其他金融机构造成特别重大损失或者有其他特别严重情节的，处 3 年以上 7 年以下有期徒刑，并处罚金	是	规范贷款行为
非法吸收公众存款罪	个人非法吸收或者变相吸收公众存款，扰乱金融秩序的，处 3 年以下有期徒刑或者拘役，并处或者单处罚金	数额巨大或有其他严重情节的处 3 年以上 10 年以下有期徒刑，并处罚金；数额特别巨大或有特别严重情节的，处 10 年以上有期徒刑，并处罚金	是	合法融资行为

续表

罪名	一般入刑标准	加重情节	是否涉及单位犯罪	对应的单位管理行为
洗钱罪	为掩饰、隐瞒毒品犯罪、黑社会性质的组织犯罪、恐怖活动犯罪、走私犯罪、贪污贿赂犯罪、破坏金融管理秩序犯罪、金融诈骗犯罪的所得及其产生的收益的来源和性质有下列行为之一的，没收实施以上犯罪的所得及其产生的收益，处5年以下有期徒刑或者拘役，并处或者单处罚金：提供资金账户；将财产转换为现金、金融票据、有价证券的；通过转账或者其他支付结算方式转移资金的；跨境转移资产的；以其他方法掩饰、隐瞒犯罪所得及其收益的来源和性质的	情节严重的，处5年以上10年以下有期徒刑，并处罚金	是	合法经营、财务管理

3. 税务类刑事风险

税务类刑事法律风险是最常见的刑事法律风险，也是通过合规风险最应当预防出现的刑事风险。主要的涉税类刑事法律风险有：《刑法》分则第三章第六节危害税收征管罪规定的：第201条逃税罪，第202条抗税罪，第203条逃避追缴欠税罪，第204条骗取出口退税罪以及最常发生的发票类犯罪，第205条虚开增值税专用发票，用于骗取出口退税、抵扣税款发票罪，第206条伪造、出售伪造的增值税专用发票罪，第207条非法出售增值税专用发票罪等。

其中列示虚开增值税发票罪见表3-4：

表 3-4　企业涉税务类常见罪名阐释

罪名	一般入刑标准	加重情节	是否涉及单位犯罪	对应的单位管理行为
虚开增值税专用发票，用于骗取出口退税、抵扣税款发票罪	虚开增值税专用发票或者虚开用于骗取出口退税、抵扣税款的其他发票的，处 3 年以下有期徒刑或者拘役，并处 2 万~20 万元罚金	虚开的税款数额较大或者有其他严重情节的，处 3 年以上 10 年以下有期徒刑，并处 5~50 元罚金；虚开的税款数额巨大或者有其他特别严重情节的，处 10 年以上有期徒刑或者无期徒刑，并处 5 万~50 万元罚金或者没收财产	是	规范财务管理制度

（二）知识产权类刑事风险

企业知识产权类刑事犯罪主要有：《刑法》分则第三章第七节侵犯知识产权罪规定的：第 213 条假冒注册商标罪，第 214 条销售假冒注册商标的商品罪，第 215 条非法制造、销售非法制造的注册商标标识罪，第 216 条假冒专利罪，第 217 条侵犯著作权罪，第 218 条销售侵权复制品罪及第 219 条侵犯商业秘密罪。该类犯罪基本带有不正当竞争的性质，主要的侵犯商业秘密罪阐释见表 3-5：

表 3-5　企业涉知识产权类常见罪名阐释

罪名	一般入刑标准	加重情节	是否涉及单位犯罪	对应的单位管理行为
侵犯商业秘密罪	有下列侵犯商业秘密行为之一，情节严重的，处 3 年以下有期徒刑，并处或者单处罚金：以盗窃、贿赂、欺诈、胁迫、电子侵入或者其他不正当手段获取权利人的商业秘密的；披露、使用或者允许他人使用以前述手段获取的权利人的商业秘密的；违反保密义务或者违反权利人有关保守商业秘密的要求，披露、使用或者允许他人使用其所掌握的商业秘密的	情节特别严重的，处 3 年以上 10 年以下有期徒刑，并处罚金	否	企业管理人员职业准则

（三）涉及违反《公司法》的刑事风险

该类犯罪首先违反了《公司法》对于公司的管理规定，其违法行为达到了触犯《刑法》的标准进而产生刑事法律风险。主要罪名如下：《刑法》分则第三章第三节妨害对公司、企业的管理秩序罪规定的：第158条虚报注册资本罪，第159条虚假出资、抽逃出资罪，第160条欺诈发行证券罪，第161条违规披露、不披露重要信息罪，第162条妨害清算罪，第162条之一隐匿、故意销毁会计凭证、会计账簿、财务会计报告罪，第162条之二虚假破产罪等。

主要的虚报注册资本罪，虚假出资、抽逃出资罪见表3－6：

表3－6　企业因违反公司管理规定的常见罪名阐释

罪名	一般入刑标准	加重情节	是否涉及单位犯罪	对应的单位管理行为
虚报注册资本罪	申请公司登记使用虚假证明文件或者采取其他欺诈手段虚报注册资本，欺骗公司登记主管部门，取得公司登记，虚报注册资本数额巨大、后果严重或者有其他严重情节的，处3年以下有期徒刑或者拘役，并处或者单处虚报注册资本金额1%以上5%以下罚金	无	是	财务管理、规范出资
虚假出资、抽逃出资罪	公司发起人、股东违反《公司法》的规定未交付货币、实物或者未转移财产权，虚假出资，或者在公司成立后又抽逃其出资，数额巨大、后果严重或者有其他严重情节的，处5年以下有期徒刑或者拘役，并处或者单处虚假出资金额或者抽逃出资金额2%以上10%以下罚金	无	是	财务管理制度规范性

（四）生产管理、劳动类刑事风险

1. 生产伪劣商品罪

这类犯罪主要是生产销售伪劣商品罪，主要包括：《刑法》分则第三章第一节生产销售伪劣商品罪规定的：第 140 条生产、销售伪劣产品罪，该条是一般法条；第 141 条生产、销售、提供假药罪，第 142 条生产、销售、提供劣药罪，第 143 条生产、销售不符合安全标准的食品罪，第 144 条生产、销售有毒、有害食品罪，第 145 条生产、销售不符合标准的医用器材罪，第 146 条生产、销售不符合安全标准的产品罪，第 147 条生产、销售伪劣农药、兽药、化肥、种子罪，第 148 条生产、销售不符合卫生标准的化妆品罪。

以上罪名第 141 条生产、销售、提供假药罪和第 144 条生产、销售有毒、有害食品罪最高可至死刑。

以上犯罪均涉及单位犯罪。

2. 其他

《刑法》分则第三章第八节扰乱市场秩序罪规定的：第 224 条合同诈骗罪、第 225 条非法经营罪。另外，还有归类在《刑法》分则第五章侵犯财产罪章节下的第 276 条之一拒不支付劳动报酬罪，见表 3－7：

表 3－7 企业涉生产管理、劳动类常见罪名阐释

罪名	一般入刑标准	加重情节	是否涉及单位犯罪	对应的单位管理行为
合同诈骗罪	以非法占有为目的，在签订、履行合同过程中，骗取对方当事人财物，数额较大的，处 3 年以下有期徒刑或者拘役，并处或者单处罚金	数额巨大或者有其他严重情节的，处 3 年以上 10 年以下有期徒刑，并处罚金；数额特别巨大或者有其他特别严重情节的，处 10 年以上有期徒刑或者无期徒刑，并处罚金或者没收财产	否	企业合同管理、证照管理、票据管理等内部管理规定

续表

罪名	一般入刑标准	加重情节	是否涉及单位犯罪	对应的单位管理行为
非法经营罪	违反国家规定，有下列行为之一，扰乱市场秩序，情节严重的，处5年以下有期徒刑或者拘役，并处或者单处违法所得1倍以上5倍以下罚金：未经许可经营法律、行政法规规定的专营、专卖物品或者其他限制买卖的物品的；买卖进出口许可证、进出口原产地证明以及其他法律、行政法规规定的经营许可证或者批准文件的；未经国家有关主管部门批准非法经营证券、期货、保险业务的，或者非法从事资金支付结算业务的；其他严重扰乱市场秩序的非法经营行为	情节特别严重的，处5年以上有期徒刑，并处违法所得1倍以上5倍以下罚金或者没收财产	否	企业合法经营内部管理制度
拒不支付劳动报酬罪	以转移财产、逃匿等方法逃避支付劳动者的劳动报酬或者有能力支付而不支付劳动者的劳动报酬，数额较大，经政府有关部门责令支付仍不支付的，处3年以下有期徒刑或者拘役，并处或者单处罚金	造成严重后果的，处3年以上7年以下有期徒刑，并处罚金	是	企业财务管理、人力资源管理规定

由表3－7可知，按照涉及法律领域的不同，分四类对常见的企业刑事合规风险进行了列示。企业在进行刑事合规制度建设时，应根据企业自身所在的行业领域特点不同，针对以上常见的刑事法律风险在制度设定时即进行专门的防范，刑事风险合规制度规定本身的广泛性、独特性等特点也在此体现。如此方能使企业刑事合规制度成为有效、可行的企业制度规定，发挥其本身保护企业利益、预防企业刑事法律风险的积极作用。

| 第四章 |

律师办理企业合规业务实务操作

随着最高人民检察院等九个部门联合印发的《关于建立涉案企业合规第三方监督评估机制的指导意见（试行）》出台，合规制度已正式走入中国的司法实践。这一制度对于企业生存和发展来说，是一项十分重要的制度，其必将对企业的经营管理带来重大影响。对于合规业务开展得好的企业来说，其无疑会规避发展过程中的许多风险，让企业走上稳健的发展之路。这一制度的推出，为律师的业务发展开辟了一块全新的天地。正是由于意识到企业合规对于企业发展的重要性，预见到企业必将在这一领域作出相应经济投入，律师界掀起了一股研究企业合规业务的高潮。就这一制度，从国内外的律师实务来看，的确具有研究的价值。律师如能在这一块进行精耕细作，的确能助力企业的健康发展。正是由于这一领域具有较大的业务前景，本书专辟一章，就律师参与企业合规业务进行探讨。

从企业合规业务的全景来看，我们完全可以将其分为六大方面，即合规尽职调查业务、助力企业进行合规方案及合规制度构建业务、助力企业进行合规文化培育业务、助力企业进行合规效力考核及进一步提升合规效能业务、助力企业进行合规风险化解业务、担任合规监管人业务。可以说，这六个方面涵盖了律师的所有合规业务。其中的每一项业务，在实务操作中具体的业务模式及业务内容，又具有因企而异的特点。本章从一般情况出发，对其中的每一项业务分别进行研究，以期能为律师开展这一新型业务提供思路。

第一节　合规尽职调查

合规业务，是近些年律师行业新兴起的一种业务类型。合规业务，从大的方面来看，指合规方案的制订、合规方案的运行跟踪及持续改进、合规文化的形成等方面的业务。合规业务无疑属于律师非诉业务中的一种。而尽职调查业务对于非诉业务来说，基本是每一项非诉业务的必经程序。可以说，尽职调查是非诉业务的起点，也是非诉项目得以往下进行的直接依据。对于合规业务来说，尽职调查业务同样是律师合规业务中的基础性业务，也可以说，是律师着手合规业务的起点。做不好尽职调查业务，根本无法继续开展合规业务中的其他业务。

尽职调查是英文“due diligence”的中文译文，指“勤勉尽责”“恪尽职守”之意。美国1933年《证券法》首次将尽职调查确立为证券发行时在注册登记表上签字的公司、主要承销商和其他相关人员的一项法定义务。后被用来指公司进行投资并购、发展与第三方的重要业务关系时，应当对目标公司及目标资产涉及的法律关系、财务状况、人事、成长过程及潜在风险进行调查研究。通过尽职调查而形成的报告，是投资者进行投资决策的重要依据。中国律师承办非诉讼业务，在业务开展过程中展开尽职调查活动起步是比较早，但“尽职调查”概念正式进入我国规范性法律文件领域，是证监会在《公开发行证券公司信息披露的编报规则第12号——公开发行证券的法律意见书及律师工作报告》中予以规定的。该份工作报告第5条规定：“律师在律师工作报告中应详尽、完整地阐述所履行尽职调查的情况，在法律意见书中所发表意见或结论的依据、进行有关核查验证的过程、所涉及的必要资料或文件。”

从公开的法律文件及律师开展的尽职调查业务的实际情况来看，律师开展尽职调查的目的，是要确定调查对象资信情况、财务情况、法律运行情况等方面信息的准确性、真实性或完整性，以帮助委托人进行投资决策。由于律师工作具有一定的独立性，尽职调查实际是对被调查对象进行信息收集的一种合法合理的手段或方法。虽然尽职调查业务早期主要应用于投资并购领域，但随着社会经济发展，市场投资活跃程度不断提升，基于自身安全性需求的增加，尽职调查已被广泛用于各种领域，只要存在对合作对象信息了解的需求，即可能开展尽职调查工作。如市场上已广泛出现技术调查、人事调查等，甚至一份销售合同的签订，销售方或购买方都可能会委托律师对交易对象的资信情况进行调查，这些活动实际均可称之为尽职调查业务。

律师开展企业合规业务，同样应先行对企业的合规现状、业务模式、用工情况以及其他方面的守法情况进行全面调查，收集客观真实的信息，以期能发现委托人自身存在的问题，进而制定出具有实用性并且能运行良好的合规方案。对于委托企业的高管层来说，其可能并不了解自身存在的法律风险，尤其是刑事法律风险，如果真要让本企业防范好刑事风险，其就有必要了解本企业实际存在的风险点，进而找到具有实用性的防范方案。不委托专业人员进行相应实地调查，就很难真正地做到防范刑事风险。因此，律师在该方面的调查业务，是开展企业合规业务的必经程序，而这方面的尽职调查业务，并非针对委托方的交易相对方来进行，而是针对委托方自身来展开调查。其目的，即是通过律师的尽职调查业务，找到企业在业务、人事、环保、税收以及资金管理方面存在的刑事风险点，分析其风险点产生的原因，并根据企业本身的现实状况制定可行的、解决问题的方案。不进行这一步工作，律师开展合规业务就成为无源之水，无本之木。

如何开展好合规领域中的尽职调查业务，结合自己多年的投资并购及刑事辩护经验，笔者认为，合规尽职调查业务，可以按如下步骤来开展。

一、制定尽职调查方案

为了制订一套有效的合规计划，就必须识别并理解委托企业所在行业的系统性风险因素和委托企业本身存在的独特风险因素。这些风险因素可能与企业所在地理位置、公司的客户类型以及公司本身的性质相关联。因此，制定尽职调查方案，受托律师应当凭借自身的业务经验和生活经验，针对委托企业本身的情况来制定尽职调查方案。由于企业客观情况的差异性，尽职调查方案不可能是千篇一律，而无疑是个性化的尽职调查方案。这就需要律师具备一定的业务经验和生活经验。根据业务经验和生活经验，确定受托企业可能存在的风险点，进而设计尽职调查方案。

一般来说，企业的出资情况及股权变动情况、企业的组织机构及各机构的权力设置及运行模式、业务模式、经营资质、人员招聘情况、环保情况、安全生产情况、涉及的税种及税费缴纳情况、合同签订及履行情况、公司涉及诉讼情况以及公章管理情况等方面，均应当是尽职调查时应当收集的信息内容。当然，针对不同类型的企业，侧重点应当是有所区别的。如对于生产性企业，可能重点要了解安全生产情况、环保情况、产品质量情况、销售程序，等等。而对于中介服务机构，应当重点了解业务模式、合同签订及履行情况以及人员招聘情况，等等。律师应当根据企业的特点，提前设计好尽职调查的具体内容，并应当设计好重点和次重点尽职调查的内容，只有提前计划好具体的尽职调查方案，尽职调查才能真正地达到尽职调查的目的。

为了准确把握企业的刑事风险点，在设计尽职调查方案时，除了要设计从企业直接收集涉及上述信息内容的书面材料外，还应当提前设计好调查问卷资料，设计起草好调查问卷，并提前计划好调查对象。当然，针对不同的对象，调查问卷内容应当有所不同。同时，除了调查问卷外，还应当设计暗访方案。很多企业，只有通过暗访，才能真正找到企业的风险点。

收集企业的信息，除了直接向企业收集、通过调查问卷方式及暗访方式收集外，律师还可以采取网络查询，行政机关调取等方式。这些方案，在着手进行尽职调查前，均应当提前具体设计好。如一家民营食品生产企业要委托律师为企业开展刑事风险防范业务，律师首先应当判断出，该类型的企业除了容易触犯所有企业均易发生的刑事罪名外，该类型的企业还容易触犯下列个性化的罪名：（1）涉及产品质量方面的罪名；（2）涉及食品安全方面的罪名；（3）涉及环保方面的罪名。

开展尽职调查前可以制定尽职调查方案如下：

（一）向企业收集材料方案

企业应当提交材料内容如下。

第一部分：公司的基本情况。

1. 国家主管部门（包括但不限于地方政府，行业主管部门等）同意设立公司的批准文件，可行性研究报告和项目建议书批复（如有）；

2. 公司股权，注册资本，经营范围，公司形式的历次变更文件（包括公司股东会/董事会决议，有关政府部门的批准文件及有关股东协议）；

3. 公司的企业法人执照（包括但不限于公司设立，历次变更及经过最新年检的全部执照）；

4. 公司目前股东的营业执照或身份证明文件（如为自然人）；

5. 公司现任董事会、监事会、高级管理人员名单及选举/聘任决议，以及该上述人员目前在其他公司的兼职情况说明；

6. 公司完整的组织结构图，包括各股东及下属企业（全资、控股、参股、联营、合作、投资企业等），不具备法人资格的下属企业或部门（分厂、分公司、营业部、中心等），结构图应标明控股或参股关系、持股份额、其他持股人名称及持股数量；

7. 公司是否设立过任何分公司、办事处或其他非独立法人经营实体，若有，请提供营业执照或相关证明文件；

8. 如公司有任何对外投资，请提供所投资公司经过最近5年的工商年检的营业执照、验资报告及现有有效的章程；

9. 公司在政府有关主管部门的所有登记和证明文件，包括但不限于税务登记、外汇登记证、国有资产登记、对外贸易经营者备案表、海关登记等；

10. 政府主管部门向公司核发的全部生产经营许可证文件，或特许权、特许经营等许可性文件，以及政府有关主管部门向公司核发的涉及公司生产经营活动的全部通知、决定、批复、复函等文件。

第二部分：公司的生产经营和业务合同、关联交易及同业竞争情况。

1. 公司的主要业务内容描述，包括公司开展业务的方式等；

2. 公司与第三人所签订的所涉金额单项或数项交易累积超过5万元人民币的所有尚未履行完毕的合同以及所有合同的履行情况的说明；

3. 公司现行有效的知识产权许可（如有）；

4. 其他对公司有重大影响的合同、协议或其他书面文件及公司认为应提供的其他文件。

第三部分：公司重大债权债务情况。

1. 公司重大债务清单（人民币3万元以上，包括债权方名称、到期日、尚未清偿的数额、债权人追讨情况和有无抵押、担保）及有关合同，包括但不限于：

（1）银行/金融机构的所有借款合同；

（2）公司作为担保方而且目前尚未解除担保义务的，就公司的全部或部分资产、财产或业务订立或设立的，或影响公司或其全部或部分资产、财产或业务的所有抵押、留置、质押、担保或任何其他保证协议和文件，及担保合同所对应的所有主合同，及有关上述担保或抵押权益在办理登记的有关文件；

（3）未在公司账目中显示的及所欠的所有债务的详情；

（4）外债登记证（如有）；

（5）由第三方提供的现在仍有效的，对公司债务的担保合同/文件。

2. 公司对外提供借款的债权清单（人民币 3 万元以上，包括债务方名称、到期日、尚未清偿的数额、历次追讨情况和有无抵押、担保）及有关合同和相关文件。

第四部分：公司的重大资产资质情况。

1. 土地。

（1）公司持有的土地使用权证；

（2）与土地使用权有关的协议（如土地使用权出让合同）、批准等文件；

（3）公司支付土地出让金的付款凭证/发票；

2. 在建项目。

提供公司目前在建工程项目的建设用地规划许可证、建设工程规划许可证、土地使用权证、开工许可证及竣工验收证明等相关文件。

3. 知识产权（如有）。

（1）列举并说明公司现在拥有的，被许可使用的或使用的，或正在申请的所有知识产权，包括但不限于专利、商标、实用新型、著作权、专有技术等，并提供全部专利证和商标注册证和有关申请文件；

（2）公司如有专利，请确认是否已按年缴纳专利年费；

（3）所有有效的公司作为许可人或被许可人的知识产权许可合同，包括但不限于商标、服务标记、著作权、专利和/或专有技术的许可合同及登记/备案文件；

（4）公司保护知识产权的制度和协议，包括保密协议等。

4. 公司相关资质证明。

（1）公司截至目前仍有效的环境评估报告；

（2）公司截至目前仍有效的排污证书；

（3）公司截至目前仍有效的涉及环保相关的其他批准证书、相关报告；

（4）公司截至目前仍有效的特许经营证书。

第五部分：公司涉及的诉讼、仲裁和行政处罚程序情况。

1. 列出并说明自公司成立以来所有与公司或公司的产品和服务，或公司的经营有关，正在进行的、已经结案的、有潜在威胁的诉讼、仲裁和其他司法程序，以及其他争议；

2. 所有公司为一方当事人，并且其今后活动受制约或被禁止的重大的法院判决、裁定、调解协议及其他类似协议，以及对公司判处的罚款（如有）。

第六部分：公司的人事和劳动情况。

1. 提供公司与员工之间签过字并经劳动行政部门签证的现行有效的劳动合同样本；

2. 提供公司作为被告的劳动仲裁（劳动诉讼）的统计表，并提供仲裁裁决（法院判决），如尚未判决的请提供有关的仲裁申请书（起诉状）和答辩状；

3. 提供公司适用于现在的员工，或公司独立的聘用人的保密协议和竞业禁止协议，个人服务协议和顾问协议（如有）。

第七部分：公司的税务情况。

1. 提供公司的税务登记证明；

2. 说明公司的主要税种和税率；

3. 说明公司是否享有税收优惠，如有，请提供税务主管部门出具的相关批复；

4. 确认公司成立以来是否收到过税务（包括关税）处罚，如有，请提供有关文件（如行政处罚决定书，补缴税款及罚金凭证）；

5. 确认公司是否还有逾期未交的税款，如有，请提供一份清单，并在清单中列明税种、逾期时间、具体金额和逾期原因等。

（二）调查问卷方案

针对企业规模大小，选择 3 ~ 10 位人员进行调查问卷，这些人员中宜包含一位董事（或其他高管）、一位负责安全生产的部门负责人、一位销售部门、一位财务人员、一位人力资源负责人、一位原材料采购部门负责人。

（三）暗访方案

暗访时，既可以选择市场上的产品实地了解产品质量，也可以通过询问消费者了解产品情况，还可以装扮成业务合作者与企业相关人员进行业务洽谈，以期获取相应信息。

（四）其他方案

对当地（省级及以下）法院对被调查企业所在行业的刑事犯罪的法院判例进行收集的方案。

二、进行尽职调查

律师设计好尽职调查方案后，应将尽职调查方案逐步予以落实。由于设计方案与现实情况可能会存在一定的差距，在进行调查时，可以根据实际情况修改尽职调查方案。

在向企业收集材料后，要及时进行分类整理并建立档案，便于分析时查找。整体材料最好能按份编号，同时应当配套建立电子目录及卷宗。

在落实调查问卷方案时，律师应当善于与问卷填写人进行沟通，力争能让问卷填写人如实填写相关信息，做到每一份调查问卷保持最大限度的信息真实。

在落实暗访方案时，可以以消费者、寻求业务合作者或其他方面的人士的身份来进行暗访，具体身份得视暗访内容而定。暗访取得的信息，要及时予以记录。暗访对象越多，获取到的信息的真实度就会越高。

查找相关判例。区域的相关判例，对于判断企业的刑事法律风险点具有重要意义，律师在尽职调查过程中应当注意多收集同行业发生刑事案件判决文书。

三、总结分析刑事风险点

通过各方面努力，收集到相关材料后，根据材料分析企业存在的刑事风险点。这需要律师具有深厚的刑事法律功底，同时需要律师具备丰富的实务经验。现行《刑法》规定的近五百个罪名中，通过尽职调查，应当能帮助企业分析出哪些罪名是企业容易触发的高刑事风险点，哪些罪名对于本企业来说是次风险点。可以将这些对本企业具有风险的罪名，分成不同的风险等级，标注不同颜色，并且将企业的各类管理行为、业务行为划分为不同区域，从而能为企业的各类管理行为、业务行为划出红线，将红线确定为企业各类人员绝对不可逾越的界线。

四、设计解决方案，起草合规计划，并提出落实建议

找到企业存在的问题，并且为企业划出红线范围，这不是企业进行刑事风险防范的终点。如果企业仅停留在这一步，刑事风险并没有化解。对于律师来说，应当针对企业现有问题，设计出降低或避免刑事风险的“一揽子”方案，即为企业起草合规计划。切实可行的合规计划，才有可能让企业杜绝刑事风险。而要能制订出切实可行的合规计划，就要求律师根据尽职调查得到的真实信息，并结合出现问题的原因，再提出解决问题的方案。合规方案内容，应当注重系统性，内容应当包含但不限于治理结构的整合、良性企业文化的培育，等等。由于每个企业的情况不同，设计出的个体合规行动方案应当是个性化的方案，切忌千篇一律。

通过以上四步工作，尽职调查工作才算正式结束。做好了尽职调查工作，开展企业合规的后续工作才能方向准，才能见实效。因此，尽职调查工作既是律师合规业务中的第一项、也是第一步业务。而要做好这项起步业务，就得要求律师既具有非诉讼经验，又得具有丰富的刑辩实务经验，缺少任何一方面的经验，都可能难以作出精品尽职调查业务。

第二节　助力企业进行合规方案及合规制度建构

律师在经过尽职调查环节后，对企业的客观情况就比较了解。要让企业真正避免合规风险，接下来就得为企业起草一系列的合规方案及合规制度，这也是律师合规业务的重要内容。律师起草的方案及制度，是企业后续合规管理行为的依据。方案及制度是否简便易行，将直接决定企业合规效果的好坏。

一、现行相关制度及合规实务

律师要开展合规业务，首先应当了解现行有关合规方案的相关规定。这些规定主要以行业管理规定的形式出现，有些还是以并没有强制力的指引形式出现。律师在为企业起草合规方案及合规制度时，应当先行研究这些规范性文件或指引。委托企业即使不属于某一行业或本身并不属于央企，但这些行业规范性文件或指引，仍具有重要的指导意义。对于从事合规业务的律师来说，目前具有重要参考意义的规范性文件主要有：

1. 《中央企业合规管理指引（试行）》。该指引由国资委于 2018 年 11 月 2 日发布。业界将 2018 年通常称为中国企业的合规元年，很大一部分原因即是因为该份指引在 2018 年被发布。该份指引内容具有明显的针对性，其对于律师开展合规业务具有重要的参考价值。该份指引共有六章 31 条。其中第二章对于企业机构的合规管理职责进行了明确；第三章对重点领域、重点环节、重点人员及海外投资经营行为的合规管理也作出了规定。该两章内容对于执业律师来说，是值得花一定时间进行研究的。

2. 《企业境外经营合规管理指引》。该指引是由国家发改委、外交部、商务部、中国人民银行、国资委、国家外汇管理局、中华全国工商业联合会于 2018 年 11 月 26 日发布。其发布目的是指导企业开展境外经营，推动企业持续提升合规管理水平。该指引共八章 30 条。虽然其是为企业进行境外经营提供合规指引，但对于境内企业来说，这是其进行合规管理所参照的最高标准。其对企业的合规管理要求、合规管理架构、合规管理制度、合规管理运行机制、合规风险识别、合规风险评估与处置、合规评审与改进、合规文化建设均做了具体规定。律师受托为企业开展合规业务，完全可以将此份指引作为检验自己合规业务效果的标准。

3.《合规管理体系　指南》（GB/T 35770—2017）。该份指南是由国家质量监督检验检疫总局、国家标准化管理委员会于2017年12月29日对外发布的。该份指南以良好治理、比例原则、透明和可持续性原则为基础，可以用于指导未进行合规管理的企业建立、实施、评价和改进合规管理体系，同时还可以作为已建立合规管理体系的组织改进合规管理时的参考依据，其对企业的合规管理不提出具体要求，只提供建立合规管理体系的参照标准。该指南共分9个部分，对企业的合规管理的每个环节都提出了具体标准。其中一些标准，如第3部分组织环境，第4部分领导作用，第7部分运行，第8部分绩效评价，第9部分改进，对于执行律师开展合规业务，均具有很好的参照意义。

4.《企业法律风险管理指南》（GB/T 27914—2011）。该份指南是由国家质量监督检验检疫总局、国家标准化管理委员会于2011年12月30日对外发布的。该份指南其发布的目的是指导企业在其整个生命周期和所有经营环节中开展法律风险管理活动，以满足国内企业提高法律风险防范能力的迫切需求。其指出，中小企业可根据自身管理基础、资源以及管理需求，对该份指南中提供的法律风险管理过程和相关的配套保障措施进行简化或者采取递进式建设。该份指南完全是针对企业开展法律风险管理进行设计的，与企业的合规管理具有高度相关性。该份指南共分6个部分，对于企业的法律风险管理的每一个环节均设定了相关标准。律师熟悉该份指南中的标准，同样会有助于其开展合规业务。

除了上述四份文件外，对于国内合规业务，《商业银行合规风险管理指引》（2006年10月20日由中国银行业监督管理委员会发布）、《保险公司合规管理办法》（2016年12月30日由中国保险监督管理委员会发布）、《证券公司和证券投资基金管理公司合规管理办法》（2020年3月20日由证监会发布）、《中央企业全面风险管理指引》（2006年6月6日由国资委发布）、《企业内部控制基本规范》（2008 年 5 月 22 日由财政部、证监会、审计署、中国银行业监督管理委员会、中国保险监督管理委员会联合发布）以及一些政策性文件如《关于全面推进法治央企建设的意见》（2015 年 12 月 8 日由国资委发布）、《关于加强中央企业内部控制体系建设与监督工作的实施意见》（2019 年 10 月 19 日由国资委发布）、《关于营造更好发展环境支持民营企业改革发展的意见》（2019 年 12 月 4 日由中国共产党中央委员会、国务院联合发布），这些文件对于从事企业合规业务的律师来说，均应当熟悉。如果为国际企业提供合规业务服务，律师还应当熟悉《合规与银行内部合规部门》（2005 年 4 月 29 日由巴塞尔银行监管委员会发布）、《内控、道德与合规，最佳实践指南》（2010 年 2 月 18 日由经济合作与发展组织发布）、《诚信合规指南》（2010 年 9 月由世界银行集团发布）。

律师开展合规业务，除了应当熟悉上述规范性文件外，现有的一些知名企业的合规方案及制度也具有明显的参考意义。如中石化集团合规管理制度体系和中兴公司现行的管理制度体系等，均具有很好的借鉴意义。

二、建构合规方案及合规制度的原则

律师为企业设计合规方案及合规制度，应当遵循一些基本原则，否则无论是规范性还是适用性均会存在一定问题的。在开展此项业务时，整体来说，应当遵循以下几项原则：

1. 依法合规原则。律师为企业设计的合规方案及起草的合规制度，首先应当符合国家的法律法规规定，这可以说是最基本的要求。违法的合规方案及合规制度，不但防范化解不了风险，相反还可能会让企业增加新风险。除了遵守法律法规，还应当遵守行业管理规定，以及地方性相关管理规范。这些方案及制度只有合法合规了，企业才有可能真正远离风险。

2. 因地制宜原则。合规方案及合规管理制度一定要根据企业本身的具体情况来确定，不能脱离企业本身的实际。如果是中小民营企业，按中央企业的标准来设计合规方案和起草管理制度，这些方案和制度可能不具有实用性，从而也不会持久。一家中介服务企业，与一家生产性企业的合规方案和管理制度，也同样具有重大差异性。在内蒙古的企业与在湖北的企业，由于地理位置的差别化，司法习惯的差异性，以及员工的生活习惯的差异，其合规方案及合规制度也应当具有差异性。因此，律师应当根据企业个性化特点，因企业而异，来设计合规方案及起草相关管理制度。

3. 全面性原则。所谓全面性原则，是指律师设计的合规方案及管理制度，应涉及企业管理的每一个方面，不能让企业管理存有制度漏洞。尤其是对于企业高发风险所在的区域，应当予以重点关注。

4. 可操作性原则。所谓可操作性原则，是指合规方案及管理制度，要具有可操作性，不能让其仅停留在纸面上。如为企业制订培训制度时，如果企业员工大多数为业务员，成天在外面飞来飞去，当培训制度要求他们每周进行线下培训，这就明显不具有可操作性。针对这种企业的培训制度，时间频率、培训方式是重点要考虑的问题，可以选择线上培训，或者采取自学加事后集中考核或考试的方式。

5. 目的性原则。企业的合规方案及管理制度，其目的是为企业降低或避免合规风险，这是设计方案及制订制度的目的。所有的方案及制度要围绕这一目的来展开。设计的方案及制度内容不是越多越好，超越这一目的的所有内容，均是属于无用功。

三、企业常见合规方案及合规制度的主要内容

上文已论述过，由于企业的具体情况差异比较大，每一个企业的合规方案及合规制度应当是不同的。依据《中央企业合规管理指引（试行）》和《企业境外经营合规管理指引》，从合规方案及合规制度的整体来看，合规方案应当包含合规风险预防制度、合规风险识别、评估与处置机制制度以及合规评审与改进机制制度。

合规风险预防制度包含合规管理机构的设置方案、各管理机构的职权规定及其组成人员的行为准则等制度内容。这些制度内容，也可以说是属于一种静态的合规方案。企业应当制定全员普遍遵守的合规行为规范。对于企业的重点领域、重点管理环节、重点人员都应当制定相关管理制度。同时，根据法律法规的变化和监管动态，及时将外部有关合规要求转化为内部规章制度。为预防合规风险，合规文化的建立制度、合规培训制度均是合规预防机

制制度的重要内容，律师不可忽略为企业进行这方面的制度建构。

合规风险识别、评估与处置制度包含合规风险汇报、合规风险评估、合规风险处置、合规审计、合规举报等制度。企业业务风险的界定、合规风险的评估程序、合规风险的处置程序、合规审计程序、合规举报程序等内容，均需通过相关制度来体现。当然，这些制度只是整体合规方案的一部分，也可以说其是一种静态方案。有效的合规运行机制，不光需要这些静态元素，更需要为企业建立起动态有效的风险识别机制。这就得同时为企业不同岗位人员制定相应的奖惩制度，让各岗位人员能及时发现合规风险，并且按职权及相应程序进行处置。当然，企业要形成动态有效的合规风险识别机制，应帮助企业大力培育企业合规文化。因此，这些机制应同时与企业合规文化的建立方案形成前后呼应之势。

合规问责与合规改进制度主要指合规风险内部调查、合规问责、持续改进等方面的制度。这方面的机制主要通过制定合规风险的调查程序、合规问责规定、合规改进规定等制度来体现。

四、律师参与建构合规方案及合规制度的基本要求

律师承办上述合规业务，为企业建构合规方案及合规制度，需要律师具备一些的基本能力。其中，语言表达能力、企业管理经验、刑事辩护经验，是三种最重要的能力，律师应当加强这三方面能力的培养。

1. 语言表达能力。起草大量的方案及制度，需要律师具备较强的文字表达能力。这些制度需要用精练的语言，内容之间需要有严密的逻辑结构，没有一定的语言表达能力，是无法进行大量方案及制度的起草工作的。

2. 企业管理经验。律师制定的这些方案及制度，是否符合企业的管理需要，这些制度是否会严重阻碍企业效益的提升，同时，机构的设置是否符合管理学的基本要求，这些均需要企业管理经验作支撑。如果没有一定的企业管理实务经验，律师也应当通过书面学习，尽可能弥补这方面的缺陷。

3. 刑事辩护经验。合规方案及制度，其直接目的是要有助于企业进行刑事风险防范，但企业在何处会存在刑事风险点，如何进行预防，只有具备一定的刑事辩护经验的律师才能作出较好的判断。因此，律师在开展此类业务

前，有必要先承办一定数量的刑事辩护案件。

第三节 助力企业进行合规文化培育

企业着手合规计划，起草合规方案及规章制度，这只是进行纸面上的合规建设。如果企业领导重视，严格落实各项规章制度，这对企业在短期内提升管理的合规水平，应该能够起到一定的作用。但企业如果真正想成为一家长久的守法企业，真正能让企业长久地远离合规风险，企业必须得形成一种良好的企业合规文化。企业也只有在合规文化形成后，才能真正防止各种有形、无形的违法行为产生。合规文化于企业的作用，正如黎宏教授在《组织体刑事责任论及其应用》（载《法学研究》2020 年第 2 期）所述："身处其中的自然人，在企业文化、场景或者氛围的感染下，其有意识的人格会被群体所淹没，其无意识的人格将占据主导地位。换言之，群体中的个体已并非自己，而成为不受自己意志支配的'提线木偶'。现在，人们越来越意识到，单位活动的影响力因单位的组织构造、规模、永续性等因素而远超作为其构成人员的自然人的总和。换言之，单位不只是自然人的集合体，而是兼具'复杂性'（complexity）特征的实体。"① 因此，企业要想长久地远离合规风险，应当投入精力进行企业合规文化建设。

企业进行合规文化的建设，如果有专业人士的参与，将会起到事半功倍的作用。随着合规渗透到企业的各个管理角落，参与企业的合规文化建设，同样是律师业的一项新兴合规业务。对于有志于合规业务的律师来说，就律师参与企业的合规建设事项所涉专业性问题进行一定的理论研究，会有助于合规实务业务的开展。从执业律师所撰写的一些文章来看，就律师如何参与企业的合规建设问题，主要是以律师如何为企业进行建章建制来进行探讨。但律师为企业进行合规建设，如果仅停留在为企业建章建制阶段，对于企业来说，这种效果明显是有限的。因此，律师在开展合规业务时，应当研究，

① 黎宏：《组织体刑事责任论及其应用》，载《法学研究》2020 年第 2 期。

如何助力企业进行合规文化建设。只有助力企业建立起合规文化，企业才能真正建立起防范各类合规风险的防火墙。由于律师具有的专业性特点，企业在进行合规文化建设的过程中，吸纳律师参与其中，合规文化建设才不会走偏，更能让企业从上到下，从里到外形成一种持久的合规文化。

律师在承办合规业务过程中，如何助力企业进行合规文化建设，结合自己的执业经验，笔者认为，律师完全可以从以下几个方面发挥自己的专业作用。

一、为企业进行合规培训

进行合规培训，这是律师为企业进行合规文化建设最重要也是最常见方式。律师为企业进行合规培训，应当在尽职调查，知悉企业的具体情况后，为企业设计具有个性化的系列培训方案。对于处于不同发展阶段的企业，培训内容的侧重点也应当有所不同。对于不同类型，不同规模的企业，培训内容的设计同样要注意有差异性。通常来说，律师在为企业进行合规培训时，应当注意下列事项：

1. 培训对象。在对企业进行合规培训时，必要时，应当将管理层与普通员工分类别进行培训。有些内容只适宜管理层掌握了解，有些内容普通员工掌握即可。故宜将管理层与员工分别进行培训。当然，有些内容是需要全体成员一起进行培训。针对培训具体内容，再行确定企业的培训对象。

2. 培训场所。由于各个企业的具体情况有别，可以针对企业的具体情况，选择线下还是线上的方式进行培训。一般来说，线下培训的效果可能更佳，能进行线下培训的，最好选择线下培训的方式。有些企业，业务员诸多，出差较频繁，在这种情况下，最好选择线上培训的方式。

3. 培训内容。律师在开展培训业务前，应当有针对性地进行培训内容的设计。培训对象不同，培训内容也应当有差别的。对管理层来说，重点要培训一些企业管理过程中应树立的法治理念，如帮助他们树立“合规创造价值”“诚信、正直、守法、合规”“合规人人有责”“合规从我做起”等理念，帮助其将这些理念贯穿进管理过程之中。同时，培训一定要注意系统性。一两次培训，是无法为企业树立起合规文化的。律师应当结合企业的具体情况和合规的具体内容，设计系统的培训方案。有些内容，还应当反复进行培训才可能起到作用。

4. 培训方式。律师在进行培训时，切忌满堂灌，方式要灵活。多注意结合具体案例，以案说法，以案树立合规理念。将自己亲身办理过的案件作为培训案例效果往往会更佳。只有自己亲身办理过的案例，才能真正体会到其办理过程中的艰辛，才能真正体会到法律的精妙所在。有了这些切身体会，讲授的语言自然也会精彩，才能让听者真正有所收获。

二、为企业设计以合规文化为主题的文化活动

企业培育合规文化，绝不是仅仅依靠培训就能建立起合规文化。合规理念、合规意识应当渗透到企业管理的方方面面。律师可以发挥自己的专业优势，帮助企业在日常管理过程中，开展下列文化活动，以助力企业进行合规文化建设：

1. 为企业主持典型案例大讨论活动。律师可以在企业内不定期开展典型案例讨论活动。每次活动可以提前设计由不同部门的人员参与。通过典型案例讨论活动，让参与人员分享心得体会，达致养成合规意识。企业类型不同，选择的案例应当有区别，应当有针对性地选择切合本企业情况的案例进行讨论。笔者曾经在为企业主持这些讨论会时，也出现过尴尬的情况。如曾经在给一家制造企业主持案件讨论时，将发生在金融领域的案例作为探讨，在讨论的过程中，由于参与人员中许多人并不了解金融行业的情况，最后导致发言者寥寥，场面有些十分尴尬。因此，在选择案例时，一定要有针对性。

2. 帮助企业开展合规宣传。企业的合规宣传可以渗透到企业管理的方方面面，如可以在企业墙报、企业微信公众号、企业网站等平台宣传。企业在这方面的能力通常来说是比较弱的。律师可以与企业约定，代为提供这些宣传内容。尤其是微信公众号及企业网站，可以在里面设计大量的合规内容。而企业负责宣传的人员，大多是非法律专业出身的人员，即使有一些法律专业的人员参与，由于不具有实践经验，他们提供的内容，往往不具有指导意义，甚至经常出现一些常识性错误。律师在助力企业进行合规文化建设时，在这方面其实有许多工作可以做。帮助他们撰写宣传文章、提供普法案例

以及帮助他们对自己撰写的文章进行合法性把关，这些工作律师均可以胜任的。

3. 在企业开展合规文化活动或者在各种会议中穿插合规文化。一些大型企业，经常开展一些大型文化活动，如文艺演出，外出参观等活动，在这些文化活动过程中，律师也可以有意无意地助力企业在这些活动过程中穿插一些合规文化内容。

三、开展合规评优或者为企业举办合规知识竞赛活动

俗话说，榜样的力量是无穷的。树立企业的合规文化，企业应当定期在企业开展合规评优活动。对于那些遵守企业规章制度，在经营过程中遵守国家法律法规的先进人员，应当给予奖励，这也是在为企业管理树立合规导向。评优活动，律师可以以专业人员的身份参与。同时，律师还可以为企业举办一些合规知识竞赛活动，以助力企业员工合规意识的形成。

律师参与企业合规文化的构建，看似与律师的传统业务无关，但这些业务，与律师的专业性高度相关，没有律师的专业参与，企业是很难真正提升其企业合规文化的；有律师的专业参与，企业合规文化工作才能做深做实。企业合规文化构建也只有通过购买服务的方式才能真正达到培育合规文化的目的。律师在这方面也应当善于开拓思维，发挥自己的专业特长，将自己的专业服务深入企业管理过程之中。这些服务从本质上来说，也是属于律师的合规业务内容之一。当然，律师在这方面要提供优质的服务，除具备专业知识和法律执业经验外，还得具备一定的综合能力，如一定的企业管理能力、一定的策划能力以及一定的沟通交流能力，等等。

企业合规文化的形成不是一蹴而就的，而是需要天天讲、处处讲，让合规意识渗透到企业的每一个角落、每一位人员的思想意识之中，在经过长期的、有意识的培养之后，企业的合规文化才可能慢慢落地生根，才能在企业长成合规文化之树。而在这一过程之中，律师完全可以发挥自己的专业特长，深度参与企业合规文化的构建，拓宽合规业务的视角。

第四节　助力企业进行合规效力考核及进一步提升合规效能

律师承接合规业务，为企业起草合规计划及方案，这些计划或方案是否符合企业的实际情况，是否能达到真正为企业规避风险，提高管理效能的目的，还得将这些计划及方案放于实践中进行检验。企业一方面要严格要求工作人员遵守企业的规章制度，要通过各种手段了解规章制度的遵守情况；对一些违反规章制度的行为要进行处罚，对一些严格履行合规义务的员工要进行奖励。另一方面这些合规计划和方案也不能一成不变，如果在实践中发现有些方案及计划脱离实际，也要对方案及计划进行及时调整，对其进行修改完善。律师在这方面的合规业务，主要有两种：其一，参与企业对企业现行的合规计划和合规方案进行考核；其二，帮助企业进一步修改完善企业现行的合规计划和合规方案。

对合规效力进行考核，其目的有三：其一，了解企业的合规计划执行情况以及企业成员对企业的合规制度遵守情况；其二，了解企业现行的法律风险到底在哪些地方；其三，了解现行合规制度作用效果情况到底如何。帮助企业进一步修改完善合规计划和合规方案，有利于企业进一步提升合规效能。

一、合规效力考核

律师开展合规效力考核业务，通常可以采取合规调查以及参与合规审计等方式。这两种方式是对企业的合规效力进行考核的有效手段。

（一）合规调查

对企业的合规效力进行考核，作为企业的外部律师，有效的手段之一即是进行合规调查。这些调查，根据调查对象的不同，可以分为外部调查和内部调查。根据调查内容，可以分为反舞弊调查和合规制度履行情况的调查，等等。外部调查主要是针对企业成员之外的人进行的调查；内部调查主要是针对企业成员进行的调查。反舞弊调查主要指企业发生了不合规行为，针对这些违法违规行为进行的调查。通过调查，以便查清违规人、违规原因、损害后果，进而为企业避免此类违规行为再次发生，建议其应采取哪些防范措施。企业之所以开展反舞弊调查，也可能是由于企业领导层并不知道企业是否存在不合规行为，为确定企业是否存在不合规行为进而展开调查行为。合规制度履行情况的调查，主要是指对企业现行的合规制度执行情况、企业的违规情况进行的调查，以便为如何进一步完善合规方案提供依据。

合规调查本身也是有效合规计划的重要组成部分。正如有学者所言："一次彻底、有效和可信的内部调查对于公司是很重要的，不仅能够使公司充分了解自己所面对的责任和义务，而且向监管权力机构展示了公司对于所接到的投诉严肃对待，以及公司希望了解公司内存在的潜在问题。"律师在开展合规调查前，首要的任务是应当根据调查目的，制定好调查方案。在调查结束后，应当形成调查报告。在报告中，应全面分析企业在某方面存在的风险状况并应提出改进现行管理模式的建议。如一家大型生产性企业想了解企业是否存在安全生产事故刑事风险，委托律师开展合规调查。律师在做这类调查前，首先应当了解企业安全生产的制度规定，分析企业最有可能发生安全生产事故刑事风险所在的岗位，然后针对这些制度及企业实际运行情况，设计调查方案。这些调查方案应当包括调查对象和调查方式。调查对象主要是公司相关岗位工作人员，了解其工作习惯。为了信息获取的全面性，除了直接相关工作人员外，还应当调查相邻岗位工作人员。调查既可以采取个别谈话方式，也可以采取随时暗访的形式，还可以通过在一定时期内发动员工进行匿名电话举报的形式来收集信息。由于安全生产事故属于专业性比较强的领域，必要时还应当征询相关专家的意见。在全面收集完各类信息后，再结合企业的实际情况，形成正式的书面报告。

又如，销售性企业为确定企业是否存在非国家工作人员受贿行为，委托律师开展合规调查。律师首先应当制定好上述调查方案，当详细分析了解企业客观情况，再行设计调查对象、调查方式。一般来说，非国家工作人员受贿行为之所以会产生，主要原因在于某些岗位掌握着较大采购决策权。因此，律师可以借此大概确定可能存在犯罪行为的相关岗位。在确定相关岗位为重点调查对象后，可以再选择调查对象和调查方式。此类调查中的调查对象应当包括客户、该部门的员工，甚至是企业外人员。只要是有可能掌握相关线索的人员，都可以作为调查对象。调查方式除了采取个别谈话法，以及通过各种查询收集相关文件资料方式外，还可以采取奖励举报的方式收集真实信息。由于律师的调查不同于国家工作人员依职权的调查行为，律师的调查方式应当合法，尤其要注意与相关人员的沟通方式，力争取得相关人员的主动。当然，这就得需要律师具有较强的沟通能力。

对于合规调查，在很多情况下，调查的质量完全取决于调查人员自身的素质状况。一般来说，有律师参与的调查往往比企业自身的工作人员进行的调查成果更为显著。如北京的一互联网广告企业，由于采购业务巨大，企业明知自身存在大量的非国家工作人员受贿行为，但自身在几年之内，并没有调查出一起该类犯罪行为。在律师介入后，连续查出多起非国家工作人员受贿行为，自此之后，企业的采购价格大幅降低。

由于律师的专业性，再加上律师属于第三方参与调查，避免自身开展调查时可能会出现的一些利益关系纠葛，企业通过聘请执业律师参与合规调查，可以更好地、更客观地了解企业的合规现状。这对于企业领导层来说，更容易掌握本企业合规运行状况。因此，这些调查，对于企业进一步优化合规方案，也是十分有必要的。同时，通过执业律师的专业外部调查，在企业出现某方面的合规风险时，执业律师在合规调查过程中获取的一些证据，可以帮助企业判断某些风险到底属于企业责任还是员工责任，从而可以有效地将企业责任与员工责任进行切割。

（二）合规审计

进行合规效力考核，律师除了采取合规调查方式外，还可以参与企业的合规审计工作。通过合规审计，能让企业领导层能更全面了解合规效力，这同样会有利于企业合规效能的提升。

合规审计是对合规管理工作进行全面评价和监督的重要手段，《企业内部控制基本规范》（财政部、证监会、审计署、中国银行监督管理委员会、中国保险监督管理委员会 2008 年 5 月 22 日发布）、《中央企业合规管理指引

（试行）》等规范性文件对于企业的合规审计均有明确规定。从合规审计对象来看，合规审计可分为：全面合规审计与专项合规审计；从合规审计时间来看，合规审计又可分为：定期合规审计、临时合规审计和后续合规审计。一般来说，合规审计应当遵循独立原则、客观原则和公正原则。

企业进行合规审计，其目的是想通过审计确定企业合规管理的适当性、有效性，以及确定现行合规管理的缺陷所在。虽然相关规范均规定合规审计是企业内部自行开展，但由于合规审计所审计的重点对象是企业的合规管理制度，而合规管理制度的法律属性又比较强。因此，律师在企业的合规审计领域同样具有许多可以发挥专业特长的地方。

律师参与企业合规审计工作，其可以从以下几个方面发挥专业作用：

1. 作为合规审计人员，直接参与合规审计工作。律师如果能作为合规审计小组成员，直接参与合规审计，其发挥作用的空间会更大。作为审计人员，其直接具体地参与合规审计工作，并且能参与审计报告的起草，这对于合规审计质量的提升，将具有直接意义。

2. 接受合规审计人员的咨询。如果律师不能直接参与审计小组，成为审计人员，律师可以为审计人员提供专业咨询服务。审计人员在审计过程中，对于合规管理制度中一些词语含义的理解，可能会存有一定的争议，律师作为专业人员，可以在这方面提供专业意见。同时，对于企业管理的实际运行状况是否符合合规管理制度，不同人员也可能存在不同的理解，律师同样可以参与这类问题的讨论，提出相应的专业意见。同时，对于合规管理制度缺陷的定性，律师可以从专业上提出相应意见。

3. 为合规审计报告提供咨询意见。合规审计，最终是应当以审计报告的形式，呈现审计成果。审计报告的结论及建议，对于企业改进合规方案，具有非常重要的意义。审计报告的质量与审计参与人员的素质，具有直接相关性。合规审计不同于一般的财务审计，合规审计的法律专业属性比较强，其更应当从法律专业以及管理专业的角度作出相关结论，提出相关建议。因此，在律师未参与审计小组的情况下，由律师对审计报告提出相关咨询意见，有利于审计报告质量的提升。

二、提升合规效能

律师参与企业合规效能提升工作，主要体现于针对企业合规制度运行现状，对现行的合规方案和合规计划进一步优化完善。律师对企业的合规计划及合规方案进行修改完善，其主要参考依据有二：其一，通过合规调查获取的信息；其二，企业合规制度运行过程中存在的实际问题。在综合考虑这些因素的基础上，再着手对现行的合规方案及合规计划进行修改完善。通过合规调查，可以获取企业成员对现行合规计划及合规方案的看法，以及可以获得来自企业一线人员的建议。这些信息对于完善合规方案极为有益。现行合规制度运行过程中出现问题，说明合规制度是存在缺陷，应该对这些缺陷进行分析研究，找出弥补漏洞的方案，从而进一步优化现行的管理制度。

第五节　助力企业进行合规风险化解

合规风险，根据合规内容，可以分为行政执法风险及刑事法律风险。行政执法风险指企业在运行过程中违反行政管理规定，依法可能承担的行政法上的法律责任的风险。刑事法律风险，简言之，指企业可能遭遇的犯罪风险。企业遭遇行政执法风险，可能会遭受罚款或甚至资格剥夺等处罚。企业遭遇刑事法律风险，不但可能会让企业破产，企业中负责人或其他直接责任人还可能会失去人身自由。相较于刑事法律风险来说，行政执法风险的后果，虽然不及刑事处罚后果严重，但如果稍不注意，有些行政处罚对企业的发展来说，同样是致命的，如巨额罚款，资格剥夺，这种行政执法风险同样可能直接导致企业的运行困难或者破产。当然，刑事法律风险对于企业来说，是更加致命，一旦遭遇，就是灾难。无论是行政执法风险还是刑事法律风险，企业只有越早发现企业管理中存在的漏洞，才越容易规避，规避而付出的成本也才能越小。一旦企业在措手不及的情况下被刑事犯罪立案，企业直接进入刑事程序，企业再想化解这些风险，将是难上加难，即使最后能化解风险，企业付出的成本也将是巨大的。因此，企业为了平稳健康运行，应当善于利用专业律师来化解这些合规风险。

合规风险化解业务，是律师的合规非诉业务中的核心业务。律师参与合规非诉业务其重要目的是尽可能让企业不出现合规风险；在某些情况下，由于前期采取了专业的合规风险化解应对措施，即使出现了合规风险，也能达致容易化解风险的目的。律师参与合规风险化解业务，对律师的要求十分高，既要求其具备非诉法律实践经验，又要求其应具备诉讼，尤其是刑事辩护法律实务经验，要求律师具备较高的综合素质。一般来说，企业在运行过程中，如果严格按合规制度运行，是不会出现合规风险的。但由于企业客观情况始终是处于变动之中，合规制度调整又需要一定的周期性，再加之有的合规制度很难保证企业所有成员均能严格予以落实，企业出现合规风险是完全有可能的。企业一旦出现合规风险，应当善于借助律师的专业力量，依法依规化解这些风险。

本书所称的合规风险化解业务，指在企业刑事犯罪被立案前，企业面临行政处罚或刑事处罚的风险时，律师代理企业化解这些风险从而产生的律师代理业务。如果企业已被侦查机关作为刑事处罚对象正式立案，律师作为辩护律师参与企业犯罪辩护，则律师承接的这些业务不是合规风险业务，而明显是传统的刑事辩护业务。合规风险化解业务，通常来说，包括如下两类：其一，由于我国企业犯罪在通常情况下属于行政犯，即往往是行政处罚先置，在行政机关进行行政违法调查时，如果发现企业构成犯罪，再移送给公安机关进行刑事立案。在此种情况下，律师在企业被行政处罚立案后，要帮助企业尽可能让这些违法调查程序停留在行政违法调查及行政处罚阶段，而避免其进入刑事程序。当然，并不是所有的刑事案件均是先行行政处罚再进入刑事程序，在有些情况下，违法行为可能并没有被发现，一旦被发现就被公安机关认定为犯罪行为，从而直接进入刑事程序。因此，在企业违法行为被行政机关或公安机关发现前，律师要善于帮助企业及时发现经营过程中存在的刑事风险，进而采取合法措施避免被公安机关刑事立案追查。其二，企业在存在一定的违规行为的情况下，被行政处罚立案了，律师要通过努力，让企业承担较轻的行政责任。这些业务即是律师的合规风险化解业务。这些合规风险化解业务，是近些年，随着中国市场经济的发展，随着行政执法和刑事司法执法水平的提升，随着中国法治现代化的进程而发展起来的一类法律业务。这类业务与传统的行政诉讼代理业务，以及传统的刑事辩护业务是不相同的业务类型。办理这些业务，有其不同的程序及要求。可以说这是介于诉讼与非诉讼业务中的一种中间业务。

由于法律专业化程度的提升，以及法律对执法水平要求的提升，律师办理合规风险化解业务，从逻辑上来说，是完全可能的。同时，从这些年的司法实践来看，律师参与化解的合规法律风险的案件也是越来越多。一些案件的处理，正是因为专业律师的参与，可以说是完全达到了法律效果和社会效果的高度统一。随着社会经济的发展，以及法治建设进程的推进，可以预见，未来时间里，律师的这一合规业务对企业来说，将会越来越重要，这一业务也将会成为律师业务中的重要增长点。

一、合规风险化解业务的典型案例

律师如何承办合规风险化解业务，本节先介绍两个具体案例：

案例一：某食品公司虚假广告行政处罚案

某食品公司，是从事农产品深加工业务，有员工近两百人，虽然营业额过亿元，但近两年公司基本没有利润，而只能勉强维持运营。在其日常的广告宣传中，其会使用网站、微信公众号以及宣传单进行同时宣传。2020年其将公司的一款产品放于上述三个宣传平台进行宣传，由于其夸大了该产品的功效，在开始宣传的当天，即被人举报。市场监管部门将该案作为行政处罚案进行立案。开始时，监管部门的意见是，按相关规定，对此种违法行为要以最高额罚款即人民币100万元的幅度进行处罚。更让公司担心的是，监管部门要求对三种违规行为进行并罚，因此，对其总计拟罚款300万元。公司感觉监管部门的行政处罚明显不合理。如果监管部门按此标准对公司进行处罚，公司只能选择破产清算。近两百名员工将全部面临失业，许多社会问题，将会伴随而生。公司感觉事态的严重性后，聘请律师作为法律顾问全程参与处理本案。

律师接手本案后，通过分析本案，认为公司的行为，并没有达到刑事犯罪的程度，本案只可能定性为行政违法行为。在对事件进行分析定性后，旋即建议公司要求监管部门举行听证会，并且将国家对民营经济的各类政策都进行梳理；同时，还对公司的财务报告、近几年承担的社会责任以及公司杜绝此类违法行为再行出现的合规措施均进行了汇集。并且，律师还详细地研究了《广告法》的相关规定，收集了20多个广告违法行为行政处罚的典型案例。律师将这些材料收集整理后，撰写了一份详细的案情分析报告，并向监管部门提出了合理处理建议。事后，监管部门召开听证会，在听证会上，律师也详细地陈述了要求从轻处理的意见建议。最后，监管部门对公司仅按一种违法行为从轻进行处罚，总计罚款20万元。

案例二：甲网络公司避免涉嫌帮助信息网络犯罪活动罪风险案

甲网络公司是一门户网站，在承办业务过程中，为乙公司转发了大量的体育新闻稿件。而在这些新闻中多次涉及境外赛马内容。乙公司除了找甲网络公司转发这些新闻外，还让国内其他多家互联网大型门户网站也转发了这些新闻。事后发现，乙公司之所以要在国内发布这些新闻，是想吸引境内人员参与境外赌博。后乙公司被刑事立案追查。侦查过程中，侦查机关要求甲网络公司提供相关证据，在此情况下，甲网络公司极有可能构成涉嫌帮助信息网络犯罪活动罪。甲网络公司聘请律师全程参与处理本起危机事故。

律师接受委托后，初步了解本案的案情后，遂着手准备工作方案。其先与多名直接业务人员进行了交谈，听取了他们承接业务的流程。律师了解到，他们在与乙公司开展业务合作前，对乙公司也进行过初步的尽职调查，了解到乙公司是通过工商管理部门合法注册的公司。而且，律师还了解到，在甲网络公司转发这些新闻前，其他大型门户网站都转发过这些新闻。同时，与其他类型业务相比，他们与乙公司的业务合作价格并没有很高，而是按同一收费标准收费。并且，他们与乙公司合作前均签署了协议，其中协议中有一项重要内容是要求委托方提供的稿件内容均要合法。律师除了对甲网络公司展开调查外，还对相同行业的业务模式都做了一定的调查。所有网站对新闻稿件的审查程序基本大同小异。同时，律师还对当地所有关于帮助信息网络犯罪活动罪的案例，均进行了深入研究。最后，律师还指导甲网络公司，建立了一整套避免以后发布带有违法犯罪活动内容稿件的内部审查机制。在完成这些工作后，律师起草了工作报告，详细论述了甲网络公司不构成帮助信息网络犯罪活动罪的理由，并附带提供了一些证据及甲网络公司发布稿件的内部审查机制。最终，甲网络公司积极配合侦查机关对乙方公司的侦查，乙公司被追究刑事责任，甲网络公司仅收到一份检察建议。

从上述两案例可以看出，律师化解合规风险，一个总的原则是，如果企业的确具有一定的违法行为，要尽可能地将违法违规行为控制在行政处罚范围内，尽可能避免让企业进行刑事程序。能不处罚的，不能让企业受处罚，即使要处罚，最多也只能进行行政处罚。

二、律师办理合规风险化解业务的注意事项

通过上述两件案例，律师办理合规风险化解业务，分别应当注意如下事项：

（一）律师办理行政执法风险化解案件注意事项

1. 律师要善于从案件整体上来判断案件进入刑事程序的可能性，从而注意把握与行政机关沟通的度。律师接受案件后，应对案件进行整体分析，判断一下案件进入刑事程序的可能性，如果案件是不可能进入刑事程序，则与行政机关的沟通可重在讲法讲理，在无法阻止行政机关进行行政处罚的情况下，应重点沟通处罚的度，以达到从轻处罚的结果。如果案件有些问题处于模糊状态，是存在进入刑事程序的可能性，则沟通时更应当注意方式方法，尤其要注意行政机关对案件的定性，沟通时不应过多强调处罚数额，而应强调案件的定性，力争将案件完全纳入行政处理程序。

2. 强调合理性。律师在办理行政执法风险化解案件时，应当注意合理性原则的应用。行政法有一项基本原则即是合理性原则，行政行为超越合理限度，应属于违法行为。像上述第一个案例，一开始行政机关将同一种行为界定为三种违法行为，从而要进行巨额罚款，这明显违背行政合理原则。律师应当注意利用这一原则与行政机关进行沟通，力争取得行政机关的理解。

3. 充分利用听证。申请听证，这是行政相对人对特定行政处罚事项的一项法定救济权利。律师要抓住听证机会，在听证会上充分阐释己方的合理理由。一些律师可能会存在一定的误解，认为听证会往往都会走过场，如果代

理律师自己也将听证当成走过场，不充分利用听证会带来的机会，不进行精心准备，将无法达到预期的效果。此外，无论听证会是不是走过场，律师本人也要将其当成与法庭开庭一样重要，精心准备听证会上的各种发言。从上述第一个案例来看，听证会的效果是非常好，在听证会上，听证员认真听取了代理律师的意见，将意见反馈至对案件处罚有决定权的相关人员，最终争取到了减轻处罚的结果。

4. 充分利用国家对民营企业的优惠政策。近几年，国家对民营企业出台了各项优惠和照顾的政策。代理律师在处理涉及民营企业的行政处罚案件时，应当充分利用这些政策规定。这些政策中有些授予了民营企业特定的维权渠道，律师要充分利用这些渠道进行维权，尽量想尽办法将企业的意见建议反馈至决策层。

5. 帮助企业建立相应的切实可行的合规方案，从态度上要让行政机关体会到企业改正不良管理方式的决心。企业对违法行为的态度，有时可能直接会决定行政机关对企业将会采取哪一种类、哪种程度的处罚方案。在企业的确存在违法行为时，企业要主动改正错误。企业原来有合规方案时，应当对不合理不适用的合规方案进行修改，以让其更具适用性。企业原来没有合规方案时，要为企业迅速制定合规方案。以让行政人员体会到企业在对问题进行积极整改，从而在态度上取得行政人员的支持。

（二）律师办理刑事风险化解案件注意事项

1. 判断构成要件要素是否存在模糊空间。律师接受案件后，首先应当判断企业的现有行为，对于认定是否构成犯罪时，从构成要件要素来看，是否存在模糊空间。如果构成要件要素本身存在模糊空间，应当从有利于企业的角度，寻找、固定不构成犯罪的相关证据。企业犯罪案件，大多是商事犯罪案件，这类案件从构成要件来看，几乎都属于故意犯罪。律师要注意固定证明企业或相关工作人员并不具有主观故意的构成要件的证据。构成要件要素的审查判断能力，在这类案件中具有十分重要的作用。律师宜从反面寻找、固定不构成犯罪的证据，而不应当对现有证据进行毁灭，更不能伪造证据，否则将会给律师本人带来巨大的执业风险，这一点下文还将论述。

2. 及时改正现有的业务模式及管理方式。一般来说，企业之所以遭遇刑事风险，很大情况下，与企业的业务模式及管理方式有着较大的关系。在出现刑事风险后，企业应当尽快调查现有的业务模式及管理方式。在一些非法吸收公众存款案及传销案件中，改变传统的业务模式及管理方式是具有重要意义的。如上文所述，在出现刑事风险后，律师对甲网络公司的管理方式进行了调查，堵塞了制度漏洞，以至于甲网络公司不可能再有引发帮助信息网络犯罪活动罪的刑事风险。但改变业务模式及管理方式，同样不是毁灭、伪造证据，对原有已经形成的客观证据，律师要避免教唆企业去毁灭证据，也不能教唆企业为了不受刑事处罚而伪造证据。

3. 建议企业积极减轻危害后果。在一些行为发生后，企业不能被动地等待侦查机关来追究刑事责任。律师在接受委托后，应当建议企业积极减轻危害后果。商事犯罪的许多罪名，是要具有一定的社会危害后果后，才能构成犯罪。如果企业具有一定的违法行为，甚至具有刑事犯罪嫌疑，也应当注意主动减轻社会危害后果，主动弥补受损的法益，并且力争将这些危害后果全部消除。在侦查机关进行立案前，主动减轻社会危害后果，即使最后仍然被立案，减轻社会危害后果的行为也能成为从轻处理的法定理由。在有些案件里，主动消除社会危害后果，完全可以达到最终防范刑事风险的目的。

4. 改正违法违规行为，及时制定、出台企业合规方案。最高人民检察院现正在试行合规不起诉政策。从最高人民检察院出台的这些政策来看，在企业出现刑事风险后，企业主动制定、出台合规方案，即使企业存在违法甚至是犯罪行为，同样可以达到减轻或免除刑事处罚的目的。合规方案的出台，意味着企业在主动改正以前的管理模式，以向检察机关表明不会再犯相关罪行为的决心，这也可能会取得检察机关的谅解，从而达到化解刑事风险的目的。

三、律师办理合规风险化解业务时的执业风险防范

律师在办理合规风险化解业务时，尤其是在办理刑事风险化解业务时，给律师自身带来的执业风险，要远远大于律师办理其他业务的风险。稍微不慎，律师自身可能会违规，甚至也有可能构成犯罪。因此，办理这类业务，

既要求律师具有丰富的执业经验，又要有高度的风险防范意识。整体来看，律师办理此类业务，防范执业风险，要注意以下几种事项：

1. 要树立严格依法依规承办合规风险化解业务的思想意识。律师办理合规风险化解业务，对于执业律师来说，风险非常高。如果稍有不慎，极易触犯刑事法律规定；有时即使没有触犯刑事法律，也极容易违反行业管理规定。因此，律师在承办此类业务时，一定要树立严格依法依规执业的思想意识。在给当事人出具每一份法律意见，提供每一条咨询意见时，要拧紧依法执业的弦。总之，在办理此类业务时，律师要大胆假设，小心求证，依法依规推进业务办理过程。

2. 要严格依法依规完善委托手续，约定清楚委托事项界限。合规风险化解业务，所涉事项比较繁杂，律师在承接此类业务时，宜与当事人约定清楚律师的工作范围，合理确定工作边界。同时，此类业务与其他法律业务相比，其结果是否最终能达到当事人满意的程度，是更加具有不确定性的。因此，律师宜与当事人事先签订好风险告知函。无论是承接业务时，还是在办理业务过程中，不对当事人随意承诺案件办理结果。委托手续齐全，避免在以后的履行过程中，当事人提出一些不合理的要求，更避免一些无理当事人因案件的最终结果不理想进而投诉律师。

3. 杜绝教唆当事人毁灭、伪造证据。在进行合规风险化解业务过程时，律师应当在现有的事实和证据的基础上，帮助当事人化解合规风险；而不是教唆或帮助当事人毁灭、伪造证据，进而帮助当事人规避法律的制裁。如果只是简单地毁灭、伪造证据，进而想让当事人免受刑事处罚，则不应当由专业律师处理这类业务，受过普法教育的一般人士都可以来处理此类事务。律师参与这类业务，就应当体现出律师的专业性。合规风险化解业务，是要求律师在依法依规基础上，帮助当事人化解这些合规风险。这就要求办理此类业务的律师充分发挥自己的专业能力，从法律上找到化解这类风险的方式方法，让当事人不遭受合规风险，更不应当让其给自己带来风险。保险的做法是，在办理此类业务时，对既有的事实和证据，律师自己不能去毁灭，同样也不能教唆当事人去毁灭。当然，有时为了让当事人不受刑事处罚，律师可以建议当事人去采取积极措施减轻危害结果，但一定要避免教唆当事人去伪造证据。如当事人在贷款过程中，可能提供了一些虚假文件，要让当事人避免触犯骗取贷款罪的刑事责任，在此种情况下，律师可以建议当事人尽早去全额偿还贷款，而不应当建议当事人采取各种办法去伪造某种文件，从而来证明提供的文件具有真实性。因为骗取贷款罪的一个重要构成要件是骗取行为，且给银行或其他金融机构造成重大损失，如果能够全额偿还贷款，没有给银行造成损失，司法实践中，一般不会追究其刑事责任。

第六节　担任合规监管人

2018 年 11 月国资委制定并发布了《中央企业合规管理指引（试行）》，2018 年 12 月 26 日国家发改委、外交部、商务部、人民银行、国资委、国家外汇管理局、中华全国工商业联合会等七部委联合发布了《企业境外经营合规管理指引》。同时，司法领域也积极倡导开展合规不起诉试点业务。重庆、深圳、无锡等地人民检察院均按合规不起诉思路办理过一些典型的合规不起诉案例。

为总结各地合规不起诉的经验，依法推进企业合规改革试点工作中建立起的涉案企业合规第三方监督评估机制，有效惩治并预防企业违法犯罪，服务保障经济社会高质量发展，助力推进国家治理体系和治理能力现代化，最高人民检察院、司法部、财政部、生态环境部、国资委、国家税务总局、国家市场监督管理总局、中华全国工商业联合会、中国国际贸易促进委员会于 2021 年 6 月 3 日研究制定了《关于建立涉案企业合规第三方监督评估机制的指导意见（试行）》。该指导意见引进了合规第三方监督评估组织（以下简称第三方组织）的概念。从该指导意见的内容来看，第三方组织主要由律师、注册会计师、税务师（注册税务师）等中介组织人员组成。按学界的称谓，这些人员统称为合规监管人。由于合规不起诉中，法律专业属性更强，因此，可以预测第三方组织组成人员将主要由律师担任。参与合规不起诉业务也将会成为律师业的新兴业务。正是由于这一业务领域具有较好的前景，因此，在律师界掀起了一股研究合规不起诉业务的热潮。其中担任合规监管人，将是合规不起诉业务中的一项重要子业务。由于合规不起诉业务是中国司法实践中刚刚引进的一种新制度，合规监管人到底有哪些职责，如何履行这些职责，这些内容正处于经验积累和理论探索过程之中。律师作为法律实践一线的执业群体，完全可以凭借自己的执业经验和理论知识，为这一制度的进一步完善，贡献自己的专业力量。结合现有的相关规定以及律师的执业特点，本节从实务角度对律师参与合规不起诉业务中的一些具体问题进行探讨，以期能为律师参与合规不起诉业务贡献一点浅见。

一、律师作为合规监管人的法定职责

从最高人民检察院、司法部、财政部、生态环境部、国资委、国家税务总局、国家市场监督管理总局、中华全国工商业联合会、中国国际贸易促进委员会2021年6月3日发布的《关于建立涉案企业合规第三方监督评估机制的指导意见（试行)》的内容来看，其中第11条、第12条、第13条，对合规监管人对涉案企业开展合规监督评估的职责，作出了明确规定。其中第11条主要规定合规监管人应督促涉案企业提交合规计划；第12条主要规定合规监管人应对合规计划进行审查，并确定合规考察期限，同时规定合规监管人在监管过程中应负责对涉案企业进行检查和评估；第13条规定合规监管人应向第三方机制管委会和人民检察院提交合规书面报告。具体来说，合规监管人的职责主要有如下几种：

1. 督促涉案企业提交合规计划。律师在被选择担任合规监管人之后，其首先应当要求涉案企业提交合规计划，并要求涉案企业承诺合规计划的完成时限。按《关于建立涉案企业合规第三方监督评估机制的指导意见（试行)》第11条的规定，涉案企业提交的合规计划，应当主要围绕与企业涉嫌犯罪有密切联系的企业内部治理结构、规章制度、人员管理等方面存在的问题，制定出的可行的合规管理规范。并能凭此计划，构建出有效的合规组织体系，健全合规风险防范报告机制，弥补企业制度建设和监督管理漏洞，能起到防止再次发生相同或者类似的违法犯罪的作用。向合规监管人提交合规计划，这是涉案企业正式进入合规监督评估机制的标志，是合规监管人履行后续的监管职责的基本依据。

2. 审查合规计划。律师作为合规监管人，在收到涉案企业的合规计划后，应当对其进行认真审查。按《关于建立涉案企业合规第三方监督评估机制的指导意见（试行）》第12条的规定，合规监管人对涉案企业合规计划进行审查时，应当从该计划的可行性、有效性与全面性方面进行审查。律师应当结合自己的执业经验，来判断这些计划是否可行、有效和全面。其判断依据应当是这些计划是否能帮助涉案企业建立合规文化，是否能真正帮助企业防止再次发生合规风险。如果涉案企业的合规计划存在问题，律师作为合规监管人有权向其提出修改完善的意见建议，直到涉案企业的合规计划达到要求。涉案企业提交有效的合规计划是十分重要的，这对于企业能否顺利完成整个合规监督评估程序，对于监管人后续继续履行监管职责，都十分重要。一份完善的合规计划，能为后续的合规整改节省出许多时间及精力。

3. 确定合规考察期限。律师作为合规监管人，待涉案企业的合规计划修改完善后，应当根据涉案企业的实际情况和涉案企业承诺履行的期限，确定出合规考察期限，然后向第三方机制管委会和人民检察院进行汇报。在确定期限时，不宜过长，也不宜太短。从检察院的试点情况来看，一般是6个月~1年的期限。这些期限，从合规企业文化的形成规律来看，均是过短的。美国的合规考察期限，有的时间长度达四五年之久。笔者认为，合规考察期限宜定于2年左右，这一期限既考虑了企业的成本，又考虑了企业合规文化的形成所需要实际时间。从《关于建立涉案企业合规第三方监督评估机制的指导意见（试行）》的精神来看，律师作为合规监管人，在确定合规考察期限时，在特殊情况下如果自行无法确定，完全可以与办案检察院进行沟通协商确定。

4. 对涉案企业进行检查和评估。确定了合规考察期限后，合规监管就正式进入对涉案企业的考察阶段了。这一阶段是合规方案履行的核心阶段。合规整改是否能成功，这一阶段起着至关重要的作用。律师作为合规监管人履行监管职责所花费的主要精力也主要在这一阶段。其主要工作内容是监督涉案企业落实合规计划的具体内容。按《关于建立涉案企业合规第三方监督评估机制的指导意见（试行）》第12条的规定，在合规考察期内，律师作为合规监管人可以定期或者不定期对涉案企业的合规计划履行情况进行检查和评估，可以要求涉案企业定期书面报告合规计划的执行情况。至于是否要求涉案企业提交关于合规计划履行情况的书面报告，以及多长时间及频率要求涉案企业提交关于合规计划履行情况的书面报告，律师完全可以根据企业的实际情况进行确定。律师应当将涉案企业的这些报告同时抄送负责办理案件的人民检察院。由于合规考察期跨度一般都较大，律师作为合规监管人，在合规考察期内，要注意相关档案的留存，要养成做工作记录的习惯。

5. 发现涉案企业有未被办案机关掌握的犯罪事实及新实施的犯罪行为时，及时向检察机关报告。《关于建立涉案企业合规第三方监督评估机制的指导意见（试行）》第 12 条明确规定，考察期内，第三方组织发现涉案企业或其人员尚未被办案机关掌握的犯罪事实或者新实施的犯罪行为，应当中止第三方监督评估程序，并向负责办理案件的人民检察院报告。因此，律师作为合规监管人在发现涉案企业有上述情形，应向负责办理案件的人民检察院报告，这是合规监管人的法定义务。

6. 提交合规考察书面报告。《关于建立涉案企业合规第三方监督评估机制的指导意见（试行）》第 13 条规定，第三方组织在合规考察期届满后，应当对涉案企业的合规计划完成情况进行全面检查、评估和考核，并制作合规考察书面报告，报送负责选任第三方组织的第三方机制管委会和负责办理案件的人民检察院。因此制作合规考察书面报告，是律师作为合规监管人的一项主要工作。书面报告应当对涉案企业的合规计划完成情况进行全面检查、评估和考核。有些情况下，当企业违反合规不起诉协议或多次违背合规计划时，涉案企业根本不可能达到合规整改的目的，合规监管人也可以建议提前结束考察期限。此时律师作为合规监管人同样要起草书面报告，在书面报告中要提出相关意见和建议。

二、律师作为合规监管人履职监管职责的主要方式

律师作为合规监管人，在考察期内如何确保涉案企业履行合规义务，如何确保合规计划能落地执行，以达到合规整改的目的，律师的工作方式方法起着重要作用。要使监督合规计划不折不扣地落实履行，律师在合规监管期内，可以采取个别谈话的方式，暗访的方式，或者通过公众举报的方式，来

督促涉案企业严格落实合规计划。

1. 个别谈话。律师作为合规监管人可以定期或不定期找企业各层级人员进行谈话，了解企业执行合规计划的情况。谈话对象不应当固定不变，应当包含企业各种层级人员。进行谈话前，应当围绕谈话目的提前设计谈话提纲。谈话应当随机进行，避免企业提前有所准备。

2. 暗访。律师作为合规监管人可以以业务对象、普通消费者或其他各种身份，对企业进行暗访。一般来说，暗访得到的信息应当会更为真实。通过暗访，可以让企业时时感受到监督的压力，最终让其自觉自愿地履行合规计划。也只有这样，才有可能让企业真正达到合规整改的目的。

3. 公众举报。律师作为合规监管人可以在一定范围内发动公众对涉案企业履行合规计划的情况进行举报监督，鼓励公众在发现企业不履行合规计划时，进行举报。举报既可以通过电话方式，也可以通过邮件方式，或者通过其他便利方式均无不可。

三、律师担任合规监管人的基本要求

担任合规监管人，这是律师未来的新兴业务领域。从现有的制度设计来看，律师能否被选择担任合规监管人，程序上是由第三方机制管委会和人民检察院来决定的。但最终是否能进入合规监管人名录，从事这一业务领域，这是由律师本身的业务素质决定的。律师的这些业务素质主要体现在以下几个方面：

1. 知识结构的要求。要进入合规监管人名录，律师应当熟悉《刑法》、《公司法》以及企业管理知识。在履行合规监管人职责过程中，时时需要运用上述知识。如果不具备《刑法》、《公司法》、企业管理方面的知识，是很难履行好监管职责的。

2. 执业经验的要求。担任合规监管人，律师应当具有一定的执业经验，尤其是刑事辩护经验。合规监管人，本质上是监督企业不再去从事某种犯罪行为。没有刑事辩护经验，是很难判断涉案企业是否在严格落实合规计划，很难判断企业是否会再次从事犯罪行为。

3. 职业道德要求。担任合规监管人，对律师来说，应当具备更高的职业道德。在整个合规整改期间，时间跨度较长，需要律师在整个期间，能一如既往地履职。如果仅仅注重报酬，是不会全心全意地履行监管职责的。只有将其当成律师应当承担的一种社会责任，才会自觉自愿地履行好合规监管人的各项职责。

4. 能抵制利益诱惑的要求。律师担任合规监管人，要守得住利益的诱惑，不得与被监管企业进行利益勾兑。在监管期间，或监管结束后一定期限内，自己或自己所在的律师事务所，要避免与被监管企业或监管企业的关联企业发生业务关系。未经第三方机制管委会和人民检察院的允许，不得从被监管企业取得各种形式的报酬。一旦律师与被监管企业有利益关系，最后出具的报告的可信度，就会大打折扣，合规整改的实质效果肯定也会大受影响。

下篇

重点行业刑事合规问题

第一章　建设工程行业刑事合规实务指引

第二章　房地产行业刑事合规实务指引

第三章　互联网行业刑事合规实务指引

第四章　食药行业刑事合规实务指引

第五章　金融行业刑事合规实务指引

第六章　物流、运输行业刑事合规实务指引

第七章　教育培训行业刑事合规实务指引

第八章　危废行业刑事合规实务指引

第九章　住宿餐饮业刑事合规实务指引

第十章　医美行业刑事合规实务指引

第一章
建设工程行业刑事合规实务指引

第一节 建设工程行业概述

一、建设工程行业背景

建设工程是指建筑工程、线路管道和设备安装工程、建筑装饰装修工程等工程项目的新建、扩建和改建，是形成固定资产的基本生产过程及与之相关的其他建设工作总称。中国建设工程产业链的参与主体丰富，建筑业产业关联度高，就业容量大，是很多产业赖以发展的基础性行业。建筑业与整个国家经济的发展、人民生活的改善有着密切的关系，与固定资产投资密切相关。按照项目的生命周期，可以把建筑业分为上游、中游和下游三个环节。上游从事工程的勘察、设计、项目管理、招标代理、工程咨询、原材料供应等；中游从事工程的施工；下游从事工程检验检测、维护维修和运营等。

建设工程涉及建筑业、房地产业和市政公用事业等行业。市政、住宅、铁路、公路、机场、港口、邮电、通信、电站、矿山、冶金、石油、有色金属、化工、核工业等领域的基础及配套设施建设均离不开建设工程。各级政府部门、司法机关、军事机关以及其他单位均不同程度地需要工程建设。工程建设往往需要消耗大量的生产资料，尤其是土地和资金。建设工程涉及的部门不仅仅是项目法人单位，往往还涉及规划、设计、勘察、施工、监理、环保、卫生等多重职能管理部门及中介性机构。建设工程行业除了自身系国民经济支柱行业之外，还有诸多重要的上下游关联产业，诸如土地、建筑材料、安装装修、水电暖、消防工程、人防工程等行业或部门。因此，建设工程的合规有助于关联产业的健康有序发展。

随着我国经济的快速发展以及人们对于房产建筑的刚性需求，我国建筑行业总产值逐年上升，从2015年的18.08万亿元增长至2019年的24.84万亿元，复合年增长率为8.27%；2020年全国建筑业总产值达到26.4亿元，同比增长6.28%，占国内生产总值25.88%。[①] 与此同时，在农民工总量2亿多人中，建设工程业吸纳的农民工就业也占总量的20%左右。总而言之，建设工程无处不在，无所不包，关系到社会生活的方方面面，对于国民就业安全及社会经济整体的良性运转至关重要。

建设工程行业往往具有投资金额巨大、利润丰厚的特点，因而也是刑事犯罪的高发、频发领域。在建设工程的项目审批、勘察设计、工程施工、价款结算等多个方面，受贿、行贿、贪污、滥用职权、串通投标、重大安全责任事故、拒不支付劳动报酬等犯罪时有发生。一旦出现刑事犯罪，企业及其从业人员不仅会受到巨大经济损失，也会受到刑罚的严惩。因此，对建设工程领域的刑事案件进行归类总结，做好刑事风险的预防尤为重要。

一直以来，建设工程领域法律问题的关注主要集中在民商事领域，很少有人重视建设工程行业的刑事问题。建设工程领域的民商事案件即便争议较大、情节复杂，但是基本上观点较为成熟，在实务层面也形成了类型化的处理方式。最高人民法院于2005年和2019年颁布了两个关于审理建设工程施工合同纠纷的司法解释，各省高院也总结了不少解决建设工程施工合同纠纷的经验，形成了一系列的办案指南。然而，对于建设工程单位及其负责人而言，很少有认为自身会承担刑事风险，他们认为即便自身违规操作但不至于遭受刑责。然而，建设工程领域一旦出现刑事犯罪，不仅是主要负责人遭受刑罚，单位的信用记录及未来竞标、生产经营均会遭受不利影响。因此，对建设工程领域的刑事案件做必要了解，对刑事风险作全面预防尤为必要。建设工程单位及人员应提高“事前预防”的意识，找到“事前预防”的方法，加强企业刑事风险的管理，做好企业刑事风险的防控。

---

① 参见《政策推动发展　我国建筑行业总产值稳步攀升》，载微信公众号“观研天下”2021年4月22日，https：//mp. weixin. qq. com/s/VqYgVo70VrjWvxsORoUWZA。

二、建设工程行业高发刑事风险

近年来，建设工程领域犯罪高发，职务类犯罪数量最多，以受贿罪、贪污罪、滥用职权罪、非国家工作人员受贿罪、职务侵占罪等为主，集中发生于工程立项、融资、招标投标、结算环节等重大项目建设和项目资金使用领域，60%以上的职务犯罪案件都涉及建设工程领域。拒不支付劳动报酬罪、重大责任事故罪、工程重大安全事故罪、重大劳动安全事故罪亦是高发罪名，国家通过设置诸多罪名应对安全事故，就是希望通过系统的威慑手段强化相关人员的责任，从而达到一般预防与特殊预防的效果。伪造公司、企业、事业单位、人民团体印章罪，伪造、变造、买卖国家机关公文、证件、印章罪多发，说明一些施工单位为了签单、赶工期、增加净利润，造假行为时有发生。串通投标罪仍然常见，招标投标程序在设计上总是有所疏漏、缺少真正的监管。合同诈骗行为、非法占用农用地行为也都时有发生。说明了建设工程领域涉及的利益大、工程周期长、环节多、程序繁复，通过合同诈骗财物现象多，建设工程容易触犯国家土地红线，农用地划转手续不完整，存在建筑企业非法操作现象。还有很多共性犯罪在建设行业也都存在，特别是建设工程行业所涉的罪名中，单位犯罪与个人犯罪基本持平，因此，建设工程相关企业更要加强防范。

（一）建设工程领域刑事案件特点

建设工程领域刑事案件特点：（1）案件涉及面广。在建设工程行业，每个建筑项目，从承揽工程到工程竣工，不仅有较长时间的跨度，而且犯罪涉及的单位和个人众多。（2）作案环节多。一个工程建设项目的完成少则几个月，多则几年，工期长，投资大，犯罪环节多，机会多。从项目审批到土地征用，从工程预算到图纸设计，从工程招标到办理工程签证，从设备选购到质量监督，从工程款结算到工程验收等诸多环节，都客观地存在犯罪产生的土壤和条件，稍有不慎，就容易涉嫌犯罪。（3）权钱交易突出。在建设工程领域，建筑商及相关部门和人员进行权钱交易，建立利益共同体的现象尤为突出。

（二）建设工程企业刑事犯罪的重点对象

大量建设工程企业或多或少都存在或遭遇刑事犯罪案件，以某特级资质企业为例，某年度案发的刑事案件中挪用资金罪、（单位）行贿罪和伪造印章罪，三项罪名合计占比高达79%，属于多发的刑事案件，另外职务侵占罪、拒不支付劳动报酬罪等案件在施工企业中也不鲜见，因此要对上述犯罪行为进行重点预防。项目承包人或项目经理成为建设工程企业刑事案件的主要人员，其他岗位人员的案发率虽然不高，但是一旦出现问题也会给建设工程企业带来重大损失。因此项目经理和财务人员等要成为建设工程企业防控刑事犯罪的重点对象。

项目经理往往参与业务承接、班组管理、材料采购等内部管理和外部对接工作，在项目部人员配备上有较大的人事权，在项目资金使用上有较大的支配权，在项目管理上有较大的管理权，使因项目经理引发的（单位）行贿罪、挪用资金罪、伪造印章罪等刑事案件呈高发多发态势。项目经理的具体犯罪行为体现在以下方面：（1）使用违法手段承接业务。有些项目经理仍然排斥通过市场竞争的方法去争取项目，而一味沿用固有思维靠走关系、输送利益拿项目，殊不知现在国家对反腐一直保持着高压态势，重点项目和人员都已纳入了监督视线，其不法行为很可能被认定为行贿罪甚至牵连建设工程企业被认定为（单位）行贿罪的主体。（2）擅自对外签订采购等合同。项目经理一般在行业内有一些经常合作的供应商，双方之间彼此较为了解和信任，项目经理嫌建设工程企业审批流程麻烦，往往自作主张同供应商签订采购、租赁等合同，甚至事先不签合同，等需要支付款项时才办理补签合同的手续。有的项目经理还可能采取签订合同的方式侵害建设工程企业的财产。（3）擅自收取劳务班组等的保证金、礼金。有的施工合同对工程款支付约定过于苛刻，有些还需要交纳履约保证金，项目经理在自有资金不足的情况下，很有可能向劳务班组或分包商收取保证金或以项目部名义借款，有时还会收取礼品、礼金。项目经理明知这些行为违反建设工程企业的管理制度甚至国家法律，却隐瞒不报，收款不入账，丧失偿付能力后为了逃避债务往往下落不明，很可能构成职务侵占罪或非国家工作人员受贿罪。（4）司法实践中易认定项目经理的行为成立表见代理。项目经理在擅自对外签订合同、收取保证金、借款、结算等民事活动过程中，往往以项目部名义或建设工程企业的名义进行，各地法院和仲裁机构在工作实践中，对于权利外观的形成往往忽视建设工程企业是否存在过错，以及相对方是否达到一般理性商业主体应尽的注意义务这两项判断标准，非常宽泛地认定项目经理的行为构成表见代理，使建设工程企业被迫承担民事责任，甚至可能承担拒绝不执行判决、裁定犯罪，拒不支付劳动报酬罪等刑事法律责任。

（三）建设工程企业分公司管理刑事风险

当前，有相当比例的建设工程企业对下属分支机构采取简单的内部承包责任制的做法。分公司虽然无自己的章程，不具有独立的法人资格，但总公司为了实现分公司的独立核算和责任制，往往下放给分公司较大的项目承接、项目管理、资金管理、人事管理等权限。有些分公司为应付总公司的监督，隐瞒、伪造相关数据和材料。分公司这种脱离监管的行为，可能诱发串通投票罪、项目经理职务类犯罪。其具体的诱因如下：（1）分公司有独立的缔约能力，缔约风险难把控。实践中不少分公司具备独立参加某些项目的投标、签订合同的能力，有些分公司为了完成业绩指标采取围标、串通投标等不法行为，有些则不顾工期、付款、违约责任等条款的严苛独断专行地缔约，极易造成项目亏损，构成拒不支付劳动报酬罪、挪用资金罪等。（2）有独立的资金账号，资金风险易形成。分公司进行独立核算后，往往具有独立的银行资金账号，如项目经理与分公司负责人关系较好，分公司负责人可能会不严格执行总公司关于资金管控的相关制度，给予项目经理借款或超支，而有些项目经理会同时进行两个以上的项目进而产生资金混用，一旦某个项目亏损，项目经理就会丧失偿付能力形成风险资产，这种行为容易构成挪用资金罪。（3）有相对独立的人事权，易造成管理脱节。分公司在生产管理人员的选聘上有相对独立的人事权，有的分公司除财务岗位外，具有完全的人事权可以确定分工、考核、定薪、选聘、解聘等事项，易形成只听领导不管制度的不良氛围，使总公司对分公司的管控力度被削弱。项目产值、进度、质量、外欠款、风险资产等信息往往经过粉饰、加工后上报总公司，有的甚至“报喜不报忧”致使总公司对分公司的经营情况了解得不真实、不全面、不深入，错失对刑事犯罪案件早发现、早预防、早应对的良机。（4）分公司的民事、刑事责任由总公司承担。由于分公司具有相对独立的经营权限，特别是分公司负责人如果合法合规意识不强，容易出现经营秩序混乱的现象，如制度宣贯不到位；印章管理不规范；项目经理乱引进、乱授权；项目、合同评审走过场；项目过程资料缺失不全等。更有甚者欺上瞒下，利用建设工程企业的品牌、资质、资金、技术等资源与项目经理串通一气进行项目联营。这些因素均可能诱发民事、刑事案件，但分公司不具备独立的法人资格，因此责任均需由总公司承担。

（四）企业财务风险管控制度存在漏洞

在多层级设立下属机构或派出机构的建设工程企业，为加强对资金的管控，对下属机构的财务人员往往是直接下派和管理，因此下属机构的负责人对财务工作不敢管也不想管，某些财务人员利用人员变动的机会，会计、出纳一肩挑，以办事为借口财务章、法人章、行政公章一手掌控，甚至通过收款不入账、擅自更改银行记录等手段逃避总公司监管，实施职务侵占的犯罪行为，给建设工程企业造成特别重大的损失。

（五）刑事犯罪案件给建设工程企业带来的危害

（1）严重阻碍项目顺利推进。一旦项目经理因行贿、挪用资金、伪造印章、拒执等违法行为被采取强制措施，必然会影响班组、供应商、分包商等费用的结算和支付，如果矛盾升级还可能导致停工、找业主维权、上访、停止供货等问题，因此建设工程企业在主动进行刑事追责控告报案前，需要对项目的顺利推进、对企业的不利影响等方面进行全面的分析与评估。（2）造成特别巨大的直接经济损失。一个财务人员、一个刑事案件就可以给建设工程企业造成几百万元、上千万元甚至上亿元的直接经济损失，这些都是建设工程企业的纯利润，需要花费很大的人力、物力、时间才得以积累起来的。（3）造成不可预计的间接经济损失。巨额资金的直接损失还会使某些企业流动性资金不足，可能需要融资从而增加了财务成本，或者导致不能参与某些重大项目的投标，失去承接项目的机会，降低市场占有率。（4）损害建设工程企业的社会评价和品牌价值。现在国家征信系统日趋完善，犯罪记录对评优评奖、银行贷款等方面均会产生不利影响。况且现在属于自媒体时代，有些资讯经过编辑加工会很快在地域性或行业性的范围内传播，把某些不好的点无限放大，甚至影响整个建设工程企业的品牌价值。

（六）防范建设工程领域刑事犯罪存在的问题

（1）伪造印章行为使刑民交叉案件多发，存在管辖难的问题。虽然伪造公司、企业、事业单位、人民团体印章罪属于妨害社会管理秩序罪的范畴，但伪造印章往往是为了获取非法利益，有些涉嫌犯罪的项目经理在经济合同、收货、结算凭证中使用伪造的印章。一般而言，建设工程企业是在贷款、劳务费、借款纠纷等民事案件中发现印章有伪造的嫌疑，进而通过鉴定来确认项目经理存在伪造印章的行为。可以说伪造印章的行为是刑民案件交叉的一个重要因素，为了实现非法获利的目的，伪造印章罪通常与合同诈骗罪、虚假诉讼罪一同出现。鉴于伪造印章行为在刑事立案侦查与民事审判程序以及此罪与彼罪关系中的重要作用，以及在经济活动中具有普遍性的特点其应当引起高度重视，但令人遗憾的是该罪的管辖问题至今尚无明确定论。在司法实践中，建设工程企业对项目经理伪造印章的行为提出控告，应当到伪造公章行为地的公安机关立案，但当项目经理不主动供述伪造行为，建设工程企业作为被害人是很难知晓的，若按照行为结果发生地让建设工程企业注册地的公安机关管辖则有些勉强，因此陷入两难的境地。另外，关于伪造建设工程企业项目部印章的行为是否符合伪造企业印章罪的客体要件，在司法实践中还存在争议。伪造项目部印章的行为在工程行业具有普遍性，其社会危害性也是显而易见的，要么涉及失信违约的赔偿损失，要么涉及公私财物被侵占、诈骗，损害后果严重，该行为符合构成妨害社会管理秩序罪的条件，司法实践中也有许多将伪造项目部印章的行为认定为犯罪的判例。但有些地方仍然认为项目部印章要经过公安备案，才符合伪造公司印章罪的客体要件，这种把行政管理的要求作为刑事犯罪构成要件的做法，违反了法的位阶原则，不符合《刑法》文理解释和目的解释的要求。为了维护社会秩序，统一法律适用的标准，由司法机关、立法机关出台相关司法解释也是有必要的。(2) 项目经理职务犯罪主体、客体认定标准实践仍不统一。①犯罪主体认定实践方面不符合工程实际，有些司法机关在立案审查过程中对犯罪主体要求过高，比如，除要求提供劳动合同外，还要求提供缴纳社保、工资发放的凭据，但在当前的工程承包实践中，项目经理通常不会只在一家建设工程企业承接业务，而基于现有的社保制度，一个人拥有一个社保账号，那么就必然出现不能缴纳社保的情况。至于工资发放问题，在内部承包责任制模式下，公司提供管理、资金和技术支持，项目经理自负盈亏，发放工资就没有实际意义，所以实务中也鲜有建设工程企业给项目经理发工资的，即便有那也无非是为了应付检查而造出的工资表或是相应地提高管理费而已。上述实际情形均导致犯罪主体认定上存在困难。②犯罪客体认定实践方面不符合工程实际。第一，不能简单地认定办理过借款就不能成为相关犯罪客体。在项目经理犯挪用资金罪、职务侵占罪的客体认定上，目前有一种观点认为如果项目经理在建设工程企业办理了借款，建设工程企业不能既收取工程款又要项目经理归还借款，故原则上不能认为职务类犯罪。事实上，施工企业和项目经理按约结算与项目经理向建设工程企业借款是两个独立的法律关系，可以通过结算支付和归还借款或通过主张抵销使债权债务消灭。借款额度范围外的当然可能成为职务犯罪的客体，借款额度范围内的如果没有按照建设工程企业内部的借款手续和审批流程办理，只经过无审批权限的人同意或串通的，应认为不是建设工程企业的真实意思表示，给予办理借款的人员还可能成为职务侵占罪、挪用资金罪的共犯。更何况，2019 年 10 月最高人民法院、最高人民检察院、公安部、司法部联合发布了《关于办理非法放贷刑事案件若干问题的意见》，该意见规定：违反国家规定，未经监管部门批准，或者超越经营范围，以营利为目的，经常性地向社会不特定对象发放贷款，扰乱金融市场秩序，情节严重的，依照《刑法》第 225 条第 4 项的规定，以非法经营罪定罪处罚。上述规定中的“经常性地向社会不特定对象发放贷款”是指 2 年内向不特定多人（包括单位和个人）以借款或其他名义出借资金 10 次以上。贷款到期后延长还款期限的，发放贷款次数按照 1 次计算。因此，新形势下提供借款本身已成为建设工程企业的大风险，广大企业对此不可能不加以考虑。第二，不能简单地认定未结算或垫资的工程款不能成为犯罪客体。有的观点认为，未经结算项目是盈是亏还不清楚，如果项目是盈利的那么盈利部分扣除施工企业的管理费后就属于项目经理，项目经理垫资款本来就属于他自己，因此认定未结算和垫资部分资金不能成为项目经理职务犯罪的客体。这种观点值得商榷。要认定职务侵占罪和挪用资金罪的关键之一是确定客体是否为单位财物，项目经理的垫资款可视为建设工程企业向项目经理的借款，该借款最终通过结算来冲抵，即建设工程企业拥有所有权而项目经理拥有债权。而且根据民法的处分原则，如内部承包协议约定“未与建设方竣工结算，建筑企业与项目经理之间工程项目内部结算前，建设单位提供的资金、材料等一切工程资金均为公司所有，任何人不得采用非法手段占有、挪用”则权利义务更加明确。因此，即使项目结算后按约定需要支付给项目经理的盈利部分或垫资范围内可能要退给项目经理的资金，属于项目经理的债权，项目经理也要通过对方自愿履行或通过诉讼、执行等合法方式取得，否则可能构成犯罪。换言之，建设工程企业如与项目经理存在管理费或项目利润分配纠纷，项目经理即使证明建设工程企业需支付项目利润或退还垫付资金，也不能擅自采取拖走项目部材料变卖后据为己有的行为，否则可能会构成盗窃罪或职务侵占罪。（3）实践中常有内外勾结的情形，存在证据收集难的问题。建设工程企业经常在与劳务班组、材料供应商、设备租赁商等诉讼中，发现伪造印章、合同诈骗等犯罪行为。这种犯罪很多时候是分供方与项目经理或项目部采购人员串通导致。如通过合同诈骗的形式意图非法占有建设工程企业财产的情形，更为普遍的是合同的成立和生效是合法的，但分供方和项目经理或项目部采购人员串通，通过提供虚假供货单、结算单的手段意图非法占有建设工程企业的财产，这一种犯罪形式，情况更为普遍、手段更为隐蔽、举证更为困难。因项目金额往往巨大，相差几十万元甚至上百万元不一定能通过鉴定准确反映，加之建设工程企业往往同时有多个项目在施工，供应商可能辩称货物已交付建设工程企业，至于用到何处难以确定。项目经理或项目部采购人员因涉嫌职务侵占罪或诈骗罪（共犯），其本身不太可能向建设工程企业如实陈述事实情况，因此建设工程企业很难证明存在犯罪事实，导致立案难。建设工程企业即使说服项目经理或项目部采购人员如实陈述事实情况，如只有口供无其他证据印证也很难判定存在犯罪事实，导致入罪难。

因此，加大建设工程企业风控与内控工作力度，注重事前、事中预防管控。除了立法司法等外在保障以外，建设工程企业自身的防控更是不可或缺！对于具备一定规模的建设工程企业来说，一般都有较为系统的管理制度，如针对项目经理的聘任，需要对其项目管理经验、资金情况、诚信情况等进行调查评估民主决策，但有些负责人为了完成产值或碍于情面，没有按照要求进行客观公正的评价便选择毫无项目管理经验且自有资金严重不足的项目经理，可想而知这极有可能导致项目亏损，引发挪用资金，拒不执行判决、裁定等犯罪行为。如果把建设工程企业风险管控制度流程的出台和完善比作国家立法，那么制度的执行也可以比作国家执法，如果有法不依、执法不严必将导致管理秩序的混乱，种下恶果。对于中小型建设工程企业而言，需要多加学习总结，丰富借力思维，多请教专业人员，有条件的可以聘请专业机构加强风险管控工作尤其是内控，少走弯路，提高效果和效益。在法律适用标准不统一、内部承包制不能马上摒弃的情况下，建设工程企业应当分析案件成因、完善制度、提高执行力，加强对项目经理、分公司、财务人员等监管力度，使建设工程企业在合法合规的轨道上持续健康地发展，从而最终有利于整个工程行业的发展。

第二节　建设工程行业高发罪名

一、单位行贿罪

（一）罪名介绍

法条依据：《刑法》第393条　单位为谋取不正当利益而行贿，或者违反国家规定，给予国家工作人员以回扣、手续费，情节严重的，对单位判处罚金，并对其直接负责的主管人员和其他直接责任人员，处五年以下有期徒刑或者拘役，并处罚金。因行贿取得的违法所得归个人所有的，依照本法第三百八十九条、第三百九十条的规定定罪处罚。

相关司法解释：《最高人民检察院关于人民检察院直接受理立案侦查案件立案标准的规定（试行）》　对单位行贿罪是指为谋取不正当利益，给予国家机关、国有公司、企业、事业单位、人民团体以财物，或者在经济往来中，违反国家规定，给予上述单位各种名义的回扣、手续费的行为。

涉嫌下列情形之一的，应予立案：

1. 个人行贿数额在10万元以上、单位行贿数额在20万元以上的；

2. 个人行贿数额不满10万元、单位行贿数额在10万元以上不满20万元，但具有下列情形之一的：

（1）为谋取非法利益而行贿的；

（2）向3个以上单位行贿的；

（3）向党政机关、司法机关、行政执法机关行贿的；

（4）致使国家或者社会利益遭受重大损失的。

犯罪构成：

犯罪主体，单位行贿罪的主体是单位，所谓“单位”，包括公司、企业、事业单位、机关、团体。与单位受贿罪不同，单位行贿罪的“单位”并不仅仅局限于国有公司、企业、事业单位、机关、团体，还包括集体所有制企业、中外合作企业、有限公司、外资公司、私营公司，等等。

主观方面，本罪在主观方面表现为直接故意。

犯罪客体，单位行贿罪侵犯的客体，主要是国家机关、公司、企业、事业单位和团体的正常管理活动和职能活动及声誉。该罪的犯罪对象是财物。该财物一般是公司、企业、事业单位、机关、团体的财物，而非某个人的财物。同时，也包括一些具有财产性质的利益。

客观方面，单位行贿罪在客观方面表现为公司、企业、事业单位、机关、团体，为了谋取不正当利益，给予国家工作人员以财物，数额较大的，或者违反国家规定，给予上述人员以“回扣”“手续费”，情节严重的行为。

常见情形：

司法实践中常见的单位行贿行为主要有：（1）经单位研究决定的由有关人员实施的行贿行为；（2）经单位主管人员批准，由有关人员实施的行贿行为；（3）单位主管人员以法定代表人的身份实施的行贿行为。需要指出的是，根据《刑法》的有关规定，行贿行为的违法所得必须归单位所有，如果归个人所有，应以自然人的行贿罪论处。《最高人民法院关于审理单位犯罪案件具体应用法律有关问题的解释》第2、3条分别规定：个人为进行违法犯罪活动而设立的公司、企业、事业单位实施犯罪的，或者公司、企业、事业单位设立后，以实施犯罪为主要活动的，不以单位犯罪论处；盗用单位名义实施犯罪，违法所得由实施犯罪的个人私分的，依照《刑法》有关自然人犯罪的规定定罪处罚。

（二）典型案例

宣威市某建筑工程有限公司、徐某单位行贿案

【基本案情】

2007～2012年，被告单位为谋取竞争优势、顺利承揽工程及结算款项等，请李某帮忙协调承揽土地开发复垦整理项目、“326”国道道路改建工程1标段、胜峰路新建道路排洪通道、宣威市国家粮食库基建、宣威市人民医院基建、富源县体育中心等工程和曲靖市环东路改造工程款的款项支付。为感谢李某为该公司承揽工程、拨付工程款谋取利益给予的帮助，宣威某建筑工程公司实际控制人即被告人徐某先后13次送给李某共计人民币1327万元。另查明，2013年3月被告人徐某以资金周转困难为由，让李某退还了人民币600万元。2014年10月16日，被告人徐某向云南省人民检察院上交人民币470.4万元。

【裁判结果】

法院认为，被告单位宣威市某建筑工程有限公司违背工程招标投标的公平、公正原则，为谋取竞争优势上的不正当利益，由单位实际控制人决定向国家工作人员行贿，情节严重，其行为构成单位行贿罪；被告人徐某作为宣威某公司实际控制人和直接责任人，实施上述行为，其行为构成单位行贿罪。被告人徐某案发后主动上缴部分涉案赃款，可酌情对其从轻处罚。具体判决如下：

1. 被告单位宣威市某建筑有限公司犯单位行贿罪，判处罚金人民币300

万元（罚金限判决生效之日缴纳）。

2. 被告人徐某犯单位行贿罪，判处有期徒刑 3 年 6 个月。

二、单位受贿罪

（一）罪名介绍

法条依据：《刑法》第 387 条　国家机关、国有公司、企业、事业单位、人民团体，索取、非法收受他人财物，为他人谋取利益，情节严重的，对单位判处罚金，并对其直接负责的主管人员和其他直接责任人员，处五年以下有期徒刑或者拘役。前款所列单位，在经济往来中，在账外暗中收受各种名义的回扣、手续费的，以受贿论，依照前款的规定处罚。

相关司法解释：《最高人民检察院关于人民检察院直接受理立案侦查案件立案标准的规定（试行）》　索取他人财物或者非法收受他人财物，必须同时具备为他人谋取利益的条件，且是情节严重的行为，才能构成单位受贿罪。国家机关、国有公司、企业、事业单位、人民团体，在经济往来中，在账外暗中收受各种名义的回扣、手续费的，以单位受贿罪追究刑事责任。

涉嫌下列情形之一的，应予立案：

1. 单位受贿数额在 10 万元以上的；

2. 单位受贿数额不满 10 万元，但具有下列情形之一的：

（1）故意刁难、要挟有关单位、个人，造成恶劣影响的；

（2）强行索取财物的；

（3）致使国家或者社会利益遭受重大损失的。

犯罪构成：

犯罪主体，本罪的犯罪主体有些特殊，不同于一般犯罪的自然人，本罪只能由国有单位构成。它包括：国家机关、国有公司、企业、事业单位、人民团体。集体经济组织、中外合资企业、中外合作企业、外商独资企业和私营企业，不能成为单位受贿罪的主体。

主观方面，本罪是单位犯罪，在主观方面表现为直接故意。即国有公司、企业、事业单位、机关、团体具有索取或者收受贿赂，为他人谋取利益的动机、目的。单位受贿罪的这种故意，是经单位决策机构的授权或同意，由其直接负责的主管人员和其他责任人员故意收受或索取贿赂的行为表现出来的，是法人整体意志的体现。另外，单位受贿罪中自然人罪名的确定依单位受贿罪罪名确定。

犯罪客体，本罪侵犯的主要是国有单位正常管理活动和声誉。

客观方面，本罪表现为索取、非法收受他人财物，为他人谋取利益，情节严重的行为。

界定标准：

（1）单位受贿罪的主体仅限于国家机关、国有公司、企业、事业单位和人民团体，其他非国有性质的单位不能构成本罪。

（2）国有机关、国有公司、企业、事业单位、人民团体在账外暗中收受各种名义的回扣、手续费的，才能视为非法行为，否则，上述单位接受折扣，在账中明列，并不能以单位受贿罪论处。

（3）单位受贿只有情节严重的才能以犯罪论处，否则，只能视为一般违法、违纪行为。

（二）典型案例

吕某某单位受贿案

【基本案情】

2014 年，被告人吕某某在担任承德市双峰寺水库工程建设管理局副局长期间，以单位名义向承建双峰寺水库大坝主体工程的中国水利水电第十六工程局有限公司承德双峰寺水库项目部索要人民币 20 万元，用于偿还单位食堂外欠账。

2015 年，被告人吕某某在担任承德市双峰寺水库工程建设管理局副局长期间，以单位名义向承建双峰寺水库大坝主体工程的中国水利水电第十六工程局有限公司承德双峰寺水库项目部索要人民币 17 万元，用于偿还以程某某、陈某某、穆某某、高某某为名义的借款。

综上，单位受贿数额总计 37 万元。

【裁判结果】

法院认为，承德市双峰寺水库工程建设管理局索取他人财物，为他人谋取利益，情节严重，其行为已构成单位受贿罪，吕某某作为直接负责的主管人员，应依法承担刑事责任。

承德市双峰寺水库工程建设管理局在原审中对检察机关起诉书指控的犯罪事实及罪名无异议，并自愿认罪。其辩护人在一审辩护中即提出与上诉理由相同的观点，称涉案款属借款性质，且系吕某某其个人行为。该理由与本案事实不符。吕某某供述以及办公室主任程某某、食堂管理人员纪某某、出纳高某某、司机穆某某、水政科科长陈某某、中国水利水电第十六工程局承德市双峰寺水库项目部邓某某、廖某某、薛某某、翁某某、朱某某等证人的证言证实，吕某某代表单位向承德市双峰寺水库项目部索取款项，并用于偿还本单位食堂外欠账及处理单位职工公出费用，该行为系单位行为，应定单位受贿，上诉称系吕某某个人行为、与单位无关的理由，与事实不符。原一审辩护意见及二审上诉意见均提出，经市纪委与市检察院调查，已确认该笔款项属借款性质，但在公诉机关提供的证据中，无相关材料，辩护人也未向原审法院和二审法院提供相关证据材料，因此，上诉理由没有事实依据，其理由二审法院不予采纳。具体判决如下：

1. 被告单位承德市双峰寺水库工程建设管理局犯单位受贿罪，判处罚金人民币 37 万元；追缴被告单位承德市双峰寺水库工程建设管理局违法所得人民币 37 万元；

2. 吕某某犯单位受贿罪，判处有期徒刑 6 个月。

三、介绍贿赂罪

（一）罪名介绍

法条依据：《刑法》第 392 条　向国家工作人员介绍贿赂，情节严重的，处三年以下有期徒刑或者拘役，并处罚金。介绍贿赂人在被追诉前主动交待介绍贿赂行为的，可以减轻处罚或者免除处罚。

《刑法》第 93 条　本法所称国家工作人员，是指国家机关中从事公务的人员。国有公司、企业、事业单位、人民团体中从事公务的人员和国家机关、国有公司、企业、事业单位委派到非国有公司、企业、事业单位、社会团体从事公务的人员，以及其他依照法律从事公务的人员，以国家工作人员论。

相关司法解释：《最高人民检察院关于人民检察院直接受理立案侦查案件立案标准的规定（试行）》　介绍贿赂罪是指向国家工作人员介绍贿赂，情节严重的行为。“介绍贿赂”是指在行贿人与受贿人之间沟通关系、撮合条件，使贿赂行为得以实现的行为。

涉嫌下列情形之一的，应予立案：

1. 介绍个人向国家工作人员行贿，数额在2万元以上的；介绍单位向国家工作人员行贿，数额在20万元以上的；

2. 介绍贿赂数额不满上述标准，但具有下列情形之一的：

（1）为使行贿人获取非法利益而介绍贿赂的；

（2）3次以上或者为3人以上介绍贿赂的；

（3）向党政领导、司法工作人员、行政执法人员介绍贿赂的；

（4）致使国家或者社会利益遭受重大损失的。

《最高人民法院、最高人民检察院关于在办理受贿犯罪大要案的同时要严肃查处严重行贿犯罪分子的通知》　在查处严重行贿、介绍贿赂犯罪案件中，既要坚持从严惩处的方针，又要注意体现政策。行贿人、介绍贿赂人具有刑法第三百九十条第二款、第三百九十二条第二款规定的在被追诉前主动交代行贿、介绍贿赂犯罪情节的，依法分别可以减轻或者免除处罚；行贿人、介绍贿赂人在被追诉后如实交待行贿、介绍贿赂行为的，也可以酌情从轻处罚。

犯罪构成：

犯罪主体，本罪主体为一般主体。

主观方面，本罪在主观方面表现为直接故意，即行为人明知自己撮合的是行贿、受贿行为而有意为之。一般都具有从中谋取私利的目的，对于出自亲友关系，或者其他非物质利益的考虑，自愿介绍贿赂的，一般不影响本罪的成立。其中情节较轻，危害后果不严重的，可以不按犯罪论处。

犯罪客体，本罪的客体是国家工作人员，既不包括其他非国家工作人员，也不包括单位。

客观方面，本罪在客观方面表现为行为人在行贿人和受贿人之间实施沟通、撮合，促使行贿与受贿得以实现的行为，即为行贿受贿双方“穿针引线”，促使双方相识相通，代为联络，甚至传递贿赂物品，帮助双方完成行贿受贿的行为。介绍贿赂行为，只有情节严重的才构成犯罪。如果只是口头表明引见，并没有具体实施撮合行为，或者已经使行贿、受贿双方见面，由于某种原因，贿赂行为未进行的，均不能构成介绍贿赂罪。

常见情形：

根据介绍贿赂行为方式，介绍贿赂具体包括两种情形：

（1）介绍受贿，即按照受贿人的意图，为受贿人寻找索贿对象，居间介绍，向行贿人转达索贿人的要求，为国家工作人员介绍贿赂；

（2）介绍行贿，即接受行贿人的委托，为其物色行贿对象，疏通行贿渠道，引荐受贿人，转达行贿的信息，为行贿人转交贿赂物品，向受贿人传达行贿人的要求等。

（二）典型案例

万利建设有限公司、李某甲单位行贿，施某甲介绍贿赂案

【基本案情】

浙江万利建筑工程有限公司于1998年5月22日注册成立，被告人李某甲为该公司在内蒙古鄂尔多斯市第一分公司的负责人，该分公司没有工商注册登记。2011年年底，公司为获得鄂尔多斯市公安局下属单位鄂尔多斯市人民警察训练学校（以下简称警校）建筑工程的承包权，被告人李某甲在征得公司常务副总经理被告人何某甲的同意，允许其对相关方面人员进行打点的情况下，通过被告人施某甲向时任鄂尔多斯市公安局局长的王某某（另案处理）推荐，请托承建警校工程，要求王某某在工程招标过程中给予浙江万利建筑工程有限公司以帮助。其间，被告人施某甲多次在李某甲和王某某之间予以沟通、联系、撮合，并向王某某传递李某甲会给好处费的信息。2011年12月15日，警校工程开标前，李某甲在施某甲的帮助下，按照王某某的意思将李某甲给王某某的人民币300万元好处费，交给施某甲的弟弟施某乙放

贷。事后王某某在警校校长乔某某向其汇报警校工程招标事项时，示意乔某某给予浙江万利建筑工程有限公司特殊关照，意图使其中标。2012 年 1 月 9 日工程开标前，乔某某向同为评标委员会成员的鄂尔多斯市公安局装备财务处副处长路某说明了王某某的意思，亦让路某给予浙江万利建筑工程有限公司特殊关照，为其中标创造优势。随后的工程评标过程中，乔某某、路某均对浙江万利建筑工程有限公司倾向性地打出了高分，使浙江万利建筑工程有限公司中标。该工程至今尚未竣工，浙江万利建筑工程有限公司垫付工程款数千万元。2013 年 7 月 31 日浙江万利建筑工程有限公司变更登记为万利建设有限公司。

【裁判结果】

法院认为，被告单位万利建设有限公司在招投标活动中，违背公平原则，由被告人李某甲在征得公司副总经理被告人何某甲的同意下，给予国家工作人员财物以谋取竞争优势，属于谋取不正当利益，情节严重，被告单位万利建设有限公司，被告人李某甲、何某甲的行为均构成单位行贿罪。被告人施某甲向国家工作人员介绍贿赂，情节严重，其行为构成介绍贿赂罪。被告人何某甲代表被告万利建设有限公司主动到司法机关交待单位行贿行为时，主动交待自己知道的犯罪事实及自己在此案件中的作用，被告单位和何某甲的行为均构成自首，依法予以从轻处罚。被告人李某甲、施某甲案后能够如实供述犯罪，认罪态度尚好，亦予以从轻处罚。对被告人李某甲及何某甲的辩护人辩称涉案工程被告人并未实际获取利益，亦未给他人造成经济损失的辩护意见予以采纳。对被告人施某甲的辩护人辩称施某甲事先并不知道行受贿的具体金额，也未从中牟利以及积极参与社会慈善事业捐赠款物等辩护意见亦予以采纳。具体判决如下：

1. 被告单位万利建设有限公司犯单位行贿罪，判处罚金人民币 100 万元；

2. 被告人李某甲犯单位行贿罪，判处有期徒刑 1 年 4 个月；

3. 被告人何某甲犯单位行贿罪，判处有期徒刑 6 个月，缓刑 1 年；

4. 被告人施某甲犯介绍贿赂罪，判处拘役 6 个月，缓刑 1 年。

四、对非国家工作人员行贿罪

（一）罪名介绍

法条依据：《刑法》第14条　为谋取不正当利益，给予公司、企业或者其他单位的工作人员以财物，数额较大的，处三年以下有期徒刑或者拘役；数额巨大的，处三年以上十年以下有期徒刑，并处罚金。单位犯前款罪的，对单位判处罚金，并对其直接负责的主管人员和其他直接责任人员，依照前款的规定处罚。行贿人在被追诉前主动交待行贿行为的，可以减轻处罚或者免除处罚。

相关司法解释：《最高人民法院、最高人民检察院关于办理贪污贿赂刑事案件适用法律若干问题的解释》（以下简称《贪污贿赂案件解释》）第7条　为谋取不正当利益，向国家工作人员行贿，数额在三万元以上的，应当依照刑法第三百九十条的规定以行贿罪追究刑事责任。刑法第一百六十四条第一款规定的对非国家工作人员行贿罪中的“数额较大”“数额巨大”的数额起点，按照本解释第7条、第8条第1款关于行贿罪的数额标准规定的二倍执行。

犯罪构成：

犯罪主体，犯罪的主体是经营者，即从事商品经营、营利性服务等经济活动的法人、其他经济组织或者个人。合法经营者在法律上应受到平等保护，实施违法犯罪的主体要受到平等地制裁打击，不能区别对待，宽严不一。

主观方面，犯罪的主观方面均为故意。其目的是谋取不正当利益，此处的谋利，不同于经济活动中依法经营，获取的正当利益，而是牟取暴利、追求不正当的高额经济利润。就行贿方而言，旨在通过对公司、企业人员行贿谋取高于其提供的商品、劳务服务所应得的公平利润，其动机还可能是为了垄断市场、排除竞争对手，最终进行垄断经营，牟取暴利。

犯罪客体，该罪侵犯的是复杂客体，即公司、企业的正常管理秩序和市场竞争秩序。对公司、企业人员行贿行为则违背诚实信用、公然抢走生意，严重挫伤合法经营者的积极性，使市场竞争营业处于混乱无序的状态。在司法实践中以行贿罪认定和处理这些问题，囿于主体的公职身份、客观上利用职务之便要求的局限，难免存在困难偏差，出现打击盲点。随着公务员制度建立完善，国家工作人员直接以权谋私、以权换利的贿赂犯罪逐步减少，而部分商品经营者、从事营利活动的个人、企事业单位利用贿赂手段进行不正当竞争谋取非法利润的商业行贿犯罪不断上升，其隐蔽性和欺骗性很大，且并发其他多种犯罪，危害极大。为打击制裁经济犯罪、规范经济行为，设立了本条。

客观方面，犯罪的客观方面表现为谋取不正当利益，给予公司、企业的工作人员以财物，并且数额较大的行为。支付回扣、手续费是本罪客观方面的主要表现形式。原则上，只要买卖双方和中间人本着诚实信用、公平交易的原则，在不违反国家政策法律的情况下支付收受，对经济发展是有利的，法律上也应予以承认和保护，但是在某些情况下，回扣、手续费的支付与收受会危害市场经济公平竞争机制、破坏市场经济秩序，严重的则可能构成本罪。

（二）典型案例

被告人刘某对非国家工作人员行贿案

【基本案情】

2006 年，被告人刘某经人介绍，认识了时任深圳市田贝实业股份有限公司董事长林某 1，为获得深圳市罗湖区某改造工程，其与林某 1 多次接触后商定：由林某 1 负责操作让被告人刘某中标事宜，原审被告人刘某负责融资和工程建设，二人平分预期的项目利润。为了能够顺利中标，林某 1 建议被告人刘某挂靠资质较好的央企。2007 年 3 月 18 日，被告人刘某将其控制的黑龙江省第一建筑工程公司广州分公司挂靠在中国建筑二局第四建筑工程公司名下，并以中国建筑二局第四建筑工程公司的名义参与投标某改造工程。2007 年 6 月 22 日，在林某 1 的帮助下，中国建筑二局第四建筑工程公司从参与投标的四家公司中胜出，被告人刘某顺利获得该工程项目。

为获得该项目工程，被告人刘某在招标之前送给林某 1 人民币 50 万元和三星手机一部；在中标该项目之后，其又先后六次给林某 1 送人民币 1850 万元。共计向林某 1 行贿人民币 1900 万元。2018 年 8 月 23 日，经电话通知，被告人刘某主动到深圳市罗湖区监察委员会接受调查，并如实供述了犯罪事实。

【裁判结果】

法院认为，刘某为谋取不正当利益给公司人员行贿，数额巨大，其行为已构成对非国家工作人员行贿罪。

关于被告人及辩护人提出本案系单位犯罪的问题，法院认为，以单位名义实施，违法所得归单位所有的，是单位犯罪。本案中，刘某及受贿人林某 1 在侦查机关均未提及上诉人以单位名义行贿。中国建筑二局第四建筑工程公司是刘某挂靠的公司，工程款打入中国建筑二局第四建筑工程公司账户后，立即转至圳龙投资发展公司及深蓝物业管理公司，上述两家公司为刘某实际控制的公司，刘某供述这两家公司是用来走账的。证人邱某 2 证实，刘某成立两家公司的目的是方便走账，再通过地下钱庄把钱套出来。可见利益并非归于上述两家公司。故本案并非单位犯罪。

关于刘某及其辩护人提出刘某系被索贿的问题，经查，刘某的供述，证人林某 2、郝某 1 的证言均证实，在某改造工程启动重建之前，刘某为了搞好与林某 1 的关系，以获取该建筑工程，多次主动约请林某 1 吃饭、活动，并送上现金、承诺将一半利润分给林某 1。上述事实证明刘某系主动行贿。行贿过程系按双方约定的方式，在约定金额范围内分多次进行。现有证据不足以证明刘某被索贿。

二审期间，刘某主动预交罚金人民币 50 万元，具有悔罪表现。刘某系民营企业家，为社会作出过较大贡献，宣告缓刑对所居住社区无不良影响。为体现宽严相济的刑事司法政策，法院决定对其适用缓刑。具体判决如下：

被告人刘某犯对非国家工作人员行贿罪，判处有期徒刑 3 年，缓刑 4 年，并处罚金人民币 50 万元。

五、挪用资金罪

（一）罪名介绍

法条依据：《刑法》第 272 条　公司、企业或者其他单位的工作人员，利用职务上的便利，挪用本单位资金归个人使用或者借贷给他人，数额较大、超过三个月未还的，或者虽未超过三个月，但数额较大、进行营利活动的，或者进行非法活动的，处三年以下有期徒刑或者拘役；挪用本单位资金数额巨大的，处三年以上七年以下有期徒刑；数额特别巨大的，处七年以上有期徒刑。

国有公司、企业或者其他国有单位中从事公务的人员和国有公司、企业或者其他国有单位委派到非国有公司、企业以及其他单位从事公务的人员有前款行为的，依照本法第三百八十四条的规定定罪处罚。

有第一款行为，在提起公诉前将挪用的资金退还的，可以从轻或者减轻处罚。其中，犯罪较轻的，可以减轻或者免除处罚。

《刑法》第185条第1款　商业银行、证券交易所、期货交易所、证券公司、期货经纪公司、保险公司或者其他金融机构的工作人员利用职务上的便利，挪用本单位或者客户资金的，依照本法第二百七十二条的规定定罪处罚。

相关司法解释：《最高人民法院关于对受委托管理、经营国有财产人员挪用国有资金行为如何定罪问题的批复》　对于受国家机关、国有公司、企业、事业单位、人民团体委托，管理、经营国有财产的非国家工作人员，利用职务上的便利，挪用国有资金归个人使用构成犯罪的，应当依照刑法第二百七十二条第一款的规定定罪处罚。

犯罪构成：

犯罪主体，必须是公司企业或者其他单位的工作人员。根据司法解释的规定，对于受国家机关、国有公司、企业、事业单位、人民团体委托，管理、经营国有财产的非国家工作人员，利用职务上的便利，挪用国有资金归个人使用构成犯罪的，应当以挪用资金罪定罪处罚。一人公司的一般工作人员也能成为本罪主体，但对股东本人的挪用行为不宜认定为本罪。

主观方面，行为人必须明知是单位的资金而非法占有使用。这里的非法占有、使用的故意，是指暂时占有、使用单位资金的故意，因而不同于盗窃罪、诈骗罪中的非法占有目的。如果行为人具有不法所有的目的，则成立职务侵占罪。

犯罪客体，行为对象是单位资金。筹建公司的工作人员在公司登记注册前，利用职务上的便利，挪用准备设立的公司在银行开设的临时账户上的资金，归个人使用或者借贷给他人，构成犯罪的，应当以挪用资金罪论处。

客观方面，行为内容为利用职务上的便利，挪用本单位资金归个人使用或者借贷给他人。其中的“归个人使用”包括以下三种情形：

（1）将本单位资金供本人、亲友或者其他自然人使用的；

（2）以个人名义将本单位资金供其他单位使用的；

（3）个人决定以单位名义将本单位资金供其他单位使用，谋取个人利益的。

利用职务上的便利，是指利用自己主管、管理、经手单位资金的便利条件。挪用，是指不经合法批准，擅自动用所主管、管理、经手的单位资金。挪用包括挪用单位资金归个人使用与借贷给他人两种情况，其中的“他人”包括自然人与法人等。公司、企业或者其他单位的非国家工作人员，利用职务上的便利，挪用本单位资金归本人或者其他自然人使用，或者挪用人以个人名义将所挪用的资金借给其他自然人和单位，构成犯罪的，应当以挪用资金罪定罪处罚。

挪用资金构成犯罪的三种情形：

（1）挪用单位资金用于营利活动与非法活动以外的活动的，如用于消费娱乐活动等，必须数额较大，并且超过3个月未还。根据《贪污贿赂案件解释》的规定，这里的数额较大以10万元为起点。超过3个月未还，是指从挪用之日起经过了3个月还没有归还；挪用单位资金超过3个月之后，不问后来是否归还，都应以犯罪论处，事后归还，只是量刑情节；如果在3个月之内归还，则不成立本罪。

（2）挪用单位资金进行营利活动的，只要求数额较大，不要求超过3个月未还。数额在10万元以上的，为数额较大。营利活动，应是合法的营利活动，即就营利活动自身的性质而言为国家法律、法规所允许，但这并不意味着挪用本身具有合法性。行为人进行营利活动时，与对方发生民事法律关系，但后来被认定为违反民事法律的，仍应认为是营利活动。营利活动，是指以单位资金作为资本谋取利润的活动，因此，将单位资金借给他人收取利息的行为，也属于营利活动。

（3）挪用单位资金进行非法活动的，不问挪用数额与时间，均认定为挪用资金罪。因为挪用单位资金进行非法活动，会使该资金处于流失、不能收回的状态，容易导致单位丧失对该资金的所有权。非法活动，包括犯罪活动与一般违法活动，从实践中看，主要是用于赌博、走私、行贿、嫖娼等。《刑法》虽然对这种挪用行为的数额与时间没有特别规定，但认定犯罪时也不能不考虑数额与时间。根据《贪污贿赂案件解释》的规定，挪用单位资金进行非法活动，数额在6万元以上的，应当追究刑事责任；对挪用单位资金的时间极为短暂的，也不宜认定为犯罪。

（二）典型案例

李某挪用资金案

【基本案情】

2017年5月，被告人李某在新疆启工建筑工程有限公司从事资料员工作。同年6月，被告人李某开始担任该公司出纳，负责公司的财务管理。2018年4月，被告人李某使用自己所有的手机访问云购彩票网站并绑定手机号码获得注册账号，在云购彩票平台上赌博。2018年10月24日，被告人李某利用职务之便，将新疆启工建筑工程有限公司保险柜内的6万元现金取出后在叶城县工商银行柜台将6万元现金存入自己个人账户内，通过云购彩票平台账号充值后用于赌博。2018年11月13日，被告人李某利用职务之便，将新疆启工建筑工程有限公司保险柜内的37万元现金取出后在叶城县工商银行柜台将37万元现金分两笔（20万元和17万元）存入自己个人账户内，通过云购彩票平台账号充值后进行赌博。2018年11月25日至2019年1月14日，被告人李某利用职务之便先后18次从新疆启工建筑工程有限公司的基本账户上通过网银转账331万元至个人账号；从新疆启工建筑工程有限公司的民工工资专户上通过网银转账362.2026万元至个人账户，共计网银转账693.2026万元。被告人李某将网银转账的693.2026万元通过云购彩票平台账号充值后进行赌博。2018年4月至2019年1月4日，被告人李某在担任新疆启工建筑工程有限公司出纳期间，利用职务之便，多次挪用公司资金736.2026万元存入工商银行个人名下的账户内通过手机将挪用的资金充值到云购彩票平台账号进行赌博。

另查明，被告人李某已向被害单位新疆启工建筑工程有限公司还款59.6011万元，截至诉讼时，被告人李某尚有676.6015万元未归还被害单位新疆启工建筑工程有限公司。

【裁判结果】

法院认为，被告人李某身为公司工作人员，利用职务之便，擅自挪用公司资金736.2026万元用于在云购彩票平台赌博，属数额巨大，其行为已构成挪用资金罪，本案中，被告人李某身为公司出纳，无权擅自处分公司资金但其利用职务便利将其负责管理的资金挪用后进行网络赌博，侵犯公司财产所有权，导致被害公司676.6015万元损失未归还，依法应予以惩处。鉴于被告人李某当庭如实供述自己罪行、真诚悔过、认罪悔罪态度较好，故依法予以从轻处罚。具体判决如下：

1. 被告人李某犯挪用资金罪，判处有期徒刑8年。

2. 挪用资金未归还的676.6015万元，依法继续追缴后发还新疆启工建筑工程有限公司。

六、职务侵占罪

（一）罪名介绍

法条依据：《刑法》第271条　公司、企业或者其他单位的人员，利用职务上的便利，将本单位财物非法占为己有，数额较大的，处三年以下有期徒刑或者拘役，并处罚金；数额巨大的，处三年以上十年以下有期徒刑，并处罚金；数额特别巨大的，处十年以上有期徒刑或者无期徒刑，并处罚金。

国有公司、企业或者其他国有单位中从事公务的人员和国有公司、企业或者其他国有单位委派到非国有公司、企业以及其他单位从事公务的人员有前款行为的，依照本法第三百八十二条、第三百八十三条的规定定罪处罚。

《刑法》第183条第1款　保险公司的工作人员利用职务上的便利，故意编造未曾发生的保险事故进行虚假理赔，骗取保险金归自己所有的，依照本法第二百七十一条的规定定罪处罚。

相关司法解释：《最高人民法院、最高人民检察院关于常见犯罪的量刑指导意见（试行）》 1. 构成职务侵占罪的，根据下列情形在相应的幅度内确定量刑起点：

（1）达到数额较大起点的，在1年以下有期徒刑、拘役幅度内确定量刑起点。

（2）达到数额巨大起点的，在3年至4年有期徒刑幅度内确定量刑起点。

（3）达到数额特别巨大起点的，在10年至11年有期徒刑幅度内确定量刑起点。依法应当判处无期徒刑的除外。

2. 在量刑起点的基础上，根据职务侵占数额等其他影响犯罪构成的犯罪事实增加刑罚量，确定基准刑。

3. 构成职务侵占罪的，根据职务侵占的数额、危害后果等犯罪情节，综合考虑被告人缴纳罚金的能力，决定罚金数额。

4. 构成职务侵占罪的，综合考虑职务侵占的数额、手段、危害后果、退赃退赔等犯罪事实、量刑情节，以及被告人的主观恶性、人身危险性、认罪悔罪表现等因素，决定缓刑的适用。

犯罪构成：

犯罪主体，本罪中的单位在所有制属性上在所不问，既包括国有单位、集体单位，也包括私营单位。

1. 这里的“其他单位”包括事业单位及其他各类团体组织，如村民委员会、居民委员会、医院等。

2. 个体工商户。单纯从事个人经营或家庭经营的个体工商户，不属于本罪的“公司、企业或者其他单位”，其从业人员不属于本罪的行为主体。

3. 一人公司。一人公司虽然只有一名股东，但是因为具有法人资格，因此属于本罪中的“公司”，而非自然人。一般工作人员可以构成本罪的行为主体。从形式上看，唯一的股东也能成为本罪的行为主体。但是，职务侵占罪的属性是财产犯罪，侵犯的是他人（包括自然人和单位）的财产，而不包括自己的财产。例如，某人是甲公司的唯一股东，将甲公司的财产据为己有，实质上处分的是自己的财产，并不会侵犯他人的财产。如果某人通过将甲公司的财产据为己有，逃避债务或拒不支付劳动报酬，则有可能构成诈骗罪（诈骗财产性利益）或拒不支付劳动报酬罪。

主观方面，由于职务侵占行为仅限于将基于职务或者业务所占有的本单位财物据为己有，因此，行为人必须具有不法所有的目的。

犯罪客体，本罪的犯罪客体是公司、企业或者其他单位的财产所有权。此处所称“公司”，是指按照《公司法》规定设立的非国有的有限责任公司和股份有限公司；所称“企业”，是指除上述公司以外的非国有的、经过市场监督管理部门批准设立的、有一定数量的注册资金及一定数量的从业人员的、营利性的经济组织，如商店、工厂、饭店、宾馆及各种服务性行业、交通运输行业等经济组织；其他单位，是指除上述公司、企业以外的非国有的社会团体或经济组织，包括集体或者民办的事业单位，以及各类团体。职务侵占罪侵犯的对象是公司、企业或者其他单位的财物，包括动产和不动产。所谓“动产”，不仅指已在公司、企业、其他单位占有、管理之下的钱财（包括人民币、外币、有价证券等），还包括本单位有权占有而未占有的财物，如公司、企业或其他单位拥有的债权。就财物的形态而言，犯罪对象包括有形物和无形物，如厂房、电力、煤气、天然气、工业产权，等等。

客观方面，指利用职务上的便利，将数额较大的单位财物非法占为己有的行为。刑法理论的通说与司法实践均认为，职务侵占罪包括利用职务上的便利窃取、骗取、侵占本单位财物的行为以及其他将本单位财物占为己有的行为。换言之，《刑法》第271条规定的行为，实际上是公司、企业、单位人员的贪污行为，而不只是狭义的侵占行为。具体而言，构成职务侵占罪，首先，行为人必须利用了职务上的便利，即利用自己主管、管理、经营、经手单位财物的便利条件。但这里的“管理”“经营”“经手”并不是指普通意义上的经手，应是指对单位财物的支配与控制；或者说，利用职务上的便利是指利用本人职务上所具有的自我决定或者处置单位财物的权力、职权，而不是利用工作机会。其次，必须将单位财物非法占为己有。按照通说，包括将基于职务管理的单位财物非法占为己有（侵占），以及利用职务之便的窃取、骗取等行为。其中的“非法占为己有”，不限于行为人所有，还包括使第三者所有。最后，必须非法占有了数额较大的单位财物，根据《贪污贿贿案件解释》的规定，6 万元以上为数额较大。

（二）典型案例

姜某、韦某职务侵占案

【基本案情】

北海盛南房地产开发有限公司（以下简称盛南公司）系北海市南洋国际广场开发商，法定代表人为徐某。为发包工程方便，经瑞安市建筑工程有限公司及浙江锐信建设工程公司同意，徐某先后在北海市成立瑞安市建筑工程有限公司北海分公司（以下简称瑞安北海分公司）、浙江锐信建设工程公司北海分公司（以下简称锐信北海分公司），对外发包南洋国际广场工程。徐某是上述两个分公司的实际控制人。被告人姜某、韦某受盛南公司徐某聘请并接受指派，分别担任北海市南洋国际广场总经理和项目经理，负责该项目的现场施工管理及工程月进度款支付审批。其中，被告人姜某还作为瑞安北海分公司及锐信北海分公司的代表对外与分包商签订施工承包合同。在履职期间，被告人姜某、韦某合谋利用对外签订分包合同及管理工程的职务便利，与多名分包商商定实际分包价格，又以高出实际分包价格向公司报价签订分包合同，将盛南公司转给锐信北海分公司多余的工程款非法占为己有。具体犯罪事实如下：（1）2014 年 6 月 23 日，被告人姜某代表瑞安北海分公司与分包商孙某签订南洋国际广场建筑工程钢筋绑扎施工承包合同（在履行合同过程中，实际合同履行主体为锐信北海分公司，由锐信北海分公司支付工程月进度款）。孙某实际向公司报价 43.00 元/平方米，被告人姜某、韦某让孙某以 49.50 元/平方米的价格向公司报价并签订合同。在施工过程中，被告人姜某、韦某利用具体负责管理工程、审批工程月进度款支付等职务上的便利，在每个月发放工程款时，指使孙某按工程量清单乘以 6.50 元/平方米计算数额，以支付工人工资形式汇入被告人姜某、韦某指定的以“钟某”名义开设的银行账户内。“钟某”是被告人姜某、韦某虚构的。2015 年 7 月至 12 月，被告人姜某、韦某共侵占盛南公司转给锐信北海分公司资金共计 175,889 元。（2）2014 年 7 月 29 日，被告人姜某代表锐信北海分公司与分包商陈某签订南洋国际广场建筑工程模板安装施工承包合同。陈某实际向公司报价 95.00

元/平方米，被告人姜某、韦某让陈某以105元/平方米的价格向公司报价并签订合同。在施工过程中，被告人姜某、韦某利用具体负责管理工程、审批工程月进度款支付等职务上的便利，在每个月发放工程款时，指使陈某按工程量清单乘以10元/平方米计算数额，以支付工人工资形式汇入被告人姜某、韦某指定的以“卢某”名义开设的银行账户内。“卢某”是被告人姜某、韦某虚构的。2014年12月至2015年12月，被告人姜某、韦某共侵占盛南公司转给锐信北海分公司资金共计573,775元。（3）2014年8月12日，被告人姜某代表锐信北海分公司与分包商曹某签订南洋国际广场建筑工程浇砼承包合同，曹某实际向公司报价15.00元/平方米，被告人姜某、韦某让曹某以17.00元/平方米的价格向公司报价并签订合同。在合同履行过程中，被告人姜某、韦某利用具体负责管理工程、审批工程月进度款支付等职务上的便利，在每个月发放工程款时，按工程量清单乘以2元/平方米计算数额，并提供具体的“数字条”给曹某，从工程施工至2015年12月，被告人姜某、韦某共侵占盛南公司转给锐信北海分公司资金共计116,612元。

综上，被告人姜某、韦某共侵占盛南公司转给锐信北海分公司资金866,276元。其中，姜某分得399,572元，韦某分得466,704元。

【裁判结果】

法院认为，上诉人姜某、韦某身为公司工作人员，利用职务上的便利将本单位财物非法占为己有，数额较大，其行为均已构成职务侵占罪。在共同犯罪活动中，上诉人姜某、韦某均起主要作用，均是主犯，均应当按照其所参与的全部犯罪处罚。姜某、韦某在二审期间能够认罪，并通过家属全额退赔赃款，挽回了被害单位的全部经济损失，具有良好的认罪、悔罪表现，本院决定对二上诉人予以从轻处罚，对原判的量刑予以调整。上诉人姜某退还的赃款人民币399,572元、上诉人韦某退还的赃款人民币466,704元，由本院返还被害单位锐信北海分公司。具体判决如下：

1. 被告人姜某犯职务侵占罪，判处有期徒刑2年3个月；

2. 被告人韦某犯职务侵占罪，判处有期徒刑2年3个月；

3. 被告人姜某、韦某退赔的赃款人民币866,276元返还给被害单位锐信北海分公司。

七、非法吸收公众存款罪

（一）罪名介绍

法条依据：《刑法》第 176 条第 1、2 款　非法吸收公众存款或者变相吸收公众存款，扰乱金融秩序的，处三年以下有期徒刑或者拘役，并处或者单处罚金；数额巨大或者有其他严重情节的，处三年以上十年以下有期徒刑，并处罚金；数额特别巨大或者有其他特别严重情节的，处十年以上有期徒刑，并处罚金。

单位犯前款罪的，对单位判处罚金，并对其直接负责的主管人员和其他直接责任人员，依照前款的规定处罚。

相关司法解释：《全国法院审理金融犯罪案件工作座谈会纪要》　关于非法吸收公众存款罪。非法吸收或者变相吸收公众存款的，要从非法吸收公众存款的数额、范围以及给存款人造成的损失等方面来判定扰乱金融秩序造成危害的程度。

根据司法实践，具有下列情形之一的，可以按非法吸收公众存款罪定罪处罚：

（1）个人非法吸收或者变相吸收公众存款 20 万元以上的，单位非法吸收或者变相吸收公众存款 100 万元以上的；

（2）个人非法吸收或者变相吸收公众存款 30 户以上的，单位非法吸收或者变相吸收公众存款 150 户以上的；

（3）个人非法吸收或者变相吸收公众存款给存款人造成损失 10 万元以上的，单位非法吸收或者变相吸收公众存款给存款人造成损失 50 万元以上的，或者造成其他严重后果的。个人非法吸收或者变相吸收公众存款 100 万元以上，单位非法吸收或者变相吸收公众存款 500 万元以上的，可以认定为“数额巨大”。

《最高人民检察院、公安部关于公安机关管辖的刑事案件立案追诉标准的规定（二）》第 23 条　［非法吸收公众存款案（刑法第一百七十六条）］非法吸收公众存款或者变相吸收公众存款，扰乱金融秩序，涉嫌下列情形之一的，应予立案追诉：

（一）非法吸收或者变相吸收公众存款数额在一百万元以上的；

（二）非法吸收或者变相吸收公众存款对象一百五十人以上的；

（三）非法吸收或者变相吸收公众存款，给集资参与人造成直接经济损失数额在五十万元以上的；

非法吸收或者变相吸收公众存款数额在五十万元以上或者给集资参与人造成直接经济损失数额在二十五万元以上，同时涉嫌下列情形之一的，应予立案追诉：

（一）因非法集资受过刑事追究的；

（二）二年内因非法集资受过行政处罚的；

（三）造成恶劣社会影响或者其他严重后果的。

《最高人民法院关于审理非法集资刑事案件具体应用法律若干问题的解释》第 1 条　违反国家金融管理法律规定，向社会公众（包括单位和个人）吸收资金的行为，同时具备下列四个条件的，除刑法另有规定的以外，应当认定为刑法第一百七十六条规定的“非法吸收公众存款或者变相吸收公众存款”：

（一）未经有关部门依法许可或者借用合法经营的形式吸收资金；

（二）通过网络、媒体、推介会、传单、手机短信等途径向社会公开宣传；

（三）承诺在一定期限内以货币、实物、股权等方式还本付息或者给付回报；

（四）向社会公众即社会不特定对象吸收资金。

未向社会公开宣传，在亲友或者单位内部针对特定对象吸收资金的，不属于非法吸收或者变相吸收公众存款。

《最高人民法院关于审理非法集资刑事案件具体应用法律若干问题的解释》第 2 条　实施下列行为之一，符合本解释第一条第一款规定的条件的，应当依照刑法第一百七十六条的规定，以非法吸收公众存款罪定罪处罚：

（一）不具有房产销售的真实内容或者不以房产销售为主要目的，以返本销售、售后包租、约定回购、销售房产份额等方式非法吸收资金的；

（二）以转让林权并代为管护等方式非法吸收资金的；

（三）以代种植（养殖）、租种植（养殖）、联合种植（养殖）等方式非法吸收资金的；

（四）不具有销售商品、提供服务的真实内容或者不以销售商品、提供服务为主要目的，以商品回购、寄存代售等方式非法吸收资金的；

（五）不具有发行股票、债券的真实内容，以虚假转让股权、发售虚构债券等方式非法吸收资金的；

（六）不具有募集基金的真实内容，以假借境外基金、发售虚构基金等方式非法吸收资金的；

（七）不具有销售保险的真实内容，以假冒保险公司、伪造保险单据等方式非法吸收资金的；

（八）以网络借贷、投资入股、虚拟币交易等方式非法吸收资金的；

（九）以委托理财、融资租赁等方式非法吸收资金的；

（十）以提供“养老服务”、投资“养老项目”、销售“老年产品”等方式非法吸收资金的；

（十一）利用民间“会”“社”等组织非法吸收资金的；

（十二）其他非法吸收资金的行为。

《最高人民法院关于审理非法集资刑事案件具体应用法律若干问题的解释》第3条　非法吸收或者变相吸收公众存款，具有下列情形之一的，应当依法追究刑事责任：

（一）非法吸收或者变相吸收公众存款数额在100万元以上的；

（二）非法吸收或者变相吸收公众存款对象150人以上的；

（三）非法吸收或者变相吸收公众存款，给存款人造成直接经济损失数额在50万元以上的。

非法吸收或者变相吸收公众存款数额在50万元以上或者给存款人造成直接经济损失数额在25万元以上，同时具有下列情节之一的，应当依法追究刑事责任：

（一）曾因非法集资受过刑事追究的；

（二）二年内曾因非法集资受过行政处罚的；

（三）造成恶劣社会影响或者其他严重后果的。

《最高人民法院关于审理非法集资刑事案件具体应用法律若干问题的解释》第4条　非法吸收或者变相吸收公众存款，具有下列情形之一的，应当认定为刑法第一百七十六条规定的“数额巨大或者有其他严重情节”：

（一）非法吸收或者变相吸收公众存款数额在500万元以上的；

（二）非法吸收或者变相吸收公众存款对象500人以上的；

（三）非法吸收或者变相吸收公众存款，给存款人造成直接经济损失数额在250万元以上的。

非法吸收或者变相吸收公众存款数额在250万元以上或者给存款人造成直接经济损失数额在150万元以上，同时具有本解释第三条第二款第三项情节的，应当认定为“其他严重情节”。

《最高人民法院关于非法集资刑事案件性质认定问题的通知》　一、行政部门对于非法集资的性质认定，不是非法集资案件进入刑事程序的必经程序。行政部门未对非法集资做出性质认定的，不影响非法集资刑事案件的审判。

二、人民法院应当依照刑法和最高人民法院《关于审理非法集资刑事案件具体应用法律若干问题的解释》等有关规定认定案件事实的性质，并认定相关行为是否构成犯罪。

三、对于案情复杂、性质认定疑难的案件，人民法院可以在有关部门关于是否符合行业技术标准的行政认定意见的基础上，根据案件事实和法律规定作出性质认定。

四、非法集资刑事案件的审判工作涉及领域广、专业性强，人民法院在审理此类案件当中要注意加强与有关行政主（监）管部门以及公安机关、人民检察院的配合。审判工作中遇到重大问题难以解决的，请及时报告最高人民法院。

犯罪构成：

犯罪主体，本罪的主体为一般主体，凡是达到刑事责任年龄且具有刑事责任能力的自然人均可构成本罪。依《刑法》第176条第2款的规定，单位也可以成为本罪的主体。这里的单位，既可以是经营吸收公众存款业务的商业银行等银行金融机构，也可以是不能经营吸收公众存款业务的证券公司等非银行金融机构，还可以是其他非金融机构。

主观方面，本罪在主观方面表现为故意，即行为人必须是明知自己非法吸收公众存款的行为会造成扰乱金融秩序的危害结果，而希望或者放任这种结果发生。过失不构成本罪。有的金融机构由于工作失误造成利率提高而吸收了大量公众存款，由于利率不是该金融机构故意抬高，非法吸收公众存款不属于其故意实施，因此不构成本罪。

犯罪客体，本罪侵犯的客体，是国家金融管理制度。本罪的犯罪对象是公众存款。所谓存款是指存款人将资金存入银行或者其他金融机构，银行或者其他金融机构向存款人支付利息的一种经济活动。所谓公众存款是指存款人是不特定的群体，如果存款人只是少数个人或者是特定的，不能认为是公众存款。

客观方面，本罪在客观方面表现为行为人实施了非法吸收公众存款或变相吸收公众存款的行为。

常见情形：

根据现行法律法规，结合审判实践，以下行为均可能构成非法吸收公众存款罪：

（1）以高额付息方式吸收不特定公众“存款”；

（2）以筹集发展资金为名向不特定公众“借款”；

（3）不以房产销售为主要目的，以返本销售、售后包租、约定回购、销售房产份额等方式非法吸收资金；

（4）以转让林权并代为管护等方式非法吸收资金；

（5）以代种植（养殖）、租种植（养殖）、联合种植（养殖）等方式非法吸收资金；

（6）不具有销售商品、提供服务的真实内容或者不以销售商品、提供服务为主要目的，以商品回购、寄存代售等方式非法吸收资金；

（7）不具有发行股票、债券的真实内容，以虚假转让股权、发售虚构债券等方式非法吸收资金；

（8）不具有募集基金的真实内容，以假借境外基金、发售虚构基金等方式非法吸收资金；

（9）不具有销售保险的真实内容，以假冒保险公司、伪造保险单据等方式非法吸收资金；

（10）以网络借贷、投资入股、虚拟币交易等方式吸收社会公众存款；

（11）以委托理财、融资租赁等方式非法吸收资金；

（12）利用“会”“社”等组织非法吸收资金；

（13）以“认购商铺使用权”和“内部职工集资”的名义吸收公众存款；

（14）以加盟补贴名义吸收公众存款；

（15）以投资经营项目为名吸收公众存款；

（16）以收取广告位代理订金的名义变相吸收资金；

（17）以办理预存卡形式吸收公众存款；

（18）以发展代理商为名吸收社会公众资金；

（19）假借销售商品名义吸收公众资金；

（20）以销售商品房、商铺提供担保等名义吸收公众资金；

（21）为放贷非法吸收社会公众资金；

（22）以参与“翡翠戴养”名义吸收公众存款；

（23）以提供“养老服务”、投资“养老项目”、销售“老年产品”等方式非法吸收资金的；

（24）虽不知情但积极为他人介绍吸收资金也构成犯罪。

（二）典型案例

浙江省东阳第三建筑工程有限公司广西分公司、赵某非法吸收公众存款案

【基本案情】

2008 年 2 月 19 日，浙江省东阳第三建筑工程有限公司（以下简称东阳三建）任命被告人赵某为被告单位浙江省东阳第三建筑工程有限公司广西分公司（以下简称东阳三建广西分公司）副总经理，主持工作。2008 年 3 月 12 日，被告单位东阳三建广西分公司在广西南宁成立。后被告人赵某为筹措资金，在未经东阳三建授权的情况下，擅自以被告单位东阳三建广西分公司承接工程需要资金为由，通过口口相传、发布《职工集资倡议书》等方式进行

公开宣传，以东阳三建广西分公司名义，以月利息2%～3.5%的高额利息为诱饵，吸收公众资金。

经查，至案发时止，被告人赵某以东阳三建广西分公司名义从77人和单位处非法吸收资金，共计人民币47,680.92万余元，已归还本金和利息40,788.91万余元，扣除已支付的本金、利息，尚有47名集资参与人的资金计11,731.29万余元未归还。

被告人赵某个人非法吸收公众存款事实自2008年3月始。被告人赵某以承接工程需要资金为由，通过口口相传、发布《职工集资倡议书》等方式进行公开宣传，以个人借款的名义，以月利息2%～3.5%的高额利息为诱饵，吸收公众资金。经查，至案发时止，被告人赵某从15人和单位处非法吸收资金，共计4729万余元，已归还本金和利息4952.57万余元，扣除已支付的本金、利息，尚有4名集资参与人的资金计499.25万余元未归还。2016年3月8日，被告人赵某主动向公安机关投案，并如实供述了主要的犯罪事实。

【裁判结果】

法院认为，被告单位东阳三建筑广西分公司违反国家金融管理法律规定，向社会公众非法吸收存款，扰乱金融秩序，数额巨大，被告人赵某系该公司直接负责的主管人员；被告人赵某违反国家金融管理法律规定，向社会公众非法吸收存款，扰乱金融秩序，数额巨大，其行为均已触犯《刑法》，构成非法吸收公众存款罪。经审理认为，被告人赵某以被告单位名义吸存资金的部分系单位犯罪，追究被告单位的责任，其作为单位直接负责的主管人员承担责任，双方不属于共同犯罪，被告人赵某以其个人名义非法吸存资金的部分，应以非法吸收公众存款罪追究其个人责任。被告单位负责人被告人赵某犯罪后主动向公安机关投案，归案后如实供述了主要的犯罪事实，被告人赵某、被告单位均应认定为自首，依法可以从轻处罚。被告人赵某在庭审中能自愿认罪，可予以从轻处罚。被告单位和被告人赵某在案发前已归还部分吸存款，可酌情从轻处罚。具体判决如下：

1. 被告单位东阳三建广西分公司犯非法吸收公众存款罪，判处罚金人民币40万元（罚金限本判决生效后1个月内缴纳）。

2. 被告人赵某犯非法吸收公众存款罪，判处有期徒刑7年，并处罚金人民币20万元（罚金限本判决生效后1个月内缴纳）。

3. 公安机关查封的财物依法处理；继续追缴被告单位东阳三建广西分公司、被告人赵某的犯罪所得，发还各集资参与人，追缴不足的，责令退赔。

八、集资诈骗罪

（一）罪名介绍

法条依据：《刑法》第192条　以非法占有为目的，使用诈骗方法非法集资，数额较大的，处三年以上七年以下有期徒刑，并处罚金；数额巨大或者有其他严重情节的，处七年以上有期徒刑或者无期徒刑，并处罚金或者没收财产。

单位犯前款罪的，对单位判处罚金，并对其直接负责的主管人员和其他直接责任人员，依照前款的规定处罚。

相关司法解释：《最高人民法院关于审理非法集资刑事案件具体应用法律若干问题的解释》第7条　以非法占有为目的，使用诈骗方法实施本解释第二条规定所列行为的，应当依照刑法第一百九十二条的规定，以集资诈骗罪定罪处罚。

使用诈骗方法非法集资，具有下列情形之一的，可以认定为“以非法占有为目的”：

（一）集资后不用于生产经营活动或者用于生产经营活动与筹集资金规模明显不成比例，致使集资款不能返还的；

（二）肆意挥霍集资款，致使集资款不能返还的；

（三）携带集资款逃匿的；

（四）将集资款用于违法犯罪活动的；

（五）抽逃、转移资金、隐匿财产，逃避返还资金的；

（六）隐匿、销毁账目，或者搞假破产、假倒闭，逃避返还资金的；

（七）拒不交代资金去向，逃避返还资金的；

（八）其他可以认定非法占有目的的情形。

集资诈骗罪中的非法占有目的，应当区分情形进行具体认定。行为人部分非法集资行为具有非法占有目的的，对该部分非法集资行为所涉集资款以集资诈骗罪定罪处罚；非法集资共同犯罪中部分行为人具有非法占有目的，其他行为人没有非法占有集资款的共同故意和行为的，对具有非法占有目的的行为人以集资诈骗罪定罪处罚。

犯罪构成：

犯罪主体，本罪的主体为一般主体，凡是达到刑事责任年龄且具有刑事责任能力的自然人均可构成本罪。单位也可以成为本罪的主体。

主观方面，责任形式为故意，此外还要求具有非法占有的目的，具体表现为具有不归还集资款的意思。

犯罪客体，本罪侵犯的客体是复杂客体，既侵犯了公私财产所有权，又侵犯了国家金融管理制度。在现代社会，资金是企业进行生产经营不可缺少的资源和生产要素。而生产者、经营者自有资金极为有限，因此向社会筹集资金成为一种越来越重要的金融活动。与此同时，一些名为集资、实为诈骗的犯罪行为也开始滋生、蔓延。这种集资诈骗行为采取欺骗手段蒙骗社会公众，不仅造成投资者的经济损失，更干扰了金融机构储蓄、贷款等业务的正常进行，破坏国家的金融管理秩序。

客观方面，客观行为属于非法吸收或者变相吸收公众存款，并具有非法占有目的，就以集资诈骗罪论处。然而，非法吸收公众存款，并不以行为人实施诈骗行为为前提。换言之，只有使用诈骗方法非法集资，才能成立集资诈骗罪。诈骗行业，即行为人实施欺骗行为使对方陷入认识错误，对方基于认识错误处分财产，行为人或第三者取得财产，被害人遭受财产损失。欺骗行为，表现为向受骗者表示虚假的事项，或者说向受骗人传递不真实的资讯，但这种欺骗行为必须是使受骗者陷入或者继续维持（或强化）处分财产的认识错误的行为。就集资诈骗而言，只要某种行为足以使对方陷入“行为人属合法募集资金”“行为人属正当募集资金”“行为人的集资获得了有权机关的批准”“出资后会有回报”等认识错误，进而导致对方“出资”，那么，这种行为就属于集资诈骗罪中的诈骗方法。至于行为人是就事实进行欺骗，还是就价值进行欺骗，均不影响欺骗行为的性质。因此，对集资诈骗罪的“诈骗方法”只能进行实质的限定，而不可能穷尽其具体表现，故不能人为地将集资诈骗罪的欺骗行为局限为几种特定的手段。

非法集资，是指单位或者个人，违反法律、法规，向社会公众募集资金的行为。集资仅限于向社会公众募集资金，不包括募集资金以外的财物。集资行为必须面向社会公众，但不要求实际上已经骗取了多数人的资金。

非法集资表现为虚假承诺回报。承诺还本付息或者承诺分红的，承诺以货币、股权、债权或实物回报的，都符合承诺回报的要素。首先，承诺回报必须是虚假的，而不是真实的。其次，承诺回报应限于行为人承诺“只要出资即可通过出资行为获得回报”，而不是指承诺出资人在出资后通过出资人的生产、经营等行为可以获得报酬。最后，所承诺的回报不必具有确定性。换言之，集资诈骗的行为人，既可能通过虚构确定的回报骗取资金，也可能通过虚构不确定的回报骗取资金。实践中，发生的虚拟股票交易骗取股民资金的案件，便属于后一种情形。例如，以非法占有为目的，以发行彩票的方式向社会公众非法募集资金的，也成立集资诈骗罪。虽然彩票的中奖率极低，购买者获得回报的可能性极小，但以非法发行彩票的方式实施集资诈骗的行为人，通过彩票的特点承诺了回报的可能性。由此可见，只要承诺的回报具有可能性即可。

成立集资诈骗罪还要求数额较大。根据《最高人民法院关于审理非法集资刑事案件具体应用法律若干问题的解释》的规定，集资诈骗数额在10万元以上的，应当认定为数额较大。集资诈骗的数额以行为人实际骗取的数额计算，案发前已归还的数额应予扣除。行为人为实施集资诈骗活动而支付的广告费、中介费、手续费、回扣，或者用于行贿、赠与等费用，不予扣除。行为人为实施集资诈骗活动而支付的利息，除本金未归还可予折抵本金以外，应当计入诈骗数额。

（二）典型案例

张某集资诈骗案

【基本案情】

2015年起，被告人张某虚构陕建八建工程公司，并制作虚假的工商执照、租赁办公场所，对外谎称该公司挂靠在陕西建工集团第八建筑工程有限公司名下，在陕西建工集团第八建筑工程有限公司的工地上有吊篮项目，一万元可投资一个吊篮（工地上用于大楼、外部粉刷、贴瓷时工人站立，可调节升降的建筑工具），每月可获得租金3000元，会向投资人出具收款收据以确认投资。被告人张某在明知吸收资金的信息被他人向社会公众扩散的情况下，对扩散信息的行为予以放任，继续面向社会公众吸收资金。经鉴定，被告人张某累计向社会公众30人收取投资款共计768万元，已返还214.75万元，造成损失553.25万元。

【裁判结果】

法院认为，被告人张某以非法占有为目的，制作虚假的工商资料，虚构单位及盈利业务，许以高额回报，诱使他人投资，吸收资金，且所得款项亦未用于生产经营，其行为已构成集资诈骗罪，数额特别巨大。张某对外谎称投资吊篮可获取高额回报，在明知其吸收资金的信息他人已向社会公众扩散而予以放任，且未将吸收的资金用于承诺的投资项目，并明知其没有偿还能力，仍以后收取的款项支付前期的租金，形成资金漏洞，造成他人财产损失，其行为已构成集资诈骗罪，应当受到处罚。本案的犯罪数额是鉴定机构根据现有书证结合被害人陈述客观作出的，该鉴定机构具有鉴定资质，鉴定方法客观，作出的鉴定意见是真实可信的；张某不具有减轻处罚的量刑情节，依法不能减轻处罚；张某表示认罪，故可酌情从轻处罚。具体判决如下：

1. 被告人张某犯集资诈骗罪，判处有期徒刑12年，并处罚金人民币20万元。

2. 责令被告人张某退赔553.25万元发还被害人。

九、合同诈骗罪

（一）罪名介绍

法条依据：《刑法》第224条　有下列情形之一，以非法占有为目的，在签订、履行合同过程中，骗取对方当事人财物，数额较大的，处三年以下有期徒刑或者拘役，并处或者单处罚金；数额巨大或者有其他严重情节的，处三年以上十年以下有期徒刑，并处罚金；数额特别巨大或者有其他特别严重情节的，处十年以上有期徒刑或者无期徒刑，并处罚金或者没收财产：

（一）以虚构的单位或者冒用他人名义签订合同的；

（二）以伪造、变造、作废的票据或者其他虚假的产权证明作担保的；

（三）没有实际履行能力，以先履行小额合同或者部分履行合同的方法，诱骗对方当事人继续签订和履行合同的；

（四）收受对方当事人给付的货物、货款、预付款或者担保财产后逃匿的；

（五）以其他方法骗取对方当事人财物的。

《刑法》第 31 条　单位犯罪的，对单位判处罚金，并对其直接负责的主管人员和其他直接责任人员判处刑罚。本法分则和其他法律另有规定的，依照规定。

相关司法解释：《最高人民检察院、公安部关于公安机关管辖的刑事案件立案追诉标准的规定（二）》第 77 条　以非法占有为目的，在签订、履行合同过程中，骗取对方当事人财物，数额在 2 万元以上的，应予立案追诉。

犯罪构成：

犯罪主体，本罪的主体，个人或单位均可构成。犯本罪的个人是一般主体，犯本罪的单位是任何单位。

主观方面，本罪的主观方面，表现为直接故意，并且具有非法占有对方当事人财物的目的。

犯罪客体，本罪的客体，是复杂客体，即国家对经济合同的管理秩序和公私财产所有权。本罪的对象是公私财物。

客观方面，本罪的客观方面，表现为在签订、履行合同过程中，以虚构事实或者隐瞒真相的方法，骗取对方当事人财物，数额较大的行为。这里的合同，应当理解为不包括单纯的借款合同，因为利用借款合同进行诈骗相当于直接通过诈骗的手段使对方产生错误认识进而处分财物，完全符合诈骗罪的构成。

诈骗对方当事人财物必须数额较大。以非法占有为目的，在签订、履行合同过程中，骗取对方当事人财物，数额在 2 万元以上的，应予立案追诉。

《刑法》将传销行为也规定为合同诈骗罪，规定“组织、领导以推销商品、提供服务等经营活动为名，要求参加者以缴纳费用或者购买商品、服务等方式获得加入资格，并按照一定顺序组成层级，直接或者间接以发展人员的数量作为计酬或者返利依据，引诱、胁迫参加者继续发展他人参加，骗取财物，扰乱经济社会秩序的传销活动的”，也将追究刑事责任。

（二）典型案例

蔡某合同诈骗案

【基本案情】

2016年，被告人蔡某冒用北京华威建筑工程有限公司名义与张某、杜某、刘某1等人签订租房合同，以出租北京市大兴区华威SOHO房屋为名，骗取张某、杜某、刘某1等19人租房款7,270,513元，后携款潜逃。被告人蔡某于2020年9月17日被抓获归案。

【裁判结果】

法院认为，被告人蔡某以非法占有为目的，在签订、履行合同的过程中，虚构事实骗取他人财物，冒用他人名义签订合同，收受对方当事人给付的房屋租赁款后逃匿，数额特别巨大，其行为已构成合同诈骗罪，依法应予惩处。现有证据能够证实被告人蔡某以非法占有为目的，在未取得合法的施工许可手续的情况下，冒用他人名义与多名被害人签订改造后公寓长期租赁合同，并收取被害人保证金及租房款数百余万元后逃匿，数额特别巨大，其行为构成合同诈骗罪。具体判决如下：

1. 被告人蔡某犯合同诈骗罪，判处有期徒刑13年6个月，并处罚金人民币14万元。

2. 责令被告人蔡某退赔违法所得共计人民币7,270,513元，发还被害人。

3. 扣押在案的三星牌手机一部，作为证物随案保留。冻结银行账户内余额折抵退赔款，不足部分继续退赔。

十、骗取贷款、票据承兑、金融票证罪

法条依据：《刑法》第175条之一　以欺骗手段取得银行或者其他金融

机构贷款、票据承兑、信用证、保函等，给银行或者其他金融机构造成重大损失的，处三年以下有期徒刑或者拘役，并处或者单处罚金；给银行或者其他金融机构造成特别重大损失或者有其他特别严重情节的，处三年以上七年以下有期徒刑，并处罚金。

单位犯前款罪的，对单位判处罚金，并对直接负责的主管人员和其他直接责任人员，依照前款的规定处罚。

犯罪构成：

犯罪主体，通常是贷款人，但若担保人、银行职员等帮助贷款人出谋划策，掩盖真相、提供虚假材料等的，可能构成本罪的共犯。另根据《刑法》第 175 条之一第 2 款的规定，犯罪主体既可以是个人，也可以是单位。至于如何区分是单位犯罪还是个人犯罪，本节将在下面专门论述。

主观方面，应该为故意，即积极采取欺骗手段，追求获得贷款归贷款人使用的目的。如果贷款人主观上有将贷款占为己有，不再归还的目的，则应当构成贷款诈骗罪。

犯罪客体，是国家的金融管理秩序和银行或其他金融机构的贷款、票据承兑、信用证、保函等的安全。这里的“银行”，包括中国人民银行和各类商业银行。“其他金融机构”，是指除银行以外的各种开展金融业务的机构，如证券、保险、期货、外汇、融资租赁、信托投资公司等。这里的“安全”，是指骗贷行为使银行或其他金融机构的这些资产与正常贷款相比处于相对不安全状态，不利于银行的风险防范。

客观方面，在向银行申办贷款的过程中采取了欺骗手段。只要行为人在申请贷款的过程中有虚构事实、掩盖真相的情节，或者在申请贷款过程中，提供了假证明、假材料，或者不如实填写贷款资金真实用途，以骗得贷款的顺利审批，都属于“欺骗手段”。

立案标准：

以欺骗手段取得银行或者其他金融机构贷款、票据承兑、信用证、保函等，给银行或者其他金融机构造成直接经济损失数额在 50 万元以上的，应予立案追诉。

十一、重大责任事故罪

（一）罪名介绍

法条依据：《刑法》第134条第1款　在生产、作业中违反有关安全管理的规定，因而发生重大伤亡事故或者造成其他严重后果的，处三年以下有期徒刑或者拘役；情节特别恶劣的，处三年以上七年以下有期徒刑。

相关司法解释：《最高人民检察院、公安部关于公安机关管辖的刑事案件立案追诉标准的规定（一）》第8条　在生产、作业中违反有关安全管理的规定，涉嫌下列情形之一的，应予立案追诉：

（一）造成死亡一人以上，或者重伤三人以上；

（二）造成直接经济损失五十万元以上的；

（三）发生矿山生产安全事故，造成直接经济损失一百万元以上的；

（四）其他造成严重后果的情形。

犯罪构成：

犯罪主体，重大责任事故罪的主体是特殊主体。本罪的主体概括为工厂、矿山、林场、建筑企业或者其他企业、事业单位的职工。

主观方面，重大责任事故罪的罪过形式是过失。这里的过失，是指应当预见到自己的行为可能发生重大伤亡事故或者造成其他严重后果，因为疏忽大意而没有预见或者已经预见而轻信能够避免，以致发生危害结果的主观心理状态。

犯罪客体，本罪所侵犯的客体是生产安全，是公共安全的重要组成部分。危害生产安全，同样表现为能够使不特定的多数人的生命，健康或者公私财产遭受重大的损害，其特点是这些损害发生在生产过程中。

客观方面，重大责任事故罪的行为是在生产、作业中违反有关安全管理规定。这里的违反有关安全管理规定，是指违反有关生产安全的法律、法规、规章制度。这种有关安全生产的规定包括以下三种情形：

（1）国家颁布的各种有关安全生产的法律、法规等规范性文件。

（2）企业、事业单位及其上级管理机关制定的反映安全生产客观规律的各种规章制度，包括工艺技术、生产操作、技术监督、劳动保护、安全管理等方面的规程、规则、章程、条例、办法和制度。

（3）虽无明文规定，但反映生产、科研、设计、施工的安全操作客观规律和要求，在实践中为职工所公认的行之有效的操作习惯和惯例等。

本罪认定：

1. 企业、事业单位的认定

第一，是否必须是依法成立的企业、事业单位？是否必须是公有制企业、事业单位？个体私营企业是否可以成为本罪的主体？《刑法》规定重大责任事故罪，其目的在于惩治那些严重危害企业、事业单位正常的生产、作业安全秩序的行为。无论是依法成立的企业、事业单位还是非法成立的企业、事业单位的职工，无论是公有制企业、事业单位还是私有制企业、事业单位的职工，其违反规章制度造成人员伤亡或重大财产损失的行为，都是对企业、事业单位正常的生产、作业安全秩序的破坏，其行为性质是完全一样的，对同样性质的危害行为应进行同样的法律评价是刑法面前人人平等原则的基本要求。因此无论是否属于依法成立的企业、事业单位，也无论企业、事业单位的所有制性质如何，只要其客观上属于企业、事业单位，其职工就可以成为本罪的主体。对个体企业中的从业人员是否成为本罪的主体，在理论和实践上存在不同的看法。为适应新形势的需要，最高人民法院和最高人民检察院专门规定，群众合作经营组织、个体经营户的主管负责人和从业人员也属于重大责任事故罪的犯罪主体，最高人民检察院还规定无证开采的小煤矿从业人员在施工过程中强令其他从业人员违章冒险作业，造成重大责任事故的应构成重大责任事故罪。

第二，是否必须是从事生产、作业活动的企业、事业单位？从逻辑结构上看，“工厂、矿山、林场、建筑企业”是“其他企业、事业单位”这一种概念的从属概念，因此，前者的性质受制于后者的性质。既然《刑法》并没有对“其他企业、事业单位”的性质做任何的限定，就不能说凡是可以成为本罪主体的都是以从事生产、作业活动为主业的企业、事业单位的职工。而且，在实践中，不以从事生产、作业活动为主业的企业、事业单位中也有从事生产、作业活动的部门，这些部门的工作人员在从事生产、作业活动中违反规章制度造成人员伤亡或重大经济损失的事故，也会危害这些部门的生产、作业安全秩序。因此，不管企业、事业单位是否以从事生产、作业活动为主业，只要该单位中有从事生产、作业活动的部门，该企业、事业单位就属于《刑法》规定的企业、事业单位。

2. 企业、事业单位职工的认定

第一，触犯本罪的企业、事业单位职工是否必须是该单位的正式职工？企业、事业单位与其职工之间的关系形式多种多样，有合同工，聘任工，长期工，临时工等，但职工的性质并不影响其能否成为本罪的主体。因为本罪是职工在从事本单位生产、作业活动的过程中违反规章制度，造成重大责任事故的行为，只要行为人属于企业、事业单位的职工，在从事本单位的生产、作业活动过程中违反了规章制度，造成重大责任事故时，就构成本罪。

第二，是否该单位的所有职工都可以成为本罪的主体？企业、事业单位的职工是否符合本罪的主体要件，关键是看该职工的违章行为造成的重大责任事故是不是因为在其从事本单位的生产、作业活动中违反有关保障生产、作业安全的法律法规、规章制度的行为造成的，如果是，就符合了本罪的主体要件，否则，就不能以本罪追究该职工的刑事责任。简言之，只有企业、事业单位的职工在从事生产、作业活动时才可以成为本罪的主体，而不管其在从事生产、作业活动之前从事的是何种工作。

（二）典型案例

刘某等重大责任事故案

【基本案情】

2018 年 12 月 17 日，平遥县古陶镇某某委员会与被告人乔某为法定代表人的平遥县同明古建筑工程有限公司（以下简称同明公司）签订某庙复原（土建）古建筑修缮工程施工合同。后同明公司将该工程交给其公司下属的某庙复原分公司施工。2019 年 3 月，同明公司某庙复原分公司负责人冀某违规将某庙油漆彩绘复旧工程承包给没有古建筑工程资质的晋中某装饰有限公司。在某庙油漆彩绘复旧工程期间，晋中某装饰有限公司实际负责人被告人张某雇佣被告人安某，由其负责该工程的用人和施工。2019 年 5 月 30 日 8 时许，被告人刘某等人在某庙正殿前搭架子、清理垃圾，之后安某安排刘某对某庙正殿屋顶的西南角的构件插飞进行做旧操作，安某随后离开某庙。当日12时许刘某按照安某告知的做旧操作流程，先使用液化气喷枪对十多根插飞进行明火做旧操作20余分钟，随后用喷壶朝烤过的插飞喷水，等待半个小时后，刘某于13时10分许下班离开某庙。2019年5月30日14时10分许，某庙的施工人员成某看到某庙正殿屋顶西南角前檐有火苗，随后引起火灾，过火面积约为59.80平方米，火灾导致某庙正殿烧毁，东碑廊、西碑廊以及献殿轻微过火。

在该工程施工中，被告人安某、张某、冀某没有依据《消防法》第21条和《古建筑消防管理规则》第12条的相关规定，向相关部门报备审批使用明火情况。经平遥县应急管理局认定，“5·30”某庙一般火灾事故属于重大责任事故案件。根据平遥县文物局关于某庙有关情况的说明，某庙为县级文物保护单位，某庙正殿属于清代文物遗构，某庙正殿台明、梁架结构、两山墙及后墙、屋顶属于文物。根据平遥县消防救援大队出具的平消火认字〔2019〕第0009号火灾事故认定书，某庙正殿火灾的起火原因为刘某使用液化气喷火枪对某庙正殿屋顶西南角的飞椽进行炭化做旧处理时，未彻底冷却降温，该处木料处于阴燃状态，进而转变为明火燃烧状态，导致火灾发生。根据介休永信资产评估有限公司出具的晋永信评报字〔2019〕第044号关于平遥县某庙烧毁价值的评估咨询报告，被烧毁的平遥古城某庙正殿以及过火的献殿等处的损毁价值为339.0646万元。根据平遥县公安局网安大队统计，2019年5月30日14时至6月7日0时，涉平遥某庙大火相关报道6150条，负面信息占据主阵营。平遥某庙正殿火灾案发生后，国家文物局对某庙着火高度重视，要求查清原因，严肃责任追究。

案发后，五名被告人已积极赔偿全部涉案损失，其中被告人刘某赔偿3万元，被告人安某赔偿10万元，被告人张某赔偿60万元，被告人冀某赔偿236.0646万元，乔某赔偿30万元。

本案在审查起诉阶段，五名被告人均自愿签署了认罪认罚具结书。2020年1月19日，平遥县古陶镇某某委员会出具谅解书，对五被告人的行为均予以了谅解。

【裁判结果】

法院认为，被告人刘某、安某、张某、冀某、乔某在生产、作业中违反有关安全管理的规定，造成339万余元直接经济损失的严重后果，其行为均构成重大责任事故罪。其中被告人刘某作为某庙油漆彩绘复旧工程的直接施工人员违规使用明火，未能尽到安全注意义务，导致某庙火灾发生，属于直接责任人员，应承担事故发生的主要责任；被告人安某作为某庙油漆彩绘复旧工程的施工带班人，违规指挥施工人员使用明火，导致某庙火灾发生，属于直接责任人员，应承担事故发生的主要责任；被告人张某作为某庙油漆彩绘复旧工程的承包人，明知施工人员使用明火，却没有向相关部门报备审批，没有尽到安全管理职责，应承担事故发生的主要管理责任；被告人冀某作为某庙复原分公司的负责人，在负责某庙复原工程施工过程中，安全作业培训缺失，没有向相关部门报备审批使用明火情况，应承担事故发生的主要管理责任；被告人乔某作为同明公司的法定代表人，对下属某庙分公司在油漆彩绘复旧施工中没有尽到安全监管责任，应承担事故发生的次要管理责任。五名被告人到案后，均能自愿如实供述自己的罪行，认罪认罚，依法均可从宽处理。五被告人共同积极赔偿全部涉案损失，具有悔罪表现，均可酌情从轻处罚。具体判决如下：

1. 被告人刘某犯重大责任事故罪，判处有期徒刑9个月。

2. 被告人安某犯重大责任事故罪，判处有期徒刑9个月。

3. 被告人张某犯重大责任事故罪，判处有期徒刑9个月。

4. 被告人冀某犯重大责任事故罪，判处有期徒刑9个月。

5. 被告人乔某犯重大责任事故罪，判处有期徒刑9个月，缓刑1年6个月。

6. 五被告人已退赔的全部涉案损失339.0646万元上缴平遥县财政局。

十二、工程重大安全事故罪

（一）罪名介绍

法条依据：《刑法》第137条　建设单位、设计单位、施工单位、工程监理单位违反国家规定，降低工程质量标准，造成重大安全事故的，对直接责任人员，处五年以下有期徒刑或者拘役，并处罚金；后果特别严重的，处五年以上十年以下有期徒刑，并处罚金。

相关司法解释：《最高人民检察院、公安部关于公安机关管辖的刑事案件立案追诉标准的规定（一）》第13条 建设单位、设计单位、施工单位、工程监理单位违反国家规定，降低工程质量标准，涉嫌下列情形之一的，应予立案追诉：

（一）造成死亡一人以上，或者重伤三人以上；

（二）造成直接经济损失五十万元以上的；

（三）其他造成严重后果的情形。

犯罪构成：

犯罪主体，本罪的主体为特殊主体，即为单位犯罪。主体只能是建设单位、设计单位或者是施工单位及工程监理单位中，对建筑工程质量安全负有直接责任的人员。所谓建设单位，是指以营利为目的，从事房地产开发和经营的企业或者是经国家有关部门审批，具有工程建设者的资格，能支付工程价款的其他单位。设计单位，是指专门承担勘察设计任务的勘察设计单位以及其他承担勘察设计任务的勘察设计单位。施工单位，是指从事土木建筑、线路管道、设备安装和建筑装饰装修等工程新建、扩建、改建活动的建筑业企业，包括工程施工总承包企业、施工承包企业。工程监理单位是指对建筑工程专门进行监督管理，以保证质量、安全的单位。

主观方面，本罪在主观方面表现为过失。既可以是出于疏忽大意的过失，也可以是过于自信的过失。这里所说的过失，是指行为人对其所造成的危害结果的心理状态而言。但是，对行为人违反国家规定来说，有时却是明知故犯的。行为人明知是违反了国家规定，应当预见到可能发生严重后果，但因疏忽大意而没有预见，或者已经预见到会发生某种严重后果，但轻信能够避免，以致发生了严重后果。

犯罪客体，本罪侵犯的客体是人民的财产和生命安全以及国家的建筑管理制度。

客观方面，本罪在客观方面表现为违反国家规定，降低工程质量标准，造成重大安全事故的行为。违反国家规定而造成严重后果，是这种犯罪行为的本质特征。所谓违反国家规定，是指国家有关建筑工程质量监督管理方面的法律、法规。

建设单位的违规行为主要有两种情况：一是要求建筑设计单位或者施工企业压缩工程造价或增加建房的层数，从而降低工程质量；二是提供不合格的建筑材料、构配件和设备，强迫施工单位使用，从而造成工程质量下降。建筑设计单位的违规行为主要是不按质量标准进行设计。

建筑施工单位的违规行为主要有三种情况：一是在施工中偷工减料，故意使用不合格的建筑材料、构配件和设备；二是不按设计图纸施工；三是不按施工技术标准施工。

上述违规行为，是造成建筑工程重大安全事故的根本原因。

违反国家规定与严重后果之间存在因果关系，即严重后果是由于违反国家规定的行为引起的。若违反国家规定的行为与严重后果之间没有因果联系，则不构成本罪。但是，并不是任何违反与安全生产有关的国家规定的行为都构成犯罪，只有引起重大安全事故，造成严重后果，危害公共安全的行为，才构成犯罪。所谓重大安全事故是指因工程质量下降导致建筑工程坍塌，致人重伤、死亡或重大经济损失的情况。这是构成本罪的重要条件。根据司法实践经验和有关规定，所谓重大伤亡事故，一般是指死亡 1 人以上，或者重伤 3 人以上。所谓严重后果，既包括重大人身伤亡，也包括重大的直接经济损失。直接经济损失的数额，一般掌握在 5 万元以上。直接经济损失虽不足上述规定的数额，但情节严重，使生产、工作受到重大损失的，也应追究直接责任人员的刑事责任。

（二）典型案例

刘某、黄某工程重大安全事故案

【基本案情】

2018 年 4 月，湖南湘荣建筑工程有限公司望城分公司（以下简称湘荣建筑公司）与长沙新城万博置业有限公司（以下简称新城万博公司）签订建筑工程施工合同，由湘荣建筑公司负责承建位于长沙市望城区××道××号×

×期××段的工程。2018 年 7 月 20 日，湘荣建筑公司任命被告人黄某为新城国际花都五期三标生产经理（负责本项目的生产、安全、质量的全面管理工作并负主要领导责任）。2018 年 5 月，新城万博公司与深圳科宇工程顾问有限公司（以下简称深圳科宇公司）签订施工监理合同，由深圳科宇公司对新城国际花都 C 组团二标段建设工程施工进行监理。2018 年 4 月 10 日，深圳科宇公司任命被告人刘某为新城国际花都五期二、三标段工程项目总监理工程师，负责该项目监理部日常管理工作及施工现场安全质量监督管理。2019 年 2 月，湘荣建筑公司资料员陈某在整理新城国际花都五期三标段项目相关资料过程中，发现新城国际花都五期三标 C 10 栋混凝土检测报告缺失了 13 层剪力墙柱标养、14 层楼面梁板梯标养和拆模 3 份检测报告，并向生产经理被告人黄某汇报。被告人黄某违反《建筑法》《建设工程质量管理条例》《混凝土强度检验评定标准》等相关规定，凭经验认为可以等整栋楼的建设完工后再进行结构检测，既未让工地暂停施工，也未按相关规定对检测报告缺失的部位进行结构实体回弹检测或抽芯检测；此外，在发现新城国际花都五期三标 C 10 栋存在混凝土浇筑时随意加水的情况下，被告人黄某违反《混凝土质量控制标准》的规定，未及时制止并采取补救措施。被告人刘某在日常监理工作中违反《建筑法》《建设工程监理规范》等相关规定，明知新城国际花都五期三标 C 10 栋混凝土检测报告缺少 13 层剪力墙柱标养、14 层楼面梁板梯标养和拆模 3 份检测报告以及 C 10 栋存在混凝土浇筑时随意加水的情况，应当签发工程暂停令而未签发，且没及时报告建设单位，仍继续让施工单位进行现场施工。在施工过程中，由于混凝土质量存在问题、施工单位未严格对砼进行养护以及现场施工作业人员对砼随意加水等直接原因，以及施工单位内部管理不到位、监理履职不到位等间接原因，导致发生 2019 年 5 月 2 日新城国际花都五期 C 10 栋 25 层爬架支座位置出现多处砼梁开裂的重大事故。经湖南湖大土木建筑工程检测有限公司鉴定，新城国际花都五期 C 10 栋 12 层以上被检测构件中，大部分剪力墙、楼面梁的混凝土抗压强度推定值不满足设计强度要求，楼面板的混凝土抗压强度推定值不满足设计强度要求；18、26 层剪力墙混凝土的安定性符合要求。经湖南天鉴造价咨询有限公司评估，新城国际花都五期 C 10 栋整改工程预算总造价金额为 2, 767, 317. 15 元。

另查明，新城国际花都五期 C 10 栋 12 层至 27 层已拆除重建。

再查明，长沙市望城区城市管理和综合执法局就湖南湘荣建筑工程有限公司在承建新城国际花都五期三标项目 C 10 栋过程中，对砼进场质量把关不严，导致将不合格的商品砼浇筑到该建筑的主体结构中，造成该工程主体结构部分强度不能满足设计要求以及对进场的砼随意加水后进行浇筑，在收到监理单位的通知后未按要求及时制止并采取补救措施等违法行为，于 2020 年 4 月 7 日作出行政处罚决定，内容包括：（1）对湖南湘荣建筑工程有限公司罚款人民币 716, 983. 53 元；（2）对深圳科宇工程顾问有限公司罚款人民币 65 万元；（3）对刘某罚款人民币 45, 500 元；（4）对黄某才罚款人民币 50, 188. 85 元。

长沙市望城区城市管理和综合执法局就深圳科宇公司在监理新城国际花都五期三标项目 C 10 栋过程中，在混凝土进场时未能发现进场的混凝土配合比报告与其附件中的主材料编号不一致，直接在浇灌令上混凝土配合比签字栏中签署符合要求的监理意见，以及在混凝土养护未到期、强度未达标、底模未拆以及明知施工单位施工人员在混凝土浇筑时加水并未退场且制止无效的情况下，直接在混凝土浇筑部位的报审报验表及混凝土施工检验批质量验收记录上签署符合要求的监理意见等，针对上述履职不到位的违法行为，于 2020 年 5 月 9 日作出行政处罚决定，内容包括：（1）对湖南湘荣建筑工程有限公司罚款人民币 716, 983. 53 元；（2）对深圳科宇工程顾问有限公司罚款人民币 65 万元；（3）对刘某罚款人民币 45, 500 元；（4）对黄某才罚款人民币 50, 188. 85 元。

被告人刘某、黄某的罚款均已缴纳。

被告人刘某、黄某向公安机关投案自首后，均如实供述了自己的犯罪事实。

【裁判结果】

法院认为，被告人刘某作为工程监理单位任命的项目总监，未按照《建设工程监理规范》的有关规定认真履行职责，对工程施工方违反国家规定，降低工程质量标准的行为未严格按照《建设工程监理规范》的有关规定进行监督管理，发现工程存在安全事故隐患时未及时下发整改通知书或工程暂停令；被告人黄某作为施工单位任命的现场生产经理，在工程建设中，违反国家建筑行业规定，降低工程质量标准，造成重大安全事故，直接经济损失达2,767,317.15元，被告人刘某、黄某均系直接责任人员，其行为均已构成工程重大安全事故罪。本案造成国家重大经济损失系多因一果，被告人刘某、黄某的行为是导致本案损害结果的诸多原因之一，辩护人提出被告人的行为系导致本案的原因之一的辩护意见，本院予以采纳，根据罪责刑相适应的原则，本院依法对被告人刘某、黄某从轻处罚。被告人刘某、黄某均自动投案，并如实供述了自己的罪行，是自首，均自愿认罪认罚，依法从轻处罚和从宽处理。具体判决如下：

1. 被告人刘某犯工程重大安全事故罪，判处有期徒刑1年4个月，并处罚金人民币8万元（行政罚款45,500元折抵相应罚金，剩余罚金34,500元已预缴）。

2. 被告人黄某犯工程重大安全事故罪，判处有期徒刑1年4个月，并处罚金人民币8万元（行政罚款50,188.85元折抵相应罚金，剩余罚金29,811.15元已预缴）。

十三、重大劳动安全事故罪

（一）罪名介绍

法条依据：《刑法》第135条　安全生产设施或者安全生产条件不符合国家规定，因而发生重大伤亡事故或者造成其他严重后果的，对直接负责的主管人员和其他直接责任人员，处三年以下有期徒刑或者拘役；情节特别恶劣的，处三年以上七年以下有期徒刑。

相关司法解释：《最高人民法院关于审理交通肇事刑事案件具体应用法律若干问题的解释》第8条第2款　在公共交通管理的范围外，驾驶机动车辆或者使用其他交通工具致人伤亡或者致使公共财产或者他人财产遭受重大损失，构成犯罪的，分别依照刑法第一百三十四条、第一百三十五条、第二百三十三条等规定定罪处罚。

《最高人民法院、最高人民检察院关于办理危害生产安全刑事案件适用

法律若干问题的解释》第6条　实施刑法第一百三十二条、第一百三十四条第一款、第一百三十五条、第一百三十五条之一、第一百三十六条、第一百三十九条规定的行为，因而发生安全事故，具有下列情形之一的，应当认定为“造成严重后果”或者“发生重大伤亡事故或者造成其他严重后果”，对相关责任人员，处三年以下有期徒刑或者拘役：

（一）造成死亡一人以上，或者重伤三人以上的；

（二）造成直接经济损失一百万元以上的；

（三）其他造成严重后果或者重大安全事故的情形。

实施刑法第一百三十四条第二款规定的行为，因而发生安全事故，具有本条第一款规定情形的，应当认定为“发生重大伤亡事故或者造成其他严重后果”，对相关责任人员，处五年以下有期徒刑或者拘役。

实施刑法第一百三十七条规定的行为，因而发生安全事故，具有本条第一款规定情形的，应当认定为“造成重大安全事故”，对直接责任人员，处五年以下有期徒刑或者拘役，并处罚金。

实施刑法第一百三十八条规定的行为，因而发生安全事故，具有本条第一款第一项规定情形的，应当认定为“发生重大伤亡事故”，对直接责任人员，处三年以下有期徒刑或者拘役。

《最高人民法院、最高人民检察院关于办理危害生产安全刑事案件适用法律若干问题的解释》第7条　实施刑法第一百三十二条、第一百三十四条第一款、第一百三十五条、第一百三十五条之一、第一百三十六条、第一百三十九条规定的行为，因而发生安全事故，具有下列情形之一的，对相关责任人员，处三年以上七年以下有期徒刑：

（一）造成死亡三人以上或者重伤十人以上，负事故主要责任的；

（二）造成直接经济损失五百万元以上，负事故主要责任的；

（三）其他造成特别严重后果、情节特别恶劣或者后果特别严重的情形。

实施刑法第一百三十四条第二款规定的行为，因而发生安全事故，具有本条第一款规定情形的，对相关责任人员，处五年以上有期徒刑。

实施刑法第一百三十七条规定的行为，因而发生安全事故，具有本条第一款规定情形的，对直接责任人员，处五年以上十年以下有期徒刑，并处罚金。

实施刑法第一百三十八条规定的行为，因而发生安全事故，具有下列情形之一的，对直接责任人员，处三年以上七年以下有期徒刑：

（一）造成死亡三人以上或者重伤十人以上，负事故主要责任的；

（二）具有本解释第六条第一款第一项规定情形，同时造成直接经济损失五百万元以上并负事故主要责任的，或者同时造成恶劣社会影响的。

犯罪构成：

犯罪主体，本罪的主体为特殊主体，即单位中对排除事故隐患，防止事故发生负有职责义务的主管人员和其他直接责任人员。这里的单位，根据《劳动法》第2条的规定，其范围非常广泛，既包括一切在中华人民共和国境内设立的企业和个体经济组织，也包括其他与劳动者建立了劳动合同关系的国家机关、事业组织和社会团体。在司法实践中，重大劳动安全事故罪主要发生在从事生产、经营的企业和个体经济组织中。对排除事故隐患，防止事故发生负有职责义务的主管人员和其他直接责任人员，通常是指用人单位的法定代表人、厂长、经理、主管劳动安全和劳动卫生的副厂长、副经理，以及直接负责有关劳动安全和劳动卫生工作的安全员、电工，等等。由于国家工作人员失职造成重大事故的，可以直接依照《刑法》的规定，以他罪追究处罚，所以，本罪的主体中不包括国家工作人员。

主观方面，本罪在主观方面表现为过失，有关直接责任人员在主观心态上只能表现为过失。所谓过失，是指有关直接责任人员在主观意志上并不希望发生事故。对于单位存在的事故隐患，有关直接责任人则是明知或者应该知道的，有的甚至是经劳动行政部门或者其他有关部门多次责令改正而未改正。造成这种情况的原因，有的是片面追求经济效益，不肯在劳动安全和劳动卫生方面进行投入；有的是工作不负责任，疏忽怠惰；有的是心存侥幸心理。无论属于哪各种情况，都不影响构成本罪，但在具体量刑时可以将原因作为酌定情节予以考虑。

犯罪客体，本罪侵犯的客体是工厂、矿山、林场、建筑企业或者其他企业、事业单位的劳动安全，即劳动者的生命、健康和重大公私财产的安全。劳动者作为生产力中的决定性因素，对经济、社会的发展起着非常重要的作用。因此，必须注重对劳动者安全和健康的保护。

客观方面，本罪在客观方面表现为厂矿等企业、事业单位的劳动安全设施不符合国家规定，经有关部门或单位职工提出后，仍不采取整改措施，因而发生重大伤亡事故或者造成其他严重后果的行为。构成本罪，在客观方面必须具备以下相互关联的要件：

（1）厂矿等企业、事业单位的劳动安全设施不符合国家规定，存在事故隐患。所谓劳动安全设施，是指为了防止和消除在生产过程中的伤亡事故，防止生产设备遭到破坏，用以保障劳动者安全的技术设备、设施和各种用品。主要有：一是防护装置，即用屏护方法使人体与生产中危险部分相隔离的装置；二是保险装置，即能自动消除生产中由于设备事故和部件损害而引起的人身事故危害的装置，如安全阀、自动跳闸、卷扬限制器等；三是信号装置，即应用信号警告、预防危险的装置，如信号灯、电器指示灯等；四是危险牌示和识别标志，即危险告示标志和借助醒目颜色或图形判断是否安全的标志。劳动安全设施必须符合国家规定，即符合国家立法机关、生产主管部门制定、颁布的一系列保障安全生产、保护劳动者人身安全和合法权益的法律、法规和规章制度中规定的标准。事故隐患是指由于劳动安全设施不符合国家规定而潜藏着的发生事故的苗头、祸患，仅限于劳动安全设施方面的事故隐患。如未给在有危害健康的气体、蒸气或者粉尘的场所操作的工人发口罩、防护眼镜和防毒面具的；未给在有噪声、强光辐射热和飞溅火花碎片、刨屑的场所操作的工人发护耳器、防护眼镜、面具或帽盔的；未给从事电器操作的人发绝缘革化、绝缘手套的；未给在高空作业的工人配备安全带的；机器设备的危险部分未安装防护装置的；压力机械的施压部分未安装安全装置的；电气设备和线路的绝缘性能不佳，电气设备未设必要的可熔保险器或自动开关的；车间或者工作地点所含游离二氧化硅10%以上的粉尘高于每立方米2毫克的；对散发有害健康的蒸气、气体的设备未严加紧闭的等。厂矿企事业单位的劳动安全设施不符合国家规定，存在事故隐患是发生重大劳动安全事故的直接原因，也是构成本罪的前提条件；如果重大事故的发生并不是由于劳动安全设施不符合国家规定，而是由于其他原因如有人故意破坏、放火等引起的，则不构成重大劳动安全事故罪。

（2）发生了重大伤亡事故或者造成了其他严重后果。所谓重大伤亡事故，根据司法解释，是指死亡 1 人以上或者重伤 3 人以上的事故。其他严重后果，是指造成了重大经济损失；或者造成了重大政治影响；或者引起单位职工强烈不满，导致罢工、停产等。

（二）典型案例

吾某重大劳动安全事故案

【基本案情】

2017 年 6 月 7 日，新疆某建筑工程有限公司参加了米东区房屋征收与补偿管理办公室 2017 年度征收项目拆除竞标公司入围招标并中标后，与乌鲁木齐市米东区房屋征收与补偿管理办公室签订了米东区卡子湾“健康产业园项目”的房屋拆除工程承包合同，合同约定新疆某某建筑工程有限公司法定代表人依拉某某·某某亚孜为工程项目负责人，全权负责工程拆除事宜并及时向甲方通报工程拆除有关情况。该公司授权委托被告人吾某全权负责涉及拆除工作的安全、管理、维稳、施工等事宜，同时承担该区域拆除工作的一切法律及经济责任。2018 年 3 月 13 日，被告人吾某安排其雇佣的镐头机驾驶员受害人库某和本公司驾驶员塔某两人，平整位于卡子湾联丰二队一处已被拆除了一半的四层民用危楼周围的场地，拆除前的准备工作，未采取任何安全措施。2018 年 3 月 13 日 17 时 30 分左右，受害人库某操作镐头机在距离危楼东北侧 5 米左右位置击打地下室的水泥顶板，塔某操作镐头机在距离危楼北侧 20 米左右位置击打地下室的水泥顶板。作业过程中，被拆除一半的危楼突然向东侧倒塌，水泥板及横梁砸在受害人库某操作的镐头机大臂上，镐头机倾覆，驾驶室变形，受害人库某头部被驾驶室的侧门撞击，被告人吾某与塔某等人在现场进行施救并拨打了“120”急救电话。“120”急救车赶到现场时受害人库某已死亡。经乌鲁木齐市公安局米东区分局法医室检验确定库某为“意外”（颅脑挫伤）死亡。2018 年 3 月 14 日，新疆某建筑工程有限公司与受害人库某亲属达成赔偿协议。新疆某建筑工程有限公司向受害人库某亲属支付赔偿款 40 万元。

该事故发生后，乌鲁木齐市米东区人民政府组织区安监局、建设局、房屋征收与补偿管理办公室、监察局、总工会、人社局、公安分局、地磅街道办事处、专家等部门组成事故调查组进行调查，出具调查报告认定事故发生的原因：（1）直接原因：①新疆某建筑工程有限公司在2017年10月对该楼房东侧的一半进行毁坏性拆除，遗留的半栋楼房平衡体系与承重结构受到破坏，拆除过程中未采取任何安全措施是造成此次事故的直接原因之一；②库某操作镐头机在该危楼东北侧大概5米远的地下室水泥顶进行毁坏性拆除作业，机械作业过程中的振动波及危楼，导致该楼东北侧承重结构失效而引发整体倒塌，是造成此次事故的直接原因之二。（2）间接原因：①项目经理被告人吾某现场风险辨识、安全检查不到位，违法本公司《拆除施工方案》中“施工前检查危旧房，必要时进行临时加固”“在拆除危险区设置警戒区标志”的要求，未及时发现并消除事故隐患，是造成此次事故的间接原因之一；②新疆某建筑工程有限公司现场安全管理缺失，人员培训教育未落实等。

该事故调查组对事故责任单位及相关责任人员的处罚建议为：（1）对新疆某建筑工程有限公司给予罚款30万元的行政处罚；（2）库某对现场作业环境缺乏必要的风险辨识能力，盲目进入现场作业，对此次事故发生负有直接责任，鉴于其已在事故中死亡，不再进行责任追究；（3）依拉某某·某某亚孜作为新疆某建筑工程有限公司法定代表人，未履行职责对事故发生负有主要责任，建议追究刑事责任；（4）被告人吾某作为新疆某建筑工程有限公司项目经理，是拆除项目的具体负责人，未认真履行职责，对事故发生负有重要责任，建议由新疆某建筑工程有限公司依据公司规章制度处理。乌鲁木齐市公安局米东区分局接到该事故案件移送后立案，于2018年11月5日，将被告人吾某电话传唤到案。

【裁判结果】

法院认为，被告人吾某接受公司的授权委托全权负责涉及拆除工作的安全、管理、维稳、施工等事宜，成为拆除项目的主管人员，违反公司《拆除施工方案》中“施工前检查危旧房，必要时进行临时加固”“在拆除危险区设置警戒区标志”的要求，对安全检查不到位，未及时发现并消除事故隐患，因而发生重大伤亡事故，致1人死亡，对事故发生负有一定责任，其行为已构成重大劳动安全事故罪。被告人吾某在事故发生后积极参与救援，配合事故调查，接到公安机关电话传唤主动到案，归案后能如实供述其犯罪事实，属自首，应从轻或减轻处罚。结合被告人吾某在事故中应承担的间接责任、认罪悔罪表现和社会危害性，可以认定其没有再犯罪的危险，宣告缓刑对所居住社区没有重大不良影响，可以适用缓刑。最终判决：

被告人吾某犯重大劳动安全事故罪，判处拘役3个月，缓刑3个月。

十四、串通投标罪

（一）罪名介绍

法条依据：《刑法》第223条　投标人相互串通投标报价，损害招标人或者其他投标人利益，情节严重的，处三年以下有期徒刑或者拘役，并处或者单处罚金。

投标人与招标人串通投标，损害国家、集体、公民的合法利益的，依照前款的规定处罚。

《刑法》第231条　单位犯本节第二百二十一条至第二百三十条规定之罪的，对单位判处罚金，并对其直接负责的主管人员和其他直接责任人员，依照本节各该条的规定处罚。

犯罪构成：

犯罪主体，本罪的主体就招标人而言，是特殊主体，就投标人而言，是一般主体，凡达到刑事责任年龄且具备刑事责任能力的自然人均能构成本罪。依《刑法》第231条之规定，单位也能成为本罪主体，单位犯本罪的，实行两罚制，即对单位判处罚金，对其直接负责的主管人员和其他直接责任人员追究相应的刑事责任。本罪属于共同犯罪，构成本罪的投标人或招标人都是共同犯罪的实行犯，行为人有可能有主犯和从犯之分，但不存在教唆犯和胁从犯。

主观方面，本罪在主观方面必须出于故意，即明知自己串通投标的行为会损害招标人或其他投标人的利益，但仍决意为之，并希望或放任这种危害后果的发生。过失不能构成本罪，其动机可多种多样，有的为了自己中标，而获取不法利益；有的为了排挤、陷害其他投标人；有的出于江湖义气；有的碍于情面；等等。但无论动机如何，都不影响本罪成立。

犯罪客体，本罪侵犯的是复杂客体，既侵犯其他投标人或国家、集体的合法权益，又侵犯社会主义市场经济的自由贸易和公平竞争的秩序。招标投标是市场交易的一种方式，一般为大宗商品买卖或建设大型建筑工程时常常采用的一种交易方法。这是投标人根据招标人的条件提出自己要求的价格和相应条件，开列清单向招标方投函的活动。到一定时期，由事主召集所有投标人当场开标，选择其中质量最精良、价格最合算者为中标人，再由招标方与之订立合同，进行交易。投标具有要约性质，其要件主要有：（1）应指向招标人；（2）须依据招标人要求进行；（3）须包括订立合同的基本条件，以招标人承诺为目的。招标一般有三种形式：一是一般的竞争招标。只要具备一定条件都可以参加招标；二是指名的竞争招标，即指定两个以上的人参加招标，然后择优确定中标人；三是特定招标，即指定一个对象（声誉信用、技术较高者）来投标。除特定招标外，一般是招标投标，即以招标的表示，使投标人分别提出条件，由招标人选择其中最优者，并与之订立合同的一种法律形式。招标投标既然是市场竞争手段，必然竞争激烈。这样，就出现了投标中的不正当竞争行为，我国法律明令禁止这种不正当竞争行为。

客观方面，本罪在客观方面表现为串通投标的行为。所谓串通投标是指在招标投标过程中，违反有关程序所发生的限制竞争行为的统称，具体地说，就是指在招标投标的过程中，投标人之间私下串通，抬高标价或压低标价，共同损害招标人或其他投标人的利益，或者投标人与招标人之间相互勾结，损害国家、集体、公民的合法权益的行为，主要有两种表现形式：

1. 投标人相互串通投标

投标者相互串通投标指参加投标的经营者彼此之间通过口头或书面协议、约定，就投标报价互相通气，以避免相互竞争，或协议轮流在类似项目中中标，共同损害招标人或其他投标人的利益的行为。投标人相互串通投标主要有以下几种表现形式：（1）投标人之间相互约定，一致抬高投标报价；（2）投标人之间相互约定，一致压低投标报价；（3）投标人之间约定，在类似项目中轮流以高价位或低价位中标。所谓投标报价，是指投标人向招标人出示的愿意付出的价格。标价一般来说应当以招标人提出的工程量化表作为计算的基础，并考虑中标率、投标企业的未来、竞争人数、竞争者投标条件等因素，在投标总额预算中加入适当百分比的利润形成。

2. 投标人与招标人串通投标

投标人与招标人串通投标是指招标人与特定投标人在招标投标活动中，以不正当手段从事私下交易，使公开招标投标流于形式，共同损害国家、集体、公民（包括其他投标人）的利益的行为。

投标人与招标人串通投标行为主要表现为：

（1）招标人故意泄露标底，即招标人有意向某一特定投标人透露其标底的行为；

（2）招标人私下启标泄露，即招标人在公开开标之前，私下开启投标人标书，并通告给尚未报送标书的投标人；

（3）招标人故意引导促使某人中标，即招标人在要求投标人就其标书作澄清事实时，故意做引导性提问，以促成该投标人中标；

（4）招标实行差别对待，即招标在审查、评选标书时，对同样的标书实行差别对待，或者对不同的投标人实施差别对待；

（5）招标人故意让不合格投标人中标，即招标人允许不符合投标资格的投标人参加投标，并让其中标；

（6）投标人贿赂获密，即投标人通过贿赂手段，在公开开标之前，从招标人处获取投标人报价或其他投标条件的行为；

（7）投标人给招标人标外补偿，即投标人有意与招标人商定，在公开投标时压低标价，中标后再给招标人以额外补偿；

（8）招标人给投标人标外偿金，即招标人与某投标人商定，在公开投标时，故意抬高标价，使标价高于通常价，而致其他投标人上当吃亏。高价定标后，招标人按约定给故意抬高标价的投标人一定的偿金。

本罪属情节犯，只有情节严重的串通投标报价，损害招标人或者其他投标人利益的行为才能构成本罪；情节不严重，即使实施了串通投标，损害招标人或者其他投标人利益的行为，也不能以本罪论处。所谓情节严重，主要是指采用卑劣手段串通投标的；多次实施串通投标行为的；给招标人或者其他投标人造成严重经济损失的；造成恶劣的影响甚至国际影响的；等等。

（二）典型案例

安徽某工程有限公司、张某、夏某等串通投标案

【基本案情】

2018 年 3 月，肥东县白龙镇2018 年畅通工程第一期施工项目公开招标，被告人张某、孙某为了承建该工程，二人经商量，由安徽某工程有限公司、张某寻找公司参与投标，由孙某承担参与投标的报名费、标书费等相关费用，后张某安排夏某通过贺某等人找来某水电有限公司、安徽某建设工程有限公司、安徽某建筑工程有限公司、安徽某交通有限公司等多家公司参与投标，并提供报名费、标书费等。开标前，安徽某工程有限公司分别向某水电有限公司、安徽某建设工程有限公司、安徽某建筑工程有限公司、安徽某交通有限公司等多家公司提供保证金人民币 35 万元，后该工程由安徽某工程有限公司以人民币 10, 154, 826 元中标，由孙某实际施工，孙某支付安徽某工程有限公司中标价 2% 作为管理费及相关投标费用。

2018 年 9 月，“肥东经开区金阳南路（南环路—横大路）道路改造工程”施工项目公开招标，被告人徐某为了承建该工程，在招投标活动中，通过韦某（另案处理）等人找来多家公司参与投标，又通过张某、夏某联系贺某等人找来十余家有限公司参与投标。开标前，徐某分别向相关公司各提供保证金人民币 30 万元及报名费、标书费等。后该工程由安徽某工程有限公司以人民币 6, 624, 128 元中标，由徐某实际施工，徐某支付安徽某工程有限公司中标价 2% 作为管理费。

案发后，被告人张某退赃人民币 30 万元；被告人徐某退赃人民币 5 万元；被告人孙某退赃人民币 5 万元；被告人贺某退赃人民币 5500 元。

另查明：被告人张某、夏某、徐某、孙某、贺某均由公安机关电话通知到案，归案后均能如实供述上述主要犯罪事实，张某代表公司退缴违法所得 30 万元。

【裁判结果】

法院认为，被告单位与被告人徐某、孙某为获取招标工程，伙同被告人

贺某等人串通投标报价，情节严重，其行为均构成串通投标罪，且属共同犯罪。被告人张某、夏某作为被告公司主管人员和其他责任人员，其行为均构成串通投标罪。在串通投标共同犯罪中，被告人张某、夏某、徐某、孙某经事先商量，行为积极主动，同系主犯，应按照其所参与的或者组织、指挥的全部犯罪处罚；被告人贺某地位和作用均属次要，系从犯，应从轻处罚。被告人徐某具有前科，可酌情从重处罚。鉴于被告人张某、夏某、徐某、孙某、贺某系自行到案，并如实供述自己的主要罪行，五被告人及被告单位均构成自首，且自愿接受处罚，结合各被告人的认罪态度和悔罪表现，对其所犯串通投标罪可从轻处罚。具体判决如下：

1. 被告单位安徽某工程有限公司犯串通投标罪，判处罚金人民币30万元（已缴纳）。

2. 被告人张某犯串通投标罪，判处有期徒刑10个月，缓刑1年，并处罚金人民币20万元（已缴纳）。

3. 被告人夏某犯串通投标罪，判处有期徒刑8个月，并处罚金人民币8万元（已缴纳）。

4. 被告人徐某犯串通投标罪，判处有期徒刑7个月，并处罚金人民币20万元（已缴纳）。

5. 被告人孙某犯串通投标罪，判处有期徒刑6个月，缓刑1年，并处罚金人民币20万元（已缴纳）。

6. 被告人贺某犯串通投标罪，判处罚金人民币2万元（已缴纳）。

7. 对被告单位安徽某工程有限公司（张某）、徐某、孙某、贺某退缴在案的违法所得人民币405,500元予以追缴，由查扣机关上缴国库。

十五、非法占用农用地罪

（一）罪名介绍

法条依据：《刑法》第342条 违反土地管理法规，非法占用耕地、林地等农用地，改变被占用土地用途，数量较大，造成耕地、林地等农用地大量毁坏的，处五年以下有期徒刑或者拘役，并处或者单处罚金。

《刑法》第342条之一 违反自然保护地管理法规，在国家公园、国家级自然保护区进行开垦、开发活动或者修建建筑物，造成严重后果或者有其他恶劣情节的，处五年以下有期徒刑或者拘役，并处或者单处罚金。

有前款行为，同时构成其他犯罪的，依照处罚较重的规定定罪处罚。

相关司法解释：《最高人民法院关于审理破坏土地资源刑事案件具体应用法律若干问题的解释》第3条 违反土地管理法规，非法占用耕地改作他用，数量较大，造成耕地大量毁坏的，依照刑法第三百四十二条的规定，以非法占用耕地罪[①]定罪处罚：

（一）非法占用耕地“数量较大”，是指非法占用基本农田五亩以上或者非法占用基本农田以外的耕地十亩以上。

（二）非法占用耕地“造成耕地大量毁坏”，是指行为人非法占用耕地建窑、建坟、建房、挖沙、采石、采矿、取土、堆放固体废弃物或者进行其他非农业建设，造成基本农田五亩以上或者基本农田以外的耕地十亩以上种植条件严重毁坏或者严重污染。

《最高人民法院关于审理破坏土地资源刑事案件具体应用法律若干问题的解释》第8条 单位犯非法转让、倒卖土地使用权罪、非法占有耕地罪的定罪量刑标准，依照本解释第一条、第二条、第三条的规定执行。

《最高人民法院关于审理破坏土地资源刑事案件具体应用法律若干问题的解释》第9条 多次实施本解释规定的行为依法应当追诉的，或者一年内多次实施本解释规定的行为未经处理的，按照累计的数量、数额处罚。

犯罪构成：

犯罪主体，本罪的主体既可以是自然人，也可以是单位。自然人非法占用农用地，主要是指凡年满16周岁，具备刑事责任能力的实施了非法占用农用地行为的自然人。根据《土地管理法》第62条的规定，农村村民住宅用地，经乡（镇）人民政府审核，由县级人民政府批准；其中，涉及占用农用地的，由省、自治区、直辖市人民政府批准。凡违反该程序私自占用数量较大农用地的居民均可构成本罪的主体。单位非法占用农用地，主要是指单位

① 2002年取消非法占用耕地罪，改为非法占用农用地罪。

在国家建设用地、本单位发展建设和乡（镇）村建设用地过程中，违反土地管理法规，非法占用农用地改作他用，数量较大，造成农用地大量毁坏的行为。这里的单位，既包括国有的公司、企业、事业单位，也包括集体所有的公司、企业、事业单位以及合资或独资、私人所有的公司、企业以及国家各级权力机关、行政机关、审判机关、检察机关和人民团体和社会团体。至于土地管理机关侵权或越权审批占用农用地的，无权审批或无权发放使用证的机关批准占用农用地或有权审批机关超越权限、职权批准占用农用地且数量较大的，通常视为单位构成非法批准征收、征用、占用土地罪，而不以本罪论。

主观方面，本罪在主观方面表现为故意，即明知占用农用地改作他用的行为违反土地管理法规，而且对于占用农用地改作他用会造成大量农用地被毁坏的结果也是明知的。明知自己的行为会发生危害社会的结果，仍然希望或者放任结果的发生，在主观上为故意。行为人非法占用农用地的动机多种多样，但不影响本罪的成立。

犯罪客体，本罪侵犯的客体是国家的土地管理制度。本罪的对象是农用地资源。农用地资源分为已开垦的农用地和尚未开发利用的后备农用地。开垦的农用地包括熟地、当年新开荒地、连续撂荒未满 3 年的农用地、当年的休闲地、以种植农作物为主并附带其他作物的土地和沿海沿湖地区围垦利用的海涂湖田等。根据《基本农田保护条例》第 10 条的规定，属于基本农田所包含的农用地范围分别是：国务院有关主管部门和县级以上地方人民政府批准确定的粮、棉、油生产基地内的农用地；有良好的水利与水土保持设施的农用地，正在实施改造计划以及可以改造的中、低产田；蔬菜生产基地；农业科研、教学实验田。

客观方面，本罪在客观方面表现为违反土地管理法规，非法占用农用地改作他用，数量较大，造成农用地大量毁坏的行为。

违反土地管理法规，是指违反了《土地管理法》、《全国人民代表大会常务委员会关于修改〈中华人民共和国土地管理法〉的决定》、《土地管理法实施条例》、《土地复垦条例》、《基本农田保护条例》、《水土保持法》和《农业法》等与土地管理相关的法规。《土地管理法》规定，各级人民政府应当采取措施，保护农用地，维护排灌工程设施，改良土壤，提高地力，防治土地沙化、盐渍化、水土流失，制止荒废和破坏农用地的行为。非农业建设必须节约使用土地，可以利用荒地的，不得占用农用地；可以利用劣地的，不得占用好地。

非法占用农用地，是指未经法定程序审批、登记、核发证书、确认土地使用权，而占用农用地的行为。非法占有农用地行为通常表现为：其一，未经批准占用农用地，即未经国家土地管理机关审理，并报经人民政府批准，擅自占用农用地的；其二，少批多占农用地的，即部分农用地的占用是经过合法批准的，但超过批准的数量且多占农用地的数量较大的；其三，骗取批准而占用农用地的，主要是以提供虚假文件、谎报用途或借用、盗用他人的名义申请等欺骗手段取得批准手续而占用农用地，且数量较大的。

改作他用是指改变农用地的种植用途而做其他方面使用，如开办企业、建造住宅、筑路、采石、采矿、采土、采河、倾倒废物等。

非法占用农用地数量较大且造成农用地大量毁坏结果的，是非法占用农用地罪的必备要件。至于数量较大的具体标准，法律没有明文规定，根据《土地管理法》对土地的征用或使用做了详细的规定，征用基本农田、基本农田以外的农用地超过 35 公顷、其他土地超过 70 公顷的，由国务院批准；征用上述规定以外的土地，由省、自治区、直辖市人民政府批准。如果违反上述有关土地管理的审批程序或所规定的数量而多征用、使用农用地的行为，就是违反《土地管理法》的非法占用农用地的行为。司法实践中也可根据当时当地农用地面积的大小、质量优劣的状况等情况综合衡量非法占用农用地的数量是否较大。“造成农用地大量毁坏”，是指非法占用农用地导致农用地种植功能基本丧失，如造成土地板结、沙化、盐渍化、水土严重流失、土壤肥力消失等。

根据立法解释，“违反土地管理法规”，是指违反《土地管理法》《森林法》《草原法》等法律以及有关行政法规中关于土地管理的规定。根据 2000 年 6 月 19 日发布的《最高人民法院关于审理破坏土地资源刑事案件具体应用法律若干问题的解释》，非法占用农用地“数量较大”，是指非法占用基本农田 5 亩以上或者非法占用基本农田以外的其他农用地 10 亩以上；“造成农用地大量毁坏”，是指行为人非法占用农用地建窑、建坟、建房、挖沙、采石、采矿、取土、堆放固体废弃物或者进行其他非农业建设，造成基本农田 5 亩以上或者基本农田以外的农用地 10 亩以上种植条件严重毁坏或者严重污染。根据 2005 年 12 月 26 日发布的《最高人民法院关于审理破坏林地资源刑事案件具体应用法律若干问题的解释》，违反土地管理法规，非法占用林地，改变被占用林地用途，在非法占用的林地上实施建窑、建坟、建房、挖沙、采石、采矿、取土、种植农作物、堆放或排泄废弃物等行为或者进行其他非林业生产、建设，造成林地的原有植被或林业种植条件严重毁坏或者严重污染，属于非法占用林地的行为。非法占用并毁坏防护林地、特种用途林地数量分别或者合计达到 5 亩以上的；非法占用并毁坏其他林地数量达到 10 亩以上的；非法占用并毁坏上述林地，数量分别达到相应规定的数量标准的 50% 以上的；非法占用并毁坏上述林地，其中一项数量达到相应规定的数量标准的 50% 以上，且两项数量合计达到该项规定的数量标准的，应以犯罪论处。根据 2012 年 11 月 2 日发布的《最高人民法院关于审理破坏草原资源刑事案件应用法律若干问题的解释》，违反《草原法》等土地管理法规，非法占用草原，改变被占用草原用途，数量较大，造成草原大量毁坏的，以非法占用农用地罪定罪处罚。非法占用草原，改变被占用草原用途，数量在 20 亩以上的，或者曾因非法占用草原受过行政处罚，在 3 年内又非法占用草原，改变被占用草原用途，数量在 10 亩以上的，应当认定为“数量较大”。非法占用草原，改变被占用草原用途，数量较大，具有下列情形之一的，应当认定为“造成耕地、林地等农用地大量毁坏”：

（1）开垦草原种植粮食作物、经济作物、林木的；

（2）在草原上建窑、建房、修路、挖砂、采石、采矿、取土、剥取草皮的；

（3）在草原上堆放或者排放废弃物，造成草原的原有植被严重毁坏或者严重污染的；

（4）违反草原保护、建设、利用规划种植牧草和饲料作物，造成草原沙化或者水土严重流失的；

（5）其他造成草原严重毁坏的情形。

（二）典型案例

云南某建筑工程有限公司、刁某非法占有农用地案

【基本案情】

2017年10月，云南某建筑工程有限公司修建富宁县劳坝村至富宁县的乡村公路时，在富宁县劳坝小组建立一临时采石场，所占用农用地未到国土部门办理临时用地审批手续。经富宁县国土资源局于2018年5月4日对非法占用农用地面积进行测量，结果为非法占用基本农田14.02亩、草地0.9亩、有林地0.48亩。

【裁判结果】

法院认为，被告单位云南某建筑工程有限公司违反土地管理法规，非法占用农用地用于堆放石料，被占用的农用地数量较大，被告人刁某为项目的直接负责人，云南某建筑工程有限公司、被告人刁某的行为触犯了《刑法》第342条的规定，犯罪事实清楚，证据确实、充分，应当以非法占用农用地罪追究被告单位和被告人的刑事责任。被告单位自愿认罪认罚，可以从宽处罚。富宁县国土资源局于2018年5月2日至7日对云南某建筑工程有限公司南劳坝石场非法占用富宁县小组集体土地使用权立案调查，调查发现云南某建筑工程有限公司南劳坝石场非法占用农用地的行为已达刑事立案标准，于2018年11月27日将案件移送富宁县公安局处理。富宁县公安局于2018年11月30日立案侦查，公安机关虽然已经掌握了被告人的犯罪事实，但被告人还未受到讯问或未被采取强制措施，办案民警于2019年3月11日电话传唤被告人刁某到案，被告人接到电话后主动到案，在第一次接受讯问时如实供述了犯罪事实，应认定为自动投案，可以对其从轻处罚。被告单位占用的农用地已经复垦，且通过验收，未造成农用地的实际损害，被告单位和被告人犯罪情节轻，被告人作为项目的直接负责人，具有自首情节，可以对其免予刑事处罚。具体判决如下：

1. 被告单位云南某建筑工程有限公司犯非法占用农用地罪，单处罚金10万元（罚金限判决生效后3日内缴纳）。

2. 被告人刁某犯非法占用农用地罪，免予刑事处罚。

十六、非法转让、倒卖土地使用权罪

（一）罪名介绍

法条依据：《刑法》第228条　以牟利为目的，违反土地管理法规，非法转让、倒卖土地使用权，情节严重的，处三年以下有期徒刑或者拘役，并处或者单处非法转让、倒卖土地使用权价额百分之五以上百分之二十以下罚金；情节特别严重的，处三年以上七年以下有期徒刑，并处非法转让、倒卖土地使用权价额百分之五以上百分之二十以下罚金。

《刑法》第231条　单位犯本节第二百二十一条至第二百三十条规定之罪的，对单位判处罚金，并对其直接负责的主管人员和其他直接责任人员，依照本节各该条的规定处罚。

《土地管理法》第74条　买卖或者以其他形式非法转让土地的，由县级以上人民政府自然资源主管部门没收违法所得；对违反土地利用总体规划擅自将农用地改为建设用地的，限期拆除在非法转让的土地上新建的建筑物和其他设施，恢复土地原状，对符合土地利用总体规划的，没收在非法转让的土地上新建的建筑物和其他设施，可以并处罚款；对直接负责的主管人员和其他直接责任人员，依法给予处分；构成犯罪的，依法追究刑事责任。

相关司法解释：《最高人民法院关于审理破坏土地资源刑事案件具体应用法律若干问题的解释》第1条　以牟利为目的，违反土地管理法规，非法转让、倒卖土地使用权，具有下列情形之一的，属于非法转让、倒卖土地使用权"情节严重"，依照刑法第二百二十八条的规定，以非法转让、倒卖土地使用权罪定罪处罚：

（一）非法转让、倒卖基本农田五亩以上的；

（二）非法转让、倒卖基本农田以外的耕地十亩以上的；

（三）非法转让、倒卖其他土地二十亩以上的；

（四）非法获利五十万元以上的；

（五）非法转让、倒卖土地接近上述数量标准并具有其他恶劣情节的，如曾因非法转让、倒卖土地使用权受过行政处罚或者造成严重后果等。

《最高人民法院关于审理破坏土地资源刑事案件具体应用法律若干问题的解释》第2条　实施第一条规定的行为，具有下列情形之一的，属于非法转让、倒卖土地使用权“情节特别严重”：

（一）非法转让、倒卖基本农田十亩以上的；

（二）非法转让、倒卖基本农田以外的耕地二十亩以上的；

（三）非法转让、倒卖其他土地四十亩以上的；

（四）非法获利一百万元以上的；

（五）非法转让、倒卖土地接近上述数量标准并具有其他恶劣情节，如造成严重后果等。

《最高人民法院关于审理破坏土地资源刑事案件具体应用法律若干问题的解释》第8条　单位犯非法转让、倒卖土地使用权罪、非法占有耕地罪的定罪量刑标准，依照本解释第一条、第二条、第三条的规定执行。

《最高人民法院关于审理破坏土地资源刑事案件具体应用法律若干问题的解释》第9条　多次实施本解释规定的行为依法应当追诉的，或者一年内多次实施本解释规定的行为未经处理的，按照累计的数量、数额处罚。

犯罪构成：

犯罪主体，非法转让、倒卖土地使用权罪的主体为一般主体。凡达到刑事责任年龄，具备刑事责任能力的自然人均可成为非法转让、倒卖土地使用权罪主体。依据《刑法》第231条的规定，单位亦能构成非法转让、倒卖土地使用权罪。单位犯非法转让、倒卖土地使用权罪的，对单位判处罚金，对其直接负责的主管人员和其他直接责任人员依本条追究刑事责任。

主观方面，非法转让、倒卖土地使用权罪在主观方面表现为故意，并且以牟利为目的，不以牟利为目的，不构成非法转让、倒卖土地使用权罪。牟利不仅是行为人谋取金钱上的利益，也指行为人谋取其他不正当的利益。

犯罪客体，非法转让、倒卖土地使用权罪侵犯的客体是国家的土地管理制度。土地属于国家或集体所有，国家严禁以任何形式转让土地，但土地的使用权可以依法转让。对于非法转让、倒卖土地使用权的，是对国家土地管理制度的严重侵犯。

客观方面，非法转让、倒卖土地使用权罪在客观方面表现为违反土地管理法规，非法转让、倒卖土地使用权，情节严重的行为。针对该行为，应注意以下两点：

1. 必须是违反土地管理法规的行为。土地管理法规，是指土地管理法为代表的一系列土地管理法规。如《土地管理法》《城镇国有土地使用权出让和转让暂行条例》《土地管理法实施条例》等。

2. 必须是非法转让、倒卖土地使用权的行为。《土地管理法》规定，中华人民共和国实行土地社会主义公有制，即全民所有制和劳动群众集体所有制。任何单位和个人不得侵占、买卖或者以其他形式非法转让土地，国有土地和集体所有的土地的使用权可以依法转让。土地使用权转让应当严格依法进行。土地使用权转让是指土地使用者将土地使用权再转移的行为，包括出售、交换和赠送。未按土地使用权出让合同规定的期限和条件投资、开发、利用土地的，土地使用权不得转让。土地使用权转让应当签订转让合同。土地使用权转让时、土地使用权出让合同和登记文件中所载明的权利、义务随之转移，土地使用权转让时，其地上建筑物、其他附着物的所有权转让，应当依照规定办理过户登记。土地使用权和地上建筑物、其他附着物所有权分割转让的，应当经市、县人民政府自然资源主管部门和房产管理部门批准，并依法办理过户登记。土地使用权转让须符合上述规定，否则即为非法转让。

（二）典型案例

曾某、田某非法转让、倒卖土地使用权案

【基本案情】

2000年前后，被告人曾某用自己的一宗责任田和本村张某的500多平方米的责任田进行调换。之后，曾某用邱某1、曾某1及自己的名义在该责任田上申请了三宗宅基地。2016年，贵定县城市棚户区改造征占了该三宗宅基地，曾某获得111.0587万元补偿款和另外安置在贵定县辣子冲的三宗宅基地（名义为曾某、曾某1、邱某1）。2017年12月26日，被告人曾某将位于贵定县宝山街道辣子冲曾某名义宅基地以29.68万元的价格出售给福泉市金山街道岔河村凤飞组村民艾某；2018年4月2日被告人曾某将位于贵定县宝山

街道辣子冲邱某1名义的宅基地以30.08万元的价格出售给贵定县金南街道荷花村村民邱某2；2018年4月3日被告人曾某以妻子杨某3名义将第三块土地出售给贵定县村民宋某。三块安置地共获利98.56万元。

本院审理中，曾某积极退清其非法获取的98.56万元并缴纳了罚金10万元。

【裁判结果】

法院认为，曾某违反土地管理法规，非法转让土地使用权给他人，获利共计98.56万元，情节严重，其行为已构成非法转让土地使用权罪。原审认定为非法倒卖土地，属适用法律错误。

曾某在法院审理期间积极退清其非法获取的98.56万元并缴纳了原审判决确定的罚金10万元，属于依法应追缴的事项，不能作为从轻处罚的依据。但其已缴纳的非法获利和罚金，在判决生效后不再执行相应判项。具体判决如下：

被告人曾某犯非法转让土地使用权罪，判处有期徒刑2年6个月，并处罚金人民币10万元。

十七、污染环境罪

（一）罪名介绍

法条依据：《刑法》第338条第1款　违反国家规定，排放、倾倒或者处置有放射性的废物、含传染病病原体的废物、有毒物质或者其他有害物质，严重污染环境的，处三年以下有期徒刑或者拘役，并处或者单处罚金；情节严重的，处三年以上七年以下有期徒刑，并处罚金……

相关司法解释：《最高人民法院、最高人民检察院关于办理环境污染刑事案件适用法律若干问题的解释》第6条　无危险废物经营许可证从事收集、贮存、利用、处置危险废物经营活动，严重污染环境的，按照污染环境罪定罪处罚；同时构成非法经营罪的，依照处罚较重的规定定罪处罚。

实施前款规定的行为，不具有超标排放污染物、非法倾倒污染物或者其他违法造成环境污染的情形的，可以认定为非法经营情节显著轻微危害不大，不认为是犯罪；构成生产、销售伪劣产品等其他犯罪的，以其他犯罪论处。

《最高人民法院、最高人民检察院关于办理环境污染刑事案件适用法律若干问题的解释》第8条　违反国家规定，排放、倾倒、处置含有毒害性、放射性、传染病病原体等物质的污染物，同时构成污染环境罪、非法处置进口的固体废物罪、投放危险物质罪等犯罪的，依照处罚较重的规定定罪处罚。

《最高人民法院、最高人民检察院关于办理环境污染刑事案件适用法律若干问题的解释》第10条　违反国家规定，针对环境质量监测系统实施下列行为，或者强令、指使、授意他人实施下列行为的，应当依照刑法第二百八十六条的规定，以破坏计算机信息系统罪论处：

（一）修改参数或者监测数据的；

（二）干扰采样，致使监测数据严重失真的；

（三）其他破坏环境质量监测系统的行为。重点排污单位篡改、伪造自动监测数据或者干扰自动监测设施，排放化学需氧量、氨氮、二氧化硫、氮氧化物等污染物，同时构成污染环境罪和破坏计算机信息系统罪的，依照处罚较重的规定定罪处罚。

从事环境监测设施维护、运营的人员实施或者参与实施篡改、伪造自动监测数据、干扰自动监测设施、破坏环境质量监测系统等行为的，应当从重处罚。

犯罪构成：

犯罪主体，行为主体既可以是自然人，也可以是单位。明知他人无经营许可证或者超出经营许可范围，向其提供或者委托其收集、贮存、利用、处置危险废物，严重污染环境的，以污染环境罪的共同犯罪论处。

主观方面，本罪在主观方面表现为过失。这种过失是指行为人对造成环境污染，致公私财产遭受重大损失或者人身伤亡严重后果的心理态度而言，行为人对这种事故及严重后果本应预见，但由于疏忽大意而没有预见。或者虽已预见到但轻信能够避免。至于行为人对违反国家规定排放、倾倒、处置危险废物这一行为本身有时则常常是有意为之，但这并不影响本罪的过失犯罪性质。

犯罪客体，本罪侵犯的客体是国家防治环境污染的管理制度。

客观方面，本罪在客观方面表现为违反国家规定，向土地、水体、大气排放、倾倒或者处置有放射性的废物、含传染病病原体的废物、有毒物质或其他危险废物，造成环境污染，致使公私财产遭受重大损失或者人身伤亡的严重后果的行为。对于该犯罪行为，应注意以下方面：

1. 实施本罪必须违反国家规定。违反国家规定是指违反全国人大及其常务委员会制定的有关环境保护方面的法律，以及国务院制定的相关行政法规、行政措施、发布的决定或命令。这些法律、法规主要包括《环境保护法》《大气污染防治法》《水污染防治法》《海洋环境保护法》《固体废物污染环境防治法》等法律，以及《工业“三废”排放试行标准》等一系列专门法规。

2. 实施排放、倾倒和处置行为，其中排放是指把各种危险废物排入土地、水体、大气的行为，包括泵出、溢出、泄出、喷出、倒出等；倾倒是指通过船舶、航空器、平台或者其他载运工具，向土地、水体、大气倾卸危险废物的行为；处置是指以焚烧、填埋或其他改变危险废物属性的方式处理危险废物或者将其置于特定场所或者设施并不再取回的行为。

3. 必须造成了环境污染，致使公私财产遭受重大损失或者人身伤亡的严重后果。

本罪属结果犯，行为人非法排放、倾倒、处置危险废物的行为是否构成犯罪，应对其行为所造成的后果加以认定，如该行为造成严重后果，则以本罪论，否则不能以犯罪论处。至于“严重后果”的标准是什么，有待进一步作出解释。

根据《最高人民法院、最高人民检察院关于办理环境污染刑事案件适用法律若干问题的解释》的规定，实施本罪行为，具有下列情形之一的，应当认定为“后果特别严重”：（1）致使县级以上城区集中式饮用水水源取水中断12个小时以上的；（2）致使基本农田、防护林地、特种用途林地15亩以上，其他农用地30亩以上，其他土地60亩以上基本功能丧失或者遭受永久性破坏的；（3）致使森林或者其他林木死亡150立方米以上，或者幼树死亡7500株以上的；（4）致使公私财产损失100万元以上的；（5）致使疏散、转移群众1.5万人以上的；（6）致使100人以上中毒的；（7）致使10人以上轻伤、轻度残疾或者器官组织损伤导致一般功能障碍的；（8）致使3人以上重伤、中度残疾或者器官组织损伤导致严重功能障碍的；（9）致使1人以上重伤、中度残疾或者器官组织损伤导致严重功能障碍，并致使5人以上轻伤、轻度残疾或者器官组织损伤导致一般功能障碍的；（10）致使1人以上死亡或者重度残疾的；（11）非法排放、倾倒、处置危险废物100吨以上的；（12）造成生态环境特别严重损害的；（13）其他后果特别严重的情形。

实施本罪行为，具有下列情形之一的，应当从重处罚：（1）阻挠环境监督检查或者突发环境事件调查，尚不构成妨害公务等犯罪的；（2）闲置、拆除污染防治设施或者使污染防治设施不正常运行的；（3）在医院、学校、居民区等人口集中地区及其附近，违反国家规定排放、倾倒、处置有放射性的废物、含传染病病原体的废物、有毒物质或者其他有害物质的；（4）在限期整改期间，违反国家规定排放、倾倒、处置有放射性的废物、含传染病病原体的废物、有毒物质或者其他有害物质的。实施本罪行为，但及时采取措施，防止损失扩大、消除污染，积极赔偿损失的，可以酌情从宽处罚。

（二）典型案例

郜某污染环境案

【基本案情】

被告人郜某系河南某建筑工程有限公司的法人代表，郜某1和李某负责工地上的事务。2017年11月，郜某1、李某和被告人郜某在明知郑州市兰博尔科技有限公司退役厂区（原郑州市农药厂）的土壤为污染性土壤，为节省运输成本，制作假的运输台账，指派河南宝泰土石方工程有限公司的车辆将污染土壤倾倒至河南省新郑市龙湖镇小乔沟李木咀村及刘口村。经江西求实司法鉴定中心鉴定，龙湖镇小乔沟李木咀村及刘口村污染地块取样与郑州市兰博尔科技有限公司退役厂区污染土壤存在因果关系，污染土壤修复全程费用总计为15,010.90万元。

另查，（1）2019年8月26日，河南某建筑工程有限公司与河南绿洲环保工程有限公司签订合同一份，合同内容为对新郑市龙湖镇李木咀村含农药残留废土无害化处置农药残留土现场进行清理。（2）2019年12月24日，郑州市生态环境局与河南某建筑工程有限公司签订了新郑市龙湖镇李木咀村与刘口村土壤污染案件生态环境损害赔偿协议，委托第三方对污染土壤进行修复，河南某建筑工程有限公司于2020年1月3日将生态环境损害赔偿资金9,298,237.50元缴纳至郑州市生态环境局账户；2020年1月22日申请郑州市中级人民法院对该协议进行司法确认，2020年4月29日，郑州市中级人民法院作出（2020）豫01民特10号民事裁定书，裁定郑州市生态环境局与河南某建筑工程有限公司于2019年12月24日达成的《新郑市龙湖镇李木咀村与刘口村土壤污染案件生态环境损害赔偿协议》有效。（3）2019年11月20日，新郑市环境保护局委托河南新安利职业健康科技有限公司对新郑市龙湖镇李木咀村含有残留农药废土无害化处置效果进行评估。经评估，该无害化处置项目实施后达到了预期的修复目标。2020年12月17日，郑州市生态环境局新郑分局组织召开《新郑市龙湖镇李木咀村含农药残留废土无害化处置效果评估报告》评审会，经评审认为该效果评估报告结论基本可信。（4）部某具备社区矫正条件。

【裁判结果】

法院认为，被告人部某伙同他人违反国家规定，向土地倾倒污染土壤，造成重大环境污染事故，后果特别严重，其行为已构成污染环境罪。根据我国《刑法》的规定，犯污染环境罪，污染环境后果特别严重的，处3年以上7年以下有期徒刑，并处罚金。被告人部某应当在上述法定刑幅度内判处适当刑罚。被告人部某在共同犯罪中起主要作用，系主犯，应当按照其所参与的全部犯罪处罚。

法院在对被告人部某量刑过程中，充分考虑了以下量刑情节：（1）在侦查阶段和庭审中均能如实供述自己的罪行，系坦白，可以从轻处罚；（2）系初犯，可以酌情从轻处罚；（3）认罪认罚，可以从宽处理；（4）已将修复土壤赔偿资金缴纳郑州市生态环境局账户，涉案部分土地无害化处置项目实施后达到了预期的修复目标，可以酌情从轻处罚。经查，部某虽于2018年12月18日到新郑市公安局投案，但其在同日的讯问笔录称原厂区的土壤进行筛分后还在原厂区，未如实供述自己的犯罪行为，不符合自首的构成要件。

被告人部某的犯罪行为虽造成严重后果，但及时采取措施，防止损失扩大、消除污染，积极赔偿损失，部分废土无害化处置项目实施后达到了预期的修复目标。且其确有悔罪表现，没有再犯罪的危险，宣告缓刑对所居住的社区没有重大不良影响，依法可以对其宣告缓刑。具体判决如下：

被告人郜某犯污染环境罪，判处有期徒刑3年，缓刑4年，并处罚金人民币15万元。

十八、拒不支付劳动报酬罪

（一）罪名介绍

法条依据：《刑法》第276条之一　以转移财产、逃匿等方法逃避支付劳动者的劳动报酬或者有能力支付而不支付劳动者的劳动报酬，数额较大，经政府有关部门责令支付仍不支付的，处三年以下有期徒刑或者拘役，并处或者单处罚金；造成严重后果的，处三年以上七年以下有期徒刑，并处罚金。

单位犯前款罪的，对单位判处罚金，并对其直接负责的主管人员和其他直接责任人员，依照前款的规定处罚。

有前两款行为，尚未造成严重后果，在提起公诉前支付劳动者的劳动报酬，并依法承担相应赔偿责任的，可以减轻或者免除处罚。

相关司法解释：《最高人民法院关于审理拒不支付劳动报酬刑事案件适用法律若干问题的解释》第1条　劳动者依照《中华人民共和国劳动法》和《中华人民共和国劳动合同法》等法律的规定应得的劳动报酬，包括工资、奖金、津贴、补贴、延长工作时间的工资报酬及特殊情况下支付的工资等，应当认定为刑法第二百七十六条之一第一款规定的“劳动者的劳动报酬”。

《最高人民法院关于审理拒不支付劳动报酬刑事案件适用法律若干问题的解释》第2条　以逃避支付劳动者的劳动报酬为目的，具有下列情形之一的，应当认定为刑法第二百七十六条之一第一款规定的“以转移财产、逃匿等方法逃避支付劳动者的劳动报酬”：

（一）隐匿财产、恶意清偿、虚构债务、虚假破产、虚假倒闭或者以其他方法转移、处分财产的；

（二）逃跑、藏匿的；

（三）隐匿、销毁或者篡改账目、职工名册、工资支付记录、考勤记录等与劳动报酬相关的材料的；

（四）以其他方法逃避支付劳动报酬的。

《最高人民法院关于审理拒不支付劳动报酬刑事案件适用法律若干问题的解释》第3条第1款　具有下列情形之一的，应当认定为刑法第二百七十六条之一第一款规定的“数额较大”：

（一）拒不支付一名劳动者三个月以上的劳动报酬且数额在五千元至二万元以上的；

（二）拒不支付十名以上劳动者的劳动报酬且数额累计在三万元至十万元以上的。

《最高人民法院关于审理拒不支付劳动报酬刑事案件适用法律若干问题的解释》第4条　经人力资源社会保障部门或者政府其他有关部门依法以限期整改指令书、行政处理决定书等文书责令支付劳动者的劳动报酬后，在指定的期限内仍不支付的，应当认定为刑法第二百七十六条之一第一款规定的“经政府有关部门责令支付仍不支付”，但有证据证明行为人有正当理由未知悉责令支付或者未及时支付劳动报酬的除外。

行为人逃匿，无法将责令支付文书送交其本人、同住成年家属或者所在单位负责收件的人的，如果有关部门已通过在行为人的住所地、生产经营场所等地张贴责令支付文书等方式责令支付，并采用拍照、录像等方式记录的，应当视为“经政府有关部门责令支付”。

《最高人民法院关于审理拒不支付劳动报酬刑事案件适用法律若干问题的解释》第5条　拒不支付劳动者的劳动报酬，符合本解释第三条的规定，并具有下列情形之一的，应当认定为刑法第二百七十六条之一第一款规定的“造成严重后果”：

（一）造成劳动者或者其被赡养人、被扶养人、被抚养人的基本生活受到严重影响、重大疾病无法及时医治或者失学的；

（二）对要求支付劳动报酬的劳动者使用暴力或者进行暴力威胁的；

（三）造成其他严重后果的。

《最高人民法院关于审理拒不支付劳动报酬刑事案件适用法律若干问题

的解释》第6条　拒不支付劳动者的劳动报酬，尚未造成严重后果，在刑事立案前支付劳动者的劳动报酬，并依法承担相应赔偿责任的，可以认定为情节显著轻微危害不大，不认为是犯罪；在提起公诉前支付劳动者的劳动报酬，并依法承担相应赔偿责任的，可以减轻或者免除刑事处罚；在一审宣判前支付劳动者的劳动报酬，并依法承担相应赔偿责任的，可以从轻处罚。

对于免除刑事处罚的，可以根据案件的不同情况，予以训诫、责令具结悔过或者赔礼道歉。拒不支付劳动者的劳动报酬，造成严重后果，但在宣判前支付劳动者的劳动报酬，并依法承担相应赔偿责任的，可以酌情从宽处罚。

《最高人民法院关于审理拒不支付劳动报酬刑事案件适用法律若干问题的解释》第7条　不具备用工主体资格的单位或者个人，违法用工且拒不支付劳动者的劳动报酬，数额较大，经政府有关部门责令支付仍不支付的，应当依照刑法第二百七十六条之一的规定，以拒不支付劳动报酬罪追究刑事责任。

《最高人民法院关于审理拒不支付劳动报酬刑事案件适用法律若干问题的解释》第8条　用人单位的实际控制人实施拒不支付劳动报酬行为，构成犯罪的，应当依照刑法第二百七十六条之一的规定追究刑事责任。

《最高人民法院关于审理拒不支付劳动报酬刑事案件适用法律若干问题的解释》第9条　单位拒不支付劳动报酬，构成犯罪的，依照本解释规定的相应个人犯罪的定罪量刑标准，对直接负责的主管人员和其他直接责任人员定罪处罚，并对单位判处罚金。

犯罪构成：

犯罪主体是一般主体，是有义务向他人支付劳动报酬的自然人与单位，既包括用人单位的实际控制人，也包括不具备用工主体资格的个人与单位。

主观方面为故意。包括直接故意和间接故意，即主观上明知自己的“不支付劳动者劳动报酬”的这种不作为行为会产生劳动者不能及时实际得到劳动报酬的社会危害后果，却希望或放任这种后果发生。

应认定为故意的几种情况：

1. 明确表示拒不作为的，即明确拒绝支付劳动者劳动报酬的，应当然地认定为故意。包括无正当理由拖欠，无论是否以非法占有为目的。

2. 虽表示支付，但主动实施的行为为不支付，应认定故意。如无正当理由转移财产，造成无支付能力假象的；用人单位主要负责人或指使发放劳动者劳动报酬的工作人员逃匿，造成无法支付假象的；非法克扣工资或罚款的。

犯罪客体是双重客体，既侵犯劳动者的财产权，又妨碍了正常的劳动用工关系，侵犯了社会主义市场经济秩序。

客观方面，既有危害行为又有危害结果，且两者间有刑法上的因果关系。认定行为构成该罪应注意以下几个方面：

1. 以转移财产、逃匿等方法逃避支付劳动者的劳动报酬或者有能力支付而不支付劳动者的劳动报酬。

有下列情形之一的，应认定构成：

（1）实施了转移财产、逃匿等方法逃避支付劳动者的劳动报酬的行为。

（2）有能力支付而不支付劳动者的劳动报酬，即企业的银行存款足够支付劳动者的劳动报酬而不作为，导致劳动者没有按合同或法定时限获得劳动报酬。如实行月工资制的，超过 20 日仍不发放工资的，即构成“不支付”。

2. 数额较大。法律没有明文规定构成数额较大的绝对值范围。应比照职务侵占罪的入刑标准，即逃避或不支付劳动者的劳动报酬在 5000 元至 1 万元，构成“数额较大”，应予追诉。

3. 经政府有关部门责令支付仍不支付的。

应认定构成责令支付的几种情形：

（1）劳动行政部门即各级劳动监察大队已向用人单位送达行政处罚决定书，责令用人单位限期支付劳动者劳动报酬。

（2）各级劳动争议仲裁委员会已向用人单位送达劳动争议仲裁决定书，责令用人单位限期支付劳动者劳动报酬。劳动仲裁无论是否提起劳动争议诉讼程序，均构成。

（3）各级法院已向用人单位送达民事判决书，责令用人单位限期支付劳动者劳动报酬，判决书已生效或虽因劳动者提起上诉而没生效但用人单位没有提起上诉的。

（4）各级信访机关已向用人单位送达批转文件，责令用人单位限期支付劳动者劳动报酬。

（5）具体来说构成该罪是行为人采取了欺骗、隐瞒等非法手段，达到故意不支付的目的。我国《刑法》采取“定性＋定量”的立法模式，因此拖欠劳动报酬的数额、时间和程序都应该有限制。一是时间上也要作出限制。二是程序上也要作出限制。

（二）典型案例

张某拒不支付劳动报酬案

【基本案情】

2013 年原审被告人张某使用赤峰天德通建筑工程有限公司的建筑施工资质，从赤峰宜远房地产开发有限责任公司承包了赤峰市松山区丽水河畔二期 12 号楼工程，工程总造价为 22, 503. 770. 40 元。2013 年 8 月，张某将该工程的木工和土建部分包给纪某，工程造价为 2, 583. 686. 00 元。由纪某找工人建设施工，工资由张某结算支付。2014 年年末，张某支付了工人工资 1, 104. 426. 00 元。2015 年秋，被告人张某承包的赤峰市 ×× 区工程完工后，赤峰宜远房地产开发有限责任公司通过赤峰天德通建筑工程有限公司账户及直接通过张某本人将全部工程款支付给了张某，张某对朱某、邓某、董某 1、董某 2 等 41 名工人的尾欠工资共计 1, 451. 207. 00 元未能支付。2016 年 2 月 2 日，张某出具了拖欠工人工资的欠据。2016 年 3 月 3 日，赤峰市人力资源和社会保障局向张某下达了劳动监察责令改正决定书，责令其收到改正决定书 5 个工作日内支付上述工人工资，张某在收到该改正决定书后逃匿。2016 年 8 月 8 日张某被赤峰市敖汉旗公安局新洲派出所民警抓获。

【裁判结果】

法院认为，被告人张某拖欠劳动者报酬未能支付，数额较大，经有关部门责令支付后仍拒不支付，并逃匿，其行为已构成拒不支付劳动报酬罪。

被告人张某犯拒不支付劳动报酬罪，判处有期徒刑 2 年，并处罚金人民币 2 万元（已缴纳）。

十九、伪造公司、企业、事业单位、人民团体印章罪

（一）罪名介绍

法条依据：《刑法》第280条第2款　伪造公司、企业、事业单位、人民团体的印章的，处三年以下有期徒刑、拘役、管制或者剥夺政治权利，并处罚金。

犯罪构成：

犯罪主体，本罪的主体属一般主体，凡年满16周岁，且具备刑事责任能力的自然人均能构成本罪。

主观方面，本罪在主观方面是故意，即行为人明知自己无权制作上述单位的印章但为了某种目的而进行伪造。如行为人根本就不知道所承制的印章是他人无权要求制作的，不构成本罪。行为人犯罪的动机是多种多样的，有的是为了取得某种利益，有的是为了营利，有的是为了实施其他犯罪活动而做准备等。

犯罪客体，本罪所侵犯的直接客体是公司、企业、事业单位、人民团体的正常活动的声誉；同时构成对社会公共秩序的侵犯。本罪的犯罪对象是公司、企业、事业单位、人民团体的印章。所谓印章，是指公司、企业、事业单位、人民团体刻制的以文字、图记表明主体同一性的公章、专用章，它是公司、企业、事业单位、人民团体从事民事活动、行政活动的符号和标记。作为本罪犯罪对象的印章，须是公司、企业、事业单位、人民团体的印章，侵犯国家机关的印章不构成本罪。

客观方面，本罪在客观方面表现为行为人实施了伪造公司、企业、事业单位、人民团体的印章的行为，印章是单位行使管理本单位事务、对外承担法律规定的权利义务和法律后果的符号和标记。一般来说，公文要在加盖印章后始能生效。因此，本条仅对伪造上述单位印章的行为明确规定为犯罪。如果行为人实施了伪造上述单位公文、证件的行为，则不构成本罪。所谓“伪造”，是指无制作权的人，冒用名义，非法制作上述单位的印章的行为。

本罪是选择性罪名，只要行为人实施了伪造印章的行为，就可构成本罪。

具体罪名可根据所伪造单位的印章来定，如伪造公司印章罪，伪造人民团体印章罪等。

（二）典型案例

周某伪造公司、企业、事业单位、人民团体印章案

【基本案情】

2013～2015年，被告人周某在承接湖南省建筑工程集团总公司宁夏分公司（以下简称宁夏分公司）承包的香醍小镇项目、凯悦建材城项目和中阿国际商贸城项目过程中，未经湖南省建筑工程集团总公司或宁夏分公司同意，委托他人私刻并使用"湖南建筑工程集团总公司""湖南省建筑工程集团总公司法人代表'刘运武印'""湖南省建筑工程集团总公司宁夏分公司""湖南省建筑工程集团总公司宁夏分公司合同专用章""湖南省建筑工程集团总公司宁夏分公司项目部专用章"5枚印章，造成湖南省建筑工程集团总公司及宁夏分公司多次败诉。

另查明湖南建筑工程集团有限公司于2019年1月29日出具谅解书一份，表明对上诉人周某予以谅解，并请求对其从轻处罚。

【裁判结果】

法院认为，周某未经湖南省建筑工程集团总公司同意，擅自伪造多枚公司印章，其行为构成伪造公司印章罪。其归案后能如实供述自己的罪行，构成坦白，可以从轻处罚。现有证据足以证明因周某伪造和使用伪造的印章，给被害单位造成了直接经济损失。但综合考虑周某的认罪悔罪态度，以及湖南建筑工程集团有限公司对周某表示谅解并请求对其从轻处罚的情况，可对上诉人周某酌情从轻处罚。具体判决如下：

周某犯伪造公司印章罪，判处有期徒刑1年，并处罚金人民币8000元。

二十、虚开增值税专用发票或者虚开用于骗取出口退税、抵扣税款发票罪

（一）罪名介绍

法条依据：《刑法》第205条　虚开增值税专用发票或者虚开用于骗取

出口退税、抵扣税款的其他发票的，处三年以下有期徒刑或者拘役，并处二万元以上二十万元以下罚金；虚开的税款数额较大或者有其他严重情节的，处三年以上十年以下有期徒刑，并处五万元以上五十万元以下罚金；虚开的税款数额巨大或者有其他特别严重情节的，处十年以上有期徒刑或者无期徒刑，并处五万元以上五十万元以下罚金或者没收财产。

单位犯本条规定之罪的，对单位判处罚金，并对其直接负责的主管人员和其他直接责任人员，处三年以下有期徒刑或者拘役；虚开的税款数额较大或者有其他严重情节的，处三年以上十年以下有期徒刑；虚开的税款数额巨大或者有其他特别严重情节的，处十年以上有期徒刑或者无期徒刑。

虚开增值税专用发票或者虚开用于骗取出口退税、抵扣税款的其他发票，是指有为他人虚开、为自己虚开、让他人为自己虚开、介绍他人虚开行为之一的。

相关司法解释：《最高人民法院关于虚开增值税专用发票定罪量刑标准有关问题的通知》二、在新的司法解释颁行前，对虚开增值税专用发票刑事案件定罪量刑的数额标准，可以参照《最高人民法院关于审理骗取出口退税刑事案件具体应用法律若干问题的解释》（法释〔2002〕30号）第三条的规定执行，即虚开的税款数额在五万元以上的，以虚开增值税专用发票罪处三年以下有期徒刑或者拘役，并处二万元以上二十万元以下罚金；虚开的税款数额在五十万元以上的，认定为刑法第二百零五条规定的“数额较大”；虚开的税款数额在二百五十万元以上的，认定为刑法第二百零五条规定的“数额巨大”。

犯罪构成：

犯罪主体，本罪的主体既包括自然人也包括单位。从司法实践看，可分为三类：（1）开票者，此类单位和个人以赚取手续费为目的，向那些并无销售货物和提供劳务的单位或个人非法开具增值税专用发票。这些开票者有些是依法成立，合法持有增值税专用发票的法人单位；有些是仅为骗取增值税专用发票而伪造事实和证明，蒙混过关而成立的皮包公司；有些是本身没有专用发票使用权但通过联营等形式成为一般纳税人的经济组织（实践中有些联营体成立的唯一利益基础就是一方拥有增值税专用发票使用权）；有些是伪造增值税专用发票或购买了伪造的增值税专用发票后再行虚开的犯罪分子。在上述第一种合法主体中，大部分是偶然虚开一两次增值税专用发票，有的收取一些手续费；有的是为了送人情，不收费用；而后几种则基本上是经常性的甚至是专业性的，形成惯犯或常业犯，其目的十分明确，即收取手续费，牟取暴利。（2）买票者，此类单位和个人通过以较少的费用买到高额进项增值税专用发票，用以抵扣销项税额，从中逃避缴纳大宗税款。这些买票者都是一般纳税人，因为只有一般纳税人才有资格抵扣税款。（3）介绍者，在虚开增值税专用发票犯罪活动中，买票者是购买发票来抵扣税款，开票者是虚开发票以赚取手续费，但双方并不能够随时随地见面成交以达到各自的目的。于是一些专门为买卖双方牵线搭桥的中介单位和人员也随之出现。他们逐渐形成相对固定的人员和地点，一方面拥有天南海北的买主渠道，另一方面拥有卖主渠道，形成一个四通八达的犯罪网络。这些人对虚开增值税专用发票犯罪活动起到了“润滑剂”和“催化剂”作用，社会危害性极大。

主观方面，本罪在主观上是故意，包括直接故意和间接故意。行为人因过失而误开、错开增值税等专用发票的，不构成犯罪。

犯罪客体，本罪侵犯的客体是国家对增值税专用发票和可用于出口退税、抵扣税款的其他发票的监督管理制度。这是本罪区别于其他破坏社会主义经济秩序罪的本质特征。《发票管理办法》中规定：“开具发票应当按照规定的时限、顺序、栏目、全部联次一次性如实开具，并加盖发票专用章。”任何单位和个人不得转借、转让、代开发票。《增值税专用发票使用规定》第11条规定：“专用发票应按下列要求开具：（一）项目齐全，与实际交易相符；（二）字迹清楚，不得压线、错格；（三）发票联和抵扣联加盖财务专用章或者发票专用章；（四）按照增值税纳税义务的发生时间开具。对不符合上列要求的专用发票，购买方有权拒收。”为了骗取税款，虚开增值税专用发票或用于骗取出口退税、抵扣税款的其他发票的行为就是违反了发票管理制度，同时虚开增值税专用发票或用于骗取出口退税、抵扣税款的其他发票，可以抵扣大量税款，造成国家税款的大量流失，也严重地破坏了社会主义经济秩序。

所谓用于骗取出口退税、抵扣税款的其他发票，是指可以用于申请出口退税、抵扣税款的非增值税专用发票，如运输发票、废旧物品收购发票、农业产品收购发票等。

客观方面，本罪在客观方面表现为他人虚开、为自己虚开、让他人为自己虚开、介绍他人虚开增值税专用发票或者用于骗取出口退税、抵扣税款的其他发票的行为。

首先，虚开增值税专用发票，是指开票人出于取得非法所得或者谋取其他私利的目的，在本人没有货物销售或没有提供应税劳务的情况下而开具专用发票，或者即使有货物销售或者提供了应税劳务但开具内容不实的专用发票直接给受票方，用以骗取抵扣税款或出口退税的行为。参照相关的司法解释，具有下列行为之一的，属于“虚开增值税专用发票”：

（1）没有货物购销或者没有提供或接受应税劳务而为他人、为自己、让他人为自己、介绍他人开具增值税专用发票；

（2）有货物购销或者提供或接受了应税劳务但为他人、为自己、让他人为自己、介绍他人开具数量或者金额不实的增值税专用发票；

（3）进行了实际经营活动，但让他人为自己代开增值税专用发票。

其次，虚开增值税专用发票或者虚开用于骗取出口退税、抵扣税款的其他发票，虚开的税款数额在1万元以上或者致使国家税款被骗数额在5000元以上的，应予立案追诉。

虚开增值税专用发票或用于出口退税、抵扣税款的其他发票需达到一定情节才能构成犯罪、否则应依《刑法》第13条之规定，不认为是犯罪。

（二）典型案例

泰州某建筑工程有限公司、吴某虚开增值税专用发票、用于骗取出口退税、抵扣税款发票案

【基本案情】

被告人吴某于2018年2月，为了让其经营的泰兴某建筑工程有限公司少交税款，在没有真实交易的情况下，通过石某某（另案处理）虚开增值税专用发票5份，价税合计人民币500,066元，上述虚开的增值税专用发票均已被泰兴某建筑工程有限公司认证抵扣，虚开税款数额共计人民币

72,659.17 元。

案发后，被告单位泰兴某建筑工程有限公司、被告人吴某主动向公安机关投案，并如实供述了上述犯罪事实。被告单位泰兴某建筑工程有限公司已补缴税款人民币 72,659.17 元。

此外，被告人吴某于 2016 年 1 月至 2017 年 1 月，先后 3 次通过石某某（另案处理）虚开增值税普通发票 8 份，后将上述发票用于结算货款，票面金额合计人民币 709,964 元。

另查明，案发后，被告单位泰兴某建筑工程有限公司、被告人吴某主动向公安机关投案，如实供述了虚开增值税专用发票的事实。被告人吴某主动向公安机关投案，如实供述了虚开发票的事实。被告单位泰兴某建筑工程有限公司已补缴税款人民币 72,659.17 元。

在审理期间，被告单位泰兴某建筑工程有限公司自愿交纳财产型执行保证金人民币 4 万元；被告人吴某自愿交纳财产型执行保证金人民币 2 万元。

【裁判结果】

法院认为，被告单位泰兴某建筑工程有限公司让他人为自己虚开增值税专用发票，被告人吴某系被告单位泰兴某建筑工程有限公司直接负责的主管人员，其行为均已构成虚开增值税专用发票罪，且系单位犯罪，依法应分别予以惩处。被告人吴某违反规定，让与业务无关的第三方虚开普通发票，情节严重，其行为已构成虚开发票罪，依法应予以惩处。被告单位泰兴某建筑工程有限公司、被告人吴某自动投案，如实供述自己的罪行，系自首，均可以从轻处罚。被告单位泰兴某建筑工程有限公司已补缴税款，故对被告单位泰兴某建筑工程有限公司、被告人吴某所犯虚开增值税专用发票罪，均可以酌情从轻处罚。被告单位泰兴某建筑工程有限公司、被告人吴某积极缴纳财产型执行保证金，均可以酌情从轻处罚。被告人吴某犯有数罪，应当数罪并罚。被告单位泰兴某建筑工程有限公司、被告人吴某自愿如实供述自己的罪行，承认指控的犯罪事实，愿意接受处罚，均可以依法从宽处理。具体判决如下：

1. 被告单位泰兴某建筑工程有限公司犯虚开增值税专用发票罪，判处罚金人民币 4 万元。

2. 被告人吴某犯虚开增值税专用发票，判处拘役 3 个月；犯虚开发票罪，判处拘役 3 个月，并处罚金人民币 2 万元。决定执行拘役 4 个月，缓刑 4 个月，并处罚金人民币 2 万元。

第三节　建设工程行业刑事风险防范建议

一、受贿

在建设工程领域，发生频率最高的案件是受贿案。在行政审批、工程招投标、工程项目发包分包、工程规划设计、征地拆迁、材料采购、工程施工、建设监理、设计变更、追加投资、项目结算及工程款支付、竣工验收等环节，均有可能产生受贿。在这些环节中，工程招投标环节发生受贿的概率较大，具体有以下表现：

（1）违规不招标、规避招标、违规变更招标方式如变相邀请招标；

（2）违规内定投标人或专门为特定投标人设计入围条件；

（3）违规定向邀请评标专家或以串通等方式左右专家评标；

（4）向投标人泄露或暗示与招标相关的信息；

（5）纵容、支持围标、串标、资质挂靠等弄虚作假行为。

受贿相对的行贿手段推陈出新，从早期以实物、现金、银行卡、购物卡等形式发展到现在通过安排行贿对象免费旅游、子女出国留学、入干股等方式来达到行贿的目的。行贿方法可归纳为两大类：

（1）变相贿赂。例如，有的行贿人为了掩护行贿的事实，以劳务费、咨询费、外协费、节日慰问金、会议赞助费的形式行贿；有的以逢年过节、婚丧嫁娶、子女升学等为名义行贿；有的以借款的形式掩盖贿赂事实；有的以在微信、QQ 等平台“抢红包”“赌博”等形式行贿。（2）间接贿赂。例如，受贿人员自身不露面，而由其配偶、子女或者其他关系人出面收受贿赂，或先以他人的姓名、地址将现金存入受贿人指定的账户，后受贿人通过各种方式占为己有。

在建设工程领域，国家工作人员要严格要求自己，特别是在立项阶段、招标投标、材料采购、工程竣工验收、工程结算规程中注意防范行贿受贿的发生。同时，理解和牢记司法解释中可能构成受贿行为的情形，不要放松律己要求、不给行贿者可乘之机。

二、贪污、职务侵占

我国的国有建设工程企业在资源配置、行业竞争中处于优势地位，享受政府更多的政策优惠和财政补贴，央企更是占据绝对优势。这些企业把持着建筑行业的龙头地位，包揽国家重点工程项目的设计施工，其高管一旦行政权力膨胀，其利用职务便利觊觎、窃取、侵吞企业（国家）的巨额财富的机会将大大增加。此外，负责建设工程审批、监管的行政机关的公务人员在铁路、公路（尤其是高速公路）建设以及城市（城镇）公共交通系统运营线路承包等环节权力难以受到有效监管，容易滋生贪污行为。

建设工程领域的贪污犯罪中“塌方式贪腐”“贪腐家庭化”“秘密小金库”现象突出。“前赴后继”的犯罪现象究其根本乃是任性的权力集于一人，却无人可监督、无制度可制约之过。不科学的内部制度建构为贪污犯罪人窃取、侵吞公共财产提供了便利。扭曲的政商关系、激烈的市场竞争等外部动因诱使许多企业放松财务管理制度，私设“小金库”，公款私存，以保证商业贿赂的支出。建设工程行业蓬勃发展，产值高速增加的同时，国有企业应当重视和排查企业内部管理的这些潜藏的隐忧。建设工程领域贪腐犯罪预防和控制实践中，要重视和防控单位管理的漏洞、行业潜规则、类案作案等情况，将不公开的、行内人心照不宣但违背制度规定的行规性做法纳入企业风险防控管理框架内。建筑企业应强化财务监管制度，取缔“小金库”，禁止公款私存、杜绝公款行贿、杜绝财务黑洞。

此外，要严格监督建筑企业生产、经营、管理过程中涉及人、财、物的关键部门和岗位，重点抓住掌握实权、可能面临诱惑的关键少数。建设工程企业应通过事前干预，有效预防和控制贪贿犯罪的发生，尤其是避免企业高管甚至“一把手”卷入贪腐犯罪，给企业造成巨大的经济损失。加强对企业高管尤其是一把手的制度监督，避免权力过于集中，增加财务信息的透明度；

帮助企业高管树立正确的法律观、价值观、家庭观，抵制来自外部经济社会和家庭的诱惑，使其从行动上不敢贪转变为从思想上不想贪。

三、拒不支付劳动报酬

拒不支付劳动报酬罪最有可能涉及两种类型的主体：一是建设单位；二是实际施工人或包工头。建设单位本身有可能构成该罪，相关的负责人也可能受到刑责。转包、违法分包、挂靠或借用资质无效的建设工程施工合同的承包人均可能是实际施工人。司法解释既然赋予实际施工人追讨工程欠款的权利，同时也必须承担给付劳动者劳动报酬的义务。对于该等刑事风险，实际施工人或包工头应当予以关注。

建设工程企业在支付劳动者工资时，如果有资金（包括现金、账户存款、到期债权等）而不支付，或者低于相应报酬支付都会被认定为“有能力支付而不支付”。即便出现资金周转困难，用人单位也应当尽可能确保劳动者的工资得到优先支付，将有限的资金尽可能首先用于发工资。对于那些用工方确实需要资金周转的情况，也要警示，只要有现金流就应当优先发工资，如果有能力但是没有及时发工资，都有可能在本罪中被认为是逃避履行发放薪酬。此时，企业应当积极与劳动者沟通，寻求谅解，在涉嫌拒不支付劳动报酬罪时应当积极举证，证明确有交易存在并有资金短期流动之必要和迅速回笼资金之可能。在无力支付劳动报酬时，应及时与被拖欠工资人员或劳动监察部门等联系，若经人力资源和社会保障局等政府有关部门责令支付后而仍不支付、在有能力支付拖欠工人工资的情况后优先支付了其他债务或者藏匿会影响其主观恶性程度的认定。

建设单位与承包人在订立承包协议时，应当约定明确，防止出现未按规定订立或协议不明的情况，严格避免口头约定、未签订分包合同等情形。承包人在施工过程中组织工人于施工现场从事各项建设施工工作时，不得自行决定款项用途，不能否认其在工程施工期间作为工程负责人所应承担的责任。

在满足合同约定的工程款支付条件的情况下，施工单位应及时按照合同约定向建设单位索要工程款，应尽量避免出现因工程进度款收取延迟而导致无法按时支付工人劳动报酬的情况。

四、行贿

行贿罪是建设工程领域最为常见的刑事犯罪之一。承建工程本身并不违反法律、法规、国家政策及部门规章之规定，获取的利益也绝非不正当利益。但如果采取行贿的方式承建工程，则所得利益将会被评定为不正当利益，即构成行贿罪。随着我国经济建设的不断发展和综合国力的不断增强，重大工程项目建设越来越多，由于投资大、工期长、质量要求高、涉及部门多，工程建设中违规违法现象时有发生，行贿犯罪多发易发。

建设工程领域单位行贿犯罪频发现象的存在具有根本性的诱因。

一是建设项目利润巨大。随着经济的不断发展，房地产市场、城市建设也蓬勃发展起来，政府加大了对基础设施领域的投入，工程建设项目投入的资金，动辄上百万元、甚至上千万元，其中巨大丰厚的利润，使不少单位以身试法，为得到工程项目的承包权，不惜一切非法手段大肆行贿，为利益铤而走险。

二是建设工程领域市场机制不健全。尽管我国颁布实行了《招标投标法》《建筑法》，但是在建设工程领域，市场经济条件下的管理体制和监督机制并未完善，没有真正形成一个公开、公平、公正的竞争机制。目前，在建设工程领域内的施工，不仅存在有相应资质的施工单位在其资质许可的范围内合法施工的行为，也存在大量的无资质或无相应资质的施工单位借用其他施工单位的资质进行违法施工的行为（俗称“挂靠”）。挂靠单位为了合法中标，要么采取挂靠资质较高的施工单位，要么采取向多个施工单位借用多个资质进行多头投标，还有就是甚至不惜代价找其他施工单位进行“陪标”，最严重的是利用贿赂手段非法中标。

三是权力运行程序不够规范严密。一些建设工程发包单位内部监督制约机制往往被虚置，一些单位的决策权集中于一把手或少数人手中。实践中，一些施工单位为了平衡与建设单位之间的关系，往往热衷于积极求助行政权力的介入，不惜采取各种手段感情投资，这为贿赂犯罪提供了土壤。

建设工程领域内的各企业事业单位等也要遵守党纪和国法，企业事业单位要强化自我管理和自我监督，不要妄图通过不正当的手段来获取对应的利益。在实践中，可以以工程质量保证、政绩承诺来换取相应的利益。与此同时，企业事业单位需要加强对单位相关负责人的监管，建立企业的合规机制，更好地防治单位贿赂犯罪。

重大工程建设项目在立项审批、土地征用、房屋拆迁、规划设计、工程发包和转包、招标投标、材料设备选购、施工管理、工程项目变更和追加、工程监理和质量验收、工程款预付和结算等各个环节都不同程度地存在行贿受贿等腐败现象。例如，在土地征用、拆迁安置中，权属、性质、面积、登记审核等领域，有时可能需要疏通与城镇街道土管所、拆迁办之间的关系，容易出现行贿行为。在招标投标环节，投标人有可能为了中标，而采取各种方式向相关职能部门负责人行贿。行贿行为腐蚀国家工作人员、破坏国家法治。工程各环节中的巨大利益及可操作空间，使行贿成为一种加速推进、获取建工领域中不正当利益的诱因。

行贿与受贿是对向犯，在实践中，受贿的形式多种多样，行贿的方式自然也是层出不穷，主要体现为以下方式：（1）直接给予钱物行贿；（2）以各种名义的回扣、手续费行贿；（3）以财产性利益行贿；（4）以借为名行贿；（5）以交易为名行贿；（6）以提供干股为名行贿；（7）以开办公司等合作投资名义行贿；（8）以受托投资证券、期货或者其他理财为名行贿；（9）以赌博形式行贿；（10）以给特定关系人挂名发放薪酬为名行贿；（11）以各种形式将有关财物给予特定关系人行贿。

为避免因触犯行贿罪而受到刑事处罚，建设工程企业及人员应当警钟长鸣，要时刻谨记：（1）为谋取不正当利益，给予招标人、业主、设计单位、监理、检测单位、鉴定机构、总承包方或者其他单位的工作人员财物，将可能涉嫌触犯行贿罪，根据相关规定，与受贿同罚；（2）要谨记，行贿的方式，不限于给予金钱和实物，也包括给予可以用金钱计算数额的财产性利益；（3）逢年过节期间，注意与业主、设计单位及监理单位人员的礼尚往来不能出格，否则即便不触犯行贿罪，也可能触犯对非国家工作人员行贿罪。

五、重大责任事故

对生产、作业的责任主体做全面的安全警示教育，任何相关的人员都有可能触犯重大责任事故罪。重大责任事故罪的主体极为广泛，包括对生产、作业负有组织、指挥或者管理职责的负责人、管理人员、实际控制人、投资人等人员，以及直接从事生产、作业的人员。即便生产、作业的相关合同中对于安全责任有相关的免责性条款，但如果出现重大责任事故，直接责任主体也不可能规避所承担的刑事责任。

明确安全责任的主体以及与之相对应的法定义务，包括安全监督、施工质量管理、人员安全保障等。在企业内部划定详细领域，在每个领域安排具体负责人，领导并管理安全生产工作，有权必有责，权责相统一。在此基础上，还应进一步明确主体承担的安全义务之间可能存在的关联。若存在违规不作为情形因而导致重大责任事故，相关负责人或对损害结果的发生共同承担刑事责任。另需注意的一点，工程发包人与承包人之间并非只存在单一的承包合同，亦附带相应的监督、管理义务，如未尽相关注意义务，导致安全事故发生，工程的发包方也可能因此承担相对的刑事风险。

注重生产、作业过程的责任制，明确全方位、全流程监管职责。要求责任人对生产、作业时刻保持警惕，及早对潜在的风险和事故进行研判，建立事故处理的应急预案。重大责任事故罪所指的“在生产、作业过程中”强调的是该行为要与施工行为存在相应联系，为生产、作业、施工而实施的行为就属于本罪限定的时间范围，而不仅仅局限于正常的工作时间或单位独自规定的生产时间。

制定完善、健全的企业安全管理规定，对一线工作人员予以充分告知。如今现代化生产企业的技术、设备早已不同于往日，复杂的操作程序对施工人员的要求也日趋提升，安全操作、管理的条例、规则也更加细化，施工人员在未经企业系统培训的前提下难以安全、熟练掌握。因此对一线生产、作业人员责任的认定应当以企业是否完全履行其制度建设、培训为前提。单位应当履行相应一线生产、作业人员与各个领域相应负责人的培训工作，在尽到相应培训、告知义务后向其发放安全生产告知书，由相应人员签收，公司留档。今后若是发生生产安全事故，可以出示该安全生产告知书以证明公司与公司的高级管理人员已经尽到相应责任，规避可能发生的刑事风险。

明确工程合同双方约定的刑事责任分担不影响最终的责任认定。重大责任事故罪往往不是由单一因素介入引起的，通常是多因一果，前一阶段与后一阶段均发生违规行为共同导致生产事故的发生，前后各个导致危险发生的负责人应共同承担刑事责任。若工程合同中约定发生安全事故后由部分主体担责，部分主体免责，则该条款无效。倘若发生重大责任事故，任何一方不得以此规避己方责任并作为无罪抗辩的理由。

六、伪造印章

在建工领域，工程项目的实施需要用到大量的人力、物力，许多公司、企业为了方便，普遍会备存多个印章。但是，并非与备案印章不完全一致就必然被认定为是伪造的印章。只有在行为人没有获得制作公司、企业印章权限的情况下，冒用公司、企业名义，私自制作公司、企业印章的行为，才构成伪造公司、企业印章罪。

若被伪造了印章的公司或者企业发现了本单位的印章遭伪造，需要承担举证责任。所以，保管好本公司、企业的印章，既是为了避免本单位的印章被不法伪造，也是为了防止因印章被伪造而遭受法益侵害的情况发生。公司、企业应该完善内部印章保管和使用规范，单位内部需要专门设立管理印章的部门或者安排人员专管，必要时制定严格的使用、刻印的审批程序，减少一章多刻，提高公司、企业用章的唯一性，这样能够大大降低鉴别伪造公章的难度。如果公司、企业存在多章的情形，应当尽量对外公开使用多次的记录。避免在对外的文书上同时使用多个不同的印章，减少他人的可乘之机。公司或企业确认能够正规使用的印章应当向公安部门申请备案，确保本单位的正规印章刻制有防伪标识。如果单位需要销毁旧印章而启用新印章，应当做好旧印章印鉴的存档和启用新印章的公示，防止伪造印章者以伪造印章来代替旧印章。丢失印章的公司或企业需要到公安机关进行报案，并按照程序依法重新刻制。

七、招标投标

在建设工程领域中，政府或国企确定承包人多以招标发包的方式。招标人通过投标、评标、定标等一系列环节，科学评估和筛选符合条件的投标竞争者，择优选取。

但实践中，由于部分从业人员怀着侥幸心理，在招标投标过程中利用法律法规漏洞，从事违法犯罪行为，其中最为泛滥的行为即为串通招投标行为。串通投标人违反行政法规强制性规定，会使合同因此无效，此时需要向合同相对人承担赔偿经济损失的民事责任，与此同时相关行政机关也会对其采取罚款、没收违法所得、取消招投标资格以及吊销营业执照等行政处罚措施，当达到损害招投标人、他人、集体、国家利益，或者达到一定数额的经济损失、中标金额、违法所得的情况下，还需承担刑事责任。

因此，建议招标投标中所涉各方主体应当遵循法律法规，在以下环节中做好风险防范措施，保证招投标活动的合规化：

（1）招标前：招标人应至有关行政机关将所需审批手续办理齐全，严格依据概算标准，将招标数额控制在合理区间内。

（2）招标时：采用低价评标法，防止招标人与投标人串通哄抬标价，与此同时，事先与评标委员会协商降低入标标准和条件，从而达到限制评标委员会的评标权目的。

（3）拟定合同时：签订合同内容应与招标、投标文件内容相一致，防止出现“阴阳合同”。例如，在履行合同过程中，建设工程项目范围需要进行重大调整和变动时，应在专业律师及相关从业人员的指导和帮助下签署补充协议或者备忘录，从而防范相应的法律风险。招标人最好能在合同中约定，要求投标人从其公司基本账户中汇出履约保证金，从而避免出现债权主张障碍。评标委员会应当严格审查有关从业人员的劳动合同，社保缴纳凭证，相关资质证书真伪。招标人可以要求在履行合同过程中不得更换项目经理及核心技术成员，若中标人违反该合同义务，应赋予招标人相应的合同单方解除权，并要求中标人承担相应的违约责任。不过，鉴于建设工程施工合同的特殊性，对招标人行使合同单方解除权的条件及程序应做严格限制。

（4）签订合同时：招标人可事先对建设工程中违法分包和转包情形设定严格的违约责任，或在合同条款中专门增加一条：进行工程总包时，将专业分包项目单独分立出来招标。另外，在监督工程质量方面，可在合同中事先约定监理单位的职责范围以及惩罚措施。

八、非国家工作人员受贿

在建设工程领域中，非国家工作人员受贿罪属于高发罪名，所以做好风险防范措施，明确认识《刑法》规定的非国家工作人员受贿罪的底线尤为重要。

1. 建设工程领域中非国家工作人员受贿罪一般有以下常见的具体表现形式：某集中迁建点安置建设指挥部副指挥长利用职务之便，非法收受他人贿赂；某建筑企业工作人员违反国家规定，利用职务上的便利，收受回扣、手续费归个人所有；某建设工程项目副总经理利用职务之便，在工程建设施工、检查、监管过程中为他人谋取利益，非法收受他人贿赂；某招标代理机构负责人，利用组织招投标职权便利，非法收受他人财物，使他人不公正中标，损害其他投标人公平竞争权益等。各工程相关人员应谨记这些具体表现形式，做好刑事风险识别，避免触碰刑事法律的“红线”。

2. 在建设工程领域，非国家工作人员受贿罪主体多为建设单位、施工单位等单位中在工程招投标环节、工程项目发包环节、材料采购环节、组织建设施工等环节享有一定监督管理职权的工作人员，所以建设单位及施工单位等单位的工作人员是否知法、懂法影响着自身和企业的健康发展，依法经营是公司、企业的生命线。对企业职工进行法律培训，定期进行法律讲座，以培养其法治观念，并使之在较短时间内能比较系统地学习和掌握建设工程领域刑事相关法律，使其在企业经营管理活动中依法办事。

3. 无论是建设单位、施工单位等单位的总公司还是分公司，都应当聘请法律顾问，为其在工程发包、分包，对外签订施工合同，工程项目开发等过程中发生的法律问题提供咨询，从而避免碰触法律红线，更好地维护单位的各项利益。

对于上述利用职权进行犯罪等行为，建设施工单位应建立严格的监督制约机制，公司、企业要紧紧围绕以下几个环节进行监督：

（1）财务管理，保持财务部门工作的独立性，项目经理不能独权，给予财务部门一定的监督权，有效限制高管专权，对预防打击职权类犯罪至关重要。公司或企业可开通开户银行短信提醒业务、综合对账业务，使之及时了解每一笔款项的数目和去向，发现问题，立马追回。

（2）货物流转，可在工地或者办公地入口公示货物材料的材料签收人员，签收人必须具体到某天谁负责，有特殊情况需写在公示备注一栏，签收人员必须由建设公司直派，这样可起到相互制约的作用，避免工作人员的私自操作。

（3）合同签订环节，合同签订尽量有多人在场，避免自说自话情形出现。实行专项专章，私章或非合同用章无效。印章可以刻上“不得用于签订经济合同”标志，发现失窃或私刻现象，保留证据，立即报案。

（4）加强对项目经理、发包人代表、工程监理等的监督管理；不进行挂靠，违法转包、分包等。

第二章

房地产行业刑事合规实务指引

第一节　房地产行业概述

一、房地产行业发展现状

随着城市发展，经济水准在城市的崛起之下，发展迅速。民生问题作为经济发展的重中之重，其中所涉及的房地产行业更是民生之基石、经济之保障。我国的房地产行业规模庞大，随着国民生活水平的提高，百姓则更加着眼于自身的居住环境是否随经济发展而有所改善。然而，有限的土地资源和人们对美好生活期待的矛盾，致使房产价格长期居高不下，百姓购房压力剧增。

在一个行业或者产业发展初期，制度定是不完备的，而到其蓬勃发展的时期，因制度的缺陷，常会带来一些行业乱象，如房地产行业的企业几乎在同一时间内为了适应市场的需求，竞相以量输出，扩大建筑的规模和增加投资比重。但这给我国的房地产市场造成了不良的影响，在一定程度上扰乱了房地产市场的金融秩序以致供求关系极其不平衡。政府面对该现状，亦并非无动于衷，而是相继出台了相关政策来挽救这样的局面，争取能过使国家对房地产行业有更加精准的把控，从而达到稳定我国房地产行业发展现状的目的。

但是，堵不如疏，一味地出台政策、出台法规，实则并没有真正地从根源上解决房地产行业的乱象问题，反而会出现政策法规适用不当，前后出台的文件逻辑矛盾的情况，这无疑不利于我国房地产行业的有序发展。

城市建设最重要的部分就是建筑，如果说交通是城市的血管，那么建筑就是城市的内脏。我国房地产行业发展的趋势，从有利于整体经济大局的角度来看是好的，但是从长远角度来看，问题丛生，相关部门不能忽略这些问题，并且应该积极应对房地产市场出现的新型问题。房地产行业是城市建设的重要组成部分，政府有责任对其进行监管和管控；除此之外，房地产行业并不是单独的、孤立的，而是和我们的经济结构有所关联。

如今，大中型城市的虹吸效应，导致偏远城市、中小型城市、农村的年轻人都为了追求好的工作机会和生活环境而迁居到更发达的城市，从而导致较发达城市的住房长时间供不应求且价格昂贵，而保障性住房质量和商品房的住房质量相差甚远。城镇化住房受欢迎的原因是综合性的，包括好的工作机会，快捷的物流，丰富的文娱活动等。例如，长三角地区文娱活动丰富，经济发达，交通便利，因此房地产市场的需求很大，但在经过土地资源市场的调整和经济产业的调整之后，房价有所回落；京津冀地区的市场饱和度上升导致房价飙高以后有所停滞，但是北京地区供求稳定增长，天津相对低迷；川渝地区成为新兴城市群，近几年市场需求持续高位释放，调控收紧，市场规模会随之调整。①

房地产行业发展蓬勃的同时，问题也随之凸显。由于房地产行业的工程周期长、人力投入大，投资数额大等原因，在房地产行业的实际开发建设中，问题横生，如施工的整体规划没有合理的分工和安排、各种功能区的规划不完整以致在较长的施工周期当中造成混乱、土地权属不明确、材料的采购和投入的计划和实际用量不符……这些都是风险所在之处，也是法律所规制之处。

而关于房地产行业的案件数量随着房地产行业的发展也有相应变化。2001 年至 2016 年，在我国房地产行业蓬勃发展的年度中，涉及房地产相关的案件数量也是最高的。而在 2020 年与 2021 年，房地产行业的行情不如从前，因此案件数量相较于往年而言也有所减少，具体案件数量可见图 2－1。

---

① 参见房天下：《2021 年房地产行业现状与未来会有怎么样的变化》，载百家号网 2021 年 3 月 16 日，https：//baijiahao. baidu. com/s？ id = 1694371231334195540&wfr = spider&for = pc。

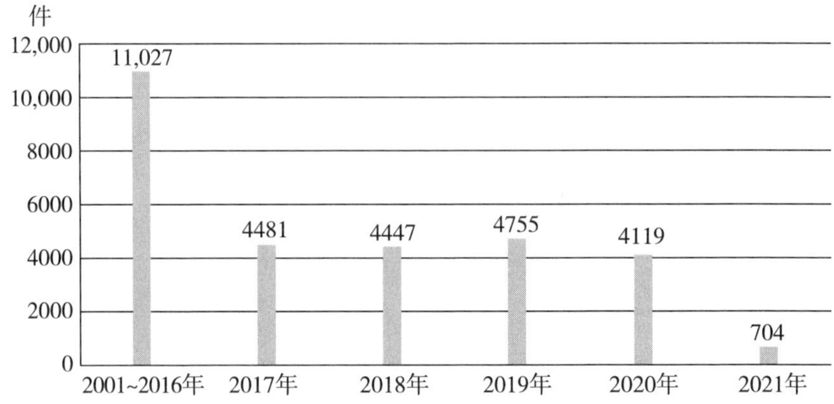

图2－1　房地产行业相关案件数量

二、房地产行业刑事风险现状

如上文所述，房地产行业的需求具有跨越性，但是大部分房地产行业具有就业门槛较低，工程周期长、体量大的特点，所以需要的劳动力庞大，投资金额庞大，一个完整的房地产项目整体涉及环节繁杂，无论是一个工程需要对接的相关方，或是程序手续，或是内部管理，相关制度非常细碎。加之，房地产行业红利仍在，不免仍有相关行业人员或企业愿意“铤而走险”，刑事风险也由此而生。例如，非法占用农用地进行房地产开发、非法转让或倒卖土地、串通投标、虚开发票、挪用公款、伪造公司印章等刑事风险时常出现。在项目审批、立项、资金筹集、处理各项关系的事务等过程中都会发生上述刑事风险。

房地产公司与其他公司的无异之处是公司企业的设立和终止是一整条完整的生命线。公司作为法人主体，就像自然人作为民事主体一样，有出生和死亡，公司也有自己的设立和终止。因此，在这一整个公司生命线中，在一个房地产企业存续期间，其可能触犯的刑事法律和可能陷入的犯罪风险包括：

1. 设立阶段。虚报注册资本罪，即使用虚假证明文件或者采取其他诈骗手段虚报注册资本的行为。公司登记的个人、单位为了欺骗公司登记主管部门而虚报巨额注册资本，是房地产企业在设立阶段高发的刑事罪名。当然，此种情况不仅在房地产行业的企业和公司存在，在其他行业的企业当中也是屡见不鲜的。

2. 融资阶段。当房地产企业进入融资阶段，企业根据自己的发展规划向投资者募集资金，此时房地产行业的公司企业与其他行业的公司企业一样，需要经过一个证券发行的过程，同样也必须有银行的帮助扶持。但银行贷款往往需要评估该企业的还款能力，证券融资需要证券行业相关手续。因此，需要了解一定的银行和证券行业的相关的程序和规则。如果不熟悉相关规则，很有可能会触犯法律，当然，也存在明知法律而不遵守法律以达到自己目的的情况。例如，以欺骗的故意取得银行或者其他金融机构贷款、票据承兑等，构成骗取贷款、票据承兑、金融票证罪。此罪客观方面即是以欺骗手段取得银行或者其他金融机构贷款、票据承兑等，在此罪中，欺骗手段是关键，往往决定着是否会入罪；除了欺骗手段，是否给金融机构造成重大损失也是区分罪与非罪的区分标准。

3. 发展阶段。房地产企业的发展不是单线的项目设立与完成，往往会涉及其他不同的行业领域，应当遵守不同的行业规则，如质量标准、环境标准等。因此，房地产企业不能达到标准，就可能面临触犯法律，行政法规的风险。特定的标准和要求可能会体现在不同的法律法规之中，所以房地产企业必须要对这些规定有足够的了解，才能避免陷入行政处罚与刑事风险之中。除此之外，在房地产企业发展过程中，还应特别注意贿赂问题，由于房地产与国家土地资源息息相关，因此一个房地产项目的完成必须要获得土地去建立工程项目，则需要与政府的相关部门打交道。行贿罪是指为谋取不正当利益，给予国家工作人员以财物的行为。有时候，房地产企业为了更加顺利地获得许可，或者为了程序更加便捷和顺利，在经营往来当中，可能会违反法律法规的规定，以回馈给国家工作人员各种福利、回扣、财物等，让国家工作人员为其获得不正当利益。如果涉及该罪名，单位犯行贿罪的，需要对单位判处罚金，同时也会对直接责任人和主管进行处罚。

本节我们讨论的是房地产行业，但工程建设也是项目中的一部分，此处略微简述。房地产行业在工程建筑的阶段，需要大量的劳动力投入工程建筑当中，为了保护工人利益，在刑法领域，也有可能涉及强迫劳动罪。强迫劳动罪是指用人单位违反劳动管理法规，以限制人身自由方法强迫职工劳动，情节严重的，构成强迫劳动罪。除此之外，还有强令、组织他人违章冒险作业罪等罪名也是高频发生的，房地产企业也应对此予以重视。

上文提到过，房地产行业和国家土地资源息息相关，因此非法占用农用地罪是房地产企业和公司最应该注意的刑事法律风险之一。我们国家以农业为基础的总体思路不变，且农业将为我们经济发展基础的重中之重，农用土地的重要性是不言而喻的。因此，非法占用农用地罪是国家的土地政策在《刑法》中的体现，这意味着房地产企业不仅要遵守相关的土地政策，更应该遵守《刑法》，此罪在《刑法》中的体现就代表着相关的土地政策应该上升到《刑法》的层面，有着举足轻重的重要性和影响力。关于土地类的犯罪，非法占用农用地罪和非法转让、倒卖土地使用权罪是有区别的。首先在客体方面不同，非法占用农用地罪的客体是国家对土地的管理制度，而非法转让、倒卖土地使用权罪的客体是土地转让制度。非法占用农用地罪也是有入刑标准的，并不是占用了农用地就犯此罪，而非法转让、倒卖土地使用权罪和非法占用农用地罪规范的行为是不同层面的。对此上述两种罪名，在本章第二节将有详细论述。

除此之外，房地产企业还应该注意对非法批准征收、征用、占用土地罪的规避。该罪的主体是特殊主体，即国家机关工作人员，但是这并不代表房地产行业的相关从业人员可以完全规避此罪。房地产行业需要土地资源来建造房屋，这一特性使房地产行业工作人员需要与政府交流，与前文的贿赂罪相呼应，则可能陷入非法批准征收、征用、占用土地罪的风险当中。本罪在主观方面还需要出于故意，也就意味着如果主体是出于过失或者玩忽职守等原因导致土地被非法征收、占用，造成公私财产重大损失的，不定此罪，而是以玩忽职守罪论处。

最后，污染环境已经成为现代化社会极速发展背景下随之而生的一个共性的问题。在《刑法》中，第 338 条第 1 款第 3 项规定“致使大量永久基本农田基本功能丧失或者遭受永久性破坏”，属于污染环境罪的情形之一。因此房地产企业不能单纯认为污染环境罪与自己无关，不能为了追逐利益而占用和损坏农田。

本章节笔者将着重于介绍房地产企业在土地部分的相关刑事风险，具体高发罪名详见本章第二节。

第二节 房地产行业高发罪名

一、非法占用农用地罪

（一）罪名介绍

法条依据：《刑法》第 342 条 违反土地管理法规，非法占用耕地、林地等农用地，改变被占用土地用途，数量较大，造成耕地、林地等农用地大量毁坏的，处五年以下有期徒刑或者拘役，并处或者单处罚金。

《刑法》第 342 条之一 违反自然保护地管理法规，在国家公园、国家级自然保护区进行开垦、开发活动或者修建建筑物，造成严重后果或者有其他恶劣情节的，处五年以下有期徒刑或者拘役，并处或者单处罚金。

有前款行为，同时构成其他犯罪的，依照处罚较重的规定定罪处罚。

犯罪构成：

本罪属于结果犯，法定结果要件是必须具备占用耕地数量较大，造成耕地、林地等农用大量毁坏。本罪侵犯的客体为国家耕地、林地等农用土地管理制度。在客观上表现为违反国家相关土地管理法规，非法占用耕地、林地等农业用地，改变被占用土地用途，并造成耕地、林地等农用地大量毁坏的行为。本罪主观上要求故意，即行为人明知自己的行为属于对农用地的非法占用，且行为人系明知实施该行为会造成大量农用地毁坏但仍进行占用，最终导致农用地的性能发生改变、农用地被毁坏。行为人是否获益并不影响本罪之成立。

具体分析以上构成要件：

（1）违反土地管理法规，是指违反《土地管理法》《森林法》《草原法》等法律以及有关行政法规中关于土地管理的规定。

（2）非法占用耕地、林地等农用地，是指未经法定程序审批、登记、核发证书、确认土地使用权，而占用耕地、林地等农用地的行为。根据《土地管理法》之相关规定，农用地是指直接用于农业生产的土地，包括耕地、林地、草地、农田水利用地、养殖水面等。其中非法占用耕地行为通常表现为：其一，未经批准占用耕地，即未经国家土地管理机关审理，并报经人民政府批准，擅自占用耕地的；① 其二，批准数量少于实际占有数量，即只有部分耕地的占用是经过合法批准程序的，但其余有相当数量，且数量较多的耕地系未经过批准；其三，通过骗取手段获得"批准"而占用耕地的，如谎报用途或借用、盗用他人的名义申请，提供虚假文件等欺骗有关管理机关从而取得批准手续占用耕地，且数量较大。

（3）改变被占用土地用途，是指未经依法办理批准手续或审批手续，② 非法占用耕地、林地、草地等农用地，在被占用的农用地上从事建设、采矿、养殖等活动，改变土地利用总体规划规定的农用地的原用途。如占用耕地建设度假村，开垦林地、草地种植庄稼，占用林地挖塘养虾等。③

（4）根据《最高人民法院关于审理破坏土地资源刑事案件具体应用法律若干问题的解释》第3条④的有关规定："数量较大"是指非法占用基本

---

① 例如，根据《土地管理法》第44条的规定，建设占用土地，涉及农用地转为建设用地的，应当办理农用地转用审批手续。

② 根据《土地管理法》及《土地管理法实施条例》相关规定，我国实行土地用途管制制度。国家编制土地利用总体规划，规定土地用途，将土地分为农用地，建设用地和未利用地。县级和乡（镇）土地利用总体规划还应当根据需要，划定基本农田保护区、土地开垦区、建设用地区和禁止开垦区等，其中，乡（镇）土地利用总体规划还应当根据土地使用条件，确定每一块土地用途，严格限制农用地转为建设用地。使用土地的单位和个人必须严格按照土地利用总体规划确定的用途使用土地，因为农用地的特性决定一旦更改用途，很难得到恢复，因此必须严格限制用途。我国已经建立一整套土地利用总体规划的分级审批制度，一经批准，具有法定效力，必须严格执行。

③ 参见《非法占用天然草原，法院判了！》，载新浪网，https://news.sina.com.cn/c/2021-08-26/doc-ikqcfncc5049875.shtml。

④ 《最高人民法院关于审理破坏土地资源刑事案件具体应用法律若干问题的解释》第3条："违反土地管理法规，非法占用耕地改作他用，数量较大，造成耕地大量毁坏的，依照刑法第三百四十二条的规定，以非法占用耕地罪定罪处罚：（一）非法占用耕地'数量较大'，是指非法占用基本农田五亩以上或者非法占用基本农田以外的耕地十亩以上。（二）非法占用耕地'造成耕地大量毁坏'，是指行为人非法占用耕地建窑、建坟、建房、挖沙、采石、采矿、取土、堆放固体废弃物或者进行其他非农业建设，造成基本农田五亩以上或者基本农田以外的耕地十亩以上种植条件严重毁坏或者严重污染。"

农田5亩以上或者非法占用基本农田以外的耕地范围10亩以上的。“造成耕地大量毁坏”是指行为人非法占用耕地建窑、建坟、建房、挖沙、采石、采矿、取土、堆放固体废弃物或者进行其他非农业建设，造成基本农田5亩以上或者基本农田以外的耕地10亩以上种植条件严重毁坏或者严重污染。

犯罪原因分析：

土地是不可再生自然资源，且直接关系着人类生存和国家发展。当前，我国土地资源的有限与经济快速发展的矛盾越发尖锐，一些个人与企业涉土地犯罪居高不下。非法占用农用地罪是涉土地犯罪中最常见罪名，其案件数量也是与日俱增。通过对本罪的分析与案例解读，就房地产企业而言，涉及本罪的影响因素主要有：在实际经营过程与地产项目实际开发过程中，且不论建设项目的实际运营效果如何，在进行实际建设前，房地产企业对于项目土地的占用是否合法、合规；对于未经主管部门审批的超出实际获得审批的土地，房地产企业是否主动进行申请审批，办理转用手续等都不清楚。因此，从刑事合规的角度来看，对于本罪，房地产企业应对企业内部所有建设项目所占用的土地进行合规审查，着重审查所占用的土地是否得到审批批准，批准面积和实际占用面积是否一致；若不一致，尤其是对于超出实际审批的部分，房地产企业应尽快办理申请审批，并办理转用手续，以防被进行行政处罚，避免潜在的刑事风险，从而维护地产企业的正常经营，保持积极正面的社会形象。

值得注意的是，国家已先后通过文件的方式，逐渐突破以往的条文限制，出台了各种鼓励租赁房屋新政。例如，于2017年8月21日印发并实施的《国土资源部①、住房城乡建设部利用集体建设用地建设租赁住房试点方案》，打破了传统的“政府征地—土地拍卖—开发商开发”的体制，农村集体土地不用经过国家征地环节，直接进入了市场，度假小院这类项目将获得快速审批通道，并确定第一批在北京、上海、广州、杭州、成都、武汉、南京、厦门、合肥、郑州、沈阳、佛山、肇庆13个城市开展利用集体建设用地建设

① 现为自然资源部，后文不再赘述。

租赁住房试点。又如，于2019年1月11日发布的《自然资源部办公厅、住房和城乡建设部办公厅关于福州等5个城市利用集体建设用地建设租赁住房试点实施方案意见的函》（自然资办函〔2019〕57号），函件原则上同意福州、南昌、青岛、海口、贵阳5个城市利用集体建设用地建设租赁住房试点实施方案。地产企业可依据上述多种信息，把握时机，合法合规地进行开发建设。

（二）典型案例

1. 刘某非法占用农用地案

——最高人民检察院发布第十六批指导性案例之一

【基本案情】

2016年3月，被告人刘某经人介绍以人民币1000万元的价格与北京春杰种植专业合作社（以下简称合作社）的法定代表人池某商定，受让合作社位于延庆区延庆镇广积屯村东北蔬菜大棚377亩集体土地使用权。同年4月15日，刘某指使其司机刘某岐与池某签订转让意向书，约定将合作社土地使用权及地上物转让给刘某岐。同年10月21日，合作社的法定代表人变更为刘某岐。其间，刘某未经国土资源部门批准，以合作社的名义组织人员对蔬菜大棚园区进行非农建设改造，并将园区命名为“紫薇庄园”。截至2016年9月28日，刘某先后组织人员在园区内建设鱼池、假山、规划外道路等设施，同时将原有蔬菜大棚加高、改装钢架，并将其一分为二，在其中各建房间，每个大棚门口铺设透水砖路面，外垒花墙。截至案发，刘某组织人员共建设“大棚房”260余套（每套面积350平方米至550平方米，内部置橱柜、沙发、藤椅、马桶等各类生活起居设施），并对外出租。经北京市国土资源局延庆分局组织测绘鉴定，该项目占用耕地28.75亩，其中含永久基本农田22.84亩，造成耕地种植条件被破坏。

截至2017年4月，北京市规划和国土资源管理委员会、延庆区延庆镇人民政府先后对该项目下达《行政处罚决定书》《责令停止建设通知书》《限期拆除决定书》，均未得到执行。2017年5月，延庆区延庆镇人民政府组织有关部门将上述违法建设强制拆除。

【裁判结果】

2018年10月16日，北京市延庆区人民法院作出一审判决，以非法占用农用地罪判处被告人刘某有期徒刑1年6个月，并处罚金人民币5万元。一审宣判后，被告人刘某未上诉，判决已生效。

刘某岐在明知刘某是合作社非农建设改造的实际建设者、经营者，且涉嫌犯罪的情况下，故意隐瞒上述事实和真相，向公安机关做虚假证明。经北京市延庆区人民检察院追诉，2019年3月13日，北京市延庆区人民法院以包庇罪判处被告人刘某岐有期徒刑6个月。一审宣判后，被告人刘某岐未上诉，判决已生效。

本案中，延庆镇规划管理与环境保护办公室虽然采取了约谈、下发《责令停止建设通知书》和《限期拆除决定书》等方式对违法建设予以制止，但未遏制住违法建设，履职不到位，北京市延庆区监察委员会给予延庆镇副镇长等3人行政警告处分，1人行政记过处分，广积屯村村党支部给予该村党支部书记党内警告处分。

本案中，被告人刘某未经有关部门批准，以合作社之名义自行对蔬菜大棚园区进行非农建设改造，并更名为“紫薇庄园”。除此之外，在该庄园内，刘某还建设了规划外道路、鱼池、假山等设施，并建设260余套“大棚房”对外出租。通过分析被告人的具体行为，可得知：首先，被告人未经国土资源部门批准，以合作社的名义组织人员对蔬菜大棚园区进行非农建设改造，属于违反土地相关管理法规的行为；其次，本案中的土地性质属于集体土地，行为人未经批准而占用该土地并进行非农业用途的开发，属于“非法占用并改变用途”；再次，从行为结果上，“紫薇庄园”占用耕地28.75亩，其中含永久基本农田22.84亩，属于“占用耕地数量较大”；最后，被告人刘某在明知自己的行为属于非法对农用地的占用，且明知实施该行为会造成大量农用地毁坏的结果发生而仍进行占用，符合主观上的故意。

十分珍惜、合理利用土地和切实保护耕地是我国的基本国策。近年来，随着传统农业向产业化、规模化的现代农业转变，一些地区出现了假借发展农业之名，擅自或者变相改变农业用途，在耕地甚至永久基本农田上建设“大棚房”“生态园”“休闲农庄”等现象，造成土地资源被大量非法占用和毁坏。最高人民检察院第一检察厅厅长苗生明曾指出，如果任由非法占用农用地，必然导致农用地特别是耕地资源锐减，严重威胁国家粮食安全，同时，还损害农民利益，损害党和政府公信力，危及社会和谐稳定，因此必须依法予以严惩。[①] 因此，就房地产企业而言，在经营活动中，具体项目在使用土地时是否实际改变被占用土地用途则是在企业内部刑事合规中应当予以高度关注的问题。

2. 石家庄某房地产开发公司非法占地案

【基本案情】

2006 年 7 月，石家庄某房地产开发公司超出批准用地面积非法占地 119.46 亩，建设连体别墅和其他设施，不符合土地利用总体规划。

2007 年 6 月，平山县国土资源局依法作出行政处罚，责令退还非法占用的土地，拆除非法建筑物，并处罚款 164.31 万元；将案件移送公安机关追究刑事责任。

2007 年 11 月，某房地产开发公司自行拆除了全部非法建筑，目前所占土地已恢复耕种。因某房地产开发公司欠缴罚款 96.31 万元，平山县人民法院应平山县国土资源局强制执行申请，依法查封了该公司开发的 3 栋宿舍楼。

【裁判结果】

本案中，石家庄某房地产开发公司实际获得的批准用地面积小于其实际开发的用地面积，超出部分并未按照规定进行申请审批，未办理农用地转用审批手续，石家庄某房地产开发公司使用土地建设了连体别墅和其他设施，造成了耕地种植条件的破坏，不符合土地利用总体规划，最终法院以非法占用农用地罪，判处其法定代表人相应刑罚。

2008 年 1 月，平山县人民法院以非法占用农用地罪，判处某房地产开发公司法定代表人杨某有期徒刑 2 年，缓刑 2 年；判处某房地产开发公司罚金 5 万元。

---

① 参见最高人民检察院：《绝不允许假借发展设施农业之名 擅自或变相改变农业用途》，载人民网，http://legal.people.com.cn/n1/2020/0305/c42510-31618639.html。

我国实行土地用途管制制度。根据《土地管理法》的相关规定可知，[①] 国家编制土地利用总体规划，规定土地用途，将土地分为农用地、建设用地和未利用地。国家对农用地转为建设用地进行了严格限制，以控制建设用地总量，对耕地实行特殊保护。城市市区的土地属于国家所有。除由法律规定属于国家所有的以外，农村和城市郊区的土地属于农民集体所有；宅基地和自留地、自留山，属于农民集体所有。国有土地和农民集体所有的土地，可以依法确定给单位或者个人使用。使用土地的单位和个人，有保护、管理和合理利用土地的义务。建设项目可行性研究论证时，自然资源主管部门可以根据土地利用总体规划、土地利用年度计划和建设用地标准，对建设用地有关事项进行审查，并提出意见。建设占用土地，涉及农用地转为建设用地的，应当办理农用地转用审批手续。农民集体所有的土地的使用权不得出让、转让或者出租用于非农业建设；但是，符合土地利用总体规划并依法取得建设用地的企业，因破产、兼并等情形致使土地使用权依法发生转移的除外。

二、非法转让、倒卖土地使用权罪

（一）罪名介绍

法条依据：《刑法》第 228 条　以牟利为目的，违反土地管理法规，非法转让、倒卖土地使用权，情节严重的，处三年以下有期徒刑或者拘役，并处或者单处非法转让、倒卖土地使用权价额百分之五以上百分之二十以下罚金；情节特别严重的，处三年以上七年以下有期徒刑，并处非法转让、倒卖土地使用权价额百分之五以上百分之二十以下罚金。

---

① 《土地管理法》第 4 条规定："国家实行土地用途管制制度。国家编制土地利用总体规划，规定土地用途，将土地分为农用地、建设用地和未利用地。严格限制农用地转为建设用地，控制建设用地总量，对耕地实行特殊保护。前款所称农用地是指直接用于农业生产的土地，包括耕地、林地、草地、农田水利用地、养殖水面等；建设用地是指建造建筑物、构筑物的土地，包括城乡住宅和公共设施用地、工矿用地、交通水利设施用地、旅游用地、军事设施用地等；未利用地是指农用地和建设用地以外的土地。使用土地的单位和个人必须严格按照土地利用总体规划确定的用途使用土地。"第 9 条规定："城市市区的土地属于国家所有。农村和城市郊区的土地，除由法律规定属于国家所有的以外，属于农民集体所有；宅基地和自留地、自留山，属于农民集体所有。"第 10 条规定："国有土地和农民集体所有的土地，可以依法确定给单位或者个人使用。使用土地的单位和个人，有保护、管理和合理利用土地的义务。"

犯罪构成：

与上文非法占用农用地罪类似，土地系国家或集体所有，土地的使用权仅可在国家土地管理制度规定的法定程序中依法转让。因此非法转让、倒卖土地使用权罪侵犯的客体是国家的土地管理制度，包括但不限于《土地管理法》《森林法》《草原法》等法律以及有关行政法规中规定的有关土地管理的相关制度。具体分析本罪要件：

（1）对于本罪的客观方面，表现为违反土地管理法规，非法转让、倒卖土地使用权，情节严重的行为。非法转让土地使用权系指将依法管理和持有的土地使用权，违反法律、法规的有关规定，擅自转让给他人的行为。这里的土地使用权是指依法对土地享有使用的权利。非法倒卖土地使用权系指违反法律、法规的规定，将土地使用权进行倒卖并牟利的行为。根据我国《土地管理法》的有关规定，土地使用权无法作为一种商品进行任意买卖，土地使用权仅可依法进行转让。[①] 而即使进行土地使用权的有偿转让，也应根据有关法律、法规的规定，向有关主管部门申请批准，并通过有关主管部门的审查方可进行。

（2）本罪的主体为一般主体，即凡达到刑事责任年龄，具备刑事责任能力的自然人均可成为非法转让、倒卖土地使用权罪的主体，同时单位亦能构成本罪。概括来说，本罪主体为土地使用权的经营管理者和土地使用权的享有者。

（3）本罪的主观方面表现为故意，且以牟利为目的。

犯罪原因分析：

“以股权转让形式转让土地使用权”主要是指当事人通过签订股权转让

---

① 《土地管理法》第2条规定：“中华人民共和国实行土地的社会主义公有制，即全民所有制和劳动群众集体所有制。全民所有，即国家所有土地的所有权由国务院代表国家行使。任何单位和个人不得侵占、买卖或者以其他形式非法转让土地。土地使用权可以依法转让……”第74条规定：“买卖或者以其他形式非法转让土地的，由县级以上人民政府自然资源主管部门没收违法所得；对违反土地利用总体规划擅自将农用地改为建设用地的，限期拆除在非法转让的土地上新建的建筑物和其他设施，恢复土地原状，对符合土地利用总体规划的，没收在非法转让的土地上新建的建筑物和其他设施；可以并处罚款；对直接负责的主管人员和其他直接责任人员，依法给予处分；构成犯罪的，依法追究刑事责任。”

协议以将土地使用权进行转让，常见的类型有：（1）直接转让房地产公司股权；（2）土地使用权作价入股后转让股权；（3）成立房地产开发项目公司后将股权转让给项目公司；（4）收购非房地产开发企业股权改变土地用途后转让股权；（5）新股东以非土地使用权的资产增资扩股后转让股权。①

上述五种方式中，除了第二种方式，即土地使用权作价入股后转让股权是需要在作价入股时改变土地使用权的权属，其余四种方式都不需要改变土地使用权的权属即可进行转让。通常而言，实务中除了部分涉及外资的需要相关部门审批，其余办理股权转让的手续较为简便，只需签订股权转让合同，通过市场监督管理部门变更登记即可发生效力，即使用上述几种方式，土地使用权受让方可以通过股权转让形式在较短时间内取得相关土地使用权。对比之下，若不采用股权转让形式转让土地使用权，而直接进行土地使用权转让，则需要进过履行申请、报批等程序，且必须符合《城市房地产管理法》第 39 条关于转让方实际投入资金额度等方面的规定；除此之外，若所转让的土地有相关债务，还需通知相关债务人清理债务。并且，房地产公司的股东进行股权转让时，比起直接转让土地使用权，进行股权转让只需缴纳印花税以及企业或者个人所得税，即在税收筹划方面，股权转让具有相当优势。因此，以股权转让的方式获得土地使用权成为当前获取土地的一项重要策略。现阶段，我国没有相关法律规制上述这种名为股权转让实为土地使用权转让的行为，因此造成了实践与学界在认定时的双重混乱局面。

实践与学界中，对于涉及“以股权转让方式转让土地使用权”行为的案件定性始终存在不同观点，如清华大学法学院教授周光权对于此类犯罪明确表态为：以土地使用权为内容的股权转让行为不属于“以股权转让为名，变相违规”转让、倒卖土地使用权，行为人不应当构成本罪。他着重指出在实践中，房地产企业和非房地产企业大量实施包含土地使用权益的股权转让（转移）行为，尤其是股市上每天都在进行的股权转移，其中就包括房地产企业与非房地产企业涉土地权益的股权转移，而这些行为完全合法。如果将

① 参见夏克勤、郭嘉：《供给侧改革背景下以股权转让方式实现土地使用权流转行为之法律规制》，载《法律适用》2017 年第 9 期。

前述涉股权转让的行为均作为犯罪追究，将使股权转让行为存在不可预期性，从而影响市场交易安全、损害交易秩序。但近年来，通过检索司法大数据，法院对于此类犯罪的判决却呈现出较为两极分化的审判趋势，认定较为严格的法院，将名义上入股或转让股权，实际上涉及土地使用权转让的行为都以非法转让土地使用权的犯罪论处。[①] 周光权教授对此表示并不赞同，他认为《刑法》对于犯罪的认定，以行为在前置法上具有违法性为前提，没有前置法的违法性“烟”，就不可能具有刑事违法性的“火”，因此，定罪“理应考虑民法的权利关系以作出界定，仅从《刑法》独立性的立场出发进行考虑的见解是不妥当的”。[②] 这主要是因为《刑法》是保障法，需要动用《刑法》来追究的行为，一定是违反其他法律，但其他法律的处罚措施和行为的危害性并不相当，难以达到预防效果，且行为显然是具备刑事违法性的情形。[③]

就房地产企业刑事合规的角度而言，法院将“以股权转让方式转让土地使用权”认定为非法倒卖土地使用权罪，其本意在某种程度上是为了打击一些试图通过钻法律空子而为个人谋取私利的行为；以股权转让方式转让土地使用权，本质上是股权进行流转，而非土地使用权进行流转，土地使用权自始至终都归于同一公司所有，也就不存在所谓“倒卖”的问题。再者，如上文所述，综合对比股权转让与土地使用权转让的利弊，以股权转让的方式获得土地使用权能够省去程序上的烦琐操作，同时“筹划”税务，逃避一些土地增值税、营业税、契税等相关税项的征收。因此，房地产企业应着重注意，对于“以股权转让方式转让土地使用权”的行为，因其可能对社会经济秩序、相关制度产生损害，即有可能出现被课以刑罚的危险，在实际经营过程中，应对此格外把关，尽量减少、避免此类行为的操作风险与不利后果。

实践中，可能构成非法转让、倒卖土地使用权罪的情形还是大量存在的，大致包括：（1）将农村集体土地直接出租、出售的。主要是因为《土地管理

---

① 参考案例：浙江绍兴金某案［（2016）浙0602刑初621号］、内蒙古二连浩特高某等人案［（2016）内2501刑初27号］、安徽淮北邓某案［（2014）相刑初字第0002号］等。

② 参见［日］佐伯仁志等：《刑法和民法的对话》，于改之、张小宁译，北京大学出版社2012年版，第59页。

③ 参见周光权：《股权转让与非法转让、倒卖土地使用权罪》，载《法治日报》2021年6月9日，第9版。

法》第82条规定，禁止擅自将农民集体所有的土地通过出让、转让使用权或者出租等方式用于非农业建设，或者违反本法规定，将集体经营性建设用地通过出让、出租等方式交由单位或者个人使用。那么，符合法律规定的用地者在取得集体土地使用权后非法转让、倒卖给他人的，行为显而易见具有刑事违法性。（2）擅自改变城市土地用途出售的。例如，以修建教学科研配套设施、教职工宿舍、老年大学等名义获得土地使用权，但擅自改变土地用途，将土地提供给他人修建住房后出售谋利的，构成本罪。（3）合法获批土地后直接出售的。例如，为投资办厂获批土地，后因无力继续建厂而将土地使用权直接转让的，应以本罪定罪；再如，甲企业取得土地使用权后，与乙企业勾结通过虚假诉讼骗取法院裁判后办理土地使用权过户手续的。（4）直接转手倒卖城市土地的。例如，被告人作为县级国土部门负责人，伙同他人非法倒卖某学校30余亩土地，从中获利数百万元的，理应构成本罪和贪污罪的想象竞合犯。如此看来，即便是将涉股权转让的行为排除在定罪范围之外，也仍然要承认本罪存在较为广泛的适用余地。①

根据全国各级法院公布的案例分析，构成“非法转让土地使用权罪”的行为主要分为两类：一类是以买卖形式直接转让土地使用权；另一类则是以转让公司股权方式间接转让土地使用权。第一类方式构罪理所当然，但第二类方式能否定罪，正如上文所言，存在一定争议。

实践中，房地产企业通过股权转让或资产转让方式转让其持有的土地使用权或在建工程是国内房地产交易中的惯常操作模式，大多房地产商认为，这类“以股让地”行为不涉及土地使用权的变更，不用办理土地过户，仅需办理工商变更登记，在简化收购手续的同时，也不会产生相关的税费，降低了企业的税务成本。另外，因公司本身就具备开发条件和资质，收购手续一旦办妥，受让人可以马上继续开发，缩短了施工时间、提高效率，可以说是一举多得。但近年来，因开发资金不足、一房多卖或者涉税等问题，很多房地产开发商被追责，在倒查土地使用权取得方式时，往往发现是“以股让

---

① 参见周光权：《股权转让与非法转让、倒卖土地使用权罪》，载《法治日报》2021年6月9日，第9版。

地”方式取得，很多个人或者企业被追究行政责任，甚至被追究了刑事责任。[①] 对于“以股让地”手段的定性，既涉及刑事犯罪的认定，也涉及股权转让纠纷的合同效力认定，还涉及股权转让的特殊规则，不同判决的认定结果差异巨大，司法实践中也存在大量争议。但不可否认的是，认定其构罪的法院判决均着重于以下几点，或言，法院的认定常伴随如下关键词汇：“名义上是……实质上是……”“以……形式掩盖……目的”“以……之名行……之实”“以……为幌子实施……行为”，等等，即“透过现象看本质”“从实质刺破形式”。虽然从登记权属上，土地使用权并无转让、变更，但是最终控制土地开发、获益的是公司的股东，因此土地使用权的实际控制人已经发生变更，即从实质上，股东（作为实际控制人）发生了变更，土地使用权就会发生变更。

从保护法益的角度上看，非法转让、倒卖土地使用权罪规定于《刑法》第三章第八节——扰乱市场秩序罪中，其设立目的，是为保护土地使用权流转的正常秩序以及土地利用的各项规划。就形式而言，该行为并未使土地使用权主体发生变更，但有时也确实会损害到土地使用权流转的正常秩序以及土地利用的各项规划。实务中，许多个人合伙成立公司后，通过挂牌拍卖的方式，获得了土地使用权，其目的根本不是为了房地产开发，而仅仅是为了倒手出售，赚取高额差价，空手套白狼。在上述行为中，由政府审核的第一手开发商并不参与开发，其通过“以股让地”方式赚取差价后就撤出。而且在这类行为中，股权可能被辗转好几手，其中的利润被严重挤压后才流转到最终的开发商，此时的房地产质量和工期因为资金限制，可能大打折扣。这种情况下，“以股让地”实际上已经对法益造成了侵害，即土地使用权流转的正常秩序以及土地利用的各项规划因此遭受了破坏。因此，应当通过刺破民商事外观这一方式，追究刑事责任，以非法转让、倒卖土地使用权罪定罪处罚。[②]

---

① 参见楼安翔、邹晓辉：《“以股权转让形式转让土地使用权”的法律风险和防范》，载中国民主促进会网，https://www.mj.org.cn/m/kmsd/202111/t20211101_245297.htm。

② 参见楼安翔、邹晓辉：《“以股权转让形式转让土地使用权”的法律风险和防范》，载中国民主促进会网，https://www.mj.org.cn/m/kmsd/202111/t20211101_245297.htm。

因此，从刑事风险角度看，在实践中，绝大多数被刑事追责的“以股让地”行为，均是由于行为人并未实际进行实质开发，即行为人的目的往往是为谋取个人私利，赚取转让土地控制权的差价。所谓法院“从实质刺破形式”，也是主要从该角度出发。但是，为避免刑事风险的产生，建议房地产企业在未达到开发要求时，慎重转让公司股权，以优先支持项目实际开发为基础。若是出于资金成本过高或开发资金缺乏等方面考虑，亟须转让部分股权的情况，则建议房地产企业采用借款、分次转让股权、增资入股等方式，在项目实际开始开发后再转让股权，这样便可最大限度地避免刑事风险的发生。

（二）典型案例

1. 杨某某非法转让、倒卖土地使用权罪案

【基本案情】

2000年前后，时任苍南县灵溪镇龙渡村支部书记的被告人杨某某与时任苍南县灵溪镇委书记的被告人梁某（已判刑）、时任灵溪镇龙渡村村委会主任的郑某某、时任灵溪镇城建办主任的韩某某、时任灵溪镇副镇长的林某某、原苍南县国土局土地评估所职工许某某（均另案处理）共同商谋，欲获取苍南县灵溪镇学士路以南、站前大道以西地块（以下简称苍某地块）土地使用权，后由于政策变化，苍某地块的转让方式由划拨转为挂牌出让，杨某某等六人经商谋通过受让空壳公司股份来获取苍某地块。2005年1月11日，杨某某等六人转入已无实际经营的空壳公司苍南县苍某建筑装饰材料销售有限公司（以下简称苍某公司）股份，每人一股，共六股，后以苍某公司名义获取苍某地块土地使用权。在此期间，郑某某将自己持有的一股股份转让给他人。

2006年10月30日，被告人杨某某等人以苍某公司名义以出让价308.8万元成功获取苍某地块土地使用权，加上其他税费，每人出资60万元左右。后因资金短缺、无人牵头等原因，至2009年8月26日一直未进行开发。在此期间，杨某某等人以转让苍某公司股份形式，陆续将苍某地块土地使用权非法倒卖给他人。具体为：2006年10月30日以后，杨某某转让半股给他

人；2007 年 12 月 26 日，杨某某、梁某某、韩某某分别转让半股、一股、半股给黄某 1，两股股份转让价为 280 万元，共同非法获利 160 万元，其中杨某某非法获利 40 万元。之后，林某某等人陆续将苍某公司股份转让给他人。

【裁判结果】

法院根据上述事实和相关法律规定，以非法倒卖土地使用权罪判处被告人杨某某有期徒刑 3 年，并处罚金 15 万元；追缴被告人杨某某违法所得 40 万元，予以没收，上缴国库。

通过研究上述案例可知，本案被告人杨某某等人以牟利为目的，借用他人名义受让空壳公司苍某公司股份，以苍某公司名义获取涉案土地使用权，后以转让公司股份名义转让涉案土地使用权，属于以股份转让形式掩盖非法倒卖土地使用权目的的行为，应以非法倒卖土地使用权罪论处。法院在认定行为人是否归于有罪时，着重考虑了行为人取得涉案土地使用权后，是否进行开发建设，或是否拥有开发建设的具体要求和行为；对于行为人名为转让股份实为转让土地使用权的行为，将根据行为人的行为实质作出判断，或从行为人的主观层面予以考虑，究其是否具有以股份转让形式掩盖非法倒卖土地使用权的恶意目的，若有，则构成非法倒卖土地使用权罪；因客观原因无法开发等均不阻却对于行为人违法行为性质的认定。本案中，法院认为行为人的行为系以合法形式掩盖非法目的，即其真实意思表示是转让土地使用权，但因法律的强制性规定而无法以土地使用权交易的方式实现，故以所谓股权转让为名，行倒卖土地使用权之实，系以合法形式掩盖非法目的，定罪的核心在于“土地使用权倒卖”的结果上，而非过程。

2. 陈某某、韩某某非法转让、倒卖土地使用权罪案

——2018 年青岛两级法院环境资源审判庭十大典型案例之九

【基本案情】

2013 年 3 月前后，即墨市鳌山卫街道办事处南选村衣某欲在即墨市田横镇黑石庄西南岭处买地挖沙牟利，找到时任村书记兼村主任的被告人陈某某，并向陈某某支付人民币 77 万元买地款。陈某某遂以兴建塘坝为由，伙同被告人韩某某到在西南岭承包地的村民处做工作，后由韩某某顶名，将姜某 1、陈某武、解某 1 等十户村民 23 余亩基本农田收购，以每亩 1 万元至 1.7 万元

的价格支付给村民30.64万元；后连同村集体基本农田、坑塘水面一并卖给衣某用于挖沙，从中获利人民币10余万元。经即墨市国土资源局及青岛众森工程咨询有限公司测绘，涉案地类为基本农田29.45亩、坑塘水面1.32亩，共计30.77亩。案发后涉案土地陆续恢复耕种16.51亩，土地荒废尚未耕种10.6亩。

【裁判结果】

法院认为，被告人陈某某、韩某某以谋利为目的，违反土地管理法规，非法转让、倒卖土地使用权，情节特别严重，均构成非法转让、倒卖土地使用权罪，应予惩处。陈某某在共同犯罪中系主犯，应按其参与的全部犯罪处罚；韩某某经公安机关电话传唤后主动到案，如实供述其犯罪事实，属投案自首；且在共同犯罪中属从犯，予以减轻处罚。陈某某、韩某某系初犯，韩某某积极缴纳罚金，酌情予以从轻处罚。依照《刑法》的规定，具体判决如下：

1. 被告人陈某某犯非法转让、倒卖土地使用权罪，判处有期徒刑3年6个月，并处罚金人民币10万元。

2. 被告人韩某某犯非法转让、倒卖土地使用权罪，判处罚金人民币1万元（罚金已缴纳）。

我国《宪法》第10条[①]和《土地管理法》第2条均规定了土地所有权禁止转让，只可以依法转让土地使用权，并对转让土地使用权作出严格限制性规定，目的即在于加强对土地资源的管理和利用，以及控制房地产开发市场秩序和风险。[②] 非法转让、倒卖土地使用权罪，是重大敏感罪行，严重侵害了国家的社会管理秩序和经济秩序，造成了不良社会影响。因此，法院在审理此类型案件时将从严减刑。[③]

土地的所有权属于国家和集体所有。为合理利用土地资源，国家允许在

---

① 《宪法》第10条规定："城市的土地属于国家所有。农村和城市郊区的土地，除由法律规定属于国家所有的以外，属于集体所有；宅基地和自留地、自留山，也属于集体所有。国家为了公共利益的需要，可以依照法律规定对土地实行征收或者征用并给予补偿。任何组织或者个人不得侵占、买卖或者以其他形式非法转让土地。土地的使用权可以依照法律的规定转让。一切使用土地的组织和个人必须合理地利用土地。"

② 参见唐红：《以股权转让为名转让土地是否构成犯罪?》，载《人民之友》2017年第11期。

③ 信阳市中级人民法院决定书，（2012）信刑执字第628号。

相关土地管理法规的规范下依法转让土地使用权。但在本案中，被告人为了牟取暴利，以兴建塘坝为由，收购大量基本农田，将收购款直接支付给了当地村民；后连同村集体将基本农田、坑塘水面一并出卖进行挖沙，从中获利。本案中涉及两次非法转让、倒卖土地的行为，既侵犯了国家土地管理秩序，又损害了土地资源的合理利用与开发，应当依法应予惩处。

第三节　房地产行业刑事风险防范建议

房地产企业项目所涉及的环节是非常多的，这意味着整个项目中需要考虑的因素也是极多的。由于房地产项目带有区域化的特点，因此对项目实施地点的人文经济等需要有充足的了解。在项目前期做好项目规划相当于打好基石，包括充足的市场调查和研究，投资回收资本可行性的预估。

一是要获取土地信息，相当于做前期的深入的市场调查，包括该土地所在地的周边交通状况，有没有学校，如果在此处开发是否能满足居民的基础日常生活的需求，此处周围的土地结构是否适合建造房屋，是否符合设计条件，包括对实地勘察勘验，甚至是该片土地如果设立工程以后，周边是否要建立系列的完整的经济体系，如建造商场、学校、地铁等，设立项目应对未来有一个整体而切实的规划。如果项目定位清晰，则根据项目的定位可以实现设计方案，甚至是贯穿其中的景观设计，智能化生活辅助设计等完整的生活体系。以上的所有考虑都离不开最初对土地价值的初步判断，而土地价值又是和周边经济息息相关的，因此对土地价值的判断不仅是需要一种可行性方案，而是多种价值判断的方案和指标测算。加上相关的市场调研，从而预判销售价格所在的区间以及相关的销售周期的长短，最终分析出可行性方案的大致利润和最佳的销售资金区间，选择最佳的选择土地方案。

二是土地初判和深判。土地初判和深判包含在一次又一次的方案筛选之中。在土地初判的环节，要了解到地块上市的方式和时间，当地建筑安全的成本和政府对土地收费的标准，房地产市场的情况等综合情况。深度调研和决定项目单位、成本测算和周边环境勘察、开发的工厂周期和设计方案等，都是建立在土地初判环节之上的进一步工作。

三是寻找合作资金。寻找有同样意向的开发商进行资金支持，在如今的数字化社会其实并不是一件难事。制作精良的项目招商报告，针对相关招标项目进行投标，在这些环节中，为了避免刑事风险，要客观的如实的制作各类招商、投标报告，如果有夸大和严重不实的内容导致不良后果，就可能要承担相应的责任。在明确合作伙伴以后。双方达成合意，确定合作方式。①

四是土地投标摘牌。这一步骤内容繁杂，也是上文中提到的关于行贿罪高发的一步。因为这个部分接触到众多的行政部门，包括发改委、规划局、国土资源局、环境保护局、交通委员会、水务局、地震局等。招标是指市县人民政府自然资源主管部门发布招标公告，邀请特定或不特定公民、法人和其他组织对国有土地使用权投标，根据投标结果确定土地使用者的行为。②整个土地招标的流程并不是有一块土地就可以直接进行招标。要制作工作方案，工作方案通过以后要编制招标文件，发布招标公告，出售招标文件，然后进行现场勘查，即组织有意向的竞买人对即将出让的地块进行现场勘探，并解答疑惑；而后是受理投标申请；确定投标人范围后，开始投标、开标、评标、公布成交结果。在投标过程中，同样会涉及刑事风险问题。

五是签订土地出让合同。合同内容包括地块的概况，转让方式和价格以及付款方式，缴纳政府净收益，契税，交易费等。而后是使用书面申请的方式办理用地规划许可证，③ 其中关于环境保护与我们上文提到的罪名风险有所关联。

六是土地确权办理，我国采取企业投资备案制度。适用于企业投资一般

---

① 叶雉鸠：《普通商业房地产招商策划与运作要点》，载《现代企业》2010 年第 5 期。本文指出招商首脑需要根据运营四维形成《招商方案》，并且以《招商手册》的形式来满足商户的要求，以此完成招商工作。

② 参见建筑联盟：《土地招标、拍卖、挂牌出让的区别及流程（附：招标拍卖挂牌出让国有建设用地使用权规定）》，载搜狐网 2017 年 10 月 7 日，https：//www. sohu. com/a/196655693_ 188910。

③ 参见《办理建设用地规划许可证流程》，载百度文库 2012 年 3 月 26 日，https：//wenku. baidu. com/link？url = atMYNJWj5FXpfIW33Wl9nOXS3RVlrBdOZppGgT6 – lfejguifbI3R5X0fRK7l1fR – yfwzjHmsrl0H8lVXCa – ZXxaZSIvxHvixHyIXmounqlWqx6L6Le2kY1Il9VO0HqzZ。

项目的管理制度，也是投资项目的前置条件之一。[①]

七是办理土地证，在持有土地证之后，即对该地块享有使用权或所有权，新建房屋土地登记需要提交土地和规划部门建设房屋的批准文件。《城市房地产管理法》第28条规定，依法取得土地所有权可以依照本法和有关法律、行政的规定，作价入股，合资、合作开发经营房地产。以划拨方式取得的土地如果转让、出让、抵押，则必须有相关的批准文件。

陈瑞华教授在《企业合规基本理论》一书中写道，可从四个维度全面认识企业合规。第一个维度是作为公司治理方式的合规，将合规管理作为企业日常管理的有机组成部分；第二个维度是作为行政监管激励机制的合规，将合规作为企业与行政监管部门达成行政和解的基础，以及企业受到宽大行政处理的依据；第三个维度是作为刑事激励机制的合规，亦即将合规作为对涉嫌犯罪企业减免处罚的依据；第四个维度是作为解除国际制裁激励机制的合规，企业可以通过建立有效的刑事合规制度来寻求解除国际制裁，重新获得进出口或招投标资格。房地产企业在实际经营过程中，除一般劳动争议或合同纠纷涉及民事诉讼之外，也可能会涉及行政处罚与刑事处罚。鉴于一般企业对刑事风险的危害性认识较为薄弱，当出现刑事风险的苗头时，常常会预判不清，无法加以有效控制，而实际上，刑事风险对于地产企业而言是最为致命的法律风险，即便是课以金钱刑罚，但介于地产企业的特性，也可能造成包括但不限于企业形象倒塌、项目无法落地等一系列的连锁反应，最终导致不可挽救的后果。

为帮助地产企业加强刑事风险防范，笔者提出如下刑事风险防范措施建议，供房地产企业参考。

一、树立正确的经营管理理念

一个企业的经营管理理念好比一个企业的生命源。随着我国房地产市场的日益规范与房地产企业之间竞争的日益激烈，房地产企业经营管理理念与

① 参见《地产项目开发全流程》，载百度文库2016年4月7日，https://wenku.baidu.com/view/73d2091a551810a6f42486c9.html。

经营战略的科学与否将直接决定房地产企业的成败，正确且有成效的管理理念与战略对房地产企业将起到全局性的决定作用。因此，如何制定科学的经营理念与战略以顺应时代发展，更好地帮助房地产企成长，应成为房地产企业管理层着重思考的大事。

广东省政府曾出台《广东省房地产企业社会责任指引》以引导广东省房地产企业在构建和谐社会中承担社会责任，促进经济、社会、环境的可持续发展，倡导房地产企业应建立和完善公司治理结构，制定企业可持续的长期发展战略；采取科学稳健的经营方针；建立和维护企业良好的社会形象，树立企业品牌。因此，房地产企业在经营过程中，防范刑事风险的首要任务，即应当首先树立正确的价值观和经营理念，管理层应当时刻注意管理得合法、合规，维护良好的市场竞争秩序，同时加强企业的内控管理，从宏观与微观双重层面上进行刑事风险防范。

二、加强内部控制，提高员工法律意识

房地产企业在实际经营过程中，除花费大量的时间与精力去应对事后的责罚之外，应当重视事前预防和风险防控。与其事后救火，不如主动出击。对于已经存在的风险，房地产企业可建立相应的应对机制，如内部调查、决策处理、完善内控等。通过内部调查识别违法责任人以及收集、整理可切割企业责任的相关证据，出具相应调查报告；根据房地产企业内部管理规范规定的流程向房地产企业的管理层或决策机构提交相关调查报告；由管理层或决策机构根据房地产企业内部的处罚规范对责任人作出处理；涉及刑事犯罪的，则移送司法机关；若行政司法机关介入调查，则企业应该积极配合，避免采取毁灭证据文件等错误应对方式。在这一系列过程中，内部控制既可作为事后补偿手段，也可作为事前预防方法，可谓一举两得。

内部控制是现代企业运营和管理的一个重要指标。诸多的实例已告诉我们，得内控则强，失内控则弱，一个企业没有内控将会无序。房地产企业为中国的经济发展和城市建设贡献了不可磨灭的力量，而为了房地产企业的健康、长远发展，提高房地产公司的运营管理的效率、降低房地产企业实际经营中的刑事风险，房地产企业需尽快建立内控制度。内控制度需房地产企业

内部各个部门的建设支持，也需要全企业共同落实。为此：

（1）内部控制系指在经济活动中经济单位和组织建立的相互牵制的商业组织和责任分工体系，即内部控制为企业内部管理层和全体员工一同开展落实的制度，因此，房地产企业的内控制度建立应当不仅及于管理层，还应当包括企业内部各个部门，乃至具体岗位。此外，制度应当落实于控制体系之下。由此，建议房地产企业在制定具体内控制度时，可进一步细化内控制度，将其作为一个体系，而非单薄的一纸条文。

（2）2004年9月，全美反舞弊性财务报告委员会发起组织（Committee of Sponsoring Organizations of the Treadway Commission，COSO）[①] 提出了“企业风险管理—集成框架”，这不仅超越了“内部控制—整体框架”，同时也象征着内部控制的转变和变革。就该框架的内涵而言，可扩展为“八个要素”：一是设定目标，公司的高级管理人员依据公司的风险偏好来设定其战略目标；二是内部环境，企业文化与其他各方面影响员工风险意识的因素，包括员工对风险意识的认知、高层管理者的风险管理理念与风险偏好、职业素养与工作气氛等；三是风险确认，指的是高级管理层决定影响公司实现目标的内外部的相关风险因素；四是风险评估，董事会以及高级管理人员依据风险因素的可能性和影响确定管理存在的风险；五是风险管理策略的选择，指的是基于公司抵御风险的能力，董事会和高级管理人员选择风险管理策略的风险偏好；六是控制活动，指的是为了确保有效实施风险管理策略而制定的制度体系与程序，包含批准、授权、检验、证实、调整、审查、定期盘点、记录检查、职能和职权的分工和授权、资产的保全、绩效的评估等；七是信息与沟通，指的是基于规划、实施、监督等运营管理活动的信息服务而产生

① 1985年，由美国管理会计师协会（IMA）、美国注册会计师协会（AICPA）、美国会计学会（AAA）、财务经理人协会（FEI）、美国内部审计师协会（国际内部审计师协会的前身，IIA），联合创建了反虚假财务报告委员会（通常称Treadway委员会），旨在探讨财务报告中的舞弊产生的原因，并寻找解决之道。两年后，基于该委员会的建议，其赞助机构成立COSO委员会，专门研究内部控制问题。1992年9月，COSO委员会发布《内部控制整合框架》（COSO－IC），1994年进行了增补。这些成果马上得到了美国审计署（GAO）的认可，美国注册会计师协会也全面接受其内容并于1995年发布了《审计准则公告第78号》。由于《内部控制整合框架》提出的内部控制理论和体系集内部控制理论和实践发展之大成，成为现代内部控制最具有权威性的框架，因此在业内备受推崇，在美国及全球得到广泛推广和应用。

的并向用户及时提供信息的过程；八是检查监督，指的是公司内部进行检查与监督内部控制的一个过程。内部控制包括五个相互关联的要素：内部控制环境、风险测评、控制活动、信息和沟通以及监测。[①] 房地产企业在制定具体的内控制度时，可参考以上几部分内容。

本书中，对于房地产企业的刑事风险防范着重于土地部分，也就是土地获取部分，那么对于土地信息收集、土地的初判与深判、投标摘牌、签订土地出让合同、用地规划许可证办理、土地确权办理、土地证办理等一系列与土地的使用权合法获取、转让的程序审批事项有关的问题，则应当成为房地产企业刑事合规风险所应注重的部分。具体而言，房地产企业可以从以下几个方面落实内部控制：

第一，房地产企业内部应当设立相应的风险评估制度。风险评估是公司建立和实施有效内部控制的重要部分。在对土地的获取事项中，应当着重于对所涉地块的前期尽调，包括但不限于：对地块具体位置及周边情况、规划设计条件、现场踏勘、未来规划、地块上市方式及时间、当地建安成本、政府收费和具体情况、当地房地产市场状况、市场深度调研、项目最终定位、成本测算、开发周期及付款计划、现金流测算，等等。房地产企业内部应当对地块的尽调提前做好分工，具体分工及成果要求应当部署于各个部门，厘清各职能人员责任与工作任务。对地块进行评估之后，即可得出该地块之上是否存在风险、是否会影响实际项目的落实。合理的风险评估制度可以将绝对控制风险转化为相对扩张机会，将“危险”转变为“机器”，使房地产企业得以长远发展。

第二，控制活动是房地产公司建立和有效实施内部控制的重要手段。房地产企业充裕的现金流与低融资成本是其最大的企业特点，在土地获取阶段，常伴随大额资金流动与丰富的信息流动。因此，对于资金、人员、信息的活动控制同样是房地产企业应当实际注意的风险要点。因此，房地产企业在设立实际内控制度时，可对公司的资金、人力和信息流动等作出具体规定。

第三，内部监督是提高内部控制的重要保障。房地产企业的内控除需合

① 更多内容可参见COSO官网：https：//www. coso. org/Pages/default. aspx。

理具体的制度之外，还需对房地产企业负责日常监督管理的关键岗位以及关键程序进行监督控制，及时地对各种内部控制缺陷进行发掘，并不断地完善内部控制体系，规范内部控制行为，不断地提高内部监督的效果，这样才能进一步保障房地产企业内控制度的有效性。同时，还需要重视外部监督，如在财务方面，可着重听取会计师事务所的审计意见，在法律事务方面，聘请外部律师团队进行合规风控管理也是十分有意义的选择。

第四，畅通的企业内部沟通是内部控制的基础设施条件。房地产企业内部只有建立起畅通便利的内部信息网络，才能快速有效地进行内部沟通。

三、聘请刑事法律顾问

我国《刑法》对于单位犯罪绝大多数采取双罚制，即不仅会对单位处以罚金，也会对直接负责的主管人员和直接责任人员判处自由刑与罚金。由此可见，房地产企业一旦涉及刑事风险，受损的不仅是企业本身，企业内部高管或直接责任人员也难逃责任。房地产行业的高风险性致使虽然大多数房地产企业已经建立了相对完善的内控制度与网络，但因其专业性的欠缺，在刑事风险防范方面仍有不足。房地产企业的刑事合规工作既可以由其企业内设法务部门开展，也可以聘请专业的外部专业律师团队担任刑事法律顾问。相较内设部门而言，聘请外部专业律师团队担任刑事法律顾问具有成本更低、合规手段更多元以及独立性更强三方面的优势。

首先，聘请外部专业律师团队担任刑事法律顾问开展刑事合规工作，成本更低。这主要体现在两方面：人员成本与沟通成本。在人员成本方面，如果企业内部开展刑事合规工作，则需要聘请合规人员，企业规模越大，需要的合规人员越多。就房地产企业而言，往往一个项目将涉及诸多部门的协助支持，且由于项目本身特性，房地产企业多以线下办公为主，即使在特殊情况下，也鲜少有线上的直接经营，且房地产企业很多交易往来都是双方之间进行口头约定，在这种情况下进行刑事合规的复盘倒查难度极大，需要的合规人员也就更多。而且，合规人员只有熟悉刑事合规工作、有着丰富的法律工作经验，才能帮助企业建设完备的刑事合规制度，这样导致聘请人员的成本会更高。相反，企业聘请专业律师团队是按需聘请、按时计费，而不需要持续支付人员薪资，所以人员成本更低。

在沟通成本方面，主要是涉及与执法部门、司法机关进行沟通的成本。企业并不是专业的法律机构，房地产企业内部的法务日常工作也主要及于审理合同、协助其他部门进行审批事项的推进，除非内部法务人员此前有相关刑事方面的工作经验，否则很少接触公安和检察院等司法机关。而专业的外部刑事合规律师团队，因其日常的刑事业务常会涉及与各地、各级的司法机关进行沟通协商，因此专业刑事合规律师团队在这方面的沟通成本要远远低于企业内设机构，沟通技巧与交流能力相较于房地产企业内部法律顾问而言也更胜一筹。

而且，房地产企业内部聘用的法务人员在开展刑事合规业务时，只局限在一个企业内，尤其是从企业内部一路发展成长起来的培养型人员，在日常工作中因其过往经历受限，其发现问题和提出解决方案的思路可能相对单一。而专业、优秀的外部刑事律师合规团队，因其常年接触各行各业顶尖优质的客户，基于其客户处于行业前沿的特性，这些专业的外部刑事律师合规团队接触到的也是各行业内最新、最全的刑事合规问题，因此，相对来说，律师团队能够提供的应对方案也会更加全面和完善，其所思考的合规方向与内容范围也更新、更合理。

其次，专业刑事合规律师团队的合规手段更多元。尤其对于一些大型律所而言，其有一定的经济实力可以购买先进的数据库、软件进行更详尽的合规分析与智库支持，也有机会与国内先进的数字化团队合作，强强联手，通过大数据分析帮助地产企业找出异常业务，从而挖掘深层问题，再联结专业的法律分析，找出合规症结，更快、更科学、更灵活地解决问题。

综上所述，刑事合规是一个全面、多维的过程，自身风险控制是内核，外部辅助管理是保障，内外结合，方能有效保护房地产企业。

最后，外聘专业律师团队具有高度的独立性，在接受举报、内部调查、制定预防措施等方面具有先天优势，不会受到企业内部因素的干扰。

第三章

互联网行业刑事合规实务指引

在科技迅猛发展的今天，移动电话、电子计算机和网络已不再是只有科研单位才有条件使用的“奢侈品”，而是我们日常生活中必不可少的“日用品”了。这些高科技产品的广泛运用，让我们在敲击键盘和点触鼠标的瞬间尽享科技给我们生活带来的便利。但是，在我们享受它们给我们带来的便利之余，它们也给我们带来了一些安全风险，如个人隐私信息泄露、计算机存储信息被篡改或删除、木马病毒对系统和数据的破坏、网络诈骗、网络赌博等，这些往往会给我们的国家、社会、个人造成严重的损失和后果。因此，信息和网络安全就显得尤为重要。

第一节　互联网行业概述

一、互联网行业背景

互联网行业主要是指以计算机网络技术为基础，利用移动电话、电子计算机、Internet 等工具为平台传播信息和创造价值的行业，主要包括网络运营商、业务服务、终端用户（法人、非法人组织和自然人）等诸多环节，主要涵盖生活服务类、设备设施类、大众消费类、商业服务类等业务领域。

简单地说，互联网已经完全融入了我们现实生活中的方方面面，如通过搜索引擎查阅新闻或关注的信息，通过购物平台购买心仪商品和服务，通过娱乐网站观看节目，通过电子邮箱收发电子信件，通过咨询平台答疑解惑，通过网络银行转账收付款，通过民生服务系统参与招标投标，等等。可以说互联网行业“包罗万象”，让我们“足不出户，万物互联”。总之，现如今的互联网行业，早已超出了一个或几个计算机网络公司（平台）的范畴。

2020 年，在网络强国建设的指引下，互联网行业牢牢把握信息化发展的历史机遇，稳步推进网络基础设施建设，通过社交网络构建服务新生态，电子商务、网络游戏、在线教育等行业均实现显著增长，创下了一项项新的历史成绩。面对新冠肺炎疫情的重大冲击，互联网行业充分运用云计算、大数据、人工智能等新一代信息技术与平台服务优势，开发非接触式经济模式助力我国经济社会线上化进程提速，培育经济发展新动能，推动高质量发展。①

随着我国互联网建设的飞速发展，互联网成了主要的工作、学习和生活方式。目前，我国现有注册的信息传输、软件和信息技术服务业企业超过 370 万家，网民规模突破 10 亿人次，域名总数近 3600 万个，网络支付交易金额超过 550 万亿元，我国互联网产业链已形成一定规模。我们在尽享其给我们工作、学习和生活带来极大便利的同时，互联网的数据信息安全也受到越来越多的关注。

二、互联网行业高发刑事风险

（一）互联网行业犯罪的现状

随着计算机和网络的普及与发展，不法分子利用移动电话、计算机和网络实施的刑事犯罪活动也越来越多，既有利用移动电话、计算机和网络实施诈骗、盗窃财物等传统类型的犯罪活动，也有利用计算机和网络存在的安全漏洞侵入数据库进行窃取、篡改、删除数据信息，甚至是破坏系统的新型犯罪活动。无论是实施哪种类型的新型犯罪活动，不法分子所造成的损失都不亚于传统类型犯罪活动。

不法分子通过计算机实施的犯罪活动，可以在很短的时间内，甚至是几秒钟内就能实现非法目的，而且由于网络的开放性和国际性不受地域限制，具有一定的隐秘性，难以及时发现。因此，被动地采取“亡羊补牢”式的防

① 参见中国互联网协会：《2020 年中国互联网行业发展回顾》。

御已不足以应对此类犯罪活动，事前做好计算机系统网络安全的各项防护工作更能起到事半功倍的效果。

导致计算机网络存在安全风险的原因主要有：

1. 计算机操作系统自身存在安全漏洞。计算机系统主要由计算机硬件系统、软件系统和网络系统构成。其中软件系统中的操作系统是核心系统，是计算机网络正常运行不可或缺的重要组成部分。但是，软件系统作为一种科技开发产品，难免具有一定的时代局限性，在设计的过程中存在一些缺陷。这些漏洞很容易被不法分子发现变成他们编制病毒软件和恶意攻击软件以对整个系统进行攻击的工具，他们通过编制计算机病毒进行恶意攻击或者非法进入系统盗取、篡改、删除数据信息，或者破坏计算机和网络设施设备。一旦得逞，整个系统将会遭受难以想象的破坏和损失。

2. 网络的开放性。现如今，我们所使用的计算机网络是面向全世界开放的，甚至可以说无论你身在何处都可以通过它实现“足不出户，连接海内外”。每天都有数以亿计的人在通过计算机网络编辑、修改、存储、传输和处理数据信息。正是由于计算机网络的开放性，计算机网络在给我们生活带来诸多便利的同时，也给一些不法分子通过计算机网络对他人存储的数据信息擅自进行篡改、删除或窃取提供了便利条件。

3. 系统数据库安全防护工作存在不足。我们都知道，系统数据库是用来存储数据和信息的介质。有了数据库，我们在对数据信息进行编辑、修改、存储和分析处理时，就会变得得心应手，不会手忙脚乱。但是如果在使用数据库的过程中没有充分做好安全防护工作，如使用的数据库自身存在安全漏洞、授权访问密钥或口令过于简单、允许他人随意访问数据库，都会给不法分子擅自进入系统数据库进行拷贝、篡改、删除数据，甚至是植入计算机病毒提供便利条件。

4. 自然灾害和偶发事件。计算机系统网络的硬件设施易遭受到地震、雷暴、火灾等自然灾害和偶然发生的断电、设备故障等意外的损坏。所以硬件设施的存放环境也很重要。

我们应当看到，人在计算机系统和网络中起着决定性的作用，因此，人也就成了决定计算机网络安全的最重要因素。

伴随计算机网络的迅速发展，计算机网络的犯罪行为也呈现逐年增长的趋势，而且随着计算机技术的发展，不法分子实施犯罪的技术手段和方法也在不断地“推陈出新”。计算机系统和网络面临的安全风险也在不断增加。

（二）我国互联网行业犯罪特点

我国互联网行业犯罪主要是以移动电话、电子计算机为工具，通过互联网实施的各种犯罪活动。这类犯罪活动主要有以下几个特点：

1. 涉及计算机网络犯罪的案件呈现上升势头。随着计算机的普及，越来越多的人得以接触、学习专业的技术知识，掌握专业技能已不再是遥不可及。再加上计算机网络特有的“一网联天下”的特性，相较传统类型的犯罪，它可以通过隐蔽、非接触式手段完成对数据的编辑、修改、存储和处理以实现非法目，因此，计算机犯罪的案件一直呈大幅度上升趋势，给国家和人民带来巨大的经济损失和严重后果。

2. 隐蔽性强，犯罪方法和手段呈现多样化。相较传统类型的犯罪，计算机网络犯罪活动往往通过计算机信息系统或者网络中的某个或某种类型程序或安全漏洞实施，由于信息系统或网络涉及的文件或数据等众多，难以被及时发现，因此，该种犯罪具有较强的专业性和隐蔽性。另外，它的犯罪方法和手段多种多样，如可以通过植入计算机病毒、恶意软件、木马程序等多种方式窃取、篡改、删除数据，导致系统和网络被破坏，甚至瘫痪，如非法侵入计算机信息系统罪等。另外，即便是一些传统类型的犯罪，也可以通过计算机系统和网络实施，如金融诈骗、盗窃、贪污、挪用公款、窃取国家秘密等犯罪也可以通过计算机系统和网络实施。

3. 计算机网络犯罪涉案领域广，区域范围大，危害后果严重。计算机网络不但被应用到国家科研单位、学校、企事业单位，还融入人们的生活中，涉及国计民生的方方面面。在网络中编辑、传输、存储和处理数据信息不受地域空间限制。虽然计算机信息系统和网络犯罪并不像传统犯罪活动那样直接让受害人感受到实体财产的损失，但由于计算机和网络的普及，他们已经成为人们生活中的重要工具和载体，一旦被破坏或控制，所造成的经济损失并不亚于传统犯罪活动。

4. 跨国犯罪趋势日益严重。计算机网络遍布世界的每一个角落，不同的国家对计算机网络的管控政策各有不同，对计算机网络犯罪的打击力度也不尽相同。随着我国不断加大对计算机信息新系统和网络犯罪活动的打击力度，不法分子为规避法律风险，通过国际互联网跨国实施计算机犯罪行为，正在成为一种“大趋势”。

5. 社交软件和即时通信平台成为犯罪分子的重要手段和场域。社交软件和即时通信平台为我们的日常交流和沟通提供了极大的便利条件，因此也往往拥有大量的用户群体。这也使一些不法分子盯上了这个“大蛋糕”，通过组建一些提供“返利”虚假信息或以“蝇头小利”做诱饵甚至是提供违禁品的组群等实施违法犯罪活动。

三、计算机网络犯罪及相关立法

（一）计算机网络犯罪的概念

计算机信息系统是由计算机及其相关的配套设备、设施（含网络）构成的，按照一定的应用目标和规则对信息进行采集、加工、存储、传输、检索等的人机系统。计算机网络是指利用通信线路将地理上分散的、具有独立功能的计算机系统和通信设备按不同的形式连接起来，以功能完善的网络软件实现资源共享和信息传递的系统。

随着网络的普及程度的不断提高，计算机和网络早已成为我们学习、工作和生活中不可或缺的组成部分，我们面临的网络犯罪的危害风险也在不断增加。网络犯罪作为一种新型犯罪，其危害性已不是传统犯罪所能比拟的了。我们只有正确认识、了解和掌握网络犯罪的本质及特征，才能将正常的操作与犯罪行为区分开来，才能有效防范计算机网络犯罪行为，才能更好地保护自己，维护自己的合法权益。

我们这里所说的计算机网络犯罪，主要是指行为人运用计算机专业技术和知识，并通过网络所实施的具有严重社会危害性的行为，即危害网络及网络信息安全与秩序的犯罪行为。具体来讲，主要是指行为人运用掌握的计算机专业技术和知识，通过编程制作病毒软件或恶意攻击软件运用网络对目标计算机系统或信息进行攻击；或者通过加密或解码软件技术破解系统数据库密码或者利用自己作为网络服务提供者的便利条件获取系统数据库密码等方式窃取、篡改、删除数据库数据信息，甚至破坏整个系统和网络；或者利用网络散布谣言、传播有害信息、诽谤或诋毁他人；或者利用网络进行虚假宣传、销售假冒伪劣产品、侵犯他人知识产权等具有严重社会危害性的行为。

（二）相关立法

虽然计算机和网络犯罪是从最近几年来才开始逐渐高发的，但是早在20世纪90年代，即当时计算机和网络发展还没有达到现如今的普及程度和规模，我国在进行相应刑法立法时就已经开始关注这类犯罪活动了，并有针对性地进行了相应的规定。在1997年，全国人民代表大会对1979年《刑法》进行了修订，但由于受当时社会发展和计算机应用范围的限制，只增加了非法侵入计算机信息系统罪（第285条）、破坏计算机信息系统罪（第286条）两个专门涉及计算机信息系统犯罪的罪名，来预防和惩处针对计算机信息系统（特别是重要政府机关、部门、行业、大规模的计算机系统）的非法侵入、破坏、控制等犯罪活动。另外，对通过利用计算机进行其他传统犯罪活动如何进行惩处则是在第287条中进行了明确规定，即利用计算机实施金融诈骗、盗窃、贪污、挪用公款、窃取国家秘密或者其他犯罪的，虽然使用了计算机进行犯罪，但并不属于专门计算机信息系统犯罪，因此仍依照《刑法》相关规定定罪处罚。

但是，随着改革开放的不断深化，社会经济生活水平不断提高，计算机和网络已经融入每一个人的日常生活中，不法分子利用计算机和网络实施的违法犯罪活动也随着计算机的发展和普及变得多样化，特别是各种计算机病毒、木马程序非法侵入或控制甚至是破坏计算机信息系统和网络。新型计算机和网络犯罪等违法犯罪活动日益增加，不仅破坏了计算机信息系统运行与信息安全，还给个人、各个行业甚至国家安全造成不可挽回的严重损失。因此，2009年2月28日，第十一届全国人民代表大会常务委员会第七次会议通过了《刑法修正案（七）》，该修正案除保留了非法侵入计算机信息系统罪、破坏计算机信息系统罪两个罪名外，还新增了非法获取计算机信息系统数据、非法控制计算机信息系统罪（第285条第2款）和提供侵入、非法控制计算机信息系统程序、工具罪（第285条第3款），并将破坏计算机信息系统罪的打击范围进行了扩大。

随着社会信息化发展的提速和网络技术的不断高速发展，计算机网络这个“虚拟网络世界”也在日新月异，和我们的日常生活也越来越密不可分，计算系统和网络早已成为我们生活中不可缺少的生活平台，因此，它也正在成为备受不法分子关注的新的“犯罪现场”。为更好地确保计算机信息系统和网络安全，进一步加大对网络犯罪的打击力度，更好地保护国家安全、社会、个人的信息和财产安全，2015年8月29日，第十二届全国人民代表大会常务委员会第十六次会议通过了《刑法修正案（九）》。该修正案新增了拒不履行信息网络安全管理义务罪（第286条之一）、非法利用信息网络罪（第287条之一）和帮助信息网络犯罪活动罪（第287条之二），将网络平台管理者、为网络犯罪提供帮助者纳入了我国《刑法》的调整范围。

另外，最高人民法院和最高人民检察院也先后出台若干司法解释，对计算机系统和网络的犯罪活动进行了明确的规定。

第二节　互联网行业高发罪名

一、非法侵入计算机信息系统罪

（一）罪名介绍

非法侵入计算机信息系统罪主要是指违反《计算机信息系统安全保护条例》等与计算机信息系统安全相关的国家规定，在未依法取得授权或批准的前提下擅自进入国家事务、国防建设、尖端科学技术等重要领域的计算机信息系统的行为。

法条依据：《刑法》第285条第1款　违反国家规定，侵入国家事务、国防建设、尖端科学技术领域的计算机信息系统的，处三年以下有期徒刑或者拘役。

相关司法解释：《最高人民法院、最高人民检察院关于办理危害计算机信息系统安全刑事案件应用法律若干问题的解释》第10条　对于是否属于刑法第二百八十五条、第二百八十六条规定的“国家事务、国防建设、尖端科学技术领域的计算机信息系统”、“专门用于侵入、非法控制计算机信息系统的程序、工具”、“计算机病毒等破坏性程序”难以确定的，应当委托省级以上负责计算机信息系统安全保护管理工作的部门检验。司法机关根据检验结论，并结合案件具体情况认定。

犯罪构成：

犯罪主体，非法侵入计算机信息系统罪的主体是一般主体，即凡达到刑事责任年龄并具有刑事责任能力的自然人均可以成为该罪的主体，主要是一些熟练掌握计算机专业知识和操作技能的人员，如程序设计员、操作员和维护员等岗位人员。另外，单位犯该罪的，实行“双罚制”，即对单位判处罚金，并对其直接负责的主管人员和其他直接责任人员，依照我国《刑法》予以刑事处罚。

犯罪客体，非法侵入计算机信息系统罪侵犯的客体主要是指涉及国家事务（主要是指涉及国家安全、社会秩序管理、公民人身和财产权益的事务），国防建设，尖端科学技术领域的计算机信息系统安全，如运输、能源、金融、政府信息系统、军事指挥、高科技等领域。

客观方面，非法侵入计算机信息系统罪在客观方面主要表现为行为人实施了违反国家规定侵入国家事务、国防建设、尖端科学技术领域的重要计算机信息系统的行为。

“违反国家规定”，主要是指违反《计算机信息系统安全保护条例》中对于重点保护国家事务、经济建设、国防建设、尖端科学技术等重要领域的计算机信息系统安全的相关规定。

“侵入”，主要是指在未取得国家有关主管部门依法授权或批准的前提下，擅自进入国家重要计算机信息系统进行数据截收的行为。

主观方面，非法侵入计算机信息系统罪在主观方面是故意，即行为人明知自己的行为违反国家规定会产生非法侵入国家重要计算机信息系统的危害结果，而希望这种结果发生。过失侵入国家重要的计算机信息系统的，不构成本罪。

涉及国家事务、经济建设、国防建设、尖端科学技术等重要领域的计算机信息系统，都是保障国家安全与稳定和关乎国计民生的重要系统。一旦这些计算机信息系统被非法侵入和截取数据，不但会对国家安全和稳定产生严重不利后果，造成严重的损失，还会对未来的可持续发展造成不可逆的不利后果。

因此，出于对国家事务、国防建设、尖端科学技术领域的计算机信息系统安全的特殊保护，只要侵入这些领域的计算机信息系统，就构成非法侵入计算机信息系统罪。

非法侵入计算机信息系统罪是行为犯。只要侵入的计算机信息系统是涉及国家事务、国防建设、尖端科学技术等重要领域的计算机信息系统，则以非法侵入计算机信息系统罪追究刑事责任。如果侵入的是其他领域的计算机信息系统则不构成非法侵入计算机信息系统罪。

（二）典型案例

甲公司、乙某、刘某非法侵入计算机信息系统案

【基本案情】

甲公司是一家专门为客户提供汽车服务的有限公司，公司法定代表人为钱某，乙某为该公司总经理、实际经营者。2015 年 7 月至 2016 年 3 月，乙某为方便公司业务的开展，利用从在交管局工作的黄某处获取的其管理的安装有公安交警警务云平台的手机及平台登录账号和密码，多次登录公安交警警务云平台，查询车辆和驾驶人违章等信息。2015 年 11 月，时任市公安局交通警察支队某中队辅警的刘某，在乙某的请求下，将其管理的安装有公安交警警务云平台的手机借给乙某使用，乙某则用该部手机和获取的民警许某、陆某等人的系统登录账号和密码，多次登录该公安交警警务云平台，查询车辆和驾驶人违章等信息。经依法认定，该公安交警警务云平台属于国家事务

类计算机信息系统。截至2016年3月17日，乙某通过黄某管理的执法终端设备查询车辆和驾驶人违章信息达到18,000余次，其中，以黄某的账号和密码侵入该公安交警警务云平台2000余次；通过刘某提供的执法终端设备查询车辆和驾驶人违章信息1万余次，其中，以许某、陆某的登录账号和密码侵入该公安交警警务云平台100余次。2016年3月23日，乙某主动到公安机关投案，主动将获取的刘某管理的手机上交公安机关扣押，并如实供述了上述事实。同日，刘某被民警传唤到案，如实供述了上述事实。

【裁判结果】

法院经审理判决结果为：判决被告单位甲公司犯非法侵入计算机信息系统罪，免予刑事处罚；判决被告人乙某犯非法侵入计算机信息系统罪，免予刑事处罚；判决被告人刘某犯非法侵入计算机信息系统罪，免予刑事处罚；判决将本案涉案已扣押手机发还原单位。

依照《刑法》第285条第1款“违反国家规定，侵入国家事务、国防建设、尖端科学技术领域的计算机信息系统的，处三年以下有期徒刑或者拘役”、第4款“单位犯前三款罪的，对单位判处罚金，并对其直接负责的主管人员和其他直接责任人员，依照各该款的规定处罚”之规定，被告单位甲公司违反国家规定，侵入国家事务领域的计算机信息系统；被告人乙某系甲公司的实际经营者且系公司非法侵入国家事务领域计算机信息系统直接责任人；被告人刘某明知乙某有可能登录该公安交警警务云平台，仍然将其管理的安装有该平台的手机借给被告人乙某使用，导致被告人乙某用该部手机多次登录该公安交警警务云平台。故被告单位甲公司、被告人乙某、刘某的行为均已构成非法侵入计算机信息系统罪。公诉机关指控的罪名成立。

《刑法》第25条第1款“共同犯罪是指二人以上共同故意犯罪”之规定，本案系共同故意犯罪。

《刑法》第26条第1款“组织、领导犯罪集团进行犯罪活动的或者在共同犯罪中起主要作用的，是主犯”之规定，被告单位甲和被告人乙某在共同犯罪中起主要作用，是主犯。

《刑法》第27条“在共同犯罪中起次要或者辅助作用的，是从犯。对于从犯，应当从轻、减轻处罚或者免除处罚”之规定，被告人刘某在共同犯罪中起辅助作用，是从犯，依法应当从轻、减轻处罚或者免除处罚。

依照《刑法》第67条第1款“犯罪以后自动投案，如实供述自己的罪行的，是自首。对于自首的犯罪分子，可以从轻或者减轻处罚。其中，犯罪较轻的，可以免除处罚”、第3款“犯罪嫌疑人虽不具有前两款规定的自首情节，但是如实供述自己罪行的，可以从轻处罚”之规定，被告单位甲公司的实际经营者和公司非法侵入国家事务领域计算机信息系统直接责任人即被告人乙某在犯罪以后自动投案，如实供述犯罪事实，并当庭自愿认罪，被告单位甲公司和被告人乙某均系自首，依法可以从轻、减轻或者免除处罚。被告人刘某归案后如实供述犯罪事实，并当庭自愿认罪，依法可以从轻处罚。

依照《刑法》第64条“犯罪分子违法所得的一切财物，应当予以追缴或者责令退赔；对被害人的合法财产，应当及时返还；违禁品和供犯罪所用的本人财物，应当予以没收。没收的财物和罚金，一律上缴国库，不得挪用和自行处理”之规定，本案涉案手机应当发还原单位。

非法侵入计算机信息系统罪只有一档法定刑，即3年以下有期徒刑或者拘役，是一种轻罪。单位也可以构成本罪，处罚为罚金。正如上文所述，实务中对于“国家事务”的认定存在分歧，本案中法院就认为该公安交警警务云平台属于国家事务类计算机信息系统，并因此定了被告单位和被告人的罪。本案中存在自首等量刑情节，虽然定了罪，但法院还是因为案件的性质免除了被告单位和被告人的刑事处罚。

二、非法获取计算机信息系统数据、非法控制计算机信息系统罪

（一）罪名介绍

非法获取计算机信息系统数据、非法控制计算机信息系统罪，是指违反国家规定，侵入国家事务、国防建设、尖端科学技术领域以外的计算机信息系统或者采用其他技术手段，获取该计算机信息系统中存储、处理或者传输的数据，或者对该计算机信息系统实施非法控制，情节严重的行为。

法条依据：《刑法》第285条第2款　违反国家规定，侵入前款规定以外

的计算机信息系统或者采用其他技术手段，获取该计算机信息系统中存储、处理或者传输的数据，或者对该计算机信息系统实施非法控制，情节严重的，处三年以下有期徒刑或者拘役，并处或者单处罚金；情节特别严重的，处三年以上七年以下有期徒刑，并处罚金。

相关司法解释：《最高人民法院、最高人民检察院关于办理危害计算机信息系统安全刑事案件应用法律若干问题的解释》第1条　非法获取计算机信息系统数据或者非法控制计算机信息系统，具有下列情形之一的，应当认定为刑法第二百八十五条第二款规定的“情节严重”：

（一）获取支付结算、证券交易、期货交易等网络金融服务的身份认证信息十组以上的；

（二）获取第（一）项以外的身份认证信息五百组以上的；

（三）非法控制计算机信息系统二十台以上的；

（四）违法所得五千元以上或者造成经济损失一万元以上的；

（五）其他情节严重的情形。

实施前款规定行为，具有下列情形之一的，应当认定为刑法第二百八十五条第二款规定的“情节特别严重”：

（一）数量或者数额达到前款第（一）项至第（四）项规定标准五倍以上的；

（二）其他情节特别严重的情形。明知是他人非法控制的计算机信息系统，而对该计算机信息系统的控制权加以利用的，依照前两款的规定定罪处罚。

犯罪构成：

非法获取计算机信息系统数据、非法控制计算机信息系统罪的犯罪主体是一般主体，即达到刑事责任年龄、具有刑事责任能力自然人，主要是一些熟练掌握计算机专业知识和操作技能的人员，如程序设计员、操作员和维护员等岗位人员。另外，单位犯该罪的，实行“双罚制”，即对单位判处罚金，并对其直接负责的主管人员和其他直接责任人员，依照我国《刑法》予以刑事处罚。

非法获取计算机信息系统数据、非法控制计算机信息系统罪侵犯的犯罪客体是除国家事务、国防建设、尖端科学技术等重要领域以外的计算机信息系统的安全。

在客观方面表现为行为人违反国家规定，实施的所有计算机信息系统，或者采用其他技术手段，从而获取这些计算机信息系统中存储、处理或者传输的数据的情节严重的行为。

“违反国家规定”主要是指违反不得侵入除国家事务、国防建设、尖端科学技术领域以外的计算机信息系统的规定，如《全国人民代表大会常务委员会关于维护互联网安全的决定》、《计算机信息系统安全保护条例》和《计算机信息网络国际联网安全保护管理办法》中的相关规定。

“侵入”主要是指在没有得到计算机信息系统管理人或者所有人的授权同意的情况下，通过破解盗取密码或运行软件程序突破系统防护等技术手段擅自强行进入普通的计算机信息系统。

“计算机信息系统中存储、处理或者传输的数据”主要是指在信息系统中存放的图片、文字、影音资料、专有的程序或者软件等数据。

这里要注意的是，非法获取计算机信息系统数据、非法控制计算机信息系统罪为情节犯。只有情节严重才构成该罪。

在犯罪主观方面表现为故意，即行为人明知是侵入计算机信息系统或以其他技术手段获取数据的行为，仍希望这种结果发生。过失侵入计算机信息系统的，不构成本罪。

虽然侵入的是国家事务、国防建设、尖端科学技术领域以外的计算机信息系统，其危害性没有非法侵入计算机信息系统罪那么严重，但情节严重的仍然会给相应行业、企事业单位或者个人造成严重的损失和严重后果。侵入国家事务、国防建设、尖端科学技术领域以外的计算机信息系统或者采用其他技术手段，获取该计算机信息系统中存储、处理或者传输的数据，情节严重的行为，才构成非法获取计算机信息系统数据、非法控制计算机信息系统罪。如果情节轻微，则不构成非法获取计算机信息系统数据、非法控制计算机信息系统罪。如果侵入国家事务、国防建设、尖端科学技术领域的计算机信息系统则构成非法侵入计算机信息系统罪。

（二）典型案例

1. A公司、陈某、李某、张某、杨某非法获取计算机信息系统数据案

【基本案情】

A公司主要经营计算机网络科技领域内的技术开发、技术服务、电子商

务、电子产品等业务。被告人陈某系A公司法定代表人，负责公司整体运行；被告人李某于2017年1月至10月担任总经理，为公司产品负责人；被告人张某于2016年10月至2017年10月担任公司技术总监，系技术负责人；被告人杨某系该公司职员。被告人陈某、李某、张某经共谋，于2017年1月至10月采用技术手段抓取被害单位B公司服务器中存储的视频数据，并由张某指使被告人杨某破解B公司的登录账号和密码，使用编辑的程序文件实施视频数据抓取行为，造成被害单位B公司损失技术服务费人民币2.1万元。经鉴定，该程序文件中包含通过多种抓取方式对B公司服务器进行数据抓取，并将结果存入数据库中的逻辑。在数据抓取的过程中使用伪造的用户信息和ID绕过服务器的身份校验，绕过服务器的访问频率限制。2017年11月8日，被告人李某、张某被公安机关抓获；2017年11月16日，被告人陈某、杨某被公安机关抓获。

【裁判结果】

法院经审理判决，被告单位A公司犯非法获取计算机信息系统数据罪，判处罚金人民币20万元；被告人陈某犯非法获取计算机信息系统数据罪，判处有期徒刑1年，缓刑1年，罚金人民币5万元。被告人李某犯非法获取计算机信息系统数据罪，判处有期徒刑10个月，罚金人民币4万元。被告人张某犯非法获取计算机信息系统数据罪，判处有期徒刑10个月，罚金人民币4万元；被告人杨某犯非法获取计算机信息系统数据罪，判处有期徒刑9个月，罚金人民币3万元。

被告单位A公司违反国家规定，采用技术手段获取计算机信息系统中存储的数据，情节严重，其行为已构成非法获取计算机信息系统数据罪，应予惩处；被告人陈某、李某、张某作为直接负责的主管人员，被告人杨某作为其他直接责任人员，亦应受到惩处。被告人李某、张某作用相当，但相对被告人陈某作用较小，被告人杨某较之李某、张某作用次之，在量刑时酌情考虑。鉴于被告单位A公司及被告人陈某、李某、张某、杨某能够如实供述自己的犯罪事实，违法性认识不足，认罪态度较好；被告人陈某、李某、张某、杨某获得被害单位谅解，加之本案适用认罪认罚从宽制度，故法院依法对其均从轻处罚，并对陈某适用缓刑。

非法获取计算机信息系统数据罪有两档法定刑，一档3年以下，另一档3年以上7年以下，同时单位也可以构成本罪，处罚为罚金，因为两罪本就规定在同一款中。本案中被告人侵入了B公司的计算机信息系统并非法获取了作为数据产品的公司经营信息数据，造成B公司经济损失2.1万元，达到了司法解释规定的情节严重的标准，应当适用3年以下有期徒刑或拘役的法定刑。

但本案中存在被害单位谅解、认罪认罚等量刑情节，几名被告人都从轻处罚，包括一名被告人取得了缓刑。

2. 甲计算机科技公司、郭某、孙某非法控制计算机信息系统案

【基本案情】

被告单位甲计算机科技公司设立于2007年6月，主要经营计算机及相关电力设备的技术支持和批发零售等业务。2018年3月至6月，甲计算机科技公司的法定代表人兼总经理被告人郭某为使其公司的产品及其代理的产品在某电子商城顺利上架销售，伙同被告人孙某采用盗用他人账户和密码的方法，侵入某电子商城的计算机信息系统，非法审核上架某电子商城计算机信息系统中的商品。被告人郭某、孙某非法审批上架商品总额人民币17,683,293.47元，甲计算机科技公司非法获利1,129,036.78元。2018年6月13日，被告人郭某被公安人员抓获归案；2018年6月15日，被告人孙某向公安机关投案自首。

【裁判结果】

被告单位甲计算机科技公司犯非法控制计算机信息系统罪，判处罚金人民币50万元；被告人郭某犯非法控制计算机信息系统罪，判处有期徒刑3年，缓刑4年，并处罚金人民币3万元；被告人孙某犯非法控制计算机信息系统罪，判处有期徒刑2年，缓刑3年，并处罚金人民币5000元；追缴被告单位甲计算机科技公司违法所得1,298,312.30元，予以没收，上缴国库；扣押的作案工具予以没收。

被告单位甲计算机科技公司及其法定代表人兼总经理被告人郭某、被告人孙某违反国家规定，侵入某电子商城计算机信息系统并实施非法控制，情节特别严重，其行为均构成非法控制计算机信息系统罪，属于共同犯罪。郭某作为被告单位法定代表人兼总经理，在案发后未主动投案，故被告单位不构成自首，郭某归案后能如实供述自己的罪行，依法可以从轻处罚。孙某犯罪后自动投案，如实供述自己的罪行，属自首，依法可以从轻或者减轻处罚。扣押的作案工具由公安机关依法处理。

非法控制计算机信息系统罪的量刑有两档法定刑，一档 3 年以下，另一档 3 年以上 7 年以下，同时单位也可以构成本罪，处罚为罚金。本案中被告人明知无权限进入电子商城的计算机信息系统，却仍然实施了非法控制行为，以此非法获利 112 万余元。根据相关司法解释的规定，违法所得在 25,000 元以上就可以构成情节特别严重，适用 3 年以上 7 年以下有期徒刑的法定刑区间。本案中，由于存在犯罪未遂、坦白、自首等量刑情节，案件性质本身危害性没有很大，二被告人在最终的量刑上还是得到了一个不错的结果，都在 3 年以内且适用了缓刑。

三、提供侵入、非法控制计算机信息系统程序、工具罪

（一）罪名介绍

提供侵入、非法控制计算机信息系统程序、工具罪是指提供专门用于侵入、非法控制计算机信息系统的程序、工具，或者明知他人实施侵入、非法控制计算机信息系统的违法犯罪行为而为其提供程序、工具，情节严重的行为。

法条依据：《刑法》第 285 条第 3 款　提供专门用于侵入、非法控制计算机信息系统的程序、工具，或者明知他人实施侵入、非法控制计算机信息系统的违法犯罪行为而为其提供程序、工具，情节严重的，依照前款的规定处罚。

相关司法解释：《最高人民法院、最高人民检察院关于办理危害计算机信息系统安全刑事案件应用法律若干问题的解释》第 3 条　提供侵入、非法控制计算机信息系统的程序、工具，具有下列情形之一的，应当认定为刑法第二百八十五条第三款规定的“情节严重”：

（一）提供能够用于非法获取支付结算、证券交易、期货交易等网络金

融服务身份认证信息的专门性程序、工具五人次以上的；

（二）提供第（一）项以外的专门用于侵入、非法控制计算机信息系统的程序、工具二十人次以上的；

（三）明知他人实施非法获取支付结算、证券交易、期货交易等网络金融服务身份认证信息的违法犯罪行为而为其提供程序、工具五人次以上的；

（四）明知他人实施第（三）项以外的侵入、非法控制计算机信息系统的违法犯罪行为而为其提供程序、工具二十人次以上的；

（五）违法所得五千元以上或者造成经济损失一万元以上的；

（六）其他情节严重的情形。

实施前款规定行为，具有下列情形之一的，应当认定为提供侵入、非法控制计算机信息系统的程序、工具“情节特别严重”：

（一）数量或者数额达到前款第（一）项至第（五）项规定标准五倍以上的；

（二）其他情节特别严重的情形。

犯罪构成：

提供侵入、非法控制计算机信息系统程序、工具罪的犯罪主体是一般主体，即达到刑事责任年龄、具有刑事责任能力自然人。另外，单位犯该罪的，实行“双罚制”，即对单位判处罚金，并对其直接负责的主管人员和其他直接责任人员，依照我国《刑法》予以刑事处罚。

提供侵入、非法控制计算机信息系统程序、工具罪侵犯的客体是国家信息网络的安全。

提供侵入、非法控制计算机信息系统程序、工具罪在客观方面表现为他人提供专门用于侵入、非法控制计算机信息系统的程序、工具，或者明知他人实施侵入、非法控制计算机信息系统的违法犯罪行为而为其提供程序、工具，情节严重的行为。

在犯罪主观方面表现为故意。这里要特别注意，无论其提供程序、工具是否以营利为目的，都不影响该罪的成立。

虽然行为人未实施具体的实施侵入、非法控制计算机信息系统的违法犯罪行为，但其为他人实施侵入、非法控制计算机信息系统的违法犯罪行为提供帮助或便利，如果其情节严重，则构成提供侵入、非法控制计算机信息系统程序、工具罪。情节轻微的，则不构成提供侵入、非法控制计算机信息系统程序、工具罪。

（二）典型案例

甲公司、杨某、李某、许某、刘某提供侵入、非法控制计算机信息系统程序、工具案

【基本案情】

2018年8月，被告人杨某、李某共同出资成立被告单位甲公司，经营软件开发、销售业务。杨某、李某在经营甲公司过程中，聘用被告人许某、刘某等人员，开发、维护、修补针对被害单位A有限公司网络销售系统的注册、下单等程序软件，并在某平台进行出售牟利。上述针对A有限公司网站的软件开发、使用，未获得A有限公司的许可。杨某、李某对该公司全部参与人员、公司运营进行决策、管理，合谋开发销售上述软件，并负责软件的开发和销售等事宜，许某具体实施开发上述软件，刘某编写程序，对上述软件进行修补。

经鉴定，上述软件程序通过解码平台自动获取短信验证码，绕过A有限公司网站滑块拼图验证码的功能，突破了A有限公司网站的验证码安全保护措施。经统计，2018年8月至2019年5月，该公司销售上述软件达1123人次，销售金额共计人民币149,650元。其中，2019年3月10日至5月8日，刘某修改A公司注册、下单软件程序后，该公司对上述软件的销售达到136人次，销售金额共计19,070元。

2019年6月12日，公安机关将被告人杨某、李某、许某、刘某抓获并查获笔记本电脑等作案工具若干，各被告人归案后均如实供述了上述犯罪事实。审理中，杨某、李某、许某、刘某分别退还违法所得47,650元、47,650元、38,500元、15,850元，共计149,650元；李某退赔A有限公司20,000元，并得到谅解。

【裁判结果】

被告单位甲公司犯提供侵入、非法控制计算机信息系统程序、工具罪，

判处罚金人民币20万元；被告人杨某犯提供侵入、非法控制计算机信息系统程序、工具罪，判处有期徒刑3年5个月，罚金人民币10万元；被告人李某犯提供侵入、非法控制计算机信息系统程序、工具罪，判处有期徒刑3年2个月，罚金人民币10万元；被告人许某犯提供侵入、非法控制计算机信息系统程序、工具罪，判处有期徒刑3年，罚金人民币5万元；被告人刘某犯提供侵入、非法控制计算机信息系统程序、工具罪，判处有期徒刑2年，缓刑3年，罚金人民币35,000元；在案的各被告人退出的违法所得人民币149,650元，及扣押在公安机关的作案工具，均予以没收。

被告单位甲公司明知他人实施侵入、非法控制计算机信息系统行为，仍提供专门用于侵入、非法控制计算机信息系统程序、工具，情节特别严重，被告人杨某、李某是直接负责的主管人员，被告人许某是直接责任人员，其行为均已构成提供侵入、非法控制计算机信息系统程序、工具罪，且系共同犯罪，依法应予惩处。杨某、李某在单位犯罪中起着组织、指挥、决策作用，系主犯；刘某起辅助和次要作用，系从犯，依法应当减轻处罚。鉴于各被告人具体实行行为和作用有所不同，对主犯之间在量刑时予以适当区分。各被告人归案后如实供述自己罪行，依法可从轻处罚；均认罪认罚，依法可以从轻处罚；均退还违法所得，可酌情从轻处罚。李某部分退赔并得到谅解，可酌情从轻处罚。

提供侵入、非法控制计算机信息系统程序、工具罪和非法控制计算机信息系统罪一样有两档法定刑，一档3年以下，另一档3年以上7年以下，同时单位也可以构成本罪，处罚为罚金。甲公司在本案中缺乏风险防范意识，主管人员带领员工制作具有避开计算机信息系统安全保护措施、未经授权或者超越授权提供对计算机信息系统实施控制的功能的程序并公开售卖，其违法所得数额远超过了司法解释确定的25,000元的情节特别严重的标准，应当适用3年以上7年以下的法定刑。

四、破坏计算机信息系统罪

（一）罪名介绍

该罪是指违反国家规定，对计算机信息系统功能或计算机信息系统中存储、处理或者传输的数据和应用程序进行破坏，或者故意制作、传播计算机病毒等破坏性程序，影响计算机系统正常运行，后果严重的行为。

法条依据：《刑法》第286条　违反国家规定，对计算机信息系统功能进行删除、修改、增加、干扰，造成计算机信息系统不能正常运行，后果严重的，处五年以下有期徒刑或者拘役；后果特别严重的，处五年以上有期徒刑。违反国家规定，对计算机信息系统中存储、处理或者传输的数据和应用程序进行删除、修改、增加的操作，后果严重的，依照前款的规定处罚。故意制作、传播计算机病毒等破坏性程序，影响计算机系统正常运行，后果严重的，依照第一款的规定处罚。单位犯前三款罪的，对单位判处罚金，并对其直接负责的主管人员和其他直接责任人员，依照第一款的规定处罚。

相关司法解释：《最高人民法院、最高人民检察院关于办理危害计算机信息系统安全刑事案件应用法律若干问题的解释》第4条　破坏计算机信息系统功能、数据或者应用程序，具有下列情形之一的，应当认定为刑法第二百八十六条第一款和第二款规定的“后果严重”：

（一）造成十台以上计算机信息系统的主要软件或者硬件不能正常运行的；

（二）对二十台以上计算机信息系统中存储、处理或者传输的数据进行删除、修改、增加操作的；

（三）违法所得五千元以上或者造成经济损失一万元以上的；

（四）造成为一百台以上计算机信息系统提供域名解析、身份认证、计费等基础服务或者为一万以上用户提供服务的计算机信息系统不能正常运行累计一小时以上的；

（五）造成其他严重后果的。

实施前款规定行为，具有下列情形之一的，应当认定为破坏计算机信息系统“后果特别严重”：

（一）数量或者数额达到前款第（一）项至第（三）项规定标准五倍以上的；

（二）造成为五百台以上计算机信息系统提供域名解析、身份认证、计费等基础服务或者为五万以上用户提供服务的计算机信息系统不能正常运行累计一小时以上的；

（三）破坏国家机关或者金融、电信、交通、教育、医疗、能源等领域提供公共服务的计算机信息系统的功能、数据或者应用程序，致使生产、生活受到严重影响或者造成恶劣社会影响的；

（四）造成其他特别严重后果的。

《最高人民法院、最高人民检察院关于办理危害计算机信息系统安全刑事案件应用法律若干问题的解释》第5条　具有下列情形之一的程序，应当认定为刑法第二百八十六条第三款规定的“计算机病毒等破坏性程序”：

（一）能够通过网络、存储介质、文件等媒介，将自身的部分、全部或者变种进行复制、传播，并破坏计算机系统功能、数据或者应用程序的；

（二）能够在预先设定条件下自动触发，并破坏计算机系统功能、数据或者应用程序的；

（三）其他专门设计用于破坏计算机系统功能、数据或者应用程序的程序。

《最高人民法院、最高人民检察院关于办理危害计算机信息系统安全刑事案件应用法律若干问题的解释》第6条　故意制作、传播计算机病毒等破坏性程序，影响计算机系统正常运行，具有下列情形之一的，应当认定为刑法第二百八十六条第三款规定的“后果严重”：

（一）制作、提供、传输第五条第（一）项规定的程序，导致该程序通过网络、存储介质、文件等媒介传播的；

（二）造成二十台以上计算机系统被植入第五条第（二）、（三）项规定的程序的；

（三）提供计算机病毒等破坏性程序十人次以上的；

（四）违法所得五千元以上或者造成经济损失一万元以上的；

（五）造成其他严重后果的。

实施前款规定行为，具有下列情形之一的，应当认定为破坏计算机信息系统“后果特别严重”：

（一）制作、提供、传输第五条第（一）项规定的程序，导致该程序通过网络、存储介质、文件等媒介传播，致使生产、生活受到严重影响或者造成恶劣社会影响的；

（二）数量或者数额达到前款第（二）项至第（四）项规定标准五倍以上的；

（三）造成其他特别严重后果的。

犯罪构成：

破坏计算机信息系统罪的主体为一般主体，即具有刑事责任能力的自然人，主要是指精通计算机技术、知识的专业人员，如计算机程序设计人员，计算机操作、管理维修人员等。

破坏计算机信息系统罪所侵害的客体是计算机信息系统的安全。对象为各种计算机信息系统功能及计算机信息系统中存储、处理或者传输的数据和应用程序。

破坏计算机信息系统罪在客观方面表现为违反国家规定，破坏计算机信息系统功能和信息系统中存储、处理、传输的数据和应用程序，后果严重的行为。根据《刑法》的相关规定，主要包括破坏计算机信息系统功能，破坏计算机信息系统中存储、处理或者传输的数据和应用程序，以及故意制作、传播计算机病毒等破坏性程序影响计算机系统正常运行三种方式。

破坏计算机信息系统功能即对计算机信息系统功能进行删除、修改、增加、干扰，造成计算机信息系统不能正常运行。对计算机信息系统的数据、应用程序进行破坏，是指通过输入删除、修改、增加的操作指令而对计算机信息系统中存储、处理或者传输的数据和应用程序进行破坏的行为。故意制作、传播计算机病毒等破坏性程序是指创制、发明、设计、编造破坏性程序或者获悉技术制作破坏性程序，通过计算机信息系统含网络输入、输出计算机病毒等破坏性程序，以及将已输入的破坏性程序软件加以派送、散发等行为影响计算机使用。

破坏计算机信息系统罪在主观方面必须出于故意，过失不能构成本罪。如果因操作疏忽大意或者技术不熟练甚或失误而致使计算机信息系统功能，或计算机信息系统中存储、处理或者传输的数据、应用程序遭受破坏，则不构成本罪。至于其动机，有的是显示自己在计算机方面的高超才能，有的是想泄愤报复，有的是想窃取秘密，有的是想谋取利益等。但不管动机如何，不会影响本罪成立。

只有破坏行为造成严重后果，才能构成本罪。否则，如果没有造成危害后果或者虽有危害后果但不是严重后果，即使有破坏计算机信息系统的行为，也不能构成本罪。

这里所指的造成严重后果，主要是指造成重要计算机信息系统如国家事务、国防建设、尖端科学技术领域的计算机信息系统破坏的；造成计算机信息系统功能部分甚或全部丧失，严重影响工作或者造成重大经济损失的；致使秘密、重要数据、资料、信息毁弃，造成严重损失的；等等。

（二）典型案例

某时代科技有限公司、何某、郑某破坏计算机信息系统案

【基本案情】

2016 年 3 月，被告人何某、郑某出资成立某时代科技有限公司，何某系法定代表人。2017 年 1 月 10 日，该公司开发的再回首劫持系统 2.0 版本正式上线。该劫持系统通过将劫持代码挂到客户公司网站上，网页搜索进入上述网站后，点击回退按钮无法回到网页搜索页面，而是跳转到被告人指定的客户公司网站，强制网络用户访问指定网站，造成用户被劫持。在此过程中，何某负责技术，郑某负责营销和推广。某时代有限公司为多家单位提供网页搜索劫持业务。据不完全统计，该公司通过网页劫持业务获利接近 2.5 万余元。2017 年 9 月 5 日，被告人何某被抓获。2017 年 9 月 7 日郑某被抓获。二人到案后能够如实供述罪行。

【裁判结果】

被告单位某时代科技有限公司犯破坏计算机信息系统罪，判处罚金人民币 10 万元；被告人何某犯破坏计算机信息系统罪，判处有期徒刑 3 年，缓刑 5 年；被告人郑某犯破坏计算机信息系统罪，判处有期徒刑 3 年，缓刑 5 年；对扣押在案的二名被告人持有的电脑、硬盘等物品予以没收，其他无关财物由公安机关依法处理。

被告单位某时代科技有限公司违反国家规定，利用劫持代码，对计算机信息系统中存储、处理的数据进行修改、增删的操作，后果严重，已构成破

坏计算机信息系统罪，应对单位判处罚金。被告人何某、郑某系单位犯罪直接负责的主管人员，对二名被告人的行为依法应判处5年以下有期徒刑或者拘役。公诉机关指控的基本事实与罪名成立，法院予以支持。

认定被告单位及被告人犯破坏计算机信息系统罪尚未达到后果特别严重的主要理由是，证据证实被告单位既要实施网页搜索劫持的违法行为，也要实施文案编辑、网站建设等合法业务。电脑文档中记载的情况尚不能完全指向网页搜索劫持业务的非法获利情况，该部分证据尚不能达到确实、充分，排除合理怀疑的程度，已认定该公司通过网页搜索劫持业务获利2.49万元。综上，被告单位及被告人的本案犯罪行为属于后果严重。

本案是单位犯罪，在犯罪过程中，被告人何某、郑某起决定作用，是直接负责的主管人员，可不区分主、从犯，根据地位、相互配合的作用等情节，分别处以相应刑罚。

被告人何某、郑某虽然不具有自首情节，但到案后能够如实供述罪行，依法可以从轻处罚。被告人何某、郑某系初犯，有悔罪表现，酌定从轻处罚。对辩护人提出的相关量刑意见予以采纳。

破坏计算机信息系统罪的法定刑有两档：5年以下有期徒刑和5年以上有期徒刑，单位也可构成本罪，处罚为罚金。本案中被告单位和二被告人实施的是网页搜索劫持，这是本罪在实务中较为常见的一种表现形式，应当根据网页搜索劫持行为造成不能正常运行的计算机信息系统数量、相关计算机信息系统不能正常运行的时间，以及所造成的损失或者影响等，认定其是“后果严重”还是“后果特别严重”。本案二被告人实施的行为不限于网页搜索劫持这样的犯罪行为，还实施了正常经营行为，获利达到了司法解释确定的后果严重的标准，故本案适用5年以下有期徒刑的法定刑，同时法院听取了辩护人的量刑意见，将刑罚控制在了3年以下，达到了适用缓刑的条件，适用了缓刑。

五、拒不履行信息网络安全管理义务罪

（一）罪名介绍

拒不履行信息网络安全管理义务罪主要是指网络服务提供者不履行法律、

行政法规规定的信息网络安全管理义务，经监管部门责令采取改正措施而拒不改正，致使违法信息大量传播的，或者致使用户信息泄露造成严重后果的，或者致使刑事案件证据灭失情节严重的犯罪行为。

法条依据：《刑法》第286条之一　网络服务提供者不履行法律、行政法规规定的信息网络安全管理义务，经监管部门责令采取改正措施而拒不改正，有下列情形之一的，处三年以下有期徒刑、拘役或者管制，并处或者单处罚金：

（一）致使违法信息大量传播的；

（二）致使用户信息泄露，造成严重后果的；

（三）致使刑事案件证据灭失，情节严重的；

（四）有其他严重情节的。

单位犯前款罪的，对单位判处罚金，并对其直接负责的主管人员和其他直接责任人员，依照前款的规定处罚。有前两款行为，同时构成其他犯罪的，依照处罚较重的规定定罪处罚。

相关司法解释：《最高人民法院、最高人民检察院关于办理非法利用信息网络、帮助信息网络犯罪活动等刑事案件适用法律若干问题的解释》第3条　拒不履行信息网络安全管理义务，具有下列情形之一的，应当认定为刑法第二百八十六条之一第一款第一项规定的“致使违法信息大量传播”：

（一）致使传播违法视频文件二百个以上的；

（二）致使传播违法视频文件以外的其他违法信息两千个以上的；

（三）致使传播违法信息，数量虽未达到第一项、第二项规定标准，但是按相应比例折算合计达到有关数量标准的；

（四）致使向两千个以上用户账号传播违法信息的；

（五）致使利用群组成员账号数累计三千以上的通讯群组或者关注人员账号数累计三万以上的社交网络传播违法信息的；

（六）致使违法信息实际被点击数达到五万以上的；

（七）其他致使违法信息大量传播的情形。

《最高人民法院、最高人民检察院关于办理非法利用信息网络、帮助信息网络犯罪活动等刑事案件适用法律若干问题的解释》第4条　拒不履行信息网络安全管理义务，致使用户信息泄露，具有下列情形之一的，应当认定为刑法第二百八十六条之一第一款第二项规定的“造成严重后果”：

（一）致使泄露行踪轨迹信息、通信内容、征信信息、财产信息五百条以上的；

（二）致使泄露住宿信息、通信记录、健康生理信息、交易信息等其他可能影响人身、财产安全的用户信息五千条以上的；

（三）致使泄露第一项、第二项规定以外的用户信息五万条以上的；

（四）数量虽未达到第一项至第三项规定标准，但是按相应比例折算合计达到有关数量标准的；

（五）造成他人死亡、重伤、精神失常或者被绑架等严重后果的；

（六）造成重大经济损失的；

（七）严重扰乱社会秩序的；

（八）造成其他严重后果的。

《最高人民法院、最高人民检察院关于办理非法利用信息网络、帮助信息网络犯罪活动等刑事案件适用法律若干问题的解释》第5条　拒不履行信息网络安全管理义务，致使影响定罪量刑的刑事案件证据灭失，具有下列情形之一的，应当认定为刑法第二百八十六条之一第一款第三项规定的“情节严重”：

（一）造成危害国家安全犯罪、恐怖活动犯罪、黑社会性质组织犯罪、贪污贿赂犯罪案件的证据灭失的；

（二）造成可能判处五年有期徒刑以上刑罚犯罪案件的证据灭失的；

（三）多次造成刑事案件证据灭失的；

（四）致使刑事诉讼程序受到严重影响的；

（五）其他情节严重的情形。

《最高人民法院、最高人民检察院关于办理非法利用信息网络、帮助信息网络犯罪活动等刑事案件适用法律若干问题的解释》第6条　拒不履行信息网络安全管理义务，具有下列情形之一的，应当认定为刑法第二百八十六条之一第一款第四项规定的“有其他严重情节”：

（一）对绝大多数用户日志未留存或者未落实真实身份信息认证义务的；

（二）二年内经多次责令改正拒不改正的；

（三）致使信息网络服务被主要用于违法犯罪的；

（四）致使信息网络服务、网络设施被用于实施网络攻击，严重影响生产、生活的；

（五）致使信息网络服务被用于实施危害国家安全犯罪、恐怖活动犯罪、黑社会性质组织犯罪、贪污贿赂犯罪或者其他重大犯罪的；

（六）致使国家机关或者通信、能源、交通、水利、金融、教育、医疗等领域提供公共服务的信息网络受到破坏，严重影响生产、生活的；

（七）其他严重违反信息网络安全管理义务的情形。

犯罪构成：

拒不履行信息网络安全管理义务罪的犯罪主体是特殊主体，即年满16周岁具有刑事责任能力的网络服务提供者，单位也可构成本罪。我国《刑法》中所指的网络服务提供者与我们生活中所常讲的网络服务提供者是有区别的，主要包括三种：（1）提供网络接入、域名注册解析等信息网络接入、计算、存储、传输服务的提供者；（2）信息发布、搜索引擎、即时通信、网络支付、网络预约、网络购物、网络游戏、网络直播、网站建设、安全防护、广告推广、应用商店等信息网络应用服务的提供者；（3）利用信息网络提供电子政务、通信、能源、交通、水利、金融、教育、医疗等公共服务的提供者。

拒不履行信息网络安全管理义务罪侵犯的客体是有关国家网络安全的管理制度。

拒不履行信息网络安全管理义务罪在客观方面表现为网络服务提供者不履行法律、行政法规规定的信息网络安全管理义务，而且在监管部门责令采取改正措施后仍拒不改正导致产生违法信息大量传播、或者致使用户信息泄露造成严重后果，或者致使刑事案件证据灭失情节严重等严重后果。

拒不履行信息网络安全管理义务罪在主观方面必须出于故意，过失不能构成本罪。

只有网络服务提供者不履行法律、行政法规规定的信息网络安全管理义务，而且在监管部门责令采取改正措施后仍故意拒不改正导致产生严重后果的才构成犯罪。若网络服务提供者虽存在不履行法律、行政法规规定的信息网络安全管理义务，但是在监管部门责令采取改正措施后予以改正，或者虽未改正但未造成严重后果的，不构成拒不履行信息网络安全管理义务罪。

（二）典型案例

张某拒不履行信息网络安全管理义务案

【基本案情】

2017年2月至9月21日，被告人张某为非法牟利，租用国内、国外服务器，自行制作翻墙软件并将该软件向他人进行出租，为境内2000余名网络用户非法提供境外互联网接入服务。2017年5月、6月，公安机关先后两次约谈被告人张某，并要求其停止联网服务。2017年11月2日，公安机关对被告人张某利用某网络科技有限公司擅自建立其他信道进行国际联网的行为，作出责令停止联网、警告、并处罚款人民币15,000元，没收违法所得人民币43,220元的行政处罚。被告人张某拒不改正，于2017年11月至2018年2月，继续出租该翻墙软件，违法所得共计人民币243,200元。经鉴定，该翻墙软件可以实现代理功能，适用本地计算机通过境外代理服务器访问境外网站。2018年3月23日，被告人张某主动向公安机关投案，如实供述了上述犯罪事实。案发后，被告人张某退回上述全部违法所得并预缴罚金款。

【裁判结果】

被告人张某犯拒不履行信息网络安全管理义务罪，判处拘役6个月，缓刑6个月，罚金人民币3万元；扣押在案的作案工具、已经退回的违法所得均依法予以没收。

被告人张某非法提供国际联网代理服务，拒不履行法律、行政法规规定的信息网络安全管理义务，经监管部门责令采取改正措施后拒不改正，情节严重，其行为已构成拒不履行信息网络安全管理义务罪。公诉机关指控的事实清楚，证据确实、充分，罪名成立，应予支持。被告人张某有自首情节如实供述犯罪事实，退回违法所得并预缴罚金款，依法从轻处罚。

拒不履行信息网络安全管理义务罪的法定刑只有一档，3年以下有期徒刑、拘役或管制，并处或单处罚金。单位也可构成本罪，处罚为罚金。翻墙软件在日常生活中并不少见，但无论是使用还是以此牟利都是违法行为，尤其是提供翻墙软件牟利甚至可能产生犯罪的风险。本案中被告人向境内2000余名网络用户非法提供国际联网代理服务，在公安机关两次对其约谈要求其作为网络服务提供者履行相应的法律、行政法规规定的信息网络安全管理义务后仍然拒不改正，情节严重，其行为构成了拒不履行信息网络安全管理义务罪，应当处以3年以下有期徒刑、拘役或管制，并处或单处罚金。但因为存在自首情节，依法从轻处罚，法院在量刑时也更多的是基于经济上的考量，没收违法所得的同时判处了罚金，而在自由刑方面则是判处了6个月的拘役同时宣告了缓刑。

六、非法利用信息网络罪

（一）罪名介绍

非法利用信息网络罪是指利用信息网络实施设立用于实施诈骗，传授犯罪方法，制作或者销售违禁物品、管制物品等违法犯罪活动的网站、通讯群组；或者发布有关制作或者销售毒品、枪支、淫秽物品等违禁物品、管制物品或者其他违法犯罪信息；或者为实施诈骗等违法犯罪活动发布信息等情节严重的犯罪行为。

法条依据：《刑法》第287条之一　利用信息网络实施下列行为之一，情节严重的，处三年以下有期徒刑或者拘役，并处或者单处罚金：

（一）设立用于实施诈骗、传授犯罪方法、制作或者销售违禁物品、管制物品等违法犯罪活动的网站、通讯群组的；

（二）发布有关制作或者销售毒品、枪支、淫秽物品等违禁物品、管制物品或者其他违法犯罪信息的；

（三）为实施诈骗等违法犯罪活动发布信息的。单位犯前款罪的，对单位判处罚金，并对其直接负责的主管人员和其他直接责任人员，依照第一款的规定处罚。有前两款行为，同时构成其他犯罪的，依照处罚较重的规定定罪处罚。

相关司法解释：《最高人民法院、最高人民检察院关于办理非法利用信息网络、帮助信息网络犯罪活动等刑事案件适用法律若干问题的解释》第10条　非法利用信息网络，具有下列情形之一的，应当认定为刑法第二百八十七条之一第一款规定的“情节严重”：

（一）假冒国家机关、金融机构名义，设立用于实施违法犯罪活动的网站的；

（二）设立用于实施违法犯罪活动的网站，数量达到三个以上或者注册账号数累计达到两千以上的；

（三）设立用于实施违法犯罪活动的通讯群组，数量达到五个以上或者群组成员账号数累计达到一千以上的；

（四）发布有关违法犯罪的信息或者为实施违法犯罪活动发布信息，具有下列情形之一的：

1. 在网站上发布有关信息一百条以上的；

2. 向两千个以上用户账号发送有关信息的；

3. 向群组成员数累计达到三千以上的通讯群组发送有关信息的；

4. 利用关注人员账号数累计达到三万以上的社交网络传播有关信息的；

（五）违法所得一万元以上的；

（六）二年内曾因非法利用信息网络、帮助信息网络犯罪活动、危害计算机信息系统安全受过行政处罚，又非法利用信息网络的；

（七）其他情节严重的情形。

犯罪构成：

非法利用信息网络罪的主体是年满16周岁，具有相应刑事责任能力的人。未满16周岁的人和无刑事责任能力的精神病人不是本罪的适格主体。另外，单位犯罪的，对单位判处罚金，并对其直接负责的主管人员和其他直接责任人员，依照非法利用信息网络罪追究刑事责任。

非法利用信息网络罪的客体包括信息网络管理秩序、社会管理秩序、公民人身财产权益等。

非法利用信息网络罪的客观方面表现为：利用信息网络实施设立用于实施诈骗，传授犯罪方法，制作或者销售违禁物品、管制物品等违法犯罪活动的网站、通讯群组；或者发布有关制作或者销售毒品、枪支、淫秽物品等违禁物品、管制物品或者其他违法犯罪信息；或者为实施诈骗等违法犯罪活动发布信息，情节严重的行为。

非法利用信息网络罪在主观方面必须出于故意。

根据我国《刑法》的规定，只有故意非法利用信息网络情节严重的，才构成非法利用信息网络罪。若非法利用信息网络情节轻微，则不构成非法利用信息网络罪。

同时构成其他犯罪的，依照处罚较重的规定定罪处罚。

（二）典型案例

乙公司、焦某、邢某非法利用信息网络案

【基本案情】

2017 年以来，A 赌博网站通过 QQ 号联系甲网络科技有限公司的经营人何某（另案处理），由该公司帮助该赌博网站通过网络平台进行推广。何某与被告单位乙公司及被告人闫某、焦某、邢某等人联系，将甲赌博公司通过 QQ 号提供的宣传公司业务的软文推广稿件在多家门户网站上发布。

2017 年 4 月以来，被告人闫某、焦某经营的乙公司在得知 A 网站系赌博网站后，仍继续在各大门户网站上发布宣传该赌博公司业务的软文，获利 585,000 元，焦某另获利 38,000 元。

2017 年 6 月以来，被告人邢某在得知 A 网站系赌博网站后，仍继续在多家彩票网上发布宣传该赌博公司业务的软文，获利 537,000 元。2017 年 10 月份后，被告人邢某除自己帮助发布相关软文外，还介绍某网络公司编辑王某（另案处理）帮助发布相关软文，共计获利 212,000 元。

案发后，被告单位乙公司，被告人闫某、焦某如实供述了犯罪事实，被告单位及各被告人已退出全部违法所得。被告人闫某、焦某、邢某签署了认罪认罚具结书。

【裁判结果】

被告单位乙公司犯非法利用信息网络罪，判处罚金人民币 10 万元；被告人闫某犯非法利用信息网络罪，判处有期徒刑 8 个月，宣告缓刑 1 年，并处罚金人民币 3 万元；被告人焦某犯非法利用信息网络罪，判处有期徒刑 8 个

月，宣告缓刑1年，并处罚金人民币3万元；被告人邢某犯非法利用信息网络罪，判处有期徒刑9个月，宣告缓刑1年，并处罚金人民币3万元；被告单位乙公司及被告人闫某、焦某、邢某退出的违法所得予以没收，由扣押单位上缴国库。

被告单位乙公司利用信息网络发布违法犯罪信息，情节严重，被告人闫某、焦某系直接负责的主管人员，被告人邢某利用信息网络为违法犯罪活动发布信息，情节严重，其行为已触犯我国《刑法》，均构成非法利用信息网络罪，应予刑罚处罚，闫某、焦某系共同犯罪。被告单位及被告人闫某、焦某归案后，如实供述犯罪事实，三被告人均认罪认罚，被告单位及各被告人退出全部违法所得，依法对其从宽处罚。

非法利用信息网络罪的法定刑只有一档，3年以下有期徒刑或拘役，并处或单处罚金，是一个轻罪。单位也可构成本罪，处罚为罚金。本案中交易流程看似很规范，被告单位的经营过程也没有问题，但是乙公司却犯了一个致命的错误，它明知交易的另一方从事的是违法犯罪的赌博业务，却“迎钱而上”帮助宣传，违法所得远远超过司法解释确定的1万元的入罪标准。本案中被告单位和被告人都积极进行了退赔和认罪认罚，加上辩护人的从轻处罚的辩护意见，最终换取了法院的从宽处理，并适用了缓刑。

从这个案例中不难看出，即便是发展迅猛、体制完善的大型互联网公司也存在缺乏风险意识的时候，平日行业内的“灰色地带”或者是“擦边球”稍有不慎就会变成网络犯罪进而对行为主体进行反噬，行为主体不但要退赔违法所得，还要面临数万元的罚金和自由刑的处罚，得不偿失。

七、帮助信息网络犯罪活动罪

（一）罪名介绍

帮助信息网络犯罪活动罪是指明知他人利用信息网络实施犯罪，仍为其犯罪提供互联网接入、服务器托管、网络存储、通信传输等技术支持，或者提供广告推广、支付结算等帮助，情节严重的犯罪行为。

法条依据：《刑法》第287条之二　明知他人利用信息网络实施犯罪，

为其犯罪提供互联网接入、服务器托管、网络存储、通讯传输等技术支持，或者提供广告推广、支付结算等帮助，情节严重的，处三年以下有期徒刑或者拘役，并处或者单处罚金。单位犯前款罪的，对单位判处罚金，并对其直接负责的主管人员和其他直接责任人员，依照第一款的规定处罚。有前两款行为，同时构成其他犯罪的，依照处罚较重的规定定罪处罚。

相关司法解释：《最高人民法院、最高人民检察院关于办理非法利用信息网络、帮助信息网络犯罪活动等刑事案件适用法律若干问题的解释》第12条　明知他人利用信息网络实施犯罪，为其犯罪提供帮助，具有下列情形之一的，应当认定为刑法第二百八十七条之二第一款规定的“情节严重”：

（一）为三个以上对象提供帮助的；

（二）支付结算金额二十万元以上的；

（三）以投放广告等方式提供资金五万元以上的；

（四）违法所得一万元以上的；

（五）二年内曾因非法利用信息网络、帮助信息网络犯罪活动、危害计算机信息系统安全受过行政处罚，又帮助信息网络犯罪活动的；

（六）被帮助对象实施的犯罪造成严重后果的；

（七）其他情节严重的情形。

实施前款规定的行为，确因客观条件限制无法查证被帮助对象是否达到犯罪的程度，但相关数额总计达到前款第二项至第四项规定标准五倍以上，或者造成特别严重后果的，应当以帮助信息网络犯罪活动罪追究行为人的刑事责任。

犯罪构成：

帮助信息网络犯罪活动罪主体为一般主体，即年满16周岁具有刑事责任能力的自然人，单位也可构成帮助信息网络犯罪活动罪。单位犯罪的，对单位判处罚金，并对其直接负责的主管人员和其他直接责任人员，依照非法利用信息网络罪追究刑事责任。

帮助信息网络犯罪活动罪侵犯的客体是有关国家网络安全的管理制度。

帮助信息网络犯罪活动罪客观方面表现在明知他人利用信息网络实施犯罪，仍为其犯罪提供互联网接入、服务器托管、网络存储、通信传输等技术支持，或者提供广告推广、支付结算等帮助，情节严重的行为。

“明知”是指知道或应当知道。“互联网接入”主要是指通过特定的信息采集与共享的传输通道，利用相关传输技术完成用户与IP广域网的高带宽、高速度的物理连接。“服务器托管”主要是指为了提高网站的访问速度，将服务器及相关设备托管到具有完善机房设施、高品质网络环境、丰富带宽资源和运营经验以及可对用户的网络和设备进行实时监控的网络数据中心内，以此使系统达到安全、可靠、稳定、高效运行的目的。“网络存储”主要是指将存储设备通过标准的网络拓扑结构连接到一群计算机上，目的在于帮助解决迅速增加存储容量的需求，简单地说就是将电脑上的东西存放在网络上。“通讯传输”主要是指由一地向另一地进行信息的传输与交换。

帮助信息网络犯罪活动罪在主观方面只能由故意构成，过失不构成帮助信息网络犯罪活动罪。

帮助信息网络犯罪活动罪是结果犯，需要达到“情节严重”才能构成；否则，不构成帮助信息网络犯罪活动罪。对于“情节严重”的具体认定，《最高人民法院、最高人民检察院关于办理非法利用信息网络、帮助信息网络犯罪活动等刑事案件适用法律若干问题的解释》作出了相应的规定。

犯帮助信息网络犯罪活动罪的同时又构成其他犯罪的，依照处罚较重的规定定罪处罚。

（二）典型案例

甲网络科技有限公司、张某、王某、胡某、葛某、杨某帮助信息网络犯罪活动案

【基本案情】

2017年4月，被告单位甲网络科技有限公司招聘被告人王某、胡某、葛某、杨某等人为员工，搭建、运营A网站，开展网络资金结算服务。在公司运营中，被告人张某作为法定代表人负责公司的全面工作，被告人王某负责公司财务、客户投诉等行政工作，被告人胡某、葛某、杨某负责通过互联网招揽客户在其公司进行资金结算业务、解决投诉等工作。2017年8月以来，被告人张某、王某、胡某、葛某、杨某在明知其公司部分结算客户从事违法

犯罪活动的情况下，仍采用变换结算接口等形式，继续为淫秽网站等提供资金结算服务，并按照一定比例收取费用。经查明，被告人张某作为甲网络科技有限公司的法定代表人，为淫秽网站结算资金犯罪数额为人民币230万余元，其中被告人杨某为“××影院”淫秽网站的运营人何某（另案处理）结算资金为人民币27万余元；为“××久远”淫秽网站的运营人长吕某（另案处理）结算资金为人民币55万余元；为“××芬芳”淫秽网站的运营人邹某（另案处理）结算资金为人民币35万余元。被告人胡某为“××网”淫秽网站的运营人谢某（另案处理）结算资金为人民币53万余元。被告人葛某为“××不夜城”的运营人柯某（另案处理）结算资金为人民币54万余元。案发后，公安机关依法扣押被告人张某非法所得人民币15万元。在法院审理期间，被告人王某、胡某、葛某、杨某各退缴非法所得人民币2万元。

【裁判结果】

被告单位甲网络科技有限公司犯帮助信息网络犯罪活动罪，判处罚金人民币3万元；被告人张某犯帮助信息网络犯罪活动罪，判处有期徒刑1年2个月，缓刑1年6个月，并处罚金人民币1万元；被告人王某犯帮助信息网络犯罪活动罪，判处拘役5个月，缓刑8个月，并处罚金人民币3000元；被告人胡某犯帮助信息网络犯罪活动罪，判处拘役5个月，缓刑8个月，并处罚金人民币3000元；被告人葛某犯帮助信息网络犯罪活动罪，判处拘役5个月，缓刑8个月，并处罚金人民币3000元；被告人杨某犯帮助信息网络犯罪活动罪，判处拘役6个月，缓刑10个月，并处罚金人民币4000元；非法所得人民币23万元，予以追缴，上缴国库；公安机关扣押电脑等作案工具，予以没收。

被告单位甲网络科技有限公司及其直接负责的主管人员被告人张某、直接责任人被告人王某、胡某、葛某、杨某明知他人利用信息网络实施犯罪，为其提供支付结算帮助，情节严重，其行为已构成帮助信息网络犯罪活动罪，并系共同犯罪。被告人张某在共同犯罪中起主要作用，系主犯；被告人王某、胡某、葛某、杨某在共同犯罪中起次要、辅助作用，系从犯。被告人张某有坦白情节，积极退缴赃款，系初犯，无犯罪前科，从轻处罚。被告人王某系从犯，有坦白情节，初犯，无犯罪前科，从轻处罚。被告单位甲网络科技有限公司及其被告人张某、王某、胡某、葛某、杨某到案后均能够如实供述犯罪事实，系坦白，依法可以从轻处罚。被告人王某、胡某、葛某、杨某积极退缴非法所得，可酌情从轻处罚。根据被告人张某、王某、胡某、葛某、杨某的犯罪情节和悔罪表现，对其适用缓刑对所居住社区没有重大不良影响，法院已对其平时表现及监管措施进行了落实，可以宣告缓刑。

帮助信息网络犯罪活动罪只有一档法定刑，3 年以下有期徒刑或拘役，并处或单处罚金。单位也犯本罪，处罚为罚金。实务中，为网络犯罪提供支付结算服务是本罪的一种常见表现形式，如果行为人仅仅是认识到自己提供的服务可能被网络犯罪所利用并不会构成犯罪；但本案中被告人明确具体地知道在为淫秽网站结算资金，且数额远超过司法解释确定的 20 万元的标准，情节严重，构成帮助信息网络犯罪活动罪。由于判处的刑罚都在 3 年有期徒刑以下，犯罪分子危害性不大对所住社区没有重大不良影响，法院对几个被告人都宣告了缓刑。由于现在银行系统都要求实名，犯罪分子为了规避风险和逃避侦查，往往会选择网络资金结算服务或者使用别人的银行卡来收取非法所得。在一些案件中就有人因贪图一时便宜，明知自己办理的银行卡有可能被用于违法犯罪，仍然提供给犯罪分子，最终被害人被骗的资金流入了这张银行卡。

八、利用计算机、网络实施的传统犯罪

随着计算机和网络高速融入我们的生活和工作中，普通大众接触计算机和网络的机会越来越多，也掌握了越来越多的计算机和网络操作技能，这也使得计算机和网络犯罪活动从单一针对计算机系统和网络的犯罪延伸到了许多传统类型犯罪，比如，犯罪分子利用计算机和网络发布和传播虚假信息实施诈骗，或者利用计算机和网络实施盗窃、挪用公款、贪污或者窃取国家秘密等犯罪活动。这里仅以诈骗罪为例。

（一）罪名介绍

诈骗罪，是指以非法占有为目的，使用虚构事实或者隐瞒真相的方法，骗取数额较大的公私财物的行为。

法条依据：《刑法》第266条　诈骗公私财物，数额较大的，处三年以下有期徒刑、拘役或者管制，并处或者单处罚金；数额巨大或者有其他严重情节的，处三年以上十年以下有期徒刑，并处罚金；数额特别巨大或者有其他特别严重情节的，处十年以上有期徒刑或者无期徒刑，并处罚金或者没收财产。本法另有规定的，依照规定。

《刑法》第287条　利用计算机实施金融诈骗、盗窃、贪污、挪用公款、窃取国家秘密或者其他犯罪的，依照本法有关规定定罪处罚。

犯罪构成：

诈骗罪主体为一般主体，即年满16周岁具有刑事责任能力的自然人。诈骗罪侵犯的客体是公私财物所有权。

诈骗罪客观上表现为使用欺诈方法骗取数额较大的公私财物。

首先，行为人实施了虚构事实或者隐瞒真相的欺诈行为。其次，行为人的欺诈行为使对方产生错误认识。这里需要注意的是，如果对方不是因欺诈行为产生错误认识而处分财产，就不成立诈骗罪。再次，行为人的欺诈行为使被害人陷入错误认识之后作出了财产处分。最后，行为人或第三人获得了被害人处分的财产，从而使被害人的财产受到损害。

诈骗罪在主观方面表现为直接故意，并且具有非法占有公私财物的目的，过失行为不构成诈骗罪。

我国《刑法》中除了诈骗罪外，还有集资诈骗罪、贷款诈骗罪、金融票证诈骗罪、信用证诈骗罪、信用卡诈骗罪、有价证券诈骗罪、保险诈骗罪、合同诈骗罪等其他诈骗罪，它们的区别主要是后者为特殊领域的诈骗犯罪。另外一些看似采取了欺骗手段获取他人钱财的行为，不应被认定为诈骗罪，例如，借款人通过编造谎言借钱投资，因投资失败导致到期不能偿还的，只要没有非法占有的目的，应当认定为民事纠纷而不宜认定为诈骗罪。

（二）典型案例

何某、孙某、曲某诈骗案

【基本案情】

2018年7月至2019年4月，被告人何某、孙某通过仿照有关部门的官方网站搭建“×××鉴定中心”假网站，从他人处购买职业资格证书等假证，并在假冒网站上分别制作二维码以便假证书查询。被告人何某、孙某在微信上发布广告称可办理国家认可、网上可查的资格证书，诱骗他人办证，骗取办证费用。两人还先后通过假网站后台输入办证人员信息，以供证书查询。被告人何某、孙某通过上述手法，共骗得多名被害人钱财共计人民币24,000元。2019年2月至3月，被告人何某、孙某、曲某经合谋，开设名为某专业培训班实施诈骗。被告人何某、孙某在网上谎称能够办理可供官网查询的资格证书，骗取被害人培训费后，由曲某负责培训5日左右，然后由何某、孙某联系发放假的资格证书。被告人何某、孙某、曲某骗取多名被害人钱财共计人民币28,000元。

【裁判结果】

被告人何某犯诈骗罪，判处有期徒刑3年2个月，并处罚金人民币2万元；被告人孙某犯诈骗罪，判处有期徒刑3年，并处罚金人民币2万元；被告人曲某犯诈骗罪，判处有期徒刑1年6个月，缓刑1年6个月，并处罚金人民币1万元；扣押在公安机关的涉案证书、印章、电脑、手机等，由公安机关予以没收。

被告人何某、孙某、曲某以非法占有为目的，利用互联网发布虚假信息，对不特定多数人实施诈骗，何某、孙某属有其他严重情节，曲某诈骗数额较大，其行为均已构成诈骗罪，系共同犯罪。被告人何某、孙某、曲某虽非自动投案，但归案后均能如实供述犯罪事实，依法可以从轻处罚。被告人何某、孙某、曲某已退还全部赃款，可酌情从轻处罚。

本案是典型的利用计算机、网络实施的诈骗罪，被告人通过虚假网站和证书，利用被害人希望办证的心理，使被害人自愿交付财物，其行为构成诈骗罪。本案中为该诈骗团伙提供虚假网站的被告单位和被告人也都构成了帮助信息网络犯罪活动罪。其实将本案的判决结果和本章前述罪名的判决结果做个对比就不难发现，有独立罪名的网络犯罪普遍量刑上比传统犯罪轻，不过大多数人对前者更加缺乏风险意识。但不管是传统犯罪还是网络犯罪，都是刑法严厉打击的对象，切勿以身试法！

第三节　互联网行业刑事风险防范建议

互联网行业作为朝阳产业正处在蓬勃发展阶段，推动着经济和社会发展。作为高科技的代名词，互联网行业也正面临着一些潜在的法律风险，特别是刑事风险，如何防范和避免发生这些风险，就成了十分重要的工作。

互联网行业存在的刑事风险主要存在于数据存储、系统操作、责任制度规范管理环节中。

一、刑事风险的基本防范措施

虽然各个企业在互联网行业中的经营业务、市场地位、规模等方面各有不同，但所面临的刑事风险基本是其存储的数据或信息存在严重安全隐患容易引发刑事案件。例如，一些互联网企业在收集和存储数据或信息时会出现一些超范围、强制或过度收集用户信息，甚至是在收集相应信息后向第三方泄露、售卖、传播的情形导致产生严重的刑事法律后果；还有一些企业因系统安全防护措施不到位导致相应数据或信息被恶意篡改、删除、破坏，甚至被泄露或买卖，进而引发关乎企业高级管理人员人身自由和攸关企业生死的严重的刑事法律后果。同时，互联网行业进入大数据时代，对于海量数据或信息的收集或存储是在所难免的。因此，企业应当做好相应刑事法律风险防范工作。

（一）数据收集与存储环节

1. 通过合法途径获得用户的相应数据或信息，收集过程中应当尊重用户意愿，避免侵害用户的隐私权等合法权益。开展数据收集活动应当遵守法律、行政法规，尊重社会公德和伦理，不得危害国家安全、荣誉和利益，泄露国家秘密和工作秘密；不得侵害他人名誉权、隐私权、著作权和其他合法权益等；不得通过窃取或者以其他非法方式获取数据。

2. 安排专人保管收集到的用户相应数据或信息的原始凭证，不得随意丢弃或存放，确实需要销毁的数据或信息凭证应当严格按照规章制度规定的流程执行，确保数据的安全。

3. 安排专人将收集到的用户相应数据或信息录入系统数据库，并做好数据收集、录入相应确认工作，如制作工单。

4. 做好相应数据或信息的复查工作。对于录入、修改或删除的数据或信息应当安排专业人员及时进行复核。

5. 对于重点、核心的系统数据和信息应当做好相应数据和信息的备份、加密、访问控制等必要措施，发现系统漏洞及时维护，防止相关数据和信息被非法拷贝、篡改、删除或破坏。

6. 系统使用正版的系统防火墙、防病毒软件，并及时进行相应软件程序的更新和病毒查杀，防止因系统遭受木马、病毒或黑客等非法攻击导致系统瘫痪或被破坏。

7. 避免使用存储重点、核心的系统数据和信息的电子计算机登录互联网，或者浏览网页、观看音视频等，防止因操作不当造成相应数据、信息或系统被非法拷贝、篡改、删除或破坏。

8. 不得利用工作电脑登录存在安全风险的网站或非法网站，做好防病毒工作。需要存储拷贝系统数据或信息时应当使用专用的电子计算机和 U 盘等工具，并及时查杀病毒和清理 U 盘等拷贝工具。

9. 构建安全可靠的硬件设施和软件系统，保障数据存储、处理系统安全可靠。

（二）系统操作规范

1. 不得非法出售或者非法向他人提供数据；不得制作、发布、复制、传播违法信息。除法律规定的情形外，未经客户合法授权或许可，不得违法将客户的相关信息泄露或售卖给第三方。

2. 未经合法授权，不得恶意侵入、非法登录系统，窃取、拷贝、篡改、删除系统数据或信息。

3. 为存储重要、核心数据或信息系统安装监护软件，做好系统服务器后台维护和系统实时登录监护工作，及时发现并制止或纠正相应数据信息的非法录入、篡改、拷贝或破坏行为。

企业在使用相应数据或信息时，要注意区分“不当使用”用户数据或信息与“违法使用”用户数据或信息。因为并不是所有的不当使用行为都涉嫌刑事犯罪，而是只有符合我国《刑法》明确的规定的违法使用情形才构成刑事犯罪。

（三）建立规章制度

1. 建立严格的备案审批制度和台账，对一些确实需要录入、拷贝、修改、删除的系统数据或信息，应当逐级上报审批，经批准后方可执行相应操作，避免因偶然性因素导致系统数据或信息被错误录入、修改、删除或拷贝。

2. 建立责任人制度。设置专门网络安全管理机构和网络安全管理负责人，并对该负责人和关键岗位人员进行安全背景审查。未经授权或批准，任何人不得登录系统对内部数据或信息进行录入、拷贝、修改或删除。每一次执行录入、拷贝、修改或删除，都应当进行操作登记，强化操作人员的责任心和敬业感。

3. 定期做好相应操作人员的规章制度、业务操作流程等方面的培训工作，定期对从业人员进行网络安全教育、技术培训和技能考核，避免发生违规操作导致系统数据或信息被错误修改、删除或破坏。

4. 制定安全防护制度，制定网络安全事件应急预案并定期进行演练。做好密码安全防护工作，设置保护强度高的登录密码，并定期变更，避免密码泄露或被破译。

5. 应当建立数据安全应急处置机制，发生数据安全事件时及时启动应急响应机制，采取措施防止危害扩大，消除安全隐患。

二、新兴领域的刑事法律风险防范

近年来，互联网行业又衍生出了互联网金融这个新的领域，主要包括互联网支付、网络借贷、股权众筹融资、互联网基金销售、互联网保险、互联网信托和互联网消费金融等业务。为了规范互联网金融领域的业务活动，相关主管部门先后发布了若干业务指导规范文件，例如，中国人民银行、工业和信息化部等10部门于2015年发布《关于促进互联网金融健康发展的指导意见》，中国银行业监督管理委员会办公厅于2017年发布《网络借贷资金存管业务指引》，中国人民银行、中国银行保险监督管理委员会和证监会于2018年联合发布《互联网金融从业机构反洗钱和反恐怖融资管理办法（试行）》等。

互联网支付业务主要是指通过计算机、手机等设备，依托互联网发起支付指令、转移货币资金的服务。

网络借贷业务包括个体网络借贷（P2P网络借贷）和网络小额贷款。个体网络借贷是指个体和个体之间通过互联网平台实现的直接借贷。网络小额贷款是指互联网企业通过其控制的小额贷款公司，利用互联网向客户提供小额贷款。

股权众筹融资主要是指通过互联网形式进行公开小额股权融资的活动。

互联网基金销售是指基金销售机构与其他机构通过互联网合作销售基金等理财产品。

互联网保险业务是指保险机构依托互联网订立保险合同、提供保险服务的保险经营活动。

互联网信托业务是指通过网络平台进行的信用委托，由委托人依照契约或网站条款的规定，为自己的利益，将自己财产上的权利通过受托人（互联网平台）转给收益人（中小微企业）作为资金周转，受益人按规定条件和范围通过受托人转给委托人其原有财产以及过程中所产生的收益。

互联网消费金融是指通过互联网提供消费金融产品，如提供与消费相关的支付、储蓄、理财、信贷等金融活动。

这些新兴的互联网金融业务以其特有的便利、快捷等特点快速发展起来，同时，也存在一些刑事法律风险的。防范或避免发生刑事法律风险的措施主要从以下几个方面论述。

（一）市场准入方面

从事这些新兴的互联网金融业务的企业应当具备相应的市场准入条件，并取得相应的经营许可资质，否则，在未取得相应经营资质而擅自从事相应互联网金融业务属于非法经营，涉嫌刑事犯罪。例如，根据《银行法》《非金融机构支付服务管理办法》等法律法规规章制度的规定，第三方支付机构只有在符合相应设立条件且经申请批准获得许可证后方从事互联网支付业务。

（二）资金存储方面

互联网金融业务因其自身便利、快捷等特点吸引了众多用户，也集中了大量的民间资本。在吸引客户资金存入时，应当如实向客户披露相应信息以及风险提示，避免夸大收益规避风险，否则，一旦给客户造成严重损失后果将涉嫌诈骗罪等刑事犯罪。大量民间资本流入后，就容易出现资金安全风险，如资金被挪用或侵占等风险。因此，可以选择符合条件的银行业金融机构作为客户资金保管机构，做到客户与从业机构资金分账管理，做好账户资金安全管理工作。

（三）资金收支方面

从事互联网金融业务的企业在资金收支过程中，应当避免作出不当的收支行为防范涉嫌洗钱罪、帮助网络犯罪活动罪等刑事法律风险。企业应当尽量全面了解项目背景情况，避免因自身原因未能如实了解项目情况造成严重经济损失。建立健全有关协助查询、冻结的规章制度，协助公安机关和司法机关依法、及时查询、冻结涉案财产，配合公安机关和司法机关做好取证和执行工作。另外，通过加强和完善风险防控机制管理，避免从事在明知他人从事犯罪活动仍为其提供帮助等涉嫌刑事犯罪的活动。

（四）监管机制方面

从事互联网金融业务的企业在日常经营过程中，应遵守我国现行法律法规和相应主管机关的监管规定。另外，从事互联网金融业务的企业还应当建立完善的自我监管机制并使该机制得到有效的运作，如建立逐级监管机制可以有效监督相应层级业务和资金安全。

（五）信息披露和风险提示方面

从事互联网金融业务的企业应当就相应项目向客户全面、真实、准确、充分地披露相应信息，做好风险提示，及时公布其经营和财务状况。不得进行虚假、片面陈述，不得误导或欺诈投资者，不得片面夸大收益，不得隐瞒风险或违规承诺等，加强互联网金融企业自律管理。

（六）网络与信息安全方面

从事互联网金融业务的企业应当制定相关监管细则和技术安全标准，切实提升网络技术安全水平，建立专门的网络安全管理部门配备专业网络安全岗位，避免因计算机病毒、木马程序或黑客攻击造成严重损失。另外，企业也要做好保管客户资料和交易信息工作，不得向第三方非法售卖、泄露、公开客户信息。

三、互联网行业刑事合规指引

正如上文所述，互联网行业“包罗万象”，限于篇幅，在此仅以网络借贷资金存管业务刑事合规为例。

为指导公司网络借贷资金存管业务的开展和规范公司员工业务行为，使其合乎刑事法律规范，避免公司及员工收到刑事调查和追诉并最终承担刑事责任，根据我国《刑法》、《中国人民银行、工业和信息化部、公安部等关于促进互联网金融健康发展的指导意见》、《网络借贷资金存管业务指引》和《互联网金融从业机构反洗钱和反恐怖融资管理办法（试行）》等规定并结合公司网络借贷资金存管业务操作，制定公司指引。

（一）部门、人员与系统

设立专门、独立、完整的网络借贷资金存管业务管理与运营部门，并配备有相应的工作岗位和具有相应业务操作技能的人员，做到“一人一岗，专人专岗，相互监督”。

网络借贷资金存管业务管理与运营部门应当使用拥有自主管理、运营且安全高效的网络借贷资金存管业务技术系统，以保障相应借贷资金存管的安全性。

该业务技术系统应当具备以下功能：

1. 业务技术系统应当具有完善、规范的资金存管清算和明细记录的账务体系，能够根据资金性质和用途等内容进行明细登记记录，以便对存管资金进行有效的管理和登记。

2. 业务技术系统应当具有对业务交易进行操作指令（如密码等）的校验功能，使在充值、提现、缴费等资金清算环节对客户资金及业务授权指令的真实性进行认证，防止资金被非法侵占或挪用。

3. 业务技术系统应当具有对接公司系统的数据接口，能够完整记录网络借贷客户信息、交易信息及其他关键信息，并具备提供账户资金信息查询的功能。

4. 业务技术系统应当具有安全、可靠、高效、稳定的运行能力，保障出现达到瞬时峰值业务量的情况下，借款人和出借人各类操作的安全与有效。

（二）存管业务规范

1. 业务信息披露

对于业务信息的披露应当依法依规进行，如披露相关参与各方的基本信息、借贷项目信息、借款人基本信息及经营情况等应当及时、如实、准确向存管人充分披露，不得恶意隐瞒、虚构、夸大，不得利用存管人进行营销宣传。

2. 存管合同

开展网络借贷资金存管业务，应指定唯一一家符合相应条件的存管人作为资金存管机构，约定资金运作流程，并签订规范的存管合同。

存管合同至少应包括以下内容：（1）当事人的基本信息；（2）当事人的权利和义务；（3）网络借贷资金存管专用账户的开立和管理；（4）网络借贷信息中介机构客户开户、充值、投资、缴费、提现及还款等环节资金清算及信息交互的约定；（5）网络借贷资金划拨的条件和方式；（6）网络借贷资金使用情况监督和信息披露；（7）存管服务费及费用支付方式；（8）存管合同期限和终止条件；（9）风险提示；（10）反洗钱职责；（11）违约责任和争议解决方式；（12）其他约定事项。

3. 日常操作

（1）应当配备专门岗位和人员，负责与存管人进行日常存管业务对接。

（2）与存管人共同制定供双方业务系统遵守的接口规范，并在上线前组织系统联网和灾备应急测试，并及时安排系统优化升级，确保双方数据传输安全、顺畅。

（3）向存管人提供真实准确的交易信息数据及有关法律文件，包括并不限于网络借贷信息中介机构当事人信息、交易指令、借贷信息、收费服务信息、借贷合同等。

（4）每日日终交易结束后，应当与存管人对资金明细流水、资金余额数据进行资金对账核对，确保双方账务一致。

（5）暂停、终止业务时应制定完善的业务清算处置方案，并至少提前30个工作日通知地方金融监管部门及存管人，并与相关方完成网络借贷资金存管专用账户资金的清算处置工作。

（三）交易凭证与账册

应当妥善保管网络借贷资金存管业务活动的记录、账册、报表等相关资料，不得随意丢弃、损毁。相关纸质或电子介质信息应当自借贷合同到期后保存5年以上，并做好相应工作记录。

（四）业务审计

根据业务需要或客户要求，应当委托会计师事务所等第三方外部审计单位对客户资金存管账户进行独立审计并及时向客户公开审计结果，并接受客户的质询。

（五）反洗钱

不断加强网络借贷资金存管业务岗位人员自身廉洁教育与培训，并严格审核相应岗位人员是否符合相应任职资格（质），并积极配合相关主管部门做好反洗钱等工作。具体措施如下：

1. 根据反洗钱工作需要接入网络监测平台，参与基于该平台的工作信息交流、技术设施共享、风险评估等工作，进行反洗钱和反恐怖融资履职登记。

2. 建立健全反洗钱和反恐怖融资内部控制制度，强化反洗钱和反恐怖融资合规管理，完善相关风险管理机制。

3. 建立统一的反洗钱和反恐怖融资合规管理政策，对其分支机构、事业部的反洗钱和反恐怖融资工作实施统一管理。

4. 向中国人民银行及其分支机构、国务院有关金融监督管理机构及其派出机构报备反洗钱和反恐怖融资内部控制制度。

5. 明确机构董事、高级管理层及部门管理人员等人员的反洗钱和反恐怖融资职责，确保反洗钱和反恐怖融资内部控制制度的有效实施。

6. 设立专门部门或者指定内设部门牵头负责反洗钱和反恐怖融资管理工作，并指定具备有效履职所需的授权、资源和独立性的专门人员负责反洗钱和反恐怖融资工作。

7. 执行客户身份识别制度，针对具有不同洗钱或者恐怖融资风险特征的客户、业务关系或者交易采取合理措施，了解建立业务关系的目的和意图，了解非自然人客户的受益所有人情况，了解自然人客户的交易是否为本人操作和交易的实际受益人。

收集必备要素信息，应当利用从可靠途径、以可靠方式获取的信息或数据，采取合理措施识别、核验客户真实身份，确定并适时调整客户风险等级。

采取持续的客户身份识别措施，审核客户身份资料和交易记录，及时更新客户身份识别相关的证明文件、数据和信息，确保客户正在进行的交易与从业机构所掌握的客户资料、客户业务、风险状况等匹配。对于先前获得的客户身份资料存疑的，应当重新识别客户身份。对于高风险客户，从业机构应当采取合理措施了解其资金来源，提高审核频率。

不得为身份不明或者拒绝身份查验的客户提供服务或者与其进行交易，不得为客户开立匿名账户或者假名账户，不得与明显具有非法目的的客户建立业务关系。

应当定期或者在业务模式、交易方式发生重大变化、拓展新的业务领域、洗钱等风险状况发生较大变化时，评估客户身份识别措施的有效性，并及时予以完善。

在与客户建立业务关系或者开展法律法规、规章、规范性文件和行业规则规定的特定类型交易时，应当履行以下客户身份识别程序：

（1）了解并采取合理措施获取客户与其建立业务关系或者进行交易的目的和意图。

（2）核对客户有效身份证件或者其他身份证明文件，或者按照法律法规、规章、规范性文件和行业规则要求客户提供资料并通过合法、安全、可信的渠道取得客户身份确认信息，识别客户、账户持有人及交易操作人员的身份。

（3）按照法律法规、规章、规范性文件和行业规则通过合法、安全且信息来源独立的外部渠道验证客户、账户持有人及交易操作人员的身份信息，并确保外部渠道反馈的验证信息与被验证信息之间具有一致性和唯一对应性。

（4）按照法律法规、规章、规范性文件和行业规则登记并保存客户、账户持有人及交易操作人员的身份基本信息。

（5）按照法律法规、规章、规范性文件和行业规则保存客户有效身份证件或者其他身份证明文件的影印件或者复印件，或者渠道反馈的客户身份确认信息。

8. 应当建立健全大额交易和可疑交易监测系统，以客户为基本单位开展资金交易的监测分析，对客户及其所有业务、交易及其过程开展监测和分析。应当执行大额交易和可疑交易报告制度，制定报告操作规程，对公司的大额交易和可疑交易报告工作作出统一要求。

由总部或者总部指定的一个机构通过网络监测平台提交全公司的大额交易和可疑交易报告。

9. 发现或者有合理理由怀疑客户及其行为、客户的资金或者其他资产、客户的交易或者试图进行的交易与洗钱等犯罪活动相关的，不论所涉资金金额或者资产价值大小，应当按本机构可疑交易报告内部操作规程确认为可疑交易后，及时提交可疑交易报告。

10. 按照中国人民银行、国务院有关金融监督管理机构的要求和行业规则，建立交易监测标准和客户行为监测方案，定期或者在发生特定风险时评估交易监测标准和客户行为监测方案的有效性，并及时予以完善。按照法律法规、规章、规范性文件和行业规则，结合对相关联的客户、账户持有人、交易操作人员的身份识别情况，对通过交易监测标准筛选出的交易进行分析判断，记录分析过程；不作为可疑交易报告的，应当记录分析排除的合理理由；确认为可疑交易的，应当在可疑交易报告理由中完整记录对客户身份特征、交易特征或者行为特征的分析过程。

11. 按照法律法规和行业规则规定的保存范围、保存期限、技术标准，妥善保存开展客户身份识别、交易监测分析、大额交易报告和可疑交易报告等反洗钱和反恐怖融资工作所产生的信息、数据和资料，确保能够完整重现每笔交易，确保相关工作可追溯。

12. 对依法履行反洗钱和反恐怖融资义务获得的客户身份资料和交易信息应当予以保密，不得违反规定向任何单位和个人提供。

本指引适用于公司管理人员、员工等全体个人以及子公司、分公司等全部实体。

第四章
食药行业刑事合规实务指引

第一节　食药行业概述

一、食药行业背景

（一）食品行业的界定和分类

1. 食品行业的界定。根据《食品安全法》第150条的规定，食品，指各种供人食用或者饮用的成品和原料以及按照传统既是食品又是中药材的物品，但是不包括以治疗为目的的物品。现代食品行业是从事食品生产（包括食品生产和加工）、食品经营（包括食品流通和餐饮服务）、食用农产品生产（提供食用的、源于农业的初级产品）的一种行业类别。①

2. 食品行业的分类。根据国家发展计划委员会②、国家经济委员会、国家统计局和国家标准局批准通过的《国民经济行业分类和代码》（GB/T 4754—2017），食品行业分为农副食品加工业，食品制造业，酒、饮料和精制茶制造业，餐饮服务业四大类行业。其又细分为20多个中等行业，主要有植物油加工业、制糖业，屠宰及肉类加工，水产品加工业，焙烤食品制造业，乳制品制造业，罐头食品制造业，调味品、发酵制品制造业，其他食品制造业，酒的制造业，饮料制造业，精制茶加工业等。

（二）医药行业的界定和分类

1. 医药行业的界定。医药是预防或治疗或诊断人类和牲畜疾病的物质或

---

① 参见赵士辉主编：《食品行业伦理与道德建设》，中国政法大学出版社2012年版，第29～30页。

② 现为国家发展和改革委员会，后文不再赘述。

制剂。药物按来源分天然药物和合成药物。医药可以预防疾病，治疗疾病，减少痛苦，增进健康，增强机体对疾病的抵抗力或帮助诊断疾病。

医药行业是我国国民经济的重要组成部分，是传统产业和现代产业相结合，第一、第二、第三产业为一体的产业。其主要门类包括：化学原料药及制剂、中药材、中药饮片、中成药、抗生素、生物制品、生化药品、放射性药品、医疗器械、卫生材料、制药机械、药用包装材料及医药商业。医药行业对于保护和增进人民健康、提高生活质量，为救灾防疫、军需战备以及促进经济发展和社会进步均具有十分重要的作用。

2. 医药行业的分类。医药行业从运营情况来看，主要分为医药工业和医药商业两大类；其中医药工业可分为七大子行业，分别为：化学原料药制造业、化学制剂制造业、生物制剂制造业、医疗器械制造业、卫生材料制造业、中成药制造业、中药饮片制造业。医药商业可以分为零售和批发两大类。

（三）食药行业的发展现状

1. 食品行业的发展现状。《2011 年中国食品行业市场调查及发展前景咨询报告》显示，2010 年全国食品工业从业人员有 654 万人，比 2005 年增加 190 万人，增长 40.90%。

据统计，2015 年全国规模以上食品工业（不含烟草）企业营业收入增长 4.09%，超过全部工业企业的 0.79%。截至 2015 年 12 月，全国规模以上食品企业 39,518 家，较 2014 年增长 5.45%。其中，农副食品加工企业 24,897 家，食品制造企业 8266 家，饮料企业（包括酒、饮料和茶制造）6355 家，较 2014 年分别增长 4.68%、6.23% 和 7.51%。食品行业主营业务收入达到 104,118.40 亿元，为全部工业企业营业收入总额的 9.44%；利润总额为 6807.40 亿元，同比增长 6.94%。食品行业利润总额占到全国工业利润的 10.71%；税收总额为 3435.30 亿元，为全部工业企业的 6.88%。利税总额为 10,242.70 亿元，占到全部工业企业的 9.03%。按 2015 年 6 月末就业人数，人均销售总额为 141.29 万元，为全部工业企业的 1.18 倍；人均利税总额为

13.90 万元，为全部工业的 1.13 倍。[①]

据统计，2020 年，我国粮油、食品类商品零售类值累计值达 15,283.40 亿元，较上年增加 758.40 亿元，同比增长 5.22%；2021 年，我国粮油、食品类商品零售类值累计值 16,759.10 亿元，较上年增加 1475.70 亿元，同比增长 9.66%。[②]

目前，食品行业的发展有以下几大特征：第一，商业模式转型成为企业发展的重要内容，如线上电商平台大量增加；第二，消费者对食品饮料的健康、安全提出更高要求；第三，传统食品农业行业及销售业态面临巨大挑战，消费者生活开支的比重从日常所需的食物或日用必需品逐渐转向体验式的或者着重生活品质提高的非快消类产品或服务上。

2. 医药行业的发展现状。根据国家发改委的统计数据，截至 2012 年年底，我国医药行业共有 6625 家企业，2012 年，我国医药行业共实现工业总产值 18,255 亿元。[③]

据统计，2017 年中国医药制造业企业数量已达 7697 个。纵观 2013 ~ 2017 年我国医药企业数量不断增加，5 年间共增加了 1172 个，增长十分迅速。截至 2018 年 10 月底，我国医药制造业企业数量达到 7556 家，同比增长 1.20%。

化学药品原药产量不断增长，2014 年突破 300 万吨，2017 年逼近 350 万吨，2018 年 1 月至 10 月产量为 231.30 万吨，同比减少 1.30%。中成药产量较为波动，2013 年产量仅为 310.50 万吨，2014 年达到近 5 年高峰 367.30 万吨，2016 年至 2017 年产量维持在 360 万吨左右。2018 年 1 月至 10 月中成药产量 219.20 万吨，同比减少 5.10%。

医药制药业主营业务营收持续增长，2013 年主营业务营收 20,592.93 亿元，2017 年增至 28,185.50 亿元。2018 年 1 月至 10 月主营业务营收 20,180.60 亿元，同比增长 13.60%，相比 2017 年同期增速增加了 0.5 个百

① 参见《中国食品行业发展现状全面分析》，载《福建轻纺》2016 年第 7 期。

② 参见《2021 年中国食品行业运行现状及行业发展趋势分析》，载产业信息网 2022 年 3 月 16 日，https：//www.chyxx.com/industry/1101620.html。

③ 参见吴莞生：《我国医药行业发展的机遇与挑战》，载《科技视界》2015 年第 22 期。

分点。①

截至2021年年末，中国共有8337个医药制造业企业，较2020年增加了167个，同比增长2.04%。随着企业数量的增加，营业收入也随之增长，2021年中国医药制造业营业收入达29,288.50亿元，较2020年增加了4431.20亿元，同比增长17.83%，在营业收入增加的同时，营业成本也在增加，2021年中国医药制造业营业成本达15,606.80亿元，较2020年增加了1454.20亿元，同比增长10.28%。②

二、食药行业高发刑事风险

1. 食品行业犯罪现状。我国食品行业犯罪现象存在以下5个特征。

第一，食品犯罪呈上升趋势。对中国消费者协会受理投诉案件的统计数据整理发现：涉及食品安全的案件总体呈上升趋势，其中自然也包括涉及犯罪的食品安全案件。"2003年全国消协系统共受理食品方面的投诉60,740件，其中涉及食品安全的有1621件。2004年食品的投诉量相对于2003年下降了43%，但涉及质量与安全的投诉却分别上升了109%和191%。自2008年起案件数量增长明显……2010年11月起公安部开始部署开展打击侵犯知识产权和制售伪劣商品犯罪的行动。在开展食品安全大行动中破获了2000多起食品犯罪案件。人民法院也高度重视对食品犯罪案件的审理。"③

2008年至2012年，全国各级法院共受理生产、销售有毒、有害食品案，不符合安全标准的食品案1953件，审结1789件，生效判决2404人，其中给予刑事处罚2363人，免予刑事处罚40人，宣告无罪1人。2012年的收结案数、生效判决人数和刑事处罚人数，呈现出极大的增长态势，各级法院受理相关案件1235件，审结1105件，生效判决1512人，其中给予刑事处罚1490人，收案量占5年受理案件总数的62.24%，结案量占5年案件量的61.77%，生效判决人数占全部人数的62.90%。与2011年相比，2012年案

---

① 参见《2018年中国医药行业经营数据分析及2019年趋势预测》，载中商情报网2018年12月28日，https://baijiahao.baidu.com/s?id=1621083030152879587&wfr=spider&for=pc。

② 参见《2021年中国医药行业发展现状及重点企业对比分析》，载产业信息网2022年3月16日，https://www.chyxx.com/industry/1101615.html。

③ 秦维璨：《我国食品安全犯罪发展态势研究》，载《湖北函授大学学报》2014年第4期。

件收案量增长2.37倍，结案量增长2.31倍，生效判决人数增长2.59倍，给予刑事处罚人数增长2.59倍。其中，2008年至2012年被判处重刑的食品安全犯罪人数为73人，年均递增85.61%。生产、销售有毒、有害食品罪是食品安全犯罪的主体。2008年至2012年，全国各级法院共受理生产、销售有毒有害食品案1518件，审结1379件，生效判决人数1685人，给予刑事处罚1657人。生产、销售有毒有害食品犯罪案件占全部食品犯罪案件近八成，反映出司法机关对食品生产加工过程中故意掺入有毒、有害非食品原料的犯罪打击力度加大。①

第二，食品犯罪主体呈多元化态势。根据对已破食品犯罪案件主体情况的统计分析，作案主体呈现多元化。虽然主体多元化，但是犯罪嫌疑人文化程度普遍较低。"南京市检察院一份关于全市食品药品安全犯罪情况的调研报告显示，初中及以下文化程度的犯罪嫌疑人占85.70%，并且他们法律意识淡薄，道德素质、安全意识也较低，犯罪嫌疑人无视群众的生命健康安全，受利益驱使，不计后果地从事食品安全犯罪活动。"② "在食品安全犯罪主体中，41~50岁的男性比例最高。共同犯罪和个人犯罪基本持平，但共同犯罪主要以10人以下的小规模团伙犯罪为主。"③

另从食品犯罪中犯罪成员的来源看，食品犯罪的主体成分十分复杂。无论是企业还是个人，无论是什么性质的企业，都可能成为食品犯罪的主体；此外，单位犯罪呈上升趋势。根据中国消费者协会受理投诉案件的统计数据显示：食品违法犯罪主体为个体工商户的案件所占比重大，一些大型企业也加入制售不安全食品的"大军"中。

第三，食品犯罪涉及供应链的各个环节。"食品产业链长，触点多，涉及面广，人源性为主要特征的我国食品安全风险在食品供应链各个环节均不同程度地存在。农产品初级生产、农产品初级加工、食品深加工、食品流通、

① 参见袁春湘、丁冬、陈冲：《我国食品药品安全犯罪的治理——2008—2012年全国法院审理食药犯罪案件的统计分析》，载《人民司法（应用）》2013年第19期。

② 闫峰、张全涛、王林：《当前食品安全犯罪行为的显著特点分析》，载《净月学刊》2014年第3期。

③ 黄宇：《中国食品安全犯罪的社会控制研究》，载《理论与改革》2014年第1期。

销售、餐饮和消费等多个环节均出现了不同程度的人源性事件。人源性特征的食品安全风险分布在各个环节，这造就了我国食品安全风险来源与特征区别于其他国家尤其是发达国家的特殊性。”①

尽管食品犯罪涉及的食品花样繁多，但重点以以下环节为突出：一是危害农产品、禽类产品安全犯罪突出。比如，有害物质残留于水产品、畜、禽体内，在禽类产品中含有超标的重金属物质。二是病原微生物控制不当。比如，奶制品生产加工及包装条件简陋，造成变质。三是食品制造过程中添加了有毒物质、劣质原料。比如，在面粉中超限量添加增白剂，使用二氧化硫使馒头、包子增白，用病死的禽畜加工熟食制品，用矿物油使大米、饼干增亮，用甲醛浸泡海产品使之增韧、增亮并延长保存期，使用“吊白块”以改善米粉、腐竹口感。四是采用生物技术，生产经营转基因等食品。其中，食品深加工是危害最大的环节，也是食品犯罪的重灾区。

第四，食品犯罪具有一定的地域特色。通过“掷出窗外”网站收集的各地食品安全新闻曝光数量总计排名发现，排在前 15 名的省市有：北京、广东、山东、上海、浙江、江苏、重庆、湖北、四川、辽宁、陕西、福建、湖南、河南、河北。“食品安全事件曝光数量与食品安全危机严重程度存在一定关联。对比发现，除了 GDP 第 1～15 名排名中的黑龙江和安徽不在新闻曝光排名中，以及新闻曝光排名中的重庆和陕西在 GDP 排名中榜上无名外，其他省份的排名两者间高度吻合。经济越发达的省市食品安全风险越严重。就食品安全的区域性严重程度看，基本呈现为沿海地区最大，中部地区次之，西部地区最小。经济相对发达，流动人口多，人口密度大，食品加工密集，食品流通半径大，是造成发达地区食品安全事件发生频率更高的主要原因。”②

第五，食品犯罪危害后果严重并具有持续性。食品犯罪属于涉众型犯罪，受害群众多，社会关注度高，影响范围广，容易激化社会矛盾。而且重特大食品犯罪频发，其危害性更是难以估量。以“三鹿奶粉”案为例，“事件引

---

① 吴林海、王建华、朱淀等：《中国食品安全发展报告（2013）》，北京大学出版社 2013 年版，第 155～156 页。

② 吴林海、王建华、朱淀等：《中国食品安全发展报告（2013）》，北京大学出版社 2013 年版，第 157 页。

起了空前轰动，导致6名儿童死亡，致全国范围内几千名儿童患泌尿系统结石，涉及29万余名儿童。食品犯罪不仅严重危害广大人民群众的生命、财产安全，而且直接影响政府形象和国家贸易，关系到整个社会的发展和稳定”。食品犯罪造成急性中毒或死亡的案件比例并不高，但多数食品犯罪对人体造成的危害具有长期性和持续性。

当然，国家打击食品犯罪的力度也越来越大。习近平总书记在不同的场合强调要切实提高农产品质量安全水平，以更大力度抓好农产品质量安全。2015年4月24日，被称为“史上最严”的《食品安全法》颁布，并于2015年10月1日起正式施行。《食品安全法》三易其稿，修改力度非常大，由原来的104条变成154条。2015年《食品安全法》的实施标志着对食品犯罪的关注进入了一个全新阶段。

2. 医药行业犯罪现状。医药行业犯罪主要突出在两个方面，一是药品安全犯罪；二是商业贿赂犯罪，如医药行业非常突出的“回扣”问题。

首先，在药品安全犯罪方面。据统计，2008年至2012年，全国各级法院共受理生产、销售假药、劣药[①]一审案件4496件，审结4391件，生效判决4386人，其中给予刑事处罚4291人，免予刑事处罚95人。2012年，药品安全犯罪案件的一审收结案数、生效判决人数和给予刑事处罚人数均急剧上升，与2011年同期相比，收案量增长8.13倍、结案量增长8.35倍、生效判决人数增长5.79倍、给予刑事处罚人数增长5.67倍，体现出药品安全犯罪司法治理逐步走向高压态势。生产、销售假药罪占药品安全犯罪案件的绝对多数。2008年至2012年，全国各级法院共受理生产、销售假药罪案件4483件，审结4378件，生效判决4375人，给予刑事处罚4280人，其中收案量占全部药品安全犯罪案件的99.71%、结案量占99.70%、生效判决人数占99.75%、刑事处罚人数占99.74%。制售假药对药品安全造成极大的威胁，打击制售假药犯罪是保障药品安全的重点。[②]

其次，在医药行业商业贿赂犯罪方面。2018年1月1日起，历经24年首

① 2021年取消生产、销售假药罪，改为生产、销售、提供假药罪；取消生产、销售劣药罪，改为生产、销售、提供劣药罪。

② 参见袁春湘、丁冬、陈冲：《我国食品药品安全犯罪的治理——2008—2012年全国法院审理食药犯罪案件的统计分析》，载《人民司法（应用）》2013年第19期。

次修订的《反不正当竞争法》实施，重新定义商业贿赂：买卖双方主体之外的第三方，帮助买方购买或者帮助卖方销售，从而获取一定利益的行为。经济学家宋清辉认为，医药行业公司的市场及学术推广费一直都是商业贿赂的高发区，以步长制药为例，公司2013年至2015年市场及学术推广费用分别约为44.66亿元、51.83亿元以及58.41亿元，占同期销售费用总额的比例高达89.69%、86.79%、88.87%，同时销售费用占营收为57.96%、57.79%、56.39%，大幅高于同行业水平。在上市后，步长制药2016年的市场及学术推广费达到新高60.13亿元，占同期销售费用的87.78%，同时销售费用占营收比高达55.60%。[①] 医药行业商业贿赂犯罪行为具有如下特征：

第一，涉及领域集中，人员级别较高。根据卫生部[②]统计资料，医疗领域商业贿赂案件主要发生在药品、设备、卫生材料采购方面，总数占到将近90%。[③] 涉案人员大多为医院的高层领导、科室主要负责人，很多医院都是院长或者主管采购购销医药设备，他们对于药品设备能否中标入围有决定权，也是目前销售商的主攻对象。

第二，涉案人员覆盖面广，群体犯罪现象严重。从全国范围内看，各省、自治区、直辖市，市、区直至乡镇、村的各层级医疗机构的医药购销环节皆或多或少存在受贿犯罪现象，地域覆盖范围很广泛。再看各医疗机构内部，医药购销领域受贿犯罪的涉案人员也覆盖甚广，呈群体性趋势发展，行贿人向多人行贿的窝案、串案大幅度上升。

第三，受贿手段方法复杂多样，受贿者手段愈发狡猾，掩盖非法的手段方法多种多样，多为其受贿行为披上“合法”的外衣，使对此行为难以准确定性。例如，利用行贿者所提供的经济条件，以学习考察等名义进行境内外旅游、娱乐休闲消费、送子女出国留学等；收受高档消费品，并索要发票收据；以酬劳、回扣、信息费、新药推荐费、消毒费、感谢费、差旅费、辛苦费、活动费等各种名义行受贿之实。

---

① 参见《医药商业贿赂处罚新政已逐步落地》，载健康界2018年1月18日，https://www.cn-healthcare.com/articlewm/20180118/content-1021791.html。

② 现为国家卫生和计划生育委员会，后文不再赘述。

③ 参见《11月10日卫生部新闻发言人例行发布会上答记者问》，载中央人民政府网，http://www.china.com.cn/txt/2006-11/11/content_7344915.htm。

鉴于医药行业较为突出的商业贿赂现象，早在2008年相关司法解释就对此作出了规定。2008年11月20日，最高人民法院、最高人民检察院联合发布了《关于办理商业贿赂刑事案件适用法律若干问题的意见》，其中规定：医疗机构中的国家工作人员，在医药产品采购活动中，利用职务上的便利，索取销售方财物，或者非法收受销售方财物，为销售方谋取利益，构成犯罪的，依照《刑法》第385条的规定，以受贿罪定罪处罚；医疗机构中的非国家工作人员，有前款行为，数额较大的，依照《刑法》第163条的规定，以非国家工作人员受贿罪定罪处罚。同时还规定，医疗机构中的医务人员，利用开处方的职务便利，以各种名义非法收受药品、医疗器械、医用卫生材料等医药产品销售方财物，为医药产品销售方谋取利益，数额较大的，依照《刑法》第163条的规定，以非国家工作人员受贿罪定罪处罚。由此可见，医药行业商业贿赂犯罪的严重性以及国家严厉打击的态度。

第二节　食药行业高发罪名

国家针对食药犯罪的打击是全方位的，范围贯穿追溯源头至终端，覆盖了食药的生产、加工、包装、运输、贮存、销售、宣传等各环节。同样，食药犯罪涉及的行业并不局限于传统的食品和药品行业，其他以各种形式参与到食药流通环节的行业，如农业、制造业、广告业、进出口贸易行业、互联网行业等，也会因食药问题面临刑事风险。随着信息技术的发展，互联网行业和广告行业逐渐演变为食药犯罪的重灾区。公安部多次联合各部委，开展打击互联网食药犯罪行动和食品保健食品欺诈和虚假宣传整治行动，重点查处网络销售假劣食品、药品等违法犯罪行为和打击食品保健食品网络虚假宣传、虚假违法广告行为。仅2017年7月至2019年2月，全国公安机关破获食品保健食品欺诈和虚假宣传方面的犯罪案件即有8100余起，抓获犯罪嫌疑人1.3万余名。[①]

---

① 参见《国务院食品安全办、公安部、市场监管总局联合公布8起食品保健食品整治欺诈和虚假宣传重大案件》，载公安部2019年2月22日，https://www.mps.gov.cn/n2253534/n2253535/c6408789/content.html。

梳理我国《刑法》罪名，与食品行业相关的罪名主要有：生产、销售不符合安全标准的食品罪（第143条）；生产、销售有毒、有害食品罪（第144条）；非法捕捞水产品罪（第340条）；危害珍贵、濒危野生动物罪（第341条第1款）；非法狩猎罪（第341条第2款）；非法猎捕、收购、运输、出售陆生野生动物罪（第341条第3款）。

前两个罪名是专门性的，针对的是食品安全问题。后四个罪名主要发生在原材料采集环节，主要是对部分不应作为食物的野生动物资源的保护，除了关乎食品行业的健康发展，还关乎对全人类赖以生存的环境资源的保护。

一、生产、销售不符合安全标准的食品罪

（一）罪名介绍

本罪是指违反国家食品卫生管理法规，生产、销售不符合食品安全标准的食品，足以造成严重食物中毒事故或者其他严重食源性疾患的行为。本罪所指的食品，不仅包括一般食品，还包括食品添加剂、调味素、色素、保鲜剂、饮料等。

法条依据：《食品安全法》第34条　禁止生产经营下列食品、食品添加剂、食品相关产品：

（一）用非食品原料生产的食品或者添加食品添加剂以外的化学物质和其他可能危害人体健康物质的食品，或者用回收食品作为原料生产的食品；

（二）致病性微生物，农药残留、兽药残留、生物毒素、重金属等污染物质以及其他危害人体健康的物质含量超过食品安全标准限量的食品、食品添加剂、食品相关产品；

（三）用超过保质期的食品原料、食品添加剂生产的食品、食品添加剂；

（四）超范围、超限量使用食品添加剂的食品；

（五）营养成分不符合食品安全标准的专供婴幼儿和其他特定人群的主辅食品；

（六）腐败变质、油脂酸败、霉变生虫、污秽不洁、混有异物、掺假掺杂或者感官性状异常的食品、食品添加剂；

（七）病死、毒死或者死因不明的禽、畜、兽、水产动物肉类及其制品；

（八）未按规定进行检疫或者检疫不合格的肉类，或者未经检验或者检验不合格的肉类制品；

（九）被包装材料、容器、运输工具等污染的食品、食品添加剂；

（十）标注虚假生产日期、保质期或者超过保质期的食品、食品添加剂；

（十一）无标签的预包装食品、食品添加剂；

（十二）国家为防病等特殊需要明令禁止生产经营的食品；

（十三）其他不符合法律、法规或者食品安全标准的食品、食品添加剂、食品相关产品。

《刑法》第143条　生产、销售不符合食品安全标准的食品，足以造成严重食物中毒事故或者其他严重食源性疾病的，处三年以下有期徒刑或者拘役，并处罚金；对人体健康造成严重危害或者有其他严重情节的，处三年以上七年以下有期徒刑，并处罚金；后果特别严重的，处七年以上有期徒刑或者无期徒刑，并处罚金或者没收财产。

在食用农产品种植、养殖、销售、运输、贮存等过程中，违反食品安全标准，超限量或者超范围滥用添加剂、农药、兽药等，足以造成严重食物中毒事故或者其他严重食源性疾病的，均以本罪定罪处罚。

犯罪构成：

本罪的主观方面是故意，即行为人对生产、销售的产品不符合安全标准有认识并且希望或放任结果地发生，过失不构成本罪。

本罪是具体危险犯，行为只有达到“足以造成严重食物中毒事故或者其他严重食源性疾病”的危险程度，才可能构成犯罪，当然并不要求食物中毒事故或食源性疾病的真实发生，只要存在发生的高度风险即可。

（二）典型案例

田某某、谭某某生产、销售不符合安全标准的食品案

——在生产、销售的食品中超限量加入食品添加剂并造成严重后果的行为如何定性

【基本案情】

被告人田某某系摆设流动烧烤摊的小贩，经常在被告人谭某某开设的调

味品店内购买调味品。2014 年 9 月，田某某在谭某某店内购买调味品时，谭某某向其推荐亚硝酸钠，称此调料可以增色，并建议田某某在烧烤中使用此调料，田某某遂向谭某某购买了一包亚硝酸钠。2014 年 10 月 4 日，田某某在腌制烧烤备用的鸡腿时将购得的亚硝酸钠取出部分用水稀释后加入腌制的鸡腿中，并于次日将腌制过的鸡腿进行烧烤后出售。被害人马某某等 8 人食用后，先后出现中毒症状并被送往医院救治。马某某经遵义医学院附属医院抢救无效，于 2014 年 10 月 31 日死亡。经法医学鉴定，马某某系亚硝酸盐中毒致多器官损害死亡。经贵州省疾病预防控制中心检验，田某某自行腌制并烤制的鸡腿中，亚硝酸盐含量达 85.2mg/kg。经相关医院确诊，马某某等 8 名食用人均为亚硝酸盐中毒。

遵义市红花岗区人民法院经审理认为，被告人田某某违反国家食品安全管理法规，违反食品安全标准，超限量滥用食品添加剂亚硝酸钠，造成一人死亡、多人中毒的严重后果，其行为构成生产、销售不符合安全标准的食品罪；被告人谭某某明知田某某生产、销售不符合安全标准的食品而向其推荐和提供食品添加剂亚硝酸钠，与田某某构成生产、销售不符合安全标准的食品罪的共犯。在共同犯罪中，田某某购买亚硝酸钠后超限量添加到腌制的鸡腿中，经烧烤后向市民出售，致被害人马某某食用后经医治无效死亡及多人食用后中毒的特别严重后果，系本案主犯；谭某某向田某某推荐并销售明令在餐饮行业禁止使用的食品添加剂亚硝酸钠，在共同犯罪中起辅助作用，系本案从犯。

【裁判结果】

被告人田某某犯生产、销售不符合安全标准的食品罪，判处有期徒刑 8 年，并处罚金 1 万元；被告人谭某某犯生产、销售不符合安全标准的食品罪，判处有期徒刑 3 年，缓刑 3 年，并处罚金 5000 元；禁止被告人谭某某在缓刑考验期间从事食品添加剂的经营活动。

在生产、销售的食品中超限量加入食品添加剂并造成严重后果的行为如何定性？在本案审理过程中，对被告人田某某的行为如何定性处罚，存在两种意见。一种意见以公诉机关的起诉意见为代表，认为原卫生部、原国家食品药品监督管理局在 2012 年 5 月 28 日下发的 2012 年第 10 号公告中，明令禁止餐饮服务单位采购、贮存、使用食品添加剂亚硝酸盐（亚硝酸钠、亚硝酸钾），故田某某在生产、销售的食品中添加亚硝酸钠的行为应构成生产、销售有毒、有害食品罪。另一种意见即判决意见认为，田某某违反国家食品安全管理法律法规，违反食品安全标准，超限量滥用食品添加剂亚硝酸钠的行为构成生产、销售不符合安全标准的食品罪。法院最终采纳了第二种意见，理由主要是：

第一，亚硝酸钠不属于法律、法规禁止在食品生产经营活动中添加、使用的物质，也不是《食品中可能违法添加的非食用物质名单》上的物质，故亚硝酸钠不属于《刑法》第144条中所规定的有毒、有害的非食品原料，因此被告人不构成生产、销售有毒、有害食品罪。

第二，根据《食品安全国家标准食品添加剂使用标准》，亚硝酸钠的确属于国家允许使用的食品添加剂，在用于熏、烧、烤肉类时，其最大使用量为0.15g/kg，残留量要求≤30mg/kg。本案中，田某某生产、销售的“毒鸡腿”的亚硝酸钠含量达到了85.2mg/kg，显然属于超过使用限量使用食品添加剂。

根据《最高人民法院、最高人民检察院关于办理危害食品安全刑事案件适用法律若干问题的解释》第4条第1款的规定，田某某的行为已致人死亡，应认定为《刑法》第143条规定的后果特别严重。

本案涉及生产、销售不符合安全标准的食品罪与生产、销售有毒、有害食品罪的区分。二者的区别有：第一，客观方面不同。生产、销售有毒、有害食品罪往食品中掺入的必须是有毒、有害的非食品原料，即不能用于食用的物质，而生产、销售不符合安全标准的食品罪中，掺入的是食品原料，只是数量等不符合规定。本案中，亚硝酸钠属于国家允许使用的食品添加剂，在正常剂量内使用是合法的，但由于被告人超量添加而导致食品出现质量问题。第二，构成犯罪的结果要件不同。生产、销售有毒、有害食品罪是行为犯，行为人只要实施相关行为就构成犯罪，生产、销售不符合安全标准的食品罪是危险犯，只有达到“足以造成严重食物中毒事故或者其他严重食源性疾病”的危险程度才构成犯罪。

二、生产、销售有毒、有害食品罪

（一）罪名介绍

本罪是指违反国家食品安全管理法规，在生产、销售的食品中掺入有毒、有害的非食品原料，或者销售明知掺有有毒、有害的非食品原料的食品的行为。

法条依据：《刑法》第144条　在生产、销售的食品中掺入有毒、有害的非食品原料的，或者销售明知掺有有毒、有害的非食品原料的食品的，处五年以下有期徒刑，并处罚金；对人体健康造成严重危害或者有其他严重情节的，处五年以上十年以下有期徒刑，并处罚金；致人死亡或者有其他特别严重情节的，依照本法第一百四十一条的规定处罚。

相关司法解释：《最高人民法院、最高人民检察院关于办理危害食品安全刑事案件适用法律若干问题的解释》第9条　下列物质应当认定为刑法第一百四十四条规定的“有毒、有害的非食品原料”：

（一）因危害人体健康，被法律、法规禁止在食品生产经营活动中添加、使用的物质；

（二）因危害人体健康，被国务院有关部门列入《食品中可能违法添加的非食用物质名单》《保健食品中可能非法添加的物质名单》和国务院有关部门公告的禁用农药、《食品动物中禁止使用的药品及其他化合物清单》等名单上的物质；

（三）其他有毒、有害的物质。

犯罪构成：

本罪的主观方面是故意，即行为人对生产、销售的产品是有毒、有害食品存在明知。

本罪是行为犯，即实施法律规定的行为即构成犯罪，即便可能没有导致特定的危害结果。

（二）典型案例

北京阳光一佰生物技术开发有限公司、刁某某等生产、销售有毒、有害食品案

【基本案情】

被告人刁某某于2001年注册成立了北京阳光一佰生物技术开发有限公司（以下简称阳光一佰公司），系公司的实际生产经营负责人。2010年以来，被告单位阳光一佰公司从被告人谭某某处以600元/公斤的价格购进生产保健食品的原料，该原料系被告人谭某某从被告人尹某某处以2500元/公斤的价格购进后进行加工，阳光一佰公司购进原料后加工制作成用于辅助降血糖的保健食品阳光一佰牌山茂参胶囊，以每盒100元左右的价格销售至扬州市广陵区金福海保健品店及全国多个地区。被告人杨某某具体负责生产，被告人钟某某、王某某负责销售。2012年5月至9月，销往上海、湖南、北京等地的山茂参胶囊分别被检测出含有盐酸丁二胍，食品药品监督管理部门[①]将检测结果告知阳光一佰公司及刁某某。被告人刁某某在得知检测结果后随即告知被告人谭某某、尹某某，被告人刁某某明知其所生产、销售的保健品中含有盐酸丁二胍后，仍然继续向被告人谭某某、尹某某购买原料，组织杨某某、钟某某、王某某等人生产山茂参胶囊并销售。被告人谭某某、尹某某在得知检测结果后继续向被告人刁某某销售该原料。

盐酸丁二胍是丁二胍的盐酸盐。目前盐酸丁二胍未获得国务院药品监督管理部门批准生产或进口，不得作为药物在我国生产、销售和使用。扬州大学医学院葛晓群教授出具的专家意见和南京医科大学司法鉴定所的鉴定意见证明：盐酸丁二胍具有降低血糖的作用，很早就撤出我国市场，长期使用添加盐酸丁二胍的保健食品可能对机体产生不良影响，甚至危及生命。

【裁判结果】

江苏省扬州市广陵区人民法院于2014年1月10日作出（2013）扬广刑初字第0330号刑事判决：被告单位阳光一佰公司以及被告人刁某某等均被判

① 现为市场监督管理部门。

处生产、销售有毒、有害食品罪。

行为人在食品生产经营中添加不属于《食品中可能违法添加的非食用物质名单》和《保健食品中可能非法添加的物质名单》中的物质，但该物质与上述名单中所列物质具有同等属性，是否属于“有毒、有害的非食品原料”？《刑法》第144条规定：“在生产、销售的食品中掺入有毒、有害的非食品原料的，或者销售明知掺有有毒、有害的非食品原料的食品的，处五年以下有期徒刑，并处罚金；对人体健康造成严重危害或者有其他严重情节的，处五年以上十年以下有期徒刑，并处罚金；致人死亡或者有其他特别严重情节的，依照本法第一百四十一条的规定处罚。”2013年《最高人民法院、最高人民检察院关于办理危害食品安全刑事案件适用法律若干问题的解释》（已失效）第20条规定：“下列物质应当认定为‘有毒、有害的非食品原料’：（一）法律、法规禁止在食品生产经营活动中添加、使用的物质；（二）国务院有关部门公布的《食品中可能违法添加的非食用物质名单》《保健食品中可能非法添加的物质名单》上的物质；（三）国务院有关部门公告禁止使用的农药、兽药以及其他有毒、有害物质；（四）其他危害人体健康的物质。”第21条规定：“‘足以造成严重食物中毒事故或者其他严重食源性疾病’‘有毒、有害非食品原料’难以确定的，司法机关可以根据检验报告并结合专家意见等相关材料进行认定。必要时，人民法院可以依法通知有关专家出庭作出说明。”本案中，盐酸丁二胍系在我国未获得药品监督管理部门批准生产或进口，不得作为药品在我国生产、销售和使用的化学物质；其亦非食品添加剂。盐酸丁二胍也不属于上述《最高人民法院、最高人民检察院关于办理危害食品安全刑事案件适用法律若干问题的解释》（已失效）第20条第2、3项规定的物质。根据扬州大学医学院葛晓群教授出具的专家意见和南京医科大学司法鉴定所的鉴定意见证明，盐酸丁二胍与《最高人民法院、最高人民检察院关于办理危害食品安全刑事案件适用法律若干问题的解释》（已失效）第20条第2项《保健食品中可能非法添加的物质名单》中的其他降糖类西药（盐酸二甲双胍、盐酸苯乙双胍）具有同等属性和同等危害。长期服用添加有盐酸丁二胍的“阳光一佰牌山茂参胶囊”有对人体产生毒副作用的风险，影响人体健康，甚至危害生命。因此，对盐酸丁二胍应当依照《最高人民法院、最高人民检察院关于办理危害食品安全刑事案件适用法律若干问题的解释》（已失效）第20条第4项、第21条的规定，认定为《刑法》第144条规定的“有毒、有害的非食品原料”。

在认定本罪时，国务院有关部门公布的《食品中可能违法添加的非食用物质名单》和《保健食品中可能非法添加的物质名单》是确定“有毒、有害的非食品原料”的重要文件依据。

对于不属于名单上的物质，该案例确立了“两个同等”标准来认定其是否属于“有毒、有害的非食品原料”。这“两个同等”标准指的是：如果在食品中添加的是上述两个名单未列入的物质，但是与名单中的物质具有同等属性，同时该物质对人体具有同等危害的，可以认定为《刑法》第144条规定的“有毒、有害的非食品原料”。

应当注意，上述两种犯罪与《刑法》第140条规定的生产、销售伪劣产品罪是特殊与一般的关系。《刑法》第149条规定，生产、销售本节第141条至第148条所列产品，不构成各该条规定的犯罪，但是销售金额在五万元以上的，依照本节第140条（生产、销售伪劣产品罪）的规定定罪处罚。生产、销售本节第141条至第148条所列产品，构成各该条规定的犯罪，同时又构成本节第140条规定之罪的，依照处罚较重的规定定罪处罚。

三、非法捕捞水产品罪

（一）罪名介绍

法条依据：《刑法》第340条　违反保护水产资源法规，在禁渔区、禁渔期或者使用禁用的工具、方法捕捞水产品，情节严重的，处三年以下有期徒刑、拘役、管制或者罚金。

相关司法解释：《最高人民法院关于审理发生在我国管辖海域相关案件若干问题的规定（二）》第4条　违反保护水产资源法规，在海洋水域，在禁渔区、禁渔期或者使用禁用的工具、方法捕捞水产品，具有下列情形之一的，应当认定为刑法第三百四十条规定的“情节严重”：

（一）非法捕捞水产品一万公斤以上或者价值十万元以上的；

（二）非法捕捞有重要经济价值的水生动物苗种、怀卵亲体二千公斤以上或者价值二万元以上的；

（三）在水产种质资源保护区内捕捞水产品二千公斤以上或者价值二万元以上的；

（四）在禁渔区内使用禁用的工具或者方法捕捞的；

（五）在禁渔期内使用禁用的工具或者方法捕捞的；

（六）在公海使用禁用渔具从事捕捞作业，造成严重影响的；

（七）其他情节严重的情形。

犯罪构成：

本罪是指违反保护水资源法规，在禁渔区、禁渔期或者使用禁用的工具、方法捕捞水产品，情节严重的行为。禁渔区，是指为保护我国渔业资源、海域生态环境和海上生产活动，所划定的禁止一切捕捞生产活动或某类渔具作业的水域。有的由国家以法律形式作出规定；有的由各级政府根据管理权限按有关法律条款，以条例、命令、通告、实施细则等形式作出规定。禁渔期是指为保护渔业资源而规定禁止捕捞的期限。通常对鱼类的产卵场、索饵场、越冬场及其重要的洄游通道等渔业水域，通过国家或地方立法及国际渔业协定等形式，规定在一定时期内禁止捕捞。禁用的工具是指不符合最小网尺寸的渔网等工具，禁用的方法是指《渔业法》等法律法规中禁止使用的炸鱼、毒鱼、电鱼等方法。本罪的主观方面是故意，且情节严重的才构成犯罪。

（二）典型案例

耿某某非法捕捞水产品案

——非法捕捞水产品“情节严重”的司法认定

【基本案情】

2013年6月24日16时许，被告人耿某某在长江禁渔期内，到江阴市临港街道利港新河闸口西侧长江堤岸边，使用电瓶、海兜、逆变器等国家禁止的电鱼工具进行捕鱼，共捕得长江小川条、鲫鱼等水产品合计1公斤，价值人民币44元。被告人耿某某在利港新河闸口西侧长江堤岸边捕鱼时被江阴市渔政管理站工作人员当场查获。

法院经审理认为，被告人耿某某违反保护水产资源法规，在禁渔期使用禁用的工具、方法捕捞水产品，情节严重，其行为构成非法捕捞水产品罪。公诉机关指控耿某某犯非法捕捞水产品罪的事实清楚，证据确实、充分，指控的罪名成立。

【裁判结果】

江阴市人民法院以被告人耿某某犯非法捕捞水产品罪，判处罚金人民币3000元。

如何认定非法捕捞水产品罪“情节严重”？作为破坏环境资源保护的犯罪之一，通常情况下，非法捕捞水产品的行为只有达到一定的数量才足以侵害到刑法保护的相应法益，即达到刑法评价的程度。案发当时尚无相关法律法规对此作出明确规定，法院通常参照执行《最高人民检察院、公安部关于公安机关管辖的刑事案件立案追诉标准的规定（一）》的相关规定。《最高人民检察院、公安部关于公安机关管辖的刑事案件立案追诉标准的规定（一）》第63条规定：“违反保护水产资源法规，在禁渔区、禁渔期或者使用禁用的工具、方法捕捞水产品，涉嫌下列情形之一的，应予立案追诉：（一）在内陆水域非法捕捞水产品五百公斤以上或者价值五千元以上的，或者在海洋水域非法捕捞水产品二千公斤以上或者价值二万元以上的；（二）非法捕捞有重要经济价值的水生动物苗种、怀卵亲体或者在水产种质资源保护区内捕捞水产品，在内陆水域五十公斤以上或者价值五百元以上，或者在海洋水域二百公斤以上或者价值二千元以上的；（三）在禁渔区内使用禁用的工具或者禁用的方法捕捞的；（四）在禁渔期内使用禁用的工具或者禁用的方法捕捞的；（五）在公海使用禁用渔具从事捕捞作业，造成严重影响的；（六）其他情节严重的情形。”本案属于上述第四种情形：在禁渔期内适用禁用的工具或者禁用的方法捕捞的，因此应当以非法捕捞水产品罪进行追诉。现在关于情节严重的认定，应参考《最高人民法院关于审理发生在我国管辖海域相关案件若干问题的规定（二）》。

非法捕捞水产品罪是结果犯，只有情节严重的才构成犯罪。值得注意的是，对于本罪中“情节严重”的判断，并非仅仅依据非法捕捞的水产品的数量或者价值判断。除了数量和价值，还包括这些判断标准：时间 + 工具或方法（禁渔期 + 禁用工具或者禁用方法）、地点 + 工具或者方法（禁渔区 + 禁用工具或者禁用方法），在这些情形下，即便数量或价值未到达相关认定标准，也应当认定为“情节严重”。

四、危害珍贵、濒危野生动物罪

（一）罪名介绍

法条依据：《刑法》第341条第1款　非法猎捕、杀害国家重点保护的珍贵、濒危野生动物的，或者非法收购、运输、出售国家重点保护的珍贵、濒危野生动物及其制品的，处五年以下有期徒刑或者拘役，并处罚金；情节严重的，处五年以上十年以下有期徒刑，并处罚金；情节特别严重的，处十年以上有期徒刑，并处罚金或者没收财产。

相关司法解释：《最高人民法院、最高人民检察院关于办理破坏野生动物资源刑事案件适用法律若干问题的解释》第4条　刑法第三百四十一条第一款规定的“国家重点保护的珍贵、濒危野生动物”包括：

（一）列入《国家重点保护野生动物名录》的野生动物；

（二）经国务院野生动物保护主管部门核准按照国家重点保护的野生动物管理的野生动物。

《全国人民代表大会常务委员会关于全面禁止非法野生动物交易、革除滥食野生动物陋习、切实保障人民群众生命健康安全的决定》　一、凡《中华人民共和国野生动物保护法》和其他有关法律禁止猎捕、交易、运输、食用野生动物的，必须严格禁止。

对违反前款规定的行为，在现行法律规定基础上加重处罚。

因为我国部分地区具有食用野味的传统，一方面部分“野味”属于珍贵、濒危物种。另一方面，食用野生动物容易传播疾病。特别是在新冠肺炎疫情以后，国家明令“禁食野味”。应当注意，人工驯养繁殖的相关物种同样被视为野生动物。

犯罪构成：

本罪的行为对象是国家重点保护的珍贵、濒危陆生、水生野生动物。

本罪的主观方面是故意，行为人确实不知道是国家重点保护的珍贵、濒危野生动物或者出于过失而捕杀的，不构成本罪。动机不影响本罪成立，行为人出于牟利、食用、驯养等目的实施本罪实行行为的，均构成犯罪。

（二）典型案例

吴某某非法出售珍贵、濒危野生动物案①

——“犯意诱发”案件如何处理

【基本案情】

2005 年 12 月 12 日 16 时许，被告人吴某某在其租住的建阳市公安干校 2 号楼宿舍内出售动物肢体 4 只给陈某，在出售时被守候的公安干警当场抓获。经鉴定，吴某某出售的动物肢体属国家二类保护野生动物黑熊的熊掌，系两只黑熊的熊掌。

建阳市人民法院认为，被告人吴某某为谋利，非法出售国家二类保护野生动物黑熊的熊掌 4 只，其行为已构成非法出售珍贵、濒危野生动物罪，依照《刑法》第 341 条第 1 款的规定，判决如下：被告人吴某某犯非法出售珍贵、濒危野生动物罪，判处有期徒刑 2 年，并处罚金人民币 1 万元。

一审宣判后，被告人吴某某提出上诉，理由是：（1）侦查人员以虚假的“福安老乡”的身份，诱骗其“弄到熊掌”，在其表示没有熊掌的情况下，仍要求其想办法从他人处弄得。其联系到货物之后，侦查人员又支付定金 2000 元，这是典型的犯意引诱，其因引诱而实施的这一行为不应受到刑罚处罚。（2）认定其构成非法出售珍贵、濒危野生动物罪证据不足，请求改判其无罪。

南平市中级人民法院经公开审理查明：2005 年 11 月的一天，建阳市森林公安分局职工陈某与朋友到上诉人吴某某家购买野味，陈某自称姓林，问吴某某还有什么好的野味（意指国家保护的野生动物），吴某某未明确回答，只是将自己的手机号码留给陈某。陈某回单位后，将这一情况向森林公安分局领导汇报，领导要求陈某盯住吴某某。同年 11 月底，陈某打电话问吴某某有没有好货（意指国家保护的野生动物），吴某某表示没有。同年 12 月 12 日吴某某联系张某（另案处理），称有人要购买熊掌，张某要求先收定金 2000 元。随后，吴某某打电话通知陈某有 4 只熊掌，要收定金 2000 元。陈某经分局领导同意后，于当日 13 时许，将 2000 元定金送到吴某某处。同日 15 时许，张某将 4 只冰冻熊掌送到吴家。因怕买家对熊掌质量提出异议，吴某某只让张

① 2021 年取消非法猎捕、杀害珍贵、濒危野生动物罪，改为危害珍贵、濒危野生动物罪。

某拿走1000元定金，并让张某于次日下午到其家结账，随后即电话通知陈某。陈某于当日16时30分赶到吴某某租住的宿舍内接收了4只熊掌。吴某某向陈某要辛苦费时，被守候的公安干警当场抓获。经鉴定，涉案的动物肢体属国家二类保护野生动物黑熊的熊掌，系两只黑熊的熊掌，价值人民币40,080元。

南平市中级人民法院认为，上诉人吴某某是从事贩卖鱼类和附带收购、出售一些山麂、野兔等非国家明文规定为珍贵、濒危野生动物的商贩。从本案事实上看，吴某某并没有出售国家保护的野生动物的犯意，公安机关在未掌握吴某某有出售国家保护的野生动物事实的情况下，派侦查人员陈某主动引诱吴某某向其出售国家保护的野生动物，吴某某才以中介人身份参与4只熊掌的交易，其从中获取的介绍费仅为20~30元。侦查机关以引诱的方式收集证据，有悖于《刑事诉讼法》的规定，其收集的证据具有非法性，其证据不予采纳。吴某某提出侦查人员以诱惑侦查手段引诱上诉人实施的行为不应受到刑罚处罚的辩解有理，予以采纳。

【裁判结果】

本案最终判决如下：

1. 撤销建阳市人民法院（2006）潭刑初字第49号刑事判决；

2. 上诉人（原审被告人）吴某某无罪。

对“犯意诱发型”案件应当如何处理？本案中，被告人吴某某原本系从事贩卖鱼类和收购、出售山麂、野兔等非珍贵、濒危野生动物的正当商贩，侦查机关并未掌握其有出售国家保护的野生动物的犯意和犯罪行为。在此情况下，侦查人员陈某多次向吴某某提出购买珍贵、濒危野生动物的要求，对吴某某进行引诱，吴某某遂与张某联系并向陈某反馈有4只熊掌及要交2000元定金的信息，侦查机关要求吴某某积极促成该项交易，并派人预交了2000元定金给吴某某。在吴某某以中介人身份向陈某转交4只熊掌并向陈某要好处费时，被侦查机关当场抓获。可见，吴某某在被诱惑侦查之前并无出售国家保护动物的犯罪意图，其实施犯罪行为源于侦查人员积极主动购买行为的反复诱惑，本案应属于典型的“犯意诱发型”诱惑侦查。

本案中，侦查机关使用了“犯意诱发型”诱惑侦查方式，使原本无犯罪意图的吴某某产生犯意并实施了犯罪行为，属于“制造犯罪”，侦查方式不具有合法性。利用该侦查方式获取的言词证据，由于违反了我国《刑事诉讼法》关于禁止以引诱、欺骗方法收集证据的规定，属于非法证据，应当予以排除。在此情况下，本案指控证据不足，依法应当宣告吴某某无罪。对于本案而言，退一步讲，即使有足够证据证明吴某某实施了非法出售珍贵、濒危野生动物的行为，但因公安机关对其使用了“犯意诱发型”诱惑侦查方式，而案件中并没有证据证明吴某某之前有过违法犯罪记录，其本人一直合法经营小餐馆，无社会危害性和人身危险性；加之其在本案中只是起居间介绍的作用，从中获取的介绍费仅为 20～30 元，即使认定其参与犯罪，也是从犯，情节显著轻微，也可不以犯罪论处。综上，二审法院对一审予以改判，宣告被告人吴某某无罪是正确的。

所谓诱惑侦查，国外又称警察圈套，是指由侦查人员设置圈套或者诱饵，暗示或诱使侦查对象暴露其犯罪意图并实施犯罪行为，待犯罪行为实施时或结果发生后，抓捕被诱惑者。根据被诱惑者在被诱惑之前有无犯罪倾向、犯罪意图以及诱惑者在犯罪实施中所起的作用，诱惑侦查可以划分为“犯意诱发型”和“机会提供型”两种。“犯意诱发型”是指诱惑者对无犯罪意图的人实施诱惑，引诱其形成犯意，并促使其付诸实施；“机会提供型”是指被诱惑者已有犯罪倾向及意图，诱惑者只是强化其固有的犯罪意图，促使其实施具体的犯罪行为。由于犯意诱发型诱惑侦查有借侦查之名行制造犯罪之实的嫌疑，一般情况下不应被允许。被告人以此作为抗辩事由，有出罪的空间。

五、非法猎捕、收购、运输、出售陆生野生动物罪

（一）罪名介绍

法条依据：《刑法》第 341 条第 3 款　违反野生动物保护管理法规，以食用为目的非法猎捕、收购、运输、出售第一款规定以外的在野外环境自然生长繁殖的陆生野生动物，情节严重的，依照前款的规定处罚。

相关司法解释：《最高人民法院、最高人民检察院关于办理破坏野生动物资源刑事案件适用法律若干问题的解释》第 8 条　违反野生动物保护管理法规，以食用为目的，非法猎捕、收购、运输、出售刑法第三百四十一条第一款规定以外的在野外环境自然生长繁殖的陆生野生动物，具有下列情形之一的，应当认定为刑法第三百四十一条第三款规定的“情节严重”，以非法

猎捕、收购、运输、出售陆生野生动物罪定罪处罚：

（一）非法猎捕、收购、运输、出售有重要生态、科学、社会价值的陆生野生动物或者地方重点保护陆生野生动物价值一万元以上的；

（二）非法猎捕、收购、运输、出售第一项规定以外的其他陆生野生动物价值五万元以上的；

（三）其他情节严重的情形。

实施前款规定的行为，同时构成非法狩猎罪的，应当依照刑法第三百四十一条第三款的规定，以非法猎捕陆生野生动物罪定罪处罚。

犯罪构成：

本罪没有将对象限定为珍稀濒危野生动物，只要是陆生野生动物就可以；且目的是食用；手段是非法猎捕、收购、运输和出售。

收购，是指未经有关部门批准，以金钱作价，购买野生动物及其制品的行为。现实中有些售卖野味的餐馆可能自身并不参与猎捕、杀害珍贵、濒危野生动物的犯罪行为，但收购行为本身也可能构成犯罪。运输，包括携带、邮寄、利用他人、使用交通工具进行运送的行为。如果运输的范围超过了中国境内，可能涉嫌走私犯罪。出售，是指未经批准，出卖野生动物及其制品，以营利为目的的加工利用行为也是出售。

（二）典型案例

郑某非法运输、出售珍贵、濒危野生动物制品案①

——如何准确把握非法运输、出售珍贵濒危野生动物制品罪的量刑标准

【基本案情】

2013年6月22日12时许，被告人郑某将金钱豹毛皮1张（价值6万元）、雪豹毛皮1张（价值10万元）、云豹毛皮1张（价值3万元）、赛加羚羊角4根（价值共计12万元）、象牙制品4个（非洲象或亚洲象，价值共计8291元）及其他动物制品装在两个旅行包中放在银灰色大众牌轿车的后备厢里，后驾驶该轿车携带上述物品从山东省淄博市沿309国道于当日13时30

① 2021年取消非法收购、运输、出售珍贵、濒危野生动物、珍贵、濒危野生动物制品罪，改为非法猎捕、收购、运输、出售陆生野生动物罪。

分许来到济南市历下区经十路。在与朋友苗某见面后，郑某以其驾驶的车辆手续不全、不能在济南市区行驶为由，将两个旅行包放在苗某驾驶的丰田牌轿车的后备厢里，但苗某不知旅行包内有何物。苗某载郑某及其朋友到一歌厅唱歌。其间，被告人逯某通过网络向郑某购买赛加羚羊角2根（价值6万元），二人通过网络讨价还价。后苗某应郑某的要求驾驶丰田牌轿车载郑某及其朋友到济南市槐荫区经六路绿地小区附近与逯某见面。19时许，郑某与逯某正在讨价还价并查看郑某带来的羚羊角时，被公安人员抓获，当场查获金钱豹毛皮1张、雪豹毛皮1张、云豹毛皮1张、赛加羚羊角4根、象牙制品4个等物品。经鉴定，上述金钱豹、雪豹、云豹、赛加羚羊、非洲象或亚洲象均为国家级重点保护动物，涉案物品价值共计31.8291万元。济南市槐荫区人民法院认为，被告人郑某违反国家野生动物保护法规运输珍贵、濒危野生动物制品，情节特别严重，并出售珍贵、濒危野生动物制品，其行为已构成非法运输、出售珍贵、濒危野生动物制品罪。对被告人郑某判处有期徒刑10年6个月，并处罚金人民币2万元。

宣判后，被告人郑某提出上诉。济南市中级人民法院经审理认为，本案应由济南市森林公安机关管辖，原公诉机关提交给原审法院的证据均系济南市公安局槐荫区分局提供，侦查主体违反了相关法律、法规关于案件管辖的规定，从而导致对本案事实的认定缺少合法证据予以支持，决定将案件发回济南市槐荫区人民法院重新审理。

济南市槐荫区人民法院重审后认为，济南市公安局槐荫区分局对本案具有管辖权。本罪属于行为犯，只要行为人实施了相关行为即构成犯罪既遂，不能因被告人郑某、逯某未完成出售和收购行为而认定为犯罪未遂。鉴于本案现有证据不能证实郑某对羚羊角之外的豹皮等非法运输的大部分珍贵、濒危野生动物制品有出售的意图，且在商谈价格的过程中即被抓获，未造成严重社会危害，其虽不具有法定减轻处罚情节，但根据案件的特殊情况，对其处以10年以上有期徒刑的刑罚过重，为罪责刑相均衡，可在法定刑以下判处刑罚，并报请最高人民法院核准。依照《刑法》第341条第1款、第63条第2款，《最高人民法院关于审理破坏野生动物资源刑事案件具体应用法律若干问题的解释》（已失效）第5条第2款第1项之规定，判决如下：

被告人郑某犯非法运输、出售珍贵、濒危野生动物制品罪，判处有期徒刑5年，并处罚金人民币2万元。

宣判后，被告人郑某以一审认定的事实不清、证据不足、程序违法等理由提出上诉。其辩护人提出，郑某随身携带的豹皮和象牙小件并无出卖意图，不应认定为非法运输珍贵、濒危野生动物制品罪；本案鉴定主体不合法且对涉案羚羊角的鉴定价值过高；量刑过重。

济南市中级人民法院经二审审理，于2015年9月17日作出二审裁定，驳回上诉人郑某的上诉，维持原判，并依法报请山东省高级人民法院复核。

山东省高级人民法院经复核认为，本案侦查管辖合法、理由充分，鉴定主体不违法，鉴定意见合法有效。被告人郑某的行为构成非法运输、出售珍贵、濒危野生动物制品罪。郑某对羚羊角之外的豹皮等非法运输的大部分珍贵濒危野生动物制品予以出售的意图不明显，且在商谈羚羊角价格的过程中即被抓获，未造成严重社会危害，其虽不具有法定减轻处罚情节，但根据案件的特殊情况，为罪责刑相均衡，可在法定刑以下判处刑罚，并报请最高人民法院核准。一审判决、二审裁定认定事实清楚，证据确定、充分，定罪准确，量刑适当，诉讼程序合法。依照《刑法》第63条第2款和《最高人民法院关于适用〈中华人民共和国刑事诉讼法〉的解释》第336条第2项之规定，裁定同意济南市中级人民法院维持济南市槐荫区人民法院对被告人郑某以非法运输、出售珍贵、濒危野生动物制品罪在法定刑以下判处有期徒刑5年，并处罚金人民币2万元的刑事裁定，报请最高人民法院核准。

【裁判结果】

最高人民法院经复核认为，被告人郑某违反国家野生动物保护法规，运输、出售国家重点保护的珍贵、濒危野生动物制品，其行为构成非法运输、出售珍贵、濒危野生动物制品罪。郑某非法运输、出售珍贵、濒危野生动物制品价值31万余元，情节特别严重，本应处10年以上有期徒刑，但考虑到涉案野生动物制品已全部被查获，郑某非法出售野生动物制品行为属未遂且欲售价格明显低于鉴定价值等特殊情况，为实现罪责刑相适应，可以对郑某在法定刑以下判处刑罚。第一审判决、第二审裁定认定的事实清楚，证据确实、充分，定罪准确，量刑适当，审判程序合法。依照《刑法》第63条第2款和《最高人民法院关于适用〈中华人民共和国刑事诉讼法〉的解释》第338条的规定，裁定核准山东省济南市中级人民法院（2015）济刑一终字第

57 号维持第一审以非法运输、出售珍贵、濒危野生动物制品罪对被告人郑某在法定刑以下判处有期徒刑 5 年，并处罚金人民币 2 万元的刑事裁定。

如何准确把握非法运输、出售珍贵、濒危野生动物制品罪的量刑标准？本案被告人郑某所涉犯罪数额为 31 万余元，依照前述司法解释的规定，则应判处 10 年以上有期徒刑。但本案具有特殊性：一方面，本案具有需要体现从严的情节，包括郑某所犯非法运输珍贵、濒危野生动物制品罪系既遂，而非法出售的 2 根赛加羚羊角包含在运输的涉案物品之中，不能因非法出售珍贵濒危野生动物制品罪系未遂而对郑某减轻处罚；郑某非法运输珍贵濒危野生动物制品的种类较多，社会危害性相对较大；郑某在侦查后期开始部分翻供，认罪态度不好。但另一方面，本案需要体现从宽处罚的情节更为突出：（1）涉案野生动物制品全部被查获。由于被人举报，郑某与逯某正在交易赛加羚羊角时即被公安人员抓获，郑某持有的豹类毛皮、羚羊角、象牙雕件等野生动物制品当场被查获，没有进一步流入社会，郑某的犯罪行为未造成严重危害。（2）郑某非法出售珍贵、濒危野生动物制品的行为属未遂。公诉机关认为郑某上述非法出售行为属于犯罪未遂，一审、二审均认为系犯罪既遂。我们认为，根据在案证据，郑某与逯某仅开始看货检验，尚未确认质量、重量，更未谈妥价款即被抓获，即该二人已经着手犯罪，由于意志以外的原因而未得逞，应当认定为未遂。（3）郑某欲出售赛加羚羊角的价格明显低于鉴定价值。虽然郑某非法运输珍贵、濒危野生动物制品价值 31 万余元，非法出售珍贵、濒危野生动物制品（赛加羚羊角 2 根）价值 6 万元，但在案证据证实，对于准备非法出售的赛加羚羊角，郑某要价每克 30 元或 20 元，逯某还价每克 17 元，且根据郑某供述，每根羚羊角重五六十克（鉴定意见书表明未对羚羊角进行称重），按此计算，二人交易的赛加羚羊角的价格 3000 元左右。虽然鉴定意见认定的赛加羚羊角价值 6 万元于法有据，但实际交易价格较低，在一定程度上反映郑某主观恶性相对较小。

根据本案的上述特殊情况，一审、二审法院对被告人郑某在法定刑有期徒刑 10 年以下判处有期徒刑 5 年，基本上实现了罪责刑相适应，故最高人民法院依法裁定予以核准。

关于非法运输、出售珍贵、濒危野生动物制品罪的具体量刑标准，《最高人民法院关于审理破坏野生动物资源刑事案件具体应用法律若干问题的解释》（已失效）第 5 条规定，非法收购、运输、出售珍贵、濒危野生动物制品，价值在 10 万元以上的，属于犯罪情节严重，处 5 年以上 10 年以下有期徒刑，并处罚金；价值在 20 万元以上的，属于犯罪情节特别严重，处 10 年以上有期徒刑，并处罚金或者没收财产。而关于走私珍贵动物及其制品罪的量刑标准，近年来已经被大幅度提高。2000 年起施行的《最高人民法院关于审理走私刑事案件具体应用法律若干问题的解释》（已失效）第 4 条规定，走私珍贵动物制品价值 10 万元以上不满 20 万元，处 5 年以上有期徒刑，并处罚金；走私珍贵动物制品价值 20 万元以上的，属于犯罪情节特别严重，处无期徒刑或者死刑，并处没收财产。但 2014 年起施行的《最高人民法院、最高人民检察院关于办理走私刑事案件适用法律若干问题的解释》第 9 条规定，走私珍贵动物制品数额不满 20 万元的，可以认定为犯罪情节较轻；走私珍贵动物制品数额在 20 万元以上不满 100 万元的，处 5 年以上 10 年以下有期徒刑，并处罚金；走私珍贵动物制品数额在 100 万元以上的，属于犯罪情节特别严重。

《最高人民法院、最高人民检察院关于办理破坏野生动物资源刑事案件适用法律若干问题的解释》第 6 条规定："非法猎捕、杀害国家重点保护的珍贵、濒危野生动物，或者非法收购、运输、出售国家重点保护的珍贵、濒危野生动物及其制品，价值二万元以上不满二十万元的，应当依照刑法第三百四十一条第一款的规定，以危害珍贵、濒危野生动物罪处五年以下有期徒刑或者拘役，并处罚金；价值二十万元以上不满二百万元的，应当认定为'情节严重'，处五年以上十年以下有期徒刑，并处罚金；价值二百万元以上的，应当认定为'情节特别严重'，处十年以上有期徒刑，并处罚金或者没收财产。实施前款规定的行为，具有下列情形之一的，从重处罚：（一）属于犯罪集团的首要分子的；（二）为逃避监管，使用特种交通工具实施的；（三）严重影响野生动物科研工作的；（四）二年内曾因破坏野生动物资源受过行政处罚的。实施第一款规定的行为，不具有第二款规定的情形，且未造成动物死亡或者动物、动物制品无法追回，行为人全部退赃退赔，确有悔罪表现的，按照下列规定处理：（一）珍贵、濒危野生动物及其制品价值二百万元以上的，可以认定为‘情节严重’，处五年以上十年以下有期徒刑，并处罚金；（二）珍贵、濒危野生动物及其制品价值二十万元以上不满二百万元的，可以处五年以下有期徒刑或者拘役，并处罚金；（三）珍贵、濒危野生动物及其制品价值二万元以上不满二十万元的，可以认定为犯罪情节轻微，不起诉或者免予刑事处罚；情节显著轻微危害不大的，不作为犯罪处理。”

六、非法狩猎罪

（一）罪名介绍

法条依据：《刑法》第341条第2款　违反狩猎法规，在禁猎区、禁猎期或者使用禁用的工具、方法进行狩猎，破坏野生动物资源，情节严重的，处三年以下有期徒刑、拘役、管制或者罚金。

相关司法解释：《最高人民法院、最高人民检察院关于办理破坏野生动物资源刑事案件适用法律若干问题的解释》第7条　违反狩猎法规，在禁猎区、禁猎期或者使用禁用的工具、方法进行狩猎，破坏野生动物资源，具有下列情形之一的，应当认定为刑法第三百四十一条第二款规定的“情节严重”，以非法狩猎罪定罪处罚：

（一）非法猎捕野生动物价值一万元以上的；

（二）在禁猎区使用禁用的工具或者方法狩猎的；

（三）在禁猎期使用禁用的工具或者方法狩猎的；

（四）其他情节严重的情形。

实施前款规定的行为，具有下列情形之一的，从重处罚：

（一）暴力抗拒、阻碍国家机关工作人员依法履行职务，尚未构成妨害公务罪、袭警罪的；

（二）对野生动物资源或者栖息地生态造成严重损害的；

（三）二年内曾因破坏野生动物资源受过行政处罚的。

实施第一款规定的行为，根据猎获物的数量、价值和狩猎方法、工具等，认为对野生动物资源危害明显较轻的，综合考虑猎捕的动机、目的、行为人自愿接受行政处罚、积极修复生态环境等情节，可以认定为犯罪情节轻微，不起诉或者免予刑事处罚；情节显著轻微危害不大的，不作为犯罪处理。

禁猎区是为保护狩猎动物或某种濒危动物，在法定的时期内禁止狩猎的特定地区。禁猎区主要包括国家划定的一、二、三类保护动物的主要栖息、繁殖地区。禁猎期是指根据野生动物的繁殖和皮毛、肉食、药材成熟的时节，特别规定的禁止猎捕的时间段。禁用的工具是指足以破坏野生动物资源，危害人畜安全的工具。禁用的方法是指足以损害野生动物正常繁殖和生长的方法，如投毒、爆炸等。本罪属于结果犯，情节严重的才构成犯罪。

犯罪构成：

本罪是指违反狩猎法规，在禁猎区、禁猎期或者使用禁用的工具、方法进行狩猎，破坏野生动物资源，情节严重的行为。

（二）典型案例

曾某某、陈某1非法狩猎案

——私拉电网非法狩猎并危及公共安全的，应当如何处理

【基本案情】

1998年至2003年，被告人曾某某、陈某1未经批准私自从家中的高压变电器上拉出一条导线至本村洋头隔门山场设置电网，接通电源捕猎野生动物，每年都有野猪等数只野生动物被电击死亡。2003年3月1日22时许，陈某1在家中接通电源，致使路过的村民陈某2被电击致轻微伤。

永泰县人民法院认为，被告人曾某某、陈某1违反狩猎法规，使用禁用的工具、方法狩猎，属于非法狩猎情节严重，其行为已构成非法狩猎罪。公诉机关对该罪的指控成立，应予采纳。公诉机关指控曾某某、陈某1犯过失以危险方法危害公共安全罪，其证据只有证人陈某2、黄某某的证言及现场勘验、检查笔录证实，但这些证据不能证明失火行为系被告人所为。起诉书指控“导线短路引燃”缺乏依据，为此，该指控事实不清，证据不足，指控不成立。其次，被告人曾某某、陈某1设置电网虽致他人轻微伤行为，但没有致他人重伤、死亡的后果，不符合过失以危险方法危害公共安全罪的构成要件。

【裁判结果】

根据《刑法》第341条第2款、第25条第1款之规定，判决如下：

1. 被告人曾某某犯非法狩猎罪，判处有期徒刑 6 个月。

2. 被告人陈某 1 犯非法狩猎罪，判处拘役 5 个月。

对被告人曾某某、陈某 1 的行为，是否应以非法狩猎罪和过失以危险方法危害公共安全罪数罪并罚？第一，被告人曾某某、陈某 1 的行为不构成过失以危险方法危害公共安全罪。过失以危险方法危害公共安全罪是结果犯，必须发生致人重伤、死亡或者使公私财产遭受重大损失的严重后果才可能构成该罪。本案中，被告人曾某某、陈某 1 在林场私设电网捕猎野生动物的行为虽已危及公共安全，但仅造成一人轻微伤，未达到过失以危险方法危害公共安全罪所要求的致人重伤、死亡的认罪标准，因此不构成该罪。

第二，被告人曾某某、陈某 1 的行为构成非法狩猎罪。本案二被告人违反狩猎法规的禁止性规定，未取得狩猎证，在禁猎区进行捕猎，其从 1998 年至 2003 年在林区私设电网非法狩猎，属于在禁猎区使用以"非人为直接操作并危害人畜安全的狩猎装置"的方式进行狩猎，已达到《最高人民法院关于审理破坏野生动物资源刑事案件具体应用法律若干问题的解释》（已失效）第 6 条所规定的第二种"情节严重"的标准。因此，法院以非法狩猎罪追究二被告人的刑事责任是正确的。

在非法狩猎的过程中，非法狩猎行为也可能对人类的安全造成损害。如果非法狩猎行为同时导致他人重伤、死亡或者公私财产遭受重大损失等结果，则除了触犯非法狩猎罪，还可能构成过失以危险方法危害公共安全罪。

《最高人民法院关于审理破坏野生动物资源刑事案件具体应用法律若干问题的解释》（已失效）第 7 条规定："使用爆炸、投毒、设置电网等危险方法破坏野生动物资源，构成非法猎捕、杀害珍贵、濒危野生动物罪或者非法狩猎罪，同时构成刑法第一百一十四条或者第一百一十五条规定之罪的，依照处罚较重的规定定罪处罚。"因此，当行为人同时触犯过失以危险方法危害公共安全罪和非法狩猎罪两个罪名时，应以过失以危险方法危害公共安全罪追究其刑事责任。同时，可将非法狩猎行为作为量刑情节予以考虑。

在我国《刑法》中，针对医药犯罪的专门性罪名有三个，分别是生产、销售、提供假药罪（第 141 条）；生产、销售、提供劣药罪（第 142 条）；生产、销售不符合标准的医用器材罪（第 145 条）。这三个罪名隶属《刑法》分则第三章破坏社会主义市场经济秩序罪，此类犯罪侵害的共同法益是社会主义市场经济秩序。所谓市场经济秩序，是指国家通过法律对以市场进行资源配置的经济运行过程进行调节所形成的正常、协调和有序的状态。

除了上述只出现在医药行业的专门性罪名，还有一些罪名在医药行业也较为高发，如非法经营罪（第225条）、受贿犯罪［受贿罪（第385条）、非国家工作人员受贿罪（第163条）］等。

七、生产、销售、提供假药罪

（一）罪名介绍

法条依据：《药品管理法》第98条第2款　有下列情形之一的，为假药：

（一）药品所含成分与国家药品标准规定的成份不符；

（二）以非药品冒充药品或者以他种药品冒充此种药品；

（三）变质的药品；

（四）药品所标明的适应症或者功能主治超出规定范围。

《刑法》第141条　犯本罪的，处三年以下有期徒刑或者拘役，并处罚金；对人体健康造成严重危害或者有其他严重情节的，处三年以上十年以下有期徒刑，并处罚金；致人死亡或者有其他特别严重情节的，处十年以上有期徒刑、无期徒刑或者死刑，并处罚金或者没收财产。

本罪的主观要件是故意，即对生产、销售、提供的药品属于药品管理法规定的假药有明确认识。成立本罪不要求有销售金额，因此，行为人是否有营利目的，是否实际获得利益，都不影响本罪的成立。

犯罪构成：

本罪的客观要件是指生产、销售、提供和药品本性不相符合的产品的行为。何为假药？假药是指依照《药品管理法》的规定属于假药和按照假药处理的药品、非药品。

（二）典型案例

杨某1销售假药案

——联系制作假药销售网站的行为是否构成生产、销售、提供假药罪的共犯

【基本案情】

2008年6月，被告人杨某2在河南省渑池县城关镇一里河村注册成立渑

池县立康生物技术有限公司（以下简称立康公司）。2010年至2012年，立康公司使用豫卫食新字（2008）第0247号的食品批准文号，采用私自在生产的中药中添加治疗糖尿病的格列苯脲、苯乙双胍等西药的方法，大量生产胰复康、消糖康、百草清糖等黄精苦瓜胶囊系列产品，并利用网络虚假宣传药品疗效，在全国范围内招聘代理商，将生产的假药通过物流快递等方式销往20多个省的代理商及糖尿病患者，通过银行转账、汇款等方式结算货款，销售金额达人民币1,834,753元。公司经营期间，杨某2指挥生产、销售假药，负责提供生产假药的配方；被告人杨某3按照杨某2提供的假药配方配置原料进行生产；被告人马某某帮助照看门市，协助销售假药；被告人杨某1联系制作销售宣传网站。

【裁判结果】

联系制作假药销售网站的行为是否构成生产、销售、提供假药罪的共犯？本案犯罪行为发生于2010年至2012年，依据行为时的司法解释，即《最高人民法院、最高人民检察院关于办理生产、销售假药、劣药刑事案件具体应用法律若干问题的解释》（已失效）第5条第4项的规定，知道或者应当知道他人生产、销售假药、劣药，仍提供广告等宣传的，以生产、销售假药罪或者生产、销售劣药罪等犯罪的共犯论处。2014年出台的《最高人民法院、最高人民检察院关于办理危害药品安全刑事案件若干问题的解释》（已失效）第8条第4项亦规定，明知他人生产、销售假药、劣药，仍提供广告宣传等帮助行为的，以共同犯罪论处。2022年3与6日实施的《最高人民法院、最高人民检察院关于办理危害药品安全刑事案件适用法律若干问题的解释》第9条第5项规定，明知他人实施危害药品安全犯罪，而提供广告宣传的，以共同犯罪论处。

本案中，在杨某2等人的授意下，被告人杨某1明知杨某2等人制作假药，仍然联系制作企业宣传网站，应当认定为借助互联网为销售假药提供广告宣传的行为。主要理由如下：一是杨智勇联系制作宣传网站的目的是宣传和展销立康公司所生产的假药；二是从网站的内容方面来看，该网站除提供了大量关于立康公司“药品”功效的文字说明和实物图片等宣传内容外，还提供了联系人、联系电话、QQ号等多种联系方式；三是从营销结果方面来看，一些消费者正是通过该网站了解立康公司的“药品”，并最终购买了该“药品”。

综上，被告人杨某1主观上明知立康公司生产的黄精苦瓜胶囊等产品系假药，仍负责联系制作销售宣传网站，帮助销售假药，与杨某2等人构成销售假药罪的共同犯罪。一审、二审法院对杨某1行为的定性是准确的。

对被告人联系制作假药销售网站行为的定性，应当从“主观明知”和“行为表现”两个方面判断。

“主观明知”方面。生产、销售、提供假药罪中的“主观明知”，既包括有证据证明行为人知道生产、销售的是假药，也包括有证据证明行为人应当知道生产、销售的是假药。如果行为人辩称自己不知道是假药，而法院结合客观证据证明，行为人“应当”对假药有明确认识，仍然可以认定犯罪成立。

“行为表现”方面。一切有偿提供假药的行为，都是销售假药的行为。销售的方式既可能是公开的，也可能是秘密的；既可以直接交付，也可以间接交付。《最高人民法院、最高人民检察院关于办理危害药品安全刑事案件若干问题的解释》第9条规定：“明知他人实施危害药品安全犯罪，而有下列情形之一的，以共同犯罪论处：（一）提供资金、贷款、账号、发票、证明、许可证件的；（二）提供生产、经营场所、设备或者运输、储存、保管、邮寄、销售渠道等便利条件的；（三）提供生产技术或者原料、辅料、包装材料、标签、说明书的；（四）提供虚假药物非临床研究报告、药物临床试验报告及相关材料的；（五）提供广告宣传的；（六）提供其他帮助的。”本案属于典型的提供广告宣传行为。

八、生产、销售、提供劣药罪

（一）罪名介绍

法条依据：《药品管理法》第98条第3款：有下列情形之一的，为劣药：

（一）药品成分的含量不符合国家药品标准；

（二）被污染的药品；

（三）未标明或者更改有效期的药品；

（四）未注明或者更改产品批号的药品；

（五）超过有效期的药品；

（六）擅自添加防腐剂、辅料的药品；

（七）其他不符合药品标准的药品。

《刑法》第142条第1款　生产、销售劣药，对人体健康造成严重危害的，处三年以上十年以下有期徒刑，并处罚金；后果特别严重的，处十年以上有期徒刑或者无期徒刑，并处罚金或者没收财产。

犯罪构成：

劣药与假药的区别在于，劣药是有一定疗效的劣质药品，而假药是完全不具有治疗效果的物质。

本罪在主观上是故意，行为人对生产、销售、提供的是劣药，对行为违反药品管理法规都有认识，并且对可能造成人体健康严重危害的后果持放任态度。

本罪属于结果犯，因为生产、销售、提供假药的危害性比生产、销售、提供劣药更大，因此本罪以造成一定结果为成立条件，而前者只要实施了便构成犯罪。

（二）典型案例

长春长生生物科技有限责任公司
董事长高某某等18人生产、销售劣药案

【基本案情】

2018年7月15日，国家药品监督管理局（以下简称国家药监局）发布通告：国家药监局根据线索组织检查组对长春长生生物科技有限责任公司（以下简称长春长生）生产现场进行飞行检查。检查组发现，长春长生在冻干人用狂犬病疫苗生产过程中存在记录造假等严重违反《药品生产质量管理规范》（药品GMP）行为。根据检查结果，国家药监局迅速责成吉林省食品药品监督管理局（以下简称吉林省食药监局）收回长春长生相关《药品GMP证书》。

2018年7月20日，吉林省食药监局作出行政处罚公示，长春长生生产的“吸附无细胞百白破联合疫苗”（批号：201605014－01）经中国食品药品检定研究院检验，检验结果【效价测定】项不符合规定，按劣药论处。

国家药监局负责人通报长春长生违法违规生产冻干人用狂犬病疫苗案件有关情况时表示，现已查明，企业编造生产记录和产品检验记录，随意变更工艺参数和设备，上述行为严重违反了《药品管理法》《药品生产质量管理

规范》有关规定，国家药监局已责令企业停止生产，收回《药品 GMP 证书》，召回尚未使用的狂犬病疫苗。国家药监局会同吉林省药监局已对企业立案调查，涉嫌犯罪的移送公安机关追究刑事责任。

【裁判结果】

长春新区公安分局以涉嫌生产、销售劣药罪，对长春长生董事长高某某等 18 名犯罪嫌疑人向检察机关提请批准逮捕。

生产、销售、提供劣药罪与生产、销售、提供假药罪在犯罪客体、犯罪主体、犯罪主观方面、犯罪客观方面存在相同之处，如犯罪客体都是对国家药品管理制度和不特定多数人的健康权和生命权的侵犯。

两罪的主要区别在于：第一，两罪的犯罪形态不同。生产、销售、提供劣药罪属于结果犯，即需要对人体健康造成严重危害构成本罪。生产、销售、提供假药罪则不需要对人体健康造成严重危害，《刑法修正案（八）》删除了“足以严重危害人体健康”的构成要件，本罪由之前具体的危险犯，变成了抽象的危险犯，也可以说是行为犯，即只要实施了生产、销售、提供假药的行为，就构成本罪。

第二，两罪的犯罪对象不同。犯罪对象是每个具体犯罪行为直接指向的具体目标。生产、销售、提供劣药罪的对象是劣药，即依照《药品管理法》规定属于劣药的药品。而生产、销售、提供假药罪的对象是假药，即依照《药品管理法》的规定属于假药或者按假药处理的药品、非药品。

九、生产、销售不符合标准的医用器材罪

（一）罪名介绍

本罪的行为对象是不符合国家标准、行业标准的医疗器械、医用卫生材料。医用器材包括医疗器械和医用卫生材料。医疗器械，是用于诊断、治疗、预防疾病、调节人体生理功能或者代替人体器官的仪器、设备、装置、植入物、材料及相关物品，如人工心脏瓣膜、人工心脏起搏器、人工血管等；医用卫生材料是指用于诊断、治疗、预防疾病、调节生理功能的辅助材料。

法条依据：《刑法》第 145 条　生产不符合保障人体健康的国家标准、行业标准的医疗器械、医用卫生材料，或者销售明知是不符合保障人体健康

的国家标准、行业标准的医疗器械、医用卫生材料，足以严重危害人体健康的，处三年以下有期徒刑或者拘役，并处销售金额百分之五十以上二倍以下罚金；对人体健康造成严重危害的，处三年以上十年以下有期徒刑，并处销售金额百分之五十以上二倍以下罚金；后果特别严重的，处十年以上有期徒刑或者无期徒刑，并处销售金额百分之五十以上二倍以下罚金或者没收财产。

相关司法解释：《最高人民法院、最高人民检察院关于办理妨害预防、控制突发传染病疫情等灾害的刑事案件具体应用法律若干问题的解释》第3条　医疗机构或者个人，知道或者应当知道系前款规定的不符合保障人体健康的国家标准、行业标准的医疗器械、医用卫生材料而购买并有偿使用的，以销售不符合标准的医用器材罪定罪，依法从重处罚。

犯罪构成：

本罪的主观方面是故意，即对生产、销售的医用器材不符合保障人体健康的国家标准、行业标准有明确认识。

本罪是具体危险犯，即行为足以严重危害人体健康的，就构成犯罪。

应当注意，上述三种犯罪与《刑法》第140条规定的生产、销售伪劣产品罪是特殊与一般的关系。《刑法》第149条规定："生产、销售本节第一百四十一条至第一百四十八条所列产品，不构成各该条规定的犯罪，但是销售金额在五万元以上的，依照本节第一百四十条的规定定罪处罚。生产、销售本节第一百四十一条至第一百四十八条所列产品，构成各该条规定的犯罪，同时又构成本节第一百四十条规定之罪的，依照处罚较重的规定定罪处罚。"

（二）典型案例

周某、卢某、余某、王某销售不符合标准的医用器材案

——销售名为医用口罩实为"三无产品"的定罪处罚①

【基本案情】

2020年1月底，被告人周某、卢某在市场急需医用口罩的情况下，商议

---

① 《浙江法院服务保障疫情防控十大典型案例》，载北大法宝2020年2月25日，https://www.pkulaw.com/pfnl/a6bdb3332ec0adc4947cce878e7e1f4ef4fe0eff0ab99fefbdfb.html?keyword=%E4%B8%8D%E7%AC%A6%E5%90%88%E6%A0%87%E5%87%86%E7%9A%84%E5%8C%BB%E7%94%A8%E5%99%A8%E6%9D%90。

通过微信渠道进购医用口罩再倒卖赚取差价。在明知销售口罩的微信商家并非医疗器械经销商，无法确定口罩来源的情况下，进购了56,000只口罩。被告人周某、王某（卢某妻子）分别通过微信向外发布销售医用口罩信息，周某还招徕被告人余某等下线。在对购得的口罩进行分装、打包时，周某、卢某、余某、王某明明发现该批口罩是无生产日期、合格证、生产厂家的“三无产品”，且口罩本身存在明显质量问题，仍以医用口罩名义对外进行销售。被告人周某涉案销售金额79,300余元；被告人卢某涉案销售金额45,300余元；被告人余某涉案销售金额47,200元；被告人王某涉案销售金额5500余元。经检验，涉案口罩的过滤效率均不符合标准要求。

【裁判结果】

长兴县人民法院认为，被告人周某、卢某、余某、王某在预防、控制突发传染病疫情灾害期间，明知是不符合保障人体健康的国家、行业标准的口罩，仍单独或结伙以医用口罩的名义对外销售，足以严重危害人体健康，妨害对疫情的控制，其行为已触犯刑法，构成销售不符合标准的医用器材罪，并分别判处周某有期徒刑1年5个月，并处罚金人民币8万元；判处卢某有期徒刑1年2个月，并处罚金人民币5万元；判处余某有期徒刑1年2个月，并处罚金人民币5万元；判处王某有期徒刑10个月，缓刑1年8个月，并处罚金人民币1万元。

本案是新冠肺炎疫情期间全省首例以销售不符合标准的医用器材罪定罪的案件。根据最高人民法院、最高人民检察院、公安部、司法部2020年2月6日发布的《关于依法惩治妨害新型冠状病毒感染肺炎疫情防控违法犯罪的意见》，在疫情防控期间，生产不符合保障人体健康的国家标准、行业标准的医用口罩、护目镜、防护服等医用器材，或者销售明知是不符合标准的医用器材，足以严重危害人体健康的，依照《刑法》第145条的规定，以生产、销售不符合标准的医用器材罪定罪处罚，本案犯罪事实完全符合这一罪名的构成要件。此外，本案从立案到宣判仅用时2日，体现了新冠肺炎疫情期间从严从快的司法导向，不但严厉惩治了妨害疫情防控的犯罪行为，并对潜在的利用疫情进行违法犯罪活动的行为起到了震慑和警示作用。

十、非法经营罪

（一）罪名介绍

违反国家规定，进行非法经营活动，扰乱市场秩序，情节严重的，构成本罪。

法条依据：《刑法》第 225 条　犯非法经营罪，处五年以下有期徒刑或者拘役，并处或者单处违法所得一倍以上五倍以下罚金；情节特别严重的，处五年以上有期徒刑，并处违法所得一倍以上五倍以下罚金或者没收财产。

犯罪构成：

本罪的实行行为是违法国家规定的经营行为，具体包括以下四种情形：

第一，未经许可经营法律、行政法规规定的专营、专卖物品或者其他限制买卖的物品的；

第二，买卖进出口许可证、进出口原产地证明以及其他法律、行政法规规定的经营许可证或者批准文件的；

第三，未经国家有关主管部门批准非法经营证券、期货、保险业务的，或者非法从事资金支付结算业务的；

第四，其他严重扰乱市场秩序的非法经营行为。

因为药品关乎公民的生命健康，因此，国家对药品相关经营行为有严格的行政许可等制度。而现实中，医药行业挂靠现象比较严重，不具有经营资质的主体挂靠于具有经营资质的主体之下。对此情形，挂靠者触犯非法经营罪的风险较大。

（二）典型案例

薛某某非法经营案

——非法经营药品犯罪案件中情节特别严重的认定

【基本案情】

告人薛某某于 2006 年 11 月至 2007 年 11 月，在没有取得药品经营许可证的情况下，利用其擅自挂名的金洽药店作为经营场所，采取借用具有药品经营许可资质的广东省潮安县正人药业有限公司的名义购进、销售药品或以直接购进、销售药品的方式，先后向深圳致君制药有限公司（原深圳制药厂）、普宁市鹏源药业有限公司、揭阳盛达药业有限公司等单位购买复方磷酸可待因溶液（联邦止咳露）、盐酸曲马朵等药品，这些药品部分销售给普宁市一个叫“楚西”的人（身份不明），部分放置在金治药店零售，还有部分直接送到潮州市区的网吧及娱乐场所销售，并从中牟利。

在此期间，薛某某非法经营复方磷酸可待因溶液等药品的交易金额为人民币（以下币种均为人民币）2,133,350.50元，从中获利7万多元。

【裁判结果】

2007年4月29日，薛某某因非法经营被潮州市食品药品监督管理局行政处罚。潮安县正人药业有限公司也因非法出租药品经营许可证被行政处罚。

本案被告人的行为是否构成非法经营罪？没有取得药品经营许可证等有效证件而从事药品经营的，应当认定为非法经营罪。

2013年《药品管理法》（已修订）第73条规定，未取得《药品经营许可证》经营药品的，依法予以取缔，没收违法销售的药品和违法所得，并处罚款；构成犯罪的，依法追究刑事责任。《药品流通监督管理办法》第10条第1款规定：“药品生产企业、药品批发企业销售药品时，应当提供下列资料：（一）加盖本企业原印章的《药品生产许可证》或《药品经营许可证》和营业执照的复印件……”2013年《药品管理法》（已修订）第14条第1款规定：“开办药品批发企业，须经企业所在地省、自治区、直辖市人民政府药品监督管理部门批准并发给《药品经营许可证》；开办药品零售企业，须经企业所存地县级以上地方药品监督管理部门批准并发给《药品经营许可证》，凭《药品经营许可证》到工商行政管理部门办理登记注册。无《药品经营许可证》的，不得经营药品。”

从上述规定可知，国家对药品实行经营许可管理制度，经营者必须取得经营许可证才能从事许可证规定范围内的经营活动。潮州市食品药品监督管理局证实被告人没有取得药品经营许可证。本案被告人违反上述法律、行政法规的规定，在没有取得药品经营许可证的情况下，借用其他企业的经营条件进行药品经营，其行为应认定为非法经营罪。

《刑法》第225条列举了三种非法经营的行为，主要针对未经许可经营法律、行政法规规定的专营、专卖物品或其他限制买卖物品，非法买卖法律、行政法规规定的经营许可证或批准文件，非法经营证券、期货、保险、资金结算业务的行为，同时第4项规定了保底条款：其他严重扰乱社会秩序的非法经营行为。其他行为如果构成犯罪，必须发生在生产经营中，主要是生产流通领域，行为必须违反法律、行政法规的规定，同时具有严重扰乱市场秩序的社会危害性。

本案发生在2007年，涉案行为暂未被直接规定为犯罪，因此判决说理主要从法理分析着手。2014年12月1日，《最高人民法院、最高人民检察院关于办理危害药品安全刑事案件若干问题的解释》施行，其中第7条第1款明确规定："违反国家药品管理法律法规，未取得或者使用伪造、变造的药品经营许可证，非法经营药品，情节严重的，依照刑法第二百二十五条的规定以非法经营罪定罪处罚。"该司法解释为药品挂靠经营入罪提供了直接的法规范依据。2022年的司法解释删除了这一规定。

十一、受贿罪、非国家工作人员受贿罪

（一）罪名介绍

法条依据：《刑法》第163条　公司、企业或者其他单位的工作人员，利用职务上的便利，索取他人财物或者非法收受他人财物，为他人谋取利益，数额较大的，处三年以下有期徒刑或者拘役，并处罚金；数额巨大或者有其他严重情节的，处三年以上十年以下有期徒刑，并处罚金；数额特别巨大或者有其他特别严重情节的，处十年以上有期徒刑或者无期徒刑，并处罚金。

公司、企业或者其他单位的工作人员在经济往来中，利用职务上的便利，违反国家规定，收受各种名义的回扣、手续费，归个人所有的，依照前款的规定处罚。

国有公司、企业或者其他国有单位中从事公务的人员和国有公司、企业或者其他国有单位委派到非国有公司、企业以及其他单位从事公务的人员有前两款行为的，依照本法第三百八十五条、第三百八十六条的规定定罪处罚。

《刑法》第385条　国家工作人员利用职务上的便利，索取他人财物的，

或者非法收受他人财物，为他人谋取利益的，是受贿罪。

国家工作人员在经济往来中，违反国家规定，收受各种名义的回扣、手续费，归个人所有的，以受贿论处。

相关司法解释：《最高人民法院、最高人民检察院关于办理商业贿赂刑事案件适用法律若干问题的意见》第4条　医疗机构中的国家工作人员，在药品、医疗器械、医用卫生材料等医药产品采购活动中，利用职务上的便利，索取销售方财物，或者非法收受销售方财物，为销售方谋取利益，构成犯罪的，依照刑法第三百八十五条的规定，以受贿罪定罪处罚。

医疗机构中的非国家工作人员，有前款行为，数额较大的，依照刑法第一百六十三条的规定，以非国家工作人员受贿罪定罪处罚。

医疗机构中的医务人员，利用开处方的职务便利，以各种名义非法收受药品、医疗器械、医用卫生材料等医药产品销售方财物，为医药产品销售方谋取利益，数额较大的，依照刑法第一百六十三条的规定，以非国家工作人员受贿罪定罪处罚。

犯罪构成：

受贿罪是指国家工作人员利用职务上的便利，索取他人财物，或者非法收受他人财物，为他人谋取利益的行为。

根据一般理解，贪污贿赂犯罪主要发生在国家工作人员群体当中，但实际上，具有一定管理职权的公司、企业或者其他非国家机关组织的人员同样可能构成贿赂类犯罪，即非国家工作人员受贿罪，俗称商业贿赂犯罪。

非国家工作人员受贿罪的犯罪主体是公司、企业或者其他单位的工作人员，包括公司、企业的董事、监事、经理、会计等行政人员和业务人员，也包括社会团体、村民委员会、居民委员会、村民小组等常设性组织的工作人员，还包括为组织体育赛事、文艺演出或其他正当活动而成立的组委会、筹委会等非常设性组织的工作人员。这些人员具备一定的职务权力，比如组织、监督、管理某项工作的便利条件。公司、企业或其他单位的工作人员利用职务上的便利，索取他人财物或者非法收受他人财物，为他人谋取利益，数额较大的行为，即构成非国家工作人员受贿罪。

（二）典型案例

吕某受贿案

——社区卫生服务中心网管员为医药销售代表

"拉单"收受财物的行为如何定性

【基本案情】

2004年5月被告人吕某进入上海市虹口区新港路街道社区卫生服务中心（以下简称新港卫服中心）担任网络管理员，系临时工，2008年8月成为新港卫服中心的正式职工。2009年12月，新港卫服中心并入上海市虹口区嘉兴路街道社区卫生服务中心（以下简称嘉兴卫服中心），吕某继续担任新合并成立的嘉兴卫服中心的网络管理员。上述两家社区卫生服务中心的性质均系上海市虹口区卫生局差额拨款的国有事业单位。在负责管理本单位医药信息的过程中，多次擅自对外提供医生药品用量等信息并收受医药销售代表邓某某、刘某某的贿赂，共计2.35万元。2011年4月19日，吕某主动向所在单位投案，并如实供述了上述受贿犯罪事实。

【裁判结果】

对于社区卫生服务中心的网络管理员收受医药销售代表及供货单位人员贿赂的行为，如何定性？本案在审理过程中，对新港卫服中心、嘉兴卫服中心的所有制性质以及吕某身份的定性，控辩双方争议很大。最终法院认为，新港卫服中心和嘉兴卫服中心系国有事业单位，吕某收受贿赂的行为构成受贿罪。本案的关键之一在于对吕某身份性质的认定，即是否属于国家工作人员。

从单位属性上看。法院在对全案证据进行客观、全面分析之后，2006年至2010年吕某收受贿赂期间，新港卫服中心和嘉兴卫服中心系事业单位，资产性质为国有资产。

从工作职责上看。对被告人吕某能否认定为国家工作人员并不取决于其"身份"（是临时工还是正式工），而取决于其职责，应当结合吕某是否从事公务来判断其是否属于国家工作人员。本案的审理过程中，对于吕某对社区卫生服务中心的信息进行维护是否属于从事公务争议较大。经查，吕某对社区卫生服务中心的网络信息予以维护的范围包括对医生的工作量、业务总金额、看病人次、人均费用、药品所占业务总金额的比例等进行统计、汇总，监控医生超量或者异常用药情况，及时向院办公室汇报，并确保统计数据的真实性、安全性和保密性。可见，吕某在事业单位中履行了对国有资产的管理及对公共事务的监督职责，从事的活动具有公务性质，应当将其认定为国家工作人员。

最终，吕某被认定为受贿罪。

商业贿赂在一些领域和行业滋生蔓延并有愈演愈烈之势，严重危害我国市场经济的健康发展。为此，最高人民法院、最高人民检察院于2008年11月20日联合发布了《关于办理商业贿赂刑事案件适用法律若干问题的意见》。根据该意见第4条的规定，医疗机构中的国家工作人员，在药品、医疗器械、医用卫生材料等医药产品采购活动中，利用职务上的便利，索取销售方财物，或者非法收受销售方财物，为销售方谋取利益，构成犯罪的，以受贿罪定罪处罚。医疗机构中的非国家工作人员，有前款行为，数额较大的，以非国家工作人员受贿罪定罪处罚。医疗机构中的医务人员，利用开处方的职务便利，以各种名义非法收受药品、医疗器械、医用卫生材料等医药产品销售方财物，为医药产品销售方谋取利益，数额较大的，以非国家工作人员受贿罪定罪处罚。在罪名适用时，对行为人身份的认定至关重要。

第三节　刑事风险防范建议

通过初步归纳可以发现，药品领域犯罪多发于生产、销售环节，主体资质也是刑事风险高发点。由于药品关乎人的生命健康，特别是部分精神类药物成分与毒品相近或相同，因此国家对药品生产经营资质具有严格规定，如不具备合法资质，容易触犯非法经营罪等罪名；假药、劣药的生产、销售、提供是其产生社会危害的根源，是国家重点打击对象。有些人可能只进行销售而未参与生产，但并非必然的免责理由，这涉及共同犯罪问题。

前面简述了食药行业较为多发的犯罪，这些罪名主要集中在生产、销售、融资等环节，那么企业应当如何防范上述罪名的发生，如何做到防患于未然呢，笔者提出以下三点建议。

（一）生产环节

1. 严格遵守相关质量标准。食药行业关乎公民生命健康，对于食品和药品的生产有着严格的法律规范及行业标准。从业者要十分熟悉相关标准，并在生产经营活动中严格遵循。在后述田某某、谭某某生产、销售不符合安全标准的食品案中，行为人就是因过量使用食品添加剂而涉嫌犯罪。

2. 生产环节相关资料备份。对于生产环节的相关图纸、材料等信息，注意留存备份。一方面，当刑事法律风险发生时，这些资料可以作为企业生产活动合伙相关标准的证据；另一方面，当出现相关产品质量问题时，也可以帮助企业查找原因。

3. 发现产品质量问题及时召回。对于已经投入市场的产品，如果发现该产品存在质量问题，要及时召回，避免损失扩大。国家食品药品监督管理总局[①]分别于 2007 年、2015 年颁布了《药品召回管理办法》、《食品召回管理办法》（已修订）。其中明确：药品经营企业、使用单位发现其经营、使用的药品存在安全隐患的（已经确定为假药、劣药的不适用召回程序），应当立即停止销售或者使用该药品，通知药品生产企业或者供货商，并向药品监督管理部门报告。食品生产者通过自检自查、公众投诉举报、经营者和监督管理部门告知等方式知悉其生产经营的食品属于不安全食品的，应当主动召回。

4. 对新型产品或服务首先要进行合规审查。互联网经济时代，新的产品或服务层出不穷，企业经营者首先应当判断其是否符合法律法规，是否危害公共利益。有些以电商平台、网购商城自居的商业模式，设置种种消费返利、猜奖升级等营销活动，其中有的经营者因为涉嫌开设赌场罪或者诈骗罪被定罪处罚。

5. 对员工进行必要的教育和培训。除了企业经营管理者，企业员工也应提高法律风险意识，企业应当定期开展安全生产、法律知识普及等培训活动，营造出全员守法的企业文化氛围。

---

① 现为国家市场监督管理总局，后文不再赘述。

（二）销售环节

销售环节的刑事法律风险首先由所销售产品的质量导致，正如上文所介绍的生产、销售伪劣产品类犯罪。除了产品自身质量问题，还可能因销售行为本身招致刑事责任。

经营者（广告发布者）违反国家规定，利用广告对商品进行虚假宣传，情节严重的，可能构成虚假广告罪。

未经商标所有人许可，在同种商品上使用与他人相同的商标，造成法定后果或符合其他情形的，可能构成假冒注册商标罪，或销售假冒注册商标的商品罪。新冠肺炎疫情期间，销售假冒伪劣口罩的现象大量发生，对此类案件的处理，如果口罩质量本身不合格，一般认定为生产、销售伪劣产品罪或者生产、销售不符合标准的医用器材罪；如果口罩质量合格，但是冒用了他人商标（如“3M”等），则一般认定为假冒注册商标罪或销售假冒注册商标的商品罪。

如果经营者通过非法手段获取他人的客户名单或其他经营信息，抢占市场，扩大市场占有份额，可能涉嫌侵犯商业秘密罪。因为客户名单可能也属于商业秘密。刑法上的商业秘密具有四个特征：秘密性、实用性、保密性和价值性。商业秘密并非只有“尖端科技”或者“祖传秘方”。实践中，客户名单一般包括客户的名称、地址、联系方式以及交易的习惯、意向、内容等，如果符合商业秘密的四个特征，也会被认定为商业秘密。通过非法手段获取竞争对手的客户名单并进行不正当竞争，有可能构成侵犯商业秘密罪。

1. 严禁销售环节的商业贿赂行为。2018 年 5 月 14 日，国家市场监督管理总局发布《关于开展反不正当竞争执法重点行动的公告》〔2018 年第 4 号〕，重点查处医药、教育领域的商业贿赂行为，净化市场环境。重点整治的行为包括：采用财物或者其他手段贿赂交易相对方的工作人员、受交易相对方委托办理相关事务的单位或者个人、利用职权或者影响力影响交易的单位或者个人等，以谋取交易机会或者竞争优势的行为。通过商业贿赂或许可以为企业谋取短期的利益，然而一旦造成刑事法律风险，则可能遭到致命打击。

2. 注意销售代理层级及返利机制设置。在代理商模式设计上，注意代理层级、奖励机制设计，与传销活动相区别。根据《刑法》的规定，传销犯罪行为是指以推销商品、提供服务等经营活动为名，要求参加者以缴纳费用或者购买商品、服务等方式获得加入资格，并按照一定顺序组成层级，直接或者间接以发展人员的数量作为计酬或者返利依据，引诱、胁迫参加者继续发展他人参加，骗取财物，扰乱经济社会秩序的传销活动的行为。实践中，有些企业为了增加销售业绩，设置层层代理以及各种的返利机制、会员体系，要注意相关商业模式与传销活动的区分。

3. 注意商业秘密保护。如前所述，客户名单等具有秘密性、实用性、价值性、保密性的信息也属于商业秘密，在销售过程中，不要采用侵犯他人商业秘密的方式拓展销售渠道。

4. 注意知识产权管理。目前，除了产品质量，品牌也成为日益重要的因素，法律对于知识产权的保护也越来越严密。企业注意打造自身商标、专利等，有利于自身品牌推广。同时也要注意不冒用他人商标、专利等知识产权，对于商业活动中涉及相关内容的，要核实商标、专利等来源，核实使用者是否为所有权人，是否得到所有权人授权，规避知识产权犯罪的相关风险。

5. 建立制度化的销售合同合规审查机制。在交易活动中，诈骗罪、合同诈骗罪属于高发罪名，企业在重大交易过程中，应当建立合同审查机制，及时发现和填补合同漏洞，规避相关法律风险。

（三）融资等环节

就食药企业而言，在融资环节的高发罪名主要有骗取贷款罪和贷款诈骗罪。如果贷款人以欺骗手段获取银行贷款，如提供虚假的财务报表、抵押物等，可能构成骗取贷款罪。骗取贷款罪与贷款诈骗罪在客观方面都表现为使用欺骗手段骗取贷款，区别点在于行为人主观上是否具有非法占有的目的。如果行为人只是通过欺骗手段获取贷款，但贷款用途确实用于约定目的，则一般仅涉嫌骗取贷款罪。如果行为人不仅以欺骗手段获得贷款，而且并不打算偿还，而是想将贷款据为己有，则涉嫌贷款诈骗罪。

1. 建立融资前专业咨询机制。当下融资模式众多，如多种多样的 P2P 融资模式等，这些模式鱼目混珠。特别是对于没有金融牌照的企业而言，公开募集资金可能涉嫌非法吸收公众存款等犯罪。因此，如果企业试图通过类似手段募集资金，应当首先咨询律师、会计师等人员，做好合规性分析和论证。

2. 严格遵守会计账目要求。完善保存公司会计账簿既是《公司法》的要求；也有利于出现刑事法律风险时当作证据使用，证明公司生产经营过程中的相关事项。

3. 规范提交贷款材料。贷款过程中严格依照银行相关规范、要求提交贷款审批材料，如部分瑕疵得到银行许可，注意保留相关证据，避免事后被当作指控犯贷款犯罪的证据。

第五章

金融行业刑事合规实务指引

第一节　金融行业概述

一、金融行业背景

（一）金融行业的概念

金融行业是指依法设立的具有从事经营资金融通业务资质的银行及其他金融机构等特殊行业。

（二）金融行业的分类

依据《银行业监督管理法》《商业银行法》并参照《中国银保监会非银行金融机构行政许可事项实施办法》之相关规定，我国法律意义上的金融行业主要包括中资商业银行、外资独资银行、中外合资银行、政策性银行、金融资产管理公司、城市信用合作社、农村信用合作社、证券交易所、期货交易所、证券公司、期货经纪公司、保险公司、信托投资公司、企业集团财务公司、金融租赁公司、汽车金融公司、货币经纪公司、邮政储蓄机构以及经银保监会批准设立的其他金融机构。

（三）金融行业的现状

随着世界经济的不断发展，各国产业结构的调整，金融行业的份额在逐渐提升，形成金融行业在国民经济中占主要份额的局面。

我国自从加入世界贸易组织后，金融行业以空前未有的速度和规模在成长，随着国家不断完善多层次多功能金融市场体系，目前我国已基本建立证券期货市场、货币市场和银行间外汇市场，实现主体多元化的发展，截至

2019年年底，我国共有4500多家银行业金融机构，130多家证券公司，230家保险公司。2020年年末，我国银行业金融机构总资产319.70万亿元。

我国银行业金融机构的数量、总资产规模及发展质量均深刻地影响着我国经济的发展，但同时银行业金融机构在经营发展过程中也面临着包括法律风险在内的各种风险挑战，其中的刑事法律风险更是需要引起银行业金融机构及其工作人员高度重视及关注的一个重要问题。

二、金融行业高发刑事风险

随着我国金融行业的迅速发展，金融行业领域犯罪的案件数量与涉案人数也呈现出上升的趋势，这既与我国的经济发展和金融改革是密切相关的，也与受到刑事政策和执法力度的增加等有关，金融行业领域的犯罪不仅危及国家金融安全、金融行业资金安全，也危及从业人员的人身安全。

针对金融行业存在的违法犯罪问题，为保障金融机构的正常运作，加强金融机构的内部管理，维护社会主义市场健康、有序发展，严厉打击金融机构及其某些工作人员的违法犯罪活动，全国人大常委会先后通过了多个刑法修正案，将严重扰乱金融秩序的行为规定为犯罪，通过刑事手段进行惩处。如针对银行或其他金融机构的工作人员滥用职权发放贷款的行为，规定了违法发放贷款罪；针对银行或其他金融机构的工作人员利用办理存储业务、发放贷款的便利，收受储户存款、开出存单、资金却不入账，以银行名义为单位之间非法拆借巨额资金做担保，或者高息吸收存款后私自放贷等逃避金融监管，扰乱金融秩序等行为，规定了吸收客户资金不入账罪；针对银行或其他金融机构的工作人员违反规定，出具信用证、保函、票据、存单、资信证明等行为，规定了违规出具金融票证罪；针对银行或其他金融机构的工作人员在票据业务中玩忽职守，对违反规定的票据予以承兑、付款或者保证等造成重大损失的行为，规定了对违法票据承兑、付款、保证罪；针对银行或者其他金融机构的工作人员在金融业务活动中索取、收受贿赂，或者违反国家规定收受各种名义的回扣、手续费归个人所有的行为，规定了非国家工作人员受贿罪；针对证券、期货交易内幕信息的知情人员或者非法获取证券、期货交易内幕信息的人员，在涉及证券的发行，证券、期货交易或者其他对证券、期货交易价格有重大影响的信息尚未公开前买入或者卖出该证券，或者从事与该内幕信息有关的期货交易，或者泄露该信息，或者明示、暗示他人从事上述交易活动情节严重的行为，规定了内幕交易、泄露内幕信息罪；针对证券投资基金管理公司、证券公司等金融机构的从业人员，利用其因职务便利知悉的法定内幕信息以外的其他未公开的经营信息，违反规定从事相关交易活动，牟取非法利益或者转嫁风险，严重破坏金融管理秩序损害公众投资者利益的行为，规定了利用未公开信息交易罪，等等。

上述罪名均是金融行业比较常见的高发罪名，犯罪主体亦均为特殊主体，即只有银行或者其他金融机构及其工作人员才能构成，非银行或者其他非金融机构及其工作人员不能构成，而且实行的是双罚制原则即对单位判处罚金，并对直接负责的主管人员和其他直接责任人员，依照《刑法》相关规定判处刑罚。犯罪的主观方面既包括故意也包括过失。

因此，银行或者其他金融机构及其工作人员不能不对上述常见的高发罪名予以充分了解，并给予高度重视，避免在日常业务办理过程中因不合规而触犯刑法导致灾难性后果的情况发生。

第二节　金融行业高发罪名

一、违法发放贷款罪

（一）罪名介绍

法条依据：《刑法》第 186 条　银行或者其他金融机构的工作人员违反国家规定发放贷款，数额巨大或者造成重大损失的，处五年以下有期徒刑或者拘役，并处一万元以上十万元以下罚金；数额特别巨大或者造成特别重大损失的，处五年以上有期徒刑，并处二万元以上二十万元以下罚金。

银行或者其他金融机构的工作人员违反国家规定，向关系人发放贷款的，依照前款的规定从重处罚。

单位犯前两款罪的，对单位判处罚金，并对其直接负责的主管人员和其他直接责任人员，依照前两款的规定处罚。

关系人的范围，依照《中华人民共和国商业银行法》和有关金融法规确定。

相关司法解释：《最高人民检察院、公安部关于印发〈最高人民检察院、公安部关于公安机关管辖的刑事案件立案追诉标准的规定（二）〉的通知》第37条　银行或者其他金融机构及其工作人员违反国家规定发放贷款，涉嫌下列情形之一的，应予立案追诉：

（一）违法发放贷款，数额在二百万元以上的；

（二）违法发放贷款，造成直接经济损失数额在五十万元以上的。

犯罪构成：

本罪的犯罪主体为特殊主体，即银行或者其他金融机构的工作人员。非上述人员，不能构成本罪。

行为人必须实施了违反国家规定发放贷款的行为。"违反国家规定"主要是指违反有关贷款的法律、行政法规，如商业银行法等。

行为人非法发放贷款行为，必须数额巨大或者造成了重大损失的，才构成本罪。

对违法向关系人发放贷款的予以从重处罚。根据《商业银行法》的规定，关系人是指：(1) 商业银行的董事、监事、管理人员、信贷业务人员及其近亲属；(2) 上述所列人员投资或者担任高级管理职务的公司、企业和其他经济组织。

银行或者其他金融机构及其工作人员违反国家规定发放贷款，涉嫌下列情形之一的，应予立案追诉：(1) 违法发放贷款，数额在200万元以上的；(2) 违法发放贷款，造成直接经济损失数额在50万元以上的。

（二）典型案例

贾某某犯违法发放贷款罪案

【基本案情】

公诉机关指控：(1) 1995年7月，被告人贾某某在担任某某城市信用社

（以下简称某信用社）副主任期间，李某（另案处理）伪造某市市政总公司的公章、法人私章和财务专用章，以某市市政总公司的名义从某信用社贷款299万元，被告人贾某某在办理该笔贷款过程中，未对贷款企业进行考察审查，导致某信用社上述贷款被诈骗；（2）1995年至1997年，被告人贾某某在担任某信用社副主任期间，在明知贷款企业及担保企业均为信用社主任李某某（已死亡）个人自办和掌控的企业的情况下，仍以信用社负责人身份使用贾某某名字在贷款相关协议及借据上签字同意发放，向某有限公司、某汽车修理有限公司、某房地产实业开发公司、某实业有限公司、某企业集团有限公司、某某有限公司、某铸钢厂、某某汽车修理有限公司、某置业有限公司等九家公司发放贷款2.8135亿元，经诉讼执行后仍有1.1801亿元未追回。

据此，公诉机关认为被告人贾某某的行为触犯了《刑法》第186条之规定，构成违法发放贷款罪，提请法院。

被告人贾某某辩称，其不是某某信用社的副主任，没有权限和职责审批贷款，不构成违法发放贷款罪。其辩护人辩护意见为，本案指控的第一起犯罪事实中的195万元贷款系李某某签字发放的，与贾某某无关；贾某某没有某某信用社副主任的职责，所起的作用较小，且本案系单位犯罪。

法院经审理查明：某城市信用社于1993年9月成立，1995年1月更名为某信用社，法定代表人及实际控制人为李某某（现已死亡），被告人贾某某为副主任。1995年至1997年，贾某某在李某某的安排和授意下，未对贷款企业进行考察审查，使用贾某某的名字签字确认发放贷款。后导致某某信用社贷款未追回，造成损失，经诉讼执行后仍有1.1801亿元未追回。

【裁判结果】

法院依照《刑法》第186条第1款、第2款，第12条，第25条第1款，第27条，第52条，第53条，第61条之规定，判决如下：

被告人贾某某犯违法发放贷款罪，判处有期徒刑4年，并处罚金人民币5万元。

首先，本案中，被告人贾某某为某信用社副主任，具有金融机构工作人员的特殊主体身份，其违反国家规定发放贷款，数额特别巨大并造成特别重大损失，符合《刑法》第186条第1款之规定，构成违法发放贷款罪。故公诉机关指控被告人贾某某犯违法发放贷款罪成立。

其次，因贷款企业及担保企业均为李某某个人自办和掌控的企业，根据《商业银行法》之规定属于关系人，而被告人贾某某在明知的情况下仍然在贷款相关协议及借据上签字同意发放，属于违反国家规定向关系人发放贷款，触犯了《刑法》第186条第2款之规定，依法应从重处罚。

最后，本案违法发放贷款虽然是以某信用社的名义发放，但贷款的发放未经信用社集体决定，而是由李某某授意、安排贾某某签字确认违法发放贷款，故法院依法认定本案不属于单位犯罪。

二、非法吸收公众存款罪

（一）罪名介绍

法条依据：《刑法》第176条　非法吸收公众存款或者变相吸收公众存款，扰乱金融秩序的，处三年以下有期徒刑或者拘役，并处或者单处罚金；数额巨大或者有其他严重情节的，处三年以上十年以下有期徒刑，并处罚金；数额特别巨大或者有其他特别严重情节的，处十年以上有期徒刑，并处罚金。

单位犯前款罪的，对单位判处罚金，并对其直接负责的主管人员和其他直接责任人员，依照前款的规定处罚。

有前两款行为，在提起公诉前积极退赃退赔，减少损害结果发生的，可以从轻或者减轻处罚。

相关司法解释：《最高人民检察院、公安部关于印发〈最高人民检察院、公安部关于公安机关管辖的刑事案件立案追诉标准的规定（二）〉的通知》第23条　非法吸收公众存款或者变相吸收公众存款，扰乱金融秩序，涉嫌下列情形之一的，应予立案追诉：

（一）非法吸收或者变相吸收公众存款数额在一百万元以上的；

（二）非法吸收或者变相吸收公众存款对象一百五十人以上的；

（三）非法吸收或者变相吸收公众存款，给集资参与人造成直接经济损失数额在五十万元以上的；

非法吸收或者变相吸收公众存款数额在五十万元以上或者给集资参与人

造成直接经济损失数额在二十五万元以上，同时涉嫌下列情形之一的，应予立案追诉：

（一）因非法集资受过刑事追究的；

（二）二年内因非法集资受过行政处罚的；

（三）造成恶劣社会影响或者其他严重后果的。

犯罪构成：

非法吸收公众存款罪的犯罪主体为一般主体，包括自然人或单位，自然也包括银行或者其他金融机构及其工作人员。

行为人在主观上具有非法吸收公众存款或者变相吸收公众存款的故意。

行为人客观上实施了非法向公众吸收存款或者变相吸收存款的行为。

本罪侵犯的是国家的金融管理秩序，行为人的犯罪行为扰乱了金融管理秩序。

（二）典型案例

陈某犯非法吸收公众存款罪案

【基本案情】

公诉机关指控，2014 年 9 月 18 日，被告人陈某与孙某某（另案处理）成立并共同经营某投资咨询管理有限公司（以下简称某投资公司），搭建"某某贷"网络借贷交易平台。2014 年 9 月至 2015 年 11 月，被告人陈某在未经相关部门批准的情况下，以月息 1.2 ~2 分的高息回报为诱饵，通过"某某贷"网络借贷平台、口口相传、广告等方式向社会公开宣传，承诺在一定期限内以货币方式还本付息，向社会不特定对象吸收存款。截至 2015 年 11 月，被告人陈某共向社会不特定对象非法吸收存款 1,747,701 元，已归还本息 1,053,513.97 元，尚未归还资金 694,187.03 元。

据此，公诉机关认为，被告人陈某的行为触犯了《刑法》第 176 条之规定，应当以非法吸收公众存款罪追究其刑事责任，提请法院惩处。

被告人陈某对指控事实、罪名及量刑建议没有异议且签字具结，在开庭审理过程中亦无异议。

其辩护人的辩护意见为，（1）本案系单位犯罪；（2）被告人陈某系从犯；(3) 被告人陈某系自首；(4) 被告人陈某认罪认罚。

法院经审理查明，2014 年 9 月 18 日，被告人陈某与孙某某（另案处理）成立并共同经营某投资公司，搭建“某某贷”网络借贷交易平台。2014 年 9 月至 2015 年 11 月，被告人陈某在未经相关部门批准的情况下，以月息 1.2～2 分的高息回报为诱饵，通过“某某贷”网络借贷平台、口口相传、广告等方式向社会公开宣传，承诺在一定期限内以货币方式还本付息，向社会不特定对象吸收存款。截至 2015 年 11 月，被告人陈某向侯某等 23 人非法吸收公众存款共计 1,552,201 元，尚未归还资金 508,687.03 元。

【裁判结果】

法院依照 1997 年修订的《刑法》第 176 条、《刑法》第 12 条、第 72 条、第 52 条、《最高人民法院关于审理非法集资刑事案件具体应用法律若干问题的解释》第 3 条第 2 款第 1 项、《刑事诉讼法》第 15 条、第 201 条之规定，判决如下：

被告人陈某犯非法吸收公众存款罪，判处有期徒刑 3 年缓刑 3 年，并处罚金 10 万元。

首先，本案中，被告人陈某违反国家金融管理法律规定，非法向社会公众吸收资金，数额巨大，其行为符合《刑法》第 176 条之规定，构成非法吸收公众存款罪。故公诉机关指控其犯非法吸收公众存款罪成立。

其次，因本案发生于《刑法修正案（十一）》生效以前，依据从旧兼从轻原则，应当适用 1997 年修订的《刑法》，对被告人陈某依法应处 3 年以上 10 年以下有期徒刑，并处 5 万元以上 50 万元以下罚金。

最后，被告人陈某等人成立某投资公司的目的是通过“某某贷”网络借贷交易平台非法吸收公众存款，公司成立后以实施犯罪为主要活动。故法院依法未认定为单位犯罪。

三、骗取贷款罪

（一）罪名介绍

法条依据：《刑法》第 175 条之一　以欺骗手段取得银行或者其他金融

机构贷款、票据承兑、信用证、保函等，给银行或者其他金融机构造成重大损失的，处三年以下有期徒刑或者拘役，并处或者单处罚金；给银行或者其他金融机构造成特别重大损失或者有其他特别严重情节的，处三年以上七年以下有期徒刑，并处罚金。

单位犯前款罪的，对单位判处罚金，并对其直接负责的主管人员和其他直接责任人员，依照前款的规定处罚。

相关司法解释：《最高人民检察院、公安部关于印发〈最高人民检察院、公安部关于公安机关管辖的刑事案件立案追诉标准的规定（二）〉的通知》第22条　以欺骗手段取得银行或者其他金融机构贷款、票据承兑、信用证、保函等，给银行或者其他金融机构造成直接经济损失数额在五十万元以上的，应予立案追诉。

犯罪构成：

本罪的犯罪主体既包括个人，也包括单位。如银行或者其他金融机构工作人员共同实施了欺骗手段，则构成骗取贷款罪的共犯。

行为人必须采取了欺骗的手段。

犯罪的对象是银行或者其他金融机构的贷款等。

犯罪行为给银行或者其他金融机构造成重大损失。

（二）典型案例

被告人张某某犯骗取贷款罪案

【基本案情】

公诉机关指控，某印务包装有限公司在生产经营期间，由被告人张某某任法人代表进行管理，其在管理期间多次以公司名义向银行、担保公司、民众进行借款，并以所借款项相互还贷进行周转。被告人张某某为获取某邮政银行中小企业法人的一笔贷款，隐瞒该公司欠债事实并提供该公司虚假的财务报表、虚构向某科技公司购买原材料的采购合同，获取某邮政银行的信任后，以抵押贷款的方式，于2012年7月19日与某邮政银行签订一份小企业额度借款合同，该合同约定借款额度为人民币380万元，一年到期还本付息。该合同生效后，某邮政银行根据合同约定以贷款人受托支付的方式向被告人张某某虚构的采购合同的乙方某某公司对公账户转账人民币380万元。因某某公司系被告人张某某先期以他人名义注册成立，被告人张某某遂从该公司对公账户将该笔贷款支取，并改变贷款用途将贷款用于归还某担保公司所欠款项，至2013年7月22日该笔贷款到期时，被告人张某某又从某担保公司借款260万元及从民众手中借款100万余元用于归还某邮政银行的贷款。之后，因某印务包装有限公司资不抵债，被告人张某某又采取同样的方式从某邮政银行贷款380万元，该笔贷款由某邮政银行转账到某某公司后，被告人张某某迅速将该笔贷款以转账的方式将资金转走，并改变贷款用途用于归还所欠款项。2013年12月，被告人张某某因无法归还多笔欠款逃匿。

据此，公诉机关认为被告单位某印务包装有限公司、被告人张某某的行为构成骗取贷款罪，提请依照《刑法》第175条之一之规定，予以判处。

法院经审理查明，某印务包装有限公司在生产经营期间，被告人张某某为法定代表人，其于2012年3月1日与股东黄某、何某某签订了该公司经营权承包协议书和该公司增资扩股及股份转让协议。承包期为2012年3月1日至2015年3月1日，由被告人张某某为主进行管理，其在管理期间多次以公司名义向银行、担保公司、民众进行借款，并以所借款项相互还贷进行周转。

另查明，法院受理的原告某邮政银行与被告某印务包装有限公司及张某某、黄某、何某某等金融借款合同纠纷一案，判决生效后，经债权人某邮政银行申请，法院于2015年6月29日委托某某拍卖有限公司对某公司厂房一栋（建筑面积2558.56平方米）和一宗工业用地使用权予以拍卖，拍卖所得2,892,900元暂存于法院执行款专户。

【裁判结果】

法院依照《刑法》第175条之一第1款、第67条第3款之规定，判决如下：

被告人张某某犯骗取贷款罪，判处有期徒刑1年6个月，并处罚金人民币3万元。

首先，本案中，被告人张某某作为某印务包装有限公司的法定代表人，以欺骗手段取得银行贷款，给银行造成重大损失，其行为符合《刑法》第175条之一之规定，构成骗取贷款罪。故公诉机关指控其所犯罪名成立。

其次，在案证据证实被告人张某某隐瞒公司的真实经营状况和真实贷款目的，利用其为实际掌控人的某某公司签订的虚假合同骗取了某邮政银行的贷款380万元，并从某某公司转账，支取贷款后改变贷款用途用于归还其他欠款。故其辩护人关于被告人张某某的行为不构成骗取贷款罪的辩护意见法院未予采纳。

最后，某邮政银行对张某某就本事由提起的民事诉讼不影响张某某犯骗取贷款罪的成立，但可以作为法院在量刑时的从轻处罚酌定情节考虑。

四、非国家工作人员受贿罪

（一）罪名介绍

法条依据：《刑法》第163条　公司、企业或者其他单位的工作人员，利用职务上的便利，索取他人财物或者非法收受他人财物，为他人谋取利益，数额较大的，处三年以下有期徒刑或者拘役，并处罚金；数额巨大或者有其他严重情节的，处三年以上十年以下有期徒刑，并处罚金；数额特别巨大或者有其他特别严重情节的，处十年以上有期徒刑或者无期徒刑，并处罚金。

公司、企业或者其他单位的工作人员在经济往来中，利用职务上的便利，违反国家规定，收受各种名义的回扣、手续费，归个人所有的，依照前款的规定处罚。

国有公司、企业或者其他国有单位中从事公务的人员和国有公司、企业或者其他国有单位委派到非国有公司、企业以及其他单位从事公务的人员有前两款行为的，依照本法第三百八十五条、第三百八十六条的规定定罪处罚。

《刑法》第184条　银行或者其他金融机构的工作人员在金融业务活动中索取他人财物或者非法收受他人财物，为他人谋取利益的，或者违反国家规定，收受各种名义的回扣、手续费，归个人所有的，依照本法第一百六十三条的规定定罪处罚。

国有金融机构工作人员和国有金融机构委派到非国有金融机构从事公务的人员有前款行为的，依照本法第三百八十五条、第三百八十六条的规定定罪处罚。

相关司法解释：《最高人民检察院、公安部关于印发〈最高人民检察院、公安部关于公安机关管辖的刑事案件立案追诉标准的规定（二）〉的通知》第10条 公司、企业或者其他单位的工作人员利用职务上的便利，索取他人财物或者非法收受他人财物，为他人谋取利益，或者在经济往来中，利用职务上的便利，违反国家规定，收受各种名义的回扣、手续费，归个人所有，数额在三万元以上的，应予立案追诉。

犯罪构成：

本罪的犯罪主体为特殊主体，即银行或者其他金融机构的工作人员，其他人员不能成为本罪的犯罪主体。

行为人在办理金融业务的活动中有索取、收受贿赂的行为。行为人收受各种回扣、手续费归个人所有。对国有金融机构工作人员和国有金融机构委派到非国有金融机构从事公务的人员受贿的，依照《刑法》第385条、第386条定罪处罚的规定。

（二）典型案例

被告人李某某犯非国家工作人员受贿罪案

【基本案情】

公诉机关指控，2012年12月至2014年11月，被告人李某某在担任某某农商行有限公司某某支行筹备组组长期间，利用职务之便，在负责办理贷款业务过程中，为贷款人提供帮助，先后非法收受某某有限公司吴某1、某某有限公司董事长吴某2、某某商贸有限公司实际控制人贺某现金人民币共计190万元。

据此，公诉机关认为被告人李某某的行为构成非国家工作人员受贿罪，提请法院依照《刑法》第163条之规定予以判处。

被告人李某某对起诉书指控的事实与罪名均不持异议，并认罪认罚。

其辩护人的主要辩护意见：（1）被告人李某某具有以下从轻、从宽情节：①被告人李某某具有自首情节。②被告人李某某认罪认罚。③被告人李某某没有前科劣迹，系初犯；在提起公诉前积极退赃，真诚悔罪；其主观恶性不深，家庭负担较重。综上，依法对其从轻、从宽处罚。（2）法律适用问题:《刑法修正案(十一)》第10条中对非国家工作人员受贿罪的刑罚种类和刑格幅度进行了修改，规定了本罪数额巨大或者有其他严重情节的，处3年以上10年以下有期徒刑，并处罚金。根据被告人李某某的犯罪事实、量刑情节和悔罪表现，建议对其判处有期徒刑3年，并适用缓刑。

法院经审理查明:(1)2013年1月，被告人李某某在担任某农商行某支行筹备组组长期间，利用职务之便，为不符合贷款条件的某有限公司提供帮助，规避贷款限制条件，用某有限公司关联企业某某商业经营管理有限公司作为贷款主体，帮助贷款3000万元用于某某公司房地产项目开发。2013年5月，李某某收受时任该公司财务总监吴某1所送现金人民币40万元。

(2)2013年下半年，被告人李某某在担任某农商行某某支行筹备组组长期间，利用职务之便，为某某有限公司(以下简称某某集团)关联的某1贸易有限公司、某1有限公司、某2有限公司、某某贸易发展有限公司和某3有限公司办理贷款时，在利率下调、加快贷款速度、增加信贷规模以及续贷上为上述企业提供帮助。某某集团董事长吴某2为感谢李某某先后于2013年10月、2014年4月两次送给李某某共计现金人民币100万元。

(3)2014年3月，被告人李某某利用职务之便，在办理某某商贸有限公司(以下简称某某商贸公司)的贷款过程中，给予该公司提供帮助，使某某商贸公司在注册资本金较低、财务报表反映业务偏小、偏弱等情况下，获得授信敞口5000万元，并得以获得1亿元承兑汇票。2014年4月，为感谢李某某在业务上的帮助，某某商贸公司实际控制人贺某在某某农商行附近的永和豆浆门口送给李某某现金人民币20万元。

(4)2014年10月，上述1亿元承兑汇票到期，某某商贸公司及贺某无法偿还敞口贷款4000万元。为解决还贷问题，贺某找到某某商业管理有限公司(以下简称某某商业公司)实际控制人蒋某，由该公司提供房产作为抵押，以某某商业公司和贺某实际控制的某某有限责任公司为主体向某某农商行申请贷款共计9500万元，并将其中4000万元用于偿还某某商贸公司欠某某农商行的敞口贷款，被告人李某某具体负责该笔贷款业务的办理。2014年10月，为了感谢李某某在该笔贷款业务中的帮助，贺某在某某农商行附近的永和豆浆门口送给李某某现金人民币30万元。

2020年6月5日，被告人李某某被调查人员依法带至办案机关接受调查；其不仅交代办案机关已经掌握的部分犯罪事实，并主动交代了办案机关尚未掌握的受贿事实；同时积极退出190万元贿赂款；并在公诉机关签署认罪认罚具结书。

【裁判结果】

法院依照《刑法》第12条、第163条第1款、第184条第1款、第67条第3款、第64条和《刑事诉讼法》第201条第1款之规定，判决如下：

1. 被告人李某某犯非国家工作人员受贿罪，判处有期徒刑3年，并处罚金人民币30万元。

2. 被告人李某某退出违法所得人民币190万元，予以没收，上缴国库。

首先，本案中，被告人李某某作为某商业银行的工作人员，利用职务上的便利，非法收受他人财物，数额巨大，其行为触犯了《刑法》第163条、第184条之规定，构成非国家工作人员受贿罪。故公诉机关指控被告人李某某非国家工作人员受贿罪成立。

其次，因《刑法修正案（十一）》第10条对非国家工作人员受贿罪数额巨大，起点刑五年以上有期徒刑修改为3年以上10年以下有期徒刑。根据从旧兼从轻刑法适用原则，本案对被告人李某某应适用新修订《刑法》的规定。

最后，被告人李某某在办案机关已经掌握本案的部分事实后被动到案，不符合自首条件。但其在到案后，不仅交代办案机关已经掌握的犯罪事实，还主动交代了办案机关尚未掌握的犯罪事实，系坦白，依法可从轻处罚。被告人在公诉机关签署了认罪认罚具结书，积极退赃，预缴罚金，有悔罪表现，符合《刑事诉讼法》第15条之规定，依法可从宽处罚。故法院在量刑时对被告人予以从宽处罚。

五、挪用资金罪

（一）罪名介绍

法条依据：《刑法》第272条　公司、企业或者其他单位的工作人员，利用职务上的便利，挪用本单位资金归个人使用或者借贷给他人，数额较大、超过三个月未还的，或者虽未超过三个月，但数额较大、进行营利活动的，或者进行非法活动的，处三年以下有期徒刑或者拘役；挪用本单位资金数额巨大的，处三年以上七年以下有期徒刑；数额特别巨大的，处七年以上有期徒刑。

国有公司、企业或者其他国有单位中从事公务的人员和国有公司、企业或者其他国有单位委派到非国有公司、企业以及其他单位从事公务的人员有前款行为的，依照本法第三百八十四条的规定定罪处罚。

有第一款行为，在提起公诉前将挪用的资金退还的，可以从轻或者减轻处罚。其中，犯罪较轻的，可以减轻或者免除处罚。

《刑法》第185条　商业银行、证券交易所、期货交易所、证券公司、期货经纪公司、保险公司或者其他金融机构的工作人员利用职务上的便利，挪用本单位或者客户资金的，依照本法第二百七十二条的规定定罪处罚。

国有商业银行、证券交易所、期货交易所、证券公司、期货经纪公司、保险公司或者其他国有金融机构的工作人员和国有商业银行、证券交易所、期货交易所、证券公司、期货经纪公司、保险公司或者其他国有金融机构委派到前款规定中的非国有机构从事公务的人员有前款行为的，依照本法第三百八十四条的规定定罪处罚。

相关司法解释：《最高人民检察院、公安部关于印发〈最高人民检察院、公安部关于公安机关管辖的刑事案件立案追诉标准的规定（二）〉的通知》第77条　公司、企业或者其他单位的工作人员，利用职务上的便利，挪用本单位资金归个人使用或者借贷给他人，涉嫌下列情形之一的，应予立案追诉：

（一）挪用本单位资金数额在五万元以上，超过三个月未还的；

（二）挪用本单位资金数额在五万元以上，进行营利活动的；

（三）挪用本单位资金数额在三万元以上，进行非法活动的。

具有下列情形之一的，属于本条规定的“归个人使用”：

（一）将本单位资金供本人、亲友或者其他自然人使用的；

（二）以个人名义将本单位资金供其他单位使用的；

（三）个人决定以单位名义将本单位资金供其他单位使用，谋取个人利益的。

《最高人民法院、最高人民检察院关于办理贪污贿赂刑事案件适用法律若干问题的解释》第11条第2款　刑法第二百七十二条规定的挪用资金罪中的“数额较大”“数额巨大”以及“进行非法活动”情形的数额起点，按照本解释关于挪用公款罪“数额较大”“情节严重”以及“进行非法活动”的数额标准规定的二倍执行。

犯罪构成：

本罪犯罪主体为特殊主体即商业银行、证券交易所、期货交易所、证券公司、期货经纪公司、保险公司或者其他金融机构的工作人员。

行为人在主观方面必须具有故意，其挪用资金是为个人使用或者借贷给他人。

行为人挪用本单位或者客户资金的行为利用了职务上的便利。

行为人擅自挪用本单位或者客户资金，须符合《刑法》第272条规定的犯罪构成要件、定罪量刑的情节和具体的处罚幅度达到法定的条件才可以。

（二）典型案例

祁某某犯挪用资金罪案

【基本案情】

公诉机关指控，(1) 2015年3月至2018年4月，被告人祁某某在某某县农村合作银行上班期间，客户吴某通过转账和现存的方式向祁某某在合行的账户陆续存入1,250,920.31元，为其在某某县农村合作银行办理存款业务，被告人祁某某利用职务之便采用空存的方式向客户吴某出具空存折，将以上存款挪用于个人投资及消费。案发后，被告人祁某某向吴某退还100,000元。

(2) 2017年9月21日，被告人祁某某在某某县农村合作银行上班期间，以办理“协议存款”利率高为名为客户陈某办理了80万元活期存款业务，并当场以现金的方式支付存款利息22,243元，2017年9月至11月，被告人祁某某利用职务之便分18次将客户陈某的80万元存款取出用于个人投资及消费。案发后，某某县农村合作银行已赔付陈某损失80万元。此外，被告人祁某某共计挪用资金2,050,920.31元。

据此，公诉机关认为被告人祁某某的行为构成挪用资金罪，提请法院依照《刑法》第272条之规定予以判处。

被告人祁某某对公诉机关的指控提出异议：公诉机关指控挪用资金的数额与事实不符，在指控的第一起犯罪事实中，吴某用现金、转账的方式给其的款项，没有银行存单及流水的均不予认可；当时吴某、陈某二人让其存款、取款的方式都是之前就商定好的，且每年都接受其给的利息、礼物的答谢，故其应当是得到了该二人的授权；之所以以高息方式答应二人的存款，是因为当时其认为有偿付能力；其被捕前已转给吴某10万元，该10万元应在犯罪金额中扣除。综上，其行为只是工作中的违规操作，不应认定为挪用资金。

辩护人的辩护意见为：对起诉书指控被告人祁某某构成挪用资金罪，不持异议，但被告人有多项酌定从轻处罚的情节。(1) 被告人祁某某涉嫌“挪用资金罪”的犯罪数额符合“数额较大”的量刑标准，应判处3年以下有期徒刑。对于公诉机关指控的被告人祁某某共计挪用资金2,050,920.31元的数额，其中对涉嫌挪用客户陈某80万元没有异议，对吴某的1,250,920.31元数额与侦查机关补充侦查的数额1,154,920.31元不一致，请法庭核实数额后予以认定。(2) 被告人对公诉机关指控的犯罪事实无异议，并自愿认罪，其归案后，对整个作案过程主动做了详细的供述，认罪态度好，坦白交代了所有的犯罪事实，确有认罪服法和悔改的表现。(3) 被告人系初犯、偶犯，主观恶性较轻，其行为没有造成严重的社会后果，可以从轻处罚。综上所述，建议对被告人祁某某判处3年以下有期徒刑。

法院经审理查明：(1) 2015年3月至2018年4月，被告人祁某某在某某县农村合作银行上班期间，客户吴某通过转账和现存的方式向祁某某在合行的账户陆续存入1,250,920.31元，为其在某某县农村合作银行办理存款业务，被告人祁某某利用职务之便采用空存的方式向客户吴某出具空存折，将以上存款用于个人投资、消费、借贷给他人。案发后，被告人祁某某向吴某退还100,000元。

(2) 2017年9月21日，被告人祁某某在某某县农村合作银行上班期间，以办理“协议存款”利率高为名为客户陈某办理了80万元存款业务，2017

年9月至11月，被告人祁某某利用职务之便分18次将客户陈某账户内的80万元存款取出用于个人投资、消费、借贷给他人。案发后，某某县农村合作银行已赔付陈某80万元。

【裁判结果】

法院依照《刑法》第272条第1款、第64条，《最高人民法院、最高人民检察院关于办理贪污贿赂刑事案件适用法律若干问题的解释》第11条第2款之规定，判决如下：

1. 被告人祁某某犯挪用资金罪，判处有期徒刑3年。

2. 被告人祁某某的违法所得，依法追缴，发还被害单位。

首先，本案中，被告人祁某某系某某县农村合作银行工作人员，其利用职务之便挪用本单位资金归个人使用，数额较大，符合《刑法》第272条、第185条规定的挪用资金罪的犯罪构成要件，构成挪用资金罪。故公诉机关指控罪名成立。

其次，被告人祁某某关于其行为不构成犯罪的辩解意见，与法院查明的事实不符，法院不予采纳；对辩护人关于被告人祁某某能够如实供述其作案过程，请求从轻处罚的辩护意见，法院予以采纳。

六、吸收客户资金不入账罪

（一）罪名介绍

法条依据：《刑法》第187条　银行或者其他金融机构的工作人员吸收客户资金不入账，数额巨大或者造成重大损失的，处五年以下有期徒刑或者拘役，并处二万元以上二十万元以下罚金；数额特别巨大或者造成特别重大损失的，处五年以上有期徒刑，并处五万元以上五十万元以下罚金。

单位犯前款罪的，对单位判处罚金，并对其直接负责的主管人员和其他直接责任人员，依照前款的规定处罚。

相关司法解释：《最高人民检察院、公安部关于印发〈最高人民检察院、公安部关于公安机关管辖的刑事案件立案追诉标准的规定（二）〉的通知》第38条　银行或者其他金融机构及其工作人员吸收客户资金不入账，涉嫌下列情形之一的，应予立案追诉：

（一）吸收客户资金不入账，数额在二百万元以上的；

（二）吸收客户资金不入账，造成直接经济损失数额在五十万元以上的。

犯罪构成：

本罪犯罪主体为特殊主体，即银行或者其他金融机构的工作人员。

行为人客观上实施了吸收客户资金不入账的行为。

行为人吸收客户资金不入账，数额巨大或者给银行或者其他金融机构造成重大损失。

（二）典型案例

被告人孔某犯吸收客户资金不入账罪案

【基本案情】

公诉机关指控，被告人孔某于2015年4月至2016年11月，利用其担任广发某支行理财客户经理的职务之便，将客户资金合计人民币1029万元不入银行账户，而是转到自己控制的账户，用于炒期货、黄金等，造成本金损失4,948,478.85元。

被告人孔某对公诉机关指控的犯罪事实和罪名均无异议。

辩护人的辩护意见为：(1) 对起诉指控的事实和罪名无异议；(2) 被告人孔某案发后主动投案，如实供述犯罪事实，系自首，依法可以从轻或减轻处罚；(3) 被告人犯罪情节较轻，认罪态度好，无前科，社会危害性不大；(4) 本案大部分资金被追回，未造成恶劣影响。综上，建议对被告人孔某从轻处罚。

法院经审理查明：被告人孔某于2015年4月至2016年11月，利用其担任广发某支行理财客户经理的职务之便，将客户用于购买理财产品的资金合计人民币10,290,000元不入银行账户，而是通过网银转账、POS机刷卡等方式转到自己控制的账户，用于炒期货、黄金等，造成本金损失4,948,478.85元。2016年12月2日，被告人孔某主动至公安机关投案，如实供述上述事实。未损失本金人民币5,341,521.15元及广发某支行垫付的人民币5,192,891.03元，均已用于归还客户投资本息。

【裁判结果】

法院依照《刑法》第187条第1款、第67条第1款、第64条之规定，判决如下：

1. 被告人孔某犯吸收客户资金不入账罪，判处有期徒刑3年，并处罚金人民币10万元。

2. 责令被告人孔某退赔被害单位广发某支行人民币5,192,891.03元。

首先，本案中，被告人孔某作为银行工作人员，吸收客户资金不入账，数额巨大且造成重大损失，其行为符合《刑法》第187条规定的吸收客户资金不入账罪的犯罪构成要件，构成吸收客户资金不入账罪。故，公诉机关指控被告人犯吸收客户资金不入账罪成立。

其次，被告人孔某犯罪以后自动投案，如实交代自己的罪行，系自首，且被告人孔某在庭审中认罪态度较好。故法院对辩护人相关辩护意见予以采纳并在量刑时对被告人孔某依法从轻处罚。

七、违规出具金融票证罪

（一）罪名介绍

法条依据：《刑法》第188条　银行或者其他金融机构的工作人员违反规定，为他人出具信用证或者其他保函、票据、存单、资信证明，情节严重的，处五年以下有期徒刑或者拘役；情节特别严重的，处五年以上有期徒刑。

单位犯前款罪的，对单位判处罚金，并对其直接负责的主管人员和其他直接责任人员，依照前款的规定处罚。

相关司法解释：《最高人民检察院、公安部关于印发〈最高人民检察院、公安部关于公安机关管辖的刑事案件立案追诉标准的规定（二）〉的通知》第39条　银行或者其他金融机构及其工作人员违反规定，为他人出具信用证或者其他保函、票据、存单、资信证明，涉嫌下列情形之一的，应予立案追诉：

（一）违反规定为他人出具信用证或者其他保函、票据、存单、资信证明，数额在二百万元以上的；

（二）违反规定为他人出具信用证或者其他保函、票据、存单、资信证明，造成直接经济损失数额在五十万元以上的；

（三）多次违规出具信用证或者其他保函、票据、存单、资信证明的；

（四）接受贿赂违规出具信用证或者其他保函、票据、存单、资信证明的；

（五）其他情节严重的情形。

犯罪构成：

本罪犯罪主体为特殊主体即系银行或者其他金融机构的工作人员。

行为人必须有违反规定，为他人出具信用证或者其他保函、票据、存单、资信证明的行为。

行为人违规为他人出具金融票据，情节严重。“情节严重”不仅包括给金融机构造成了较大损失，还包括虽然还没有造成较大损失，但非法出具金融票证涉及金额巨大或者多次非法出具金融票证等情形。

（二）典型案例

王某犯违规出具金融票证罪案

【基本案情】

公诉机关指控，被告人王某身为某某银行某某支行（以下简称某某支行）行长，为帮助该行客户某某股份有限公司（以下简称A公司）融资，按照某某煤炭运销有限公司（以下简称B公司）的要求，于2013年9月10日在未经某某银行某某分行审批、用印的情况下，违规为该商业承兑汇票向B公司出具了一份商业承兑汇票保证保函，王某以某某支行行长名义在该保函上签名并加盖了该支行行政公章。该保函承诺在A公司出具的商业承兑汇票到期不能足额兑付的情况下，由某某支行无条件支付该商业承兑汇票的全额款项。

2013年12月23日至2014年6月30日，某某有限公司（以下简称C公司）为融资，分别向收款人张某、李某某、某某有限公司（以下简称D公司）开具了三张面值分别为人民币115万元、100万元、200万元的商业承兑汇票。被告人王某为帮助该行客户C公司融资，按照商业承兑汇票中三名收款人的要求，在未经某某银行某某分行审批、用印的情况下，违规为三张商业承兑汇票分别向三名收款人出具了商业承兑汇票保证保函一份、保证担保书二份，并以某某支行行长名义签字、加盖了该行“信贷合同专用章”，保函总金额达到人民币 415 万元。三份保函内容均是以某某支行名义为某某公司提供担保，在上述三张商业承兑汇票到期无法足额兑现的情况下，由某某支行无条件支付该商业承兑汇票的全额款项。

据此，公诉机关认为，被告人王某犯违规出具金融票证罪，提请法院依照《刑法》第 188 条之规定予以惩处。

被告人王某对公诉机关指控的事实及罪名不持异议，并当庭表示自愿认罪。

其辩护人认为被告人王某归案后能如实供述自己的犯罪事实，并当庭表示自愿认罪，具有坦白情节，依法可以从轻处罚。

法院经审理查明：(1) A 公司为融资，向 B 公司开具了一张面值人民币 1000 万元的商业承兑汇票。被告人王某身为某某支行行长，为帮助该行客户 A 公司融资，按照 B 公司的要求，于 2013 年 9 月 10 日在未经某某银行某某分行审批、用印的情况下，违规为该商业承兑汇票向 B 公司出具了一份商业承兑汇票保证保函，王某以某某支行行长名义在该保函上签名并加盖了该支行行政公章。该保函承诺在 A 公司出具的商业承兑汇票到期不能足额兑付的情况下，由某某支行无条件支付该商业承兑汇票的全额款项。(2) 2013 年 12 月 23 日至 2014 年 6 月 30 日，C 公司为融资，分别向收款人张某、李某某、D 公司开具了三张面值分别为人民币 115 万元、100 万元、200 万元的商业承兑汇票。被告人王某为帮助该行客户 C 公司融资，按照商业承兑汇票中三名收款人的要求，在未经某某银行某某分行审批、用印的情况下，违规为三张商业承兑汇票分别向三名收款人出具了商业承兑汇票保证保函一份、保证担保书二份，并以某某支行行长名义签字、加盖了该行“信贷合同专用章”，保函总金额 415 万元。三份保函内容均是以某某支行名义为 C 公司提供担保，在上述三张商业承兑汇票到期无法足额兑现的情况下，由某某支行无条件支付该商业承兑汇票的全额款项。

【裁判结果】

法院依照《刑法》第188条第1款，第77条第3款之规定，判决如下：

被告人王某犯违规出具金融票证罪，判处有期徒刑3年6个月。

首先，本案中，被告人王某作为银行工作人员，利用职务便利，多次违反规定为他人出具保函，保函总金额巨大，符合《刑法》第188条规定的违规出具金融票证罪的犯罪构成要件，其行为已构成违规出具金融票证罪。故，公诉机关指控其犯违规出具金融票证罪成立。

其次，被告人王某到案后如实供述自己的犯罪事实，并当庭表示自愿认罪，系坦白，法院对辩护人的相关辩护意见予以采纳，并在量刑时对被告人王某依法从轻处罚。

八、对违法票据承兑、付款、保证罪

（一）罪名介绍

法条依据：《刑法》第189条　银行或者其他金融机构的工作人员在票据业务中，对违反票据法规定的票据予以承兑、付款或者保证，造成重大损失的，处五年以下有期徒刑或者拘役；造成特别重大损失的，处五年以上有期徒刑。

单位犯前款罪的，对单位判处罚金，并对其直接负责的主管人员和其他直接责任人员，依照前款的规定处罚。

相关司法解释：《最高人民检察院、公安部关于印发〈最高人民检察院、公安部关于公安机关管辖的刑事案件立案追诉标准的规定（二）〉的通知》第40条　银行或者其他金融机构及其工作人员在票据业务中，对违反票据法规定的票据予以承兑、付款或者保证，造成直接经济损失数额在五十万元以上的，应予立案追诉。

犯罪构成：

本罪的犯罪主体为特殊主体，即系银行或者其他金融机构的工作人员，其他人不能成为本罪的主体。

行为人在主观上主要表现为过失，即由于工作不负责，审查不严所致。

行为人在客观上实施了对违反票据法规定的票据予以承兑、付款或者保证的行为。

行为人对违反票据法规定的票据予以承兑、付款或者保证，造成重大损失。

（二）典型案例

被告人毛某某犯对违法票据承兑罪案

【基本案情】

法院经审理查明，2012年3月，李某（已判决）为了获取资金出借给他人以赚取高额利息，以某某能环保科技有限公司（以下简称某某公司）的名义，通过提供虚假的资料、虚构贸易背景、提供虚假增值税发票等方式向某某农村商业银行股份有限公司某某支行（以下简称某某支行）提出汇票承兑申请。时任某某支行客户经理的被告人毛某某，明知李某借用平台公司某某公司申请承兑汇票，该公司既无实际经营业务，也无能力提供汇票承兑保证金，所申请承兑汇票的贸易背景虚假，在没有核实财务报表的真实性，没有进行贷前贷后调查，没有要求担保人面签以及没有核实增值税发票的真伪等情况下违规办理该承兑汇票业务，且帮李某向他人借款人民币200万元作为保证金，于2012年3月6日违反银行承兑汇票业务的规定向李某发放人民币600万元承兑汇票。2012年9月6日承兑汇票到期后，李某没有归还资金。案发后，经民事判决认定，被告人毛某某的行为造成银行直接经济损失人民币2,995,453.14元。

公诉机关认为被告人毛某某犯对违法票据承兑罪，提请法院依照《刑法》第189条之规定予以惩处。

被告人毛某某对公诉机关的指控无异议。

【裁判结果】

法院依照《刑法》第189条第1款、第72条第1款、第73条第2、3款之规定，判决如下：

被告人毛某某犯对违法票据承兑罪，判处有期徒刑3年，缓刑4年（缓刑考验期限，从判决确定之日起计算）。

首先，本案中，被告人毛某某作为银行工作人员，在票据业务中，对违反票据法规定的票据予以承兑，造成特别重大损失，符合《刑法》第189条规定的对违法票据承兑罪的犯罪构成要件，其行为已构成对违法票据承兑罪。故公诉机关指控被告人毛某某犯对违法票据承兑罪成立。

其次，被告人毛某某犯罪以后自动投案，如实供述自己的罪行，系自首，根据被告人毛某某的犯罪情节和悔罪表现，适用缓刑没有再犯罪的危险，对其所居住的社区也没有重大不良影响，法院对辩护人所提请求对被告人毛某某适用缓刑的意见予以采纳，并在量刑时依法对被告人毛某某适用缓刑。

九、利用未公开信息交易罪

（一）罪名介绍

法条依据：《刑法》第180条第4款　证券交易所、期货交易所、证券公司、期货经纪公司、基金管理公司、商业银行、保险公司等金融机构的从业人员以及有关监管部门或者行业协会的工作人员，利用因职务便利获取的内幕信息以外的其他未公开的信息，违反规定，从事与该信息相关的证券、期货交易活动，或者明示、暗示他人从事相关交易活动，情节严重的，依照第一款的规定处罚。

相关司法解释：《最高人民检察院、公安部关于印发〈最高人民检察院、公安部关于公安机关管辖的刑事案件立案追诉标准的规定（二）〉的通知》第31条　证券交易所、期货交易所、证券公司、期货公司、基金管理公司、商业银行、保险公司等金融机构的从业人员以及有关监管部门或者行业协会的工作人员，利用因职务便利获取的内幕信息以外的其他未公开的信息，违反规定，从事与该信息相关的证券、期货交易活动，或者明示、暗示他人从事相关交易活动，涉嫌下列情形之一的，应予立案追诉：

（一）获利或者避免损失数额在一百万元以上的；

（二）二年内三次以上利用未公开信息交易的；

（三）明示、暗示三人以上从事相关交易活动的；

（四）具有其他严重情节的。

利用未公开信息交易，获利或者避免损失数额在五十万元以上，或者证券交易成交额在五百万元以上，或者期货交易占用保证金数额在一百万元以上，同时涉嫌下列情形之一的，应予立案追诉：

（一）以出售或者变相出售未公开信息等方式，明示、暗示他人从事相关交易活动的；

（二）因证券、期货犯罪行为受过刑事追究的；

（三）二年内因证券、期货违法行为受过行政处罚的；

（四）造成其他严重后果的。

犯罪构成：

本罪属于特殊主体，即证券交易所、期货交易所、证券公司、期货经纪公司、基金管理公司、商业银行、保险公司等金融机构的从业人员以及有关监管部门或者行业协会的工作人员。

行为人所利用的信息不属于内幕信息的范畴，但属于未公开的信息，如基金投资公司即将建仓、出仓的信息等。

（二）典型案例

杜某某利用未公开信息交易罪案

【基本案情】

公诉机关指控，某某证券“鲍某”等26个定向资产管理业务的标的股票、交易时点和数量，属于《刑法》第180条第4款规定的内幕信息以外的其他非公开信息。被告人杜某某作为某某证券的定向投资经理，利用其职务便利，不但完全知悉其管理的“鲍某”等26个定向资产管理业务账户的标的股票、时点和数量，而且在投资权限内有完全的控制权，其直接操作“马某”“陈某”“范某某”“杰仁某某”“刘某”“李某”“祖某某”“冯某1”这八个账户同步于或稍晚于其管理的“鲍某”等26个定向资产管理业务账户交易相关股票，趋同交易股票116只，趋同交易股票金额累计约49,255.40万元，趋同交易股票累计亏损约394.51万元。案发后，被告人杜某某自动投案。

据此，公诉机关认为，被告人的行为已触犯《刑法》第180条第4款之规定，应以利用未公开信息交易罪追究刑事责任。

被告人认罪并签署了认罪认罚具结协议书，但提出辩解意见称在其作案阶段，证监会颁布的《证券公司定向资产管理业务实施细则》中没有列明利用未公开信息交易为禁止行为，属法规规定滞后，其当时因此对自己行为没有违法性认识，直到2014年证监会才颁布相关规定明确了定向资产管理中不得利用未公开信息进行交易。自己表示认罪，请求法院从轻处罚。

其辩护人辩护意见为：(1) 证监会对于定向资管业务的监管定落后，杜某某的行为发生在2010年1月至2014年5月，利用未公开信息交易罪在2009年就已经入刑，但2008年颁布实施以及2012年修订的《证券公司定向资产管理业务实施细则》(已失效) 中均没有将利用未公开信息进行交易列为禁止性行为，仅规定了在定向资产管理业务中不得进行“内幕交易、操纵证券价格、不正当关联交易及其他违反公平交易”，证监会颁布的其他规定如2012年《证券公司客户资产业务管理办法》(已失效) 所规定的内容也大致相同。直到2014年8月颁布的《私募投资基金监督管理暂行办法》(定向资管业务纳入该办法管理) 才规定不得利用未公开信息进行交易，而此时杜某某的违法行为已经终结。(2) 杜某某管理的定向资管账户资金量小，交易分散，其私下交易行为未对证券市场价格造成重大影响，且杜某某不仅没有获利，还亏损390万余元。(3) 杜某某在证监会调查阶段如实供述，在刑事立案后主动投案并如实供述，是自首。(4) 杜某某妻子无业，仅靠其一人支撑家庭。请求法院对杜某某从轻处罚并适用缓刑。

【裁判结果】

法院依照《刑法》第180条第4款、第67条第1款、第64条之规定，判决如下：

被告人杜某某犯利用未公开信息交易罪，判处有期徒刑1年6个月，并处罚金人民币1000元（刑期从判决确定之日起计算，罚金于判决生效后一个月内缴纳）。

首先，本案中，被告人杜某某作为金融机构从业人员，利用因职务便利所获取的内幕信息以外的其他未公开信息，违反规定，从事与上述信息相关的证券活动，情节特别严重，其行为符合我国《刑法》第180条规定的利用未公开信息交易罪的犯罪构成要件，构成利用未公开信息交易罪。故公诉机关指控其犯利用未公开信息交易罪成立。

其次，侦查机关出具的到案经过证实杜某某主动投案并如实交代犯罪事实，系自首，被告人杜某某认罪认罚。故法院在量刑时对被告人杜某某依法从宽处罚。

十、内幕交易、泄露内幕信息罪

（一）罪名介绍

法条依据：《刑法》第180条第1、2、3款　证券、期货交易内幕信息的知情人员或者非法获取证券、期货交易内幕信息的人员，在涉及证券的发行，证券、期货交易或者其他对证券、期货交易价格有重大影响的信息尚未公开前，买入或者卖出该证券，或者从事与该内幕信息有关的期货交易，或者泄露该信息，或者明示、暗示他人从事上述交易活动，情节严重的，处五年以下有期徒刑或者拘役，并处或者单处违法所得一倍以上五倍以下罚金；情节特别严重的，处五年以上十年以下有期徒刑，并处违法所得一倍以上五倍以下罚金。

单位犯前款罪的，对单位判处罚金，并对其直接负责的主管人员和其他直接责任人员，处五年以下有期徒刑或者拘役。

内幕信息、知情人员的范围，依照法律、行政法规的规定确定。

相关司法解释：《最高人民检察院、公安部关于印发〈最高人民检察院、公安部关于公安机关管辖的刑事案件立案追诉标准的规定（二）〉的通知》第30条　证券、期货交易内幕信息的知情人员、单位或者非法获取证券、期货交易内幕信息的人员、单位，在涉及证券的发行，证券、期货交易或者其他对证券、期货交易价格有重大影响的信息尚未公开前，买入或者卖出该证券，或者从事与该内幕信息有关的期货交易，或者泄露该信息，或者明示、暗示他人从事上述交易活动，涉嫌下列情形之一的，应予立案追诉：

（一）获利或者避免损失数额在五十万元以上的；

（二）证券交易成交额在二百万元以上的；

（三）期货交易占用保证金数额在一百万元以上的；

（四）二年内三次以上实施内幕交易、泄露内幕信息行为的；

（五）明示、暗示三人以上从事与内幕信息相关的证券、期货交易活动的；

（六）具有其他严重情节的。

内幕交易获利或者避免损失数额在二十五万元以上，或者证券交易成交额在一百万元以上，或者期货交易占用保证金数额在五十万元以上，同时涉嫌下列情形之一的，应予立案追诉：

（一）证券法规定的证券交易内幕信息的知情人实施或者与他人共同实施内幕交易行为的；

（二）以出售或者变相出售内幕信息等方式，明示、暗示他人从事与该内幕信息相关的交易活动的；

（三）因证券、期货犯罪行为受过刑事追究的；

（四）二年内因证券、期货违法行为受过行政处罚的；

（五）造成其他严重后果的。

犯罪构成：

本罪主体为特殊主体，即证券、期货交易内幕信息的知情人员和非法获取证券、期货交易内幕信息的人员。

行为人在主观上表现为故意，过失不构成本罪。

行为人在客观上实施了在涉及证券的发行，证券、期货交易或者其他对证券、期货交易价格有重大影响的信息尚未公开前，买入或者卖出该证券，或者从事与该内幕信息有关的期货交易，或者泄露该信息，或者明示、暗示他人从事上述交易活动的行为。

内幕交易行为及泄露内幕信息行为情节严重。

（二）典型案例

邓某某内幕交易、泄露内幕信息罪案

【基本案情】

公诉机关指控，2014 年 4 月 14 日，中国某某股份有限公司（以下简称

A公司）召开内部会议，规划融资投向和规模，对太阳能项目等重大投融资项目进行了讨论。4月28日，A公司召开定增项目筹划启动会，明确了定增项目分工和待定问题解决意见。8月18日，A公司发布重大事项停牌公告；9月18日，A公司董事会通过了非公开发行股票预案；9月22日，A公司披露非公开发行股票预案并复牌。经中国证券监督管理委员会认定，A公司非公开发行股票预案相关信息，在未公开披露前属于内幕信息，内幕信息敏感期为2014年4月14日至9月22日。被告人邓某某作为A公司下属公司深圳某某有限公司（以下简称B公司）业务拓展部副总裁，分别参加了2014年4月14日和4月28日召开的公司投融资项目动议会议和定增项目筹划启动会，知悉了A公司筹划定增项目一事，并全程参与了此次非公开发行募投项目之一光伏电站建设项目的摸底、实地考察、报告撰写及论证等相关筹备工作，为内幕信息知情人。被告人邓某某在内幕信息敏感期内，操作本人证券账户，买入某某股票342,400股，成交金额人民币1,609,692元，盈利金额人民币411,565.67元。

据此，公诉机关认为，被告人邓某某身为证券交易内幕信息知情人员，在内幕信息未公开前交易相关股票，情节严重，其行为触犯了《刑法》第180条，犯罪事实清楚，证据确实、充分，应当以内幕交易罪追究其刑事责任。

被告人邓某某认罪，对起诉书指控的犯罪事实及罪名没有异议。

其辩护人的辩护意见为：(1) 邓某某对其违法行为的法律性质和法律后果存在认识错误，并非明知故犯，其主观恶性程度不深；(2) 邓某某购买股票的行为仅是一种证券投资行为，不具有利用内幕信息获取暴利的动机；(3) 邓某某具有自首情节，依法可从轻或减轻处罚。

【裁判结果】

法院依据《刑法》第180条第1、3款，第67条第1款，第52条，第53条，第64条，第72条第1款，第73条以及《最高人民法院、最高人民检察院关于办理内幕交易、泄露内幕信息刑事案件具体应用法律若干问题的解释》第6条之规定，判决如下：

1. 被告人邓某某犯内幕交易罪，判处有期徒刑 1 年，缓刑 2 年，并处罚金；

2. 违法所得依法予以追缴，上缴国库。

首先，本案中，被告人邓某某作为 B 公司业务拓展部副总裁，系证券交易内幕信息的知情人员，符合《刑法》第 180 条规定的内幕交易罪的特殊主体身份，其在参与 B 公司非公开发行股票过程中，知悉了 B 公司筹划定增项目等内幕信息，在内幕信息敏感期内，多次从事与该内幕信息有关的股票交易，情节严重，被告人的行为已构成内幕交易罪。故公诉机关指控被告人犯内幕交易罪成立。

其次，邓某某对其内幕交易行为存在认识上的错误，不影响司法机关对其行为性质的认定，但在一定程度上反映出其主观恶性不深，在量刑时可酌情从轻处罚。

最后，邓某某自愿主动缴纳违法所得及罚金，具有悔罪表现。综合考虑邓某某的犯罪事实、情节、悔罪表现，没有再犯的危险且对其适用缓刑对所居住的社区没有重大不良影响等事由，故法院在量刑时对被告人邓某某依法适用缓刑。

第三节　金融行业刑事风险防范建议

一、金融行业刑事合规的含义

笔者认为，金融行业刑事合规是指金融行业以金融法律法规、刑事法律及刑事政策为依据，通过金融行业合规管理制度建设，从而达到预防或避免金融行业及其工作人员相关刑事犯罪之目的。

二、金融行业刑事合规的意义

围绕推进企业合规建设改革，最高人民检察院率先进行了积极探索实践，自 2020 年 3 月起，在上海、江苏、山东、广东的 6 家基层检察院就“企业犯罪相对不起诉适用机制改革”试点开展企业合规建设，受到企业欢迎，也得到当地党委政府和社会各界的认可、支持。

为进一步推进涉案企业合规改革试点向纵深发展，2021 年 3 月最高人民检察院决定扩大试点范围，在北京、上海、江苏、浙江等 10 个省市开展为期一年的第二期试点工作。2021 年 6 月 3 日，最高人民检察院会同国务院国资委、财政部、全国工商联等部门联合发布《关于建立涉案企业合规第三方监督评估机制的指导意见（试行）》，对在依法推进企业合规改革试点中建立健全第三方监督评估机制作出具体规定，并面向社会先后公开发布了两批企业合规典型案例，其中既有合规考察以后作出不起诉决定的，也有提起公诉判处轻缓刑罚的。合规无疑是为案涉企业争取到了最有利的刑罚处理效果，而且也有利于提高企业管理者的自我保护意识，提高企业管理者的法治化水平，预防和减少企业违法犯罪。

因此，从发展趋势来看，刑事合规必将是企业未来需要认真对待和高度关注的一个重要问题，其对企业经营发展的重大意义不言而喻。

笔者以范本形式提出针对金融行业的风险防范建议，以供参考。

三、金融行业刑事合规指引范本

为保护企业及员工的合法权益，促进企业及员工合规守法经营，预防和减少企业及员工违法犯罪。根据《刑法》、司法解释及相关刑事政策之规定，结合企业实际，制定本刑事合规指引。

（一）适用范围及对象

1. 适用对象

本指引适用于企业董事、监事、经理等管理者、下属各业务条线和分支机构等全体员工。

2. 适用范围

企业董事、监事、经理等管理者、下属各业务条线和分支机构等全体员工在履行职责时有义务了解并遵守本指引。

（二）建立健全刑事合规管理体系

1. 成立专门的刑事合规管理委员会

（1）负责制定和执行刑事合规程政策；审核决定是否同意企业的重要合同签订、重大业务活动、重大事项决策、重大项目运营等；决定企业的其他重大涉法事项。

（2）刑事合规管理委员会组成人员为企业董事、监事、经理等高级管理人员。

2. 设立企业首席刑事合规负责人

（1）全面负责合规政策和流程的执行与实施。

（2）企业首席刑事合规负责人由刑事合规管理委员会任命，由企业总法律顾问或法律与合规管理部门担任。

3. 设立法律与合规管理部门

作为刑事合规管理委员会的直属机构，对包括刑事合规等在内的企业各个业务环节进行合规管控。

（三）建立健全专门刑事合规管理制度

1. 制定全员普遍遵守的刑事合规行为规范

要求全员遵照执行，并签署刑事合规承诺书。

2. 制定专项刑事合规管理制度

此制度适用于针对重点领域及岗位，要求对重点领域及岗位人员进行培训考核，经培训考核合格的方可重点领域及岗位工作，且还需签署重点领域/岗位刑事合规承诺书。

（四）明确规定禁止行为

1. 禁止违规发放贷款

（1）禁止不严格审查借款用途；

（2）禁止不严格审查偿还能力；

（3）禁止不严格审查还款方式；

(4) 禁止不严格实行审贷分离;

(5) 禁止不严格实行分级审批;

(6) 禁止不要求借款人提供担保;

(7) 禁止不严格审查担保材料;

(8) 禁止不要求保证人面签担保书;

(9) 禁止单独与保证人面签担保书;

(10) 禁止不严格核查保证人的偿还能力;

(11) 禁止不严格核查抵押物的权属;

(12) 禁止不严格核查抵押物是否存在重复抵押;

(13) 禁止不严格核查抵押物是否存在违法抵押;

(14) 禁止不严格核查抵押物价值;

(15) 禁止不严格核查抵押物实现抵押权的可行性;

(16) 禁止不严格核查质押物的权属;

(17) 禁止不严格核查质押物是否存在重复质押;

(18) 禁止不严格核查质押物是否存在违法质押;

(19) 禁止不严格核查质押物价值;

(20) 禁止不严格核查质押物实现质权的可行性;

(21) 禁止不与借款人订立书面借款合同;

(22) 禁止借款合同不约定借款用途;

(23) 禁止借款合同不约定借款限;

(24) 禁止借款合同不约定还款方式;

(25) 禁止借款合同不约定违约责任;

(26) 禁止不严格审查借款人的借款目的;

(27) 禁止不严格审查借款人是否存在真实交易;

(28) 禁止不严格审查借款人是否具有偿还能力;

(29) 禁止向关系人提供信用贷款;

(30) 禁止要求关系人提供担保的数额低于对其他借款人要求的数额;

（31）禁止向关系人所收取的利率比其他借款人低；
（32）禁止向关系人所贷款期限比其他借款人长；
（33）禁止其他违规发放贷款行为。

2. 禁止受贿

（1）禁止向客户索要财物；
（2）禁止向客户收受回扣；
（3）禁止向客户收受手续费；
（4）禁止向客户收受其他财产性利益。

3. 禁止挪用资金

（1）禁止挪用归本单位所有的资金；
（2）禁止挪用本单位有权支配的资金；
（3）禁止挪用客户存入本单位的资金；
（4）禁止挪用客户委托本单位办理结算、转汇、保管等业务的资金；
（5）禁止挪用与上述资金性质相同或者近似的其他资金。

4. 禁止不如实入账

（1）禁止存款账目不如实记载客户的存款资金；
（2）禁止存款账目上的记载与出具给储户的存单不相符；
（3）禁止存款账目上的记载与出具给储户的存折不相符；
（4）禁止不如实入账的其他行为。

5. 禁止违规提供担保服务

（1）禁止违规开具信用证；
（2）禁止违规开具保函；
（3）禁止违规出具本票；
（4）禁止违规出具支票；
（5）禁止违规出具资信证明；
（6）禁止违规向亲属提供担保；
（7）禁止违规向朋友提供担保；

(8) 禁止违规提供担保的其他行为。

6. 禁止违规对违法票据承兑

7. 禁止违规对违法票据付款

8. 禁止违规对违法票据保证

9. 禁止在涉及证券发行交易价格有重大影响的信息尚未公开前买入证券

10. 禁止在涉及证券发行交易价格有重大影响的信息尚未公开前卖出证券

11. 禁止在涉及期货交易价格有重大影响的信息尚未公开前从事与该内幕信息有关的期货交易

12. 禁止在涉及期货交易价格有重大影响的信息尚未公开前泄露该信息

13. 禁止在涉及期货交易价格有重大影响的信息尚未公开前明示他人从事上述交易活动

14. 禁止在涉及期货交易价格有重大影响的信息尚未公开前明暗示他人从事上述交易活动

15. 禁止其他利用未公开信息交易行为

16. 禁止其他内幕交易行为

17. 禁止其他泄露内幕信息行为

(五) 建立健全刑事风险预警机制

企业应定期全面系统梳理经营管理活动中存在的刑事合规风险，对刑事风险发生的可能性、影响程度、潜在后果等进行系统分析，对于典型性、普遍性和可能产生较严重后果的风险及时发布刑事风险预警。

(六) 建立健全刑事风险应对处置机制

企业应加强刑事合规风险应对，针对发现的刑事风险制定预案，采取有效措施，依法依规及时应对处置。

（七）建立健全违规问责处罚机制

企业应强化违规问责，完善违规行为处罚机制，明晰违规责任范围，细化惩处标准，严肃追究违规人员责任。

（八）建立健全违规举报机制

企业应设立专门的刑事违规举报渠道，针对举报所反映的问题和线索，及时开展调查，确保举报渠道畅通，不留死角。

（九）生效

本指引自颁布之日起生效实施。

（十）解释

本指引由企业刑事合规管理委员会负责解释。

第六章
物流、运输行业刑事合规实务指引

第一节　物流、运输行业概述

一、物流、运输行业背景

1. 物流、运输行业的兴起与分类

物流行业的兴起始于美国，物流的定义亦由美国物流管理协会规定，即为了满足客户，用高效便捷的数段运输，将不同形态的物品，在供应到消费的过程中加以储存和运输的管理过程。随着经济发展、基建完善，我国的物流行业发展数年已致蓬勃，同时也带动了一大批消费与用工的增长。与美国物流管理协会所定义略有不同的是，我国对物流的定义更为细化——物品从供应地到接收地的实体流动过程，根据实际需要，将运输、储存、装卸、搬运、包装、流通加工、配送、信息处理等基本功能实施有机结合。

自物流行业形成产业链以来，物流行业大体可根据上中下游不同产业链端分为：（1）提供基础设备和基础设施的上游物流产业，包括仓储产业、物流设备制造业、交通运输网建设行业等；（2）中游物流产业包括运输、仓储、物流服务的物流企业；（3）下游物流产业则是针对某行业和个人，针对其特定需求，为其提供精准的物流服务。

按照上述产业链从不同端口的企业角度作分类，物流行业的上游则囊括了仓储业、公路、铁道、航路投资建设公司/物流所需要的技术层面的软件以及硬件的制造企业，其中仓储和运输是物流行业的两大核心板块；中游包括实际进行物流操作的运输企业；而下游则包括汽车、火车、货运船舶等交通运输工具的生产制造的企业与公司。

2. 我国的物流、运输市场发展

自从 2013 年以来，中国的物流市场的规模开始赶超美国，成为位居物流市场世界第一的国家。在 2018 年，中国的物流流动价值总额达到了 284 万亿元。其中公路运输的比重最大，民用航空货运的比重最小。也是在 2018 年，全中国的货物周转量达到 20, 486. 24 亿吨公里，其中水运货物周转量比重最大，民用航空货物周转量所占比重最小。可见，我国物流行业额体量巨大，由此对相应的提供物流周转的基础设施建设要求亦高。根据《2018 年交通运输行业发展统计公报》所统计的数据：在 2018 年年底，全国铁路营业里程达到 13. 1 万公里，而公路总里程，总量则达到 484. 65 万公里。①

我国国内物流运输行业蓬勃发展的同时，国外的物流跨国企业亦开始流入我国的市场，并且在长期的发展之下，形成了很多国内外的合资公司和企业，这意味着我国的物流行业企业具备多样性。鉴于外资物流企业发展更早，发展规模更大，管理模式更完备，因此在我国物流企业尚未发展健全的情况下，外资物流企业凭借现金的技术、先进的管理方式、丰厚的资金在国内已有一席之地。加之外资物流企业开始收并购我国的物流公司和企业，并逐渐从中外合资慢慢发展成外资独资，单一的业务模式开始变成综合业务，无疑给我国物流企业带来极强的竞争。从积极方面来讲，有竞争就有发展和创新，目前，国内诸多物流企业也开始向外探索，积极学习先进的管理经验与管理模式。但如上文所述，我国的物流产业尚未发展成一个完全的独立的产业，因此我国物流企业和国外的物流企业的差距越发明显，长此以往，两极分化是必不可免的。高端的物流市场被国外的物流企业占领，而我国物流企业只能掌握低端的物流市场。但是，市场资源的占比不是永恒不变的，经过长时间的发展和国家政策的扶持，我国的物流行业目前已逐渐发展并完善，关于物流行业的工作技术、管理能力和政策都已随之不断优化，国外企业占领高端物流产业而我国物流企业占领低端的物流市场局面开始发生逆转，我国很多物流企业开始涉足高端物流市场，而且随着人们对服务要求的提升，物流

---

① 参见三点水：《中国物流行业现状及发展趋势分析》，载知乎专栏 2020 年 3 月 22 日，https：//zhuanlan. zhihu. com/p/91940897。

企业的服务也开始变得更加周全和高质量。例如，世界闻名的亚马逊，不仅在美国名声响亮，其服务能力与市场份额更是在全世界行业内首屈一指。亚马逊通过收购卓越网电商直接打入了中国市场，初期占据市场份额达到了20%，但是在2019年，该企业在中国的市场份额却不到1%，因此被迫退出中国市场。在2019年第二季度伊始，亚马逊表明不再为中国网站上的买家提供卖家服务和质保，仅留住Kindle和跨境的贸易业务以及云计算。这意味着在行业与行业相互促进、提升需求与供求大力拉锯的情况下，一个行业完全可以蓬勃发展，相关领域的企业与公司也可以崛起。

3. 物流、运输行业在新时代的发展

在我们传统观念里的物流行业，可能仅与货运和客运分不开关系，但如今，物流行业所服务的范围已经超越了货运和客运。曾经的物流行业的科技水平可能比较低，如今的物流行业也进入数据与信息时代。物流行业的信息化程度提升，与之相随的是自动化水平的提升。同时，物流行业往往是伴随多个行业同时发展的，如基础设施的建设、信息网络技术行业的完善、电商行业的发展等。例如，物流行业工作人员在配送货物中所使用到的车辆卫星定位技术、电子条码，终端技术等系融合了互联网、物联网大数据集成等技术。[①] 如今5G技术在慢慢普及，相信未来会有更多的新型技术进入大众的视野和日常生活之中。单单就快递行业来说，运输、仓储、人力配送、平台退换货的各个方面都可能会涉及对新型技术的使用：运输环节中，可能有车辆匹配到平台、新型的无人驾驶的技术、基础设施建设和维护（尤其是对公路和铁路的维护）；仓储环节中的仓库租赁、货架自动配备、无人仓等技术；配送环节中包括快递公司的合作、智能快递柜、各地区快递物流分流和集中等，与大数据、新型技术均息息相关。不过即便我们的物流行业现在已有所发展，技术的发展也是永无止境的。技术在各个阶段的应用是有所差距的，有的技术非常成熟，有的技术却是发展起步阶段，如车与货物的配对、新能源汽车、智能快递柜等技术已经发展的比较成熟，但是无人机、无人驾驶等

① 参见曹洽瑄、居梦影：《物联网环境下物流企业管理会计的应用与发展》，载《江苏商论》2021年第12期。

技术发展仍处于初期阶段。而无论如何，与其他行业一样，科技进步所带来的冲击，对人力密集的物流运输行业而言是巨大的，技术的逐渐成熟使人力密集型产业逐步开始向技术密集型方向转变，物流运输行业整体将变得更为智能、快速、成本低廉（由于人工成本的降低）。

因此，国内顶尖的物流企业为了自身的长远发展，会把目光投注到企业科技水平提高方面。云栖大会中菜鸟的物流实验室就曾经发布了两款新零售物流无人车，车上有货架和扫脸仪器，随后京东研发的无人机完成了首飞，这种无人机可以全天自行飞行，起飞搭载的重量可以达到840公斤，达到了京东的货箱可以承载的标准。其他物流运输企业亦在积淀、培养自身的科技能力，以图未来能够引领物流行业快速发展，开启智慧物流新时代。[①]

4. 物流、运输行业所存在的问题

如上所述，我国的物流、运输行业正在一个蓬勃发展的年代，但发展总是伴随阵痛，我国的物流、运输行业仍有诸多弊端。我国物流费用的总占比连续6年下降；发达国家物流的基础设施依旧先进，我们与其相比略逊一筹；国内现代化设施普遍占比较低，尤其在中小型城镇与农村，智能仓储、无人仓储和多式联运的设施建设稀少；运输网络的健全方面亦存在一定的问题，仍未形成高效便捷的具有整体性的综合运输网；关于不同地区的物流分节点的建设也是存在问题的：存在布局不合理、功能不够完善的情况；各地区物流园区不能按照需求建设，导致地区物流运输体系不够完整，基础设施无法形成配套的供应体系；交通运输的枢纽和节点的建设落后，包括多种物流和运输方式没有办法有效的衔接和对应……综上，我们与真正先进的物流运输水准仍有差距，信息化、科技化的建设尚未真正和物流行业结合起来，物流行业的企业对于物流信息化的发展也是摸石头过河，[②] 并没有完整、详细的规划。行业内没有统一的信息系统，依然处于物流与信息割裂开来的状态，所以我们国家的国际物流企业的规模都不大，不仅在管理模式上没有办法扩

---

① 参见马可佳：《智慧物流成中国物流集团重要发展方向》，载《现代物流报》2021年12月13日，A07版。

② 参见储春银：《企业物流信息化的发展及其在供应链管理中的应用研究》，载《商讯》2021年第31期。

大，而且在实际操作中也没有办法承担大体量的业务和项目，所面向的业务也是比较单一的，各个环节没有办法咬合，业务面的单一化致使无法形成完整的物流产业链条。[①] 我国没有在国际上可以做到全球物流能力的物流企业或公司，但是像是 DHL 等国际快递在该方面具有一定垄断地位。我国中小物流企业在物流行业中的生存能力往往需要依附于与大公司合作，它们自身抵抗风险的能力很差，没有办法有更多的资金投入技术研发，对于自己的员工也没有办法提供很好很长远的发展平台，导致人才流失。我们的民营企业虽然也扮演重要角色，但是融资难的问题已经是长远问题。这些都是阻碍物流行业整体向前发展的重要因素。

除上述宏观问题之外，我们在日常生活中亦会因物流、运输行业发展的不完备而遇到各种问题：在收取快递时，常会发现有时候自己的快递丢失但是却不知道从哪里找回，不知道向谁找，丢了就是丢了，也没有什么维权的具体的指示和方法。这其实也代表，国内的很多物流企业是中小企业和民营企业，但同时他们的经营在各方面都是不够规范的。对于这些企业来说，其缺乏服务的意识，也缺少对法律的畏惧和研究，其社会责任感和社会诚信体系亦很薄弱。另外，政策引导和开路，对于一个行业的发展是必要的，但我国对于物流、运输行业发展的政策尚不完善，如上述丢快递不知向谁索赔和投诉的情况在强制性法律法规中并无规定，地方发布的地方性法规也存在着地域的限制，并不具备法律的普遍适用性，所以想要在宏观上对物流行业有一个整体的了解和把控，还是需要建立一个完备的法律制度体系。

综观全局，我国物流、运输行业未来的发展走向依旧光明：首先，我国物流行业的规模会进一步扩大，这是因为物流行业与其他行业的连带性质，是互相促进不可分割的，随着经济的整体发展和进步，经济体量随之膨胀，物流行业势必将会随着经济体量的膨胀而进一步扩大。如果我国的贸易可以安全的稳步前进，那么在未来十年，我们在全球贸易中会有相当大的市场地位，随之在国际上的物流业的体量也会变大。其次，科技化是物流运输行业

① 参见杨扬：《运输管理与物流管理的必要关系与未来的发展前景探讨》，载《商讯》2021 年第 36 期。

发展的必然趋势，信息化和物流行业相结合是必然的，互联网领域的技术的革新会深刻影响甚至改变物流运输行业的发展。最后，国家关于全球供应链的布局与落实“一带一路”倡议，既是实现我国与各个国家的合作和实现共同发展的共赢基石，也为我国的物流行业打开了新的市场和发展的空间。在未来，物流市场会更加的规范化，这不仅仅是因为物流行业的技术将更加成熟，更是因为相关法律体系的愈加完备，各地区物流行业的发展也不会再存在巨大的差距。

二、物流、运输行业高发刑事风险

物流、运输行业高发罪名规定于《刑法》第 133 条（交通肇事罪），即违反交通运输管理法规，因而发生重大事故，致人重伤、死亡或者使公私财产遭受重大损失的行为；或交通运输肇事后逃逸或者有其他特别恶劣情节；因逃逸致人死亡的行为。交通肇事罪在人们的日常生活里同样高发，而在物流、运输行业中，因货物体积大，驾驶时间长等等原因会使运输者、驾驶者触犯该罪名的概率更高。因此，若想规避此类犯罪，物流、运输企业应格外注意对运输工具的养护及工作人员的培训，比如，货运的车辆一定要是合格的车辆，定期养护维修，防止因为车辆的原因造成的交通肇事罪；再如，坚决杜绝超载现象，保证驾驶司机的生命安全，也是保障其他驾驶人员的生命安全。又如，对驾驶司机进行专业的培训，避免他们的疲劳驾驶，还有一旦发生交通事故，第一时间应该如何处理等。

当然，物流运输除了以公路为通道外，还有铁路、航空等途径，后二者的运输规模、成本较公路运输高，一旦发生事故，可能会造成更大的经济损失和更严重损害他人生命财产安全的后果。根据《刑法》第 132 条规定：航空人员违反规章制度，致使发生重大飞行事故，造成严重后果的，处 3 年以下有期徒刑或者拘役；造成飞机坠毁或者人员死亡的，处 3 年以上 7 年以下有期徒刑。这一条也可能成为物流企业应当规避的刑事风险之一，尤其对于跨境、跨国、有自己的铁路或航空运输业务等物流企业来说更为必要。

由图 6 - 1 可知，与物流运输行业相关的刑事案件，法院受理的高发地

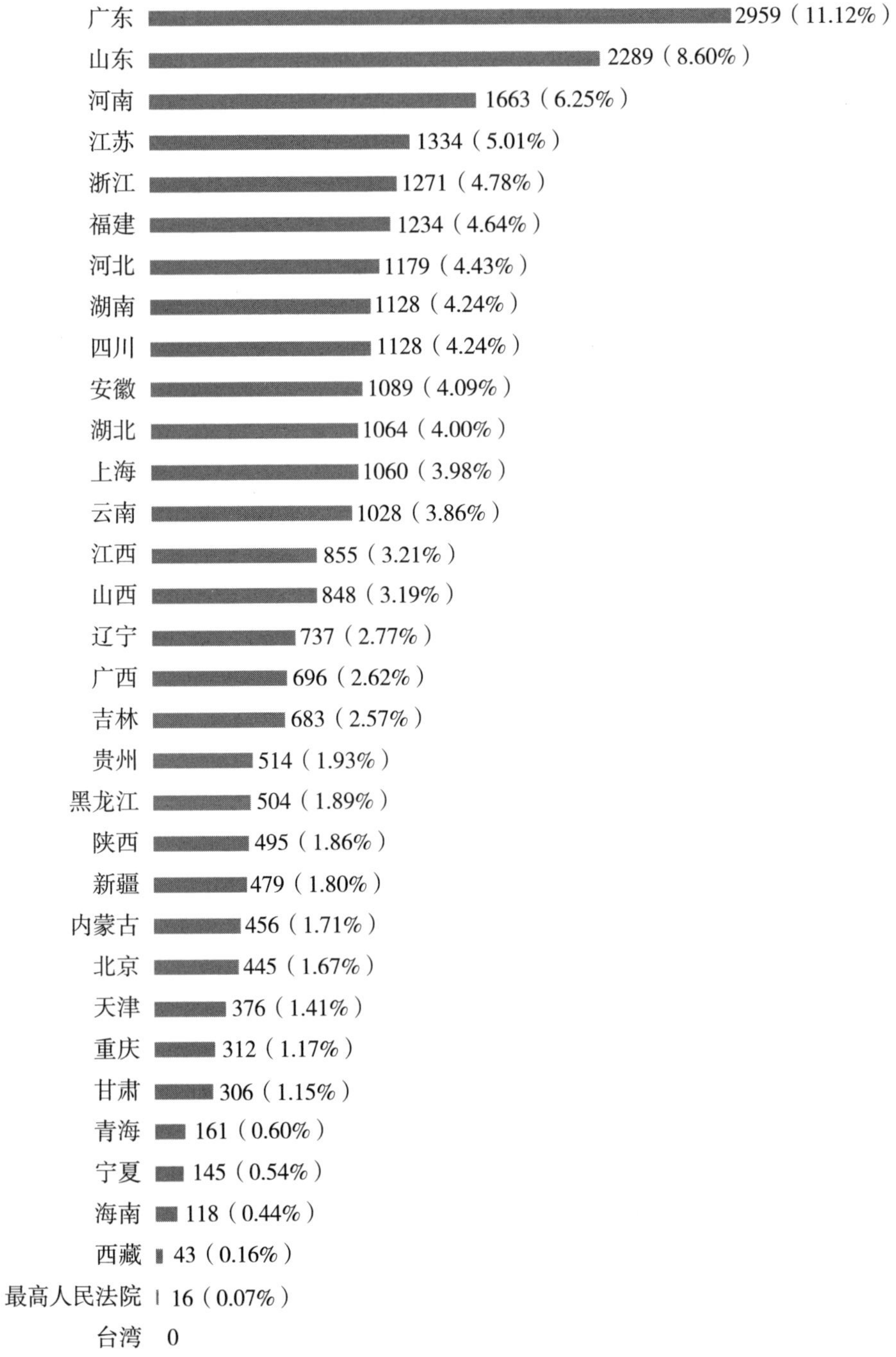

图 6－1　物流、运输行业犯罪高发地区

注：统计内容未包括香港特别行政区和澳门特别行政区。

区是广东，山东、河南以及江浙沪地区，最少的是我国台湾地区和西藏、海南、宁夏、青海，其中，由最高人民法院处理的物流、运输行业的刑事犯罪案件的比率仅在0.07%。这说明和物流、运输行业相关的犯罪，几乎不是特别严重的犯罪，但从犯罪频率上而言较为高发。受地区发达程度，地区地理环境等原因的影响，不同地区的犯罪数据也不同，如青藏地区，因为海拔较高，人口稀少，相比江浙沪地区，物流行业发展欠发达，所以相关犯罪比较少。

物流、运输行业企业除其特性与交通安全相关，因而高发罪名与交通安全相关之外，作为普通企业，物流、运输企业同样与其他行业的企业一样，有在日常管理中可能面对的涉刑风险，如因物流企业的日常流水数据非常庞大，在审核时，其所对应的发票、油票等的合规审查非常繁杂，物流企业应该有刑事合规的意识，做好风险的规避，避免触犯虚开增值税专用发票类的犯罪；[①] 物流企业还应当注意规避走私类犯罪风险。现如今跨境电商的走私犯罪屡见不鲜，通过向客户出售大量的快递单，以此来空跑流量，触犯了走私犯罪的模式极为普遍。[②] 而在常态的走私类犯罪当中，又会伴随洗钱罪等罪行的发生。因此物流、运输行业对于走私类的犯罪，一定要有规避风险的意识；除此之外，在日常经营过程中，物流、运输企业还可能会触发合同诈骗罪和诈骗罪。总之，物流运输行业是一个多节点的行业，为了让企业健康稳定的发展，物流、运输企业应当重视企业相关的刑事合规的问题。所有问题都是见微知著，防患于未然的。对于具体的刑事犯罪风险和示例，在下文会有更加详细的介绍。

---

① 参见陈沈峰：《税务合规系列之二/大宗物流行业税务风险及合规策略》，载国枫律师事务所2021年4月13日，https：//www.grandwaylaw.com/en/guofengshijiao/3324.html。

② 参见杜鹏、龚卓、闫寒：《跨境电商走私犯罪：卖快递单被判刑》，载《中国海关》2020年第11期。

第二节　物流、运输行业高发罪名

一、重大飞行事故罪

（一）罪名介绍

法条依据：《刑法》第131条　航空人员违反规章制度，致使发生重大飞行事故，造成严重后果的，处三年以下有期徒刑或者拘役；造成飞机坠毁或者人员死亡的，处三年以上七年以下有期徒刑。

《民用航空法》第39条　本法所称航空人员，是指下列从事民用航空活动的空勤人员和地面人员：

（一）空勤人员，包括驾驶员、飞行机械人员、乘务员；

（二）地面人员，包括民用航空器维修人员、空中交通管制员、飞行签派员、航空电台通信员。

犯罪构成：

本罪侵犯的法益是空中运输安全；行为主体为航空人员，即从事民用航空活动的空勤人员和地面人员：空勤人员包括驾驶员、领航员、飞行通信员、机械员、乘务员，地面人员包括民用航空维护人员、空中交通管制员。飞行签派员、航空台通信员。航空人员的日常工作职责与交通运输安全直接挂钩，不能正确履行个人工作职责的航空人员，将极有可能造成重大飞行事故。本罪中所指违反规章制度是指违反包括《民用航空法》及其他相关部门规章等在内的与航空管理的相关制度行为，如航空维修人员不认真检查、维修航空器，未及时发现航空器的故障；领航员领航不正确，飞机起飞前，机长不对航空器进行全面检查，飞机遇险时机长未采取必要的挽救措施；机组人员未经机长批准擅自离开航空器等。

本罪的主观方面表现为过失，包括疏忽大意的过失和过于自信的过失，行为人在违反规章制度上可能出于故意，但他对于发生飞行事故的严重后果则是过失的，即他应当预见而未预见到可能发生的严重后果，或者虽然预见，但轻信可以避免，以致发生了严重的后果；若出于故意，则不构成本罪。

（二）典型案例

齐某某重大飞行事故案

【基本案情】

河南航空有限公司（以下简称河南航空）注册资本5亿元人民币，深圳航空有限责任公司（以下简称深圳航空）持股51%。其前身为2007年5月成立的鲲鹏航空有限公司（以下简称鲲鹏航空），2009年9月更名为河南航空，同年12月20日获得民航中南地区管理局颁发的运行合格证，主要经营支线客、货运输。被告人齐某某于2009年1月24日与鲲鹏航空签订飞行员借用协议，从深圳航空到鲲鹏航空工作，并于同年4月8日被聘为E190机型飞机机长。

2010年8月24日晚，齐某某担任机长执行河南航空E190机型B3130号飞机哈尔滨至伊春VD8387定期客运航班任务，由朱某某担任副驾驶，二人均为首次执行伊春林都机场飞行任务。当日航班上共有96人，其中机组5人，乘客91人。20时51分飞机从哈尔滨太平国际机场起飞，21时10分飞行机组首次与伊春林都机场塔台建立联系，塔台管制员向飞行机组通报着陆最低能见度为2800米。按照河南航空《飞行运行总手册》的规定，首次执行某机场飞行任务应将着陆最低能见度增加到3600米，但飞行机组没有执行此规定，继续实施进近。21时33分50秒飞行机组完成程序转弯，飞机高度1138米，报告跑道能见，机场管制员发布着陆许可，并提醒飞行机组最低下降高度440米。按照《中国民用航空局大型飞机公共航空运输承运人运行合格审定规则》的规定，当飞机到达最低下降高，在进近复飞点之前的任何时间内，驾驶员至少能清楚地看到和辨认计划着陆跑道的目视参考，方可继续进近到低于最低下降高并着陆。21时37分31秒飞机穿越最低下降高度440米，但此时飞机仍然在辐射雾中，飞行机组未能看见机场跑道。21时38分05秒至08秒飞机无线电高度自动语音连续提示飞机距离地面高度。此时飞行机组始终未能看见机场跑道，未建立着陆所必需的目视参考，未采取复飞措施。21时38分08秒飞机在位于伊春市林都机场30号跑道入口外跑道延长线上690米处坠毁。事故发生后，机长齐某某擅自撤离飞机。机上幸存人员分别通过飞机左后舱门、驾驶舱左侧滑动窗和机身壁板的两处裂口逃生。事故共造成41名乘客和3名机组人员死亡，14人重伤，29人轻伤，8人轻微伤，1人未作伤情鉴定，直接经济损失人民币30,891万元。

事故发生后的第3天，成立了由原国家安全监管总局、公安部、原监察部、国资委、民航局、全国总工会和黑龙江省人民政府及有关部门组成的事故调查组，开展调查工作。调查组经过一年多的调查，2012年6月29日公布调查报告。调查报告中“直接原因”的第一点即是：“机长（齐某某）违反河南航空《飞行运行总手册》的有关规定，在低于公司最低运行标准的情况下，仍然实施进近”；在处理意见中指出：齐某某负有直接责任，建议依法追究其刑事责任。[①]

【裁判结果】

法院认为，被告人齐某某作为客运航班当班机长，违反航空运输管理的有关规定，违规操纵飞机实施进近并着陆，致使飞机坠毁，造成机上44人死亡、52人受伤，直接经济损失人民币30,891万元的严重后果，其行为已构成重大飞行事故罪，应当依法承担刑事责任。根据国家安全生产监督管理总局[②]事故调查报告，本起事故的直接原因是机长及飞行机组违规操纵飞机，齐某某作为机长应对事故发生负直接责任。鉴于本案的具体情节及齐某某认罪悔罪的表现，可对齐某某从轻处罚。依照《刑法》的相关规定，认定被告人齐某某犯重大飞行事故罪，判处有期徒刑3年。

相关资料表明，有高达90%的飞行事故中是由于人为因素造成的，而其中航空人员的责任又占相当大的比例。[③] 在本案中，齐某某与鲲鹏航空签订飞行员借用协议，从深圳航空到鲲鹏航空工作，并担任机长执行河南航空E190机型B3130号飞机哈尔滨至伊春VD8387定期客运航班任务，即齐某某属于航空人员，符合本罪的主体要件。

而在客观层面，基于河南航空《飞行运行总手册》与《中国民用航空局大型飞机公共航空运输承运人运行合格审定规则》对飞机着陆能见度有相关

---

① 参见《应急管理部河南航空有限公司黑龙江伊春“8·24”特别重大飞机坠毁事故调查报告》，载 https：//www. chinasafety. gov. cn/newpage/Contents/Channel_4188/2012/0629/172797/content 172797。

② 现为应急管理部，后文不再赘述。

③ 参见杨惠：《重大飞行事故罪的构成特征与思考》，载《中国刑事法杂志》2002年第5期。

规定的前提下，齐某某作为机长，在首次执飞时并未按照相关规定，未将着陆最低能见度增加到3600米，且在最后降落阶段时，飞行机组始终未能看见机场跑道，但机组未建立着陆所必需的目视参考，也未采取复飞措施，直接导致飞机在位于伊春市林都机场30号跑道入口外跑道延长线上690米处坠毁，造成了大量人员伤亡。机长齐某某有违反航空管理制度的行为，造成了严重事故，且事故的发生与机长齐某某违反航空管理制度的行为存在因果关系，应当构成本罪。

本罪侵犯的法益是空中运输安全，属公共安全范畴，其危害的是不特定、多数人的生命、财产安全。也有学者认为，重大飞行事故罪的犯罪客体应是双重的，既包括公共安全，也包括飞行安全管理制度，即违反规章制度本身就构成对民用航空飞行安全管理制度的侵犯。[①] 学界与实务界对于本罪的构成要件理解大体一致，对于立法目的认知大体一致，即本罪制定的目的在于强化航空人员责任心和遵章守纪的安全意识，预防航空人员责任事故，保障飞行安全和公共安全。

本罪主体要件的特殊性限缩了可被追究本罪的行为人员范围，即航空人员；同样，本罪对所违反的制度与规定也有范围要求，即属于航空相关的制度、规定，这就要求航空运输公司在对于航空人员的安全、合规意识的树立上多下功夫。如在本案中，尽管航空局、航空公司有大量的规定，若实际操作人员无视这类规定，错误执飞，则将极有可能造成严重后果。本罪对于行为人的主观行为过失，但无论是疏忽大意的过失还是过于自信的过失，行为人都应当预见不按规定执飞可能发生的严重后果，或者行为人虽然预见，但其轻信可以避免，以致最终发生了严重后果。因此，航空运输公司应当将安全、合规的培训工作落在平常，所有航空人员都应完全理解并全面落实相关制度、规定，才可最大程度上降低事故发生的概率。

本罪中航空运输公司虽然并非行为主体，但航空公司工作人员涉刑，势必将对公司本身产生包括社会影响降低、行政机关调查等一系列不利后果。因此，无论本罪刑罚是否及于公司本身，基于运输行业本身在刑法中所涉特定领域罪

---

① 参见杨惠：《重大飞行事故罪的构成特征与思考》，载《中国刑事法杂志》2002年第5期。

名较少，行业特性十分明显，航空公司都应对预防此罪发生引起重视。

二、铁路运营安全事故罪

（一）罪名介绍

法条依据：《刑法》第132条　铁路职工违反规章制度，致使发生铁路运营安全事故，造成严重后果的，处三年以下有期徒刑或者拘役；造成特别严重后果的，处三年以上七年以下有期徒刑。

犯罪构成：

本罪与重大飞行事故罪在构成要件上有诸多相似部分，侵犯的法益为铁路运营安全，一旦发生铁路运营事故，后果将极为惨重会造成不特定多数人的重伤、死亡。铁路系指我国铁路，包括国家铁路、地方铁路、专用铁路和铁路专用线。铁路运营安全包括国家铁路、地铁、地方铁路、专用铁路和铁路专用线的运营安全。①

与重大飞行事故罪相似，铁路运营安全事故罪的犯罪主体为特殊主体，只有铁路职工才能成为本罪主体。铁路职工，具体是指直接从事铁路运营的人员和与铁路运营安全直接有关的其他人员。如机车乘务员、列车检修员、调度员、车站值班员、信号员（扳道员）等。

本罪在客观方面表现为行为人不负责任，在铁路运输活动中违反规章制度，因而发生运营事故，情节严重的行为。该行为必须系违反同保障铁路运输安全有直接关系的各种规章制度。“违反规章制度”，是构成本罪的前提，同时，这种违反规章制度的行为，导致了铁路运营事故的发生。行为既可以是作为，如超速行驶、错扳道岔、错发信号等；也可以是不作为，如过道口未鸣笛示警、扳道员不按时扳道岔、岔道口不减速等。且该行为必须造成了重大事故，二者之间存在因果关系。

本罪在主观方面与重大飞行事故罪类似，表现为过失，包括疏忽大意的过失和过于自信的过失。行为人在违反规章制度上可能出于故意，但对于发

① 参见刘华：《对铁路运营安全事故罪的分析和思考》，载《山西省政法管理干部学院学报》2004年第4期。

生交通肇事的严重后果则是过失的，即应当预见而未预见，或预见到但轻信可以避免，以致发生了严重的后果；若主观为故意，则不构成本罪。

（二）典型案例

王某某犯铁路运营安全事故罪案

【基本案情】

2018年2月25日19时37分许，被告人王某某在中国铁路哈尔滨局集团有限公司管内拉滨线70公里870米监护道口作业时，在接到72公里、71公里道口员联控后，按规定应立即出场关闭道口拦门，王某某违反相关规章制度，没有依规将道口拦门关闭，致使一辆白色江铃牌轻型普通货车抢越铁路道口，并与途经道口的34019次货运列车相撞。事故造成货车驾驶员柳某受伤，车内同行人佟某死亡，造成直接经济损失合计人民币19,281,500元，并中断铁路行车2小时59分钟。被告人王某某辩称其因心脏难受而失去知觉才造成事故的发生。

【裁判结果】

法院认为，被告人王某某作为铁路职工，在作业过程中违反相关规章制度，致使发生铁路运营安全事故，造成一人死亡一人轻伤的严重后果，其行为已构成铁路运营安全事故罪。依照《刑法》第132条的规定，判决被告人王某某犯铁路运营安全事故罪，判处有期徒刑1年。

本案中，被告人王某某作为铁路职工，在作业过程中违反相关规章制度，致使发生铁路运营安全事故，造成一人死亡一人轻伤的严重后果，其行为已构成铁路运营安全事故罪。虽然被告人王某某提出了发生重大责任事故时自己犯心脏病睡着的辩解理由，但被告人未能向法庭提供出自己曾经因心脏病发作而发生昏厥的证据。因此，被告人构成铁路运营安全事故罪。

铁路运输业职工的工作直接关系着铁路运营的安全，不仅关乎经济利益，还关乎人民群众的生命安全。因此，基于职务与维护公共安全的双重要求，每位铁路职工都应在其工作岗位中正确履行职责。关于铁路运营安全事故罪的历法起源，系随着铁路运输的发展，在1997年修订刑法时，将本罪从重大责任事故罪中分离出来而单独增设，以突出对此类犯罪的打击与惩治，以保障、保护铁路运输安全，促进我国铁路建设事业平稳发展。

本罪侵犯的法益是铁路运输安全，属公共安全范畴，其危害的是不特定、多数人的生命、财产安全。特定主体过失违反相关规章制度致使发生铁路运营安全事故。在对本罪相关案例进行检索分析时，笔者注意到，本罪被追究刑事责任的主体职位大多为铁路运输部门的一线员工，而负责管理一线员工的领导、管理人员通常也会因此被给予一定的行政处分，如降级、记过等。由此可见，为更好、更全面地进行刑事合规，不仅应对一线员工培养安全意识，铁路运输的领导成员也应对铁路运营安全提起注意，防止铁路运营安全事故的发生，并对铁路运营各个环节进行安全监督检查。否则，管理人员亦有可能因为怠于履行注意义务造成铁路运营安全事故而承担监督过失责任。

三、走私类犯罪

（一）罪名介绍

法条依据：《刑法》第151条　走私武器、弹药、核材料或者伪造的货币的，处七年以上有期徒刑，并处罚金或者没收财产；情节特别严重的，处无期徒刑，并处没收财产；情节较轻的，处三年以上七年以下有期徒刑，并处罚金。

走私国家禁止出口的文物、黄金、白银和其他贵重金属或者国家禁止进出口的珍贵动物及其制品的，处五年以上十年以下有期徒刑，并处罚金；情节特别严重的，处十年以上有期徒刑或者无期徒刑，并处没收财产；情节较轻的，处五年以下有期徒刑，并处罚金。

走私珍稀植物及其制品等国家禁止进出口的其他货物、物品的，处五年以下有期徒刑或者拘役，并处或者单处罚金；情节严重的，处五年以上有期徒刑，并处罚金。

单位犯本条规定之罪的，对单位判处罚金，并对其直接负责的主管人员和其他直接责任人员，依照本条各款的规定处罚。

《刑法》第152条　以牟利或者传播为目的，走私淫秽的影片、录像带、录音带、图片、书刊或者其他淫秽物品的，处三年以上十年以下有期徒刑，并处罚金；情节严重的，处十年以上有期徒刑或者无期徒刑，并处罚金或者没收财产；情节较轻的，处三年以下有期徒刑、拘役或者管制，并处罚金。

逃避海关监管将境外固体废物、液态废物和气态废物运输进境，情节严重的，处五年以下有期徒刑，并处或者单处罚金；情节特别严重的，处五年以上有期徒刑，并处罚金。

单位犯前两款罪的，对单位判处罚金，并对其直接负责的主管人员和其他直接责任人员，依照前两款的规定处罚。

《刑法》第153条　走私本法第一百五十一条、第一百五十二条、第三百四十七条规定以外的货物、物品的，根据情节轻重，分别依照下列规定处罚：

（一）走私货物、物品偷逃应缴税额较大或者一年内曾因走私被给予二次行政处罚后又走私的，处三年以下有期徒刑或者拘役，并处偷逃应缴税额一倍以上五倍以下罚金。

（二）走私货物、物品偷逃应缴税额巨大或者有其他严重情节的，处三年以上十年以下有期徒刑，并处偷逃应缴税额一倍以上五倍以下罚金。

（三）走私货物、物品偷逃应缴税额特别巨大或者有其他特别严重情节的，处十年以上有期徒刑或者无期徒刑，并处偷逃应缴税额一倍以上五倍以下罚金或者没收财产。

单位犯前款罪的，对单位判处罚金，并对其直接负责的主管人员和其他直接责任人员，处三年以下有期徒刑或者拘役；情节严重的，处三年以上十年以下有期徒刑；情节特别严重的，处十年以上有期徒刑。

对多次走私未经处理的，按照累计走私货物、物品的偷逃应缴税额处罚。

《刑法》第154条　下列走私行为，根据本节规定构成犯罪的，依照本法第一百五十三条的规定定罪处罚：

（一）未经海关许可并且未补缴应缴税额，擅自将批准进口的来料加工、来件装配、补偿贸易的原材料、零件、制成品、设备等保税货物，在境内销售牟利的；

（二）未经海关许可并且未补缴应缴税额，擅自将特定减税、免税进口的货物、物品，在境内销售牟利的。

《刑法》第155条　下列行为，以走私罪论处，依照本节的有关规定处罚：

（一）直接向走私人非法收购国家禁止进口物品的，或者直接向走私人非法收购走私进口的其他货物、物品，数额较大的；

（二）在内海、领海、界河、界湖运输、收购、贩卖国家禁止进出口物品的，或者运输、收购、贩卖国家限制进出口货物、物品，数额较大，没有合法证明的。

《刑法》第 156 条　与走私罪犯通谋，为其提供贷款、资金、账号、发票、证明，或者为其提供运输、保管、邮寄或者其他方便的，以走私罪的共犯论处。

《刑法》第 157 条　武装掩护走私的，依照本法第一百五十一条第一款的规定从重处罚。

以暴力、威胁方法抗拒缉私的，以走私罪和本法第二百七十七条规定的阻碍国家机关工作人员依法执行职务罪，依照数罪并罚的规定处罚。

犯罪构成：

走私类犯罪为一大类犯罪，具体包括走私武器、弹药罪；走私核材料罪；走私假币罪；走私文物罪；走私贵重金属罪；走私珍贵动物、珍贵动物制品罪等。该类犯罪侵害的法益是国家对外贸易管理制度和海关监管制度。

值得注意的是，走私罪是跨境犯罪，而非境内犯罪。因此，在本罪犯罪主体方面，若要达到走私的目的，通常系以单位或团伙实施，单个人很难完成整个走私行为，所以走私罪主体通常涉及两个以上的自然人或单位，在刑法上则表现为共同犯罪或单位犯罪。论及单位犯罪，根据我国《刑法》第 153 条的规定，走私普通货物物品罪采取的是区别对待的原则，这就意味着同样的犯罪情节，若定单位犯罪，直接负责的主管人员和直接责任人员最高判 10 年以上有期徒刑，若定自然人犯罪，最高可判无期徒刑。

本罪客观方面系行为人实施了故意逃避海关监管、破坏国家对外贸易管制的行为。

本罪主观方面要求为直接故意犯罪，对故意认识的具体内容，因走私行为的具体方式以及走私对象的不同而有所区别。实践证明，行为人是否具有走私罪的故意，常常是司法实践难以认定的问题。

走私罪的对象有三个特点：（1）管控性。无论是禁止进出口货物物品、限制进出口货物物品，还是应税货物物品，都是国家对外贸易统管的范围，不可以完全自由进出。（2）可变性。随着国家对外贸易政策的调整，走私罪的对象会发生变化。这不仅表现在国家关税政策的调整、税率的变化上，也表现在禁止、限制进出口的货物物品处在时刻变化中。（3）地域性和专用性。表现为保税货物、特定减免税货物，根据国家优惠政策，只能在特定区域、特定企业使用，超过特定区域、特定企业使用，就构成走私。①

（二）典型案例

大连三通国际物流有限公司、秦某某走私普通货物、物品罪一案

【基本案情】

2017 年 1 月至 2019 年 5 月，被告单位大连三通国际物流有限公司（以下简称大连三通公司）以包干费（将清关过程中产生的报关、报检、关税、增值税、港杂、运费等费用全部由报关行按货物种类计算完毕，分摊到每件商品，货主按货物种类支付每件货物的清关费用）的形式收取代理进口日本小商品清关业务费用。大连三通公司为在通关代理市场竞争中取得价格优势，被告人谷某、李某某经向大连三通公司副总经理被告人秦某某请示，在得到秦某某许可后，二人伪造合同、发票、箱单等单据，低报实际成交价格向海关申报，偷逃税款。

具体方式为：被告人郭某某在日本成某一株式会社采购日本产母婴用品，委托日本三通国际物流株式会社（大连三通公司 100% 出资）代理出口到中国，并以个人名义与秦某某实际控制的顺恩国际贸易（大连）有限公司（以下简称顺恩公司）、安某（大连）国际贸易有限公司（以下简称安某公司）签订代理进口协议，委托大连三通公司代理进口报关。三通国际物流株式会社工作人员将出口货物的箱单、提单、发票等单据发送至李某 1 邮箱，由李某 1 负责郭某某的货物进口清关业务，李某 1 以顺恩公司作为经营单位或境内收货人、以秦某某担任法定代表人的大连北港国际物流有限公司（以下简

---

① 参见陈晖：《走私罪的十个命题与六条规律》，载上海海关律师网 2020 年 2 月 17 日，http：//www. shhgls. com/haiguanzousifanzui/771. html。

称北港公司）作为申报单位向海关申报的过程中，提交伪造的低于实际成交价的合同、发票等单据。2017 年 11 月 15 日，李某 1 在微信中明确告知郭某某其代理向海关申报时存在低报价格的情形，郭某某在此后仍继续委托大连三通公司代理进口报关。被告人谷某伪造低于实际成交价的合同、发票等单据，先后以秦某某实际控制的顺恩公司、安某公司作为经营单位或境内收货人，以秦某某担任法定代表人的北港公司作为申报单位向海关申报，为国内货主黄某 1、黄某 2、张某、李某 2、敬某、赤峰华和万事通商贸有限公司（以下简称赤峰华和公司）等代理进口日本小商品报关；被告人李某 1 采取同样方式为客户梁某代理进口日本小商品报关。

经核定，大连三通公司、秦某某偷逃税款共计人民币 1,915,046.93 元；谷某偷逃税款共计人民币 1,109,292.64 元；李某 1 偷逃税款共计人民币 805,754.29 元；郭某某偷逃税款共计人民币 792,550.76 元。

【裁判结果】

法院认为，被告单位大连三通公司犯走私普通货物罪，判处罚金人民币 160 万元；被告人秦某某犯走私普通货物罪，判处有期徒刑 3 年，缓刑 4 年；被告人谷某犯走私普通货物罪，判处有期徒刑 3 年，缓刑 3 年 7 个月；被告人李某 1 犯走私普通货物罪，判处有期徒刑 1 年 4 个月，缓刑 1 年 6 个月；被告人郭某某犯走私普通货物罪，判处有期徒刑 3 年，缓刑 4 年，并处罚金人民币 40 万元。涉案扣押的赃物予以没收，违法所得予以追缴，由大连海关依法处理，上缴国库。

在本案中，被告单位大连三通公司、被告人秦某某、谷某、李某 1 违反海关规定，伪造合同、发票等商业单证为他人办理通关手续，被告人郭某某明知大连三通公司的上述行为，继续委托其代理进口报关，逃避海关监管，走私普通货物，偷逃应缴税额较大，情节严重，侵犯了我国海关监管制度，破坏了社会主义市场经济秩序，已构成走私普通货物罪。值得注意的是，法院在审理后，对于大连三通公司法定代表人同样作出了处理：“被告人秦某某作为被告单位大连三通公司直接负责的主管人员，被告人谷某、李某 1 作为其他直接责任人员，应当对公司的走私犯罪行为承担相应责任，其中，被告人秦某某、谷某偷逃税款情节严重。”由此可见，关于本罪，若构成单位犯罪，则直接责任人员与公司主要负责人都将难逃其责。

因本章落脚为物流运输企业，因此，本部分阐述将着重考虑有关单位走私犯罪。走私犯罪因其罪名繁多，且根据走私对象的不同，通常较好区分，且对于本罪的犯罪原因，无外乎通过规避相关制度，以达到赚取高额利润、避税盈利的目的。因此，此处笔者将讨论在实践中争议较多的一个问题：对于境外物流运输企业或运输船只为外籍能否成为单位走私犯罪主体的问题。实践中，境外物流运输企业实施、参与或雇用他人实施走私犯罪时有发生，多数是境外物流运输企业使用外籍船只运送货物走私入境。对这类案件，法院若对境外物流运输企业以单位走私犯罪进行处罚，常面临难以查明、确定该境外企业的性质，且在判决后难以执行的问题；加之，若以单位犯罪起诉，且该境外物流运输企业不派诉讼代表人出庭，在这种情况下，即使法院作出判决，也很难达到较好效果。此外，当走私船是公司财产，根据相关规定，无法予以没收，那么该企业可能无法被追究责任。针对这种情况，各地法院处理方式有别，有的按个人走私处理，有的按单位犯罪追究直接责任人员，但总体法院倾向境外物流运输企业可以成为单位走私犯罪主体。因此，若物流运输企业本身涉及外资背景，或相关船只为外籍，即使存在上述情况，也应注意勿钻法律空子，依法依规经营。

四、交通肇事罪

（一）罪名介绍

法条依据：《刑法》第 133 条　违反交通运输管理法规，因而发生重大事故，致人重伤、死亡或者使公私财产遭受重大损失的，处三年以下有期徒刑或者拘役；交通运输肇事后逃逸或者有其他特别恶劣情节的，处三年以上七年以下有期徒刑；因逃逸致人死亡的，处七年以上有期徒刑。

犯罪构成：

本罪侵犯的法益系指交通运输安全，即交通肇事行为在客观上对不特定多数人的生命财产安全造成了侵害，实质上是对公共安全造成了侵害。

本罪的主体是一般主体，包括从事交通运输和非交通运输的人员，本罪不属于身份犯。从事交通运输的人员是指一切直接从事交通运输业务同保证交通运输安全有直接关系的人员，主要包括四类人员：一是直接操纵各种交通运输工具的人员，如驾驶员；二是交通运输活动的直接领导和指挥人员，如列车长、调度员；三是交通设备的操纵人员，如扳道员；四是交通运输安全的管理人员，如交通警察。非交通运输人员是指除从事交通运输人员以外的任何人。

本罪主观方面系为过失，即行为人对自己交通肇事行为的严重后果应当预见，但由于疏忽大意而未预见，或虽预见，但行为人轻信能够避免，以致最终造成了严重后果。但要注意的是，这种过失是行为人对所造成的严重后果的心理态度，而对于违反交通运输管理法规本身，则可能是明知故犯。

本罪在客观方面表现为违反交通运输法规，发生重大事故，致人重伤、死亡或者使公私财产遭受重大损失。交通运输管理法规，主要指公路、水上交通运输中的各种交通规则、操作规程、劳动纪律等，同时也包括铁路、航空交通运输中的各种管理法规，交通肇事的结果必须由违反规范保护目的的行为所引起，二者之间应有因果关系。

（二）典型案例

乌鲁木齐天之龙货物运输有限公司哈密分公司、李某某交通肇事罪一案

【基本案情】

2017年11月11日18时30分许，在哈密市伊州区骆驼圈子红星二牧场自建路路段，被告人李某某在无驾驶资格的情况下驾驶×××号重型自卸车由东向西行驶时，在超车过程中与同方向行驶的被害人罗某驾驶的新22-B00××号大中型拖拉机发生碰撞，造成罗某受伤，车辆受损的道路交通事故，李某某在此次事故中承担全部责任。经鉴定，被害人罗某的损伤属重伤一级。

事故发生后，交警到现场进行询问时，李某某谎称自己不是驾驶员随后逃离现场，后于2017年12月5日向公安机关投案。在本院取保候审期间违反取保候审规定，经上网追逃，于2018年10月5日被抓获。

此外，被告人李某某系附带民事诉讼被告人黄某雇佣的驾驶员，被告人李某某驾驶的×××号重型自卸货车实际车主为黄某，该车登记在附带民事诉讼被告天之龙货运公司哈密分公司名下，以该公司名义在附带民事诉讼被告人保财险公司购买了交强险，事故发生在保险期内。事故发生后附带民事诉讼被告人黄某垫付被害人医疗费85,000元。

【裁判结果】

法院认为，被告人李某某违反交通运输管理法规，无证驾驶机动车，引发交通事故致一人重伤，负事故全部责任，其行为构成交通肇事罪。依照《刑法》第133条、《侵权责任法》（已失效）第16条、2012年《最高人民法院关于适用〈中华人民共和国刑事诉讼法〉的解释》第138条第2款之规定，以被告人李某某犯交通肇事罪，判处有期徒刑4年；附带民事诉讼被告中国人民财产保险股份有限公司哈密市分公司于本判决生效后10日内一次性赔偿附带民事诉讼原告人罗某各项损失122,000元；于本判决生效后10日内一次性赔偿附带民事诉讼原告人罗某各项损失845,201.83元（已扣减黄某垫付的85,000元），被告人李某某对上述款项承担连带清偿责任；驳回附带民事诉讼原告人罗某其他诉讼请求。

本案中，被告人李某某违反交通运输管理法规，无证驾驶机动车，引发交通事故致一人重伤，其行为构成交通肇事罪。上诉人黄某没有尽到雇主责任，致使无驾驶证的原审被告人李某某驾驶重型自卸车上路并引发交通事故，其作为雇主应承担赔偿责任。但被告天之龙货运公司及其哈密分公司作为事故车辆×××号车登记车主，与本案损害后果没有法律上的因果关系，因此，不应承担任何责任。

对于本罪，虽在认定时不存在太大难度，但应提请注意的是，行为人若为物流运输企业的员工，其发生交通肇事行为时系在执行工作，那么其雇用单位，即物流运输企业将会吸收其员工的行为，作为雇主承担对被害人的赔偿责任，加之若行为人本身伤亡，则该企业同样需承担工伤责任，甚至于承担家属抚恤金等。除此之外，发生此类事件，对于企业本身社会形象树立将会产生极大的负面影响。

另外，尽管上述案例中货运公司未承担任何责任，但这并不意味着在所有情况下，物流运输企业都可以避免承担刑事责任。绍兴市公安局交通管理局于2020年曾通报一起交通运输亡人事故案例（“10·30”生产安全事故），案件中除肇事司机因涉嫌交通肇事罪被批准逮捕外，企业负责安全的责任人也被追究刑事责任：“经查，涉事企业存在安全生产主体责任不落实，重效益、轻安全，企业管理混乱，未有效履行对驾驶人安全生产教育培训和车辆管理等问题。洁达公司法定代表人刘某、洁达公司安管员马某也因涉嫌重大责任事故罪被刑拘。”① 绍兴市市交管局局长也表示：“今后我市一旦发生交通运输亡人事故，都将开展事故案件情况、企业主体责任等方面的调查（一案双查），对涉嫌犯罪的企业负责人将依法追究刑事责任。”由此可见，若要做好刑事合规，除事后补救及时之外，物流运输企业应当对企业内部人员安全培训与车辆管理提起高度重视，定期开展安全教育培训与车辆状况检查，尽量将交通肇事事故发生的风险概率降至最低。否则，除直接行为人之外，刑事责任的追究可能也会穿透企业管理层，对法定代表人或直接主管部人员同样追究刑事责任。

五、危险驾驶罪

（一）罪名介绍

法条依据：《刑法》第133条之一　在道路上驾驶机动车，有下列情形之一的，处拘役，并处罚金：

（一）追逐竞驶，情节恶劣的；

（二）醉酒驾驶机动车的；

（三）从事校车业务或者旅客运输，严重超过额定乘员载客，或者严重超过规定时速行驶的；

（四）违反危险化学品安全管理规定运输危险化学品，危及公共安全的。

机动车所有人、管理人对前款第三项、第四项行为负有直接责任的，依照前款的规定处罚。

---

① 《绍兴首起！重型货车肇事致2死，企业法人也被刑拘》，载绍兴网2020年12月3日，http：//www. shaoxing. com. cn/p/2840137. html。

有前两款行为，同时构成其他犯罪的，依照处罚较重的规定定罪处罚。

犯罪构成：

就《刑法》整体框架而言，本罪规定于“危害公共安全罪”一章，本罪侵犯的法益与交通肇事罪一致，即交通运输安全，危险驾驶的行为危及了公共安全，给公共安全带来了潜在的危险，即对不特定且多数人的生命、身体或者财产的危险。

本罪客观表现为四个方面：在道路上醉酒驾驶机动车；在道路上驾驶机动车追逐竞驶，且情节恶劣；从事校车业务或者旅客运输，严重超过额定乘员载客，或者严重超过规定时速行驶；违反危险化学品安全管理规定运输危险化学品，危及公共安全的。因此，通常而言，构成本罪要求在客观方面需同时满足以下条件。

“追逐竞驶型”行为，即“行为人在道路上驾驶机动车高速行驶，肆意追逐其他车辆，或者肆意超越其他车辆，行驶过程中频繁或者突然并线，近距离驶入其他车辆之前等一系列危险驾驶的行为”。“追逐竞驶型”危险驾驶行为主要的特征有三：第一，该行为的实施空间是道路，包括但不限于交通安全法所定义的“用于公众通行的场所”。第二，追逐竞驶的车辆行驶速度要通过多种外在因素进行综合考量，包括环境、地点、时间等。第三，《刑法》以“情节恶劣”为前提限制对追逐竞驶行为的处罚，在具体案件中需要法官综合考虑危险性程度、行为人的主观心态、道路环境等因素分析判断是否构成“追逐竞驶型”危险驾驶罪。

“醉驾型”行为，即行为人在明确知晓其在道路上醉酒驾驶机动车，不顾自身和他人的生命、财产安全，并放任危险状态持续存在的危害公共安全的行为。首次将醉酒驾驶行为以危险驾驶罪予以规制的系《刑法修正案（八）》。我国目前认定行为人醉酒驾车是以其血液中的酒精含量为标准的，即以每100毫升血液中的酒精含量为标准，划分为小于20毫克（不含）、20毫克（含）到80毫克（不含）、大于80毫克（含）三个档次，依各档次确定为无责、饮酒驾车和醉酒驾车三类行为，饮酒驾车的将被行政处罚，醉酒驾车的将被追究刑事责任。

“运输危险化学品型”行为，即从事运输危险化学品的个体，违反运输危险化学品的相关安全管理规定，在运输过程中危及公共安全的行为。《刑法修正案（九）》正式将此类行为确定为危险驾驶罪，构成本罪是以违反有关危险化学品相关运输管理规定并危及公共安全为前提的。

“超限超载型”行为，即严重超过规定时速行驶和严重超过额定乘员载客的行为。根据《刑法修正案（九）》的规定，将“超限超载型”危险驾驶犯罪行为主体明确为从事校车业务或者旅客运输这两类。构成“超限超载型”危险驾驶罪的前提是有两个：一是行为人必须是从事旅客运输或者校车业务；二是必须严重超员或者严重超速。①

而对于情节恶劣，鉴于法律并未对此作出任何具体的规定，但通过分析立法本意并对相关案例进行检索研究可知，对此的认定可举例为在闹市区、高速公路上发生危险驾驶的行为。此处应当格外提起注意的是，本罪此处的“情节恶劣”并不包括致人重伤或死亡的情形，因本罪是行为犯，只要有法律规定的四种危险驾驶的行为即构成本罪，若还造成其他严重后果的，则应当按照交通肇事罪或其他罪名处罚。

本罪主体为一般主体，非身份犯，常见的主体为机动车驾驶员。

本罪主观方面表现为故意，即明知自己在道路上醉酒驾驶机动车或者在道路上驾驶机动车追逐竞驶的行为危害到公共安全而希望或放任这种状态的发生，致使产生了不利后果。

（二）典型案例

天水长帆货运有限公司、付某危险驾驶罪一案

【基本案情】

2018 年 3 月 31 日下午及晚上，被告人付某与郭某等人在舟曲县茶楼、KTV 内饮酒。4 月 1 日 5 时许，付某驾驶×××号小型轿车自舟曲县驶往迭部县城，9 时 10 分许，行驶至省道 313 线 156km + 600m 处（迭部县电尕镇拉路村附近弯道），与对向行驶的曾某驾驶的×××号重型仓栅式货车

---

① 参见严振鹏、马振凯：《“超载型”危险驾驶罪的入罪标准及量刑规范问题研究　以西宁市为研究对象》，载西宁市中级人民法院官网 2019 年 5 月 18 日，https：//xnzy. chinacourt. gov. cn/article/detail/2019/09/id/4425916. shtml。

会车时发生侧面相撞，造成付某受伤，两车受损的道路交通事故。事故发生后，交警大队民警将付某送往迭部县人民医院救治并进行了酒精含量检测，经检测付某血液酒精浓度为170.6mg/100ml，随后，提取了付某血样并送检。经甘肃陇通司法鉴定所鉴定，付某血液中检出乙醇，平均含量为264.15mg/100ml。经甘肃天辰司法鉴定所鉴定，×××号比亚迪牌小型轿车的转向装置、制动系统等安全技术状况符合《机动车运行安全技术条件》的相关技术标准要求；该车事故发生前的行驶速度约介于65.8～65.9km/h。×××号解放牌重型仓栅式货车的转向装置、制动系统等安全技术状况符合《机动车运行安全技术条件》的相关技术标准要求；该车事故发生前的行驶速度约介于64.9～67.5km/h。迭部县公安局交警大队事故责任认定书认定，付某负事故全部责任。经迭部县交警大队查询，付某未取得机动车驾驶证。

此外，天水长帆货运有限公司为本案的附带民事诉讼原告人，2017年11月，杨某在天水购得一辆高栏货车（×××号）挂靠在天水长帆货运有限公司名下，经营货运物流。曾某为杨某雇佣的司机，月工资5000元。2018年4月1日，曾某驾驶货车与杨某前往兰州拉货，行驶至两玛线156km+600m处时，与付某驾驶的×××号轿车相撞，致原告车辆严重损坏、被告受伤及车辆损坏的交通事故。事故发生后，杨某为付某垫付了医疗费，并支出了拖车费、吊车费、维修费，且车辆维修期间造成运营损失及工资损失。因此，要求付某赔偿拖车、吊车费3000元，车辆维修费18,065元，运营损失10,000元，司机工资5000元，退还垫付的医疗费1477.2元。

【裁判结果】

法院判决：

1. 被告人付某犯危险驾驶罪，判处拘役4个月，并处罚金人民币1000元。

2. 被告人付某赔偿附带民事诉讼原告人天水长帆货运有限公司车辆维修费18,065元，吊车费、拖车费3000元，返还垫付的医疗费1422元，共计22,487元。限判决生效后30日内一次性给付。

3. 驳回附带民事诉讼原告人天水长帆货运有限公司的其他诉讼请求。

本案中，被告人付某违反交通运输管理法规，醉酒后血液酒精含量达到200mg/100ml以上，又无驾驶机动车资格，而在道路上驾驶机动车，其行为已构成危险驾驶罪，且应负事故全部责任，并依法应从重处罚。被告人付某的犯罪行为造成附带民事诉讼原告人财产损失，应当承担赔偿责任。

对于本罪，上述案例中未对货运公司追究刑事责任，但本案系有一定特殊性，即司机与货运公司本身无雇佣关系，仅是使用了挂靠车辆。如上文中有关交通肇事罪的实务分析表述，行为人若发生危险驾驶行为时系在执行工作，那么其雇佣单位，即物流运输企业将会吸收其员工的行为，作为雇主承担对被害人的赔偿责任，加之若行为人本身伤亡，则该企业同样需承担工伤责任，甚至于承担家属抚恤金等。除此之外，发生此类事件，对于企业本身社会形象树立将会产生极大的负面影响。

除此之外，在本罪中，还应格外注意对于违反危险化学品安全管理规定运输危险化学品，危及公共安全的情况，在进行危险货物运输时，运输企业、车辆、驾驶人、押运员、装卸员都必须取得相应资质，并应根据危化品的危险特性采取相应的安全防护措施，配备必要防护和救援材料，掌握应急处置方法；道路运输危化品的，应当配备押运人员，并保证所运输的危险化学品处于押运人员的监控之下；未经公安机关批准，运输危化品的车辆不得进入危化品运输车辆限制通行的区域。因此，做好刑事合规，物流企业除应对企业内部相关运输人员进行安全培训之外，还应归纳整理相关法律法规制度，对不同的运输货品的相关运输要求进行汇总，做到心中有数、合规经营。

论及本罪与危险驾驶罪的主要区别，主要有以下不同。

第一，危险驾驶罪的客观行为要求较为限缩，仅有《刑法》规定的上述四种行为构成危险驾驶罪；而交通肇事罪在表现形式上，是指行为人不仅违反了相关法律法规、规章制度，而且应当产生了严重后果，如造成他人人身伤害、死亡或者财产重大损失等。没有严重后果的一般不构成交通肇事罪。可以说，交通肇事罪包括了危险驾驶的行为方式，既构成危险驾驶罪的行为，也可能构成交通肇事罪的行为。但构成交通肇事罪的行为，就不一定是危险驾驶罪的行为。危险驾驶罪的行为构成交通肇事罪的子集，这也与《刑法》本身条文的安排相对应。

第二，两罪对于主观方面的要求不同。危险驾驶罪主观上要求故意，无论是直接故意还是间接故意。过失行为不构成危险驾驶罪，而且过失行为也不可能成为危险驾驶的行为方式。但相对应地，交通肇事罪在主观上即要求为过失，即行为人应当预见而未预见，或已经预见但认为可以避免，即出于过于自信或者疏忽大意才造成了严重后果的发生。相比而言，危险驾驶罪行为人的主观恶性要重于交通肇事罪行为人的主观恶性。

第三节　物流、运输行业刑事风险防范建议

一个企业从创立到平稳运营，常常伴随着成长期的阵痛，而在此期间，对企业而言，真正致命的悬顶之剑是刑事合规。无论企业规模大小，业务量多寡，若企业的刑事风险防范不到位，致使企业触犯《刑法》而被追责，必将导致企业的商誉受损、业务停滞乃至破产。

近年来，物流运输行业刑事案件存在高发、频发现象，物流运输行业涉刑事法律风险陡增。而物流运输行业体量大，从业人员多，涉及环节多，若想要做大做强，就必须把企业内部刑事合规建设摆在重要位置。推进物流运输行业企业进行刑事合规建设不仅能够提升企业自身风险防控能力，还能进一步促进行业经营水平，促进物流运输行业持续健康发展。

具体而言，笔者对物流运输行业企业刑事合规提出如下建议，以供参考。

一、增强自身防范意识

与其事后补救，不如防患于未然。物流运输企业应当加强自身防范意识，积极响应相关行政管理部门当前严把准入关的管理准则。物流运输企业应当及时办理相应资质，未获得相应资质前，谨慎进入市场。对内而言，物流运输企业应当对自身负责的配货站、运输车辆及相关人员加强审核和管理工作，有条件时应及时进行登记，尤其对于货运司机等实际进行货物运输的人员，以及企业自行购置的运输工具如货车等实行登记备案制度，最好详细到车辆类型、人员图像信息，实行有效的管理和监控。同时，相关业务发展部门应

当及时对货运任务进行登记管理，将货物运输合同、货品名称等统一记录在册，做好资料的整理工作，加大把关力度。除此之外，尤其对于对外租赁车辆的业务，应当特别引起注意，可以通过在租赁合同中约定免责条款等方式为自身制造规避圈，且要注意对证据的积累，一旦涉诉，积极提供相关证据材料以证明事故的发生与企业本身无关，以减少诉累。

针对特别的运输对象，物流运输企业还可以通过“在物流园区、企业内部配备查毒报警装置”“为物流寄递企业员工提供毒品知识、辨别技能培训”等一系列措施，增强企业自身的自检自查能力。

二、聘请刑事法律顾问

如房地产行业刑事风险章节所述，聘用外部刑事律师团队作为企业刑事顾问有诸多好处。律师可以帮助物流运输企业进行刑事合规及刑事风险防范制度体系设计及完善，深入研判、分析目标企业实际存在的问题，通过大数据提炼流程中的关键风险点，针对企业设立中、经营中触犯《刑法》的高发、频发、易发环节及节点进行预警。做好刑事风险分级，根据不同的风险点搭建专项大数据风险控制体系，为企业搭建刑事风控体系或设计工作平台，提供一套完整的专项风控体系。具体而言，律师可以与客户进行接洽，检查其生产经营活动中存在的税务、商标侵权、融资等方面的刑事犯罪风险及雇员的执业规范。履行风险监控，对目标企业合同履行过程中相对方的违约情形提供催告、谈判、诉讼或仲裁的解决分析方案。除此之外，当出现紧急事项时，律师还可以协助客户做好危机处理，紧急介入并制作应急处置方案进行法律分析与性质评判。根据法律及案例详解，介绍司法流程及相关法律权利和义务，并与客户进行意见交流、答疑解惑，以助客户依法应对，作为其决策参考。

前述有关房地产部分已对此有更为清晰的介绍，此处不再赘述。下文笔者将着重讨论如何制定有效的刑事合规计划，望对物流运输行业企业有所帮助。

三、制订合理、有效的刑事合规计划

有效的企业刑事合规计划不仅可以作为企业犯罪的治理方案，也是第三方监管机构对企业进行合规评估的重要依据以及办案机关对企业作出进一步法律处理的参考。① 由此可见，制订有效的刑事合规计划，对无论哪个行业的企业而言都十分有意义。尽管每个企业的性质、业务和合规风险各不相同，很难制定一份统一通用的合规计划模板或标准，但在共性的基础上，加入行业特性，结合企业自身发展情况与阶段进行规划安排，有利于企业长远发展。

2021 年 6 月 3 日，最高人民检察院等九部门联合发布了《关于建立涉案企业合规第三方监督评估机制的指导意见（试行）》，要求合规计划应当主要围绕与企业涉嫌犯罪有密切联系的企业内部治理结构、规章制度、人员管理等方面存在的问题，制定可行的合规管理规范，构建有效的合规组织体系，健全合规风险防范报告机制，弥补企业制度建设和监督管理漏洞，防止再次发生相同或者类似的违法犯罪。从该要求来看，合规计划的制定和实施涉及了企业管理的多个方面——治理结构、规章制度、人员管理、管理规范、组织体系、报告机制等，由此可见，共性的计划可以包含上述内容。②

而对于特定的物流运输企业来说，刑事合规一般涉及以下三个层次：第一个层次，即最低要求，物流运输企业只要符合相关法律规范、行业规范与标准、商业伦理规范，即可视为合规；第二个层次，即进阶要求，物流运输企业在遵守各种法律法规、行业规范而进行经营活动的基础上，采取一定的专门针对内部风险的防控措施，这些措施已然能够发挥一定效用；第三个层次，即最高要求，是在满足前两个层次基础上，物流运输企业面对行政、执法、司法机关追究其违法犯罪的活动时，能够及时、主动、全面地予以配合，以便于执法司法机关评价其先前的经营管理行为或者促使其依照承诺建立健全相应的管理机制。

---

① 参见王焰明、张飞飞：《企业刑事合规计划的制定要把握四个特性》，载最高人民检察院官网，https：//www. spp. gov. cn/spp/ztk/dfld/202107/t20210713_534995. shtml。

② 参见郭小明、刘润兴：《如何设计有效的刑事合规计划》，载最高人民检察院官网，https：//www. spp. gov. cn/spp/llyj/202110/t20211018_532384. shtml。

由此可见，合规可以包括很多方面，普通的最低要求，即企业的遵纪守法行为可以称为合规，进阶的内部自我管理也可以称为合规，但效率最高、效果最好的，只有第三个层次，笔者认为，能够做到第三层次的企业合规，才可以称为真正的刑事合规。因此，物流运输企业对于刑事合规的理解不能空泛，定要从刑事角度对广泛意义上的合规进行限定性理解，这也就意味着刑事合规计划不能包括所有，不能成为“一揽子”。空有制度和宏观性的综合合规计划是片面的合规理解，通常也是无效的。

因此，如何让企业刑事合规计划行之有效？笔者认为，每个企业都应有自己独特的刑事合规计划，该计划系对企业内部刑事风险作出全面、深刻地分析后，结合司法实践与业务实际，针对特定合规风险，为该企业量身打造有针对性的刑事合规计划。有针对性的刑事合规计划应当包括以下两方面内容：第一，对犯罪原因的分析，包括客观原因分析和主观原因分析，以真正体现物流运输企业对自身犯罪行为的认识，即本章节第一部分有关罪名分析与案例分析的内容，企业应当先对自身最可能触犯的罪名、最有可能涉及的风险有一定程度的了解和认识，才能知道合规的大方向。第二，针对上述犯罪原因而采取的补救措施、应对措施，预采取的防范措施，实现事前、事中、事后三阶段应对有力，即本章节第一部分中有关本罪实务分析的内容。在了解到风险之后，物流运输企业即应对此有所应对、有所总结，才能更为长远地发展企业经营。

刑事合规计划是刑事处遇的参考和依据，这就要求刑事合规计划要有执行性。合规计划一旦与国家追诉活动相结合，其必然会被纳入刑事评价之中，企业刑事责任论的更新发展为刑事合规计划的刑事评价影响提供了合理性。例如，上文中绍兴市公安局交通管理局于2020年曾通报一起交通运输亡人事故案例（“10·30”生产安全事故）。由此可见，一方面，有效的合规计划可以成为消极的构成要件要素，作为企业犯罪抗辩的理由；另一方面，在犯罪之后，要求企业制订有效合规计划，减少其再犯风险，亦可成为减轻企业刑事责任的因素之一。由此观之，合规计划对企业刑事责任的影响有两个时间段：一是企业在犯罪行为发生之前就制订了翔实有效的合规计划，可据之减轻或免除其刑事责任；二是企业在犯罪行为发生之后，积极配合办案机关调查，制订并实施合规计划的，亦可以作为减轻刑事责任的依据。有效的合规计划正是从以上两个阶段成为对企业作出法律处理的重要参考，以及刑事合规制度设计中监管评估的重要依据，也正是以上两个阶段使刑事合规计划具备了一定的刑事证据功效。[①]

① 参见王焰明、张飞飞：《企业刑事合规计划的制定要把握四个特性》，载最高人民检察院官网，https：//www. spp. gov. cn/spp/ztk/dfld/202107/t20210713_534995. shtml。

第七章

教育培训行业刑事合规实务指引

第一节　教育培训行业概述

在我国，教育培训行业出现于20世纪80年代，在20世纪90年代因民间资本的注入而得以广泛接受的、一种将知识教育资源信息化的机构或在线学习系统。受国家法律法规和政策的指引，教育培训行业经历了高速发展又下行的起伏过程。

1986年7月1日施行的《义务教育法》第一次明确了我国实行含初等教育和初级中等教育两个阶段的九年制义务教育。而1995年9月1日施行的《教育法》进一步把义务教育制度提高到了国家战略高度，明确“国家实行九年制义务教育制度”，并把公民接受教育既是权利又是义务法定化。同时《教育法》规定：国家实行学前教育、初等教育、中等教育、高等教育的学校教育制度。至此我国的国家学历教育体系法定化。与之相呼应的1997年10月1日起施行的《社会力量办学条例》是为了鼓励社会力量办学，条例规定企业事业组织、社会团体及其他社会组织和公民个人利用非国家财政性教育经费，面向社会举办学校及其他教育机构的活动。《社会力量办学条例》因2003年9月1日施行的《民办教育促进法》而废止。2013年6月29日立法机构又对《民办教育促进法》进行修订。《社会力量办学条例》禁止民间资本开办营利性教育机构。而2013年6月的《民办教育促进法》规定：在工商行政管理部门[①]登记注册的经营性的民办培训机构的管理办法，由国务院另行规定。这一改动也被解读为，对民办教育的营利性在政策层面较之前的

① 现为市场监督管理部门，后文不再赘述。

严格禁止出现了松动。而2016年11月7日第二次修正后的《民办教育促进法》规定举办者可以自行选择设立非营利性或营利性民办学校，但是，不得设立实施义务教育的营利性民办学校。营利性民办学校的举办者可以取得办学收益，学校的办学结余依照《公司法》等有关法律、行政法规的规定处理。从法律层面上国家正式解除了对于社会资本设立营利性民办教育培训机构的限制。

教育培训行业是以国家教育体系为中心，其兴起与发展，与国家教育体的兴起与发展密不可分。国家在教育行业出台的每一部旨在促进教育发展的法律法规，同时也促进了教育培训业的发展。

一、教育培训行业背景

（一）教育培训行业的发展现状

据统计，2015年至2019年，中国教育培训市场规模持续增长，2015年教育培训行业市场规模为1.67万亿，2019年增至2.37万亿元，2020年受新冠肺炎疫情影响有小幅下滑，[①] 但不可改变的是教育培训市场仍极具发展前景。与此同时，对学前教育至高中教育（K12）的课外培训大众一直褒贬不一。2015年教育部就曾发布《严禁中小学校和在职中小学教师有偿补课的规定》来规制K12的课外培训。而2021年7月中共中央办公厅、国务院办公厅发布的《关于进一步减轻义务教育阶段学生作业负担和校外培训负担的意见》（俗称“双减政策”）则直接对教育培训市场造成大的震荡。K12的课外培训占了整个教育培训市场的半壁江山，但除此之外语言类培训、艺术培训、技能培训、职业资格培训、公务员及研究生考试培训等的市场潜力仍在。或许整个行业的重新洗牌与整合，迎来的是市场的更趋成熟，毕竟受教育的需求、在基础教育之上增加技能培训的需求是不分年龄层次的，并且这种需求今后仍将存在。

（二）行业界定

如果把教育培训行业界定为教育业和培训业，那么范围可涵盖至国家

---

① 参见《中国教育培训行业：融合新技术推动产业升级》，载前瞻网2021年2月25日，http://bg.qianzhan.com/trends/detail/506/210225-1af4ff92.html。

的学校教育制度及其因学校教育制度而衍生出的培训业。而在大众通常所定义的教育培训行业多指围绕国家学校教育制度而衍生出的各式各样的培训企业。因本书着重点是讨论企业的刑事合规，对此所界定的教育培训行业是指国家主导的学校教育体系以外，以企业形态存在的教育培训企业（机构、公司）。

（三）行业分类

国家法定的学校教育体系是教育行业的主流市场，教育培训行业的基础分类亦是建立于学校教育体系的划分上。在学前教育、初等教育、中等教育、高等教育等四阶段的学校教育制度下，教育培训行业亦可针对不同年龄层次分为：学前教育引导；K12 教育（含学前教育、小学、初中、高中/中专的初等教育和中等教育）的课外辅导；高等教育培训和继续教育培训等。从培训业的发展现状来看，教育培训市场有着比学校教育体系更广泛的对象：学前教育的年龄已延伸至 0～3 岁的婴幼教育；K12 教育包含其年龄层次相对稳定，但仍在呈纵伸扩大，即培训对象对内容的选择从单一趋向多样化；包含专科、本科、硕士、博士的高等教育的年龄在逐步地往更大龄化进延；而包含职业教育和企业 E－learning（企业在线学习）等的继续教育则是完全脱离学校教育制度不分年龄层次的存在。

根据企业自身的特点，教育培训行业的分类根据培训对象可以分为：少儿培训、课外技能培训、公务员培训及职业培训等；根据其培训内容，可以分为语言培训、IT 培训、艺术培训、特长培训、专业知识培训等。从事教育培训行业的企业对培训内容和培训对象的定位，决定个体企业在业界的立足与发展。企业自身的合规要求，或者因外部管理而接受的合规规制，目的不在于帮助企业直接创造商业价值，其重大意义在于可以帮助企业避免重大的经济损失。

二、教育培训行业高发刑事风险

通过威科法律数据库，我们在刑事案件判决书范围内，限定于“教育培训”行业进行一审案例的检索，截至 2021 年 11 月底，获取 2013 年以来涉教育培训行业高发犯罪和涉从业人员的犯罪，共计260余案。

侵犯财产类犯罪（179件，占比约67%），侵犯公民人身权利、民主权利类犯罪（39件，占比约15%）、破坏社会主义市场经济秩序罪（37件，占比约14%），是最为主要的三个，其次是危害公共安全罪类。具体到罪名，犯罪率最高的当属诈骗犯罪、组织考试作弊罪、猥亵儿童罪。

通过对数据的整理发现，涉教育培训行业的犯罪呈上升趋势，尤为严重的是针对未成年人的性侵犯罪上升趋势明显。2013年9月教育部、公安部、共青团中央、全国妇联发布《关于做好预防少年儿童遭受性侵工作的意见》、2013年10月最高人民法院、最高人民检察院、公安部、司法部发布《关于依法惩治性侵害未成年人犯罪的意见》。依据这两份意见的规定，教育培训机构从业人员是对未成年人负有特殊职责的人员。依据意见的规定：未成年人在幼儿园、学校或者其他教育机构学习、生活期间被性侵害而造成人身损害，被害人及其法定代理人、近亲属据此向人民法院起诉要求上述单位承担赔偿责任的，人民法院依法予以支持。说明性侵未成年人犯罪为自然人行为，但企业也负有不可推卸的责任。预防遏制犯罪尤其是针对未成年人的犯罪，为教育培训企业首要义务。

第二节　教育培训行业高发罪名

一、非法获取国家秘密罪和非法出售、提供试题、答案罪

（一）罪名介绍

法条依据：《刑法》第282条第1款　以窃取、刺探、收买方法，非法获取国家秘密的，处三年以下有期徒刑、拘役、管制或者剥夺政治权利；情节严重的，处三年以上七年以下有期徒刑。

《保守国家秘密法》第2条　国家秘密是关系到国家的安全和利益，依照法定程序确定，在一定时间内只限一定范围的人员知悉的事项。

非法获取国家秘密罪主体要件为自然人一般主体，即达到刑事责任年龄，具有刑事责任能力的自然人都可以成为本罪的主体。

非法获取国家秘密罪的，主观要件为故意，属于故意犯罪，即行为人明知是国家秘密，却故意以窃取、刺探、收买方法非法获取。本罪客体要件是复杂客体，一是国家安全和利益，二是国家保密制度。

本罪客观要件表现为行为人以窃取、刺探、收买方法非法获取国家秘密的行为。

从本条内容来看，是否属于国家秘密，应当由国家相关部门进行认定，只有相关部门认定属于国家秘密的信息，才有可能成为本罪侵犯的对象。

法条依据：《刑法》第284条之一第3款　为实施考试作弊行为，向他人非法出售或者提供第一款规定的考试的试题、答案的，依照第一款的规定处罚。

《建筑法》第14条　从事建筑活动的专业技术人员，应当依法取得相应的执业资格证书，并在执业资格证书许可范围内从事建筑活动。

《注册建筑师条例》第2条　本条例所称注册建筑师，是指依法取得注册建筑师证书并从事房屋建筑设计及相关业务的人员。注册建筑师分为一级注册建筑师和二级注册建筑师。

《注册建筑师条例》第7条　国家实行注册建筑师全国统一考试制度。

《注册建筑师条例实施细则》第3条　取得资格证书必须通过考试，未取得证书和执业印章的人员不得以注册建筑师的名义从事建筑设计及相关业务活动。

本条所指考试，一定是属法律法规规定的国家考试，否则不构成本罪。

本罪主体为一般主体，即年满16周岁具有相应刑事责任能力的人都可能犯本罪。

本罪主观方面必须为故意。

本罪侵犯的客体是国家的考试管理秩序以及考生公平参加考试的权利。

本罪客观方面为向他人非法出售、提供的行为。

（二）典型案例

王某1、翁某1非法获取国家秘密罪、非法出售、提供试题、答案罪，翁某2、许某某等非法出售、提供试题、答案罪

【基本案情】

被告人王某1系某大学教授，自2004年起参加一级建造师执业资格考试的命题工作。2017年7月，翁某1提出、授意王某1利用参加命题便利，获取非其出题的市政专业的试题、答案，由其在培训机构中讲课使用，并约定四六分成。同月8日至16日，王某1在签订保密责任协议后，利用参加命题的便利，在命题现场通过浏览打字员电脑中市政等专业的考卷的方式，对关键词、知识点等进行记忆，于休息时间通过回忆，结合自己的专业知识和出题经验，将所获取的市政等专业的考卷内容整理在随身携带的笔记本电脑上，后在教材上对照电脑中整理的内容进行勾画、标注。翁某1在王某1住处，在自带教材上进行对照勾画、标注和补充。事后王某1从翁某1处获取120万元的高额回报。

翁某1非法获取信息后，先后联系重庆新梦想培训机构的被告人许某某和云南昆明云创教育的被告人刘某1、杨某某，商定采用以封闭式小班培训的手段，通过麦克风传话不见面的授课方式，对市政等专业的考生学员进行培训，并收取每名学员数万元以上高额费用。被告人翁某2参与培训活动，并替翁某1收取报酬。2017年9月，参加培训的被告人王某2意识到该培训班上讲课的内容可能系考题、答案，以照片形式，通过微信发给被告人洪某1。洪某1将该资料发给被告人洪某2并收取0.6万元，洪某2以1万元出售给被告人刘某2，刘某2为分摊购买费用，向被告人江某等人提供、出售，获利1450元。在上述流程中，上下线均要求保密、不得外泄。江某等人将该加工过的资料以1200元的价格出售给他人，宣称“考前绝密”“不过退款”。案发后经有关部门认定，上述内容与考试真题高度重合。本案涉案被告达11人。

【裁判结果】

2019年8月江苏省南通市如东县人民法院做出一审判决：被告人王某1

犯非法获取国家秘密罪，判处有期徒刑 2 年；犯非法出售、提供试题、答案罪，判处有期徒刑 4 年 6 个月，并处罚金人民币 150 万元；决定执行有期徒刑 5 年 6 个月，并处罚金人民币 150 万元。被告人翁某 1 犯非法获取国家秘密罪，判处有期徒刑 1 年 6 个月；犯非法出售、提供试题、答案罪，判处有期徒刑 4 年 6 个月，并处罚金人民币 120 万元；决定执行有期徒刑 5 年 3 个月，并处罚金人民币 120 万元。被告人翁某 2 犯非法出售、提供试题、答案罪，判处有期徒刑 3 年，并处罚金人民币 40 万元。被告人许某某犯非法出售、提供试题、答案罪，判处有期徒刑 3 年 3 个月，并处罚金人民币 50 万元。被告人杨某某犯非法出售、提供试题、答案罪，判处有期徒刑 3 年 3 个月，并处罚金人民币 50 万元。被告人刘某 1 犯非法出售、提供试题、答案罪，判处有期徒刑 2 年缓刑 3 年，并处罚金人民币 30 万元。

本案第一和第二被告所犯两罪属牵连犯，是择一重罪论处，还是数罪并罚？法院在判决书中这样认定：最初非法获取非由王某 1 负责命题的市政专业考试试题、答案等国家秘密，与其二人后来非法出售、提供试题、答案是相互独立、可以分割的，存在两个独立的犯罪故意和犯罪行为，不属于可被非法出售、提供试题、答案犯罪行为所吸收的情形，依法应当数罪并罚。王某 1 和翁某 1 的特殊性身份是本案获利关注的重要原因。本案所涉国家一级注册建造师考试是由法律授权确立的国家考试，应认定为“法律规定的国家考试”。而本案涉非法出售、提供试题、答案罪被告，根据出售、提供的对象人数、非法获利的金额、考试的重要程度、被告人的特殊身份、所造成的犯罪结果和社会影响等多方面综合情况，均被认定为属于“情节严重”。对专事考试培训的企业来说，如何在进行企业宣传、聘请教师等环节进行规制，本案具有警示意义。

二、组织考试作弊罪

（一）罪名介绍

法条依据：《刑法》第 284 之一第 1 款、第 2 款　在法律规定的国家考试中，组织作弊的，处三年以下有期徒刑或者拘役，并处或者单处罚金；情节严重的，处三年以上七年以下有期徒刑，并处罚金。

为他人实施前款犯罪提供作弊器材或者其他帮助的，依照前款的规定处罚。

相关司法解释：《最高人民法院、最高人民检察院关于办理组织考试作弊等刑事案件适用法律若干问题的解释》第1条 刑法第二百八十四条之一规定的“法律规定的国家考试”，仅限于全国人民代表大会及其常务委员会制定的法律所规定的考试。

根据有关法律规定，下列考试属于“法律规定的国家考试”：

（一）普通高等学校招生考试、研究生招生考试、高等教育自学考试、成人高等学校招生考试等国家教育考试；

（二）中央和地方公务员录用考试；

（三）国家统一法律职业资格考试、国家教师资格考试、注册会计师全国统一考试、会计专业技术资格考试、资产评估师资格考试、医师资格考试、执业药师职业资格考试、注册建筑师考试、建造师执业资格考试等专业技术资格考试；

（四）其他依照法律由中央或者地方主管部门以及行业组织的国家考试。

前款规定的考试涉及的特殊类型招生、特殊技能测试、面试等考试，属于“法律规定的国家考试”。

组织作弊必须是有组织策划指挥等行为的发生，本罪的主体为一般主体。

本罪在主观方面必须是故意。

直接侵害的客体是国家考试管理制度，同时也侵害了他人公平竞争的权利。

客观方面为实施了组织行为与作弊行为。

组织考试作弊罪；非法出售、提供试题、答案罪；代替考试罪是在2015年11月1日生效的《刑法修正案（九）》中新增罪名。2016年后此类犯罪呈不断上升趋势。2019年9月最高人民法院发布了六例考试作弊犯罪典型案例。

（二）典型案例

张某1、潘某某、孙某某等组织考试作弊罪

【基本案情】

2015年9月12日，被告人张某1与潘某某经事先预谋，由被告人潘某某将当天从与其有业务合作关系的刘某1（另案处理）处获取的2015年医师资格考试医学综合笔试临床类别执业医师考试第一、二单元的试题和答案分别于当天上午、下午开考前发送给张某1，张某1向刘某1支付人民币8000元。被告人张某1分别于同日上午、下午考前及考中将上述试题答案转发给其公司员工，多名员工按其要求转发给多名考生。经认定，该试题答案与2015年医师资格考试医学综合笔试临床类别执业医师考试第一、二单元试卷中相关试题题干和选项的关键字一致，即与相关真题的关键字一致。2015年9月13日下午，被告人潘某某从刘某1处索取了当天2015年医师资格考试医学综合笔试临床类别执业医师考试第四单元的试题答案。经认定，该试题答案与2015年医师资格考试医学综合笔试临床类别执业医师考试第四单元试卷中相关试题题干和选项的关键字一致，即与相关真题的关键字一致。根据《卫生部、国家中医药管理局、国家保密局印发的〈国家医学统一考试安全保密工作管理办法〉的通知》（卫办发〔2006〕405号）第3条规定："国家医学统一考试启用之前的试题（包括备份题）、标准答案和评分标准为机密级国家秘密。"

被告人张某1、孙某某经事先通谋，由张某1负责招收考生，由孙某某采取作弊方式帮助考生通过2015年一级建造师执业资格考试。2015年9月18日晚，被告人孙某某向考生演示作弊器材，并向部分考生提供了作弊器材，但因刘某2（另案处理）没有按原计划提供协作，无法使用该作弊器材。2015年9月19日考试当天上午、下午，被告人孙某某将从刘某2处购买的试题答案通过微信群发送给多名考生。张某1将上述试题答案通过其公司员工发给考生林某。经认定，该试题答案包含2015年一级建造师执业资格考试"建设工程法规相关知识"科目试卷中部分选择题的题干及答案选项中的部分文字描述，题目的排列序号与试卷相同。根据原人事部、国家保密局印发

的《关于人事工作中国家秘密及其密级具体范围的补充规定》（人办发〔1992〕1号）和《关于对〈人事工作中国家秘密及其密级具体范围的补充规定〉中“启用前”一词的解释通知》的规定，该试题答案属绝密级国家秘密。被告人张某1、张某2经事先通谋，由张某1负责招收考生，张某2采取作弊方式帮助考生通过2016年全国硕士研究生招生考试。张某1招收了考生蓝某、黄某、郑某等人。后张某2联系覃某（另案处理）采用作弊方式帮助考生通过考试。覃某于2015年12月25日晚将英语（二）科目的答案发至蓝某电子邮箱。覃某又联系了袁某（另案处理）采用作弊方式帮助考生通过考试，于2015年12月25日晚向黄某、郑某提供了作弊器材，但未成功使用。经认定，上述试题答案与2016年全国硕士研究生招生考试英语（二）试卷和正确答案关键词一致。根据教育部、国家保密局印发的《教育工作中国家秘密及其密级具体范围的规定》（教密〔2001〕2号）和《教育部关于对〈教育工作中国家秘密及其密级具体范围的规定〉中“启用之前”一词解释的通知》（教密函〔2005〕1号）的规定，该试题答案属绝密级国家秘密。

【裁判结果】

2017年4月杭州经济技术开发区人民法院作出判决：

1. 被告人张某1犯组织考试作弊罪，判处有期徒刑1年3个月，并处罚金人民币30,000元。

2. 被告人潘某某犯非法获取国家秘密罪，判处有期徒刑1年1个月。

3. 被告人孙某某犯非法获取国家秘密罪，判处有期徒刑11个月。

4. 被告人张某2犯组织考试作弊罪，判处有期徒刑8个月，缓刑1年，并处罚金人民币10,000元。

本案共同犯罪的四人，因同一目的，各自的行为性质不同触犯的是两个不同的罪名：组织考试作弊罪、非法获取国家秘密罪。考试作弊一直是一个屡禁不止的问题，损害的是国家的考试管理秩序及他人公平参与考试的权利。由于利益的驱使、科技电子器械的普遍化，考试作弊已发展为组织性、规模性的团伙行为。此罪常与非法使用窃听、窃照专用器材罪相牵连。

触犯此类犯罪对作弊组织者是涉嫌犯罪，对参与作弊的考生在不涉嫌犯罪的前提下，事发引起的后果也是极为严重的。2014年学生高某诉上海某大学不授予学位案，法院经审理认为，高某因考试作弊被取消课程成绩，不符合授予学士学位的规定，被告学校学位评定委员会不授予高某学位，符合国家法律法规和学校的规定，判决驳回高某的诉讼请求。有些企业采用非法手段获取试题、答案，以此来招揽学生获取高额利润，这样的企业注定无法持续经营。对从事教育行业的企业来说，诚实守信是企业应具备的基本核心价值。

三、侵犯公民个人信息罪

（一）罪名介绍

法条依据：《刑法》第253条之一　违反国家有关规定，向他人出售或者提供公民个人信息，情节严重的，处三年以下有期徒刑或者拘役，并处或者单处罚金；情节特别严重的，处三年以上七年以下有期徒刑，并处罚金。

违反国家有关规定，将在履行职责或者提供服务过程中获得的公民个人信息，出售或者提供给他人的，依照前款的规定从重处罚。

窃取或者以其他方法非法获取公民个人信息的，依照第一款的规定处罚。

单位犯前三款罪的，对单位判处罚金，并对其直接负责的主管人员和其他直接责任人员，依照各该款的规定处罚。

相关司法解释：《最高人民法院、最高人民检察院、公安部关于办理电信网络诈骗等刑事案件适用法律若干问题的意见》　三、全面惩处关联犯罪

（一）在实施电信网络诈骗活动中，非法使用“伪基站”“黑广播”，干扰无线电通讯秩序，符合刑法第二百八十八条规定的，以扰乱无线电通讯管理秩序罪追究刑事责任。同时构成诈骗罪的，依照处罚较重的规定定罪处罚。

（二）违反国家有关规定，向他人出售或者提供公民个人信息，窃取或者以其他方法非法获取公民个人信息，符合刑法第二百五十三条之一规定的，以侵犯公民个人信息罪追究刑事责任。

使用非法获取的公民个人信息，实施电信网络诈骗犯罪行为，构成数罪的，应当依法予以并罚。

（三）冒充国家机关工作人员实施电信网络诈骗犯罪，同时构成诈骗罪

和招摇撞骗罪的，依照处罚较重的规定定罪处罚。

（四）非法持有他人信用卡，没有证据证明从事电信网络诈骗犯罪活动，符合刑法第一百七十七条之一第一款第（二）项规定的，以妨害信用卡管理罪追究刑事责任。

（五）明知是电信网络诈骗犯罪所得及其产生的收益，以下列方式之一予以转账、套现、取现的，依照刑法第三百一十二条第一款的规定，以掩饰、隐瞒犯罪所得、犯罪所得收益罪追究刑事责任。但有证据证明确实不知道的除外：

1. 通过使用销售点终端机具（POS 机）刷卡套现等非法途径，协助转换或者转移财物的；

2. 帮助他人将巨额现金散存于多个银行账户，或在不同银行账户之间频繁划转的；

3. 多次使用或者使用多个非本人身份证明开设的信用卡、资金支付结算账户或者多次采用遮蔽摄像头、伪装等异常手段，帮助他人转账、套现、取现的；

4. 为他人提供非本人身份证明开设的信用卡、资金支付结算账户后，又帮助他人转账、套现、取现的；

5. 以明显异于市场的价格，通过手机充值、交易游戏点卡等方式套现的。

实施上述行为，事前通谋的，以共同犯罪论处。

实施上述行为，电信网络诈骗犯罪嫌疑人尚未到案或案件尚未依法裁判，但现有证据足以证明该犯罪行为确实存在的，不影响掩饰、隐瞒犯罪所得、犯罪所得收益罪的认定。

实施上述行为，同时构成其他犯罪的，依照处罚较重的规定定罪处罚。法律和司法解释另有规定的除外。

（六）网络服务提供者不履行法律、行政法规规定的信息网络安全管理义务，经监管部门责令采取改正措施而拒不改正，致使诈骗信息大量传播，或者用户信息泄露造成严重后果的，依照刑法第二百八十六条之一的规定，以拒不履行信息网络安全管理义务罪追究刑事责任。同时构成诈骗罪的，依照处罚较重的规定定罪处罚。

（七）实施刑法第二百八十七条之一、第二百八十七条之二规定之行为，构成非法利用信息网络罪、帮助信息网络犯罪活动罪，同时构成诈骗罪的，依照处罚较重的规定定罪处罚。

（八）金融机构、网络服务提供者、电信业务经营者等在经营活动中，违反国家有关规定，被电信网络诈骗犯罪分子利用，使他人遭受财产损失的，依法承担相应责任。构成犯罪的，依法追究刑事责任。

《最高人民法院、最高人民检察院、公安部关于办理电信网络诈骗等刑事案件适用法律若干问题的意见（二）》　五、非法获取、出售、提供具有信息发布、即时通信、支付结算等功能的互联网账号密码、个人生物识别信息，符合刑法第二百五十三条之一规定的，以侵犯公民个人信息罪追究刑事责任。

对批量前述互联网账号密码、个人生物识别信息的条数，根据查获的数量直接认定，但有证据证明信息不真实或者重复除外。

《最高人民法院、最高人民检察院关于办理侵犯公民个人信息刑事案件适用法律若干问题的解释》第1条　刑法第二百五十三条之一规定的“公民个人信息”，是指以电子或者其他方式记录的能够单独或者与其他信息结合识别特定自然人身份或者反映特定自然人活动情况的各种信息，包括姓名、身份证件号码、通信通讯联系方式、住址、账号密码、财产状况、行踪轨迹等。

本罪的主体为一般主体，单位犯此罪的对单位判处罚金，并对其直接负责的主管人员和其他直接责任人员，追究刑事责任。

本罪主观方面必须是故意。

侵犯公民个人信息罪所侵犯的客体是受国家保护的公民个人信息安全和合法权益。

客观方面为进行出售和提供行为。

教育培训企业也是能够大量获取公民个人信息的特定行业，对于信息的需求具有双向性即有可能向他人出售企业自身通过合法渠道获取的公民个人信息；也有自身为发展更多客户，需要获取更多公民个人信息的需求。

（二）典型案例

常熟优胜教育咨询有限公司、袁某某犯侵犯公民个人信息案

【基本案情】

2014年9月至2015年10月上旬，被告人袁某某作为被告单位常熟优胜教育咨询有限公司法定代表人及实际经营者，在常熟优胜教育培训中心办公室，多次通过支付宝支付的方式向他人购买公民个人信息（包括学生姓名、学校班级、家长姓名及联系方式等信息）约6万余条；2016年至2017年，被告人袁某某利用上述非法获取的公民个人信息，经营、推销被告单位常熟优胜教育咨询有限公司的培训课程，共计获利人民币8万余元。2017年2月15日被告归案。法院认为，被告单位常熟优胜教育咨询有限公司侵犯公民个人信息，情节严重，被告人袁某某系直接负责的主管人员，其行为均已构成侵犯公民个人信息罪，应依法分别予以惩处。

【裁判结果】

江苏省常熟市人民法院2018年10月判决：

1. 被告单位常熟优胜教育咨询有限公司犯侵犯公民个人信息罪，判处罚金人民币5000元。

2. 被告人袁某某犯侵犯公民个人信息罪，判处有期徒刑8个月，缓刑1年，并处罚金人民币3000元。

3. 暂扣于本院的非法获利款人民币8万元，予以没收，上缴国库。

本案涉案企业与企业直接负责的责任人均以相同的罪名被定罪量刑，对企业创办者来说是双重打击。实践中，有些当事人认为从不同渠道分别获取一定数量的信息，以此规避法律，却因此牵连而事发。《最高人民检察院关于印发〈检察机关办理侵犯公民个人信息案件指引〉的通知》规定，对情节严重认定的最重要标准之一是信息类型和数量。（1）行踪轨迹信息、通信内容、征信信息、财产信息，此类信息数量标准为50条以上。（2）住宿信息、通信记录、健康生理信息、交易信息等可能影响公民人身、财产安全的信息，数量标准为500条以上。（3）除上述两类信息以外的其他公民个人信息，数量标准为5000条以上。本案被告获取的信息达6万条当数情节严重。此罪对

企业的风险还在于容易触犯从重情节：履行职责或者提供服务过程中获得的公民个人信息，出售或者提供给他人的。

精确定位客户群体，获取更多客户信息，这对教育培训企业的发展来说非常关键。但正因如此，企业经营者必须明确，使用购买、交换获取个人信息是企业应当禁止的行为。且为了顾客的信赖，企业应该通过用户协议、服务合同等文本对关于个人信息使用的条款进行明确、具体、细化。将对其个人信息的使用限定在与其提供的产品、服务直接相关的范围之内。

四、诈骗罪

（一）罪名介绍

法条依据：《刑法》第266条　诈骗公私财物，数额较大的，处三年以下有期徒刑、拘役或者管制，并处或者单处罚金；数额巨大或者有其他严重情节的，处三年以上十年以下有期徒刑，并处罚金；数额特别巨大或者有其他特别严重情节的，处十年以上有期徒刑或者无期徒刑，并处罚金或者没收财产。本法另有规定的，依照规定。

《最高人民法院、最高人民检察院关于办理诈骗刑事案件具体应用法律若干问题的解释》第1条第1款　诈骗公私财物价值三千元至一万元以上、三万元至十万元以上、五十万元以上的，应当分别认定为刑法第二百六十六条规定的“数额较大”、“数额巨大”、“数额特别巨大”。

《最高人民法院、最高人民检察院关于办理诈骗刑事案件具体应用法律若干问题的解释》第2条第1款　诈骗公私财物达到本解释第一条规定的数额标准，具有下列情形之一的，可以依照刑法第二百六十六条的规定酌情从严惩处：

（一）通过发送短信、拨打电话或者利用互联网、广播电视、报纸杂志等发布虚假信息，对不特定多数人实施诈骗的；

（二）诈骗救灾、抢险、防汛、优抚、扶贫、移民、救济、医疗款物的；

（三）以赈灾募捐名义实施诈骗的；

（四）诈骗残疾人、老年人或者丧失劳动能力人的财物的；

（五）造成被害人自杀、精神失常或者其他严重后果的。

《最高人民法院、最高人民检察院关于办理诈骗刑事案件具体应用法律若干问题的解释》第 7 条　明知他人实施诈骗犯罪，为其提供信用卡、手机卡、通信工具、通讯传输通道、网络技术支持、费用结算等帮助的，以共同犯罪论处。

本罪的成立在主观上必是以非法占有为目的，在行为手段上采用虚构事实或者隐瞒真相的方法，达到骗取数额较大的公私财物的行为。实践中，手段、数额、后果等的认定是诈骗罪定罪量刑的关键。在刑事犯罪领域，诈骗罪属最为高频的犯罪形态之一，只是在不同领域其行为手段上呈现形态各异的表现形式。

本罪的主体为一般主体。

本罪侵犯的客体是他人的公私财物所有权。

客观上为一个特定的行为发展过程，即行为人有欺骗的行为，他人基于行为人欺骗的行为陷入错误认知并实施了处分行为。

（二）典型案例

王某诈骗案

【基本案情】

被告人王某为某教育培训学校校长。2019 年 5 月 10 日，王某谎称自己能够为张某 1 办理高级舞蹈类教师资格证，以收取相关费用为由，骗取位于盘锦市兴隆台区橘子广场的张某 1 人民币 1.7 万元，被害人张某 1 通过微信向被告人王某名为“Bs 综合教育培训中心”的微信转账 1.7 万元。2019 年 5 月 29 日，被告人王某谎称自己能够为葛某办理沈阳航空航天大学辅导员工作，以收取相关费用为由，骗取位于沈阳市浑南区中国农业银行奥体支行的葛某母亲人民币 18 万元（后退 1 万元）。2019 年 11 月 12 日至 14 日，被告人王某谎称自己能够为黄某修改 2019 年国家一级消防工程师考试成绩至及格分数线，以收取相关费用为由，骗取位于盘锦市兴隆台区的黄某共计人民币 3.9 万元。2019 年 11 月 19 日至 23 日，被告人王某谎称自己能够为蒋某 2、蒋某 1 办理全国一级造价工程师证书以及为蒋某 2 的女儿办理转学，以收取相关费用为由，骗取位于盘锦市大洼区的蒋某2、蒋某1共计人民币12.5万元及7万元。2019年11月25日，被告人王某谎称自己能够为么某办理全国一级造价工程师证书，以收取相关费用为由，骗取位于盘锦市兴隆台区的么某人民币8万元。2020年1月5日至3月4日，被告人王某谎称自己能够为吉某的儿子办理盘锦市兴隆台区税务局事业编制工作，以收取相关费用为由，骗取位于盘锦市兴隆台区的吉某共计人民币15万元。2020年3月18日至23日，被告人王×谎称自己能够为曹某的妻子调动工作，以收取相关费用为由，骗取位于盘锦市兴隆台区的曹某共计人民币3.5万元。法院最终认定王某诈骗总额共计人民币68.6万元，金额特别巨大。

【裁判结果】

盘锦市兴隆台区人民法院2020年10月判决：

1. 被告人王某犯诈骗罪，判处有期徒刑10年，并处罚金人民币70万元；

2. 责令被告人王某退赔被害人张某1经济损失人民币1.7万元；责令被告人王某退赔被害人葛某经济损失人民币17万元；责令被告人王某退赔被害人黄某经济损失人民币3.9万元；责令被告人王某退赔被害人蒋某2经济损失人民币12.5万元；责令被告人王某退赔被害人蒋某1经济损失人民币7万元；责令被告人王某退赔被害人么某经济损失人民币8万元；责令被告人王某退赔被害人吉某经济损失人民币15万元；责令被告人王某退赔被害人曹某经济损失人民币3.5万元，于判决生效后10日内付清。

王某作为教育培训学校校长，在被害人的主观认知里，其在就业、升学等方面必然具有资源优势，这也是王某得以多次诈骗成功的原因。由于其诈骗次数多且诈骗获得的金额已是特别巨大，是王某受到重判的原因。王某刑期达10年，同时处以巨额罚金，诈骗所得金额也如数判退。

诈骗罪成为教育培训行业高发地犯罪也在于，行骗者利用了被害人为争取更为优势的升学就业资源的需求心理。所涉案例中被告人多以解决就业、帮助获得优质教育资源（如进入重点小学、中学、大学）等手段行骗。被害人妄图以捷径达成目的也是行骗者屡屡得手的重要原因。诈骗罪虽为教育培训行业高发的犯罪，但犯罪成因多与企业经营无关，属个人偶发性犯罪。但是企业也应防范员工运用企业资源去实施犯罪。

五、猥亵儿童罪

（一）罪名介绍

法条依据：《刑法》第237条第3款　猥亵儿童的，处五年以下有期徒刑；有下列情形之一的，处五年以上有期徒刑：

（一）猥亵儿童多人或者多次的；

（二）聚众猥亵儿童的，或者在公共场所当众猥亵儿童，情节恶劣的；

（三）造成儿童伤害或者其他严重后果的；

（四）猥亵手段恶劣或者有其他恶劣情节的。

相关司法解释：《最高人民法院、最高人民检察院、公安部、司法部印发〈关于依法惩治性侵害未成年人犯罪的意见〉的通知》　一、基本要求

1. 本意见所称性侵害未成年人犯罪，包括刑法第二百三十六条、第二百三十七条、第三百五十八条、第三百五十九条、第三百六十条第二款规定的针对未成年人实施的强奸罪，强制猥亵、侮辱妇女罪①，猥亵儿童罪，组织卖淫罪，强迫卖淫罪，引诱、容留、介绍卖淫罪，引诱幼女卖淫罪，嫖宿幼女罪②等。

2. 对于性侵害未成年人犯罪，应当依法从严惩治。

3. 办理性侵害未成年人犯罪案件，应当充分考虑未成年被害人身心发育尚未成熟、易受伤害等特点，贯彻特殊、优先保护原则，切实保障未成年人的合法权益。

4. 对于未成年人实施性侵害未成年人犯罪的，应当坚持双向保护原则，在依法保护未成年被害人的合法权益时，也要依法保护未成年犯罪嫌疑人、未成年被告人的合法权益。

5. 办理性侵害未成年人犯罪案件，对于涉及未成年被害人、未成年犯罪嫌疑人和未成年被告人的身份信息及可能推断出其身份信息的资料和涉及性侵害的细节等内容，审判人员、检察人员、侦查人员、律师及其他诉讼参与人应当予以保密。

---

① 2015年取消强制猥亵、侮辱妇女罪，改为强制猥亵、侮辱罪。

② 2015年取消嫖宿幼女罪。

对外公开的诉讼文书，不得披露未成年被害人的身份信息及可能推断出其身份信息的其他资料，对性侵害的事实注意以适当的方式叙述。

6. 性侵害未成年人犯罪案件，应当由熟悉未成年人身心特点的审判人员、检察人员、侦查人员办理，未成年被害人系女性的，应当有女性工作人员参与。

人民法院、人民检察院、公安机关设有办理未成年人刑事案件专门工作机构或者专门工作小组的，可以优先由专门工作机构或者专门工作小组办理性侵害未成年人犯罪案件。

7. 各级人民法院、人民检察院、公安机关和司法行政机关应当加强与民政、教育、妇联、共青团等部门及未成年人保护组织的联系和协作，共同做好性侵害未成年人犯罪预防和未成年被害人的心理安抚、疏导工作，从有利于未成年人身心健康的角度，对其给予必要的帮助。

8. 上级人民法院、人民检察院、公安机关和司法行政机关应当加强对下指导和业务培训。各级人民法院、人民检察院、公安机关和司法行政机关要增强对未成年人予以特殊、优先保护的司法理念，完善工作机制，提高办案能力和水平。

本罪的主体为一般主体。

本罪的主观方面为直接故意。

本罪侵犯的客体是儿童（不满 14 周岁的未成年人，包括男孩和女孩）的身心健康和人格尊严。

客观方面为以刺激或满足性欲为目的，用性交以外方法对儿童实施的淫秽行为。

（二）典型案例

王某猥亵儿童案

【基本案情】

2018 年年底至 2020 年 4 月，被告人王某在经营管理嘉兴央艺文化艺术有限公司、嘉善和一教育咨询有限公司并担任培训教师期间，在嘉兴市经济技术开发区×街道×室×宿舍×路×大厦×室等地，采用肛交等方式多次对被害人王某某（男，2008 年 12 月 1 日出生）、李某某（男，2011 年 9 月 21

日出生）实施猥亵，且有拍照、摄像及性施虐等行为。

公安机关从被告人王某处扣押作案工具华为手机 4 部、SONY 摄像机 2 台、肚兜及衣物、抽气筒和各式火罐、钢管和绳子、润滑剂、蜡烛、辣椒等物一批。法院认定：被告人王某猥亵儿童手段恶劣。具有利用经营管理教育培训机构并担任培训老师的便利条件，多次对二名未满 12 周岁儿童实施猥亵，曾因同种罪行受过刑事处罚等情形，属于《最高人民法院、最高人民检察院、公安部、司法部关于依法惩治性侵害未成年人犯罪的意见》第 25 条之规定的《刑法》意义上的“其他恶劣情节”。

【裁判结果】

浙江省嘉兴市秀洲区人民法院于 2020 年 10 月判决：

1. 被告人王某犯猥亵儿童罪，判处有期徒刑 10 年，剥夺政治权利 2 年。

2. 禁止被告人王某自刑罚执行完毕或假释之日起 5 年内从事与未成年人有关的工作、活动，禁止其进入中小学校区、幼儿园园区及其他未成年人集中场所。

3. 扣押在案的作案工具华为手机 4 部、SONY 摄像机 2 台、肚兜及衣物、抽气筒和各式火罐、钢管和绳子、润滑剂、蜡烛、辣椒等物一批，由扣押机关予以没收。

本案被告的手段及案件所造成的影响都很恶劣。首先，工作的特殊性给了被告实施犯罪的便利。人性难以预设，但制度能约束行为。做好对教师的背景调查、对未成年人的教学场所作开放性的必要规定、禁止教学外的私密接触等手段却是必需的预防措施。其次，不满 14 周岁是法律规定的此罪绝对界线。可能发生在成年男性对未满 14 周岁的女童、男童，也可能发生在成年女性对未满 14 周岁的女童、男童。最后，就是需要了解，对性侵未成年人犯罪案件，因犯罪发生地的私密性、未成年人的心理特点等原因，司法机关在对证据的审查上把握的原则是：根据未成年人的身心特点，按照有别于成年人的标准予以判断。审查言词证据，要结合全案情况予以分析。根据经验和常识，未成年人的陈述合乎情理、逻辑，对细节的描述符合其认知和表达能力，且有其他证据予以印证，被告人的辩解没有证据支持，结合双方关系不存在诬告可能的，应当采纳未成年人的陈述。故父母或相关人员在工作中对未成年人在这方面的报告、陈述也应把握这一原则慎重处理，预先警示，以防事态的恶化及对受害者及时予以保护。

教育培训行业由于其特殊性，在这一罪名上所涉犯罪更是呈逐年上升趋势。了解这一犯罪的法律法规和所发案例的特性对于我们预防这一犯罪有着特殊性意义。惩罚犯罪不是目的，从源头防止犯罪的发生才是目的。禁止企业员工对未成年人实施性侵害犯罪是教育培训行业从业人员要守住的行业底线。企业必须通过规章制度、承诺函、对教学场所进行必要的特殊设置来规制企业及从业人员。同时《未成年人保护法》也是这一行业中从事未成年人培训企业所必须熟知的法律。

六、非法经营罪

（一）罪名介绍

法条依据：《刑法》第225条　违反国家规定，有下列非法经营行为之一，扰乱市场秩序，情节严重的，处五年以下有期徒刑或者拘役，并处或者单处违法所得一倍以上五倍以下罚金；情节特别严重的，处五年以上有期徒刑，并处违法所得一倍以上五倍以下罚金或者没收财产：

（一）未经许可经营法律、行政法规规定的专营、专卖物品或者其他限制买卖的物品的；

（二）买卖进出口许可证、进出口原产地证明以及其他法律、行政法规规定的经营许可证或者批准文件的；

（三）未经国家有关主管部门批准非法经营证券、期货、保险业务的，或者非法从事资金支付结算业务的；

（四）其他严重扰乱市场秩序的非法经营行为。

《出版管理条例》第40条　印刷或者复制单位、发行单位或者个体工商户不得印刷或者复制、发行有下列情形之一的出版物：

（一）含有本条例第二十五条、第二十六条禁止内容的；

（二）非法进口的；

（三）伪造、假冒出版单位名称或者报纸、期刊名称的；

（四）未署出版单位名称的；

（五）中学小学教科书未经依法审定的；

（六）侵犯他人著作权的。

《出版管理条例》第41条　出版物进口业务，由依照本条例设立的出版物进口经营单位经营；其他单位和个人不得从事出版物进口业务。

《出版管理条例》第47条　发行进口出版物的，必须从依法设立的出版物进口经营单位进货。

《出版物市场管理规定》第22条　从事出版物发行业务的单位和个人在发行活动中应当遵循公平、守法、诚实、守信的原则，依法订立供销合同，不得损害消费者的合法权益。

从事出版物发行业务的单位、个人，必须遵守下列规定：

（一）从依法取得出版物批发、零售资质的出版发行单位进货；发行进口出版物的，须从依法设立的出版物进口经营单位进货；

（二）不得超出出版行政主管部门核准的经营范围经营；

（三）不得张贴、散发、登载有法律、法规禁止内容的或者有欺诈性文字、与事实不符的征订单、广告和宣传画；

（四）不得擅自更改出版物版权页；

（五）出版物经营许可证应在经营场所明显处张挂；利用信息网络从事出版物发行业务的，应在其网站主页面或者从事经营活动的网页醒目位置公开出版物经营许可证和营业执照登载的有关信息或链接标识；

（六）不得涂改、变造、出租、出借、出售或者以其他任何形式转让出版物经营许可证和批准文件。

相关司法解释：《最高人民法院关于审理非法出版物刑事案件具体应用法律若干问题的解释》第15条　非法从事出版物的出版、印刷、复制、发行业务，严重扰乱市场秩序，情节特别严重，构成犯罪的，可以依照刑法第二百二十五条第（三）项[①]的规定，以非法经营罪定罪处罚。

本罪的主体是一般主体，单位亦能构成本罪主体。

---

① 修订后为第4项。

本罪的主观方面为故意，即具有谋取非法利润的目的。

本罪侵犯的客体是市场秩序。

本罪的客观方面为未经许可的经营行为和非法的经营活动，扰乱了市场秩序。

（二）典型案例

王某1、陈某某非法经营罪案

【基本案情】

2016年4月，长沙市岳麓区文化市场综合执法局对长沙市岳麓区桔子洲街道学堂坡社区14栋2单元一楼南向杂物间及岳麓区学士街道学士安置小区13栋一楼门面进行了检查，在上述两处地点共查扣ACCA会计师培训系列教材共6613册（其中成套3302册，每套2本，未成套3311册，共计9915本），经鉴定，该批图书均系非法出版物。公安机关予以立案后经侦查查明，该批图书系被告人陈某某（2013年因犯侵犯著作权罪被判处刑罚）接受被告人王某1委托，通过被告人何某某、王某2居间介绍，在未取得合法准印证明的情况下，由被告人彭某某于2015年8月至2016年3月利用其经营的长沙安某印务有限公司完成印刷。其中，印刷费由被告人王某的工作单位上海高某进修学校支付，该批期刊主要用于被告人陈某某在淘宝网上销售，用于高某ACCA会计师培训网络视频课件的配套教材。本案的ACCA系列图书系国际注册会计师培训教材，需要相关准印证明。

【裁判结果】

2017年湖南省长沙市岳麓区人民法院作出一审判决：

1. 被告人王某1犯非法经营罪，判处有期徒刑1年3个月，宣告缓刑1年6个月，并处罚金人民币1万元。

2. 撤销上海市杨浦区人民法院（2012）杨刑（知）初字第193号刑事判决书对被告人陈某某宣告缓刑的执行部分；被告人陈某某犯非法经营罪，判处有期徒刑1年6个月，并处罚金人民币4万元；与前罪刑罚有期徒刑3年，并处罚金人民币3万元并罚；决定执行有期徒刑3年10个月，并处罚金人民币7万元。（刑期从判决执行之日起计算，判决执行以前先行羁押的，羁押一日折抵刑期一日。扣除因犯前罪先行羁押的6个月零18天，即从2017年1月18日起至2020年4月30日止。）

3. 被告人何某某犯非法经营罪，判处有期徒刑1年，宣告缓刑1年，并处罚金人民币1万元。

4. 被告人彭某某犯非法经营罪，判处有期徒刑1年3个月，宣告缓刑1年6个月，并处罚金人民币1万元。

5. 被告人王某2犯非法经营罪，判处有期徒刑1年，宣告缓刑1年，并处罚金人民币1万元。

6. 扣押在案的ACCA系列图书共计9915本依法予以没收（由扣押机关长沙市公安局岳麓分局处理）；扣押在案的违法所得，依法予以没收上缴国库；继续追缴被告人陈某某的违法所得人民币4万元、被告人王某2的违法所得人民币9000元上缴国库。

非法出版物一直是各级出版行政主管部门严厉打击的重点。其手段多为行政处罚。而本案中多环节参与的被告人均被定罪量刑，被告人的主观过错及“情节特别严重”的认定尤为关键。再因非法出版物从制作到上市多涉及多个环节，每个环节的涉案人在共同犯罪中是否分工不同，作用是否相当，能否区分主从犯为辩护重点。

本案被确定为非法经营罪而不是侵犯著作权罪或销售侵权复制品罪在于，非法经营罪的出版物本身就没有合法的著作权，也没有出版资格；而后两项罪名的出版物是盗版制品，所盗版的对象是拥有著作权的合法出版物。

七、虚假广告罪

（一）罪名介绍

法条依据：《刑法》第222条　广告主、广告经营者、广告发布者违反国家规定，利用广告对商品或者服务做虚假宣传，情节严重的，处二年以下有期徒刑或者拘役，并处或者单处罚金。

《广告法》第24条　教育、培训广告不得含有下列内容：

（一）对升学、通过考试、获得学位学历或者合格证书，或者对教育、培训的效果作出明示或者暗示的保证性承诺；

（二）明示或者暗示有相关考试机构或者其工作人员、考试命题人员参与教育、培训；

（三）利用科研单位、学术机构、教育机构、行业协会、专业人士、受益者的名义或者形象作推荐、证明。

《广告法》第58条　有下列行为之一的，由市场监督管理部门责令停止发布广告，责令广告主在相应范围内消除影响，处广告费用一倍以上三倍以下的罚款，广告费用无法计算或者明显偏低的，处十万元以上二十万元以下的罚款；情节严重的，处广告费用三倍以上五倍以下的罚款，广告费用无法计算或者明显偏低的，处二十万元以上一百万元以下的罚款，可以吊销营业执照，并由广告审查机关撤销广告审查批准文件、一年内不受理其广告审查申请：

（一）违反本法第十六条规定发布医疗、药品、医疗器械广告的；

（二）违反本法第十七条规定，在广告中涉及疾病治疗功能，以及使用医疗用语或者易使推销的商品与药品、医疗器械相混淆的用语的；

（三）违反本法第十八条规定发布保健食品广告的；

（四）违反本法第二十一条规定发布农药、兽药、饲料和饲料添加剂广告的；

（五）违反本法第二十三条规定发布酒类广告的；

（六）违反本法第二十四条规定发布教育、培训广告的；

（七）违反本法第二十五条规定发布招商等有投资回报预期的商品或者服务广告的；

（八）违反本法第二十六条规定发布房地产广告的；

（九）违反本法第二十七条规定发布农作物种子、林木种子、草种子、种畜禽、水产苗种和种养殖广告的；

（十）违反本法第三十八条第二款规定，利用不满十周岁的未成年人作为广告代言人的；

（十一）违反本法第三十八条第三款规定，利用自然人、法人或者其他组织作为广告代言人的；

（十二）违反本法第三十九条规定，在中小学校、幼儿园内或者利用与中小学生、幼儿有关的物品发布广告的；

（十三）违反本法第四十条第二款规定，发布针对不满十四周岁的未成年人的商品或者服务的广告的；

（十四）违反本法第四十六条规定，未经审查发布广告的。

医疗机构有前款规定违法行为，情节严重的，除由市场监督管理部门依照本法处罚外，卫生行政部门可以吊销诊疗科目或者吊销医疗机构执业许可证。

广告经营者、广告发布者明知或者应知有本条第一款规定违法行为仍设计、制作、代理、发布的，由市场监督管理部门没收广告费用，并处广告费用一倍以上三倍以下的罚款，广告费用无法计算或者明显偏低的，处十万元以上二十万元以下的罚款；情节严重的，处广告费用三倍以上五倍以下的罚款，广告费用无法计算或者明显偏低的，处二十万元以上一百万元以下的罚款，并可以由有关部门暂停广告发布业务、吊销营业执照。

在教育培训行业所涉犯罪中，虚假广告罪是典型的法定犯（又称行政犯）。因其是具有行政和刑事双重违法性，其前置条件首先在于违反了行政法规；其次侵犯了刑法所保护的法益。

本罪主体是特殊主体，由广告主、广告经营者和广告发布者构成。

本罪的主观方面为直接故意，即明知是不真实的广告而故意作虚假宣传，过失不构成本罪。

本罪侵犯的客体是国家对广告经营的管理制度。

本罪的客观方面为违反国家广告管理法规，利用广告对商品或者服务作虚假宣传。

（二）典型案例

王某某虚假广告案

【基本案情】

2015年7月，被告人王某某承租正安县凤仪镇桐都大道东方新城锦绣二栋二层二号商铺开办高考补习班。为扩大影响力，王某某虚构了遵义尚德慧教育科技有限公司，并注册登记了正安县尚德慧文化传媒有限公司，办理了营业执照，制作了“VICTOR高考集训中心”印章。同时为扩大生源，王某某还虚构“VICTOR高考集训中心”创办于遵义市汇川区，是尚德慧教育科技有限公司倾心打造的第一个高中教育培训品牌，是一个专注于新课标高考的助学中心，实行签约式报考大学政策，全日制培训班费用每学期6000元，能达到百分百升学的宏大目标等内容，并抄袭了遵义市红花岗区家教辅导中心的学生信息及高考成绩为自己宣传，同时承诺全日制签约生若未能考上签约地一本、二本分数线，将赔偿该签约生8000元钱的损失。将上述内容制作成4000余份宣传单，雇人在正安县凤仪镇、安场镇等地张贴发放，大肆宣传。经过宣传，先后有65名高三在读学生及复读生与王某某签订培训协议，王某某共收取学费366,000元。“VICTOR高考集训中心”从2015年8月底开始上课，由于王某某没有实际经营能力，2015年11月“VICTOR高考集训中心”便不能正常上课，2015年12月初全面停课，致使学生课程脱节，未能顺利完成学期学业，也未能实现百分百升学的签约目标。

【裁判结果】

贵州省正安县人民法院于2017年4月判决：

1. 被告人王某某犯虚假广告罪，判处有期徒刑1年，宣告缓刑1年6个月，并处罚金人民币5000元。

2. 责令被告人王某某退赔被害人。

此类案例并不是教育培训行业的高发案例，但案例仍具有典型性。此案要王某某被追究刑事责任在于其行为性质属情节严重。从宣传“能达到百分百升学……全日制签约生若未能考上签约的一本、二本分数线”等内容上，已违反了《广告法》的禁止性规定：对教育、培训的效果做出明示或者暗示的保证性承诺。本案的被害人数达64名，牵涉的范围广，社会影响大。

夸大宣传、虚假宣传是为了扩大影响，最终的目的还是追求利润。以夸大的“通过率”“保过率”做不实宣传，其实一直是一些做应试类培训企业的竞争手段。教育培训行业依赖生源，良好的口碑对企业无疑是非常重要，但在日常经营过程中，企业应重视广告合规，虚假宣传、不实承诺除招致行政处罚和消费者索赔外，更严重的是带来刑事风险，坚持诚信经营，才是企业长足发展的根本。

第三节　教育培训行业刑事风险防范建议

从上述教育培训行业企业（公司）发生的刑事案件看，本行业的刑事案件既和行业属性有关也与行为人的自然属性有关。企业无法避免作为自然属性的人为刑事案件的发生，但作为行业内企业的刑事风险却可以通过对刑事合规的研究，促使企业建立有效的、适用的合规管理制度来避免可能产生的刑事风险。创立企业的目的囿于对这个行业的了解和在这一选定行业里成长的期待。企业的可持续性、长久性和规模化是最初的愿景，而最终达成这一愿景的企业家们必定是在创立企业之初就对风险的预测及应对风险的措施有着前瞻性的想法。现代刑法规范体系中大量法定犯（行政犯）的规范性要求对企业的治理制度提出了更高层次的要求，需要企业在制定制度时，能对有可能存在的刑事违法风险或者在企业经营过程中对经营行为存在的刑事违法风险进行预测，有效制止犯罪行为的发生。或者能在企业遭遇刑事违法风险的时候，有发挥有效作用的风险应对或处理的机制，以此达成对企业减轻刑罚制裁的影响因素，使企业在刑事风暴中能安全着陆。

合规制度的立足点：据研究，欧洲中小企业的平均寿命为12.5年，相比之下，而我国中小企业平均寿命仅为2.9年。[①] 前述我们提到教育培训行业的受众群体广泛，不分年龄、性别，都可能是潜在的客户群体。但是由于行业的特殊性，从事教育培训行业的企业无论自身规模与市场空间都无法与从事地产业、金融业等关乎民生行业的龙头企业相比。由于企业天然的属性，教育培训企业均局限于中小企业规模。那么对于中小企业来说，兼顾效率与成本是教育培训企业在进行刑事合规管理的首要要求。

企业经营过程中，若企业涉嫌犯罪或者企业高管涉嫌犯罪，对企业都会产生两个层级的影响：影响企业的经营发展，重至影响企业的存亡。以合规制度规范企业涉嫌犯罪，规范企业管理层为了企业的利益涉嫌犯罪，规范企

---

① 参见陈晶：《中德中小企业寿命何以相差9年?》，载《中外管理》2014年第11期。

业管理层为了个人利益涉嫌利用企业犯罪，是我们为企业建立合规制度的立足点，使企业尽可能免于遭受严重打击或严重损失。

一、建立企业合规制度

教育培训企业多为中小规模企业，在此基础上教育培训行业根据自身企业特点建立的合规体系，我们认为应该遵从如下原则。

1. 全面性原则。企业经营中没法预料哪个环节会出现违规，有效的方式是企业在设立时就应该从制度制定上把合规要求纳入管理层的决策机制、内部管理机制及业务流程中，并且覆盖全体员工。在经营过程中，合规要求还需要随着内外部环境的变化持续调整和改进合规管理体系。

2. 责任制原则。由独立的合规部门或设立专职的合规师，来对企业各业务环节和员工进行客观评价和规制，从兼顾成本和效率上来评价，对于中小企业来说并不适宜。但是企业如果在建立之初就把加强合规管理作为企业主要负责人和管理层的责任纳入其职责的重要内容，并且相互之间建立制约与监督机制，则能起到事半功倍的成效。

3. 客观审查原则。企业在经营过程中，随着管理层和业务模式的固化，要不断地在决策、执行、监督、反馈等各个环节保持灵活应对、自我审视、自我规制是不可能的。那么定期（或在有可能发生的风险预警时）引入第三方进行检测，以此来强化合规管理制度的可操作性，提高合规管理的有效性。

二、制定企业合规制度指引

违规行为终将损害企业发展，树立企业良好形象，立足长远发展，以合规制度来预防、监督违法犯罪行为的发生是建立现代企业制度的必要途径。通过梳理及归纳各企业的合规制度，我们建议企业建立具有以下内容的合规制度指引来规范企业及企业员工的行为，以预防刑事风险的发生。

（一）企业的内部管理

1. 人员聘用。教育培训行业企业人事涉及内部行政人员人事管理和教师的管理。而教师主要以外聘为主，对教师的管理是企业规章制度的重要内容。

对从业人员的犯罪记录查询和诚信品德承诺保证是入职的必备。

2. 教职员工行为准则的制定。除《教师法》等法律法规外，教育部发布的《中小学教师职业道德规范》，2018 年 11 月教育部针对高校、中小学、幼儿园分别制定的《教师职业行为十项准则》同样适用于教育培训企业，其相关内容无疑也应当成为企业规制教师行为的准则。

3. 内部考核。企业在对每一名员工的工作进行绩效考核时，纳入合规内容，即把员工对合规制度的遵守作为考核的主要内容之一。根据《教育部关于高校教师师德失范行为处理的指导意见》《中小学教师违反职业道德行为处理办法》《幼儿园教师违反职业道德行为处理办法》等规定内容，纳入对教师的考核标准。尤其是对于培训对象为 18 岁以下未成年人的企业，应对教职员进行定期考核。

4. 教学场所的安全配置。教学场所的安全性是企业基础性要求，并且针对不同培训对象为杜绝强奸、猥亵儿童等针对未成年人性侵害犯罪行为的发生，教育培训企业还需要根据自身的课程设置及经营场所的情况，作为防治性的特殊配置。

（二）企业对管控单位的禁止行为

1. 禁止回扣、贿赂及报酬。企业在商事活动中为达成竞争目的，自愿有目的地给予回扣、贿赂及额外的报酬等财产性利益的行为均为禁止行为。司法机关对财物的认定已经越来越广泛，除传统范围的现金、礼品、物品外，旅行、娱乐、会员服务及其他有价之物、债务免除等均为《刑法》上认定的行贿范围内的财产性利益。授权或允许第三方所实施的上述行为也属于禁止行为。在数字金融掌控了商业交往及个人行为的今日，任何想寻找寻租空间的可能几乎不存在。

2. 禁止欺诈、串通及施加压力。欺诈的认定除具有明确的行为导向使被欺诈人陷入错误认识外，歪曲事实、故意隐瞒事实、提供虚假资料或信息、明知是虚假信息却不主动澄清等也可被认定为欺诈；串通行为通常表现在串标、陪标、串通抬高价格等行为上；施加压力并不是仅由垄断企业作出的，行业中处于优势地位的企业，也常用此行为挤压新进企业和小企业。商业活动中应该倡导公平竞争，企业也应该把诚信公平竞争作为核心价值，而上述禁止行为严重背离公平竞争精神。

3. 禁止与公职人员发生违法经济行为。对公职人员我们首先要有一个界定，应该说就职于以下机构的人员为我们界定的公职人员：政府机构或机关；列入政府行政事业性开支的单位（公立大学、研究所、科研单位、学术机构等）；国有控股公司；公立国际组织等。对教育培训行业来讲，在上述基础上将行业协会、考试机构、专业人士等的支付行为也应该纳入对其给予回扣、贿赂、报酬及财产性利益的禁止行为。

对涉及公职人员的支付除主动的支付，也可能涉及被动的支付。其中包括公职人员要求或索取贿赂、捐助指定的慈善事业、获得就业机会、赞助会议或差旅考察等情况。对此类行为企业人员应该向相关负责人员报备，由董事会、股东会作出相应决策。

（三）商业伙伴的尽职调查

如何界定商业伙伴，尽职调查需要做到什么样的程度，企业在做尽职调查前应该作出界定。商业伙伴不仅存在于与企业有合同关系的企业，也存在于为企业提供服务及企业提供服务的个人。对企业的尽职调查需要结合双方业务联系的紧密度及合作时间进行较为全面的尽职调查，尽可能地涉及商誉、财务、法律等方面；而对个人的尽职调查应该局限于诚信度的调查。

1. 常规程序。企业在拟进行业务拓展、参与商业谈判前把尽职调查作为前置程序，并且事先拟定能公开调查的渠道，全面收集商业伙伴的相关材料，并制作完成尽职调查档案，以供内部合规团队成员审阅。而后企业再根据调查所得资料，规划制作合作路径。通常企业应该给员工建立业务活动基本理念和行为准则，即商事往来是企业的合作，而非与企业的某个员工合作，个人的任何承诺及担保不能免除应该进行的尽职调查程序。

2. 额外程序。对于涉及重大商业活动、重大开支、知识产权、提供大额担保等事项，必要时应通过聘请第三方专业机构进行尽职调查，以作为商业决策的依据。

3. 尽职调查的豁免。企业应把尽职调查作为商业活动开始的前置程序，但这需要投入时间与金钱。内部管理层需确定合理适用的规章制度，约定对一定的小金额合同、即时清洁合同等可以进行调查尽职的豁免。

（四）商业活动中的反贿赂和反欺诈防范

行贿受贿行为已成为侵蚀商业规则的最高发手段。对此《最高人民检察院关于行贿犯罪档案查询工作的规定》（已失效）是对这一行为的严厉规制，其第 8 条规定，人民检察院收集、整理、存储经人民检察院立案侦查并由人民法院生效判决、裁定认定的行贿罪、单位行贿罪、对单位行贿罪、介绍贿赂罪等犯罪信息，建立行贿犯罪档案库。第 11 条规定，单位和个人可以根据需要直接到人民检察院申请查询行贿犯罪档案，也可以通过电话或者网络预约查询。第 223 条规定，行贿犯罪信息的查询期限为 10 年。单位犯罪自人民法院判决、裁定生效之日起，个人犯罪自刑罚执行完毕之日起，超过 10 年的，行贿犯罪信息不向社会提供查询。除此之外，2015 年 5 月 8 日最高人民检察院、国家发改委发布了《关于在招标投标活动中全面开展行贿犯罪档案查询的通知》（已失效）。要做到对反贿赂和反欺诈的防范，企业在业务活动关注以下事项。

1. 利益冲突。企业的商业活动应该以企业利益优先，必须禁止任何员工（股东）在业务活动中为个人谋取私利，当员工的个人利益可能影响该员工客观合理的价值判断以及违背对企业的忠诚义务时，就是出现利益冲突的时候。对此相关员工和任何知悉存在利益冲突情况的员工都应该将可能出现利益冲突的情况报告给企业合规负责人，以确定是否需要进行回避。预防此类行为需要企业要求员工对企业作出诚信承诺。

2. 签订合同。现代商业活动采用书面的合同形式，约定双方的权利义务已成为基本的往来方式。企业结合前述对尽职调查的要求，再确定所有的商业活动应该建立在双方书面签署的合同基础上，无例外与豁免。

3. 合同必须包含反贿赂和反欺诈内容。基于今后合规抗辩的必需，商业合同必须具备反贿赂陈述、保证及承诺条款。或者企业双方单就反贿赂进行陈述和保证，承诺约束合作期间的所有合同行为。

4. 合同内容审查。应该由专业的法务人员进行，并且确立经由两级以上负责人进行审核的内部审批制度。

5. 招标投标活动。招标投标已经成为一项常规商业行为。企业参与的招标投标活动除符合法律的规定外，应针对自身的行业特点制定可操作性的活动规则。陪标、围标、串标等违法行为是法定的不可触碰行为，要做到保证所有文件真实、严禁提供虚假文件或信息，就必须在程序上做到对文件的来源、出具文件的格式及要求进行审查。严禁为了中标而向客户提供任何有价之物或向客户提供招标文件要求之外的产品或服务。

6. 资料信息的对外提供。企业在向任何第三方提供可能影响第三方商业决定或行为的资料信息或作出的陈述与声明都必须真实、准确、完整、一致，并且有担保上述真实性的责任人。

7. 聘请外部法律顾问。作为教育培训行业需根据自身规模来选择内部法律团队或是外聘法律顾问。但在涉企业合并、境外知识产权、境外合作等事项聘请专业特长的法律顾问协作参与是必需的。

8. 合同签署后的监督。

（1）商业伙伴的再认证。对长期合作的商业伙伴或中止合作后再建立合作关系的商业伙伴，需建立一定期间的再认证制度，即对长期合作的商业伙伴进行定期尽职认定，对再度建立合作关系的商业伙伴进行再度尽职认证。商业风险相伴商业活动，对任何企业均如此。商业伙伴出现经营性法律性问题，第一时间是阻却合作伙伴的知晓。故能建立合规预警制度的企业能在第一时间寻找应对策略。

（2）审查支付。企业的财务人员应该审查企业或商业伙伴所提供的相关发票，以确定相关发票的完整和准确，并在企业的账簿中准确记录，以对应合同约定的金额和支付方式。负责合同的业务人员应确保所有的支付都符合合同约定。如发现支付的方式方法或对支付的会计处理有任何“可疑行为”，都应立即予以制止、及时进行汇报、并展开调查，以期适当解决。

9. 合同存档规定。所有经审查批准的尽职调查结果、合同、审查意见、合同签署或招标投标过程中向第三方提供的信息、外部法律顾问意见等文件必须由企业相关人员进行存档管理，并制作电子档案和建立查阅机制。

（五）企业常规流运行为的规制

1. 企业需要制定符合自身情况的“礼品、招待及差旅费用一般标准”类的内部规章制度，以明确适当和不当的行为，作为员工的行为指引。原则上仅作为友谊或简单礼节体现的一般互换意义的礼品不构成对相关规定或对合规的违反。

2. 对下述事项企业应建立相应的审批及监督制度，并且对每项特殊支出建立备案保存制度。

（1）捐款和赞助标准。在中国无任何形式的政治捐款，只能认定为行贿；慈善捐款在今后会日渐为企业所面对的事项，需明确的是给予行业协会的捐款或会费一般有商业目的不为慈善捐款。慈善捐款是在符合相关的法律规定前提下，非为获取任何商业利益或优势，向慈善机构进行的资金或物品捐助。企业进行慈善捐款后，捐款的金额、用途等公开透明，并对公开捐款及对接受方信息进行公示。

（2）企业赞助。赞助是与第三方进行的互利合作，形式包括金钱、产品、服务等。但同时赞助也需要符合相关的法律规定，并且不是为了获取不公平的或非法的商业利益或优势。同时赞助的金额、用途等必须合理并且公开透明，并公开赞助及对接受方信息进行公示，并且不存在任何可能违反相关规定的情形。

3. 账簿记录。必须保持准确的和细节合理的财务账簿和记录；保持合理的内部财务控制，以确保交易和资产管理符合公司政策和管理层的批准；并且财务汇报系统需准确严谨。准确规范的财务制度无疑是企业防治非法吸收及职务侵占的有效手段。

（六）配备合规团队

是建立合规专职的合规部门还是纳入董事会领导下的董事会成员负责制或是外聘法律团队进行合规审查，需要企业根据自身规模进行选择，但确立严格的合规工作审查体系是必要的。对合规团队的工作重点，建议企业具有以下几方面内容。

1. 对企业高管、相关部门负责人、专业人员明确合规责任制是职责所在。

2. 确立股东会、董事会、监事会在进行议事时，合规审议是必经的程序规则，以确保企业能规避风险和及时应对风险。

3. 针对职责和岗位进行定期的合规培训和建立内部交流机制。

4. 企业定期对合规制度进行审议，以应对实践中可能出现的新情况、新问题。

5. 合规档案：企业建立规范的账务档案、人事档案是必需，合规档案的建立也应当纳入企业的档案管理体系。

企业的合规制度是否有效，在于实践中是否实际起到积极预防犯罪的作用，可以说优秀有效的合规制度能保证企业可持续的发展，但并不意味着企业建立了合规计划就杜绝了企业员工利用职权实施犯罪的情况的发生，或是一旦出现员工利用职权实施犯罪就否定了企业花费时间与费用建立合规制度的意义。在法定犯大量占比刑事犯罪的今天，对公司犯罪的治理问题已成为国家刑事立法重点，对此企业建立合规制度对违法犯罪进行抑制是企业适应国家治理需要的正当性所在。

第八章

危废行业刑事合规实务指引

第一节 危废行业概述

一、危废行业背景

（一）危废行业的概说

根据《固体废物污染环境防治法》的规定，危险废物是指列入国家危险废物名录或者根据国家规定的危险废物鉴别标准和鉴别方法认定的具有危险特性的废物。

根据《国家危险废物名录》的定义，危险废物为：具有下列情形之一的固体废物（包括液态废物），列入本名录：（1）具有腐蚀性、毒性、易燃性、反应性或者感染性等一种或者几种危险特性的；（2）不排除具有危险特性，可能对环境或者人体健康造成有害影响，需要按照危险废物进行管理的。

危废的产生以化工有色企业为主，根据《国家危险废物名录》的规定，危废分为50大类，其中最主要的包括含废碱、废酸、石棉废物、有色金属冶炼废物、无机氰化废物等。危废主要源于化学原料制造、石油炼制、金属、采矿、机械、医药行业。其中化学原料制造、有色冶炼及压延业、废金属矿选、造纸业占整体来源的较大比例。

危废处理是一个资源化加无害化的综合技术体系。危废本身具有污染物属性和资源属性两重特点，当资源属性为主时，以资源化回收再利用为主，通过有加分组回收、提纯回用等方式，显著降低废物的环境危害，同时又获得盈利；当污染物属性为主时，以无害化处置为主，通过焚烧、填埋等方式，进行减量与彻底的性状改变，由于商业模式的影响，无害化的产能缺口显著，资源化供需基本平衡。

无害化处置随着水泥窑协同焚烧工艺的铺开，释放显著加快，传统无害化处置主要包括焚烧与填埋两种方式。由于选址困难，产能建设与爬坡较慢，行业长期存在产能缺口，随着水泥窑协同焚烧工艺的铺开，将对现有焚烧处置形成有效补充，填补产能缺口。同时，危废的高景气红利，主要是无害化处置板块领域产能不足所致，而环保执法力度显著加强后，供需不平加剧，危废收储价格明显上涨，因此危废处置产能盈利能力水涨船高，鉴于新增产能释放需要经过严格行政审批与工程建设，我们预计供需缺口还将进一步拉大。

因此，危废行业，是指包括危废产生企业、危废运输贮存企业、危废处置企业在内的全部企业之总称。

（二）无害化处置的分类

危废的无害化是消除危废污染属性的过程，对不可资源化利用或可资源化利用价值很低的工业废物，危废企业一般以收费的形式进行收集处理，统称为无害化处理。根据《危险废物处置工程技术导则》的规定，危废无害化处置技术可分为预处理技术和最终处置技术，其中：预处理技术包括物理法、化学法和固化稳定化等；处置技术包括焚烧、非焚烧及安全填埋等。焚烧又可分为回转窑焚烧，液体注射炉焚烧，流化床炉焚烧，固定床炉焚烧和热解焚烧等；非焚烧主要包括热脱附、熔融、电弧等离子处置等。填埋又可分为单组分或多组分填埋等。

首先，无害化预处理技术分为物化和稳定化固化。对危险废物最终处置之前对某种废物可以采用多种处理技术进行预处理，以便改变其物理、化学性质，诸如减少容积、稳定化、中和成分、固定和解除有毒成分等，主要方式包括物化和稳定化固化。物化处理是利用危险废物在物理和化学性质上的差异，将其有害成分进行分离或浓缩，以利于集中处理或综合利用的方法；化学法一般包括酸碱中和、氧化还原、沉淀等方式；物理法一般包括破碎、压实、分选等。可用于物化处理的废物一般包括冷却油乳液、油废水混合物、含油土壤、金属表面处理镀液等。

其次，专业化焚烧。危废焚烧技术是固体废物焚烧技术衍生的一个分支，发展水平比较成熟。焚烧是高温分解和深度氧化的综合过程，主要用于处理可燃性热值较高或毒性较大的医药废物、农药废物、精蒸馏残渣、废有机溶剂、废矿物油等，高温焚烧后，燃烧产物为剧毒类、放射性、爆炸性废物的危废不能用焚烧方法处置。由于危废往往具有高毒、酸性和腐蚀性等特点，因此一般焚烧炉无法直接用来焚烧危废，否则容易造成恶性污染事件以及炉体的强烈腐性。焚烧过程中需要向焚烧炉内投加氨等碱性物质，使窑内呈现碱性环境，有效避免酸性物质和重金属挥发。

最后，填埋方式。填埋是最终处置危废的一种方法，主要流程分为危废进场，填埋作业和终场覆盖与封场。危废进场，危废由专门的运输车运至危废处置场，需要预处理的废物经过固化及稳定化处理并符合进场填埋要求之后，由自卸卡车运至填埋区，再由填埋区进库道路进入填埋库区。在填埋过程中注意不同级别的废物混合填埋，填埋废物在指定的填埋区进行填埋，填埋单元的作业方法以机械摊铺进行逐层填埋作业为主，并辅以人工单元。填埋单元之间采用分水挡坎进行分割，在其中一个填埋单元作业时，将另一个填埋单元渗滤液倒流主管道进行封堵；废物逐层填埋，逐步填高；为防止地基的不均匀下沉，固化体的铺设应满铺整个场底，用黏土进行充实，然后，铺设完整的防渗结构。如危险废物填埋场到了服务年限截止时，需要按有关规定进行封场和后期管理。

二、危废行业的高发刑事风险

纵观我国危废发展史，2013 年和 2017 年是两个重要的时间节点。2013 年之前，对危废的重视程度不够，2013 年最高人民法院、最高人民检察院出台相关司法解释提出危废入刑，将危废推入一个真正的导入期，之后危废的年产量也开始不断释放。2014 年危废产量统计增速开始超过 10%，2016 年危废产量统计值开始加速增长。自 2017 年以来，我国危废相关政策密集出台，行业迈入高速成长期，也是在这一年，各省开始首次出台危废处置设施建设“十三五”规划，正式把危废治理提上台面，将危废处置推向高速成长阶段。此外，生态文明建设是关系中华民族永续发展的根本大计，用最严格制度、最严密法治保护生态环境，进一步明确了地方各级党委和政府主要领导是本行政区域环境保护第一责任人。

当前，资源化利用占据我国危废处理的半壁江山。根据不同口径的危废统计数据，资源化利用目前是我国危废的主要处理方式。根据国家统计局以产废企业为口径的统计数据，2016 年我国产生的 5347 万吨危废中，资源化综合利用、无害化处置、贮存占比分别为 52.80%、30% 和 17.16%。环保部[①]以处置企业口径统计数据，全国 2195 家危废经营单位中，合计处置的 1629 万吨中，资源化、无害化占比分别为 77%、23%。根据总量反推，产废单位利用处置的 2801 万吨危废中，资源化、无害化分别处置了 1569 万吨及 1231 万吨，占比分别为 56%、44%。2016 年，我国全国危险废物经营单位核准经营规模已经达到 6471 万吨/年，表象上看差能充足但实际仍有较大的缺口，当前危废资质总体上还不能全面覆盖危废的产量。

由宏观视角我们可以看到，我国危废处置同时存在行业整体供不应求和持证企业产能利用率低这种矛盾现象。在微观上，实际是由于存在危废处置供给和需求存在处置方式、地域分布、处置种类三种供需错配，导致表观产能中存在较多的无效产能。在地域供需错配方面，不同省份供需格局差距较大，产废大省仍供不应求。受制于运输半径和跨省转移，危废处置形成以省份为边界的区域半径。由于危废远距离运输风险较大，容易产生事故，运输成本高，运输途中容易产生违法倾倒等问题。我国危废运输采取审批制，且转移审批流程复杂，跨省开展业务需要办理严格的跨省转移审批手续。有的省已经明确出台了禁止危废流入的政策。

具体而言，当下资源化产能相对充裕，无害化产能缺口较大。在需求端方面，大约有近一半的危废需要无害化处理，根据中国环境统计年鉴，从我国的危险废物的种类构成来看，价值含量高适合资源化利用处理的金属废物、矿物废物占比较少，而剩余的大部分废弃物需要进行无害化处理。在供给端方面，具有无害化处理资质的仅占 19%，我国目前虽然整体核准规模表象充

---

① 现为生态环境部，后文不再赘述。

裕，但由于我国的危废处理企业中大部分以资源化为主，无害化资质较少。

另外需要注意的是，我国危废资源产能主要掌握在大型工业产废企业手中，其本身对可资源化利用危废具有较强的再利用能力，因此也拿到了危废利用处置许可证。第三方经营危废处理的环保企业，更多的是在无害化市场领域抢占市场份额。

第二节 危废行业高发罪名

一、投放危险物质罪、过失投放危险物质罪

（一）罪名介绍

法条依据：《刑法》第114条 放火、决水、爆炸以及投放毒害性、放射性、传染病病原体等物质或者以其他危险方法危害公共安全，尚未造成严重后果的，处三年以上十年以下有期徒刑。

《刑法》第115条 放火、决水、爆炸以及投放毒害性、放射性、传染病病原体等物质或者以其他危险方法致人重伤、死亡或者使公私财产遭受重大损失的，处十年以上有期徒刑、无期徒刑或者死刑。

过失犯前款罪的，处三年以上七年以下有期徒刑；情节较轻的，处三年以下有期徒刑或者拘役。

相关司法解释：《最高人民法院、最高人民检察院关于办理环境污染刑事案件适用法律若干问题的解释》第8条 违反国家规定，排放、倾倒、处置含有毒害性、放射性、传染病病原体等物质的污染物，同时构成污染环境罪、非法处置进口的固体废物罪、投放危险物质罪等犯罪的，依照处罚较重的规定定罪处罚。

1. 投放危险物质罪犯罪构成

本罪在主观方面表现为故意。既可以出于直接故意，也可以出于间接故意。所谓故意，也就是行为人明知自己的投毒行为危害公共安全，有可能造

成不特定的多人死伤或公私财产的大量损失，并且希望或者放任这种结果的发生。投毒的动机可以各种各样，但不同的动机并不影响定罪。

本罪在客观方面表现为行为人实施了投放毒害性、放射性、传染病病原体等物质，危害公共安全的行为。

其一，行为人投放的必须是毒害性、放射性、传染病病原体等危害人的生命、健康或牲畜、禽类、水产养殖物安全的危险物质。其中，毒害性物质是指含有毒质甚至腐蚀性的有机物或者无机物，如砒霜、敌敌畏、氰化钾、西梅脱、硝酸、硫酸、1059 剧毒农药等；放射性物质是指通过原子核裂变时放出的射线发生伤害作用的物质，如镭、铀、钴等放射性化学元素；传染病病原体是指能够引起疾病的微生物和寄生虫的统称，如炭疽、霍乱等传染病病菌、病毒。鸦片、大麻、吗啡等虽然也是毒物，但不包括在投放危险物质罪的毒物之中。

其二，投放行为必须危害公共安全，即该行为已经对不特定多人的生命、健康或者牲畜和其他财产造成严重威胁或严重损害后果。或者已威胁到不特定多数人的人身和财产的安全。

本罪是危险犯，其成立并不需要出现不特定多数人的中毒或重大公私财产遭受毁损的实际结果，只要行为人的行为足以危害公共安全，即有危害公共安全的危险存在即可。如左某因工作和家属安排等问题与领导龙某发生矛盾，对龙某的不满情绪发展到投毒报复。某日，左某从家里存放的三种农药中选择了毒性较低的杀虫醚，用青霉素瓶装了一瓶，趁龙家无人之机，投放在龙家的饮水缸里。由于龙某的妻子及时发现，未造成后果。此案中，左某由不满发展到投毒报复，主观上具有投毒的故意，客观上实施了将农药杀虫醚投放到龙家水缸内的行为，由于龙某上有老母下有妻女以及亲友等。这些人（还包括家禽、牲畜等财产）都可能受到毒害，因此，左某投放毒物的行为虽没有造成严重后果，但足以危害不特定多数人的生命、健康以及家禽、牲畜等财产的安全，已构成投放危险物质罪，即其行为针对的并不是龙某一个人，而是不特定的多数人。

投放行为的主要方式：一是将危险物质投放于供不特定人饮食的食品或饮料中；二是将毒物投放于供人、畜等使用的河流、池塘、水井等中；三是在一些公共场所释放放射性、传染病病原体。

本罪的主体是一般主体。凡达到刑事责任年龄，具备刑事责任能力的自然人均成为本罪主体。根据《刑法》第 17 条第 2 款的规定，已满 14 周岁不满 16 周岁的人犯投放危险物质罪，危害公共安全的，应当负刑事责任。

本罪侵犯的客体要件即不特定多数人的生命、健康或重大公私财产的安全。

2. 过失投放危险物质罪犯罪构成

本罪在主观方面表现为过失，即行为人对其行为可能引起中毒，造成危害公共安全的严重后果已经预见，而轻信能够避免，或者对这种严重后果应当预见，由于疏忽大意没有预见，以致发生了严重的中毒事故。包括过于自信的过失和疏忽大意的过失。

本罪在客观方面表现为实施引起中毒，造成严重后果危害公共安全的行为。这是行为人负刑事责任的客观基础。构成本罪，必须实施引起中毒，危害公共安全的行为。如把喷过敌敌畏的蔬菜未冲洗净，到集市出卖，致购食者多人中毒；误将毒药投入饲料中，致使大量牲畜食后中毒等。在日常生活中有的把装过农药的口袋与粮食口袋混杂在一起，把瓶装敌敌畏与瓶装食油放在一起，因不慎误用农药口袋装粮食，误用敌敌畏炒菜，造成多人中毒死亡的严重后果，就构成过失投放危险物质罪。如果没有引起中毒的行为表现，或者致人中毒的行为并不危害公共安全，均不能定过失投放危险物质罪。例如，误将毒药当作药品给特定人服用致死，根据案件具体情节，可定为过失致人死亡罪。根据《刑法》的规定，只有发生法定严重后果，即致人重伤、死亡或者使公私财产遭受重大损失，才能构成本罪。未发生中毒后果，或者造成的后果尚未达到法定的严重程度，不构成本罪。

本罪的主体为一般主体，即达到法定刑事责任年龄、具有刑事责任能力的人均可构成。

本罪侵犯的客体是公共安全，即不特定多数人的生命、健康和重大公私财产安全。

投放危险物质的表现方式包括:

将危险物质投放于供不特定或多数，饮用的食品或饮料中；将危险物质投放于供人、畜等使用的河流、池塘、水井等中；释放危险物质，如将沙林、传染病病原体释放于一定场所。

投放行为可能存在以下情形：（1）投放危险物质的行为，危害公共安全的，成立投放危险物质罪；如果故意使用危险物质杀害特定个人或特定牲畜的，不构成投放危险物质罪，而成立故意杀人罪、盗窃罪或者故意毁坏财物罪等。（2）投放虚假危险物质，扰乱社会秩序的，不成立投放危险物质罪，可能成立故意传播虚假恐怖信息罪或者投放虚假危险物质罪。（3）故意传播突发性传染病病原体，危害公共安全的，成立以危险方法危害公共安全罪。

（二）典型案例

王某某、马某某污染环境案

【基本案情】

2012 年 9 月，被告人王某某对在江阴市周庄镇华宏村江阴市高宏贸易有限公司内租用油罐做煤焦油生意的刁某某谎称其在污水处理厂有关系，可以帮刁某某处理煤焦油分离废液，二人约定每吨处理费用为人民币（下同）180 元。同年 12 月 25 日，刁某某委托王某某处理油罐内的煤焦油分离废液。同月 26 日下午，王某某租用被告人马某某驾驶的槽罐车至刁某某处装载了煤焦油分离废液 30.24 吨。随后，王某某又指使马某某将槽罐车开至其事先踩点确定的倾倒地点江阴市徐霞客镇峭岐皋岸村江阴市周涛涤塑有限公司东侧的冯泾河北支浜岸边。当晚 21 时许，王某某、马某某趁无人之际，将 30.24 吨煤焦油分离废液倾倒入江阴市冯泾河北支浜内，致使冯泾河北支浜及相连的冯泾河河水大面积被污染。

【裁判结果】

江苏省江阴市人民法院于 2013 年 10 月 10 日作出（2013）澄环刑初字第 0003 号刑事判决：以污染环境罪，分别判处被告人王某某有期徒刑 1 年 9 个月，并处罚金人民币 3 万元；被告人马某某有期徒刑 9 个月，缓刑 1 年，并处罚金人民币 1 万元。

宣判后，两被告人均未上诉，检察机关亦未抗诉，判决已发生法律效力。

本案中，一方面，两被告人共计将煤焦油分离废液30.24吨倾倒入河中，致使水体大面积被污染，远超过倾倒危险废物“三吨以上”的入罪标准。另一方面，江阴市环保局为防止污染扩大、消除污染，根据江苏省环境科学研究院、江苏省环科院环境科技有限责任公司设计的应急处置方案，对该污染事件进行了筑坝拦截、调水稀释、活性炭吸附、污水处理、污泥清淤、干化焚烧等相应处置，处置费用共计60万余元。该费用均应当计入污染行为造成的公私财产损失，故本案造成的财产损失也超过了“三十万元以上”的数额要求。当然，就本案而言，即便两被告人倾倒工业废水的行为未造成损失，或者造成的损失短时间内无法计算，抑或难以证明损害结果与污染行为之间的因果联系，仅根据两被告人达到数量标准的倾倒行为，也可认定其行为均构成污染环境罪。

《最高人民法院、最高人民检察院关于办理环境污染刑事案件适用法律若干问题的解释》第8条明确规定，同时构成污染环境罪、非法处置进口的固体废物罪、投放危险物质罪等犯罪的，依照处罚较重的犯罪定罪处罚。当然，对此的治本之举应通过进一步论证，适当增加污染环境罪的法定刑幅度，提高法定自由刑刑期和罚金数额，实现刑罚的科学配比。

二、非法制造、买卖、运输、储存危险物质罪

（一）罪名介绍

法条依据：《刑法》第125条　非法制造、买卖、运输、邮寄、储存枪支、弹药、爆炸物的，处三年以上十年以下有期徒刑；情节严重的，处十年以上有期徒刑、无期徒刑或者死刑。

非法制造、买卖、运输、储存毒害性、放射性、传染病病原体等物质，危害公共安全的，依照前款的规定处罚。

单位犯前两款罪的，对单位判处罚金，并对其直接负责的主管人员和其他直接责任人员，依照第一款的规定处罚。

相关司法解释：《最高人民法院、最高人民检察院关于办理非法制造、买卖、运输、储存毒鼠强等禁用剧毒化学品刑事案件具体应用法律若干问题的解释》第1条　非法制造、买卖、运输、储存毒鼠强等禁用剧毒化学品，危害公共安全，具有下列情形之一的，依照 刑法第一百二十五条的规定，以非法制造、买卖、运输、储存危险物质罪，处三年以上十年以下有期徒刑：

（一）非法制造、买卖、运输、储存原粉、原液、原药制剂50克以上，或者饵料2千克以上的；

（二）在非法制造、买卖、运输、储存过程中致人重伤、死亡或者造成公私财产损失10万元以上的。

《最高人民法院、最高人民检察院关于办理非法制造、买卖、运输、储存毒鼠强等禁用剧毒化学品刑事案件具体应用法律若干问题的解释》第2条　非法制造、买卖、运输、储存毒鼠强等禁用剧毒化学品，具有下列情形之一的，属于刑法第一百二十五条规定的"情节严重"，处十年以上有期徒刑、无期徒刑或者死刑：

（一）非法制造、买卖、运输、储存原粉、原液、制剂500克以上，或者饵料20千克以上的；

（二）在非法制造、买卖、运输、储存过程中致3人以上重伤、死亡，或者造成公私财产损失20万元以上的；

（三）非法制造、买卖、运输、储存原粉、原药、制剂50克以上不满500克，或者饵料2千克以上不满20千克，并具有其他严重情节的。

《最高人民法院、最高人民检察院关于办理非法制造、买卖、运输、储存毒鼠强等禁用剧毒化学品刑事案件具体应用法律若干问题的解释》第3条　单位非法制造、买卖、运输、储存毒鼠强等禁用剧毒化学品的，依照本解释第一条、第二条规定的定罪量刑标准执行。

《最高人民法院、最高人民检察院关于办理非法制造、买卖、运输、储存毒鼠强等禁用剧毒化学品刑事案件具体应用法律若干问题的解释》第4条　对非法制造、买卖、运输、储存毒鼠强等禁用剧毒化学品行为负有查处职责的国家机关工作人员，滥用职权或者玩忽职守，致使公共财产、国家和人民利益遭受重大损失的，依照刑法第三百九十七条的规定，以滥用职权罪或者玩忽职守罪追究刑事责任。

《最高人民法院、最高人民检察院关于办理非法制造、买卖、运输、储存毒鼠强等禁用剧毒化学品刑事案件具体应用法律若干问题的解释》第5条

本解释施行以前，确因生产、生活需要而非法制造、买卖、运输、储存毒鼠强等禁用剧毒化学品饵料自用，没有造成严重社会危害的，可以依照刑法第十三条的规定，不作为犯罪处理。

本解释施行以后，确因生产、生活需要而非法制造、买卖、运输、储存毒鼠强等禁用剧毒化学品饵料自用，构成犯罪，但没有造成严重社会危害，经教育确有悔改表现的，可以依法从轻、减轻或者免除处罚。

《最高人民法院、最高人民检察院关于办理非法制造、买卖、运输、储存毒鼠强等禁用剧毒化学品刑事案件具体应用法律若干问题的解释》第6条

本解释所称“毒鼠强等禁用剧毒化学品”，是指国家明令禁止的毒鼠强、氟乙酰胺、氟乙酸钠、毒鼠硅、甘氟。

犯罪构成：

非法制造、买卖、运输、储存危险物质罪主观方面表现为故意犯罪，即明知是毒害性、放射性、传染病病原体等物质而非法买卖、运输，其动机则可能多种多样，有的为了营利，有的为了实施其他犯罪。不同的动机一般不影响定罪。

非法制造、买卖、运输、储存危险物质罪客观方面表现为非法制造、买卖、运输、储存毒害性、放射性、传染病病原体等物质，危害公共安全的行为。

非法制造、买卖、运输、储存危险物质罪侵犯的主体为一般主体，即达到法定刑事责任年龄、具有刑事责任能力的自然人都可以构成。根据《刑法》第125条第3款的规定，单位也可成为本罪主体。

非法制造、买卖、运输、储存危险物质罪侵犯的客体是公共安全，即不特定多数人的生命、健康和重大公私财产的安全。同时还侵犯国家的毒害性、放射性、传染病病原体物质管理制度。

（二）典型案例

李某1与杨某某非法制造、买卖、运输、储存危险物质案

【基本案情】

2018年3月，赵某1租用青海省大通回族土族自治县长宁镇田家村郭家湾肉牛育肥基地一处牛棚，在无营业执照和经营许可证的情况下，经营、储存甲酸甲酯等危险化学品。同年7月，赵某1让被告人李某1帮助购买甲酸甲酯并将货款汇给李某2，李某1遂借用银川天慧物资有限公司（以下简称天慧公司）资质，从山东淄博鲁华泓锦新材料有限公司同晖分公司（以下简称同晖分公司）订购30.50吨甲酸甲酯并联系物流公司，该公司业务员联系了挂靠在运输公司的司机柴某。7月30日，柴某驾驶×××－冀JWR××半挂槽罐车到同晖分公司装载30.64吨甲酸甲酯后，驾车前往河北省沧州市东光县找到被告人杨某某，让其作为押运员一同送货。8月1日晚，二人在赵某1的引路下到达其作坊。赵某1与其亲属赵某2、邱某开始用塑料桶卸料，杨某某帮助其接管，卸到第三桶时，赵某1让柴某打开车顶阀门放气，阀门打开后大量甲酸甲酯气体溢出，致使赵某1、赵某2、邱某、柴某、杨某某当场昏迷，除杨某某以外其余四人经抢救无效死亡。经鉴定，死者赵某1、柴某、邱某、赵某2均系吸入甲酸甲酯造成机体缺氧窒息死亡。

【裁判结果】

青海省西宁市中级人民法院审理西宁市人民检察院指控被告人李某1犯非法买卖危险物质罪、被告人杨某某犯危险物品肇事罪一案，西宁市中级人民法院于2020年1月6日作出（2019）青01刑初46号刑事判决。

被告人杨某某犯危险物品肇事罪。判处有期徒刑3年，缓刑4年；禁止被告人杨某某在缓刑考验期限内从事与安全生产相关联的特定活动。

被告人李某1犯非法买卖危险物质罪，判处有期徒刑11年。（刑期从判决执行之日起计算。判决执行以前先行羁押的，羁押一日折抵刑期一日，即自2019年11月20日起至2030年11月19日止。）

本案中李某1违反国家危险品管理规定，在明知他人无危险品经营资质

的情况下，借用他人资质和营业执照为他人买卖易燃物质，危害公共安全构成非法买卖危险物质罪。被告人杨某某违反易燃性物品规定，运输易燃性物质造成严重后果的行为构成危险物品肇事罪。李某1及杨某某等人的犯罪行为共同造成四人死亡，二人受伤及附近牲畜死亡和直接损失65万元，其犯罪情节严重，应予严惩。

三、破坏计算机信息系统罪

（一）罪名介绍

法条依据：《刑法》第285条　违反国家规定，侵入国家事务、国防建设、尖端科学技术领域的计算机信息系统的，处三年以下有期徒刑或者拘役。

违反国家规定，侵入前款规定以外的计算机信息系统或者采用其他技术手段，获取该计算机信息系统中存储、处理或者传输的数据，或者对该计算机信息系统实施非法控制，情节严重的，处三年以下有期徒刑或者拘役，并处或者单处罚金；情节特别严重的，处三年以上七年以下有期徒刑，并处罚金。

提供专门用于侵入、非法控制计算机信息系统的程序、工具，或者明知他人实施侵入、非法控制计算机信息系统的违法犯罪行为而为其提供程序、工具，情节严重的，依照前款的规定处罚。

单位犯前三款罪的，对单位判处罚金，并对其直接负责的主管人员和其他直接责任人员，依照各该款的规定处罚。

《刑法》第286条　违反国家规定，对计算机信息系统功能进行删除、修改、增加、干扰，造成计算机信息系统不能正常运行，后果严重的，处五年以下有期徒刑或者拘役；后果特别严重的，处五年以上有期徒刑。

违反国家规定，对计算机信息系统中存储、处理或者传输的数据和应用程序进行删除、修改、增加的操作，后果严重的，依照前款的规定处罚。

故意制作、传播计算机病毒等破坏性程序，影响计算机系统正常运行，后果严重的，依照第一款的规定处罚。

单位犯前三款罪的，对单位判处罚金，并对其直接负责的主管人员和其他直接责任人员，依照第一款的规定处罚。

《刑法》第 286 条之一　网络服务提供者不履行法律、行政法规规定的信息网络安全管理义务，经监管部门责令采取改正措施而拒不改正，有下列情形之一的，处三年以下有期徒刑、拘役或者管制，并处或者单处罚金：

（一）致使违法信息大量传播的；

（二）致使用户信息泄露，造成严重后果的；

（三）致使刑事案件证据灭失，情节严重的；

（四）有其他严重情节的。

单位犯前款罪的，对单位判处罚金，并对其直接负责的主管人员和其他直接责任人员，依照前款的规定处罚。

有前两款行为，同时构成其他犯罪的，依照处罚较重的规定定罪处罚。

《刑法》第 287 条　利用计算机实施金融诈骗、盗窃、贪污、挪用公款、窃取国家秘密或者其他犯罪的，依照本法有关规定定罪处罚。

《刑法》第 287 条之一　利用信息网络实施下列行为之一，情节严重的，处三年以下有期徒刑或者拘役，并处或者单处罚金：

（一）设立用于实施诈骗、传授犯罪方法、制作或者销售违禁物品、管制物品等违法犯罪活动的网站、通讯群组的；

（二）发布有关制作或者销售毒品、枪支、淫秽物品等违禁物品、管制物品或者其他违法犯罪信息的；

（三）为实施诈骗等违法犯罪活动发布信息的。

单位犯前款罪的，对单位判处罚金，并对其直接负责的主管人员和其他直接责任人员，依照第一款的规定处罚。

有前两款行为，同时构成其他犯罪的，依照处罚较重的规定定罪处罚。

《刑法》第 287 条之二　明知他人利用信息网络实施犯罪，为其犯罪提供互联网接入、服务器托管、网络存储、通讯传输等技术支持，或者提供广告推广、支付结算等帮助，情节严重的，处三年以下有期徒刑或者拘役，并处或者单处罚金。

单位犯前款罪的，对单位判处罚金，并对其直接负责的主管人员和其他直接责任人员，依照第一款的规定处罚。

有前两款行为，同时构成其他犯罪的，依照处罚较重的规定定罪处罚。

《刑法》第288条 违反国家规定，擅自设置、使用无线电台（站），或者擅自使用无线电频率，干扰无线电通信秩序，情节严重的，处三年以下有期徒刑、拘役或者管制，并处或者单处罚金；情节特别严重的，处三年以上七年以下有期徒刑，并处罚金。

单位犯前款罪的，对单位判处罚金，并对其直接负责的主管人员和其他直接责任人员，依照前款的规定处罚。

《治安管理处罚法》第29条 有下列行为之一的，处五日以下拘留；情节较重的，处五日以上十日以下拘留：

（一）违反国家规定，侵入计算机信息系统，造成危害的；

（二）违反国家规定，对计算机信息系统功能进行删除、修改、增加、干扰，造成计算机信息系统不能正常运行的；

（三）违反国家规定，对计算机信息系统中存储、处理、传输的数据和应用程序进行删除、修改、增加的；

（四）故意制作、传播计算机病毒等破坏性程序，影响计算机信息系统正常运行的。

《最高人民法院、最高人民检察院关于办理环境污染刑事案件适用法律若干问题的解释》第10条 违反国家规定，针对环境质量监测系统实施下列行为，或者强令、指使、授意他人实施下列行为的，应当依照刑法第二百八十六条的规定，以破坏计算机信息系统罪论处：

（一）修改参数或者监测数据的；

（二）干扰采样，致使监测数据严重失真的；

（三）其他破坏环境质量监测系统的行为。

重点排污单位篡改、伪造自动监测数据或者干扰自动监测设施，排放化学需氧量、氨氮、二氧化硫、氮氧化物等污染物，同时构成污染环境罪和破坏计算机信息系统罪的，依照处罚较重的规定定罪处罚。

从事环境监测设施维护、运营的人员实施或者参与实施篡改、伪造自动监测数据、干扰自动监测设施、破坏环境质量监测系统等行为的，应当从重处罚。

《最高人民法院、最高人民检察院、公安部、国家安全部关于依法办理非法生产销售使用“伪基站”设备案件的意见》　非法使用“伪基站”设备干扰公用电信网络信号，危害公共安全的，依照《刑法》第一百二十四条第一款的规定，以破坏公用电信设施罪追究刑事责任；同时构成虚假广告罪、非法获取公民个人信息罪、破坏计算机信息系统罪、扰乱无线电通讯管理秩序罪的，依照处罚较重的规定追究刑事责任。

《最高人民法院、最高人民检察院关于办理危害计算机信息系统安全刑事案件应用法律若干问题的解释》第1条　非法获取计算机信息系统数据或者非法控制计算机信息系统，具有下列情形之一的，应当认定为刑法第二百八十五条第二款规定的“情节严重”：

（一）获取支付结算、证券交易、期货交易等网络金融服务的身份认证信息十组以上的；

（二）获取第（一）项以外的身份认证信息五百组以上的；

（三）非法控制计算机信息系统二十台以上的；

（四）违法所得五千元以上或者造成经济损失一万元以上的；

（五）其他情节严重的情形。

实施前款规定行为，具有下列情形之一的，应当认定为刑法第二百八十五条第二款规定的“情节特别严重”：

（一）数量或者数额达到前款第（一）项至第（四）项规定标准五倍以上的；

（二）其他情节特别严重的情形。

明知是他人非法控制的计算机信息系统，而对该计算机信息系统的控制权加以利用的，依照前两款的规定定罪处罚。

《最高人民法院、最高人民检察院关于办理危害计算机信息系统安全刑事案件应用法律若干问题的解释》第2条　具有下列情形之一的程序、工具，应当认定为刑法第二百八十五条第三款规定的“专门用于侵入、非法控制计算机信息系统的程序、工具”：

（一）具有避开或者突破计算机信息系统安全保护措施，未经授权或者超越授权获取计算机信息系统数据的功能的；

（二）具有避开或者突破计算机信息系统安全保护措施，未经授权或者超越授权对计算机信息系统实施控制的功能的；

（三）其他专门设计用于侵入、非法控制计算机信息系统、非法获取计算机信息系统数据的程序、工具。

《最高人民法院、最高人民检察院关于办理危害计算机信息系统安全刑事案件应用法律若干问题的解释》第3条　提供侵入、非法控制计算机信息系统的程序、工具，具有下列情形之一的，应当认定为刑法第二百八十五条第三款规定的“情节严重”：

（一）提供能够用于非法获取支付结算、证券交易、期货交易等网络金融服务身份认证信息的专门性程序、工具五人次以上的；

（二）提供第（一）项以外的专门用于侵入、非法控制计算机信息系统的程序、工具二十人次以上的；

（三）明知他人实施非法获取支付结算、证券交易、期货交易等网络金融服务身份认证信息的违法犯罪行为而为其提供程序、工具五人次以上的；

（四）明知他人实施第（三）项以外的侵入、非法控制计算机信息系统的违法犯罪行为而为其提供程序、工具二十人次以上的；

（五）违法所得五千元以上或者造成经济损失一万元以上的；

（六）其他情节严重的情形。

实施前款规定行为，具有下列情形之一的，应当认定为提供侵入、非法控制计算机信息系统的程序、工具“情节特别严重”：

（一）数量或者数额达到前款第（一）项至第（五）项规定标准五倍以上的；

（二）其他情节特别严重的情形。

《最高人民法院、最高人民检察院关于办理危害计算机信息系统安全刑事案件应用法律若干问题的解释》第4条　破坏计算机信息系统功能、数据或者应用程序，具有下列情形之一的，应当认定为刑法第二百八十六条第一款和第二款规定的“后果严重”：

（一）造成十台以上计算机信息系统的主要软件或者硬件不能正常运行的；

（二）对二十台以上计算机信息系统中存储、处理或者传输的数据进行删除、修改、增加操作的；

（三）违法所得五千元以上或者造成经济损失一万元以上的；

（四）造成为一百台以上计算机信息系统提供域名解析、身份认证、计费等基础服务或者为一万以上用户提供服务的计算机信息系统不能正常运行累计一小时以上的；

（五）造成其他严重后果的。

实施前款规定行为，具有下列情形之一的，应当认定为破坏计算机信息系统"后果特别严重"：

（一）数量或者数额达到前款第（一）项至第（三）项规定标准五倍以上的；

（二）造成为五百台以上计算机信息系统提供域名解析、身份认证、计费等基础服务或者为五万以上用户提供服务的计算机信息系统不能正常运行累计一小时以上的；

（三）破坏国家机关或者金融、电信、交通、教育、医疗、能源等领域提供公共服务的计算机信息系统的功能、数据或者应用程序，致使生产、生活受到严重影响或者造成恶劣社会影响的；

（四）造成其他特别严重后果的。

《最高人民法院、最高人民检察院关于办理危害计算机信息系统安全刑事案件应用法律若干问题的解释》第5条　具有下列情形之一的程序，应当认定为刑法第二百八十六条第三款规定的"计算机病毒等破坏性程序"：

（一）能够通过网络、存储介质、文件等媒介，将自身的部分、全部或者变种进行复制、传播，并破坏计算机系统功能、数据或者应用程序的；

（二）能够在预先设定条件下自动触发，并破坏计算机系统功能、数据或者应用程序的；

（三）其他专门设计用于破坏计算机系统功能、数据或者应用程序的程序。

《最高人民法院、最高人民检察院关于办理危害计算机信息系统安全刑事案件应用法律若干问题的解释》第6条　故意制作、传播计算机病毒等破坏性程序，影响计算机系统正常运行，具有下列情形之一的，应当认定为刑法第二百八十六条第三款规定的“后果严重”：

（一）制作、提供、传输第五条第（一）项规定的程序，导致该程序通过网络、存储介质、文件等媒介传播的；

（二）造成二十台以上计算机系统被植入第五条第（二）、（三）项规定的程序的；

（三）提供计算机病毒等破坏性程序十人次以上的；

（四）违法所得五千元以上或者造成经济损失一万元以上的；

（五）造成其他严重后果的。

实施前款规定行为，具有下列情形之一的，应当认定为破坏计算机信息系统“后果特别严重”：

（一）制作、提供、传输第五条第（一）项规定的程序，导致该程序通过网络、存储介质、文件等媒介传播，致使生产、生活受到严重影响或者造成恶劣社会影响的；

（二）数量或者数额达到前款第（二）项至第（四）项规定标准五倍以上的；

（三）造成其他特别严重后果的。

《最高人民法院、最高人民检察院关于办理危害计算机信息系统安全刑事案件应用法律若干问题的解释》第7条　明知是非法获取计算机信息系统数据犯罪所获取的数据、非法控制计算机信息系统犯罪所获取的计算机信息系统控制权，而予以转移、收购、代为销售或者以其他方法掩饰、隐瞒，违法所得五千元以上的，应当依照刑法第三百一十二条第一款的规定，以掩饰、隐瞒犯罪所得罪定罪处罚。

实施前款规定行为，违法所得五万元以上的，应当认定为刑法第三百一十二条第一款规定的“情节严重”。

单位实施第一款规定行为的，定罪量刑标准依照第一款、第二款的规定执行。

《最高人民法院、最高人民检察院关于办理危害计算机信息系统安全刑事案件应用法律若干问题的解释》第8条　以单位名义或者单位形式实施危害计算机信息系统安全犯罪，达到本解释规定的定罪量刑标准的，应当依照刑法第二百八十五条、第二百八十六条的规定追究直接负责的主管人员和其他直接责任人员的刑事责任。

《最高人民法院、最高人民检察院关于办理危害计算机信息系统安全刑事案件应用法律若干问题的解释》第9条　明知他人实施刑法第二百八十五条、第二百八十六条规定的行为，具有下列情形之一的，应当认定为共同犯罪，依照刑法第二百八十五条、第二百八十六条的规定处罚：

（一）为其提供用于破坏计算机信息系统功能、数据或者应用程序的程序、工具，违法所得五千元以上或者提供十人次以上的；

（二）为其提供互联网接入、服务器托管、网络存储空间、通讯传输通道、费用结算、交易服务、广告服务、技术培训、技术支持等帮助，违法所得五千元以上的；

（三）通过委托推广软件、投放广告等方式向其提供资金五千元以上的。

实施前款规定行为，数量或者数额达到前款规定标准五倍以上的，应当认定为刑法第二百八十五条、第二百八十六条规定的“情节特别严重”或者“后果特别严重”。

《最高人民法院、最高人民检察院关于办理危害计算机信息系统安全刑事案件应用法律若干问题的解释》第10条　对于是否属于刑法第二百八十五条、第二百八十六条规定的“国家事务、国防建设、尖端科学技术领域的计算机信息系统”、“专门用于侵入、非法控制计算机信息系统的程序、工具”、“计算机病毒等破坏性程序”难以确定的，应当委托省级以上负责计算机信息系统安全保护管理工作的部门检验。司法机关根据检验结论，并结合案件具体情况认定。

《最高人民法院、最高人民检察院关于办理危害计算机信息系统安全刑事案件应用法律若干问题的解释》第11条　本解释所称“计算机信息系统”和“计算机系统”，是指具备自动处理数据功能的系统，包括计算机、网络设备、通信设备、自动化控制设备等。

本解释所称“身份认证信息”，是指用于确认用户在计算机信息系统上操作权限的数据，包括账号、口令、密码、数字证书等。

本解释所称“经济损失”，包括危害计算机信息系统犯罪行为给用户直接造成的经济损失，以及用户为恢复数据、功能而支出的必要费用。

犯罪构成：

本罪在主观方面必须出于故意，过失不能构成本罪。如果因操作疏忽大意或者技术不熟练甚或失误而致使计算机信息系统功能，或计算机信息系统中存储、处理或者传输的数据、应用程序遭受破坏，则不构成本罪。至于其动机，有的是显示自己在计算机方面的高超才能，有的是想泄愤报复，有的是想窃取秘密，有的是想谋取利益，等等。但不管动机如何，不会影响本罪成立。

本罪在客观方面表现为违反国家规定，破坏计算机信息系统功能和信息系统中存储、处理、传输的数据和应用程序，后果严重的行为。根据本条规定，包括下列 3 种情况：

1. 破坏计算机信息系统功能

即对计算机信息系统功能进行删除、修改、增加、干扰，造成计算机信息系统不能正常运行。所谓计算机信息系统，是指由计算机及其相关的和配套的设备含网络、设施构成的，按照一定的应用目标和规则，对信息进行采集、加工、存储、传输、检索等处理的人机系统。其功能多种多样，如进行文件编辑、采集、加工、存储、打印、传输、检索或者绘图、显像、游戏等，可用于不同行业、不同目标。同行业、不同目标的计算机系统其具体功能又会有所差别，如航空铁路售票、气象形势分析、预测、图书、报刊管理、企业经营管理等。无论用于何种行业或者用于何种目标，只要对其功能进行破坏即可构成本罪。破坏计算机信息系统的方法，包括对功能进行删除、修改、增加、干扰等具体行为。其中，删除，是指将计算机信息系统应有的一功能加以取消，既可以是取消其中的一项，也可以是其中的几项或者全部；修改，是指将计算机信息系统的功能部分或者全部地进行改变，或者将原程序用另一种程序加以替代，改变其功能；增加，是指通过增加磁记录等手段为计算机信息系统添加其原本没有的功能；至于干扰，则是通过一定手段如输入一个新的程序干扰原程序，以影响计算机系统正常运转，行使其功能。

2. 破坏计算机信息系统中存储、处理或者传输的数据和应用程序

所谓数据，在这里是指计算机用以表示一定意思内容或者由其进行实际处理的一切文字、符号、数字、图形等有意义的组合，所谓计算机中存储、处理、传输的数据，则是指固定存储中计算机内部随时可供提取、查阅、使用的数据，或者已经进入计算机正在进行加工、处理以及通过线路而由其他计算机信息系统传递过来的数据。所谓计算机程序，是指为了得到某种结果而可以由计算机等具有信息处理能力的装置执行的代码化指令序列，或者可以被自动转换成代码化指令序列的符号化指令序列或者符号化语句序列。至于计算机应用程序则是指用户使用数据的一种方式，是用户按数据库授予的子模式的逻辑结构对数据进行操作和运算的程序。对计算机信息系统的数据、应用程序进行破坏，是指通过输入删除、修改、增加的操作指令而对计算机信息系统中存储、处理或者传输的数据和应用程序进行破坏的行为。

3. 故意制作、传播计算机病毒等破坏性程序，影响计算机系统正常运行

所谓破坏性程序，是指隐藏于计算机信息系统中的数据文件、执行程序里的能够在计算机内部运行，对其功能进行干扰、影响的一种程序。计算机病毒，作为一种破坏性程序的典型，是指编制或者在计算机程序中插入的破坏计算机功能或者毁坏数据，影响计算机使用，并能自我复制的一组计算机指令或者程序代码。所谓制作，是指创制、发明、设计、编造破坏性程序或者获悉技术制作破坏性程序的行为。所谓传播，则是指通过计算机信息系统含网络输入、输出计算机病毒等破坏性程序，以及将已输入的破坏性程序软件加以派送、散发等的行为。

破坏行为必须造成严重后果，才能构成其罪。否则，如果没有造成危害后果或者虽有危害后果但不是严重后果，即使有破坏计算机信息系统的行为，也不能构成本罪。所谓造成严重后果，主要是指造成重要计算机信息系统如国家事务、国防建设、尖端科学技术领域的计算机信息系统破坏的；造成计算机信息系统功能部分甚或全部丧失，严重影响工作或者造成重大经济损失的；致使秘密、重要数据、资料、信息毁弃，造成严重损失的；出于恐怖等违法犯罪目的，造成恶劣的影响的；等等。

本罪的主体为一般主体，即年满 16 周岁具有刑事责任能力的自然人均可

构成本罪。实际能构成其罪的，通常是那些精通计算机技术、知识的专业人员，如计算机程序设计人员、计算机操作、管理维修人员等。

本罪所侵害的客体是计算机信息系统的安全。对象为各种计算机信息系统功能及计算机信息系统中存储、处理或者传输的数据和应用程序。

利用信息网络实施的犯罪行为包括：（1）已修改域名解析服务器指向的方式劫持域名，造成计算机信息系统不能正常运行，是破坏计算机信息系统的行为。（2）冒用购物网站买家身份进入网站内部评价系统删改购物评价，属于对计算机信息系统内存储数据进行修改操作，应当认定为破坏计算机信息系统的行为。（3）智能手机终端，应当认定为《刑法》保护的计算机信息系统。锁定智能手机导致不能使用的行为，可认定为破坏计算机信息系统。（4）超出授权范围使用账号、密码登录计算机信息系统，属于侵入计算机信息系统的行为，侵入计算机信息系统后下载其储存的数据，可以认定为非法获取计算机信息系统数据。（5）网络域名具备法律意义上的财产属性，盗窃网络域名可以认定为盗窃行为。（6）以非法占有为目的，采用自我交易方式，虚构提供服务事实，骗取互联网公司垫付费用及订单补贴，数额较大的行为，应认定为诈骗罪。

（二）典型案例

渑池仰韶水泥有限公司、吴某某污染环境、破坏计算机信息系统案

【基本案情】

2019 年 7 月 6 日 11 时许，被告人张某 1、田某某在渑池仰韶水泥有限公司上班时发现该公司一号车间的排放数据超标，便向公司环保部部长吴某某和车间主任胡某某汇报。为避免被环保部门监测到排放数据超标，被告人吴某某、胡某某指使张某 1 采取人为断开环保在线自动监测设备采样管的措施，后张某 1 将该授意告知田某某并由田某某于当日 12 时许将环保部门安装在渑池仰韶水泥有限公司一号车间烟囱上的在线自动监测设备采样管人为断开，致使环保部门废气排放连续监测终端数据持续失真。

2019 年 1 月以来，被告人陈某某、王某某、杜某某、田某某等人在渑池

仰韶水泥有限公司1号回转窑生产中多次发现污染物排放超标，向吴某某等人汇报后，采用人为断开环保部门安装的在线监测采样管的措施，干扰污染数据采样，导致监控数据严重失真。渑池仰韶水泥有限公司系2019年三门峡市重点排污单位，公司生产车间常态化实施人为间歇性断开环保部门安装的环保在线自动监测设备采样管，以逃避环保部门监管。被告人胡某某、吴某某多次向被告人张某2、张某3汇报该情况。被告人张某2、张某3在明知公司存在上述犯罪行为的情况下，未履行相应职责，放任被告人吴某某、胡某某等人常态化实施该行为，导致环保部门安装的在线监测设备形同虚设，氮氧化物、二氧化硫等污染物排放监测数据严重失真，无法反映企业排放污染物的真实状况。

【裁判结果】

渑池县人民检察院以三渑检一部刑诉〔2019〕392号起诉书指控被告单位渑池仰韶水泥有限公司、被告人吴某某、张某1、张某2、胡某某、张某3、田某某、陈某某、王某某、杜某某犯污染环境罪、破坏计算机信息系统罪，判决结果如下：

1. 被告单位渑池仰韶水泥有限公司犯污染环境罪，判处罚金500,000元。

2. 被告人吴某某犯破坏计算机信息系统罪，判处有期徒刑1年6个月（刑期从判决执行之日起计算，判决执行以前先行羁押的，羁押一日折抵刑期一日，即自2019年7月7日起至2021年1月6日止）。

3. 被告人张某2犯污染环境罪，判处有期徒刑1年2个月，并处罚金20,000元（刑期从判决执行之日起计算，判决执行以前先行羁押的，羁押一日折抵刑期一日，即自2019年9月12日起至2020年10月9日止）。

4. 被告人张某2犯污染环境罪，判处有期徒刑1年，并处罚金10,000元。

5. 被告人胡某某犯破坏计算机信息系统罪，判处有期徒刑1年（刑期从判决执行之日起计算，判决执行以前先行羁押的，羁押一日折抵刑期一日，即自2019年7月7日起至2020年7月6日止）。

6. 被告人张某1犯破坏计算机信息系统罪，判处有期徒刑10个月（刑期从判决执行之日起计算，判决执行以前先行羁押的，羁押一日折抵刑期一日，即自2019年7月7日起至2020年5月6日止）。

7. 被告人田某某犯破坏计算机信息系统罪，判处有期徒刑8个月（刑期从判决执行之日起计算，判决执行以前先行羁押的，羁押一日折抵刑期一日，即自2019年7月7日起至2020年3月6日止）。

8. 被告人陈某某犯破坏计算机信息系统罪，判处有期徒刑8个月（刑期从判决执行之日起计算，判决执行以前先行羁押的，羁押一日折抵刑期一日，即自2019年8月22日起至2020年4月21日止）。

9. 被告人王某某犯破坏计算机信息系统罪，判处有期徒刑8个月，缓刑1年。

10. 被告人杜某某犯破坏计算机信息系统罪，判处有期徒刑8个月，缓刑1年。

上述缓刑考验期限均从判决确定之日起计算；罚金均于判决生效后10日内缴纳。

11. 禁止被告人王某某、杜某某在缓刑考验期限内从事与排污有关的经营活动。

【裁判结果】

被告单位渑池仰韶水泥有限公司违反国家规定，作为重点排污单位干扰自动监测设施，排放二氧化硫、氮氧化物等污染物，其行为已构成污染环境罪。被告人张某2、张某3作为被告单位主要负责人，明知单位员工实施环境污染犯罪行为，为了单位利益，并未及时采取措施，而是予以默许，其行为均已构成污染环境罪。被告人吴某某、胡某某违反国家规定，授意被告人张某某、田某某、陈某某、王某某、杜某某干扰自动监测设施，致使监测数据严重失真，其行为均已构成破坏计算机信息系统罪。

四、重大责任事故罪

（一）罪名介绍

法条依据：《刑法》第134条　在生产、作业中违反有关安全管理的规定，因而发生重大伤亡事故或者造成其他严重后果的，处三年以下有期徒刑或者拘役；情节特别恶劣的，处三年以上七年以下有期徒刑。

相关司法解释：《最高人民法院、最高人民检察院关于办理危害生产安全刑事案件适用法律若干问题的解释》第1条 刑法第一百三十四条第一款规定的犯罪主体，包括对生产、作业负有组织、指挥或者管理职责的负责人、管理人员、实际控制人、投资人等人员，以及直接从事生产、作业的人员。

《最高人民法院、最高人民检察院关于办理危害生产安全刑事案件适用法律若干问题的解释》第2条 刑法第一百三十四条第二款规定的犯罪主体，包括对生产、作业负有组织、指挥或者管理职责的负责人、管理人员、实际控制人、投资人等人员。

《最高人民法院、最高人民检察院关于办理危害生产安全刑事案件适用法律若干问题的解释》第3条 刑法第一百三十五条规定的“直接负责的主管人员和其他直接责任人员”，是指对安全生产设施或者安全生产条件不符合国家规定负有直接责任的生产经营单位负责人、管理人员、实际控制人、投资人，以及其他对安全生产设施或者安全生产条件负有管理、维护职责的人员。

《最高人民法院、最高人民检察院关于办理危害生产安全刑事案件适用法律若干问题的解释》第4条 刑法第一百三十九条之一规定的“负有报告职责的人员”，是指负有组织、指挥或者管理职责的负责人、管理人员、实际控制人、投资人，以及其他负有报告职责的人员。

《最高人民法院、最高人民检察院关于办理危害生产安全刑事案件适用法律若干问题的解释》第5条 明知存在事故隐患、继续作业存在危险，仍然违反有关安全管理的规定，实施下列行为之一的，应当认定为刑法第一百三十四条第二款规定的“强令他人违章冒险作业”：

（一）利用组织、指挥、管理职权，强制他人违章作业的；

（二）采取威逼、胁迫、恐吓等手段，强制他人违章作业的；

（三）故意掩盖事故隐患，组织他人违章作业的；

（四）其他强令他人违章作业的行为。

《最高人民法院、最高人民检察院关于办理危害生产安全刑事案件适用

法律若干问题的解释》第6条　实施刑法第一百三十二条、第一百三十四条第一款、第一百三十五条、第一百三十五条之一、第一百三十六条、第一百三十九条规定的行为，因而发生安全事故，具有下列情形之一的，应当认定为“造成严重后果”或者“发生重大伤亡事故或者造成其他严重后果”，对相关责任人员，处三年以下有期徒刑或者拘役：

（一）造成死亡一人以上，或者重伤三人以上的；

（二）造成直接经济损失一百万元以上的；

（三）其他造成严重后果或者重大安全事故的情形。

实施刑法第一百三十四条第二款规定的行为，因而发生安全事故，具有本条第一款规定情形的，应当认定为“发生重大伤亡事故或者造成其他严重后果”，对相关责任人员，处五年以下有期徒刑或者拘役。

实施刑法第一百三十七条规定的行为，因而发生安全事故，具有本条第一款规定情形的，应当认定为“造成重大安全事故”，对直接责任人员，处五年以下有期徒刑或者拘役，并处罚金。

实施刑法第一百三十八条规定的行为，因而发生安全事故，具有本条第一款第一项规定情形的，应当认定为“发生重大伤亡事故”，对直接责任人员，处三年以下有期徒刑或者拘役。

《最高人民法院、最高人民检察院关于办理危害生产安全刑事案件适用法律若干问题的解释》第7条　实施刑法第一百三十二条、第一百三十四条第一款、第一百三十五条、第一百三十五条之一、第一百三十六条、第一百三十九条规定的行为，因而发生安全事故，具有下列情形之一的，对相关责任人员，处三年以上七年以下有期徒刑：

（一）造成死亡三人以上或者重伤十人以上，负事故主要责任的；

（二）造成直接经济损失五百万元以上，负事故主要责任的；

（三）其他造成特别严重后果、情节特别恶劣或者后果特别严重的情形。

实施刑法第一百三十四条第二款规定的行为，因而发生安全事故，具有本条第一款规定情形的，对相关责任人员，处五年以上有期徒刑。

实施刑法第一百三十七条规定的行为，因而发生安全事故，具有本条第一款规定情形的，对直接责任人员，处五年以上十年以下有期徒刑，并处罚金。

实施刑法第一百三十八条规定的行为，因而发生安全事故，具有下列情形之一的，对直接责任人员，处三年以上七年以下有期徒刑：

（一）造成死亡三人以上或者重伤十人以上，负事故主要责任的；

（二）具有本解释第六条第一款第一项规定情形，同时造成直接经济损失五百万元以上并负事故主要责任的，或者同时造成恶劣社会影响的。

《最高人民法院、最高人民检察院关于办理危害生产安全刑事案件适用法律若干问题的解释》第8条　在安全事故发生后，负有报告职责的人员不报或者谎报事故情况，贻误事故抢救，具有下列情形之一的，应当认定为刑法第一百三十九条之一规定的“情节严重”：

（一）导致事故后果扩大，增加死亡一人以上，或者增加重伤三人以上，或者增加直接经济损失一百万元以上的；

（二）实施下列行为之一，致使不能及时有效开展事故抢救的：

1. 决定不报、迟报、谎报事故情况或者指使、串通有关人员不报、迟报、谎报事故情况的；

2. 在事故抢救期间擅离职守或者逃匿的；

3. 伪造、破坏事故现场，或者转移、藏匿、毁灭遇难人员尸体，或者转移、藏匿受伤人员的；

4. 毁灭、伪造、隐匿与事故有关的图纸、记录、计算机数据等资料以及其他证据的；

（三）其他情节严重的情形。

具有下列情形之一的，应当认定为刑法第一百三十九条之一规定的“情节特别严重”：

（一）导致事故后果扩大，增加死亡三人以上，或者增加重伤十人以上，或者增加直接经济损失五百万元以上的；

（二）采用暴力、胁迫、命令等方式阻止他人报告事故情况，导致事故后果扩大的；

（三）其他情节特别严重的情形。

《最高人民法院、最高人民检察院关于办理危害生产安全刑事案件适用

法律若干问题的解释》第9条　在安全事故发生后，与负有报告职责的人员串通，不报或者谎报事故情况，贻误事故抢救，情节严重的，依照刑法第一百三十九条之一的规定，以共犯论处。

《最高人民法院、最高人民检察院关于办理危害生产安全刑事案件适用法律若干问题的解释》第10条　在安全事故发生后，直接负责的主管人员和其他直接责任人员故意阻挠开展抢救，导致人员死亡或者重伤，或者为了逃避法律追究，对被害人进行隐藏、遗弃，致使被害人因无法得到救助而死亡或者重度残疾的，分别依照刑法第二百三十二条、第二百三十四条的规定，以故意杀人罪或者故意伤害罪定罪处罚。

《最高人民法院、最高人民检察院关于办理危害生产安全刑事案件适用法律若干问题的解释》第11条　生产不符合保障人身、财产安全的国家标准、行业标准的安全设备，或者明知安全设备不符合保障人身、财产安全的国家标准、行业标准而进行销售，致使发生安全事故，造成严重后果的，依照刑法第一百四十六条的规定，以生产、销售不符合安全标准的产品罪定罪处罚。

《最高人民法院、最高人民检察院关于办理危害生产安全刑事案件适用法律若干问题的解释》第12条　实施刑法第一百三十二条、第一百三十四条至第一百三十九条之一规定的犯罪行为，具有下列情形之一的，从重处罚：

（一）未依法取得安全许可证件或者安全许可证件过期、被暂扣、吊销、注销后从事生产经营活动的；

（二）关闭、破坏必要的安全监控和报警设备的；

（三）已经发现事故隐患，经有关部门或者个人提出后，仍不采取措施的；

（四）一年内曾因危害生产安全违法犯罪活动受过行政处罚或者刑事处罚的；

（五）采取弄虚作假、行贿等手段，故意逃避、阻挠负有安全监督管理职责的部门实施监督检查的；

（六）安全事故发生后转移财产意图逃避承担责任的；

（七）其他从重处罚的情形。

实施前款第五项规定的行为，同时构成刑法第三百八十九条规定的犯罪的，依照数罪并罚的规定处罚。

《最高人民法院、最高人民检察院关于办理危害生产安全刑事案件适用法律若干问题的解释》第13条　实施刑法第一百三十二条、第一百三十四条至第一百三十九条之一规定的犯罪行为，在安全事故发生后积极组织、参与事故抢救，或者积极配合调查、主动赔偿损失的，可以酌情从轻处罚。

《最高人民法院、最高人民检察院关于办理危害生产安全刑事案件适用法律若干问题的解释》第14条　国家工作人员违反规定投资入股生产经营，构成本解释规定的有关犯罪的，或者国家工作人员的贪污、受贿犯罪行为与安全事故发生存在关联性的，从重处罚；同时构成贪污、受贿犯罪和危害生产安全犯罪的，依照数罪并罚的规定处罚。

《最高人民法院、最高人民检察院关于办理危害生产安全刑事案件适用法律若干问题的解释》第15条　国家机关工作人员在履行安全监督管理职责时滥用职权、玩忽职守，致使公共财产、国家和人民利益遭受重大损失的，或者徇私舞弊，对发现的刑事案件依法应当移交司法机关追究刑事责任而不移交，情节严重的，分别依照刑法第三百九十七条、第四百零二条的规定，以滥用职权罪、玩忽职守罪或者徇私舞弊不移交刑事案件罪定罪处罚。

公司、企业、事业单位的工作人员在依法或者受委托行使安全监督管理职责时滥用职权或者玩忽职守，构成犯罪的，应当依照《全国人民代表大会常务委员会关于〈中华人民共和国刑法〉第九章渎职罪主体适用问题的解释》的规定，适用渎职罪的规定追究刑事责任。

《最高人民法院、最高人民检察院关于办理危害生产安全刑事案件适用法律若干问题的解释》第16条　对于实施危害生产安全犯罪适用缓刑的犯罪分子，可以根据犯罪情况，禁止其在缓刑考验期限内从事与安全生产相关联的特定活动；对于被判处刑罚的犯罪分子，可以根据犯罪情况和预防再犯罪的需要，禁止其自刑罚执行完毕之日或者假释之日起三年至五年内从事与安全生产相关的职业。

《最高人民法院、最高人民检察院关于办理危害生产安全刑事案件适用法律若干问题的解释》第17条　本解释自2015年12月16日起施行。本解释施行后，《最高人民法院、最高人民检察院关于办理危害矿山生产安全刑事案件具体应用法律若干问题的解释》（法释〔2007〕5号）同时废止。最高人民法院、最高人民检察院此前发布的司法解释和规范性文件与本解释不一致的，以本解释为准。

《最高人民法院关于进一步加强危害生产安全刑事案件审判工作的意见》为依法惩治危害生产安全犯罪，促进全国安全生产形势持续稳定好转，保护人民群众生命财产安全，现就进一步加强危害生产安全刑事案件审判工作，制定如下意见。

一、高度重视危害生产安全刑事案件审判工作

1. 充分发挥刑事审判职能作用，依法惩治危害生产安全犯罪，是人民法院为大局服务、为人民司法的必然要求。安全生产关系到人民群众生命财产安全，事关改革、发展和稳定的大局。当前，全国安全生产状况呈现总体稳定、持续好转的发展态势，但形势依然严峻，企业安全生产基础依然薄弱；非法、违法生产，忽视生产安全的现象仍然十分突出；重特大生产安全责任事故时有发生，个别地方和行业重特大责任事故上升。一些重特大生产安全责任事故举国关注，相关案件处理不好，不仅起不到应有的警示作用，不利于生产安全责任事故的防范，也损害党和国家形象，影响社会和谐稳定。各级人民法院要从政治和全局的高度，充分认识审理好危害生产安全刑事案件的重要意义，切实增强工作责任感，严格依法、积极稳妥地审理相关案件，进一步发挥刑事审判工作在创造良好安全生产环境、促进经济平稳较快发展方面的积极作用。

2. 采取有力措施解决存在的问题，切实加强危害生产安全刑事案件审判工作。近年来，各级人民法院依法审理危害生产安全刑事案件，一批严重危害生产安全的犯罪分子及相关职务犯罪分子受到法律制裁，对全国安全生产形势持续稳定好转发挥了积极促进作用。2010年，监察部①、国家安全生产监督管理总局会同最高人民法院等部门对部分省市重特大生产安全事故责任追究落实情况开展了专项检查。从检查的情况来看，审判工作总体情况是好的，但仍有个别案件在法律适用或者宽严相济刑事政策具体把握上存在问题，

① 现为国家监察委员会，后文不再赘述。

需要切实加强指导。各级人民法院要高度重视，确保相关案件审判工作取得良好的法律效果和社会效果。

二、危害生产安全刑事案件审判工作的原则

3. 严格依法，从严惩处。对严重危害生产安全犯罪，尤其是相关职务犯罪，必须始终坚持严格依法、从严惩处。对于人民群众广泛关注、社会反映强烈的案件要及时审结，回应人民群众关切，维护社会和谐稳定。

4. 区分责任，均衡量刑。危害生产安全犯罪，往往涉案人员较多，犯罪主体复杂，既包括直接从事生产、作业的人员，也包括对生产、作业负有组织、指挥或者管理职责的负责人、管理人员、实际控制人、投资人等，有的还涉及国家机关工作人员渎职犯罪。对相关责任人的处理，要根据事故原因、危害后果、主体职责、过错大小等因素，综合考虑全案，正确划分责任，做到罪责刑相适应。

5. 主体平等，确保公正。审理危害生产安全刑事案件，对于所有责任主体，都必须严格落实法律面前人人平等的刑法原则，确保刑罚适用公正，确保裁判效果良好。

三、正确确定责任

6. 审理危害生产安全刑事案件，政府或相关职能部门依法对事故原因、损失大小、责任划分作出的调查认定，经庭审质证后，结合其他证据，可作为责任认定的依据。

7. 认定相关人员是否违反有关安全管理规定，应当根据相关法律、行政法规，参照地方性法规、规章及国家标准、行业标准，必要时可参考公认的惯例和生产经营单位制定的安全生产规章制度、操作规程。

8. 多个原因行为导致生产安全事故发生的，在区分直接原因与间接原因的同时，应当根据原因行为在引发事故中所具作用的大小，分清主要原因与次要原因，确认主要责任和次要责任，合理确定罪责。

一般情况下，对生产、作业负有组织、指挥或者管理职责的负责人、管理人员、实际控制人、投资人，违反有关安全生产管理规定，对重大生产安全事故的发生起决定性、关键性作用的，应当承担主要责任。

对于直接从事生产、作业的人员违反安全管理规定，发生重大生产安全事故的，要综合考虑行为人的从业资格、从业时间、接受安全生产教育培训情况、现场条件、是否受到他人强令作业、生产经营单位执行安全生产规章制度的情况等因素认定责任，不能将直接责任简单等同于主要责任。

对于负有安全生产管理、监督职责的工作人员，应根据其岗位职责、履职依据、履职时间等，综合考察工作职责、监管条件、履职能力、履职情况等，合理确定罪责。

四、准确适用法律

9. 严格把握危害生产安全犯罪与以其他危险方法危害公共安全罪的界限，不应将生产经营中违章违规的故意不加区别地视为对危害后果发生的故意。

10. 以行贿方式逃避安全生产监督管理，或者非法、违法生产、作业，导致发生重大生产安全事故，构成数罪的，依照数罪并罚的规定处罚。

违反安全生产管理规定，非法采矿、破坏性采矿或排放、倾倒、处置有害物质严重污染环境，造成重大伤亡事故或者其他严重后果，同时构成危害生产安全犯罪和破坏环境资源保护犯罪的，依照数罪并罚的规定处罚。

11. 安全事故发生后，负有报告职责的国家工作人员不报或者谎报事故情况，贻误事故抢救，情节严重，构成不报、谎报安全事故罪，同时构成职务犯罪或其他危害生产安全犯罪的，依照数罪并罚的规定处罚。

12. 非矿山生产安全事故中，认定“直接负责的主管人员和其他直接责任人员”、“负有报告职责的人员”的主体资格，认定构成“重大伤亡事故或者其他严重后果”、“情节特别恶劣”，不报、谎报事故情况，贻误事故抢救，“情节严重”、“情节特别严重”等，可参照最高人民法院、最高人民检察院《关于办理危害矿山生产安全刑事案件具体应用法律若干问题的解释》的相关规定。

五、准确把握宽严相济刑事政策

13. 审理危害生产安全刑事案件，应综合考虑生产安全事故所造成的伤亡人数、经济损失、环境污染、社会影响、事故原因与被告人职责的关联程度、被告人主观过错大小、事故发生后被告人的施救表现、履行赔偿责任情况等，正确适用刑罚，确保裁判法律效果和社会效果相统一。

14. 造成《关于办理危害矿山生产安全刑事案件具体应用法律若干问题

的解释》第四条规定的“重大伤亡事故或者其他严重后果”，同时具有下列情形之一的，也可以认定为刑法第一百三十四条、第一百三十五条规定的“情节特别恶劣”：

（一）非法、违法生产的；

（二）无基本劳动安全设施或未向生产、作业人员提供必要的劳动防护用品，生产、作业人员劳动安全无保障的；

（三）曾因安全生产设施或者安全生产条件不符合国家规定，被监督管理部门处罚或责令改正，一年内再次违规生产致使发生重大生产安全事故的；

（四）关闭、故意破坏必要安全警示设备的；

（五）已发现事故隐患，未采取有效措施，导致发生重大事故的；

（六）事故发生后不积极抢救人员，或者毁灭、伪造、隐藏影响事故调查的证据，或者转移财产逃避责任的；

（七）其他特别恶劣的情节。

15. 相关犯罪中，具有以下情形之一的，依法从重处罚：

（一）国家工作人员违反规定投资入股生产经营企业，构成危害生产安全犯罪的；

（二）贪污贿赂行为与事故发生存在关联性的；

（三）国家工作人员的职务犯罪与事故存在直接因果关系的；

（四）以行贿方式逃避安全生产监督管理，或者非法、违法生产、作业的；

（五）生产安全事故发生后，负有报告职责的国家工作人员不报或者谎报事故情况，贻误事故抢救，尚未构成不报、谎报安全事故罪的；

（六）事故发生后，采取转移、藏匿、毁灭遇难人员尸体，或者毁灭、伪造、隐藏影响事故调查的证据，或者转移财产，逃避责任的；

（七）曾因安全生产设施或者安全生产条件不符合国家规定，被监督管理部门处罚或责令改正，一年内再次违规生产致使发生重大生产安全事故的。

16. 对于事故发生后，积极施救，努力挽回事故损失，有效避免损失扩大；积极配合调查，赔偿受害人损失的，可依法从宽处罚。

六、依法正确适用缓刑和减刑、假释

17. 对于危害后果较轻，在责任事故中不负主要责任，符合法律有关缓刑适用条件的，可以依法适用缓刑，但应注意根据案件具体情况，区别对待，严格控制，避免适用不当造成的负面影响。

18. 对于具有下列情形的被告人，原则上不适用缓刑：

（一）具有本意见第14条、第15条所规定的情形的；

（二）数罪并罚的。

19. 宣告缓刑，可以根据犯罪情况，同时禁止犯罪分子在缓刑考验期限内从事与安全生产有关的特定活动。

20. 办理与危害生产安全犯罪相关的减刑、假释案件，要严格执行刑法、刑事诉讼法和有关司法解释规定。是否决定减刑、假释，既要看罪犯服刑期间的悔改表现，还要充分考虑原判认定的犯罪事实、性质、情节、社会危害程度等情况。

七、加强组织领导，注意协调配合

21. 对于重大、敏感案件，合议庭成员要充分做好庭审前期准备工作，全面、客观掌握案情，确保案件开庭审理稳妥顺利、依法公正。

22. 审理危害生产安全刑事案件，涉及专业技术问题的，应有相关权威部门出具的咨询意见或者司法鉴定意见；可以依法邀请具有相关专业知识的人民陪审员参加合议庭。

23. 对于审判工作中发现的安全生产事故背后的渎职、贪污贿赂等违法犯罪线索，应当依法移送有关部门处理。对于情节轻微，免予刑事处罚的被告人，人民法院可建议有关部门依法给予行政处罚或纪律处分。

24. 被告人具有国家工作人员身份的，案件审结后，人民法院应当及时将生效的裁判文书送达行政监察机关和其他相关部门。

25. 对于造成重大伤亡后果的案件，要充分运用财产保全等法定措施，切实维护被害人依法获得赔偿的权利。对于被告人没有赔偿能力的案件，应当依靠地方党委和政府做好善后安抚工作。

26. 积极参与安全生产综合治理工作。对于审判中发现的安全生产管理方面的突出问题，应当发出司法建议，促使有关部门强化安全生产意识和制度建设，完善事故预防机制，杜绝同类事故发生。

27. 重视做好宣传工作。对于社会关注的典型案件，要重视做好审判情况的宣传报道，规范裁判信息发布，及时回应社会的关切，充分发挥重大、典型案件的教育警示作用。

28. 各级人民法院要在依法履行审判职责的同时，及时总结审判经验，深入开展调查研究，推动审判工作水平不断提高。上级法院要以辖区内发生的重大生产安全责任事故案件为重点，加强对下级法院危害生产安全刑事案件审判工作的监督和指导，适时检查此类案件的审判情况，提出有针对性的指导意见。

《最高人民法院关于充分发挥审判职能作用切实维护公共安全的若干意见》准确把握打击重点。结合当前形势并针对犯罪原因，既要重点惩治发生在危险化学品、民爆器材、烟花爆竹、电梯、煤矿、非煤矿山、油气运送管道、建筑施工、消防、粉尘涉爆等重点行业领域企业，以及港口、码头、人员密集场所等重点部位的危害安全生产犯罪，更要从严惩治发生在这些犯罪背后的国家机关工作人员贪污贿赂和渎职犯罪。既要依法追究直接造成损害的从事生产、作业的责任人员，更要依法从严惩治对生产、作业负有组织、指挥或者管理职责的负责人、管理人、实际控制人、投资人。既要加大对各类安全生产犯罪的惩治力度，更要从严惩治因安全生产条件不符合国家规定被处罚而又违规生产，关闭或者故意破坏安全警示设备，事故发生后不积极抢救人员或者毁灭、伪造、隐藏影响事故调查证据，通过行贿非法获取相关生产经营资质等情节的危害安全生产的犯罪。

犯罪构成：

本罪在主观方面表现为过失。这种过失，表现在对造成的后果没有预见，或者轻信可以避免。而对违章本身，既可能是无意之中违反，也可能是明知故犯，均不影响本罪的成立，但在量刑时可以作为一个情节予以考虑。如果行为人对危害结果出于故意的心理状态，不构成该罪名，可能构成其他危害公共安全类别方面的犯罪。

本罪在客观方面表现为在生产和作业过程中违反规章制度，不服从管理或者强令工人违章冒险作业，因而发生重大伤亡事故，造成严重后果的行为。

重大责任事故罪在客观方面有两种表现形式。

一种表现形式是行为人在生产、作业活动中，不服管理、违反规章制度，因而发生重大伤亡事故或者造成其他严重后果的，即一般职工本人直接违反规章制度，造成严重后果的行为。

另一种表现形式是行为人在生产、作业活动中，强令工人违章冒险作业，因而发生重大伤亡事故或者造成其他严重后果的，即有关生产、指挥、管理人员利用职权强令职工违章冒险作业。不能追究被强迫违章作业的工人的刑事责任，而要追究违章指挥人员的刑事责任。

两种表现形式都要求行为人必须具有违反规章制度的行为。违反规章制度既是造成事故的直接原因，也是构成重大责任事故罪的前提条件。另外，行为人违反规章制度的行为发生在生产过程中并与生产有直接联系，只有在生产过程中有违章行为，才可能出现责任事故。最后行为人违反规章制度的行为引起了重大伤亡事故，造成严重后果。虽然有违章行为，但尚未造成重大伤亡事故，造成严重后果的，不构成重大责任事故罪，必要时可予以适当的行政处罚。

重大责任事故罪的主体限定是一般主体身份，但从刑法理论上来划分，重大责任事故罪属于业务过失类犯罪，是业务上过失致死伤犯罪（指从事业务的人员，违反业务上的注意义务，造成他人死伤的行为）。该罪的主体，主要还是从事容易引起死伤结果的业务性的人员。这也是区别于其他类别犯罪身份上的标志。其关键在于行为人是否在从事某种生产，作业活动中违反有关安全规定造成的损害之后果的可能性。

重大责任事故罪是指在生产、作业中违反有关安全管理的规定，因而发生重大伤亡事故或者造成其他严重后果的行为。重大责任事故罪侵害的法益和客体是人民群众的身体健康及生命权，以及公私财产的所有权及使用权。

（二）典型案例

王某某等重大责任事故案

【基本案情】

被告人王某某于2004年5月9日登记注册济南联华恒基经贸有限公司

（以下简称联华恒基公司），为该公司法人代表，自2013年3月6日租赁本市槐荫区范家庄范庄南路14号院用于生产混凝土减水剂，雇佣被告人高某某对该公司生产进行全面管理。2013年5月，王某某、高某某申报环评时对生产原料中使用的危险化学品丙酮予以瞒报进而通过环评。该公司生产期间，王某某采购未经检测的设备，未制定安全规章制度及岗位操作规程，生产过程中使用丙酮，且未按照危险化学品属性配备泄压、防爆设施；高某某在生产过程中未组织或参与拟订安全生产规章制度、操作规程及安全生产事故应急预案，未按照危险化学品属性提出配备泄压、防爆设施的建议。2016年11月29日9时27分，在本市槐荫区范家庄范庄南路14号院该公司院内，生产过程中发生爆炸，爆炸产生的碎片导致高铁触电网断电，致使路经此地的G176次高铁列车停滞，爆炸产生的碎片将该车车厢外体多处划伤，还导致多趟高铁列车停运长达近3小时，1.3万余名旅客滞留，造成重大社会影响。王某某对事故发生负有直接、主要领导责任；高某某对事故发生负有直接、主要管理责任。本案造成直接经济损失3,841,738元。

【裁判结果】

济南市槐荫区人民检察院以济槐荫检刑诉〔2017〕324号起诉书指控被告人王某某、高某某犯重大责任事故罪，于2017年9月22日向济南市槐荫区人民法院提起公诉，该院于2018年3月27日作出判决，裁判结果如下：

被告人王某某犯重大责任事故罪，判处有期徒刑1年4个月。

被告人高某某犯重大责任事故罪，判处有期徒刑1年4个月。

被告人王某某、高某某共同赔偿附带民事诉讼原告人中国铁路济南局集团有限公司的经济损失333,054元，济南联华恒基经贸有限公司承担连带赔偿责任。

本次事故发生的主要原因系案发公司安全生产法治观念淡薄，无视国家法律，不落实安全生产主体责任，存在严重的违法违规行为。主要包括以下几点。

1. 违法违规建设、生产。该公司生产原料中使用的丙酮、甲醛均为危险化学品，但公司法人代表王某某在该工业建设项目相关申报、申请、建设、验收过程中，刻意隐瞒使用丙酮、甲醛等危险化学品进行生产的事实。生产装置未经资质单位设计、建设和安装。

2. 企业未按要求完善安全生产条件。未按照《危险化学品安全管理条例》第28条的要求，保证危险化学品的使用条件（包括工艺）符合法律、行政法规的规定和国家标准、行业标准的要求，并根据所使用的危险化学品的种类、危险特性以及使用量和使用方式，建立、健全使用危险化学品的安全管理规章制度和安全操作规程，保证危险化学品的安全使用，安全生产条件较差。

3. 未按法规要求履行对从业人员的培训教育。未按照《安全生产法》第25条的规定，对从业人员进行安全生产教育和培训，保证从业人员具备必要的安全生产知识，熟悉有关的安全生产规章制度和安全操作规程，掌握本岗位的安全操作技能。

4. 安全管理混乱。车间生产现场管理混乱，设备维护保养不到位，用电线路乱拉乱扯，存在较大生产安全隐患。

本案中的事故责任人王某某和高某某也负有不可推卸的事故责任：

第一，王某某，联华恒基公司法人代表。违法违规生产，没有建立健全本单位安全生产责任制；没有组织制定本单位安全生产规章制度和岗位操作规程；没有制定实施本单位安全生产规章制度和岗位操作规程；没有制定实施本单位教育培训计划；没有督促检查本单位的安全生产工作，及时消除生产安全事故隐患。违反《安全生产法》第18条之规定，对事故发生负有直接、主要领导责任。

第二，高某某，联华恒基公司现场生产实际负责人。违法违规生产，没有组织或参与拟定本单位安全生产规章制度、操作规程和生产安全事故应急救援预案；没有组织或参与本单位安全生产教育培训，没有如实记录安全生产教育培训情况；没有检查本单位的安全生产状况，及时排查生产安全隐患，提出改进安全生产管理建议。违反《安全生产法》第22条之规定，对事故发生负有直接、主要管理责任。

重大责任事故罪是近年来常见且多发的一种犯罪行为，不仅危及人民群众的生命安全，也造成了国家和群众财产的重大损失，严重地阻碍了企事业单位的正常经营和良性发展，直接危害到社会的稳定。尤其涉及危险化学品方面更要严加注意，严防死守，安全生产责任重于泰山，强一分责任意识，就是给国家和社会乃至每一个人身上都是多一重的保护屏障。

五、危险物品肇事罪

（一）罪名介绍

法条依据：《刑法》第136条　违反爆炸性、易燃性、放射性、毒害性、腐蚀性物品的管理规定，在生产、储存、运输、使用中发生重大事故，造成严重后果的，处三年以下有期徒刑或者拘役；后果特别严重的，处三年以上七年以下有期徒刑。

犯罪构成：

本罪在主观方面表现为过失，即行为人对违反危险品管理规定的行为所造成的危害结果具有疏忽大意或者过于自信的主观心理。至于行为人对违反危险物品管理规定的本身则既可能出于过失，也可能出于故意。

本罪在客观方面表现为在生产、储存、运输、使用危险物品的过程中，违反危险物品管理规定，发生重大事故，造成严重后果的行为。

1. 行为人必须有违反危险物品管理规定的行为。由于危险物品本身所固有的高度危险性，在生产、储存、运输、使用过程中，一旦使用、管理不当，就可能发生重大事故，造成严重后果，危害公共安全。在确定行为人是否具有违反危险物品管理规定的行为这一客观特征时，必须严格依照有关危险物品的管理规定，才能作出正确的认定。违反危险物品管理规定，就有可能构成本罪，这是构成本罪的前提条件。如果行为人没有违反危险物品管理规定，即使发生重大事故，造成严重后果，也不构成本罪。

2. 违反危险物品管理规定的行为必须是发生在生产、储存、运输、使用上述危险物品的过程中。行为人只有在生产、储存、运输、使用危险物品的过程中违反危险物品的管理规定，才能构成本罪。如果行为人在其他场合发生与危险物品有关的重大事故，则不构成本罪。

3. 必须因违反危险物品管理规定，而发生重大事故，造成严重后果。这是构成本罪的结果条件。如果行为人在生产、储存、运输、使用危险物品过程中，违反危险物品管理规定，未造成任何后果，或者造成的后果不严重的，则不构成本罪。

4. 发生重大事故，造成严重后果，必须是由违反危险物品管理规定的行为所引起的，即两者之间存在刑法上的因果关系。这是确定行为人应否承担刑事责任的客观根据。

本罪的主体是一般主体身份，从司法实践中案件情况看，主要是从事生产、储存、运输、使用爆炸性、易燃性、放射性、毒害性、腐蚀性物品的职工。但不排除其他人也可能构成本罪。

危险物品肇事罪侵犯的客体是公共安全，即不特定多数人的生命、健康和重大公私财产的安全。因此，对于违反危害物品的管理规定，在生产、储存、运输、使用中发生重大事故，造成严重后果的行为，应依法追究刑事责任。

（二）典型案例

邹某某、张某1等危险物品肇事案

【基本案情】

2017年8月4日，未取得危险化学品过氧化二叔丁基（五类危险化学品）经营许可的兰考盛达化工总厂经理李某1向淄博天盛化工有限公司销售经理被告人张某2联系购买过氧化二叔丁基，双方商定于同年8月7日由兰考盛达化工总厂自提货物10吨，李某1安排其厂运输经理被告人李某2联系运输车辆。被告人李某2联系不具备过氧化二叔丁基营运资质的被告人张某1承运，被告人张某1将该运输业务转让给不具备过氧化二叔丁基营运资质的被告人翟某某。同年8月6日，淄博齐鲁化学工业区物流有限公司法定代表人被告人于某某疏于对挂靠其公司车辆的安全运输管理和监督，导致被告人翟某某安排押运员被告人刘某1使用其不具备五类危险化学品运输资质的鲁C×××/鲁C×××罐车进行运输。被告人刘某1安排该车驾驶员刘某2和临时押运员许某某驾驶该罐车进行运输。同年8月7日9时许，刘某2驾驶该罐车拉载许某某、兰考盛达化工总厂业务员吉某至淄博天盛化工有限公司装载过氧化二叔丁基。吉某电话联系被告人张某2装车，被告人张某2疏

于对公司的安全生产管理，明知过氧化二叔丁基系五类危险化学品，仍通知其公司负责安排及监督装车的被告人杨某某装车，被告人杨某某安排其公司负责查验运输车辆资质及装车的被告人邹某某装载10.08吨过氧化二叔丁基。当日12时04分，刘某2驾驶该罐车拉载许某某、吉某离开淄博天盛化工有限公司，前往利华益利津炼化有限公司送货。当日13时47分20秒，刘某2驾驶该罐车行至G205与滨州高新区新四路路口北约150米处时，罐体突然发生爆炸，致驾车途经此处的张某3、刘某3、杜某三人当场死亡，刘某2、许某某、吉某及途经此处的普某某、张某4等多人受伤住院，现场车辆损失严重。

综上所述，被告人邹某某、杨某某、张某1、翟某某、刘某1、李某2危险物品肇事、被告人于某某、张某2重大责任事故，致6人死亡，6人重伤，3人轻伤，1人轻微伤，造成直接经济损失2,168,369元。

【裁判结果】

滨州市滨城区人民检察院以滨区检公刑诉［2018］183号起诉书指控被告人邹某某、杨某某、张某1、刘某1、翟某某、李某2犯危险物品肇事罪，被告人于某某、张某2犯重大责任事故罪，于2018年5月8日向滨州市滨城区人民法院提起公诉。该院于2019年5月31日作出判决，裁判结果如下：

1. 被告人翟某某犯危险物品肇事罪，判处有期徒刑4年。

2. 被告人邹某某犯危险物品肇事罪，判处有期徒刑2年6个月缓刑2年6个月。

3. 被告人张某1犯危险物品肇事罪，判处有期徒刑2年6个月缓刑2年6个月。

4. 被告人李某2犯危险物品肇事罪，判处有期徒刑2年6个月缓刑2年6个月。

5. 被告人张某2犯重大责任事故罪，判处有期徒刑2年6个月缓刑2年6个月。

6. 被告人杨某某犯危险物品肇事罪，判处有期徒刑2年4个月缓刑2年4个月。

7. 被告人于某某犯重大责任事故罪，判处有期徒刑2年4个月缓刑2年

4 个月。

8. 被告人刘某 1 犯危险物品肇事罪，判处有期徒刑 1 年 6 个月缓刑 1 年 6 个月。

9. 禁止被告人翟某某自刑罚执行完毕之日起 3 年内从事与危险物品相关联运输活动。

10. 禁止被告人邹某某、杨某某、张某 1、李某 2 在缓刑考验期限内从事与危险物品相关联生产经营活动。

11. 禁止被告人张某 2、刘某 1、于某某在缓刑考验期限内从事与危险物品相关联运输活动。

危险物品肇事罪是指违反爆炸性、易燃性、放射性、毒害性、腐蚀性物品的管理规定，在生产、储存、运输、使用中，由于过失发生重大事故，造成严重后果的行为。该罪名是一种特殊形式的重大责任事故罪，区别在于前者是一般主体，是从事生产、保管、运输和使用危险物品的人企事业单位工作人员，因为违反了危险物品管理规定而造成的；后者主体是生产作业中的员工，违反的安全管理规定不必与危险物品有关。危险物品肇事罪与重大责任事故罪存在法条竞合关系，前者是特别犯罪，后者是普通犯罪，同时符合二者犯罪构成的，按危险物品肇事罪论处。需要说明的是，该罪名列举的爆炸性、易燃性、放射性、毒害性、腐蚀性物品正是危险货物的主要种类和名称，也是化学品危害性分类中的传统部分。

具体到本案之中，被告人邹某某、杨某某、张某 1、翟某某、刘某某、李某 2 违反危险物品管理规定，在运输中发生重大事故，后果特别严重，其行为均已构成危险物品肇事罪。其中被告人翟某某系肇事车辆车主，对本案的发生起关键性作用，应当承担主要责任，被告人邹某某、杨某某、李某 2、张某 1、刘某 1 系负有安全运输管理、监督职责的工作人员，均对本案的发生起次要作用，应当承担次要责任，而被告人于某某、张某 2 在生产、作业中违反有关安全管理的规定，在生产运输中发生重大事故，情节特别恶劣，其行为均已构成重大责任事故罪。且于某某、张某 2 均系安全生产管理、监督职责的工作人员，对本案引发起次要作用，应当承担次要责任。

六、非法经营罪

（一）罪名介绍

法条依据：《刑法》第225条　违反国家规定，有下列非法经营行为之一，扰乱市场秩序，情节严重的，处五年以下有期徒刑或者拘役，并处或者单处违法所得一倍以上五倍以下罚金；情节特别严重的，处五年以上有期徒刑，并处违法所得一倍以上五倍以下罚金或者没收财产：

（一）未经许可经营法律、行政法规规定的专营、专卖物品或者其他限制买卖的物品的；

（二）买卖进出口许可证、进出口原产地证明以及其他法律、行政法规规定的经营许可证或者批准文件的；

（三）未经国家有关主管部门批准非法经营证券、期货、保险业务的，或者非法从事资金支付结算业务的；

（四）其他严重扰乱市场秩序的非法经营行为。

相关司法解释：《最高人民检察院、公安部关于公安机关管辖的刑事案件立案追诉标准的规定（二）》第71条　违反国家规定，进行非法经营活动，扰乱市场秩序，涉嫌下列情形之一的，应予立案追诉：

（一）违反国家烟草专卖管理法律法规，未经烟草专卖行政主管部门许可，无烟草专卖生产企业许可证、烟草专卖批发企业许可证、特种烟草专卖经营企业许可证、烟草专卖零售许可证等许可证明，非法经营烟草专卖品，具有下列情形之一的：

1. 非法经营数额在五万元以上，或者违法所得数额在二万元以上的；

2. 非法经营卷烟二十万支以上的；

3. 三年内因非法经营烟草专卖品受过二次以上行政处罚，又非法经营烟草专卖品且数额在三万元以上的。

（二）未经国家有关主管部门批准，非法经营证券、期货、保险业务，或者非法从事资金支付结算业务，具有下列情形之一的：

1. 非法经营证券、期货、保险业务，数额在一百万元以上，或者违法所得数额在十万元以上的；

2. 非法从事资金支付结算业务，数额在五百万元以上，或者违法所得数额在十万元以上的；

3. 非法从事资金支付结算业务，数额在二百五十万元以上不满五百万元，或者违法所得数额在五万元以上不满十万元，且具有下列情形之一的：

（1）因非法从事资金支付结算业务犯罪行为受过刑事追究的；

（2）二年内因非法从事资金支付结算业务违法行为受过行政处罚的；

（3）拒不交代涉案资金去向或者拒不配合追缴工作，致使赃款无法追缴的；

（4）造成其他严重后果的。

4. 使用销售点终端机具（POS机）等方法，以虚构交易、虚开价格、现金退货等方式向信用卡持卡人直接支付现金，数额在一百万元以上的，或者造成金融机构资金二十万元以上逾期未还的，或者造成金融机构经济损失十万元以上的。

（三）实施倒买倒卖外汇或者变相买卖外汇等非法买卖外汇行为，扰乱金融市场秩序，具有下列情形之一的：

1. 非法经营数额在五百万元以上的，或者违法所得数额在十万元以上的；

2. 非法经营数额在二百五十万元以上，或者违法所得数额在五万元以上，且具有下列情形之一的：

（1）因非法买卖外汇犯罪行为受过刑事追究的；

（2）二年内因非法买卖外汇违法行为受过行政处罚的；

（3）拒不交代涉案资金去向或者拒不配合追缴工作，致使赃款无法追缴的；

（4）造成其他严重后果的。

3. 公司、企业或者其他单位违反有关外贸代理业务的规定，采用非法手段，或者明知是伪造、变造的凭证、商业单据，为他人向外汇指定银行骗购外汇，数额在五百万美元以上或者违法所得数额在五十万元以上的；

4. 居间介绍骗购外汇，数额在一百万美元以上或者违法所得数额在十万元以上的。

（四）出版、印刷、复制、发行严重危害社会秩序和扰乱市场秩序的非法出版物，具有下列情形之一的：

1. 个人非法经营数额在五万元以上的，单位非法经营数额在十五万元以上的；

2. 个人违法所得数额在二万元以上的，单位违法所得数额在五万元以上的；

3. 个人非法经营报纸五千份或者期刊五千本或者图书二千册或者音像制品、电子出版物五百张（盒）以上的，单位非法经营报纸一万五千份或者期刊一万五千本或者图书五千册或者音像制品、电子出版物一千五百张（盒）以上的；

4. 虽未达到上述数额标准，但具有下列情形之一的：

（1）二年内因出版、印刷、复制、发行非法出版物受过二次以上行政处罚，又出版、印刷、复制、发行非法出版物的；

（2）因出版、印刷、复制、发行非法出版物造成恶劣社会影响或者其他严重后果的。

（五）非法从事出版物的出版、印刷、复制、发行业务，严重扰乱市场秩序，具有下列情形之一的：

1. 个人非法经营数额在十五万元以上的，单位非法经营数额在五十万元以上的；

2. 个人违法所得数额在五万元以上的，单位违法所得数额在十五万元以上的；

3. 个人非法经营报纸一万五千份或者期刊一万五千本或者图书五千册或者音像制品、电子出版物一千五百张（盒）以上的，单位非法经营报纸五万份或者期刊五万本或者图书一万五千册或者音像制品、电子出版物五千张（盒）以上的；

4. 虽未达到上述数额标准，二年内因非法从事出版物的出版、印刷、复制、发行业务受过二次以上行政处罚，又非法从事出版物的出版、印刷、复制、发行业务的。

（六）采取租用国际专线、私设转接设备或者其他方法，擅自经营国际电信业务或者涉港澳台电信业务进行营利活动，扰乱电信市场管理秩序，具有下列情形之一的：

1. 经营去话业务数额在一百万元以上的；

2. 经营来话业务造成电信资费损失数额在一百万元以上的；

3. 虽未达到上述数额标准，但具有下列情形之一的：

（1）二年内因非法经营国际电信业务或者涉港澳台电信业务行为受过二次以上行政处罚，又非法经营国际电信业务或者涉港澳台电信业务的；

（2）因非法经营国际电信业务或者涉港澳台电信业务行为造成其他严重后果的。

（七）以营利为目的，通过信息网络有偿提供删除信息服务，或者明知是虚假信息，通过信息网络有偿提供发布信息等服务，扰乱市场秩序，具有下列情形之一的：

1. 个人非法经营数额在五万元以上，或者违法所得数额在二万元以上的；

2. 单位非法经营数额在十五万元以上，或者违法所得数额在五万元以上的。

（八）非法生产、销售“黑广播”“伪基站”、无线电干扰器等无线电设备，具有下列情形之一的：

1. 非法生产、销售无线电设备三套以上的；

2. 非法经营数额在五万元以上的；

3. 虽未达到上述数额标准，但二年内因非法生产、销售无线电设备受过二次以上行政处罚，又非法生产、销售无线电设备的。

（九）以提供给他人开设赌场为目的，违反国家规定，非法生产、销售具有退币、退分、退钢珠等赌博功能的电子游戏设施设备或者其专用软件，具有下列情形之一的：

1. 个人非法经营数额在五万元以上，或者违法所得数额在一万元以上的；

2. 单位非法经营数额在五十万元以上，或者违法所得数额在十万元以上的；

3. 虽未达到上述数额标准，但二年内因非法生产、销售赌博机行为受过二次以上行政处罚，又进行同种非法经营行为的；

4. 其他情节严重的情形。

（十）实施下列危害食品安全行为，非法经营数额在十万元以上，或者违法所得数额在五万元以上的：

1. 以提供给他人生产、销售食品为目的，违反国家规定，生产、销售国家禁止用于食品生产、销售的非食品原料的；

2. 以提供给他人生产、销售食用农产品为目的，违反国家规定，生产、销售国家禁用农药、食品动物中禁止使用的药品及其他化合物等有毒、有害的非食品原料，或者生产、销售添加上述有毒、有害的非食品原料的农药、兽药、饲料、饲料添加剂、饲料原料的；

3. 违反国家规定，私设生猪屠宰厂（场），从事生猪屠宰、销售等经营活动的。

（十一）未经监管部门批准，或者超越经营范围，以营利为目的，以超过百分之三十六的实际年利率经常性地向社会不特定对象发放贷款，具有下列情形之一的：

1. 个人非法放贷数额累计在二百万元以上的，单位非法放贷数额累计在一千万元以上的；

2. 个人违法所得数额累计在八十万元以上的，单位违法所得数额累计在四百万元以上的；

3. 个人非法放贷对象累计在五十人以上的，单位非法放贷对象累计在一百五十人以上的；

4. 造成借款人或者其近亲属自杀、死亡或者精神失常等严重后果的。

5. 虽未达到上述数额标准，但具有下列情形之一的：

（1）二年内因实施非法放贷行为受过二次以上行政处罚的；

（2）以超过百分之七十二的实际年利率实施非法放贷行为十次以上的。

黑恶势力非法放贷的，按照第1、2、3项规定的相应数额、数量标准的百分之五十确定。同时具有第 5 项规定情形的，按照相应数额、数量标准的百分之四十确定。

（十二）从事其他非法经营活动，具有下列情形之一的：

1. 个人非法经营数额在五万元以上，或者违法所得数额在一万元以上的；

2. 单位非法经营数额在五十万元以上，或者违法所得数额在十万元以上的；

3. 虽未达到上述数额标准，但二年内因非法经营行为受过二次以上行政处罚，又从事同种非法经营行为的；

4. 其他情节严重的情形。

法律、司法解释对非法经营罪的立案追诉标准另有规定的，依照其规定。

犯罪构成：

本罪的主观方面由故意构成，并且具有谋取非法利润的目的。如果行为人没有以牟取非法利润为目的，而是由于不懂法律、法规，买卖经营许可证的，不应当以本罪论处，应当由主管部门对其追究行政责任。

客观方面表现为未经许可经营专营、专卖物品或者其他限制买卖的物品、买卖进出口许可证、进出口原产地证明以及其他法律、行政法规规定的经营许可证或者批准文件，以及从事其他非法经营活动，扰乱市场秩序，情节严重的行为。主要有以下几种行为方式。

1. 未经许可经营法律、行政法规规定的专营、专卖物品或者其他限制买卖的物品。

2. 买卖进出口许可证、进出口原产地证明以及其他法律、法规规定的经营许可证或者批准证件。经营许可证或者有关批准文件，是持有人进行该项经济活动合法性的有效凭证。无之则属于非法经营。

3. 其他严重扰乱市场秩序的非法经营行为，包括：非法经营证券、期货或者保险业务，非法从事资金支付结算业务等。

4. 其他严重扰乱市场经济秩序的非法经营行为。

本罪的主体是一般主体身份，即一切达到刑事责任年龄、具有刑事责任能力的自然人。依法成立、具有责任能力的单位也可以成为本罪的主体。本罪的主体，依本条原意是指经营者，但在市场经济条件下，“无人不商”，如果将本罪的主体限定为特殊主体，将会使许多没有任何经营许可证（非经营者）的买卖物品和进出口许可证和进出口原产地证的行为得不到惩处，因之，本罪的主体为一般主体。单位亦能构成本罪主体。

非法经营罪侵犯的客体应该是市场秩序，为了保证限制买卖物品和进出口物品市场，国家实行上述物品的经营许可制度。其中进出口许可制度是经营许可制度的重要内容，买卖进出口许可证和进出口原产地证明的行为除侵犯市场秩序外，还侵犯了对外贸易管理制度。

（二）典型案例

孙某某犯非法经营案

【基本案情】

2014 年 10 月至 2015 年 8 月，被告人孙某某在未取得危险化学品经营许可证的情况下，从沈阳市荣兴化工厂购入危险化学品甲醇，勾兑后当作燃料进行销售。孙某某以 2.8 元/升的价格销售给本溪渤海小渔村酒店 9797 升，销售金额共计人民币 27,431 元。以 2.7 元/升、2.9 元/升的价格销售给本溪天圆酒店 53,130 升，销售金额共计人民币 151,631 元。以 3.5 元/升的价格销售给本溪市迎宾馆 10,538 升，销售金额共计人民币 36,879 元。以 3 元/升的价格销售给本溪康宁医院食堂 2593 升，销售金额共计人民币 7779 元。以 3.5 元/升的价格销售给本溪市戒毒所 613 升，销售金额共计人民币 2145 元。综上所述，被告人孙某某销售甲醇勾兑燃料共计 76,671 升，非法经营数额共计人民币 225,865 元。

【裁判结果】

本溪市溪湖区人民检察院以溪检公诉刑诉〔2016〕65 号起诉书指控被告人孙某某犯非法经营罪，于 2016 年 6 月 6 日向本溪市溪湖区人民法院提起公诉。该院于 2016 年 12 月 5 日依法作出判决，裁判结果如下：

被告人孙某某犯非法经营罪，判处有期徒刑 1 年，并处罚金人民币 10 万元。

危险化学品，是指具有毒害、腐蚀、爆炸、燃烧、助燃等性质，对人体、设施、环境具有危害的剧毒化学品和其他化学品。任何列入《危险化学品目录》中的化学品，都要受到该条例的管辖，涉及危险化学品生产、进口、储存、使用、经营、运输及处置企业，都要严格遵守国家相关法律法规的规定。国家对危险化学品的经营实行许可制度。未经许可，任何单位和个人不得经营危险化学品，同时必须具备经营危险化学品的环境条件和经营条件。否则不得从事危险化学品的相关销售工作。

具体到本案中，被告人孙某某作为个体工商户，未取得经营危险化学品许可证，不具备经营危险化学品的客观条件，却经营含有高度乙醇的危险化学品，给公众安全带来重大威胁。国家对危险化学品实行经营许可制度，经营行为包括生产环节及流通环节的收购、存储、运输、销售等一系列活动。孙某某在未办理危险化学品经营许可证的情况下，以牟利为目的，从具有危险化学品经营资质的厂家购入甲醇后予以存储、勾兑，并销售给他人用作燃料，销售数额达 22 万余元，该行为符合非法经营罪的构成要件，故孙某某的行为构成非法经营罪名。

七、污染环境罪

（一）罪名介绍

法条依据：《刑法》第 338 条　违反国家规定，排放、倾倒或者处置有放射性的废物、含传染病病原体的废物、有毒物质或者其他有害物质，严重污染环境的，处三年以下有期徒刑或者拘役，并处或者单处罚金；情节严重的，处三年以上七年以下有期徒刑，并处罚金；有下列情形之一的，处七年以上有期徒刑，并处罚金：

（一）在饮用水水源保护区、自然保护地核心保护区等依法确定的重点保护区域排放、倾倒、处置有放射性的废物、含传染病病原体的废物、有毒物质，情节特别严重的；

（二）向国家确定的重要江河、湖泊水域排放、倾倒、处置有放射性的废物、含传染病病原体的废物、有毒物质，情节特别严重的；

（三）致使大量永久基本农田基本功能丧失或者遭受永久性破坏的；

（四）致使多人重伤、严重疾病，或者致人严重残疾、死亡的。

有前款行为，同时构成其他犯罪的，依照处罚较重的规定定罪处罚。

相关司法解释：《最高人民法院、最高人民检察院关于办理环境污染刑事案件适用法律若干问题的解释》第1条　实施刑法第三百三十八条规定的行为，具有下列情形之一的，应当认定为“严重污染环境”：

（一）在饮用水水源一级保护区、自然保护区核心区排放、倾倒、处置有放射性的废物、含传染病病原体的废物、有毒物质的；

（二）非法排放、倾倒、处置危险废物三吨以上的；

（三）排放、倾倒、处置含铅、汞、镉、铬、砷、铊、锑的污染物，超过国家或者地方污染物排放标准三倍以上的；

（四）排放、倾倒、处置含镍、铜、锌、银、钒、锰、钴的污染物，超过国家或者地方污染物排放标准十倍以上的；

（五）通过暗管、渗井、渗坑、裂隙、溶洞、灌注等逃避监管的方式排放、倾倒、处置有放射性的废物、含传染病病原体的废物、有毒物质的；

（六）二年内曾因违反国家规定，排放、倾倒、处置有放射性的废物、含传染病病原体的废物、有毒物质受过两次以上行政处罚，又实施前列行为的；

（七）重点排污单位篡改、伪造自动监测数据或者干扰自动监测设施，排放化学需氧量、氨氮、二氧化硫、氮氧化物等污染物的；

（八）违法减少防治污染设施运行支出一百万元以上的；

（九）违法所得或者致使公私财产损失三十万元以上的；

（十）造成生态环境严重损害的；

（十一）致使乡镇以上集中式饮用水水源取水中断十二小时以上的；

（十二）致使基本农田、防护林地、特种用途林地五亩以上，其他农用地十亩以上，其他土地二十亩以上基本功能丧失或者遭受永久性破坏的；

（十三）致使森林或者其他林木死亡五十立方米以上，或者幼树死亡二千五百株以上的；

（十四）致使疏散、转移群众五千人以上的；

（十五）致使三十人以上中毒的；

（十六）致使三人以上轻伤、轻度残疾或者器官组织损伤导致一般功能障碍的；

（十七）致使一人以上重伤、中度残疾或者器官组织损伤导致严重功能障碍的；

（十八）其他严重污染环境的情形。

《最高人民法院、最高人民检察院关于办理环境污染刑事案件适用法律若干问题的解释》第3条　实施刑法第三百三十八条、第三百三十九条规定的行为，具有下列情形之一的，应当认定为“后果特别严重”：

（一）致使县级以上城区集中式饮用水水源取水中断十二小时以上的；

（二）非法排放、倾倒、处置危险废物一百吨以上的；

（三）致使基本农田、防护林地、特种用途林地十五亩以上，其他农用地三十亩以上，其他土地六十亩以上基本功能丧失或者遭受永久性破坏的；

（四）致使森林或者其他林木死亡一百五十立方米以上，或者幼树死亡七千五百株以上的；

（五）致使公私财产损失一百万元以上的；

（六）造成生态环境特别严重损害的；

（七）致使疏散、转移群众一万五千人以上的；

（八）致使一百人以上中毒的；

（九）致使十人以上轻伤、轻度残疾或者器官组织损伤导致一般功能障碍的；

（十）致使三人以上重伤、中度残疾或者器官组织损伤导致严重功能障碍的；

（十一）致使一人以上重伤、中度残疾或者器官组织损伤导致严重功能障碍，并致使五人以上轻伤、轻度残疾或者器官组织损伤导致一般功能障碍的；

（十二）致使一人以上死亡或者重度残疾的；

（十三）其他后果特别严重的情形。

《最高人民法院、最高人民检察院关于办理环境污染刑事案件适用法律若干问题的解释》第4条　实施刑法第三百三十八条、第三百三十九条规定的犯罪行为，具有下列情形之一的，应当从重处罚：

（一）阻挠环境监督检查或者突发环境事件调查，尚不构成妨害公务等犯罪的；

（二）在医院、学校、居民区等人口集中地区及其附近，违反国家规定排放、倾倒、处置有放射性的废物、含传染病病原体的废物、有毒物质或者其他有害物质的；

（三）在重污染天气预警期间、突发环境事件处置期间或者被责令限期整改期间，违反国家规定排放、倾倒、处置有放射性的废物、含传染病病原体的废物、有毒物质或者其他有害物质的；

（四）具有危险废物经营许可证的企业违反国家规定排放、倾倒、处置有放射性的废物、含传染病病原体的废物、有毒物质或者其他有害物质的。

《最高人民法院、最高人民检察院关于办理环境污染刑事案件适用法律若干问题的解释》第5条　实施刑法第三百三十八条、第三百三十九条规定的行为，刚达到应当追究刑事责任的标准，但行为人及时采取措施，防止损失扩大、消除污染，全部赔偿损失，积极修复生态环境，且系初犯，确有悔罪表现的，可以认定为情节轻微，不起诉或者免予刑事处罚；确有必要判处刑罚的，应当从宽处罚。

《最高人民检察院、公安部关于公安机关管辖的刑事案件立案追诉标准的规定（一）》第60条　违反国家规定，向土地、水体、大气排放、倾倒或者处置有放射性的废物、含传染病病原体的废物、有毒物质或者其他危险废物，造成重大环境污染事故，涉嫌下列情形之一，应予立案追诉：

（一）致使公私财产损失三十万元以上的；

（二）致使基本农田、防护林地、特种用途林地五亩以上，其他农用地十亩以上，其他土地二十亩以上基本功能丧失或者遭受永久性破坏的；

（三）致使森林或者其他林木死亡五十立方米以上，或者幼树死亡二千五百株以上的；

（四）致使一人以上死亡、三人以上重伤、十人以上轻伤，或者一人以上重伤并且五人以上轻伤的；

（五）致使传染病发生、流行或者人员中毒达到《国家突发公共卫生事件应急预案》中突发公共卫生事件分级Ⅲ级以上情形，严重危害人体健康的；

（六）其他致使公私财产遭受重大损失或者人身伤亡的严重后果的情形。

本条和本规定第六十二条规定的“公私财产损失”，包括污染环境直接造成的财产损毁、减少的实际价值，为防止污染扩散以及消除污染而采取的必要的、合理的措施而发生的费用。

犯罪构成：

本罪在主观方面表现为故意。本罪属于行为犯，即有严格责任性质的过错推定原则，承认存在间接故意。

本罪在客观方面表现为违反国家规定，向土地，水体和大气排放危险废物，造成环境污染，致使公私财产遭受重大损失或者人身伤亡的严重后果的行为。主要表现为以下几点。

1. 实施本罪必须违反国家规定。是指违反全国人大及其常务委员会制定的有关环境保护方面的法律，以及国务院制定的相关行政法规、行政措施、发布的决定或命令。这些法律、法规主要包括《环境保护法》《大气污染防治法》《水污染防治法》《海洋环境保护法》《固体废物污染环境防治法》等法律，以及《放射性同位素与射线装置放射防护条例》（已失效）、《工业“三废”排放试行标准》等一系列专门法规。

2. 实施排放、倾倒和处置行为。其中排放是指把各种危险废物排入土地、水体、大气的行为，包括泵出、溢出、泄出、喷出、倒出等，倾倒是指通过船舶、航空器、平台或者其他载运工具，向土地、水体、大气倾卸危险废物的行为；处置是指以焚烧、填埋或其他改变危险废物属性的方式处理危险废物或者将其置于特定场所或者设施并不再取回的行为。

3. 严重污染环境。本罪并不要求造成重大环境污染事故，致使公私财产遭受重大损失或者人身伤亡的严重后果。只要严重污染环境就可成立此罪。

本罪的主体为一般主体，即凡是达到刑事责任年龄具有刑事责任能力的人，均可构成本罪。单位也可以成为本罪主体。

放射性废物主要包括放射性废水、废气和固体废物。放射性废水是指放射性核素含超过国家规定限值的液体废弃物。主要包括核燃料前处理（如铀矿开采、水冶、精炼，核燃料制造等过程中）产生的废水，核燃料后处理第一循环产生的废液，原子能发电站，应用放射性同位素的研究机构、医院、工厂等排出的废水。放射性废气是指放射性核素含量超过国家规定限值的气体废弃物。由于在原子能工业的生产中或核设施运行中，随着不同的工艺过程均有不同性质的含有核素的排气产生。诸如铀矿山和铀水冶厂会产生来自矿井的含有氡、钍、锕射气及其子体的气溶胶；核反应堆中产生的气体在处理厂进行处理时释放的废气中含有氩、氪、氙等放射性核素、射碘蒸汽、氚以及二氧化碳形式存在的碳－14 等；此外，还有大量的放射性气溶胶；企业的各生产车间、设备室、热室及手套箱等地，均有放射性气体排出。放射性固体废物是指放射性核素含量超过国家规定限值的固体废弃物。主要包括从含铀矿石提取铀的过程中产生的废矿渣；铀精制厂、燃料元件加工厂、反应堆、核燃料后处理厂以及使用放射性同位素研究、医疗等单位排出的沾有人工或天然放射性物质的各种器物，放射性废液经浓缩、固化处理形成的固体废弃物。

含传染病病原体的废物（也称传染性废物）是指带有病菌、病毒等病原体的废物。其中传染性是指由致病性的各种病原体引起的可在适宜传播途径下对人群有传播感染的可能。《传染病防治法》第 3 条对传染病做了规定。

所谓病原体亦称病原物或病原生物，是指能引起病的微生物和寄生虫的统称。主要包括病菌、寄生虫和病毒三类。由上述之传染病病原体而产生的废物，如污水、污物、粪便等皆属于含传染病病原体之废物。

有毒物质是对机体发生化学或物理化学的作用，因而损害机体，引起功能障碍、疾病，甚至死亡的物质。有毒物质可分为无机毒物和有机毒物两大类。如汞、铅、砷、镉、铬、氟等属于无机毒物，其中有许多能在生物体中富集积累。有机毒物如酚、氰、有机氯、有机磷、有机汞、乙烯等。

其他危险废物则是指上述列举之外的，列入国家危险废物名录或根据国家规定的危险废物鉴别标准和鉴别方法认定的具有危险特性的废物。

（二）典型案例

上海云瀛复合材料有限公司及被告人贡某某等3人污染环境案

【基本案情】

被告单位上海云瀛复合材料有限公司（以下简称云瀛公司）在生产过程中产生的钢板清洗废液，属于危险废物，需要委托有资质的专门机构予以处置。被告人乔某某系云瀛公司总经理，全面负责日常生产及管理工作，被告人陶某系云瀛公司工作人员，负责涉案钢板清洗液的采购和钢板清洗废液的处置。

2016年3月至2017年12月，被告人乔某某、陶某在明知被告人贡某某无危险废物经营许可资质的情况下，未填写危险废物转移联单并未经相关部门批准，多次要求被告人贡某某将云瀛公司产生的钢板清洗废液拉回常州市处置。2017年2月至12月，被告人贡某某多次驾驶卡车将云瀛公司的钢板清洗废液非法倾倒于常州市新北区春江路与辽河路交叉口附近污水井、常州市新北区罗溪镇黄河西路等处；2017年12月30日，被告人贡某某驾驶卡车从云瀛公司运载钢板清洗废液至常州市新北区黄河西路685号附近，利用塑料管引流将钢板清洗废液非法倾倒至下水道，造成兰陵河水体被严重污染。经抽样检测，兰陵河增光桥断面河水超过Ⅳ类地表水环境质量标准。被告人贡某某非法倾倒涉案钢板清洗废液共计67.33吨。

【裁判结果】

本案由江苏省常州市武进区人民检察院于2018年8月9日以被告单位云瀛公司以及被告人贡某某等3人犯污染环境罪向江苏省常州市武进区人民法院提起公诉。2018年12月17日，常州市武进区人民法院作出判决，认定被告单位云瀛公司犯污染环境罪，判处罚金30万元；被告人贡某某犯污染环境罪，判处有期徒刑1年3个月，并处罚金5万元；被告人乔某某犯污染环境罪，判处有期徒刑1年，缓刑2年，并处罚金5万元；被告人陶某犯污染环境罪，判处有期徒刑1年，缓刑2年，并处罚金5万元；禁止被告人乔某某、陶某在缓刑考验期内从事与排污工作有关的活动。判决已生效。

准确认定犯罪嫌疑人、被告人的主观过错是办理环境污染刑事案件中的重点问题。司法实践中，判断犯罪嫌疑人、被告人是否具有环境污染犯罪的故意，应当依据犯罪嫌疑人、被告人的任职情况、职业经历、专业背景、培训经历、本人因同类行为受到行政处罚或刑事追究情况以及污染物种类、污染方式、资金流向等证据，结合其供述，进行综合分析判断。

本案中，被告人乔某某、陶某明知本单位产生的危险废物需要有资质的单位来处理，且跨省、市区域转移需填写危险废物转移联单并经相关部门批准，仍与有资质的单位签订合同但不实际处理，而多次要求被告人贡某某将云瀛公司产生的钢板清洗废液拉回常州市处置，放任其对环境造成危害。被告人贡某某在无危险废物经营许可资质的情况下，跨省、市区域运输危险废物并非法倾倒于常州市内污水井、下水道中，严重污染环境。上述3名被告人均具有环境污染犯罪的故意。本案在准确认定犯罪嫌疑人、被告人的主观过错方面具有典型意义。

八、非法处置进口的固体废物罪、擅自进口固体废物罪

（一）罪名介绍

法条依据：《刑法》第339条　违反国家规定，将境外的固体废物进境倾倒、堆放、处置的，处五年以下有期徒刑或者拘役，并处罚金；造成重大环境污染事故，致使公私财产遭受重大损失或者严重危害人体健康的，处五年以上十年以下有期徒刑，并处罚金；后果特别严重的，处十年以上有期徒刑，并处罚金。

未经国务院有关主管部门许可，擅自进口固体废物用作原料，造成重大环境污染事故，致使公私财产遭受重大损失或者严重危害人体健康的，处五年以下有期徒刑或者拘役，并处罚金；后果特别严重的，处五年以上十年以下有期徒刑，并处罚金。

以原料利用为名，进口不能用作原料的固体废物、液态废物和气态废物的，依照本法第一百五十二条第二款、第三款的规定定罪处罚。

相关司法解释：《最高人民法院、最高人民检察院关于办理环境污染刑事案件适用法律若干问题的解释》第2条　实施刑法第三百三十九条、第四

百零八条规定的行为，致使公私财产损失三十万元以上，或者具有本解释第一条第十项至第十七项规定情形之一的，应当认定为“致使公私财产遭受重大损失或者严重危害人体健康”或者“致使公私财产遭受重大损失或者造成人身伤亡的严重后果”。

《最高人民法院、最高人民检察院关于办理环境污染刑事案件适用法律若干问题的解释》第3条　实施刑法第三百三十八条、第三百三十九条规定的行为，具有下列情形之一的，应当认定为“后果特别严重”：

（一）致使县级以上城区集中式饮用水水源取水中断十二小时以上的；

（二）非法排放、倾倒、处置危险废物一百吨以上的；

（三）致使基本农田、防护林地、特种用途林地十五亩以上，其他农用地三十亩以上，其他土地六十亩以上基本功能丧失或者遭受永久性破坏的；

（四）致使森林或者其他林木死亡一百五十立方米以上，或者幼树死亡七千五百株以上的；

（五）致使公私财产损失一百万元以上的；

（六）造成生态环境特别严重损害的；

（七）致使疏散、转移群众一万五千人以上的；

（八）致使一百人以上中毒的；

（九）致使十人以上轻伤、轻度残疾或者器官组织损伤导致一般功能障碍的；

（十）致使三人以上重伤、中度残疾或者器官组织损伤导致严重功能障碍的；

（十一）致使一人以上重伤、中度残疾或者器官组织损伤导致严重功能障碍，并致使五人以上轻伤、轻度残疾或者器官组织损伤导致一般功能障碍的；

（十二）致使一人以上死亡或者重度残疾的；

（十三）其他后果特别严重的情形。

《最高人民法院、最高人民检察院关于办理环境污染刑事案件适用法律若干问题的解释》第4条　实施刑法第三百三十八条、第三百三十九条规定的犯罪行为，具有下列情形之一的，应当从重处罚：

（一）阻挠环境监督检查或者突发环境事件调查，尚不构成妨害公务等犯罪的；

（二）在医院、学校、居民区等人口集中地区及其附近，违反国家规定排放、倾倒、处置有放射性的废物、含传染病病原体的废物、有毒物质或者其他有害物质的；

（三）在重污染天气预警期间、突发环境事件处置期间或者被责令限期整改期间，违反国家规定排放、倾倒、处置有放射性的废物、含传染病病原体的废物、有毒物质或者其他有害物质的；

（四）具有危险废物经营许可证的企业违反国家规定排放、倾倒、处置有放射性的废物、含传染病病原体的废物、有毒物质或者其他有害物质的。

《最高人民法院、最高人民检察院关于办理环境污染刑事案件适用法律若干问题的解释》第5条　实施刑法第三百三十八条、第三百三十九条规定的行为，刚达到应当追究刑事责任的标准，但行为人及时采取措施，防止损失扩大、消除污染，全部赔偿损失，积极修复生态环境，且系初犯，确有悔罪表现的，可以认定为情节轻微，不起诉或者免予刑事处罚；确有必要判处刑罚的，应当从宽处罚。

犯罪构成：

本罪在主观方面表现为故意，过失不构成本罪。

本罪在客观方面表现为违反国家规定，将境外的固体废物进境倾倒、堆放、处置的行为：（1）必须是违反国家规定的行为。（2）实施了将境外的固体废物倾倒、堆放、处置的行为。所谓倾倒，是指通过船舶、汽车等运载工具向我国境内任何地方倾卸固体废物的行为；堆放是指将境外的固体废物任意堆存在我国境内的任何地方；处置是指在中国境内将中国境外的固体废物进行焚烧和用其他方法改变固体废物物理、化学、生物特性的方法，达到减少已产生的固体废物数量，缩小固体废物体积，减少或者消除其危险成分的活动，或者将固体废物最终置于符合环境保护规定要求的场所或者设施不再回取的活动。

本罪属行为犯，只要实施了进境倾倒、堆放、处置固体废物的行为，即构成犯罪。

本罪的主体为一般主体，即凡是达到刑事责任年龄具有刑事责任能力的人，均可构成本罪。单位也可成为本罪主体。实践中，本罪的主体大多为废物进口单位或废物利用单位。个人单位构成本罪的情况极为罕见。

本罪的犯罪对象是境外的各种固体废物，主要包括：工业固体废物、生活垃圾、建筑垃圾、农业固体废物、危险废物等。

（二）经典案例分析

刘某1非法处置进口的固体废物案

【基本案情】

2012年至2017年，刘某2（另案处理）将在加拿大和美国采购的固体废物走私到国内刘某3（已判刑）处，刘某3将进口的固体废物在国内进行销售，其中部分销售到河北、山东。

2014年2月至2017年7月，被告人刘某1在无相应资质的情况下，在莘县妹冢镇刘庄村西头的工厂中，用进口的固体废物作原料加工塑料颗粒，然后将加工的塑料颗粒进行销售。已查实被告人刘某1分两次从刘某3处购买了价值170,448元的进口固体废物。

【裁判结果】

2019年3月22日，山东省莘县人民法院对本案作出判决：被告人刘某1犯非法处置进口的固体废物罪，判处有期徒刑1年；并处罚金人民币2万元。

第三节　危废行业刑事风险防范建议

一、企业危废合规之制度建设

（一）相关法律法规及规范性文件

企业的刑事风险是企业违反刑法导致企业或者企业股东、董事、监事及高管承担刑事责任或者接受刑事制裁。在企业的运营中，刑事风险往往被企业忽视，但是它一旦来临，将会给企业带来灭顶之灾，股东、董监高入狱、企业关停、企业商誉败坏，这些都可能直接击垮整个企业。因此，越来越多的企业开始注意刑事风险的控制与合规，并将其作为法务部门最基本也是最底线的风险控制要求。

对于诸如化工、医药、石油等产生大量危险废物的企业来说，危废产品的处置不当将极有可能导致企业风险激增。近年来，国家越来越关注环境的保护以及生态文明的建设，对于某些高排放高污染的重工业企业、化工企业等来说，根据国家制定相关法律落实企业的危废处理制度，加强审批流程，完善合规化管理显得尤为重要。如果不能顺应时代的发展与社会的需求，企业的生存安危将陷入严重的危险境地。2016年，最高人民法院与最高人民检察院联合出具了《关于办理环境污染刑事案件使用法律若干问题的解释》（〔法释2016〕29号），细化了企业环境污染的入刑标准。其中第1条第2项规定，非法排放、倾倒、处置危险废物3吨以上的应当被认定为严重污染环境，对于很多高产出、高排放危险废物的企业来说，上述条款无疑是其经营中遇到的最为重大且最容易被忽视的存在。

不仅如此，《生态环境损害赔偿制度改革试点方案》（中发办〔2015〕57号，已失效）实施以来，在我国第一起以省政府为独立原告的生态环境损害赔偿案（江苏省人民政府诉安徽海德化工科技有限公司生态损害赔偿一案）中，安徽海德化工科技公司就是因为危险废物处理不当导致公司最终赔偿5000多万元的生态环境修复赔偿金，此外，倾倒废物的营销部经理等两人也因此获刑。

从企业的合规和治理来讲，当今企业的合规主要为两个部分：一个是制度层面，即穷尽国家的法律法规和监管制度，将其转化为企业的规章制度，要求企业的每个相关成员参与学习和掌握；另一个是执行方面，将企业危废品的处置具体细化贯穿到企业的战略、立项、审批、监督、处置等全方位，方能确保企业的风控。

（二）“危废”的主要相关法律法规及监管规定

1.《环境保护法》

第59条至第69条规定了企业事业单位和其他生产经营者排放污染物的

法律责任，其中第69条明确规定“违反本法规定，构成犯罪的，依法追究刑事责任”。

2.《环境影响评价法》

本法主要对规划和建设项目实施后可能造成的环境影响进行分析、预测和评估，提出预防或者减轻不良环境影响的对策和措施，其中特殊强调了规划和建设项目的审批、监管等主管单位和法律责任。

3. 危废行业行政法规

《危险废物经营许可证管理办法》；

《危险废物集中焚烧处置工程建设技术规范》；

《危险废物收集贮存运输技术规范》；

《危险废物转移联单管理办法》；

《企业事业单位突发环境事件应急预案备案管理办法（试行）》。

4.《国家危险废物名录》

5.《固体废物污染环境防治法》

本法第六章详细介绍了危废的防治，具体规定了危险废物名录的编制、处置场所的规划、企业收集、储存、利用、运输、处置等许可和审批单位和流程等。

6.《医疗废物管理条例》

本条例第2条规定，医疗废物，是指医疗卫生机构在医疗、预防、保健以及其他相关活动中产生的具有直接或者间接感染性、毒性以及其他危害性的废物。

2020年1月1日起，《危险废物鉴别标准通则》（GB 5085.7—2019）由生态环境部、国家市场监管总局正式发布，其中主要包括了对于危险废物进行鉴别的七个标准，明确了鉴别程序，细化了危险废物混合和利用处置后判定规则。

7.《危险废物鉴别技术规范》

8. 相关控制标准

《危险废物焚烧污染控制标准》；

《危险废物贮存污染控制标准》；

《危险废物填埋污染控制标准》。

9. 环境影响评价技术导则

《环境影响评价技术导则大气环境》；

《环境影响评价技术导则地表水环境》；

《环境影响评价技术导则声环境》；

《环境影响评价技术导则地下水环境》。

10. 其他规定

同时，一些地方政府同样重视企业危废的风险防范，因此制定了相应的地方性法规与规范性文件。处于该类地区（如江苏省、上海市）的企业除需要注意国家、部委级别的规定外，亦须注意地方性法规的特殊要求；同样他山之石，可以攻玉，非处于该类地区的企业，也可以参考这些地方性文件完善自身的管理制度，进一步降低企业的法律风险。

二、企业危废合规之系统管理

在法哲学与法理学关于法之价值的论述中，法律的价值有三个：秩序、自由与正义。其中，秩序作为法唯一的工具性价值，其意义在于“再糟糕的秩序也好过无秩序”。治大国如烹小鲜，企业亦是如此。在企业治理逐渐走向规范化的道路上，企业制度的创设必不可少。从企业创设之初的协议或者章程，到股东协议、员工制度、纪律规范和激励机制，一个好的企业永远离不开制度的规制与调整。

作为产出危险废物的企业，对于此更应当予以重视，不仅要注意公益问题、社会问题，更要注意企业自身的刑事合规问题，如若处置不当，悔之晚矣。

（一）国家法律法规监管：原则与纲领

在制定企业危废处置制度之初，企业最先应当关注的是国家颁布实施的相关法律法规的监管与约束。这点并不区分民事、行政的监管抑或刑事苛责，这不过是一个程度上的问题，因此企业应当调查所有与危废处理监管相关的法律法规以及规范性文件。

国家目前对于危废的监管主要体现在三个层面，其一为产生，其二为运输，其三为处置，涉及的企业分别为产废企业、运输企业及处置企业。这三类企业形成了危废行业的上、中、下游的全部相关企业，内容同样涉及了危废标识的设置、危废管理计划、危废申报登记、转移联单、应急预案等。

（二）企业危废合规制度的建立与依据

1. 环境污染防范治理制度

根据《固体废物污染环境防治法》第36条的规定，产生工业固体废物的单位应当建立健全工业固体废物产生、收集、贮存、运输、利用、处置全过程的污染环境防治责任制度，建立工业固体废物管理台账，如实记录产生工业固体废物的种类、数量、流向、贮存、利用、处置等信息，实现工业固体废物可追溯、可查询，并采取防治工业固体废物污染环境的措施。

2. 危废标识制度

根据《固体废物污染环境防治法》第77条的规定，对危险废物的容器和包装物以及收集、贮存、运输、利用、处置危险废物的设施、场所，应当按照规定设置危险废物识别标志。

3. 危废管理计划与管理台账制度

根据《固体废物污染环境防治法》第78条的规定，产生危险废物的单位，应当按照国家有关规定制定危险废物管理计划；建立危险废物管理台账，如实记录有关信息，并通过国家危险废物信息管理系统向所在地生态环境主管部门申报危险废物的种类、产生量、流向、贮存、处置等有关资料。

前款所称危险废物管理计划应当包括减少危险废物产生量和降低危险废物危害性的措施以及危险废物贮存、利用、处置措施。危险废物管理计划应当报产生危险废物的单位所在地生态环境主管部门备案。

产生危险废物的单位已经取得排污许可证的，执行排污许可管理制度的规定。

4. 危废收集、贮存制度

根据《固体废物污染环境防治法》第 81 条的规定，收集、贮存危险废物，应当按照危险废物特性分类进行。禁止混合收集、贮存、运输、处置性质不相容而未经安全性处置的危险废物。

贮存危险废物应当采取符合国家环境保护标准的防护措施。禁止将危险废物混入非危险废物中贮存。

从事收集、贮存、利用、处置危险废物经营活动的单位，贮存危险废物不得超过 1 年；确需延长期限的，应当报经颁发许可证的生态环境主管部门批准；法律、行政法规另有规定的除外。

5. 危废转移联单制度

根据《固体废物污染环境防治法》第 82 条的规定，转移危险废物的，应当按照国家有关规定填写、运行危险废物电子或者纸质转移联单。

跨省、自治区、直辖市转移危险废物的，应当向危险废物移出地省、自治区、直辖市人民政府生态环境主管部门申请。移出地省、自治区、直辖市人民政府生态环境主管部门应当及时商经接受地省、自治区、直辖市人民政府生态环境主管部门同意后，在规定期限内批准转移该危险废物，并将批准信息通报相关省、自治区、直辖市人民政府生态环境主管部门和交通运输主管部门。未经批准的，不得转移。

6. 经营许可证制度

对进行综合利用危险废物的经营单位，应严格按照《危险废物经营许可证管理办法》的要求领取危险废物经营许可证，经生态环境主管部门验收合格后方可生产。

7. 应急预案制度

危废处置企业必须建立应急预案制度，确保从生产源头到危险固体废弃物处理末端紧张情况时的应对措施。

8. 业务培训制度

危废处置企业必须定期进行业务培训，通过培训提高全体工作人员对危险废物管理工作的认知，从而有效预防和控制危险废物对人体健康和环境所产生的危害，进一步保障人类健康。

9. 危废处置制度

危废处置企业必须建立处置制度，有效安全处理办公生活和生产过程中产生的废弃物，使之合理、合法地处理，并符合法规要求，实现合理有效控制和环境保护。

10. 记录及报告经营制度

危废经营单位应当建立危险废物经营情况登记簿，如实记载收集、贮存、处置危险废物的类别、来源、去向和有无事故等规定。

三、企业危废合规之管理计划制定细则——以产废单位为例

（一）制定依据

《环境保护法》、《固体废物污染环境防治法》、《危险废物收集贮存运输技术规范》、《危险废物转移联单管理办法》、《企业事业单位突发环境事件应急预案备案管理办法（试行）》［环发（2015）4 号］以及相关法律法规及规范性文件。

（二）适用范围

产废单位，即中华人民共和国境内危险废物产生单位。

（三）基本原则

根据《危险废物产生单位管理计划制定指南》的规定，产废单位的制度制定原则主要为以下三项。

1. 依法制定，严格落实

产废单位应依据国家相关法律法规和标准规范的有关要求制订管理计划，并严格按照管理计划加强危险废物全生命周期的环境管理。

2. 源头减量，过程控制

管理计划应注重减少危险废物的产生量和危害性，并采取防范措施避免危险废物在贮存、利用、处置等过程中的环境风险。

3. 因地制宜，切合实际

以《危险废物产生单位管理计划制定指南》为基础，在确保管理计划真

实和可操作的前提下，企业可以结合实际情况，同所在地县级以上人民政府生态环境主管部门进行商议讨论调整相关细节内容。

（四）制定的基本要求

管理计划应由具有独立法人资格的产废单位制定。

对拥有子公司（具有独立法人资格）、分公司（不具有独立法人资格）或者生产基地的集团公司（统称集团公司），按以下规则进行制定。

1. 子公司单独制定。

2. 分公司或者生产基地（统称所属单位），按照属地管理原则划分制定单位。所属单位可与集团公司一起制定，也可分别单独制定。原则上，所属单位与集团公司不在同一设区的市的，应当分别单独制定。

（五）制定形式

管理计划应以书面形式制定并装订成册，封面和正文的排版使用既定格式（封面可增加企业标志）。按照填表说明填写《危险废物管理计划》，并附《危险废物管理计划备案登记表》。

（六）制定时限

原则上管理计划按年度制定，并存档 5 年以上。鼓励产废单位制定中长期（如 5 ~ 10 年）管理计划。制订中长期管理计划的，应当按年度制订实施计划。

（七）管理计划的主要内容

1. 基本信息

基本内容主要包括：单位名称、法定代表人、单位注册地址、生产设施地址、行业类别与代码、总投资、总产值、企业规模、联系人以及联系方式等。管理体系主要包括：危险废物管理部门及负责人、技术人员相关情况、制度制定及落实情况、管理组织框架等（见表 8 - 1）。

表 8－1 基本信息

<table>
<tr><td>单位名称</td><td colspan="6"></td></tr>
<tr><td>单位注册地址</td><td colspan="4"></td><td>邮编</td><td></td></tr>
<tr><td>生产设施地址</td><td colspan="6"></td></tr>
<tr><td>法定代表人</td><td colspan="3"></td><td colspan="2">行业类别
与代码</td><td></td></tr>
<tr><td>总投资</td><td colspan="3"></td><td colspan="2">总产值</td><td></td></tr>
<tr><td>占地面积</td><td colspan="3"></td><td colspan="2">职工人数</td><td></td></tr>
<tr><td>生态环境主管
部门负责人</td><td colspan="3"></td><td colspan="2">联系人</td><td></td></tr>
<tr><td>联系电话</td><td colspan="3"></td><td colspan="2">传真电话</td><td></td></tr>
<tr><td>电子信箱</td><td colspan="6"></td></tr>
<tr><td>单位网址</td><td colspan="6"></td></tr>
<tr><td rowspan="4">管理部门及人员</td><td>管理
部门</td><td>部门
负责人</td><td>废物管理
负责人</td><td colspan="3">废物污染防治设施技术
负责人及文化程度</td></tr>
<tr><td></td><td></td><td></td><td colspan="3"></td></tr>
<tr><td></td><td></td><td></td><td colspan="3"></td></tr>
<tr><td></td><td></td><td></td><td colspan="3"></td></tr>
<tr><td rowspan="2">规章制度</td><td>管理
制度</td><td>岗位责任
制度</td><td>安全操作
规程</td><td>管理
台账</td><td>培训
制度</td><td>意外事故防范
措施和应急预案</td></tr>
<tr><td>有【 】
无【 】</td><td>有【 】
无【 】</td><td>有【 】
无【 】</td><td>有【 】
无【 】</td><td>有【 】
无【 】</td><td>有【 】
无【 】</td></tr>
<tr><td>管理组织图</td><td colspan="6"></td></tr>
</table>

2. 产废单位过程管理

过程管理主要包括三个环节，即危险废物的产出环节、危险废物的贮存和转移环节以及危险废物的利用和处置环节。在不同的环节中依据的法律法规不同，合规治理的侧重点也略有不同。

（1）危险废物的产出环节

危险废物违法违规的源头便是危险废物的产出，事实上很多企业更多地注重危废的转移和处置的合规性而忽视了产出环节的治理与合规。而从国家的监管角度来看，企业的危废产出恰恰是相关部门最为关注的环节，甚至在企业责任和纠纷发生并诉诸司法机关时，检察官和法官也会特别注意违规企业是否在危废产出源头进行了合规化治理，对于危废的产出类型、产出量以及是否有降低危废产出的计划等，这些将会直接影响行政司法人员的内心判断，因此必须予以重视。

危废的产出一般与企业产品的生产相辅相成，企业应当在统计产品产出的同时统计危废的产出，并且附上相关产品制造工艺以及危废产出的原因并做合理解释。

根据《危险废物产生单位管理计划制定指南》的规定，企业在生产环节至少需要调查并填报以下内容：

产品生产情况，主要包括：原辅材料及消耗量、生产设备及数量、产品及产量、生产工艺流程图及工艺说明等（见表8－2）。

危险废物产生情况，主要包括：产生的危险废物名称、废物代码、废物类别（可根据《危险废物鉴别标准》进行查询）、有害物质名称、物理性状、危险特性、本年度计划产生量、上年度实际产生量、来源及产生工序等（见表8－3）。

危险废物源头减量计划和措施：产废单位根据自身产品生产和危险废物产生情况，在借鉴同行业发展水平和经验的基础上，提出减少危险废物产生量和危害性的计划，明确改进原料、工艺、技术、管理等方面的具体措施（见表8－4）。

表 8－2　产品生产情况

<table>
<tr><td rowspan="6">原辅材料消耗量</td><td>序号</td><td>原辅材料名称</td><td>上年度消耗量（吨/年）</td><td>序号</td><td>原辅材料名称</td><td>本年度消耗量（吨/年）</td></tr>
<tr><td></td><td></td><td></td><td></td><td></td><td></td></tr>
<tr><td></td><td></td><td></td><td></td><td></td><td></td></tr>
<tr><td></td><td></td><td></td><td></td><td></td><td></td></tr>
<tr><td></td><td></td><td></td><td></td><td></td><td></td></tr>
<tr><td></td><td></td><td></td><td></td><td></td><td></td></tr>
<tr><td rowspan="6">生产设备及数量</td><td>序号</td><td>设备名称</td><td>上年度数量（台）</td><td>序号</td><td>设备名称</td><td>本年度数量（台）</td></tr>
<tr><td></td><td></td><td></td><td></td><td></td><td></td></tr>
<tr><td></td><td></td><td></td><td></td><td></td><td></td></tr>
<tr><td></td><td></td><td></td><td></td><td></td><td></td></tr>
<tr><td></td><td></td><td></td><td></td><td></td><td></td></tr>
<tr><td></td><td></td><td></td><td></td><td></td><td></td></tr>
<tr><td rowspan="4">产品及产量</td><td>序号</td><td>产品名称</td><td>上年度产量（吨）</td><td>序号</td><td>产品名称</td><td>本年度产量（吨）</td></tr>
<tr><td></td><td></td><td></td><td></td><td></td><td></td></tr>
<tr><td></td><td></td><td></td><td></td><td></td><td></td></tr>
<tr><td></td><td></td><td></td><td></td><td></td><td></td></tr>
<tr><td>生产工艺流程图及工艺说明</td><td colspan="6"></td></tr>
</table>

表 8－3　危险废物产生概况

序号	废物名称	废物代码	废物类别	有害物质名称	物理性状	危险特性	本年度计划产生量/吨	上年度实际产生量/吨	来源及产生工序
1									
2									
3									
4									
5									
6									
7									
合计									——

表8－4　危险废物源头减量计划和措施

	序号	危险废物名称	本年度计划产生量/吨	备注
减少危险废物产生量的计划	1			
	2			
	3			
	4			
	5			
	6			
	7			
	合计			
减少危险废物危害性的计划				
减少危险废物产生量和危害性的措施	可以包括以下几个方面：改进设计、采用先进的工艺技术和设备、使用清洁的能源和原料、改善管理、危险废物的综合利用、提高污染防治水平等。			

（2）减少危险废物危害性的计划

减少危险废物产生量和危害性的措施可以包括以下几个方面：改进设计、采用先进的工艺技术和设备、使用清洁的能源和原料、改善管理、危险废物的综合利用、提高污染防治水平等。

3. 危险废物的贮存和转移环节

危险废物的贮存和转移环节系企业危废产出与处置的连接点，大多产废企业都会建设一套完整的危废物品的贮存与运输流程，如设置专门设施、聘请外包运输公司等，在这个环节，需要产废企业尤其关注的有以下几点：其一，危废的贮存设备是否合格，是否有足够的安全系数；其二，危废的贮存是否分类，是否不会引起二次污染或危害；其三，危废运输的人员或者单位是否具有相应的资质；其四，危废转移的过程是否具有事故防范措施；其五，危废的接收单位是否具备相应的经营或处置资质。

根据《危险废物产生单位管理计划制定指南》的规定，企业在危险废物的贮存和转移环节至少需要填报以下内容。

（1）危险废物贮存情况

产废单位应明确危险废物贮存设施现状，包括设施名称、数量、类型、面积及贮存能力，掌握贮存危险废物的类别、名称、数量及贮存原因，提出危险废物贮存过程的污染防治和事故预防措施等内容。

（2）危险废物运输情况

危险废物运输应遵守危险货物运输管理的相关规定，按照危险废物特性分类运输。自行运输危险废物的应描述拟采用运输工具状况，包括工具种类、载重量、使用年限、危险货物运输资质、污染防治和事故预防措施等；委托外单位运输危险废物的，应描述委托运输具体状况，包括委托运输单位、危险货物运输资质等。

（3）危险废物转移情况

产废单位需要将危险废物转移出厂区的，应制订转移计划，其内容包括危险废物数量、种类；拟接收危险废物的经营单位等。

具体内容见表8－5：

表 8－5 危险废物转移情况

<table>
<tr><th>措施</th><th colspan="6">转移情况</th></tr>
<tr><td rowspan="10">储存措施</td><td colspan="6">（1）贮存场所是否符合《危险废物贮存污染控制标准》有关要求：是□ 否□
（2）是否按危险废物特性分类收集、贮存：是□ 否□
（3）是否混合贮存未经安全性处置且性质不相容的危险废物：是□ 否□
（4）是否按危险废物混入非危险废物中贮存：是□ 否□
（5）是否通过建设项目环境影响评价审批及竣工环境保护验收：是□ 否□</td></tr>
<tr><td colspan="5">危险废物贮存设施现状</td><td></td></tr>
<tr><td colspan="2">设施名称</td><td>数量</td><td>类型</td><td>面积</td><td>贮存能力</td></tr>
<tr><td colspan="2"></td><td></td><td></td><td></td><td></td></tr>
<tr><td colspan="2"></td><td></td><td></td><td></td><td></td></tr>
<tr><td colspan="6">贮存危险废物情况</td></tr>
<tr><td>名称</td><td>类别</td><td>拟贮存量（吨）</td><td>上年度贮存量（吨）</td><td>截至上年度年底累计贮存量（吨）</td><td>贮存原因</td></tr>
<tr><td></td><td></td><td></td><td></td><td></td><td></td></tr>
<tr><td></td><td></td><td></td><td></td><td></td><td></td></tr>
<tr><td colspan="6">贮存过程中采取的污染防治核事故预防措施</td></tr>
<tr><td rowspan="2">运输措施</td><td colspan="6">（1）运输过程中是否遵守危险货物运输管理的规定：是□ 否□
（2）是否按危险废物特性分类运输：是□ 否□
（3）是否委托运输：是□ 否□
（4）单位名称：</td></tr>
<tr><td colspan="6">运输过程中采取的污染防治措施（如自行运输危险废物的，还应包括工具种类、载重量、使用年限等）</td></tr>
<tr><td>转移计划</td><td colspan="6">包括拟转移危险废物种类、数量、拟接受危险废物的单位等</td></tr>
</table>

4. 危险废物利用处置环节

危废处置环节是产废企业对于危险废物的最终处置环节，主要有以下两种方式，一为产废企业自行利用处置，二为危险废物的委托利用处置。

根据《危险废物产生单位管理计划制定指南》的规定，危险废物自行利用处置情况主要包括：设施名称、利用处置废物方式、总投资、设计能力、设计使用年限、投入运行时间、运行费用、主要设备及数量、利用处置效果、利用处置废物的名称和数量、工艺流程、二次环境污染控制和事故预防措施等。

此外，企业需要自建危险废物利用处置设施并在处置的过程中做好三本台账。

一为危险废物产生与处置台账。企业将产生、处置的危险废物通过建立自行利用处置台账进行详细记录，不仅可以有据可依，亦有利于企业的持续经营。

二为危险废物利用处置设施运行台账。自行利用处置设施的运行记录（包括运行次数、时间、检修、数据等）体现了设施的真实运行情况，这本台账不仅支持企业自行利用处置的真实性，还对于企业烟雾等防治设施提供重要的参考数据。

三为新产生危险废物处置台账。无论是综合利用还是焚烧处置，末端都会有新的危险废物产生，对新产生的危险废物，应该做到规范贮存、处置。

关于企业自行利用处置措施的填报内容见表8－6。

表8－6　危险废物自行利用/处置措施

设施名称		设施类别 （利用处置方式）	
设施地址		总投资（万元）	
设计能力		设计使用年限	
投入运行时间		运行费用	
主要设备及数量			
危险废物利用 处置效果			

续表

<table>
<tr><td colspan="2">是否定期检测
污染物排放情况</td><td>是□ 否□</td><td>污染物排放
达标情况</td><td>达标□ 不达标□</td></tr>
<tr><td rowspan="5">危险废物自行
利用处置情况</td><td>序号</td><td>自行利用处置
废物名称</td><td>本年度计划利用
处置量/吨</td><td>上年度实际利用
处置量/吨</td></tr>
<tr><td>1</td><td></td><td></td><td></td></tr>
<tr><td>2</td><td></td><td></td><td></td></tr>
<tr><td>3</td><td></td><td></td><td></td></tr>
<tr><td colspan="2">合计</td><td></td><td></td></tr>
<tr><td>危险废物自行
利用处置工艺
流程图及
工艺说明</td><td colspan="4"></td></tr>
<tr><td>二次环境污染
控制和事故
预防措施</td><td colspan="4"></td></tr>
</table>

而对于更多的企业来说，委托专业的废物处理公司进行处置将更有利于节约企业的成本，因为并非所有的公司都可以将危废进行二次利用。在该种情形下，产废企业应当更多地考虑受托处置企业的资质问题。根据《危险废物产生单位管理计划制定指南》的规定，危险废物委托利用处置情况主要包括：委托利用处置单位名称、经营单位的许可证编号、委托利用处置危险废物的名称、利用处置方式、本年度计划委托量和上年度委托量等，具体填报内容见表 8 -7。

表8-7 危险废物委托利用/处置措施

序号	危险废物委托利用处置单位名称	许可证编号	危险废物的名称	利用处置方式	本年度计划委托利用处置量/吨	上年度实际委托利用处置量/吨
1						
2						
3						
4						
合计						

5. 环境监测环节

在企业危废造成侵害甚至引罪上身的案例中，绝大多数企业都存在一定的共性。很多企业的管理人员称企业已经做了危废的处置，但是没想到最后的损害结果远远超过企业的预估。其实，追本溯源，企业即便采取了上述危废的管理方案，但是其危险废物仍然存在某些不确定性，如与自然界的某些物体进行反应导致污染的扩大等。因此，对于企业来说，危废处置环节的过程中，企业还需对处置前后的环境进行检测，随时关注危废对环境的影响。

根据《危险废物产生单位管理计划制定指南》的规定，产废单位应对危险废物自行利用处置设施运行的相关参数、环境质量、污染物排放等进行监测。例如，危险废物焚烧设施运行的工艺参数、焚烧残渣热灼减率、活性炭和燃料油等主要原辅材料消耗情况；污染物监测指标（如废水、废气污染物和主要污染物，噪声等）及监测频率和时间安排等。自行开展环境监测的，应当具有相应的监测仪器和设备，并制定有监测仪器的维护和标定方案，监测人员应当具备相关资质；不具备自行监测能力的，应当与有监测资质（通过计量认证）的单位签订委托监测合同（见表8－8）。

表8－8　环境监测情况

危险废物利用/处置设施运行过程相关参数的监测	
利用处置设施运行参数监测情况：	
污染物监测指标及频次：	
自行监测情况：	
委托监测情况：	

国家对于产废企业的监管不仅仅体现在危废处置的层面，根据《固体废物污染环境防治法》和《危险废物产生单位管理计划制定指南》的要求，产废企业还需要对危废处置计划的实施进行总结并建立危废台账，如实记载危废的全部信息，并向相关部门进行报备。从另一个方面来讲，产废企业设置危废处置管理计划、建立危险废物台账也有利于在事故发生后自证清白，避免企业卷入纠纷的旋涡。

6. 上年度计划实施情况回顾

产废单位应对上年度管理计划实施情况进行总结，内容主要包括：上年度企业接受生态环境主管部门检查和环境监测情况，危险废物相关信息的社会公开情况；上年度危险废物实际产生数量、种类、贮存、利用处置等情况，并与管理计划中预期结果进行比较分析（见表8-9）。

表8-9　上年度管理计划回顾

回顾内容	实施情况
检查、监测和公开	上年度各级生态环境主管部门检查、环境监测、信息公开情况（包括检查时间、存在的问题、下一步措施；环境监测达标情况和原因分析；信息公开内容）
危险废物比较分析	上年度实际产生的危险废物数量、种类、贮存、利用处置情况，并与上年度管理计划对比分析
管理制度执行情况	危险废物经营许可制度 是否将危险废物委托给有资质单位收集、贮存、利用、处置：是□　否□ 是否与有资质单位签订危险废物利用处置合同/协议：是□　否□ 是否对危险废物许可证进行审查确认：是□　否□
	危险废物转移审批制度 转移危险废物是否经过生态环境主管部门批准：是□　否□
	危险废物转移联单制度 是否按照规定填写危险废物转移联单：是□　否□
	危险废物识别标志制度 危险废物收集、贮存、处置措施场所是否设置危险废物识别标志：是□　否□ 危险废物的容器和包装物是否设置危险废物的标签：是□　否□
管理制度执行情况	危险废物建立台账登记制度 是否按照国家规定建立危险废物台账：是□　否□
	建设项目固废污染防治设施环境影响评价及验收制度 危险废物收集、贮存、处置等污染防治设施是否通过环评审批：是□　否□ 上述危险废物相关污染防治设施是否与主体工程同时通过环保验收：是□　否□

7. 建立危险废物台账

产废单位要结合自身的实际情况，与生产记录相衔接，建立危险废物台账（如实记载产生危险废物的种类、数量、流向、贮存、利用处置等信息）。鼓励产废单位采用信息化手段建立危险废物台账。产废单位应在台账工作的基础上如实向所在地县级以上人民政府生态环境主管部门申报危险废物的种类、产生量、流向、贮存、处置等有关资料。

四、企业“危废”涉及的法律责任及合规化建议

（一）企业“危废”涉及的法律责任

企业危险废物管理不当，不仅影响企业的运营和发展，甚至会使企业陷入争议或者刑罚的重重旋涡。根据国家法律法规以及笔者的相关经验，企业“危废”管理失职可能产生的法律责任几乎映射到了所有实体法律部门。

1. 民事责任

（1）责任产生：企业为节省“危废”运输、存贮、处置成本，违规私自倾倒、排放危废或者将危废交给不具有危废经营许可证的相关主体进行处置。

（2）责任类型：侵权责任，侵权主体既可能为个人，亦可能为其他企业、国家；侵权的客体为人身权或者财产权。

（3）责任承担：①侵权损害赔偿，具体可包括环境修复费、生态环境功能服务损失费、鉴定费、评估费、律师费、诉讼费等；②停止侵害、消除危险、恢复原状等；③公开赔礼道歉等损害企业声誉的民事责任。

2. 行政责任

（1）责任产生：企业因“危废”管理不当受到相关行政监管部门的行政处罚。

（2）责任类型：行政处罚。

（3）责任承担：根据企业非法程度不同，可能受到行政监管部门的警告、命令限期改正、没收违法所得、罚款、暂扣或吊销危废经营许可证、营业执照等处罚，严重时行政监管部门可将案件移送公安机关进行刑事处罚。

在实务中，笔者发现企业“危废”管理不当最可能引发行政处罚的有以

下行为：

①违反申报登记制度，产废单位或处置单位未及时完成申报或未申报重大变更；

②存储不规范，危废与其他固废混装或存在其他不符合法律及相关标准规定的情形；

③未设置危废标识或者设置的标识不规范；

④危废相关台账管理不规范；

⑤危废转移程序不规范，未及时完成危险废物动态管理信息系统的相关信息申报等；

⑥随意丢弃、堆放、抛洒、排放、填埋危废；

⑦未依法订立相关管理制度，如应急预案、环境保护制度等；

⑧未按照《危险废物经营许可证管理办法》收集、贮存、处置危废。

3. 刑事责任

刑事风险是企业所有合规管理不当风险中最为严重的企业风险，上文已经详细介绍了企业“危废”管理不当可能涉及的刑事犯罪，此处不再赘述。

（二）企业“危废”管理的合规化建议

笔者认为，企业“危废”的合规管理，应从内部控制与外部监督两个层面考虑。完备的企业内控制度与风险防范措施将极大地降低企业的“危废”管理风险，而外聘法律顾问团队与专家技术人员将在此基础上进一步规避风险，将潜在的风险加以解决。

从企业内部控制的层面上来说，首先企业应严格按照国家的相关监管与指引建立完备的“危废”管理制度，然后根据制度的要求建立健全申报、台账、管理计划等各个“危废”管理环节的工作流程与监管方式，同时企业应建立危废合规化管理所需的法律文本体系，通过对危废管理各个环节中所涉及的法律文本的专业化设置，最大限度维护企业的合法权益并规避可能发生的潜在法律风险。

从外部监督的层面上来说，企业在无法对生产过程中的固体废物进行甄别以及准确识别并判定生产过程中产生的“危废”时，可以邀请相关专家或者技术人员进行甄别或者向国家主管部门进行危废的认定。此外，企业应聘请法律顾问团队，对于企业的内控与法律文本进行细化与改良；对于企业“危废”管理的合同或者协议进行审查；对于危废管理过程中极易发生行政或刑事处罚的制度内容进行培训，企业内部定期进行预警、演练。在企业已经发生“危废”合规风险时，企业应聘请专业的律师团队或者专家学者对此出具法律意见书或者专家意见，必要时应委托律师团队代理企业进行申诉、维权或者诉讼。

第九章

住宿餐饮业刑事合规实务指引

第一节 住宿餐饮行业概述

一、住宿餐饮行业背景

（一）住宿行业的界定和分类

1. 住宿行业的界定。2017 年 10 月 1 日起我国颁布实施了《国民经济行业分类》（GB/T 4754—2017），文件中对住宿业的含义进行了明确的界定，即“为旅行者提供短期留宿场所的活动，有些单位只提供住宿，也有些单位提供住宿、饮食、商务、娱乐一体的服务，本类不包括主要按月或按年长期出租房屋住所的活动”。可见住宿行业主要以提供短期留宿服务为主，同时可能会辅助提供餐饮、商务、娱乐等相关的服务。

2. 住宿行业的分类。根据《国民经济行业分类》的规定，住宿业主要可以分为旅游饭店、一般旅馆、经济型连锁酒店、民宿服务、露营地服务、其他住宿业等几个类别。

旅游饭店，是指按照国家有关规定评定的旅游饭店和具有同等质量、水平的饭店。

一般旅馆，是指不具备评定旅游饭店和同等水平饭店的一般旅馆。

经济型连锁酒店，是指以客房为唯一或核心产品，以连锁为经营模式，统一装修风格，统一服务标准，面向大众、价格经济、满足消费者在外出住宿时对安全、卫生、便捷等方面基本要求的并具有国际接待水准的有限服务型住宿企业。

民宿服务，是指城乡居民及社会机构利用闲置房屋开展的住宿活动和短期出租公寓服务。

露营地服务，是指在游览景区或其他地区，为自驾游、自行车游客及其他游客外出旅行提供使用自备露营设施（如帐篷、房车）或租借小木屋、移动别墅、房车等住宿和生活场所。

当然除了上述分类之外，随着市场经济和互联网的飞速发展，住宿行业的分类也会越来越多样化，如现在比较火爆的电竞酒店、共享住宿等。

（二）餐饮行业的界定和分类

1. 餐饮行业的界定。餐饮是指通过即时制作加工、商业销售和服务性劳动等，向消费者提供食品和消费场所及设施的服务。餐饮行业作为第三产业中的传统性服务行业，其经营规模巨大，目前我国大小餐饮企业、网点已经超过 400 万个，尤其是随着互联网行业的发展，近几年外卖餐饮行业的发展更是十分迅速。

2. 餐饮行业的分类。传统的餐饮行业主要分为正餐服务、快餐服务、饮料及冷饮服务；随着互联网经济的发展，传统的餐饮行业又衍生出了餐饮配送及外卖送餐服务。

正餐服务，是指在一定场所内提供以午餐、晚餐为主的各种中西式炒菜和主食，并由服务员送餐上桌的餐饮活动。

快餐服务，是指在一定场所内或通过特定设备提供快捷、便利的餐饮服务。

饮料及冷饮服务是指在一定场所内以提供饮料和冷饮为主的服务，包括茶馆服务、咖啡馆服务、酒吧服务以及其他饮料及冷饮服务。

餐饮配送及外卖送餐服务主要包括餐饮配送服务和外卖送餐服务。餐饮配送服务是指根据协议或合同，为民航、铁路、学校、公司、机关等机构提供餐饮配送服务，外卖送餐服务是指根据消费者的订单和食品安全的要求，选择适当的交通工具、设备，按时、按质、按量送达消费者，并提供相应单据的服务。

二、住宿餐饮行业现状

（一）住宿行业的现状

1. 住宿行业的发展现状

受新冠肺炎疫情影响，我国住宿行业的发展有所减缓：2020 年中国一共拥有住宿设施总数为 44.7 万家，较 2019 年减少了 16.1 万家，其中酒店住宿业 27.9 万家，较 2019 年减少了 5.9 万家；其他住宿业 16.8 万家，较 2019 年减少了 10.2 万家。但是 2020 年中国酒店数量占中国住宿设施数量的 62.46%，较 2019 年的 55.59% 增长了 6.86%。[①]

2020 年中国住宿设施客房数量为 1620.4 万间，较 2019 年减少了 271.3 万间。其中酒店住宿业客房数量为 1532.601 万间，较 2019 年减少了 229.4 万间；其他住宿业客房数量为 87.83 万间，较 2019 年减少了 41.9 万间。[②]

虽然受新冠肺炎疫情冲击，住宿行业的发展速度有所减缓，但是住宿行业的经济体量仍旧巨大，其中酒店行业占比最高，在 2021 中国酒店集团规模 TOP50 排行榜单中，锦江国际集团、华住酒店集团、首旅如家酒店集团位列前三。2020 年，锦江国际集团客房数为 946，496 间，排名第一；华住酒店集团客房数为 652，162 间，排名第二；首旅如家酒店集团客房数为 421，497 间，排名第三。

随着住宿行业的发展，消费者对于住宿行业的要求也更加严格和多样：第一，消费者复合型需求越来越明显，传统住宿行业仅仅以提供短期住宿服务为主，随着经济的发展消费者的需求也不再仅仅局限于住宿，如洗浴、餐饮、娱乐等需求也日益增加。第二，消费者对于住宿设施的安全要求更加严格，尤其是很多酒店偷拍、偷录的案件被爆出，消费者对个人隐私的保护也越来越重视，这也成为很多住宿企业必须关注的重点。第三，消费者的消费模式逐渐发生转变，现在大多数的消费者已经逐渐习惯通过互联网平台进行住宿的预订和结算。

---

① 参见《2021—2027 年中国酒店行业市场全面调研及市场规模预测报告》。

② 参见《2021—2027 年中国酒店行业市场全面调研及市场规模预测报告》。

2. 住宿行业的刑事犯罪现状

第一，住宿行业涉及的犯罪种类越多样，目前我国《刑法》中并没有针对住宿行业设立专门的刑事罪名，但是由于住宿行业涉及领域众多，所以其在经营过程中涉及的刑事犯罪种类也越来越多。

比如，在安全领域，如果住宿设施违反消防法律法规的规定，造成安全事故的，则可能会触犯消防责任事故罪；在发生安全事故（如火灾）后谎报事故情况，贻误事故抢救的，还可能会触犯不报、谎报安全事故罪。

再如，在销售领域，由于很多住宿企业往往也会销售一些产品、食品，如在销售过程中存在掺杂、掺假，以假充真的情况那么还有可能会触犯生产、销售伪劣产品罪。

在个人信息领域，住宿行业都会采集消费者的身份证、联系方式等个人信息，如果违反国家有关规定，向他人出售或者提供公民个人信息的，则可能会触犯侵犯公民个人信息罪。

第二，住宿行业的刑事犯罪上升趋势越来越明显。随着我国住宿行业的不断发展，住宿设施的总数不断增加，住宿行业的刑事犯罪率也越来越高。尤其是关于容留卖淫、容留吸毒等相关的刑事犯罪不断增加。

以容留吸毒为例：成都市金牛区检察院对其辖区内的容留吸毒犯罪进行了统计，金牛区检察院 2007、2008 两年共受理容留吸毒案件 21 件 21 人，起诉 19 件 19 人，2009 年受理容留吸毒案件 63 件 73 人，起诉 63 件 73 人，案发地点由出租房向酒店、旅馆、茶楼、娱乐场所转移，从单纯的朋友之间容留吸毒向以营利为目的的容留吸毒转移。2007、2008 两年案发地为旅馆的案件占此类案件总数的 42%，而 2009 年占到了 90%①。这还是很多年前的数据，随着住宿设施的不断增加，旅馆行业容留吸毒的犯罪率可想而知。

第三，住宿行业的刑事犯罪主要集中在中小旅馆、酒店。根据我国法律规定，经营旅馆，必须遵守国家的法律，建立各项安全管理制度，设置治安保卫组织或者指定安全保卫人员，必须对旅客进行实名登记，妥善保管旅客

① 参见《旅馆业容留吸毒犯罪呈高发态势》。

寄存的财物等相关法律义务。如果违反上述义务，轻则可能会受到治安管理处罚，重则会触犯刑事犯罪。

在我国，由于大型的酒店基础设施相对健全，人员齐备，有完善的管理制度，这也就使其发生刑事犯罪的概率相对较低；相反，中小旅馆、酒店，由于设施简陋、人员缺乏，很容易发生安全事故等相关的刑事犯罪，而且一些中小旅馆、酒店为了快速牟利，很多时候会对于容留卖淫、容留吸毒的行为避而不见，甚至会主动进行组织卖淫、容留吸毒等犯罪行为，这就导致中小规模的旅馆、酒店成为住宿行业刑事犯罪的高发区。

（二）餐饮行业的现状

1. 餐饮行业发展现状

目前我国餐饮行业已经进入发展的成熟阶段，尤其是随着“互联网＋”的不断发展，在与网络相结合后，餐饮行业尤其是外卖餐饮行业的发展规模不断壮大。根据国家统计局数据显示，近年来，中国餐饮业市场规模持续壮大，2011 年突破 2 万亿元，2015 年突破 3 万亿元，2018 年更是突破 4 万亿元，达到 4.27 万亿元，占国民经济产值的 4.7%。2019 年餐饮行业收入为 4.7 万亿元，同比增长 9.4%。尽管近年来增速有所下滑，2019 年为 9.4%，但仍远高于 GDP 增速。受新冠肺炎疫情影响，2020 年我国餐饮行业收入有所下降，为 3.95 万亿元，同比下降 16.6%。同时，根据我国统计局预测，未来我国餐饮业将在以人为本、服务民生的基本原则上，从自主创新、信息化经营管理、节能低碳、绿色发展、品牌战略等层面推动发展转型，优化发展结构，创新发展模式，提升服务质量，释放发展新动能。前瞻研究院预计在中国宏观经济放缓的前提下，2020 年至 2026 年中国餐饮收入增速将保持在 8.0%～9.0%，到 2026 年餐饮收入预计将达到 81，650 亿元左右。

面对餐饮行业持续增长的经济体量，我国相继出台了《食品安全法》《食品安全法实施条例》《餐饮服务食品安全监督管理办法》《网络餐饮服务食品安全监督管理办法》等法律法规，目的就是不断加大对餐饮行业的监控和管理，减少餐饮行业刑事犯罪的产生。

2. 餐饮行业刑事犯罪现状

餐饮行业犯罪主要突出在两个方面：一是食品的生产销售犯罪，因为餐饮行业本身就是食品的生产、销售行业，如果在食品生产过程中违法添加不符合标准的添加剂等，可能会构成生产、销售不符合安全标准的食品罪，生产、销售有毒有害食品罪等；二是安全事故类犯罪，很多餐饮场所由于消防设施、安全措施保障不到位，导致重大安全事故发生。

我国餐饮行业在食品生产销售类的犯罪中，具有以下特点：

（1）案发周期性长，隐秘性强。根据目前曝光的餐饮行业的犯罪来看，很多餐饮行业的违法违规行为主要集中在食品生产环节，而消费者又无法了解食品生产的过程。比如，甘肃兰州用洗衣粉代替碱面发酵馒头事件，除非发生大规模的危害结果，否则很难发现其销售的馒头存在问题，消费者也很难将身体异常与某一次就餐相关联。而且一旦发生规模性的危害结果，餐厅很快就会将相关证据隐藏或者销毁，导致取证难度进一步加大，这也是餐饮行业的刑事犯罪隐秘性强的原因。

（2）涉及范围广，监管难度大。和住宿行业相同，餐饮行业刑事犯罪也主要集中在规模较小的餐馆、饭店中，很多“苍蝇馆子”由于卫生条件不达标、食品原材料过期、使用有毒添加剂等原因，会发生一些食品安全问题。根据调查显示，我国所有餐饮设施中，其中有七成是 10 人以下的“小作坊”，其生产销售的食品安全很难得到保障，而且这些小型的餐馆企业数量众多、地点分散，很难得到有效的监督和管理。

（3）社会危害性大，影响深远。与住宿行业相比，餐饮行业的刑事犯罪的危害性要更加明显，因为食品安全出现问题，会直接影响消费者的身体健康，乃至生命，而且也会极大削弱消费者对食品行业的信心。比如，2004 年重庆火锅底料添加石蜡冒充牛油事件，2008 年年初的“毒饺子事件”，不但对消费者的健康造成了损害，还使消费者对我国的食品安全产生了信任危机。

另外，对于餐饮行业中安全事故类犯罪，主要具有涉及范围广、危害性大的特点，而且近年来随着餐饮行业的不断扩大，安全事故类犯罪的数量也与日俱增。比如，2017 年 7 月 21 日发生的“7 · 21 杭州餐馆煤气瓶爆炸事故”，导致造成2人死亡，46人受伤，7人重伤，桐庐野鱼馆实际经营人因涉嫌重大责任事故罪被移交司法机关追究刑事责任。湖南汨罗市、黑龙江哈尔滨市的餐馆都发生了煤气罐爆炸事件，造成了大量人员伤亡。究其原因就是这些餐馆没有按照要求使用煤气罐，没有具备相应的消防设施，导致事故发生后，不能及时采取补救措施，减少事故带来的危害。

第二节　住宿餐饮行业高发罪名

所谓刑事风险，是指因为刑事违法行为而导致的承担刑事责任的可能性。刑事责任是所有法律责任中最为严厉的责任，尤其是对于住宿餐饮企业而言，我国《刑法》采取的是“双罚制”，即对单位判处罚金，并对其直接负责的主管人员和其他直接责任人员判处刑罚。在双罚制的施行下，一方面，住宿餐饮企业可能会因为高额的罚金而走向消亡；另一方面，住宿餐饮企业的负责人可能会身败名裂、锒铛入狱。

一、重大责任事故罪

（一）罪名介绍

法条依据：《刑法》第134条　在生产、作业中违反有关安全管理的规定，因而发生重大伤亡事故或者造成其他严重后果的，处三年以下有期徒刑或者拘役；情节特别恶劣的，处三年以上七年以下有期徒刑。

相关司法解释：《最高人民检察院、公安部关于公安机关管辖的刑事案件立案追诉标准的规定（一）》第8条　在生产、作业中违反有关安全管理的规定，涉嫌下列情形之一的，应予立案追诉：

（一）造成死亡一人以上，或者重伤三人以上；

（二）造成直接经济损失五十万元以上的；

（三）发生矿山生产安全事故，造成直接经济损失一百万元以上的；

（四）其他造成严重后果的情形。

（二）典型案例

济南市历城区××酒店煤气爆炸案

【基本案情】

2017年6月13日，被告人夏某某在济南市历城区成立××酒店（个体工商户），经营餐饮服务。2017年7月25日18时左右，××酒店厨师王某因有事欲离开酒店时嘱咐被告人曾某某（厨师），下班后要关闭酒店楼梯储物间内放置的厨房正在使用的液化气罐阀门。当晚21时左右，被告人曾某某下班前到了楼梯储物间内换衣服，顺手关了一、两个呈开着状态的液化气罐阀门，但未确认阀门是否关闭，后给在××酒店内的被告人夏某某打招呼后离开。2017年7月26日7时2分，××酒店发生液化气泄漏爆炸，造成××酒店被炸毁，周围商铺、住户房屋、车辆不同程度受损，周围群众9人受伤，路过××酒店门口的被害人李某受伤，经送医院抢救无效死亡。经济南市历城区价格认证中心价格认定，此起爆炸事故造成直接经济损失人民币1,616,183元。

案件争议焦点，液化气爆炸是酒店厨师曾某某违规操作引起，酒店负责人夏某某是否对此要承担责任。

事发后，济南市历城区政府对××酒店“7·26”一般液化气泄漏爆炸事故进行了责任认定：被告人曾某某作为××酒店厨师，未关闭酒店内液化气罐阀门，造成泄漏的液化气遇酒店内工作的灭蚊灯产生的电火花引起爆炸，对事故发生负有直接责任；被告人夏某某作为××酒店经营者，安全责任人，未在饭店停止经营后督促检查本单位的液化气阀门关闭情况，及时消除生产安全事故隐患，违反《安全生产法》第18条第5项的规定，对事故发生负有主要责任。

【裁判结果】

法院认为：被告人夏某某、曾某某在作业中违反有关安全管理规定，因而发生重大伤亡事故，造成一人死亡及重大经济损失，其行为均构成重大责任事故罪。

可见，住宿企业的负责人有“组织建立并落实安全风险分级管控和隐患排查治理双重预防工作机制，督促、检查本单位的安全生产工作，及时消除生产安全事故隐患”的法定义务，一旦发生重大责任事故，即使安全事故并不是由负责人导致，但是其也应该承担主管责任。因此对于住宿企业的负责人而言，要想最大限度地避免上述刑事风险，就一定要依法履行安全保障义务，落实单位安全生产责任制度。

二、容留卖淫罪

（一）罪名介绍

法条依据：《刑法》第359条第1款 引诱、容留、介绍他人卖淫的，处五年以下有期徒刑、拘役或者管制，并处罚金；情节严重的，处五年以上有期徒刑，并处罚金。

相关司法解释：《最高人民检察院、公安部关于公安机关管辖的刑事案件立案追诉标准的规定（一）》第78条 引诱、容留、介绍他人卖淫，涉嫌下列情形之一的，应予立案追诉：

（一）引诱、容留、介绍二人次以上卖淫的；

（二）引诱、容留、介绍已满十四周岁未满十八周岁的未成年人卖淫的；

（三）被引诱、容留、介绍卖淫的人患有艾滋病或者患有梅毒、淋病等严重性病。

（四）其他引诱、容留、介绍卖淫应予追究刑事责任的情形。

（二）典型案例

岳某某组织、强迫、引诱、容留、介绍卖淫案

【基本案情】

被告人赵某、李某1、管某某、岳某某系吐鲁番市高昌区葡晶酒店股东，2017年10月25日，四人同意将葡晶酒店冰立方水疗会所以200万/年承包给李某2（另案处理），并约定洗浴会所利润由酒店和李某2 6:4分成。后李某2召集刘某（另案处理）、张某（另案处理）、李某3（已判决）等人管理水疗会所，由李某协助组织失足妇女在水疗会所卖淫，所得收入由酒店财务统一管理、发放，被告人赵某、李某1、管某某、岳某某作为酒店股东，明知有失足妇女在酒店水疗会所内从事卖淫，为获取非法利益，未予制止，甚至在酒店管理层会议上还提出要求酒店其他部门学习洗浴会所管理经验。

争议焦点：被告人赵某、李某1、管某某、岳某某作为酒店股东，没有实际经营酒店，也未实际参与容留卖淫的行为，是否构成共同犯罪。

【裁判结果】

法院认为：在认定容留卖淫罪的犯罪事实中，被告人赵某、李某1、管某某、岳某某虽然没有实际经营酒店，但是其在明知酒店存在容留卖淫行为的情况下，没有进行阻止，还任由这种行为发生，应认定为同案被告，系共同犯罪，构成引诱、容留、介绍卖淫罪。

容留卖淫罪在主观方面表现为故意，即行为人明知自己是在实施引诱、容留、介绍他人卖淫的行为，并且明知这种行为会造成危害社会的结果，而希望或追求这种结果的发生。本案中虽然该酒店股东并未实际实施容留卖淫的行为，但是其知道容留卖淫对社会的危害，并放任了这种结果的发生，属于间接故意，因此符合容留卖淫罪的构成要件。可见，对于住宿行业的经营者而言，其在发现其他人在本单位存在卖淫行为的，应该依法向公安机关举报，否则就可能会构成容留卖淫罪。

三、容留他人吸毒罪

（一）罪名介绍

法条依据：《刑法》第354条　容留他人吸食、注射毒品的，处三年以下有期徒刑、拘役或者管制，并处罚金。

犯罪构成：

容留他人吸毒罪，是指行为人利用自己的住房或者其他场所，召集、收留他人吸食、注射毒品，并从中牟取非法利益的行为。

犯罪构成本罪侵犯的客体是双重客体，首先侵害了社会管理秩序，同时也侵害了他人的人身权和健康权。犯罪对象是自愿吸食、注射毒品的人。如果被侵害的对象是非自愿吸食、注射毒品的人，则不构成本罪，但是可能构成强迫他人吸毒罪。

客观方面表现为容留他人在某一地点吸食、注射毒品，或者为其提供场所或者便利条件。

犯罪主体系一般主体。

犯罪的主观方面是故意，即明知是吸食、注射毒品人员而又有意容留并提供场所和便利条件。

（二）典型案例

何某 1 容留他人吸毒案

【基本案情】

2015 年 2 月 8 日下午被告人何某 1 到道县某某酒店开房，酒店服务员谢某某收了何某 1 交的 140 元房费，并将该酒店 618 房间登记给被告人何某 1。2015 年 2 月 9 日 23 时许，何某 1 在 618 房间打了几个电话给何某 2，叫何某 2 到广业大酒店 618 房间玩，何某 2 到 618 房间后与何某 1、贺某某等人在房间里吸食毒品。2 月 10 日 6 时许，奉某某打电话给何某 2，何某 2 告诉奉某某在广业 618 房间玩，奉某某就来到该房间，一起吸食毒品。被告人何某 1 在 618 房间内容留吸毒人员何某 2、奉某某、贺某某等人吸食的毒品为甲基苯丙胺（冰毒）和甲基苯丙胺片剂（麻古）。

2015 年 2 月 10 日 7 时许，被告人何某 1 因吸食毒品在道县某某酒店 618 房间被办案民警传唤到案。吸毒人员何某 2、奉某某、贺某某一同归案。

案件焦点：（1）何某 1 表示，在道县某某酒店开房是为了招待从广东回来的客人，并非为了容留吸毒用，没有容留他人吸毒的主观故意，其是否构成容留他人吸毒罪。（2）酒店是否应该就何某 1 容留他人吸毒的行为承担责任。

【裁判结果】

法院认为：何某 1 在宾馆开房本意是招待从香港回来的朋友，但另外几个朋友来了后商议共同出资购买毒品吸食，何某 1 予以同意，所开房间成了他人吸毒的场所，这种行为符合容留他人吸毒罪的构成要件，构成容留他人吸毒罪。事发当时，该宾馆及其工作人员对何某 1 容留他人吸毒的行为并不知情，没有容留他人吸毒的犯罪故意，不构成犯罪。

根据本案例可知，容留他人吸毒罪，主观方面是故意，涉案宾馆因为对何某1的容留吸毒行为毫不知情，才未承担刑事责任。但是如果酒店知道何某1的容留吸毒行为，仍旧未采取任何措施的，即知道该行为的危害后果，仍旧放任该行为后果的产生，则可能会构成间接故意，从而承担相应的法律责任。

四、侵犯公民个人信息罪

（一）罪名介绍

法条依据：根据我国《刑法》第253条之一　违反国家有关规定，向他人出售或者提供公民个人信息，情节严重的，处三年以下有期徒刑或者拘役，并处或者单处罚金；情节特别严重的，处三年以上七年以下有期徒刑，并处罚金。

犯罪构成：

所谓公民个人信息，是指公民个人不愿为一般普通社会公众所知，并对公民个人有保护价值的信息；侵犯公民的个人信息，实际上是对公民个人隐私权的侵犯，自然人享有私人生活安宁与私人信息不被他人非法知悉、搜集、利用和公开的权利。

对于“出售、提供、获取”的方式，即只要其超越了公民个人相应授权和许可，以窃取或者其他方法出售、提供公共服务提供者在服务过程中收集或者发布公民个人信息的，都可认定为“非法”。

本罪的犯罪客体是公民的信息安全、隐私权以及公民的信息管理秩序。

客观方面表现为行为人以窃取、收买等方法大肆收集公民个人信息，情节严重的行为。

犯罪主体为一般主体，单位可以构成本罪。

犯罪主观方面为故意。

（二）典型案例

浙江慧达驿站网络有限公司信息泄露案

【基本案情】

2013年10月，国内安全漏洞监测平台“乌云网”披露，自称是中国最大的酒店数字客房服务商的浙江慧达驿站网络有限公司，因为安全漏洞问题，使与其有合作关系的大批酒店的开房记录在网上泄露。数天后，一个名为“2000w开房数据”的文件出现在网上，其中包含2000万条在酒店开房的个人信息，容量达1.7G。开房数据中，开房时间为2010年下半年至2013年上半年，包含姓名、性别、国籍、民族、身份证号、生日、地址、邮编、手机、固话、传真、邮箱、公司、住宿时间14个字段。

王某某是住店信息被泄露的受害者之一，信息被泄露后，他经常受到各类诈骗电话、信息，为了避免危险甚至被迫改姓。2013年11月28日，王某某向上海市浦东新区人民法院提交起诉状。王某某请求法院判令汉庭星空（上海）酒店管理有限公司、浙江慧达驿站网络有限公司立即采取补救措施消除危险，确保其信息安全，立即消除影响（包括但不限于删除网上涉及酒店入住信息的数据，防止隐私信息的进一步公开扩散），浙江慧达驿站网络有限公司删除其个人电子信息，并立即停止收集、保存或者使用其入住信息。

【裁判结果】

本案中汉庭星空（上海）酒店管理有限公司作为酒店方，在收集完客户的信息后，有义务上述信息进行保护，避免客户信息出现泄露等情况。但是由于酒店和合作的服务商存在疏忽，导致公民个人信息泄露，其应该承担相应的法律责任。本案我们可以看出汉庭星空（上海）酒店管理有限公司虽泄露了公民的个人信息，但是由于其主观上为过失，所以并未构成刑事犯罪，只承担了民事赔偿责任。但是如果酒店对于泄露公民个人信息存在故意，或者直接对其收集公民个人信息进行售卖的，则可能会构成侵犯公民个人信息罪，酒店和酒店的负责人都会承担刑事责任。

除了上述比较容易发生的刑事犯罪之外，住宿企业在经营过程中如果不遵守相关法律规定，还可能会触犯非法经营罪，生产、销售不符合安全标准的食品罪，生产、销售有毒、有害食品罪等。因此，对于住宿企业而言除了要警惕本行业容易发生的刑事法律风险，也要关注一般企业经常发生的刑事法律风险。

五、生产、销售不符合安全标准的食品罪

（一）罪名介绍

法条依据：《刑法》第143条　生产、销售不符合食品安全标准的食品，足以造成严重食物中毒事故或者其他严重食源性疾病的，处三年以下有期徒刑或者拘役，并处罚金；对人体健康造成严重危害或者有其他严重情节的，处三年以上七年以下有期徒刑，并处罚金；后果特别严重的，处七年以上有期徒刑或者无期徒刑，并处罚金或者没收财产。

本罪的犯罪构成以及特点在食药行业章节已经进行了详细阐述，这里不再赘述。生产、销售不符合安全标准的食品罪，对于餐饮行业而言也属于高发的刑事法律风险，传统的食品行业一般会包括食品的生产、加工、包装、运输、销售等环节，不同环节之间分工明确，时间节点清晰，每个节点容易监管，我国也针对食品生产销售的各个环节设定了严格的标准；但是餐饮行业提供的食品，从制作到销售的时间非常短，而且制作和销售的地点往往不会发生变化，这就导致餐饮行业更难进行监管，发生“生产、销售不符合安全标准的食品罪”的风险也就更高。

（二）典型案例

尚某生产、销售不符合安全标准的食品案

【基本案情】

2020年以来，被告人尚某在泽州县南村镇门楼附近经营的佳美饭店售卖油条、油茶、豆浆等食品。2020年12月8日早上，被告人尚某炸了50根左右添加明矾的油条进行售卖，当日泽州县公安局食药侦大队民警对未卖出的油条进行了食品安全监督抽样检验。经检测，抽检结果显示该油条铝的残留量为521mg/kg，超出国家标准5.21倍。

案发后，泽州县人民检察院以泽检刑诉〔2021〕33号起诉书指控被告人尚某犯生产、销售不符合安全标准的食品罪。

案件争议焦点：被告人尚某生产的“明矾油条”尚未对他人的身体健康造成严重后果，是否构成本罪的既遂。

【裁判结果】

法院认为：被告人尚某在制作油条过程中过量加入明矾，致使销售的成品油条中铝残留量严重超标，不符合安全标准，被人长期食用足以造成严重食物中毒事故或者其他严重食源性疾病，其行为构成生产、销售不符合安全标准的食品罪，公诉机关指控罪名成立。

可见生产、销售不符合食品安全标准的食品罪名的既遂，并不以实际发生严重后果为准，本罪的犯罪客体是食品行业的安全秩序以及他人的身体健康，只要让他人的健康处于可能遭受损害的状态即构成既遂。

本案中，尚某是因为在食品中违法添加了不符合安全标准的食品添加剂，才导致犯罪；除此情况外，采用过期、不符合安全标准的食品原材料，超范围、超量使用添加剂，食品生产环境不达标等情况都可能会导致餐饮行业生产的食品不符合安全标准。尤其是对于中小型的餐饮企业，由于数量众多、监管难度大，导致发生生产、销售不符合食品安全标准的食品的刑事风险就比较高。

六、生产、销售有毒、有害食品罪

（一）罪名介绍

法条依据：《刑法》第144条　在生产、销售的食品中掺入有毒、有害的非食品原料的，或者销售明知掺有有毒、有害的非食品原料的食品的，处五年以下有期徒刑，并处罚金；对人体健康造成严重危害或者有其他严重情节的，处五年以上十年以下有期徒刑，并处罚金。

犯罪构成：

本罪与生产、销售不符合安全标准的食品罪的犯罪构成十分相似，但在客观方面有所不同，本罪在犯罪客观方面表现为“在生产、销售的食品中掺入有毒、有害的非食品原料的，或者销售明知掺有有毒、有害的非食品原料的食品”，和生产、销售不符合安全标准的食品罪同属行为犯罪，即不以发生实际危害为既遂要件，只要存在生产、销售的行为即构成既遂。

（二）典型案例

郑某犯生产、销售有毒、有害食品罪案

【基本案情】

被告人郑某自2009年以来在邹城市凫山街道办事处巷里村租赁一店铺，经营邹城市金环牛杂肉汤菜馆。被告人郑某明知罂粟壳是有毒、有害物质，为使生产、销售的牛肉汤味道好喝，仍然于煮牛肉时在料包内添加罂粟壳。2015年7月15日，邹城市食品药品监督管理局在检查中抽样被告人郑某的牛肉汤及料包，并在饭店操作间查获5颗还没有添加使用的罂粟壳。2015年8月11日，经青岛海润农大检测有限公司检测，被告人郑某店内牛肉汤料包内罂粟碱含量为348.8ug/kg。2015年9月9日，被告人郑某被传唤到邹城市公安局接受讯问。

案件争议焦点：有毒有害食品和不符合安全标准的食品如何区分，本案中罂粟壳是否属于有毒有害食品。

【裁判结果】

根据《最高人民法院、最高人民检察院关于办理危害食品安全刑事案件适用法律若干问题的解释》第20条之规定，有毒、有害的非食品原料主要指：（1）法律、法规禁止在食品生产经营活动中添加、使用的物质；（2）国务院有关部门公布的《食品中可能违法添加的非食用物质名单》《保健食品中可能非法添加的物质名单》上的物质；（3）国务院有关部门公告禁止使用的农药、兽药以及其他有毒、有害物质；（4）其他危害人体健康的物质。而罂粟壳是《食品中可能违法添加的非食用物质名单》明确列举的不得在食品中添加的有毒、有害物质，因此本案被告人郑某触犯的是生产、销售有毒、有害食品罪。

七、非法猎捕、收购、运输、出售陆生野生动物罪

（一）罪名介绍

法条依据：《刑法》第341条第3款　违反野生动物保护管理法规，以食用为目的非法猎捕、收购、运输、出售第一款规定以外的在野外环境自然生

长繁殖的陆生野生动物，情节严重的，依照前款的规定处罚。

犯罪构成：

本罪的犯罪客体是指国家重点保护的陆生野生动物的管理制度。

本罪的客观方面表现为违反野生动物保护法规，猎捕收购、运输、出售陆生野生动物的行为。

犯罪主体是一般犯罪主体，主观要件为故意，即明知是国家保护的陆生野生动物，仍旧进行猎捕、收购、运输、出售的。

餐饮行业触犯本罪的客观方面主要表现为收购，即未经有关部门批准以金钱作价，购买陆生野生动物用于烹饪、销售的行为。

（二）典型案例

罗某某、闫某某等非法收购、出售陆生野生动物案

【基本案情】

2019年5月至2020年10月，被告人罗某某多次到本溪满族自治县的后山，使用鸟网、打笼等工具猎捕煤山雀、黄喉鹀、沼泽山雀等野生鸟类200余只。被告人罗某某猎捕的煤山雀、黄喉鹀、沼泽山雀等野生鸟类，均被列入《国家保护的有重要生态、科学、社会价值的陆生野生动物名录》，为“三有动物”。

2019年9月和2020年10月，被告人闫某某以其经营的饭店出售野味为目的，先后两次从被告人罗某某手中购入野生鸟类死体250只。

案件争议焦点：闫某某并不知道罗某某出售的鸟类是受国家保护的“三有动物”，是否构成本罪。

【裁判结果】

法院认为：煤山雀、绣眼鸟等野生鸟类，均被列入《国家保护的有重要生态、科学、社会价值的陆生野生动物名录》，为“三有动物”，《国家保护的有重要生态、科学、社会价值的陆生野生动物名录》是国家公开发布的野生动物保护名录，被告人闫某某应该知悉，其主张不知道这些鸟类为保护动物的理由，不能成立，应当以非法收购、出售陆生野生动物罪定罪处罚。

虽然本罪的主观要件为故意，但认定犯罪主体是否具备犯罪故意，并不

以犯罪主体的表述为准，要结合我国法律规定，社会常理等各种因素综合判定犯罪主体是否具备故意的要件。本案中煤山雀、绣眼鸟等鸟类属于东北地区特有的珍稀保护动物，在当地属于常识，而且国家颁布的《国家保护的有重要生态、科学、社会价值的陆生野生动物名录》也明确将上述鸟类列入“三有动物”，因此被告的主张不能成立。

当然在餐饮行业除了上述罪名之外，还很容易发生重大责任事故罪、消防责任事故罪等安全事故类犯罪；相比于住宿行业，餐饮行业使用煤气罐、烤炉、烤箱等危险设备的频率更高，发生安全事故的风险也就更高，由于上文我们已经对住宿行业的责任事故类犯罪进行了阐述，这里不再赘述。

第三节　住宿餐饮行业刑事风险防范建议

上文我们阐述了住宿餐饮行业在经营过程中常见的刑事法律风险，要想有效规避上述刑事法律风险，我们建议住宿餐饮行业应该建立符合自身需求的刑事合规体系。本节的目的在于指导住宿餐饮行业快速、高效地建立刑事合规体系，规避住宿餐饮企业可能出现的刑事法律风险，以实现企业的可持续发展。

一套完善的刑事合规体系，不但能够帮助企业有效避免刑事合规风险，还可以帮助企业将企业责任和个人责任剥离，一旦发生合规风险，企业可以以刑事合规为由进行抗辩，将刑事合规作为刑事责任的阻却事由，以减轻企业可能承担的刑事责任。

目前我国多个地方正试行刑事合规不起诉制度，一个完善的刑事合规体系，可以成为司法机关不起诉的重要参考因素之一。例如，深圳市宝安区司法局发布了《关于企业刑事合规独立监控人选任及管理规定（试行）》，探索建立涉刑企业“企业刑事合规独立监控人”制度；还有浙江省岱山县出台了《岱山县人民检察院涉企案件刑事合规办理规程（试行）》，设置 6 ~ 24 个月合规整改期并进行评估，将合规建设情况、合规整改效果作为不捕不诉、从轻处罚的依据。由此可见建立一套完善的刑事合规制度，对于企业尤其是住宿餐饮企业而言尤为重要。

一、了解住宿餐饮企业自身的合规需求

企业刑事合规体系除了要有一定的普适性，更重要的还要结合企业的具体需求，构建符合自身发展需要的合规体系。因为企业的行业、性质、规模、人员、管理者的要求不同，导致刑事合规体系的具体需求也各不相同。就住宿餐饮行业而言，应该结合行业本身人员流动性大、安全保障义务高、政府监管力度强等特点确定自身的合规需求。

住宿餐饮行业的合规需求，可以分为内部需求和外部需求，内部需求即对企业本身、企业员工行为的规制，防止内部出现法律禁止的行为；外部需求即企业在对外经营活动中产生的需求，如对商业合作伙伴相关行为的考察。

（一）内部需求：禁止行为

住宿餐饮行业应该结合自身的特点，结合本行业高发的刑事法律风险，确定企业及其员工在经营过程中可能会出现的违法违规行为，即禁止行为，并将这些禁止行为作为刑事合规体系规制的主要对象。

1. 不履行安全保障义务：上文我们也提到，安全保障义务是住宿餐饮企业的基本义务，消费者到住宿餐饮处进行消费，其人身权、健康权这些基本的权利首先要得到保证。近年来由于住宿餐饮行业未履行安全保障义务，导致重大安全事故屡屡发生，这就要求住宿餐饮企业要全面要求员工按照标准的流程和规范操作具有危险性的工具、设施，将安全保障责任落实到各个环节和各个负责人。企业负责人也应该及时履行监督和核查义务，对住宿餐饮行业的消防设施、餐饮设备、住宿设施等及时进行检查，确保正常运转，排除安全隐患，避免出现安全事故。

2. 不履行依法举报义务：对违法犯罪行为的举报是《宪法》赋予公民的基本权利也是公民应该履行的义务，《旅馆业治安管理办法》第 9 条规定“旅馆工作人员发现违法犯罪分子，形迹可疑的人员和被公安机关通缉的罪犯，应当立即向当地公安机关报告，不得知情不报或隐瞒包庇”，就住宿餐饮行业而言，由于住宿餐饮行业人员流动大，场所内发生违法犯罪行为的可

能性高，如果住宿餐饮行业的工作人员对发生在本单位、本设施内的违法犯罪避而不见，则不仅仅是不履行法定义务的问题，还可能会构成犯罪。例如，我们上文提及的在住宿设施内的吸毒或者卖淫行为，如果相关工作人员不及时举报，放任这种违法犯罪结果的发生，则可能会构成容留卖淫罪或者容留他人吸毒罪。

3. 侵犯公民个人信息：《民法典》规定，“自然人的个人信息受法律保护。任何组织或者个人需要获取他人个人信息的，应当依法取得并确保信息安全，不得非法收集、使用、加工、传输他人个人信息，不得非法买卖、提供或者公开他人个人信息”。住宿餐饮行业在经营过程中都会不可避免地获得消费者的个人信息，比如，根据《旅馆业治安管理办法》第 6 条的规定，“旅馆接待旅客住宿必须登记。登记时，应当查验旅客的身份证件，按规定的项目如实登记”，因此住宿行业在经营过程中就会采集到公民的身份证信息；另外，餐饮行业尤其外卖餐饮行业，在经营过程中也会采集消费者的联系方式、联系地址等个人信息。在获得这些信息后，餐饮住宿行业有义务对上述信息进行保密，在未经消费者本人授权的情况下，不得非法传播、买卖。如果违反上述义务，住宿餐饮行业轻则会承担相应的赔偿责任，重则还可能会触犯刑事犯罪，如侵犯公民个人信息罪。

4. 回扣、商业贿赂：禁止住宿餐饮行业的员工为了获取个人利益而接受合作伙伴各种形式的利益输送。商业贿赂对于住宿餐饮行业的危害在于：首先，根据我国《刑法》的规定，违法接受利益输送的行为本身就是犯罪行为，会构成非国家工作人员受贿罪；其次，住宿餐饮行业的收受回扣的行为，还可能会衍生其他犯罪行为，比如，某些餐饮行业的合作伙伴，因为自身原材料存在问题，通过向餐饮企业的工作人员输送利益，而顺利将有问题的食材出售给餐厅，餐厅则可能会为此构成生产、销售不符合安全标准的食品罪，甚至是销售有毒、有害食品罪。

5. 欺诈、侵占：避免员工为了获取不正当利益，故意向客户提供虚假服务或者在提供服务的过程中侵占客户的合法权益。以侵占为例，住宿餐饮行业在经营过程中会经常遇到客户遗忘财产的情况，根据我国法律规定，住宿餐饮设施对客户遗失的财产是有代为保管的义务的，如果工作人员侵吞客户的财物拒不归还的，则可能会构成侵占罪。

（二）外部需求：对合作伙伴的尽职调查

对企业合作伙伴的尽职调查之所以必要，是因为合作伙伴提供的服务会影响企业的服务质量，尤其是住宿餐饮行业，如果合作伙伴提供的设备、原材料等存在问题，则可能会导致住宿餐饮行业为合作伙伴的违法行为买单。

住宿餐饮企业有条件的，建议其建立对合作伙伴的尽职调查机制，对合作伙伴的资质、信誉等情况进行全面的审查，确保合作伙伴不存在违法犯罪的行为。同时要对合作伙伴提供的产品质量等进行严格的把关，尤其是食品的原材料、添加剂等，餐饮行业应该额外重视，因为这关系到消费者的生命健康权。

二、搭建住宿餐饮企业的合规体系

在确定企业刑事合规需求之后，接下来就要着手搭建住宿餐饮行业的刑事合规体系，构建刑事合规制度。而有效的刑事合规体系要具备两个条件：第一，为了预防和制止违法行为，合理地设计刑事合规体系，并且能够落实和执行刑事合规体系；第二，企业要尽到注意义务，进行刑事合规培训，制止企业的违法，并建立企业的刑事合规文化。为了满足上述两个条件，住宿餐饮企业建立的刑事合规体系，应至少满足以下几个要求。

1. 建立住宿餐饮行业的合规管理制度，所谓合规管理制度，其实就是刑事合规制度的方针和目标，建立企业合规管理制度的目的在于，通过分析住宿餐饮企业的合规义务，结合企业的自身特点，确定企业刑事合规体系的边界和范围，以帮助企业建立符合自身需求、文化、价值观的刑事合规制度。就住宿餐饮行业而言，其合规体系的范围应该围绕设施安全、食品安全、个人信息安全等领域展开，针对刑事风险高发领域制定刑事合规体系。

2. 建立风险识别机制，刑事合规体系的目的在于帮助企业避免刑事合规风险，减轻企业刑事责任，而识别刑事合规风险则是达成上述目的的前提。上文我们提及了住宿餐饮企业高发的刑事法律风险，这就要求住宿餐饮企业建立风险识别机制，运用各种风险识别方法，对日常运营过程中可能会发生的刑事合规风险进行识别、分析、研究和评估，确定风险级别，通过风险级别确定企业采取刑事合规风险应对措施的优先顺序。

3. 设立专门的刑事合规管理部门或刑事合规管理岗位，对于有条件的住宿餐饮企业，建议可以增设专门负责合规管理的部门，由该部门负责刑事合规体系的建设、管理、施行以及培训，这样可以保证刑事合规体系的实用性、客观性以及高效运行。

4. 建立刑事合规制度的培训机制，在建立企业合规体系时，还要将刑事合规融入企业的核心价值观、企业文化之中，让员工潜移默化地去遵守企业的刑事合规制度。住宿餐饮行业属于劳动密集型的产业，需要雇佣大量的劳动力来提供服务，因此就需要住宿餐饮企业定期对员工开展企业刑事合规的培训，让员工了解企业刑事合规制度的目的、意义以及违反刑事合规制度可能会带来法律风险。

5. 建立违规问责与举报激励机制，住宿餐饮企业在构建刑事合规体系时，还应当强化违规问责与举报激励机制。完善违规行为处罚机制，明确违规责任范围，细化惩处标准。同时，企业应当畅通举报渠道，针对举报、反映的问题，及时展开调查，如有违规行为的，尽快追究违规人员责任，并及时做好违规人员与企业的风险隔离。

6. 建立刑事合规风险的应对机制。住宿餐饮企业在识别出刑事合规风险后，要及时对刑事合规风险进行处置应对，因此刑事合规风险的应对机制在刑事合规体系中至关重要，企业需要对其在各个环节中可能遇到的违规行为，制定不同的应对机制，从而达到预防和纠正企业、企业内部人员、企业关联方等不合规行为的目的。例如，住宿行业可以建立突发事件的应急处理机制，一旦发生安全事故或者违法犯罪活动，住宿行业的工作人员可以立即作出处理措施，最大限度地降低财产损失、人员伤亡，只有这样企业才能减轻甚至避免承担法律责任。

7. 建立刑事合规循环运行机制，企业刑事合规制度建立后，并不意味着企业就已具备完善的刑事合规体系，住宿餐饮企业要及时对合规制度进行评价分析，发现合规制度施行过程中存在的问题，并不断完善企业刑事合规制度，使刑事合规的运行形成一个良性的循环。

三、确保住宿餐饮企业合规体系有效运行

住宿餐饮企业在建立刑事合规体系后，并不代表着企业合规体系就能有效运行，企业还应该制定相应的配套措施，确保刑事合规体系的有效运行。

1. 为确保刑事合规管理体系的有效运行，企业应当建立专门的刑事合规运行机制。为方便住宿餐饮企业对其涉及刑事合规的各个环节进行有效的控制，其可以将刑事合规的运行拆分为合规构建、合规施行、合规监督、合规反馈等几个环节，每个环节可以分配专门的负责人或者负责部门，各司其职，相互监督，这样才可以确保刑事合规在执行过程中的客观性，同时也方便企业及时对合规制度执行过程中的各个环节进行管理与控制，以达到合规体系高效运行的目的。当然住宿和餐饮行业特点不同，运行机制的侧重也就有所不同，住宿行业应该更加注重合规的实施和监督环节，确保企业及其工作人员能够遵守企业制定的合规义务；而餐饮行业由于人流量大的特点，其合规体系需要根据实际情况适时作出调整，所以更应该注重合规的反馈环节。

2. 刑事合规体系运行后，住宿餐饮企业还要建立刑事合规体系的评估体系，即要对刑事合规体系的运行进行持续的监测和评价，将刑事合规体系实施结果与企业的合规目标进行对比，及时总结刑事合规体系施行过程中的有效经验，发现施行过程中存在的各类问题。

3. 要不断改进、更新刑事合规体系。住宿餐饮行业的情况瞬息万变，其刑事合规体系更不是一成不变的，合规体系施行的过程是一个不断发现问题、改正问题的动态过程。为了保证刑事合规体系的持续有效性，一方面需要企业根据刑事合规评估体系发现的问题，不断改进刑事合规体系；另一方面也需要企业根据国家新出台的法律、法规，主管机构新颁布的各类指导、指引等规定，及时更新刑事合规体系的内容。只有这样，住宿餐饮企业的刑事合规体系才能在运行过程中越来越完善，以做到持续地为企业保驾护航。

第十章

医美行业刑事合规实务指引

第一节　我国医美行业的概述

一、医美行业背景

（一）医美行业的界定

要厘清何为医美行业，首先要厘清何为医美、何为医美机构。根据2002年原卫生部颁行的《医疗美容服务管理办法》（已修正）第2条第1款的规定，医疗美容是指运用手术、药物、医疗器械以及其他具有创伤性或者侵入性的医学技术方法对人的容貌和人体各部位形态进行的修复与再塑。主要分为手术类和非手术类两种：手术类包括五官美容、美体医疗、口腔医疗、皮肤美容和其他医疗；非手术类包括通过注射方式添加填充物类、激光美容等。[①] 行业内称前者为重整形，后者为轻医美。

医疗美容既不同于一般医疗行为也不同于生活美容：医疗美容与一般医疗行为的共同点是都采用了医疗手段。医疗美容是通过医学手段，达到改善或增强人体外在美感的治疗行为。而一般医疗行为表现为预防、治疗疾病的临床医疗行为。即使外科、口腔科、眼科等相关临床学科在疾病治疗过程中涉及相关医疗美容活动，也仍属于临床疾病治疗范畴，不属于医疗美容。[②] 同时，医疗美容不同于生活美容。何为生活美容并无相关的法律规定，然而

---

① 参见《美容医疗机构、医疗美容科（室）基本标准（试行）》《医疗美容项目分级管理目录》。

② 参见《医疗美容服务管理办法》第31条。

根据相关资料，所谓的生活美容通常是指运用化妆品、保健品和非医疗器械等非医疗性手段，对人体所进行的皮肤护理、按摩等带有保养或者保健型的非侵入性的美容护理。也就是说，生活美容是人们日常生活中自己操作，或到美容机构由美容师操作对人体头发、皮肤和身体的护理性行为而非采用创伤性或侵入性的医美诊疗行为。

因此，医美行业是提供医疗美容诊疗服务的医疗行业。

（二）医美行业的分类

医美行业可分为广义和狭义的医美行业。广义的医美行业不仅包括提供医疗美容诊疗服务的机构，还包括为医疗美容诊疗服务提供医美药品、医美器械的机构。而狭义的医美行业仅指提供医疗美容服务的医疗美容机构。因为生产、销售医美药品、器械等机构通常从属于医药器材生产销售行业，具有与医疗美容诊疗服务不同的行业规范和特性，因此，本章中的医美行业是从狭义的角度来谈的，对此也契合卫生部《医疗美容服务管理办法》第 2 条将美容医疗机构界定为以展开医疗美容诊疗业务为主的医疗机构的规定。

医疗美容行业，可根据不同的标准进行如下分类。

1. 以提供的服务项目范围为标准，可分为专项医美服务机构或综合医美服务机构。所谓专项医美服务机构是指针对某一特定事项提供医美服务的机构。如眼部整形美容医院或者面部抗衰整形美容医院等。通常仅提供某特定项目医美服务而不包括其他。这或是医美经营者为突出技术优势而作出的经营范围选择，或是根据《美容医疗机构、医疗美容科（室）基本标准（试行)》和《医疗美容项目分级管理目录》的要求对服务内容做的选择。而综合医美服务机构是指根据卫生部的上述规定而开展具体医疗美容的事项广泛而非仅为某一专项，如既包括医疗美容外科，也包括美容皮肤科、美容牙科、美容中医科。

2. 以行业的表现形态为标准，可分为：美容医院或整形外科医院、医疗美容诊所、医疗美容门诊部以及医院内设的医疗美容科（室）。前三者是独立机构。医疗美容科（室）附属于综合医院、门诊部、诊所。根据《医疗美容服务管理办法》、《美容医疗机构、医疗美容科（室）基本标准（试行)》

以及《医疗美容项目分级管理目录》的规定，四者主要设备标准、科室设置、人员资历及数额配备和注册资金要求等方面不同，同时，实施美容外科手术项目范围和级别不同。从规模来看，医疗美容医院大于医疗美容诊所，医疗美容诊所大于医疗美容门诊部，医疗美容门诊部大于医疗美容科（室）。

3. 以提供服务的技术特征为标准，可以分为：手术类医疗美容机构和非手术类医疗美容机构。手术类医疗美容是指医生用医疗器械对接受治疗人的身体进行切除、缝合等方式进行医疗美容诊疗，如常见的隆鼻术、重睑术等；而非手术类则指不采用上述手段进行的医疗美容诊疗。常见的有通过注射除皱、玻尿酸注射等。有的机构仅提供非手术类医疗美容，有的机构则既有手术类又有非手术类医疗美容。

4. 以营利与否为标准，医疗美容机构可分为非营利性和营利性的，前者指公立医院的医疗美容科室及其建立的医疗美容门诊部，后者则包括民营的诊所、门诊部和医院。[①]

二、我国医美行业刑事高发风险

（一）我国医美行业发展现状

业界通说认为 20 世纪 90 年代，首家民营美容整形外科医院（伊美尔）步入医疗美容市场标志我国医疗美容业步入发展期。2005 年随着大型资本纷纷抢占医疗美容市场，我国医美行业进入迅猛发展阶段。例如，中信集团 2005 年收购杭州整形医院，并在 2012 年将医院拆分为中信杭州整形医院和中信杭州外科医院。[②] 自此，大规模的医美机构不断呈现，民营医疗机构成为医疗美容行业的主体之一。据统计，从医疗美容机构的规模数量看，2014 年年末我国各类医疗机构中医疗美容科床位数为 7936 张，2018 年年末增长至 13, 594 张，年均增长率高达 13. 56%。从就诊人数看，2014 年我国整形外科医院、美容医院的门诊数量分别为 421, 391 人次和 1, 736, 085 人次，共

---

① 参见《中国成全球第三整容大国各类资本纷纷介入》，载环球网 2015 年 7 月 27 日，https：//society. huanqiu. com/article/9CaKrnJNO5F。

② 参见《中国成全球第三整容大国各类资本纷纷介入》，载环球网 2015 年 7 月 27 日，https：//society. huanqiu. com/article/9CaKrnJNO5F。

2,157,476人次，至2018年，已分别增长至1,000,532人次和6,765,514人次，共7,766,046人次，合计就诊人数年均增长率高达35.30%。2019年中国医疗美容机构约13,000家，市场规模达到1769亿元，医美用户1367.2万人。2020年中国新增医美机构5150家，医美市场规模1975亿元，占比全球市场总规模的17%。尽管受到新冠肺炎疫情的短暂影响，规模仍保持在全球领先水平。[①]

我国医美行业的特点主要表现为：门槛高、管理严、发展迅猛、市场需求不断增加、医美用户呈现年轻化和熟龄化两极等。

第一，行业准入门槛高。根据《医疗美容服务管理办法》的相关规定，对开设医美机构和从业人员均有明确而严格的规定。如医美机构的医疗美容诊疗服务范围、基础设施等需符合《医疗美容机构、美容医疗科（室）基本标准（试行）》《医疗美容服务项目管理办法》；从业人员既要符合《医师法》，还要符合《医疗美容服务管理办法》中的特定条件等。同时需按照《医疗机构管理条例》和《医疗机构管理条例实施细则》的有关规定办理审批和登记注册手续。获得医疗机构执业许可证后方可再开展经审批的医美项目诊疗活动。可见，从业资格要求高，审批程序严格，行业准入门槛高。

第二，发展迅猛、行业利润高。如前所述，我国的医美机构从20世纪90年代起步，落后于医美发达国家韩国20年。根据艾瑞咨询的《2020年中国医疗美容行业洞察白皮书》，1997年民营医疗开始进入整形美容市场，我国医疗美容行业步入发展期。我国医美市场规模：2012年为298亿元，2013年为378亿元。2015年开始医美市场进入急速发展期，2015年医美市场规模为645亿元，2016年为841亿元，2017年为1124亿元，2018年达到1448亿元，2019年达到1975亿元，到了2020年医美行业规模占全球市场总规模的17%，规模保持在全球领先水平。[②] 同时行业利润高。据统计，以技术或营

① 参见艾瑞咨询《2020年中国医疗美容行业洞察白皮书》。
② 参见艾瑞咨询《2020年中国医疗美容行业洞察白皮书》。

销手段创造的利润，占总利润的30%～50%。[①]

第三，市场需求量不断增加，前景可观。如前所述2014年，我国医美就诊人数为215.7万人次，至2019年就诊人数增长为1367.2万人次，就诊人数年均增长率高达35.3%。据预测2023年医美用户将达2548.3万人（2019年至2023年复合年均增长率为16.8%）。[②] 当人均收入超过2000美元之后，对医疗美容行业的需求就会增加10%左右，据此支撑了中国医疗美容行业年增速20%以上的水平。[③] 而根据2020新氧医美行业白皮书，每月在线上医美咨询数达677万人次。且医美用户呈现年轻化和“熟龄化”两极化。根据2020新氧白皮书数据，新氧平台上25岁以下医美消费者占比超54%，95后成为医美消费主力军。同时数据显示30岁以上医美消费者占比从2018年的13%上升至19%，显示医美用户同时也呈现熟龄化。[④]

（二）医美行业的犯罪现状

医美行业乱象丛生，主要表现在黑机构、黑医师、黑诊疗、黑针剂的普遍存在。2019年我国具备医疗美容资质的机构约13,000家，在合法的医疗美容机构当中，有15%（超过2000家）的机构存在超范围经营的现象；约有超过80,000家生活美业店铺非法开展医疗美容项目，合法合规开展医美项目的机构仅占行业的12%。[⑤] 2021年7月29日央视网消息，根据中消协统计2020年上半年美容美发投诉量10,270件，2021年上半年16,459件，同比增长60%，投诉量位居各类投诉的第五位。涉及的主要问题为：一是黑诊疗：超范围开展医美或者诱导消费者办理医美贷或者医疗美容服务不规范，甚至引发人身伤害等严重事故；二是黑医师：机构的美容师、执业医师没有相应

① 参见《中国成全球第三整容大国 各类资本纷纷介入》，载环球网2015年7月27日，https://society.huanqiu.com/article/9CaKrnJNO5F。

② 参见《中国成全球第三整容大国 各类资本纷纷介入》，载环球网2015年7月27日，https://society.huanqiu.com/article/9CaKrnJNO5F。

③ 参见《中国成全球第三整容大国 各类资本纷纷介入》，载环球网2015年7月27日，https://society.huanqiu.com/article/9CaKrnJNO5F。

④ 参见新氧《2020医美行业白皮书》。

⑤ 参见《中国成全球第三整容大国 各类资本纷纷介入》，载环球网2015年7月27日，https://society.huanqiu.com/article/9CaKrnJNO5F。

资质；三是黑针剂：主要表现为不规范使用辅助产品、药品等。根据人民资讯 2021 年 11 月 25 日发布的新闻显示：医疗美容领域制假售假、非法从业、发布虚假广告、借“医美贷”实施诈骗等违法犯罪突出。[①]

根据检索威科先行近 5 年医疗美容领域刑事一审判决文书，检索结果为 579 份判决书，去除无关联判决书（如故意杀人罪，故意伤害罪，寻衅滋事罪，走私、贩卖、运输、制造毒品罪，妨害国境卫生检疫罪等），获得 212 份判决。其中非法行医罪的 82 份；非法经营罪的 17 份；医疗事故罪 1 份；诈骗罪 2 份；贷款诈骗罪 10 份；生产、销售、提供假药罪的 89 份；过失致人重伤罪和过失致人死亡罪各 5 份；走私普通物品罪 1 份。通过研读判决书的审理查明、裁判观点和判决结果，上述犯罪的特点主要表现为：

第一，非法行医犯罪在医美行业犯罪中颇为突出。主要表现为：行为人不具备医生执业资格、不具备医疗机构执业证而开展医疗美容诊疗活动。如无证实施美容注射项目；个别表现为行为人虽具备医师执业资格但不具备医美主诊医师资格，医疗机构不具备实施某具体医疗美容项目资质而实施了医疗美容手术；同时还存在具备医疗诊疗资格美容机构非法聘用外籍医美医师进行医美诊疗活动。

第二，生产、销售、提供假药犯罪在医美行业犯罪中所占比重大。据统计，生产、销售、提供假药犯罪约占医美行业犯罪的 42%。其中涉及注射医美药品的有 80 件，约占此类犯罪的 90%；50 件是违法进口医美药品，在药品管理法修订之前，被认定为假药，占此类犯罪的 56%。随着《药品管理法》修改，医美行业的上述行为有可能涉及妨害药品管理罪。

第三，非法销售美容针剂肉毒素和玻尿酸构成非法经营罪的现象普遍。主要表现为行为人违反国家《药品管理法》的规定，在未取得药品经营许可证、医疗器械经营许可证的情况下，以有偿注射的方式向他人销售肉毒素、玻尿酸等医疗美容产品。

第四，医美领域的医美贷诈骗犯罪凸显。近年来频频出现犯罪行为人通

---

① 参见《公安部要求严厉打击非法制售医美产品等犯罪活动》，载潇湘晨报 2021 年 11 月 25 日，https：//baijiahao. baidu. com/s？ id = 1717391196203869680&wfr = spider&for = pc。

过虚构高薪职位、整容入职诱导受害人贷款整容以获取受害人贷款费用。此外还存在医美行业从业人员伙同消费者通过虚构医美整形项目骗取贷款平台的医美贷款的行为。

第二节 医美行业高发罪名

与其他行业一样，医美行业在运营中会发生融资、税务、行贿等方面犯罪，而医美行业特有、重点的刑事风险主要可为两大类：一是因主体资格缺乏而构成的犯罪，主要为非法行医罪、非法经营罪。二是在医美诊疗服务提供中而构成的犯罪，或因使用的医美产品而产生的犯罪，如生产、销售、提供假药罪，妨害药品管理秩序罪，走私类犯罪；或者因提供医美服务质量而引发的犯罪，如医疗事故罪或过失致人死亡罪、过失致人重伤罪。

一、非法行医罪

（一）罪名介绍

法条依据：《刑法》第336条第1款　未取得医生执业资格的人非法行医，情节严重的，处三年以下有期徒刑、拘役或者管制，并处或者单处罚金；严重损害就诊人身体健康的，处三年以上十年以下有期徒刑，并处罚金；造成就诊人死亡的，处十年以上有期徒刑，并处罚金。

相关司法解释：《最高人民检察院、公安部关于公安机关管辖的刑事案件立案追诉标准的规定（一）》第57条　未取得医生执业资格的人非法行医，涉嫌下列情形之一的，应予立案追诉：

（一）造成就诊人轻度残疾、器官组织损伤导致一般功能障碍，或者中度以上残疾、器官组织损伤导致严重功能障碍，或者死亡的；

（二）造成甲类传染病传播、流行或者有传播、流行危险的；

（三）使用假药、劣药或不符合国家规定标准的卫生材料、医疗器械，足以严重危害人体健康的；

（四）非法行医被卫生行政部门行政处罚两次以后，再次非法行医的；

（五）其他情节严重的情形。

具有下列情形之一的，属于本条规定的“未取得医生执业资格的人非法行医”：

（一）未取得或者以非法手段取得医师资格从事医疗活动的；

（二）个人未取得《医疗机构执业许可证》开办医疗机构的；

（三）被依法吊销医师执业证书期间从事医疗活动的；

（四）未取得乡村医生执业证书，从事乡村医疗活动的；

（五）家庭接生员实施家庭接生以外的医疗活动的。

本条规定的“轻度残疾、器官组织损伤导致一般功能障碍”、“中度以上残疾、器官组织损伤导致严重功能障碍”，参照卫生部《医疗事故分级标准（试行）》认定。

《最高人民法院关于审理非法行医刑事案件具体应用法律若干问题的解释》第1条　具有下列情形之一的，应认定为刑法第三百三十六条第一款规定的“未取得医生执业资格的人非法行医”：

（一）未取得或者以非法手段取得医师资格从事医疗活动的；

（二）被依法吊销医师执业证书期间从事医疗活动的；

（三）未取得乡村医生执业证书，从事乡村医疗活动的；

（四）家庭接生员实施家庭接生以外的医疗行为的。

《最高人民法院关于审理非法行医刑事案件具体应用法律若干问题的解释》第2条　具有下列情形之一的，应认定为刑法第三百三十六条第一款规定的“情节严重”：

（一）造成就诊人轻度残疾、器官组织损伤导致一般功能障碍的；

（二）造成甲类传染病传播、流行或者有传播、流行危险的；

（三）使用假药、劣药或不符合国家规定标准的卫生材料、医疗器械，足以严重危害人体健康的；

（四）非法行医被卫生行政部门行政处罚两次以后，再次非法行医的；

（五）其他情节严重的情形。

《最高人民法院关于审理非法行医刑事案件具体应用法律若干问题的解

释》第3条　具有下列情形之一的，应认定为刑法第三百三十六条第一款规定的“严重损害就诊人身体健康”：

（一）造成就诊人中度以上残疾、器官组织损伤导致严重功能障碍的；

（二）造成三名以上就诊人轻度残疾、器官组织损伤导致一般功能障碍的。

《最高人民法院关于审理非法行医刑事案件具体应用法律若干问题的解释》第4条　非法行医行为系造成就诊人死亡的直接、主要原因的，应认定为刑法第三百三十六条第一款规定的“造成就诊人死亡”。

非法行医行为并非造成就诊人死亡的直接、主要原因的，可不认定为刑法第三百三十六条第一款规定的“造成就诊人死亡”。但是，根据案件情况，可以认定为刑法第三百三十六条第一款规定的“情节严重”。

据此，非法行医罪，是指未取得医生执业资格的人非法行医，情节严重的行为。

犯罪构成：

本罪侵害的是国家对医务工作的管理秩序和就诊人的生命、健康权利。

犯罪主体为未取得医生执业资格的人。

客观行为表现为非法行医，达到情节严重。首先，非法行医主要表现为行医的非法性和反复性。非法行医的非法性表现为实施行医行为主体未取得或以非法手段取得医生执业资格。就医美而言，对于具备医生执业资格但未获得医美执业许可证的人，进行医美诊疗的也属于非法行医；非法行医的反复性表现为以从事医疗为业，反复继续实施。其次，非法行医要达到情节严重。

（二）典型案例

张某非法行医案

【基本案情】

被告人张某在未取得医生执业资格的情况下，非法从事医疗美容活动。2017年4月17日12时，在北京市朝阳区来广营乡某酒店立水桥地铁站店301号房间内，被告人张某向被害人马某头部注射玻尿酸，致马某当场发生视觉障碍后入院治疗，经诊断马某系“视网膜中央动脉阻塞、脑动脉栓塞引起的脑梗死（左顶叶）、左眼动脉阻塞、左眼视网膜血管阻塞、左眼失明等”。经鉴定，马某损伤程度综合评定为重伤二级，其左眼盲目4级以上评定为八级伤残，其左顶叶遗留脑软化灶评定为十级伤残。

【裁判结果】

注射玻尿酸的行为是否为医疗美容行为？被告人张某在未取得医生执业资格的情况下非法行医，情节严重，其行为已构成非法行医罪，依法应予惩处。检察院指控被告人张某犯非法行医罪的事实清楚，证据确实、充分，指控罪名成立。被告人张某犯非法行医罪，判处有期徒刑1年3个月，罚金人民币1万元。

根据我国《刑法》第336条之规定、2016年《最高人民法院关于审理非法行医刑事案件具体应用法律若干问题的解释》，被告人张某在未取得医师执业证书、医师资格证书的情况下，多次实施了为他人注射玻尿酸的医疗美容活动，属于医美行业中的黑机构、黑医师开展非法行医行为，其在医疗美容中给被害人马某造成伤残的结果，根据2016年《最高人民法院关于审理非法行医刑事案件具体应用法律若干问题的解释》，属于情节严重，因此构成非法行医罪。实践中，还存在诸多医美机构多次、长期聘请非医美医师或者没有获得中国执业许可的外籍医美医师施行医美治疗，如果情节严重的亦构成此罪。

二、非法经营罪

（一）罪名介绍

法条依据：《刑法》第225条　违反国家规定，有下列非法经营行为之一，扰乱市场秩序，情节严重的，处五年以下有期徒刑或者拘役，并处或者单处违法所得一倍以上五倍以下罚金；情节特别严重的，处五年以上有期徒刑，并处违法所得一倍以上五倍以下罚金或者没收财产：

（一）未经许可经营法律、行政法规规定的专营、专卖物品或者其他限制买卖的物品的；

（二）买卖进出口许可证、进出口原产地证明以及其他法律、行政法规规定的经营许可证或者批准文件的；

（三）未经国家有关主管部门批准非法经营证券、期货、保险业务的，或者非法从事资金支付结算业务的；

（四）其他严重扰乱市场秩序的非法经营行为。

犯罪构成：

根据该规定，非法经营罪是指违反国家规定，不具备行政许可、非法从事经营活动，扰乱市场秩序，情节严重的行为。

非法经营罪又称行政犯，主要是指违反国家规定、不具有行政许可前置条件而从事经营活动的行为。本罪客体要件为非法经营罪侵犯的客体是市场秩序。

客观方面表现为违反国家规定，不具备行政许可前置条件而从事经营活动、扰乱市场秩序，情节严重的行为。

主体要件：一般主体，即一切达到刑事责任年龄、具有刑事责任能力的自然人和单位。

主观要件：主观方面由故意构成。如前所述，在医美行业中的非法经营罪主要表现为不具备药品或医疗器械许可证而销售药品或医疗器械的。

（二）典型案例

王某非法经营案

【基本案情】

被告人王某在未取得医疗机构执业许可、药品和医疗器械经营许可的情况下，通过微信招揽客户，自2016年至2020年5月，在上海市杨浦区民府路×××号释梦美颜馆等处，为客户打“玻尿酸”“水光针”“瘦脸针”等美容针剂并收取费用。2020年5月15日，公安人员分别在其经营地、暂住地上海市民府路×××号释梦美颜馆、杨浦区淞沪路×××弄×××号×××室，查获“肉毒素”“玻尿酸”“美白针”等药剂和注射器械。案发后，经上海同大会计师事务所有限公司审计，被告人王某为他人注射美容针收取费用共计人民币104,821.48元。

【裁判结果】

未取得医疗机构执业许可、药品和医疗器械经营许可的情况下，为客户打“玻尿酸”“水光针”“瘦脸针”等美容针剂并收取费用的行为性质是非法行医罪还是非法经营罪？法院认为，被告人王某违反国家药品管理法律、法规，在未取得药品、医疗器械经营许可证的情况下，开展医疗美容执业活动并非法经营药品等，扰乱市场秩序，情节严重，其行为已构成非法经营罪。检察院指控被告人王某构成非法经营罪名成立。依法判决被告人王某犯非法经营罪，判处罚金人民币 5 万元。

非法行医罪和非法经营罪的主要区别在于侵害的客体不同：非法行医罪侵害的是国家对医务工作的管理秩序和就诊人的生命、健康权利。非法经营罪侵犯的客体是市场秩序。此外，非法行医罪在客观方面除了以行医行为为业还要具备相应的情节严重情形。根据《刑法》第 225 条以及《最高人民法院、最高人民检察院关于办理危害药品安全刑事案件适用法律若干问题的解释》的规定，本案中王某违反国家药品管理法律法规，在未取得药品、医疗器械经营许可证的情况下，以医疗美容的方式进行医疗美容药品经营，侵害的是市场秩序且情节严重，构成非法经营罪。

三、医疗事故罪

（一）罪名介绍

法条依据：《刑法》第 335 条　医务人员由于严重不负责任，造成就诊人死亡或者严重损害就诊人身体健康的，处三年以下有期徒刑或者拘役。

《最高人民检察院、公安部关于公安机关管辖的刑事案件立案追诉标准的规定（一）》第 56 条　医务人员由于严重不负责任，造成就诊人死亡或者严重损害就诊人身体健康的，应予立案追诉。

具有下列情形之一的，属于本条规定的“严重不负责任”：

（一）擅离职守的；

（二）无正当理由拒绝对危急就诊人实行必要的医疗救治的；

（三）未经批准擅自开展试验性医疗的；

（四）严重违反查对、复核制度的；

（五）使用未经批准使用的药品、消毒药剂、医疗器械的；

（六）严重违反国家法律法规及有明确规定的诊疗技术规范、常规的；

（七）其他严重不负责任的情形。

本条规定的“严重损害就诊人身体健康”，是指造成就诊人严重残疾、重伤、感染艾滋病、病毒性肝炎等难以治愈的疾病或者其他严重损害就诊人身体健康的后果。

犯罪构成：

根据此规定，医疗事故罪是指医务人员由于严重不负责任，造成就诊人死亡或者严重损害就诊人身体健康的行为。

本罪客观方面表现为严重不负责任，造成就诊人死亡或者严重损害就诊人身体健康。首先，行为人严重不负责任。严重不负责任是指医务人员在诊疗护理过程中因为粗心大意、马虎或者过于自信，违反诊疗护理规章制度和技术操作规程、不履行或者不正确履行诊疗护理职责。其次，行为人因严重不负责任造成就诊人死亡或者严重损害就诊人身体健康，即严重不负责任与就诊人死亡或身体健康严重损害之间有引起与被引起的因果关系。其中，严重损害就诊人身体健康，是指造成就诊人严重残疾、重伤、感染艾滋病、病毒性肝炎等难以治愈的疾病或者其他严重损害就诊人身体健康的后果。

本罪的犯罪主体有所特指——医务人员，即直接从事诊疗护理事务的人员，包括国家、集体医疗单位的医生、护士、药剂人员以及经主管部门批准开业的个体行医人员。

主观方面为过失，即行为人对自己的危害行为和结果的发生的主观心态表现为疏忽大意或者过于自信过失。疏忽大意的过失通常表现为：行为人应当预见自己的行为会导致发生就诊人死亡或身体健康损害的结果但因为疏忽大意，没有预见而导致发生危害结果；而过于自信的过失则通常表现为，行为人虽已预见自己的行为会造成就诊人死亡或健康损害的结果，但是轻信凭借自己的技术、经验等可以避免，因而导致就诊人死亡或健康损害的危害结果。

医疗事故罪侵害的客体是国家对医务工作的管理秩序和就诊人的生命健

康权。

（二）典型案例

屈某某、国某某医疗事故案

【基本案情】

2019 年 8 月 18 日下午，南阳市宛和美容外科诊所实际经营人屈某某，与国某某、张某某在其诊所内对被害人杨某实施美容手术，造成被害人杨某死亡。南阳市宛城区宛和美容外科诊所未设立专门的麻醉科且无注册的麻醉医师，不具备实施全身麻醉手术的条件，在对杨某做美容手术时请来注册在南阳市卧龙区妇幼保健院的张某某对杨某实施全身麻醉手术，且张某某对杨某实施全身麻醉手术中使用的麻醉药品系其利用在南阳市卧龙区妇幼保健院手术室工作之便积攒的麻醉药品；屈某某不符合实施医疗美容项目主诊医师条件，其具有助理执业医师证书并于 2019 年 6 月注册到平顶山叶县城关镇卫生院；南阳市宛城区宛和美容外科诊所注册医师国某某不符合实施医疗美容项目主诊医师条件，其在 2018 年 10 月 16 日取得外科执业医师证书并注册到宛和美容外科诊所。屈某某、国某某明知自己不具有实施医疗美容项目主诊医师条件，不具备开展医疗美容手术资格，张某某明知宛和美容外科诊所不具备实施全麻的资格的情况下，联合开展对杨某实施美容手术，造成被害人杨某死亡。经河南省法医学会司法鉴定中心鉴定（豫法司鉴中心 2019 法病鉴字第 22 号）：死者杨某系行脂肪填充术中因肺脂肪栓塞致急性呼吸、循环功能衰竭而死亡。南阳市医学会医疗事故技术鉴定书（南阳医鉴〔2019〕018 号）鉴定意见为本病例构成一级甲等医疗事故，医方负主要责任。

【裁判结果】

屈某某、国某某、张某某的行为性质是医疗事故罪还是非法行医罪？被告人屈某某明知在自己开办的诊所注册的外科医师国某某的资质不具备开展医疗美容手术的资格，仍与国某某联合开展杨某的美容手术。张某某未在宛城区宛和美容外科诊所注册，且明知该诊所不具备实施全麻资格，却在该诊所开展全身麻醉手术的诊疗活动，而且利用在卧龙区妇幼保健院手术室工作之便，将在工作中积攒的麻醉药品丙泊酚带到该诊所使用。经河南省法医学会司法鉴定中心鉴定，构成一级甲等医疗事故，医方负主要责任。被告人屈某某、国某某、张某某的行为已构成医疗事故罪。法院判决被告人屈某某、国某某、张某犯医疗事故罪，分别判处有期徒刑 1 年 3 个月、1 年和 10 个月。

本案在定性方面有医疗事故罪、过失致人死亡罪和非法行医罪的争议。在医疗美容行为中，医疗事故罪的犯罪主体是特殊主体即医务人员，主观上是过失，是因严重不负责而造成就诊人死亡或健康损害；而非法行医罪的犯罪主体是非医务人员，且在客观方面表现为以行医为业，具有一定的行为反复性，主观上是故意；过失致人死亡罪主要是指行为人因过失造成他人死亡的结果。如果在医疗美容中因医务人员严重不负责任造成医疗事故、致人死亡的，则存在医疗事故罪和过失致人死亡罪的竞合，因为《刑法》有特殊规定，所以按医疗事故罪处罚；如果未取得医生执业资格的人进行医疗美容，而非以此为业，主观上系因严格不负责任造成就诊人死亡的应为过失致人死亡罪。就本案来看，三被告均有医生资格，但不具备医疗美容主诊医师资格实施了与其资格不符的医疗美容手术并造成就诊人死亡。但笔者认为，从严格的角度来讲，三者不具备医美执业资格。不具备医美执业资格、从事医疗诊治活动并以此为业，造成了就诊人死亡，宜认定构成非法行医罪。

四、过失致人重伤罪

（一）罪名介绍

法条依据：《刑法》第 235 条　过失伤害他人致人重伤的，处三年以下有期徒刑或者拘役。本法另有规定的，依照规定。

犯罪构成：

过失致人重伤罪是指行为人基于疏忽大意或过于自信过失损害他人身体健康造成其重伤结果。

过失致人重伤罪侵害的客体是他人的健康。

客观上实施了危害行为并造成致人重伤的后果。所谓重伤根据《刑法》第 95 条之规定：“是指有下列情形之一的伤害：（一）使人肢体残废或者毁人容貌的；（二）使人丧失听觉、视觉或者其他器官机能的；（三）其他对于人身健康有重大伤害的。”

本罪的主体为达到刑事责任年龄、具有刑事责任能力的自然人。主观上具有过失。可能是疏忽大意的过失，也可能是过于自信的过失。

在医美行业受利益驱使，在无资质无技术的情形下擅自为他人进行医美诊疗活动，造成就诊人重伤。

（二）典型案例

焦某某过失致人重伤罪

【基本案情】

焦某某，因涉嫌犯非法行医罪于2018年1月23日被刑事拘留，同年2月5日被逮捕。检察院以被告人焦某某犯过失致人重伤罪提起公诉，法院经审理查明：2017年8月初，严某1经姐姐严某2的朋友介绍，联系被告人焦某某为其注射玻尿酸。同年8月10日12时许，焦某某在济南市市中区某某某商务大厦某房间，为严某1在额部注射玻尿酸，致其脑梗死及颅内出血、左眼盲目5级。经法医鉴定，严某1损伤程度综合评定为重伤二级；严某1左眼视网膜中央动脉栓塞遗留左眼视力无光感（盲目5级）与额部注射玻尿酸之间存在直接因果关系。

【裁判结果】

焦某某的行为性质是过失致人重伤罪还是非法行医罪？被告人焦某某过失伤害他人身体，致一人重伤，公诉机关指控其犯过失致人重伤罪成立。判决被告人焦某某犯过失致人重伤罪，判处有期徒刑2年。

根据《刑法》的规定，过失致人重伤是过失地损害他人身体健康，造成他人重伤的结果；而非法行医罪，是指未取得医生执业资格的人非法行医，情节严重的行为。本案中焦某某虽无医师执业资格但并未以医美诊疗为业，因此不构成非法行医罪。其对于被害人的重伤后果是基于过失而造成，因此为过失致人重伤罪。

五、过失致人死亡罪

（一）罪名介绍

法条依据：《刑法》第 233 条　过失致人死亡的，处三年以上七年以下有期徒刑；情节较轻的，处三年以下有期徒刑。本法另有规定的，依照规定。

犯罪构成：

根据此规定，过失致人死亡罪，是指过失造成他人死亡结果的行为。

过失致人死亡罪的客观方面为行为人实施了致人死亡的危害行为，并且造成他人死亡的结果。行为人的危害行为与他人死亡的结果有引起与被引起的因果关系。

主观方面为行为人对危害结果的发生持有的主观心态是过失。行为人对自己的行为造成他人的死亡结果应当预见但由于疏忽大意而没有预见或者已经预见但轻信能够避免而未能避免以致发生他人死亡的后果。前者为疏忽大意的过失，后者为过于自信的过失。如果行为人对发生的死亡后果主观上没有过错而是因为不能预见、无法预见，则为意外事件，不负刑事责任。

过失致人死亡罪侵犯的客体是他人的生命权。

犯罪主体为一般主体，即达到刑事责任年龄、具有刑事责任能力的自然人。

（二）典型案例

刘某某过失致人死亡案

【基本案情】

2015 年 5 月 6 日，被害人汪某在被告人刘某某所经营的北京市大兴区某美容有限公司实施吸脂手术，过程中被害人汪某因注射麻醉药物导致其不适。被告人刘某某与其朋友王某等人（被告人王某已被法院以伪证罪判决）将被害人汪某送往北京市仁和医院治疗，后因汪某病情严重，被转入重症监护室治疗。5 月 8 日 16 时许，被告人刘某某不顾医务人员的病危劝告，冒充被害人汪某的姐姐，在医院的病危病重通知书、自动出院或转院告知书上签字，强行将被害人汪某带出医院，并用私家车将其送回被害人汪某的暂住地，导致被害人汪某未得到及时医治。同日22时许，由于病情严重，被害人汪某联系王某，王某与被告人刘某某取得联系后，将被害人汪某先后送往四季青医院、解放军304医院进行救治，后被害人汪某于次日16时许在解放军304医院死亡。经鉴定，被害人汪某系急性药物中毒导致多器官功能衰竭死亡。

【裁判结果】

刘某某的行为性质是过失致人死亡罪还是非法行医罪？被告人刘某某在自己经营的美容机构内对被害人汪某实施吸脂手术，向被害人汪某体内注射利多卡因等药物，导致被害人汪某急性药物中毒，后将汪某送至医院进行救治时，又不顾医生劝阻强行将被害人汪某带出医院，导致被害人汪某因药物中毒未及时获得有效医治而死亡，其行为已构成过失致人死亡罪，应予惩处。北京市海淀区人民检察院指控被告人刘某某犯过失致人死亡罪的事实清楚，证据确实、充分，指控罪名成立。

1. 被害人汪某的死亡后果应当归责于被告人刘某某

被告人刘某某的违法行为制造了法不容许的危险。（1）制造主要危险的行为：被告人刘某某在实施吸脂手术的过程中，对被害人汪某注射了利多卡因等药物。根据卫生部印发的《处方常用药品通用名目录》，利多卡因属于处方类药物；根据卫生部相关规定，上述行为属于医疗美容项目须由具有专门资质的美容医疗机构或医疗机构设置医疗美容科室中的具有专门资质的医务人员实施。被告人刘某某所经营的某美容有限公司仅是普通美容院，并非医疗美容机构，无医疗机构执业许可证，其本人也不具备执业医师资格，然而，被告人刘某某仍旧在自己经营的美容机构内对被害人汪某注射了利多卡因等药物，对被害人汪某的身体健康造成了直接危害，危及其生命，制造了法不容许的危险。该危险一直存续至被害人汪某死亡时止。（2）阻止他人降低危险的行为：如果被害人汪某在仁和医院重症监护室继续接受治疗，或者被转院至其他医院治疗，则其因注射了利多卡因等药物所招致的危险严重程度会被降低。但被告人刘某某在因其先行行为产生了救助义务且在明知仁和医院下达病危通知书，被告人汪某出院有生命危险的情形下，仍不顾医生劝阻，将汪某带出医院，送回暂住地。被告人刘某某的行为客观上中断了被害人获取救治的机会，阻止了他人降低危险的行为。

被害人汪某的死亡结果与被告人刘某某的上述风险制造行为存在常态关联。(1) 被害人的死亡结果系由被告人刘某某的涉案行为所直接导致。鉴定报告认为吸脂手术行为与汪某的死亡后果之间存在因果关系，被鉴定人汪某因急性药物中毒导致多器官功能衰竭死亡。(2) 上述因果关系并未被第三方因素中断。被害人汪某虽被送往多个医院接受治疗，但现有证据均不能证明这些医院存在任何医疗事故行为，因此被害人汪某的死亡结果不能归责于医务人员。(3) 被害人汪某自身存在一定过错，但并不能对死亡结果自我答责。

被害人汪某同意做吸脂手术，并不代表其愿意接受药物中毒的风险，更不代表其应当对自己的死亡后果负责。被告人刘某某及其经营的美容机构无资质，事实上也无能力将手术风险控制在合理范围内。被害人可能出于省钱、省事或者专业知识缺乏等原因，对非法行医者的资质及治疗风险没有给予足够的注意，但并不能因此认为被害人应该独自承担非法行医所造成的死伤后果。此时被害人并无过错，而是体现出一定的被害倾向性。被害人在受到身体伤害之后，是否自主治疗，以及如何治疗并非法定义务，除非被害人后续有自我损害行为，否则均未增加先行侵害行为所导致的风险。被害人之所以实施上述明显违反常理的行为，系基于对被告人刘某某的错误信任。故可以作出以下论断，即被害人汪某在同意做吸脂手术时虽对被告人刘某某过于信任，但事出有因，被害人汪某在被接出仁和医院时虽未反对，但系基于对被告人刘某某的错误信任，整个出院行为系由被告人刘某某主导，且被害人汪某也未有放弃治疗，企图自杀的意思表示，不足以认定被害人汪某对手术风险及出院行为自我答责；被害人汪某在四季青医院、解放军304医院中的不配合医生询问的反常行为中存在一定过错，但仍系源于对被告人刘某某的错误信任以及自己无钱医疗，迫切需要被告人刘某某的救治这一客观现状所致，也未将风险扩大，不足以将被告人刘某某所制造的法不容许的风险正当化。

2. 关于罪名

现有证据尚不足以认定被告人刘某某实施了非法行医的营业行为。非法行医罪属于营业犯，需有证据证明被告人刘某某在非法行医故意支配下，以医疗机构名义面对不特定多数人，多次实施医疗行为，侵害了公共卫生安全及被害人身体健康的双重法益。现有证据不足以认定被告人刘某某实施了非法行医的营业行为。基于存疑有利于被告人原则，只能将被害人汪某的吸脂手术行为作为一个独立的行为予以刑法评价。

被告人刘某某构成过失致人死亡罪。被告人刘某某实施了导致被害人汪某死亡的行为。被告人刘某某给被害人汪某实施吸脂手术，导致其药物中毒，且在被下达病危通知书的情形下，不顾医生劝阻，强行将被害人接出医院，送回暂住地，后虽又将被害人送至医院，但并未挽救被害人的生命。被告人刘某某的行为具有实质上的违法性，被害人汪某的死亡结果应该归责于被告人刘某某。

关于被告人刘某某的主观认识问题，可以分为以下两个阶段：（1）被告人刘某某在明知其经营的美容机构无资质，事实上其也无能力将手术风险控制在合理范围内的情况下，对被害人汪某实施吸脂手术，在药物中毒后，立刻将其送往医院救治，说明此时被告人刘某某并不希望被害人汪某死亡，但是在实施手术时应当预见到手术风险而没有预见，或者虽然预见却轻信可以避免。（2）在明知被下达病危通知书的情形下，不顾医生劝阻，将被害人汪某从仁和医院接出并送回暂住地时，可以断定，被告人刘某某应当知道自己的接出医院行为可能会导致被害人的死亡，但在意志因素上，鉴于被害人汪某自己并未反对出院，且被告人刘某某并非对被害人汪某不管不问，而是让王某帮助处理此事，事实上王某也于当晚又将汪某送医治疗，故难以认定被告人刘某某对被害人的死亡后果具有放任的故意。

根据本案证据，无法认定被告人刘某某对于被害人汪某的死亡后果存有直接或者间接故意，但足以认定其具有过失。综上所述，应当认定被告人刘某某构成过失致人死亡罪。故判决被告人刘某某犯过失致人死亡罪，判处有期徒刑 4 年。

从客观上来看：本案有充分的证据证明刘某某的行为造成被害人的死亡，两者有刑法上的引起与被引起的因果关系，且没有介入因素中断因果链条。从主观上来看，刘某某对被害人的死亡结果出于过失。刘某某在无资质的情况下对被害人实施吸脂手术导致被害人死亡。在定性上之所以不定为非法行医罪在于没有证据能证明刘某某以医美诊疗为业。

六、生产、销售、提供假药罪

（一）罪名介绍

法条依据：《刑法》第141条 生产、销售假药的，处三年以下有期徒刑或者拘役，并处罚金；对人体健康造成严重危害或者有其他严重情节的，处三年以上十年以下有期徒刑，并处罚金；致人死亡或者有其他特别严重情节的，处十年以上有期徒刑、无期徒刑或者死刑，并处罚金或者没收财产。

药品使用单位的人员明知是假药而提供给他人使用的，依照前款的规定处罚。

《最高人民法院、最高人民检察院关于办理危害药品安全刑事案件适用法律若干问题的解释》第6条 以生产、销售、提供假药、劣药为目的，合成、精制、提取、储存、加工炮制药品原料，或者在将药品原料、辅料、包装材料制成成品过程中，进行配料、混合、制剂、储存、包装的，应当认定为刑法第一百四十一条、第一百四十二条规定的“生产”。

药品使用单位及其工作人员明知是假药、劣药而有偿提供给他人使用的，应当认定为刑法第一百四十一条、第一百四十二条规定的“销售”；无偿提供给他人使用的，应当认定为刑法第一百四十一条、第一百四十二条规定的“提供”。

犯罪构成：

根据此规定，生产、销售、提供假药罪是指行为人违反国家药品管理法规、故意生产、销售假药或药品使用单位的人员明知是假药而提供给他人使用的行为。

本罪的客观方面为行为人具有生产、销售、提供假药的行为。

本罪的主观方面为故意，即明知自己的行为是生产、销售、提供假药而为之。

本罪的主体要件为一般主体，即自然人和单位均可构成本罪主体。

生产、销售、提供假药罪侵犯的客体是国家对药品的管理制度和不特定多人的生命健康权。

（二）典型案例

周某销售假药

【基本案情】

2018 年 1 月 24 日，被告人周某明知是假药，在其开设于某市相城区黄埭镇中市路 55 号的涵曦美容瘦身体验馆内，以人民币 1800 元 1 瓶的价格，将假药“BOTOX（保妥适）”1 瓶给被害人陆某注射使用。同时，民警在上述体验馆内查获未开封的假药“MEDITOXIN”1 瓶，在被告人周某暂住处某市相城区黄埭镇裴圩家园 × 幢 × 单元 × × 室查获假药“BOTOX（保妥适）”1 瓶。上述“BOTOX（保妥适）”“MEDITOXIN”应按假药论处。

【裁判结果】

有偿为他人注射假药是否属于销售假药？法院认为被告人周某明知是假药而有偿为他人注射使用，其行为构成销售假药罪，应予刑事处罚。公诉机关指控事实和罪名成立，予以支持。法院判决：被告人周某犯销售假药罪，判处拘役 4 个月，缓刑 5 个月，并处罚金人民币 1 万元。禁止其在缓刑考验期内从事药品生产、销售及相关活动。

本案发生在《药品管理法》修订以前，因此法院定性是准确的。本案被告人周某明知是假药，有偿为他人注射，根据 2014 年《最高人民法院、最高人民检察院关于办理危害药品安全刑事案件适用法律若干问题的解释》（已失效），属于销售假药的行为。因此，本案被告的行为构成销售假药罪。在利益驱使下医美机构或个人在明知假的医美针剂给就诊人员使用，该行为属于有偿提供假药，根据 2014 年《最高人民法院、最高人民检察院关于办理危害药品安全刑事案件适用法律若干问题的解释》（已失效）属于销售假药涉嫌构成销售假药罪。值得一提的是本案中的假药是被认定为按假药处理的。《药品管理法》修订以后，类似情形要考虑是否构成妨害药品管理罪。实践中，还存在另一种情形，即行为人明知是假药，仍有偿给就诊者使用的。如辽宁省大连市中山区人民法院（2018）辽 0202 刑初 88 号刑事判决书中的淡某销售假药案。在这类案件中判断行为人的行为是否构成本罪的关键是行为人是否明知为假药，明知而销售的构成本罪。

七、妨害药品管理罪

（一）罪名介绍

法条依据：《刑法》第142条之一 违反药品管理法规，有下列情形之一，足以严重危害人体健康的，处三年以下有期徒刑或者拘役，并处或者单处罚金；对人体健康造成严重危害或者有其他严重情节的，处三年以上七年以下有期徒刑，并处罚金：

（一）生产、销售国务院药品监督管理部门禁止使用的药品的；

（二）未取得药品相关批准证明文件生产、进口药品或者明知是上述药品而销售的；

（三）药品申请注册中提供虚假的证明、数据、资料、样品或者采取其他欺骗手段的；

（四）编造生产、检验记录的。

有前款行为，同时又构成本法第一百四十一条、第一百四十二条规定之罪或者其他犯罪的，依照处罚较重的规定定罪处罚。

犯罪构成：

妨害药品管理罪是《刑法修正案（十一）》新增罪名。根据该规定，妨害药品管理罪是指违反药品管理法规，具有上述所列举情形之一，足以严重危害人体健康的行为。

犯罪客体：本罪侵犯国家对药品的管理制度同时也侵犯公民的健康权利。

客观方面：表现为违反国家药品管理，生产、销售国务院药品监督管理部门禁止使用的药品的；未取得药品相关批准证明文件生产、进口药品或者明知是上述药品而销售的；药品申请注册中提供虚假的证明、数据、资料、样品或者采取其他欺骗手段的；编造生产、检验记录的。

犯罪主体：一般主体，既包括自然人，也包括单位。

主观方面：故意。在医美行业中存在医美从业人员或机构将未经国家批准进口的医美药品、医用器材适用于医美诊疗活动中，涉嫌构成本罪。

（二）典型案例

扬州邗江施尔美医疗美容医院销售假药案

【基本案情】

2011 年 5 月 6 日至 2012 年 11 月 28 日，被告人陈某、吴某、肖某出于为被告单位扬州邗江施尔美医疗美容医院谋取利益的考虑，在明知“瑞士雪肌美白素”无药品相关证明且需静脉滴注的情况下，仍予以采购，后被告单位扬州邗江施尔美医疗美容医院以“瑞士雪肌美白素”套餐的形式向 16 名顾客进行销售，销售金额人民币 126,550 元。经检验，“瑞士雪肌美白素”含有还原型谷胱甘肽、维生素 C 药品成分，未标示药品批准文号，属于应经批准而未经批准生产的药品，应按假药论处。

【裁判结果】

《药品管理法》的修改对销售假药罪的影响是什么？法院认为，被告单位扬州邗江施尔美医疗美容医院销售应经批准而未经批准生产的药品，情节严重，其行为已构成销售假药罪；被告人陈某为被告单位的主管人员，被告人吴某、肖某为被告单位的直接责任人员，其行为均已构成销售假药罪。法院判决被告单位扬州邗江施尔美医疗美容医院犯销售假药罪，判处罚金人民币 100 万元。被告人陈某、吴某、肖某犯销售假药罪，分别判处有期徒刑 2 年 10 个月，有期徒刑 3 年均缓刑 3 年，并处罚金人民币 25 万元，缓刑考验期限内禁止从事药品销售活动。

医美行业在诊疗中采用应经批准而未批准生产的药品和未经批准进口医美针剂的现象较为普遍。在《药品管理法》修订之前，应经批准而未经批准生产的药品或者未经批准进口的药品均属于“假药”范畴。医美诊疗中给就诊者有偿提供上述药品的，会构成销售假药罪。这也是案例中为何法院会做出如此判决。然而随着 2019 年《药品管理法》的修订对以往按假药处理的规定进行了调整。类似未经批准进口的药品进行销售的行为根据《刑法修正案（十一）》的规定，构成妨害药品管理罪。

八、诈骗罪

（一）罪名介绍

法条依据：《刑法》第266条　诈骗公私财物，数额较大的，处三年以下有期徒刑、拘役或者管制，并处或者单处罚金；数额巨大或者有其他严重情节的，处三年以上十年以下有期徒刑，并处罚金；数额特别巨大或者有其他特别严重情节的，处十年以上有期徒刑或者无期徒刑，并处罚金或者没收财产。本法另有规定的，依照规定。

犯罪构成：

诈骗罪是指以非法占有为目的，采用隐瞒真相、虚构事实的方法骗取公私财物、数额较大的行为。

本罪在客观方面表现为采用欺骗行为、骗取被害人财物。具体为：（1）欺骗行为：即为使被害人产生错误认识并因错误认识作出行为人所希望的财产处分而采用了隐瞒真相、虚构事实的欺骗行为。（2）欺骗行为使被害人产生错误认识。（3）被害人基于错误认识处分财产。（4）行为人获得被害人财产。（5）被害人因此遭受财产损失。此外，根据《刑法》的规定，诈骗数额还需达到较大。根据2011年《最高人民法院、最高人民检察院关于办理诈骗刑事案件具体应用法律若干问题的解释》，诈骗公私财物价值3000元至1万元以上的，为数额较大。①

本罪在主观方面表现为故意并具有非法占有的目的。当行为人在客观方面有如上欺骗行为、在主观上有非法占有的故意，骗取公私财产达到数额较大即构成诈骗罪。

如前所述，医美行业的诈骗犯罪主要表现为医美贷或“美丽贷”诈骗。

（二）典型案例

王某、许某某诈骗案

【基本案情】

被告人许某伙同被告人王某于2019年4月至10月，在北京市某某区望

① 参见张明楷：《刑法学》（下）（第6版），法律出版社2021年版，第1303～1311页。

京某某区×××号楼×层底商“北京橙子医疗美容诊所”以招聘高薪职位引诱求职者应聘，然后以入职需整容为由，承诺高薪职位、帮忙还贷款等方式欺骗被害人在该美容诊所申请医美贷款整形，贷款全部打入诊所账户后，70%返给被告，诊所留30%。二被告以此骗取被害人岳某等人医美贷款共计人民币40万余元。

【裁判结果】

诈骗罪还是民事欺诈？法院认为，被告人许某、王某以非法占有为目的，共同虚构事实骗取他人钱财，数额巨大，二被告人的行为侵犯了公民财产权，触犯了《刑法》，均已构成诈骗罪，依法应予惩处。公诉机关指控被告人许某、王某犯诈骗罪的事实清楚，证据确实、充分，指控的罪名成立。被告人王某以“金总”身份最先接触被害人，向被害人虚构高薪招聘的事实，负责面试、安排与所谓“老总”见面、向被害人引见所谓的“老总”或“老总”司机等，并与被告人许某相互配合，共同致使被害人陷入被告人有能力提供高薪职位的错误认识，其行为在整个诈骗活动中系必不可少的核心环节，其与被告人许某在共同犯罪中地位平等、作用相当，不易区分主从犯。判决被告人许某、王某犯诈骗罪，分别判处有期徒刑4年9个月，有期徒刑4年6个月，并处罚金人民币5万元。

当前我国医美行业医美贷违法犯罪现象较为突出。根据2021年9月25日央视《第一时间》栏目对医美机构的“医美贷”乱象进行走访调查指出：医美机构通常采用夸大整形的重要性，或采用皮肤检测夸大皮肤问题，甚至采用让顾客体验低价皮肤护理，令其产生严重皮肤问题现象后推荐昂贵的美容套餐治疗，诱导其签订医美贷。医美贷款直接打入医美机构账户。其利息高于30%，加上医美各种服务费，有的利息高达60%，不少顾客因此背上了沉重的负担。而类似本案中的“医美贷”，即行为人通过虚构高薪职位、整容入职等诱导受害人，使其陷入错误认识而贷款整容，行为人因此获取受害人的贷款费用，而受害人背上还贷的沉重负担。这种采用欺诈的手段、欺骗、引诱贷款行为是民事欺诈还是刑事诈骗？根据我国《民法典》、《刑法》及《最高人民法院关于审理诈骗案件具体应用法律若干问题的解释》等相关的司法解释的规定并结合最高人民法院、最高人民检察院指导性等相关案例来看，对二者的区分应该从客观和主观进行。从客观上来看，民事欺诈中，行为人采用虚构事实、隐瞒真相的欺诈手段目的是促成交易，该手段只是为了增加受害人的信任或者减少受害人的顾虑，且未达到使受害人陷入错误认识、错误地处分自己的财物的程度。而刑事诈骗中行为人采用虚构事实或者隐瞒真相的欺诈方法，其内容是为获得受害人的财物，其欺诈达到了使受害人发生错误认识，错误地处分自己的财产的程度。因此，从客观上来讲，两者的区别主要在于欺诈的内容和程度。从主观上来看，民事欺诈不具有刑事诈骗的非法占有目的。其主观目的在于通过欺诈的手段，诱使对方与之交易，从而通过正当履行行为达到赚钱的目的。但如果通过欺诈手段设立虚假债权并通过其他手段实现虚假债权、非法获取他人财物则构成刑事诈骗。就本案来看，从客观上看，行为人采取了一系列的欺诈行为，引诱被害人贷款整容，获取被害人贷款。在此，被害人本无整形贷款的需要，在高薪引诱、整形入职、承诺还贷等的引诱下，作出了贷款整容。行为人获得了被害人的贷款，被害人因贷款遭受损失。可见，行为人的欺诈的内容是骗取被害人财物、欺诈的程度达到了直接决定被害人陷入错误认识、错误支配财物的程度；从主观上来看，行为人的目的是骗取被害人的贷款整形费用。这从行为人的一系列的欺诈行为及其与整形机构高比例（高达七三）分成足以证明。因此，这种“美丽贷”不是民事欺诈而是刑事诈骗，只要数额较大就构成诈骗罪。

九、贷款诈骗罪

（一）罪名介绍

法条依据：《刑法》第 193 条　有下列情形之一，以非法占有为目的，诈骗银行或者其他金融机构的贷款，数额较大的，处五年以下有期徒刑或者拘役，并处二万元以上二十万元以下罚金；数额巨大或者有其他严重情节的，处五年以上十年以下有期徒刑，并处五万元以上五十万元以下罚金；数额特别巨大或者有其他特别严重情节的，处十年以上有期徒刑或者无期徒刑，并处五万元以上五十万元以下罚金或者没收财产：

（一）编造引进资金、项目等虚假理由的；

（二）使用虚假的经济合同的；

（三）使用虚假的证明文件的；

（四）使用虚假的产权证明作担保或者超出抵押物价值重复担保的；

（五）以其他方法诈骗贷款的。

犯罪构成：

贷款诈骗罪是指以非法占有为目的，使用欺骗方法，骗取银行或者其他金融机构的贷款，数额较大的行为。

本罪在客观方面表现为行为人采取欺骗的方法骗取贷款、数额较大。欺骗的方法主要为：编造引进资金、项目等虚假理由的；使用虚假的经济合同的；使用虚假的证明文件的；使用虚假的产权证明作担保或者超出抵押物价值重复担保的；等等。

在主观方面为行为人具有非法占有目的。

犯罪主体为自然人。

本罪侵犯的客体是国家正常的贷款管理秩序和金融机构对贷款的所有权。

医美行业存在医美机构人员与消费人员相勾结、以虚假的身份或虚构医疗美容项目骗取医美贷款的，构成此罪。

（二）典型案例

文某某、朱某某等贷款诈骗罪

【基本案情】

美伽医院成立于2013年，主要经营范围为医疗美容业务。被告人文某某系美伽医院实际控制人，被告人朱某某系医院工作人员，被告人王某1系医院股东、出纳。文某某与朱某某系夫妻关系。

2016年7月，美伽医院与马上金融（非银行金融机构）签订合作协议，商定由马上金融为在美伽医院购买服务的消费者提供个人消费贷款。消费者填写贷款申请资料并经马上金融审核通过后，马上金融将贷款发放至美伽医院指定账户，用于美伽医院为消费者提供医疗服务。双方还约定，所有贷款只能用于购买贷款协议所注明的医疗服务，美伽医院不得有套现、欺诈活动，明知却支持或容忍该等活动。

合作协议签订后，文某某、朱某某、王某1等人为招揽顾客、谋取利益，与中介王某2、龙某、谢某等人达成合意，由中介人员寻找愿意办理贷款的消费者到医院申请贷款，由朱某某协助消费者通过虚报医疗美容项目、费用、收入情况、工作情况等信息，向马上金融申请贷款。贷款所得金额由美伽医院提取30%，剩余的70%返现给中介人员及消费者，二者再按照约定的比例分配款项。截至案发，马上金融发放的贷款中尚有249.003865万元未得到偿还。

【裁判结果】

文某某、朱某某、王某1的行为性质是否为贷款诈骗罪？被告人文某某、朱某某、王某1以非法占有为目的，伙同他人诈骗金融机构贷款197.906223万元，数额巨大，其行为已构成贷款诈骗罪，均应依法予以处罚。三被告构成贷款诈骗罪，分别被判处有期徒刑3~5年，并处罚金20万元。

本案中三被告通过协助消费者虚报医疗美容项目、费用、收入情况、工作情况等信息申请贷款，贷款所得金额由医院提取30%，70%返现给中介及消费者，致使巨额贷款未得到偿还。客观上三被告采用欺骗的手段，骗取贷款，主观上三被告未有任何偿还贷款的意图，因此有非法占有目的。故三被告的行为构成贷款诈骗罪。

十、走私普通货物、物品罪

（一）罪名介绍

法条依据：《刑法》第153条规定　走私本法第一百五十一条、第一百五十二条、第三百四十七条规定以外的货物、物品的，根据情节轻重，分别依照下列规定处罚：

（一）走私货物、物品偷逃应缴税额较大或者一年内曾因走私被给予二次行政处罚后又走私的，处三年以下有期徒刑或者拘役，并处偷逃应缴税额一倍以上五倍以下罚金。

（二）走私货物、物品偷逃应缴税额巨大或者有其他严重情节的，处三年以上十年以下有期徒刑，并处偷逃应缴税额一倍以上五倍以下罚金。

（三）走私货物、物品偷逃应缴税额特别巨大或者有其他特别严重情节的，处十年以上有期徒刑或者无期徒刑，并处偷逃应缴税额一倍以上五倍以下罚金或者没收财产。

单位犯前款罪的，对单位判处罚金，并对其直接负责的主管人员和其他直接责任人员，处三年以下有期徒刑或者拘役；情节严重的，处三年以上十年以下有期徒刑；情节特别严重的，处十年以上有期徒刑。

对多次走私未经处理的，按照累计走私货物、物品的偷逃应缴税额处罚。

犯罪构成：

根据此规定，走私普通货物、物品罪是指违反海关法规，逃避海关监管，采用运输、携带、邮寄特殊物品以外的普通货物、物品进出国边境、偷逃应缴税额较大或者一年内曾因走私被给予二次行政处罚后又走私的行为。

本罪所侵犯的客体是国家对普通货物、物品的对外贸易监管制度和关税；本罪在客观上有违反海关法规，逃避海关监管运输、携带、邮寄普通货物、物品进出境行为。同时，偷逃应缴数额较大。根据 2014 年《最高人民法院、最高人民检察院关于办理走私刑事案件适用法律若干问题的解释》的规定，个人偷逃应缴税额 10 万以上不满 50 万元、单位偷逃应缴税额 20 万元以上不满 100 万元的为偷逃应缴税额较大；另外，一年内曾因走私被给予二次行政处罚后又走私的也构成本罪。同时，根据《刑法》第 155 条的规定直接向走私人非法收购国家禁止进口物品或直接向走私人非法收购进口的其他货物、物品，数额较大的或者在内海、领海运输、收购、贩卖国家禁止进口货物、物品或限制进口货物、物品数额较大，没有合法证明的也构成本罪。

本罪的主体要件为一般主体，即自然人和单位都能成为本罪主体。

本罪的主观方面只能由故意构成，通常有牟利目的。

在医美行业中存在违反海关法规、逃避海关将从境外运输、携带、邮寄医美药品、医疗器械入境或者直接向走私人购买，符合本罪要件的构成本罪。

（二）典型案例

郑某某走私普通货物案

【基本案情】

2013 年以来，犯罪嫌疑人梁某、林某（均另案处理）等人为获取非法利益，分别联系被告人范某、徐某，犯罪嫌疑人朱某（另案处理）、陈某 1（身份不详，另案处理）等揽货人，再由各揽货人分别组织水客以“蚂蚁搬家”的方式从深圳福田、皇岗等口岸将境外采购的美容针产品走私入境。为顺利将上述走私货物在国内销售，梁某、林某在深圳注册了杰信医美（深圳）贸易有限公司（以下简称深圳杰信公司），并再雇请被告人郑某某、曾某某、陈某 2、王某某、邢某某等多名员工负责接收、销售走私货物，其中被告人郑某某负责深圳杰信公司日常经营管理，被告人曾某某负责在境内销售走私货物，被告人陈某 2、王某某负责从通关走私团伙手中接收走私货物并向国内客户发货，被告人幸某某负责记账。2014 年 1 月至 2015 年 10 月，深圳杰信公司梁某、林某团伙共走私美容针产品入境合计 102, 218 盒，经深圳海关计核，共偷逃应缴税额人民币 37, 689, 706. 95 元。被告人徐某系深圳市翰玺美容用品有限公司（已经注销）的负责人。2013 年年底以来，被告人徐某在明知深圳杰信公司梁某、林某团伙在境内所销售的美容针产品系通过水客走私入境的情况下，为获取非法利益，仍授意深圳市翰玺美容用品有限公司（已经注销）长期向该团伙购买美容针产品。2014 年 1 月至 2015 年 8 月，深圳市翰玺美容用品有限公司（已经注销）从深圳杰信公司梁某、林某团伙处购买走私入境的各系列美容针产品合计 527 盒，经深圳海关计核，共偷逃应缴税额人民币 282, 536. 05 元。

【裁判结果】

郑某某、曾某某等的行为是否构成走私普通货物罪？徐某的直接购买行为是否构成走私普通货物罪？被告人郑某某、曾某某、陈某 2、王某某、辛某某等走私普通货物入境，偷逃应缴税额特别巨大，其行为均已构成走私普通货物罪。被告人徐某作为深圳翰玺公司的实际负责人，决定公司直接向走私人购买走私入境的美容针产品，偷逃应缴税额较大，其行为构成走私普通货物罪。检察院的指控有事实依据和证据支持，应予采纳。依法判处上述被告人走私普通货物、物品罪有期徒刑1~7年、罚金3万~5万元。

如前所述，根据《刑法》的规定，被告人郑某某、曾某某、陈某2、王某某、幸某某等多名员工明知梁某、林某走私美容针，仍受聘负责接收、销售走私货物，偷逃应缴税额巨大，符合走私普通货物、物品罪构成要件，构成本罪。而被告人徐某在明知梁某、林某团伙在境内所销售的美容针产品系通过水客走私入境的情况下，为获取非法利益，仍授意深圳市翰玺美容用品有限公司（已经注销）长期向该团伙购买美容针产品，偷逃应缴税额人民币282,536.05元，符合《刑法》第155条第1项规定，属于直接向走私人非法收购走私进口的其他货物、物品，数额较大，构成本罪，即间接走私或准走私。医美机构如果明知医美产品系走私进口的，如果直接向走私犯罪分子收购，偷逃应缴税额较大的构成本罪；如果明知是走私进口医美产品而不是直接向走私人收购的则不构成此罪，可能构成《刑法》第312条所规定的掩饰、隐瞒犯罪所得罪。

第三节　医美行业刑事合规指引范本

一、概述

1. 刑事合规的宗旨

本刑事合规指引是针对医美行业的刑事风险，为有效预防医美机构及其从业人员构成犯罪、陷入刑事追究而制定的。

2. 制定的依据

（1）制定的法律依据：依据《宪法》、《刑法》以及《医师法》、《医疗机构管理条例》、《医疗机构管理条例实施细则》、《医疗美容服务管理办法》、《医疗美容机构、美容医疗科（室）基本标准（试行）》等法律法规制定。

（2）制定的事实依据：依据预防医美行业运营中的常见高发刑事犯罪的实际需要而制定。如前所述，医美行业的常见高发刑事犯罪与主体资质缺乏和服务操作违规有关；本指引有针对性地制定合规管理制度。

3. 制定的标准

刑事合规指引的制定要具备全面性、有效性及执行性。全面性是指涉及本行业的每一环节；有效性指引能有效地预防刑事风险；执行性是指合规制度可得到贯彻落实。具备以上三个特性，一是能有效地预防刑事风险；二是当企业遭遇刑事风险时因全面有效地执行了合规计划可避免被起诉或可减轻刑事责任。

4. 刑事合规指引的框架

本指引包括：围绕医美资质、医美诊疗服务中的刑事风险高发环节设计合规管理制度；专门的合规组织；商业伙伴的尽职调查；风险识别机制；合规制度的培训机制；沟通与举报；惩罚与奖励。

5. 适用范围

刑事合规指引适用范围包括医美机构及其从业人员和商业伙伴的行为和活动。

二、资质合规管理①

资质合规管理包括对医美机构资质合规管理和从业人员资质合规管理。我国对医美行业的执业机构和从业人员实现严格的准入管理。因此，严格遵照相关法律规定而实施的资质合规管理是规避非法行医罪和非法经营罪的必要措施。

（一）医美机构资质管理

1. 医美机构必须在向卫生行政主管部门办理登记注册，获得医疗机构执业许可证后方可开展医美诊疗活动。②

① 参见薛冰、贺环豪等：《向美而生（三）：医美专题之运营合规篇》，载微信公众号“汉坤律师事务所”2020 年 3 月 16 日，https：//mp. weixin. qq. com/s/mQIZMgdwnHvt2XGEP8ying。

② 参见《医疗美容服务管理办法》第 8 条。

2. 医美机构的设置标准要符合《医疗美容机构、医疗美容科（室）基本标准（试行）》的要求。

3. 医疗美容项目备案。医美机构必须在核准登记的诊疗科目范围内提供诊疗服务；开展医疗美容项目应当由登记机关指定的专业学会核准，并向登记机关备案。增设医疗美容科目的，应向登记注册机关申请变更登记。医美机构不得开展未经备案的医疗美容项目。①

4. 医疗卫生机构不得对外出租、承包医疗科室，避免变相使无资质的机构提供诊疗服务。

5. 医美机构应在执业许可证的有效期限内定期向登记机关办理医疗机构校验手续。②

（二）人员资质管理

医美机构的医护人员应具备相应的资质，按照备案的医美服务项目实施诊疗活动。

1. 医疗美容主诊医师的资质。（1）根据《医疗美容服务管理办法》第 11 条规定，负责实施医疗美容项目的主诊医师，除了根据《医师法》取得医师执业证书并注册外，还应同时具备以下特定条件：具有从事相关临床学科工作经历；经过医疗美容专业培训或进修并合格，或已从事医疗美容临床工作 1 年以上。（2）主诊医师的专业需报备。医美机构应按照上述条件对医疗美容主诊医师进行专业核定，并将核定结果报送相应的卫生主管部门备案。③

2. 一般执业医师的资质。医疗美容一般执业医师即非主诊医师需根据《医师法》取得医师执业证书，虽不具备医疗美容主诊医师资格，但可以在医疗美容主诊医师的指导下从事医疗美容临床技术服务工作。④

---

① 参见《医疗美容服务管理办法》第 9、10、17 条。

② 参见《医疗机构管理条例》《医疗机构校验管理办法（试行）》。

③ 参见《国家卫生计生委关于加强医疗美容主诊医师管理有关问题的通知》（国卫医发〔2017〕16 号）。

④ 参见《医疗美容服务管理办法》第 12 条。

3. 医疗美容护士的资质。医疗美容护士除了根据《护士条例》取得护士执业证书并注册外，还应同时具备以下条件：(1) 具有2年以上护理工作经历；(2) 经过医疗美容护理专业培训或进修并合格，或已从事医疗美容临床护理工作6个月以上。

4. 医美医师涉及多点执业资质。多点执业是指医师受聘在两个以上医疗机构执业。根据相关的规定，执业医师在同一执业地点多个机构执业的，应当分别向相关卫生健康主管部门办理申请注册或申请备案，注明所在执业机构的名称；跨执业地点增加执业机构的医师，应当向批准该机构执业的卫生健康主管部门申请增加注册。

5. 港澳台及外籍医师行医资质。港澳台及外籍医师来华医美机构行医需要取得相应资质获得我国短期行医执业证书方可行医。

（三）其他特殊资质①

在医美诊疗活动中还存在特殊资质，主要有：(1) 麻醉药品、第一类精神类药品购用资质。经所在地卫生主管部门批准取得麻醉药品、第一类精神类药品购用印鉴卡方可购买使用此类药品。(2) 放射诊疗许可证、辐射安全许可证。医美机构使用医用诊断X射线机或CT机等设备的，应取得放射诊疗许可证和辐射安全许可证，并配备具有专业的放射影像医师。(3) 医疗机构制剂许可证，经所在省级卫生健康主管部门审批，颁发制剂许可证后，医美机构可以配制制剂。(4) 大型医用设备配置许可证，获得国家卫生健康委员会或省级卫生健康行政部门核发的配置许可证后可购买被列入大型医用设备管理目录的大型医用设备。

三、医美服务环节的合规管理

（一）禁止行为

1. 欺诈。避免医美从业人员为获取不正当利益、故意对医美诊疗服务

① 参见胡义锦、安明、何侃：《医美行业最全解读（上篇）》，载微信公众号“君合法律评论”2018年11月28日，https：mp. weixin. qq. com/s/kt－3iTZmqN8ZgE8O4KBqCA。

做夸大其词、不符合事实的宣传与介绍，诱导或欺骗就诊者接受服务、侵害其合法权益；禁止为就诊者申请医美贷款提供虚假医美项目。

2. 贿赂。禁止一切形式的索要、收受贿赂以及行贿行为。包括但不限于现金、礼品、款待、差旅、雇佣等形式。

3. 侵犯公民个人信息。禁止以非法手段获取公民个人信息；保护就诊者的个人信息，禁止出售或非法提供就诊者的就诊信息。

（二）客源拓展管理

1. 医美机构通过广告或中介获得客源时，应严格遵守《医疗广告管理办法》的规定发布广告。严格规范中介的推销行为。

2. 中介费合理发放且合乎财税制度。

（三）接诊管理

1. 符合资质的专业人员负责接诊。

2. 不以任何方式引诱就诊者做不必要的医疗美容项目。

3. 就诊者对其接受的医疗美容项目的程序、效果、主诊医师等有知情权。

4. 医疗美容项目的价格透明化。医疗美容项目的收费方式方法明确。

5. 与就诊者施行医美项目前签订合乎规范的合同。

（四）诊疗操作管理

制定详细的诊疗操作规范，如术前检查、术中的注意事项、术后观察和护理等规范。对就诊者进行具体的诊疗时，诊疗操作要符合相关的规定，避免因操作不当对就诊者造成伤害。

四、商业伙伴尽职调查

商业伙伴是指与医美机构合作的公司或个人。如为医美机构提供医美药品或医美器材的生产商或销售商。在与商业伙伴协商业务合作之前，要告知商业伙伴也要遵守本指引。

在合作之前由专人对商业伙伴进行尽职调查达到掌握商业伙伴的相关

情况，了解相关法律风险。对提供医美药品或医美器材的生产商或销售商在尽职调查的重点为：其是否具备相应的资质，其提供的药品是否经过中国食药监部门（CFDA）的产品注册；其提供的医疗器械是否符合《医疗器械监督管理条例》的规定等。

五、合规管理组织

以独立性和权威性为原则建立专门合规组织或者在法务部中设立合规部门或指派专人负责合规计划的制度、执行与监督。在人员配备方面可配备风险评估、尽职调查、刑事合规建设方面的专家或者聘请刑事合规律师为合规提供及时专业服务。

六、风险评估

可每年两次定期开展刑事风险评估、及时根据业务和风险调整合规管理措施并贯彻实施。

七、合规培训与宣传

定期开展合规培训和宣传，包括对公司全体成员的合规培训与宣传、对高风险成员的特别培训、对新入职员工在入职时进行合规培训和宣传；使公司高层到基层每个员工都能树立合规意识，从而建立合规企业文化。

八、沟通与举报

设立畅通的、多渠道的沟通方式并让每一位员工知晓。针对执业中的任何不合规行为，任何人有义务及时向合规管理部门报告。合规管理部门接到举报后及时开展调查并将结果及时通告举报人。

九、奖励与惩罚

对举报有功的员工予以现金或实物方式的奖励；对违反本指引的行为，则视其行为性质不同而予以相应的惩罚，涉及犯罪的移交司法机关处理。

后 记

在北京市律师协会参加专业委员会的工作已经多年了。回想这些年在专业委员会的工作经历，感觉最大的收获就是结识了一批志同道合的专业同行。我们经常借会议之机聊聊执业的艰辛，谈谈专业中的魅力，同时，还会一起喝点小酒，在酒后吐吐生活的苦辣。久而久之，感觉作为北京的执业律师，作为专业委员会中的一员，这才是我们参加北京律协工作中的正事。

2015 年，北京市律师协会商事犯罪预防与辩护专业委员会（以下简称商辩委）正式成立，按照自己的专业特长和兴趣，我从刑法专业委员会转至商辩委，一晃已经七八个年头了。幸运的是，这几年，商辩委的委员稳定性极高。一是因为商辩委是刑辩专业中的专业，刑辩专业化需要律师们在同一个专业中精耕细作，唯有长久在这一领域耕作，才有可能会结出秋日之硕果。二是因为大家重视朋友之情；因为在一个专业委员会待久了，大家发现，兴趣还是十分相投，最终都不忍相舍。因此，虽然在这期间换了一次届，大家还是原来的大家，最多也只是我们专委会人丁逐年兴旺。旧的极少远去，新的也在逐渐入圈。可以说，商辩委在北京市律师协会中，是一个既具有十足的活力也具有十足的人情味的专业委员会。

新的一届商辩委成立以来，有感于企业刑事合规越来越成为刑辩律师，甚至是律师行业中的最热门的话题，而商事犯罪预防正是我们商辩委委员们研究的核心专业领域，企业刑事合规与商事犯罪预防从某方面来说，又恰似“一套专业，两种说法”而已，因此，一些商辩委委员们当然也不想放着自家专业，去耕他家的田。大家有意共同在此领域将自己的执业经验予以总结提升，并无保留地向社会传授，为年轻的执业者们提供经验参考，为企业家们提供警醒，从而也让我们这样已具有一定执业经验的“老”律师们通过为社会提供“智识”的方式尽尽社会责任。在一次商辩委委员们自行组织的酒桌上，我们十三位委员一拍即合，同意一齐动手，共同创作出版一本企业刑事合规类的书籍。于是，大家各自分工，各自将自己最熟悉的执业领域和最能称为“经验”的经验，在一个个庭审的间隙，在一场场出差之旅中的辛劳后，最终以文字的方式，结集成一本几十万字的精美书籍。

参与本书的十三位作者，绝大多数具有十年以上的律师执业经验，完全可以称得上是理论功底深厚，执业经验丰富。他们每一位均是身经百战，每一位均可以随手拈来一件件成功的经典案例。这本几十万字的著作，不仅饱含着他们在键盘上劳作多日的心血，也完全可以称得上是他们用实战洗礼出的宝贵经验的结晶。

由于企业刑事合规话题，已经成为法律实务领域最热门的话题，这方面的实务类书籍可以说已经汗牛充栋。但翻过一些书籍后，如果站在企业家和有志于这一执业领域的年轻执业律师的角度来看，实用性还是存有欠缺的。我想，要创作出一本好的企业刑事合规实务类书籍，作者不但应当具备一定的企业管理经验和一定的商法理论功底，同时还应当具备丰富的公司法业务及刑事辩护业务经验。可以说这几方面的知识和经验是缺一不可的。企业刑事合规业务，看似是单一的专业业务，但从它的专业领域来看，实际上是一个处于交叉地带的业务领域，十分需要这类实务类书籍的作者具备复合型专业知识和复合型业务经验。从这一点来看，本书的这十三位作者，不但具备相应的理论功底，更具备相应的实务经验。因此，这本书的出版，不但对那些正处于经验提升阶段的年轻执业律师具备一定的参考价值，对于那些想让自己的企业发展得又快又好的企业家来说，同样具备一定的借鉴价值。

当然，虽然十三位作者想将自己的执业感悟完全毫无保留地呈现给各位读者，热心诚可鉴，但执业律师毕竟不是专业的理论研究者，无论是在本书的文字中，还是在本书的逻辑结构中，难免会挂一漏万，甚至还可能会存在一些谬误。万望各位读者能给予海涵。我想，我们会在以后的学习中，在以后的执业过程中，在读者的批评指正中，让本书能日臻完善。

虎年初月，草于京西长安街畔，是为后记。

余尘

2022 年 1 月 26 日